KB035396

레전드
VOCA POWER 22000

레전드
VOCA POWER 22000

초판 1쇄 발행 2023년 3월 2일
초판 1쇄 인쇄 2023년 2월 20일

저자 김태형, 이경주, 김준형
발행인 조경아
총괄 강신갑
발행처 랭귀지북스
등록번호 101-90-85278 **등록일자** 2008년 7월 10일
주소 서울시 마포구 포은로2나길 31 벨라비스타 208호
전화 02.406.0047 **팩스** 02.406.0042
이메일 languagebooks@hanmail.net
MP3 다운로드 blog.naver.com/languagebook
ISBN 979-11-5635-197-9 (13740)
값 22,000원

머리말 Preface

영어 학습에서 가장 중요한 영역은 무엇일까요?

듣기(listening), **말하기**(speaking), **독해**(reading), **작문**(writing), **회화**(conversation), **문법**(grammar), **어휘**(vocabulary) 중에서 **'어휘력'**이라고 자신 있게 말하는데, 그 이유는 위에 있는 모든 학습의 기본이 되는 영역이기 때문입니다.

하지만 어휘력을 올리기는 쉽지 않을뿐더러, 단어를 외운다는 것 자체가 부담이며, 잘 외워지지도 않아 포기하는 경우가 많습니다.

영어 어휘력을 쉽고, 빠르고, 효과적으로 향상시킬 전략서로, 이 책 한 권이면 어휘력이 몰라보게 나아질 것입니다. 단순 암기가 아니라 **영단어 구성 원리와 어원**(접미사, 접두사, 어근)의 이해를 통해, 한 단어를 알면 열 단어를 유추할 수 있도록 어휘 학습 방법을 제시하였으며, 어원을 우리말로 뜻풀이하여 영단어의 뜻이 바로바로 기억되게 하였습니다. 한눈에 보이는 **다이어그램**을 통하여 학습능률도 극대화했습니다.

TOEIC·TOEFL·TEPS·편입·대학원·공무원·수능 최다 기출 어휘와 출제 예상 영단어, 영숙어를 총정리하였기 때문에, 어떤 시험에도 자신 있게 대비할 수 있습니다.

이 책으로 조금만 인내하고 공부한다면, 어휘력에 자신감을 가지게 될 거라 확신합니다.
여러분의 성공을 응원합니다.

이 책의 특징

About this book

이 책은 어원(접미사, 접두사, 어근)에 근거한 어휘(vocabulary) 학습법을 기본으로, 다양한 방법을 통해 단어 암기 효과를 극대화한다.

1. 각종 시험에 출제된 영단어를 엄선하여 소개한다.

pandemic
[pændémik]

pan(=all 모든) + dem(=district 지역)에 유행 + ic(하는) ⇒ 전국적으로 퍼지는, 전반적인

ⓐ (병이) **전국적으로 퍼지는; 전반적인**(=general; overall) ⓝ 전국적 유행병

SARS was one of the pandemic. 사스는 세계적 유행병의 하나였다.

a serious pandemic that would involve millions of people worldwide
세계적으로 수백만 명의 사람들을 감염시킬 수 있는 심각한 전염병

2. 쉽게 떠오르는 어원 뜻풀이로, 단어를 바로 이해하고 오래 기억할 수 있다.

democracy
[dimάkrəsi]

• cracy=govern 다스리다

demo(=people 민중)에 의한 + cracy(=rule 정치) ⇒ 민주주의

ⓝ **민주주의**; 민주정치; (the -) 민중; (D-) 미국민주당

ⓝ **democrat** 민주정체론자; 민주주의자; 민주당원

ⓥ **democratize** 민주화하다(=make or become democratic)

We should help Iraq democratize its regime.
우리는 이라크 정권의 민주화를 도와야 한다.

Tomorrow successful leaders will decentralize power and democratize strategy.
미래의 성공적인 지도자들은 권력을 분산하고 전략을 민주화시킬 것이다.

democracy versus communism 민주주의 대 공산주의

#MP3 다운로드

원어민 전문 성우의 정확한 발음을 들어 보세요.

blog.naver.com/**languagebook**

3. **파생어를 풍부하게 다루어, 한 단어를 통해 여러 단어를 동시에 익힐 수 있다.**

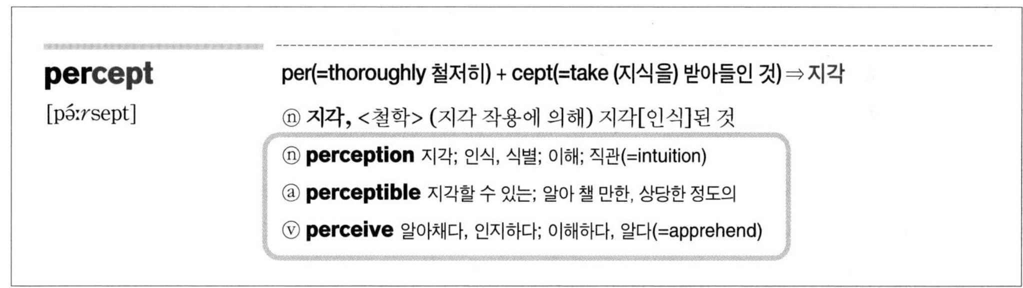

4. **한눈에 정리된 다이어그램을 통해 여러 단어를 동시에 익힐 수 있다.**

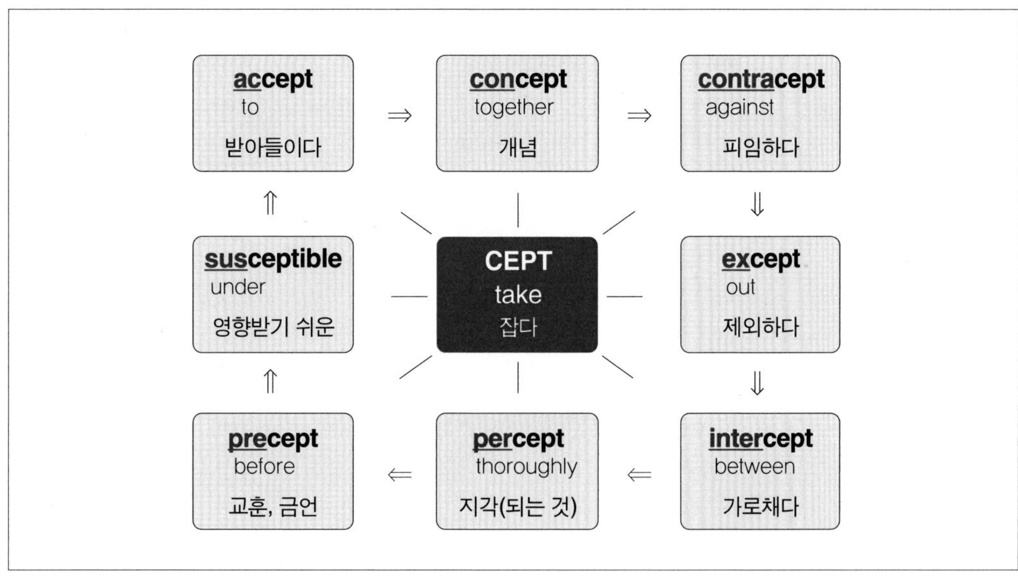

이 책의 학습법

How to study

이제 무작정 암기하는 방법 대신 다음 학습법을 시도해 보자.

엄청난 효과를 확인할 수 있다.

첫째, 영단어 구성원리와 접두사, 어근의 의미를 먼저 이해하자.

접두사		어근		파생어
e out 밖으로	+	**vade** go (피해) 가다	>	**evade** 피하다, 벗어나다
in into 안으로	+	**vade** go 밀고 들어가다	>	**invade** 침입하다, 침공하다
per through 두루	+	**vade** go 퍼지다	>	**pervade** 퍼지다, (세력이) 미치다

접두사		어근		파생어
inter between 사이에서	+	**view** see 보다	>	**interview** 회견(하다), 면접(하다)
pre before 미리	+	**view** see 보다	>	**preview** 미리 보기, 사전 검토
re again 다시	+	**view** see 보다	>	**review** 복습(하다), 재조사(하다)

둘째, 접미사의 뜻과 기능을 이해한다. 기본단어에 접미사를 붙이면 파생어가 만들어진다.

· **compete** +	**ence**	= **competence**	n. 능력, 역량
	ent	= **competent**	n. 역량 있는, 유능한
	(ent)ly	= **competently**	ad. 유능하게
	tion	= **competition**	n. 경쟁, 경기
· **create** +	**ive**	= **creative**	a. 창조적인
	(ive)ly	= **creatively**	ad. 창조적으로
	ion	= **creation**	n. 창조, 창작
	or	= **creator**	n. 창조자
	ure	= **creature**	n. 창조물, 사람

셋째, 시험이 임박해서는 'Chapter IV. 시험 출제 예상 영단어·영숙어'를 중심으로 살펴보고, '찾아보기'를 통해 최종 점검한다.

> **2. 동맹하다, 제휴하다, 연합하다**
>
> **ally, affiliate, associate, coalesce, confederate, unite**
>
> *동맹 = alliance, coalition, confederacy, affiliation(제휴), association(연합, 조합, 연상)
>
> *분리하다, 떼어놓다 = dissociate; segregate; seclude; separate opp. associate; join

차례 Contents

Chapter

I

접미사 보카

Suffix

접미사는
단어 또는 어근 뒤에 붙어 파생어를 만든다.
접미사를 알면,
어휘 확장 학습에 효과적이다.

1. 접미사 붙이는 법

원칙_ y 또는 e로 끝나지 않는 단어에 접미사를 붙이는 경우, 해당 단어의 글자를 그대로 두고 접미사를 붙인다.

단어	접미사	파생어
govern	**ment**	**government**
symbol	**ize**	**symbolize**

➔ '묵음 e'로 끝나는 단어에 접미사 붙이는 법

규칙 1_ 접미사가 '모음'으로 시작되면 '묵음 e'를 탈락시킨다.

- depreciate + ion = depreciation (○)/depreciateion (×)
- malice + ious = malicious (○)/maliceious (×)

[예외] 단어가 'ce' 또는 'ge'로 끝나고, 접미사가 'a' 또는 'o'로 시작되면 'e'를 그대로 둔다.

- service + able = serviceable (○) / servicable (×)
- courage + ous = courageous (○) / couragous (×)
- ▶ mileage/singeing

규칙 2_ 접미사가 '자음'으로 시작되면 '묵음 e'를 그대로 둔다.

- suspense + ful = suspenseful (○) / suspensful (×)
- abate + ment = abatement (○) / abatment (×)

[예외]
- nine + th = nineth (×) / ninth (○)
- acknowledge + ment = acknowleg(e)ment (○)
- ▶ argument / truly / awfully / wholly

➔ 접미사를 붙이기 전 마지막 자음 겹쳐 쓰기

규칙 1_ '1음절 단어'의 경우 '모음'으로 시작되는 접미사를 붙이기 전에 최종 자음을 겹쳐 쓴다.

- big + er = bigger (○) / biger (×)
- stop + age = stoppage (○) / stopage (×)

[예외] 마지막 자음이 '이중모음, 자음' 바로 다음에 오는 경우 겹쳐 쓰지 않는다.

- stoop + ed = stooped (○) / stoopped (×)
- last + ing = lasting (○) / lastting (×)

규칙 2_ '2음절 이상 단어'에서 마지막 자음이 악센트가 있는 음절이면, '모음'으로 시작되는 접미사 앞에서 그 자음을 겹쳐 쓴다.

- abhor + ent = abhorrent (○) / abhorent (×)
- defer + ed = deferred (○) / defered (×)

[예외] 1. 마지막 자음이 '이중 모음, 자음' 바로 다음에 오는 경우 자음을 겹쳐 쓰지 않는다.
- obtain + ing = obtaining (○) / obtainning (×)
- abduct + ed = abducted (○) / abductted (×)

2. 악센트가 첫음절로 옮겨지는 경우는 자음을 겹쳐 쓰지 않는다.
- confer + ence = conference (○) / conferrence (×)
- refer + ent = referent (○) / referrent (×)

3. 마지막 자음이 악센트가 없는 음절에 있을 경우 자음을 겹쳐 쓰지 않는다.
- profit + able = profitable (○) / profittable (×)
- differ + ent = different (○) / differrent (×)

➔ y로 끝나는 단어에 접미사 붙이는 법

규칙_ 어미 y의 앞 문자가 '자음'이면 접미사 앞 y는 i로 변한다.

- fancy + ful = fanciful (○) / fancyful (×)
- ordinary + ly = ordinarily (○) / ordinaryly (×)

[예외] 어미 y의 앞 문자가 모음일 경우 y는 변하지 않는다.
- decay + ed = decaied (×) / decayed (○)
- overpay + ment = overpaiment (×) / overpayment (○)
- ▶ babyish / complying

➔ 접미사 -ly 붙이는 법

규칙_ 형용사를 부사로 바꿀 때는 'ly'를 붙인다.

- nervous + ly = nervously
- creative + ly = creatively

[예외] 1. 형용사가 'ic'로 끝나면 'al + ly'로 된다. ⇒ '-ically'
- angelic + ly = angelically
- rustic + ly = rustically

2. 형용사가 'ble'로 끝나면 'le'를 'ly'로 바꾸기만 하면 된다. ⇒ '-bly'
- amiable + ly = amiably
- durable+ly = durably

3. 형용사가 y로 끝나면 'y'를 'i'로 바꾸고 'ly'를 붙인다.
- easy + ly = easily
- busy + ly = busily

2. 명사 접미사

☐ **-acy**

-ate, -acious로 끝나는 형용사의 추상명사를 만든다.

accur**ate**(정확한)+**cy**(성질)=accur**acy**(정확; 정밀)

priv**ate**(사적인)+**cy**(것)=priv**acy** 사생활, 비밀

effic**acious**(효과가 있는) → effic**acy**(효능; 유효성)

fall**acious**(잘못된) → fall**acy**(기만, 그릇된 생각)

☐ **-age**

1. 동사에 붙어 행위(의 양), 장소를 나타낸다.
2. 명사에 붙어 상태, 요금을 나타낸다.

1. pass(통과하다)+**age**(행위)=passage 통행
   marry(결혼하다)+**age**(행위)=marriage 결혼
   leak(새다)+**age**(양)=leakage 누출량
   store(저장하다)+**age**(장소)=storage 저장소
2. bond(속박)+**age**(상태)=bondage 노예 상태
   post(우편)+**age**(요금)=postage 우편요금

☐ **-ance**
-ence

1. ~하는 일이란 뜻의 추상명사를 만든다.
2. 행위, 상태, 성질을 뜻하는 명사를 만든다.

1. assist(돕다)+**ance**(일)=assistance 조력, 원조
   confer(협의하다)+**ance**(일)=conference 협의, 회의
2. convey(운반하다)+**ance**(행위)=conveyance 운반, 수송
   persist(고집하다)+**ence**(성질)=persistence 고집, 끈기, 지속

☐ **-cy**

형용사에 붙어 ~한 성질, 상태를 뜻하는 명사를 만든다.

efficient(능률적인)+**cy**(상태) → efficiency(능률, 효율)

proficient(능숙한)+**cy**(상태) → proficiency(숙달, 능숙)

hesitant(주저하는)+**cy**(상태)=hesitancy 주저, 망설임

☐ **-ice**

형용사에 붙어 상태, 성질을 뜻하는 추상명사를 만든다.

coward(겁 많은)+**ice**(성질)=cowardice 겁, 비겁

just(올바른)+**ice**(성질)=justice 정의, 공정

-ics

학과명을 나타내는 명사를 만든다.

economics 경제학 mathematics 수학 politics 정치학
electronics 전자공학 athletics 운동경기, 체육 acrobatics 곡예
ergonomics 인간공학, 생물공학 cf. ecology 생태학 biology 생물학

-ing

동사에 붙어 행위나 행위의 결과를 뜻하는 명사를 만든다.

dance(춤추다)+**ing**(행위)=dancing 춤, 무용
meet(만나다)+**ing**(행위)=meeting 만남, 회의
write(쓰다)+**ing**(행위)=writing 쓰기, 저술
park(주차하다)+**ing**(곳)=parking 주차, 주차장
cover(덮다)+**ing**(것)=covering 덮개, 외피

-ion

동사에 붙어 결과, 상태를 뜻하는 명사를 만든다.

corrupt(부패시키다)+**ion**(상태)=corruption 부패, 타락
confuse(혼란시키다) +**ion**(상태)=confusion 혼란, 혼동
erupt(분출하다)+**ion**(결과)=eruption 폭발, 분출
inflate(팽창시키다)+**ion**(결과)=inflation 팽창, 인플레이션

-ism

1. ~주의, ~학설이란 뜻의 추상명사를 만든다.
2. 행위, 상태를 뜻하는 추상명사를 만든다.

1. social(사회)+**ism**(주의)=socialism 사회주의
   national(국민, 국가의)+**ism**(주의)=nationalism 민족주의, 국가주의
2. critic(비평의)+**ism**(행위)=criticism 비평, 비판
   patriot(애국자)+**ism**(성질)=patriotism 애국심
   racial(인종의)+**ism**(차별)=racialism 인종차별

-ity

상태, 성질을 뜻하는 추상명사를 만든다.

chaste(순결한)+**ity**(상태)=chastity 순결
regular(규칙적인)+**ity**(상태)=regularity 규칙적임, 단정
stupid(어리석은)+**ity**(성질)=stupidity 어리석음, 우둔

-ment

동사에 붙어 동작, 상태, 결과를 뜻하는 명사를 만든다.

amaze(놀라게 하다)+**ment**(상태)=amazement 깜짝 놀람

bewilder(당황하게 하다)+**ment**(상태)=bewilderment 당황

pave(포장하다)+**ment**(결과)=pavement 포장도로, 차도

□ -ness

형용사에 붙어 성질, 상태를 뜻하는 명사를 만든다.

dark(어두운)+**ness**(상태)=darkness 어둠, 암흑

kind(친절한)+**ness**(성질)=kindness 친절

tired(지친)+**ness**(상태)=tiredness 피로, 권태

□ -ry

1. 상태, 성질, 행위를 뜻하는 명사를 만든다.
2. 제품의 종류를 나타내는 집합명사를 만든다.

1. slave(노예)+**ry**(상태)=slavery 노예상태[신분]
   brave(용감한)+**ry**(행위)=bravery 용기
2. machine(기계)+**ry**(류)=machinery 기계류
   jewel(보석)+**ry**(류)=jewelry 보석류

□ -ship

1. 상태, 지위, 신분을 뜻하는 명사를 만든다.
2. 재능, 기술이란 뜻의 명사를 만든다.

1. hard(어려운)+**ship**(상태)=hardship 고난, 곤궁, 압박
   leader(지도자)+**ship**(신분)=leadership 수뇌부; 통솔(력)
2. statesman(정치가)+**ship**(기술)=statesmanship 정치적 수완
   sportsman(운동가)+**ship**(기술)=sportsmanship 운동가 정신

□ -sion

동사에서 동작, 행위, 상태를 뜻하는 명사를 만든다.

conclude(결론을 내리다)+**sion**(상태)=conclu**sion** 결론

permit(허락하다)+**sion**(행위)=permis**sion** 허락

suspend(정지하다)+**sion**(동작)=suspen**sion** 정지, 중지

tips **[-sion의 변화]**

sion	–	sive	–	sively
명사 접미사		형용사 접미사		부사 접미사
* conclu**sion** 결론, 결말		conclu**sive** 결정적인		conclu**sively** 결정적으로
* permis**sion** 허락, 허용		permis**sive** 허용하는		permis**sively** 허용하여
* suspen**sion** 정지, 중지		suspen**sive** 중지시키는		suspen**sively** 중지하여

☐ -(a)tion

동사에서 동작, 상태, 결과를 뜻하는 명사를 만든다.

contribute(공헌하다)+**tion**(결과)=contribution 공헌

separate(분리하다)+**tion**(상태)=separation 분리, 독립

alter(변경하다)+**ation**(동작)=alteration 변경

☐ -th

형용사, 동사에 붙어 동작, 상태를 뜻하는 명사를 만든다.

grow(자라다)+**th**(동작)=growth 성장, 증가

true(사실의)+**th**(상태)=truth 사실, 진실

steal(몰래 훔치다)+**th**(상태)=stealth 은밀, 비밀

☐ -tude

성질, 상태, 행위를 뜻하는 명사를 만든다.

apti**tude** 재능, 적성, 소질
솜씨 있는, 적당한

alti**tude** 고도, 표고, 해발
high 높은

certi**tude** 확신, 자신
certain 확실한

soli**tude** 외로움, 고독
alone 외로운

☐ -ty

형용사에 붙어 성질, 상태를 뜻하는 명사를 만든다.

cruel(잔인한)+**ty**(상태)=cruelty 잔인함, 냉혹함

facile(손쉬운)+**ty**(상태)=facility 쉬움, 용이함

safe(안전한)+**ty**(상태)=safety 안전, 무사

☐ -ure

동작, 상태, 결과를 뜻하는 명사를 만든다.

expose(폭로하다)+**ure**(동작)=exposure 폭로, 적발, 노출

close(닫다)+**ure**(동작)=closure 폐쇄, 종결; 마감

depart(출발하다)+**ure**(동작)=departure 출발, 발차

create(창조하다)+**ure**(결과)=creature 창조물, 인간; 생물

☐ -y

명사, 형용사, 동사에 붙어 성질, 상태를 뜻하는 명사를 만든다.

honest(정직한)+**y**(성질)=honesty 정직, 솔직

difficult(어려운)+**y**(상태)=difficulty 어려움, 곤란

jealous(시기하는)+**y**(성질)=jealousy 시기, 질투

deliver(배달하다)+**y**(행위)=delivery 배달; 구출

3. 형용사 접미사

□ -able, -ible

명사나 동사에 붙어 ~할 수 있는; ~에 적합한; ~하기 쉬운; ~할 만한 이라는 뜻의 형용사를 만든다.

access(접근)+**ible**(할 수 있는)=accessible 접근할 수 있는

attain(도달하다)+**able**(할 수 있는)=attainable 도달할 수 있는

comfort(안락)+**able**(한)=comfortable 안락한, 편안한

change(변하다)+**able**(쉬운)=changeable 변하기 쉬운

censure(비난)+**able**(할 만한)=censurable 비난할 만한

eat(먹다)+**able**(할 수 있는)=eatable 먹을 수 있는

obtain(획득하다)+**able**(할 수 있는)=obtainable 획득할 수 있는

resist(저항하다)+**ible**(할 수 있는)=resistible 저항할 수 있는

tips **[–able, –ible의 변화]**

–able –ible 형용사 접미사	–ability –ibility 명사 접미사	–ably –ibly 부사 접미사
* incap**able** 무능한	incap**ability** 무능, 불능	incap**ably** 어찌할 수 없을 만큼
* pli**able** 유연한	pli**ability** 유연성	pli**ably** 유연하게
* vis**ible** 눈에 보이는	vis**ibility** 가시도	vis**ibly** 눈에 보이게

• **pliable** ⓐ 유연한, 유순한 (=ductile)

cf. **visual** ⓐ 시각의, 보기 위한

□ -al

명사에 붙어 ~의, ~적인, ~와 관계있는 이란 뜻의 형용사를 만든다.

option(선택)+**al**(의)=optional 임의의, 선택의

post(우편)+al(의)=postal 우편의, 우체국의

sensation(세상을 놀라게 하는 사건)+**al**(의)

= sensational 세상을 깜짝 놀라게 하는

cf. **al**이 명사접미사로 쓰인 경우

arrive(도착하다)+**al**(행위)=arrival 도착, 도달

deny(부인하다)+**al**(행위)=denial 부인, 부정

□ -ant

동사나 어근에 붙어 ~의, ~하는, ~한 성질의 라는 뜻의 형용사를 만든다.

please(기쁘게 하다)+**ant**(하는)=pleasant 유쾌한, 즐거운

milit(=fight 싸움)+**ant**(하는)=militant 호전적인(=belligerent); 투사

differ(다르다)+**ent**(성질의)=different 다른, 별개의

□ -ary, -ory

명사나 동사에 붙어 ~의[한, 하는] (성질이 있는), ~과 관계있는 이라는 뜻의 형용사를 만든다.

legend(전설)+**ary**(의)=legendary 전설의, 전설적인

salut(=health 건강)+**ary**(의)=salutary 건강에 좋은, 유익한

congratulate(축하하다)+**ory**(의)=congratulatory 축하의

• **a congratulatory massage** 축사

cf. **dictionary** n. 사전 a. 사전적인, (용어가) 딱딱한(=bookish)

laboratory n. 실험실, 연구실 a. 실험실의

□ -ate

~의 (특징이 있는), ~적인, ~이 가득 찬 이라는 뜻의 형용사를 만든다.

passion(열정)+**ate**(적인)=passionate 열정적인, 열렬한; 열심인

proportion(비례, 균형)+**ate**(적인)

=proportionate 비례하는, 균형이 잡힌(=proportional)

affection(애정)+**ate**(가득 찬)=affectionate 애정이 넘치는

□ -ed

~된, ~해진이란 수동의 뜻의 형용사를 만든다.

limit(제한, 한정)+**ed**(된)=limited 제한된, 한정된

retire(물러나다)+**ed**(난)=retired 은퇴한, 퇴역한

illuminate(비추다)+**ed**(어진)=illuminated 비추어진, 계몽된

• ⓝ **illumination** 조명, 계몽

□ -ful

명사에 붙어 ~이 많은; ~이 가득 찬이라는 뜻의 형용사를 만든다.

care(주의, 조심)+**ful**(많은)=careful 주의하는, 조심하는

event(사건)+**ful**(많은)=eventful 사건이 많은, 파란만장한

pain(고통)+**ful**(가득 찬)=painful 아픈, 고통스러운

tips

1. **-less**는 **-ful**의 반대의미를 가진다.
   * care**less** 부주의한, 경솔한 * event**less** 사건이 없는, 단조로운
   * pain**less** 아픔이 없는, 고통이 없는

2. -ful, -less로 끝난 형용사의 부사형은 뒤에 ly만 붙이면 된다.
   * care**fully** 주의하여, 조심하여 * care**lessly** 부주의하게, 소홀하게

□ -ic, -ical

~의, ~적인, ~같은 이란 뜻의 형용사를 만든다.

cf. **magnate** ⓝ 거물, ~왕

magnet(자석)+**ic**(의)=magnetic 자석의, 매력 있는

angel(천사)+**ic**(같은)=angelic 천사 같은

method(체계, 방법)+**ical**(적인)=methodical 체계적인, 조직적인

geometry(기하학)+**ical**(적인)=geometrical 기하학적인

□ -ish

1. 사람 명사에 붙어 ~같은 이란 뜻의 형용사를 만든다.
2. 형용사에 붙어 ~의, 좀 ~한 이란 뜻의 형용사를 만든다.

cf. **childlike** ⓐ 어린이 다운, 순진한(=naive)

1. amateur(아마추어)+**ish**(같은)=amateurish 아마추어 같은, 서투른
   child(어린이)+**ish**(같은)=childish 어린애 같은, (어른이) 유치한
2. outland(외국, 변두리)+**ish**(의)=outlandish 외국풍의, 외딴
   cold(차가운)+**ish**(좀 ~)=coldish 좀 추운, 꽤 찬

□ -ive

~적인, ~하는 이라는 뜻의 형용사를 만든다.

act(행동)+**ive**(적인)=active 활동적인

attract(매혹하다)+**ive**(적인)=attractive 마음을 끄는, 매력적인

detect(발견하다)+**ive**(하는)=detective 탐정의; 탐정, 형사

□ -ly

명사에 붙어 ~다운, ~같은, ~한 이라는 뜻의 형용사를 만든다.

ghost(유령)+**ly**(같은)=ghastly 유령 같은; 무시무시한

leisure(여가, 한가)+**ly**(한)=leisurely 한가한, 여유로운

state(지위, 위엄)+**ly**(있는)=stately 위엄 있는, 장엄한(=august)

□ -ous

명사나 동사에 붙어 ~의, ~한, ~이 많은 이라는 뜻의 형용사를 만든다.

auspice(전조, 길조)+**ous**(의)=auspicious 전조가 좋은, 길조의

danger(위험)+**ous**(많은)=dangerous 위험한(=perilous; hazardous)

hazard(위험, 모험)+**ous**(한, 적인)=hazardous 위험한, 모험적인

□ -some

~하기 쉬운, ~을 좋아하는, ~을 가져오는 이라는 뜻의 형용사를 만든다.

blithe(즐거운, 부주의한)+**some**(성질의)=blithesome 쾌활한, 경솔한

fear(두려움)+**some**(가져오는)=fearsome 무서운, 무시무시한

quarrel(싸움)+**some**(~을 좋아하는)=quarrelsome 싸우기 좋아하는

tips [하이픈으로 연결된 형용사 접미사]

1. **-free** : '~이 없는'이란 뜻의 형용사를 만든다.
   * caffeine-**free** 카페인이 들어 있지 않는
   * sugar-free 무설탕의 fat-**free** 무지방의
   * duty-**free**/customs-**free** 관세가 붙지 않는, 면세의

2. **-friendly** : '~이 사용하기 편리한'이란 뜻의 형용사를 만든다.
   * customer-**friendly** 손님이 이용하기 편리한
   * user-**friendly** (시스템이) 사용하기 쉬운

3. **-proof** : '~을 통과시키지 않는, 방(防) ~'라는 뜻의 형용사나 동사를 만든다
   * water**proof** 방수의, 물이 안스미는; ~을 방수처리하다
   * sound**proof** 방음의, 방음 장치가 된; ~에 방음장치를 하다

4. cross-**over** : '두 가지 이상의 것을 결합한의 뜻'을 가진다.
   즉 음악에서 클래식과 대중음악을 결합한 경우나, 자동차에서 승용차와 미니 밴이나 레저용 차량을 결합한 경우이다.
   Cross-**over** Utility Vehicle 크로스오버 차량(CUV)
   cf. **RV** = Recreational Vehicle 레저용 차량
   SUV = Sports Utility Vehicle 스포츠 유틸리티 차량

4. 동사 접미사

□ -ate

• actuate ⓥ 작동시키다, 행동하게 하다; ~에 작용하다 (=act upon)

~시키다(=make), ~이 되게 하다(=become) 라는 뜻의 동사를 만든다.

active(활동적)+**ate**(되게 하다)=activate 활동적으로 만들다

motive(동기, 원인)+**ate**(되게 하다)=motivate ~의 동기가 되다

habit(습관)+(u)+**ate**(되게 하다)=habituate 익숙하게 하다

tips [-ate의 변화]

-ate 동사 접미사	-ation 명사 접미사	-atory/-ative 형용사 접미사
* regul**ate** 규정하다	regul**ation** 규제, 조정	regul**atory**/regul**ative** 규정하는, 조절하는
* compens**ate** 보충하다, 보상하다	compens**ation** 보충, 보상	compens**atory**/compens**ative** 보상의, 보충의

-e

–th로 끝난 명사나 형용사에 붙어 ~(되게) 하다, 시키다, 만들다는 뜻의 동사를 만든다.

bath(목욕)+**e**(시키다)=bathe 목욕시키다

breath(호흡)+**e**(하다)=breathe 숨쉬다, 호흡하다

loath(싫어)+**e**(하다)=loathe 몹시 싫어하다(=detest)

wreath(화환(을))+**e**(만들다)=wreathe 화환으로 만들다

cf. **wrath** ⓝ 격노, 분노

-en

명사나 형용사에 붙어 ~으로 만들다, ~이 되게 하다(=make)는 뜻의 동사를 만든다.

sharp(날카로운)+**en**(만들다)=sharpen 날카롭게 하다

strength(힘, 세력)+**en**(만들다)=strengthen 강하게 하다

dark(어두운)+**en**(되게 하다)=darken 어둡게 하다

length(길이)+**en**(되게 하다)=lengthen 길게 하다, 늘이다

-fy -ify

~하게 하다(=make), ~화하다(=become) 라는 뜻의 동사를 만든다.

• **ratify** ⓥ 비준하다, 승인하다

lique(=liquid 액체)+**fy**(화하다)=liquefy 액화하다

glor(=glory 영광)+**ify**(되게 하다)=glorify 영예로 빛나게 하다

pac(=peace 평온)+**ify**(하게 하다)=pacify 진정시키다

tips

–(i)fy의 명사접미사는 대부분 **–ification**이 된다.

* glori**fication** 찬미, 미화, 축하 * paci**fication** 화해, 평정, 강화

* rati**fication** 비준, 재가, 승인 *cf.* **liquefaction** 액화, 용해

-ize

~으로 만들다, ~화하다(=make) 라는 뜻의 동사를 만든다.

civil(문명의)+**ize**(화하다)=civilize 문명화하다

democrat(민주주의(자))+**ize**(화하다)=democratize 민주화하다

modern(현대의)+**ize**(화하다)=modernize 현대화하다

organic(조직적(으로))+**ize**(만들다)=organize 조직하다, 체계화하다

tips

–**ize**로 끝나는 동사의 명사 접미사는 **–ization**이다.

* civil**ization** 개화, 문명 * democrat**ization** 민주화

* modern**ization** 현대화 * organ**ization** 조직화

cf. **demoralization** 풍기문란, 퇴폐; 사기저하

5. 사람 접미사

□ -ant

consult(조언을 구하다)+**ant**(사람)=consultant 컨설턴트, 고문

contest(경쟁하다)+**ant**(사람)=contestant 경쟁자

□ -ent

correspond(통신하다)+**ent**(사람)=correspondent 통신원, 특파원

depend(의지하다)+**ent**(사람)=dependent 부양가족, 식객

□ -er

own(소유하다)+**er**(사람)=owner 소유자

speak(연설하다)+**er**(사람)=speaker 연사

□ -or

collect(수금하다)+**or**(사람)=collector 수금원, 수집자 n. **collection** 수집, 수금, 소장

narrate(이야기하다)+**or**(사람)=narrator 이야기하는 사람, 내레이터

□ -ar

beg(구걸하다)+g+**ar**(사람)=beggar 거지

schol(=school 학교의)+**ar**(사람)=scholar 학자, 학식이 있는 사람

□ -ee

or, −er에 대하여 '~의 작용을 받는 사람'이라는 뜻이다.

address(편지를 ~앞으로 하다)+**ee**(받는 사람)=addressee 수취인

employ(고용하다)+**ee**(받는 사람)=employee 피고용인, 종업원

□ -ist

optimize(낙관하다)−optimism(낙관주의)−optim**ist**(낙관주의자)

pessimize(비관하다)−pessimism(비관주의)−pessim**ist**(비관주의자)

* anarchist 무정부주의자
* linguist (언)어학자
* chemist 화학자, 약사
* satirist 풍자가

□ -ian

civil(민간의)+**ian**(사람)=civilian 민간인, 비전투원

logic(논리학)+**ian**(사람)=logician 논리학자

□ -ard

비난, 경멸을 뜻한다.

drunk(술취한)+**ard**(사람)=drunkard 술고래, 대주가

cow(겁)+**ard**(많은 사람)=coward 겁쟁이, 비겁자

□ -ess

여자를 뜻한다.

actor(남배우)+**ess**(여자)=actress 여배우

prince(왕자)+**ess**(여자)=princess 공주, 왕비

tips

* absentee 결석자, 부재자
* acrobat 곡예사
* adulterer 간통자
* analyst 분석자, 분석가
* attendant 수행원, 안내원
* auctioneer 경매인
* barbarian 미개인, 야만인
* bibliophile 애서가, 서적 애호가
* blacksmith 대장장이
* candidate 후보자
* celebrity 유명인, 명사
* celibate 독신주의자
* chairman 의장, 사장
* commander 사령관, 지휘자
* contestant 경쟁자, 경기자
* contortionist 곡예사
* cosmetician 화장품 제조인; 미용사
* curator 큐레이터, 미술관 등의 전시 책임자
* drunkard 술고래, 대주가
* employer 사용자, 고용주
* florist 화초 연구가, 꽃가게 주인
* individual 개인
* kidnapper 유괴자
* magnate 거물, 유력자
* manager 관리자, 재배인
* mechanic 기계수리공
* monarch 군주
* mortician 장의사
* pedestrian 보행자
* participant 참석자, 참가자
* patron 후원자
* pharmacist 약사
* pollster 여론 조사원
* peacenik 반전주의자, 평화주의자
* purveyor 식료품 공급업자
* refugee 피난자, 난민
* rhymester 엉터리 시인
* shepherd 양치기, 목동
* sorcerer 마법사(=wizard)
* speaker 연사
* taxidermist 박제사
* trespasser 불법침입자
* vegetarian 채식주의자
* workaholic 일 중독자
* xenophobe 외국인을 싫어하는 사람
* agoraphobia 광장 공포증
  agoraphobe 광장공포증 환자
* mortgage officer 대출담당자

Chapter

Ⅱ

접두사 보카

Prefix

접두사는 단어 또는 어근 앞에 붙어 새로운 단어를 만든다.
접두사를 알면, 단어 또는 어근이 가지는 본래 뜻과
접두사가 붙어 만들어진 새로운 단어 뜻을 동시에 알 수 있어
어휘 학습에 효과적이다.

1. 기본 접두사

» ab-

(1) 분리, 이탈 : away (from); off; from 떨어져서, 멀리에
(2) 강조 : intensively; completely 등의 의미를 지닌다.

C2-001

abdicate
[ǽbdikèit]

ab(=away 멀리 (버린다고)) + dic(=say 말) + ate(=make 하다) ⇒ 버리다

ⓥ (왕위, 권리를) **버리다**, 포기하다(=renounce*; relinquish; give up)

ⓝ **abdication** 포기, 기권; 퇴위, 사임(=resignation)

Ivan VI announced an intention to abdicate.
이반 4세는 퇴위하겠다는 뜻을 알렸다.

abduct
[æbdʌ́kt]

ab(=away 멀리) + duct(=lead 데리고 가다) ⇒ 유괴하다

ⓥ **유괴하다**, 납치하다(=kidnap*; carry off a person by force)

ⓝ **abduction** 유괴, 납치 ⓝ **abductor** 유괴자

They were afraid of being abducted by rival gang.
그들은 상대 갱에게 납치되는 것이 두려웠다.

abhor
[əbhɔ́ər]

ab(강조 - 너무) + hor(=shudder (싫어) 몸서리치다) ⇒ ~을 몹시 싫어하다

ⓥ **~을 몹시 싫어하다**(=hate something very much)

ⓝ **abhorrence** 증오, 혐오, 미움(=detestation); 아주 싫은 것

ⓐ **abhorrent** 아주 싫은, 질색인(=detestable)

She abhorred him and resolved to live unmarried.
그녀는 그를 너무 싫어하여 결혼하지 않기로 결심했다.

abject
[ǽbdʒekt]

· **wreck** ⓝ 난파; 파멸; (파괴된) 잔해

ab(=away 멀리) + ject(=thrown 팽개쳐진) ⇒ 비참한, 초라한

ⓐ (상태, 지위 등이) **비참한, 초라한**(=wretched*; miserable); 비열한(=contemptible; despicable); 천한(=mean)

ⓝ **abjection** (신분의) 비천함; 비열, 비굴(=meanness; servility)

ⓐⓓ **abjectly** 비참하게(=wretchedly; miserably); 비열하게

From the most abject physical <u>wreck</u>, I have succeeded in reorganizing my body into perfectly healthy body.
가장 절망적인 신체적 <u>파멸상태</u>에서 내 몸을 완전히 건강한 신체로 만드는 데 성공했다.

abrasion
[əbréiʒən]

ab(=away 없어지게) + ras(=scrape 긁어) + ion(냄) ⇒ 벗겨짐, 마모

ⓝ (피부의) **벗겨짐**, 찰과상; 마멸(=wear); (기계의) **마모**; 침식

ⓐ **abrasive** 문질러 닦는, 벗기는; 거친(=harsh; rough) ⓝ 연마재

ⓥ **abrade** 닳게 하다; (피부를) 벗겨지게 하다; 침식하다(=erode)

Scratches and abrasions in the tip will modify the electrode's sensitivity.
(전극의) 끝부분을 긁거나 마모시키면 전극의 감도를 떨어뜨린다.

abrupt

[əbrʌ́pt]

• **break off**
갑자기 중지하다

ab(=off) + rupt(=broken) ⇒ '(갑자기) 찢어 없앤' ⇒ 갑작스러운

ⓐ **갑작스러운,** 뜻밖의(=sudden; unexpected; out of the blue*)

ⓝ **abruption** (덩어리로부터의 갑작스런) 분리, 분열

ⓐⓓ **abruptly** 갑자기, 불시에(=suddenly; all at once*); 퉁명스럽게

Fortunately the campaign came to an abrupt end.
다행히도 그 캠페인은 갑자기 끝났다.

an abrupt descent 가파른 내리막길

abnormal

[æbnɔ́ərməl]

• norm=rule

ab(=away from ~에서 벗어나) + normal(정상인) ⇒ 비정상인; 거액의

ⓐ **비정상인,** 보통과 다른, 이례의(=unusual; exceptional); **거액의**
opp. **normal** 표준적인; 정규의(=regular); 보통의(=usual))

ⓝ **abnormality** 이상, 변태(=irregularity); 기형

ⓐⓓ **abnormally** 예사가 아니게, 비정상적으로; 병적으로

It is abnormal for a baby to have teeth at the age of three months.
갓난아기가 생후 3달 만에 이가 나는 것은 비정상적이다.

abnormal behavior 이상 행동

abnormal profit 거액의 이익

abominate

[əbámənèit]

⇒ 불길한 것으로 생각해 멀리하다

• -ate=make

ab(=away 멀리) + omin((불길한) 징조를 두) + ate(다) ⇒ 혐오하다

ⓥ **혐오하다,** 몹시 싫어하다(=abhor; detest; loathe)

ⓝ **abomination** 증오, 혐오(=abhorrence; detestation; loathing)

ⓐ **abominable** 혐오감을 주는(=loathsome); 몹시 불쾌한(=unpleasant)

Most people abominate idol worship.
대부분의 사람들은 우상숭배를 몹시 싫어한다.

the abominable odor of rotten garbage 썩은 쓰레기의 고약한 냄새

absolve

[əbzálv]

ab(=from (죄, 의무)로부터) + solve(=loosen 해제하다) ⇒ 면제하다

ⓥ (죄, 책임, 약속 등에서) **면제하다,** 용서하다(=acquit; condone*)

ⓝ **absolution** (벌, 책임의) 면제, 해제, 용서(=forgiveness); 사면

No excuse could absolve her from guilt.
어떤 변명으로도 그녀는 죄에서 풀려 날 수 없었다.

absolution of one's sin 죄의 용서

cf. **absolutely** ⓐⓓ 절대적으로; 전혀(=quite); 단호히(=finally)

absurd

[əbsə́:rd]

ab(=completely 완전히) + surd(=deaf 귀가 들리지 않는) ⇒ 불합리한

ⓐ **불합리한;** 터무니없는; 어리석은(=silly; ridiculous; preposterous)

ⓐⓓ **absurdly** 불합리하게; 어리석게(=ridiculously)

ⓝ **absurdity** 부조리(=unreasonableness); 어이없음, 터무니없음

This is an absurd situation. 이것은 불합리한 상황이다.

It's getting more and more absurd. 점점 더 어리석어지고 있다.

tips **ab-의 형태 변화**

(1) **ab** 다음에 자음 **c, t**가 나올 때는 **abs-**가 된다.

(2) 자음 **m, v** 앞에서는 **b**가 탈락되어 **a-**가 된다.

abscond

[æbskάnd]

• abs- < ab-

abs(=away 멀리 가서) + cond(=hide 숨다) ⇒ 도망치다

ⓥ **도망치다,** 자취를 감추다(=flee; go away secretly)

ⓝ **abscondence** 도망; 실종(=missing; disappearance)

She absconded with everyone's wages.
그녀는 모든 사람의 급료를 가지고 도망쳤다.

It's following me endlessly! I'll abscond secretly.
끝까지 쫓아오는군! 꼭꼭 숨어야지.

abstain

[əbstéin]

abs(=from ~로부터 떨어져서) + tain(=hold 유지하다) ⇒ 삼가다, 기권하다

ⓥ **삼가다**(=refrain*), 끊다; 금주하다; **기권하다**(=disclaim; renounce)

ⓝ **abstention** 삼감; 자제, 절제; (권리행사의) 포기, 회피; (투표의) 기권

We must abstain from speaking ill of others.
우리는 다른 사람들을 나쁘게 말하는 것을 삼가야 한다.

abstruse

[əbstrú:s]

abs(=away 멀리) + truse(=thrust (생각을) 몰아낸) ⇒ 난해한, 심오한

ⓐ **난해한**(=difficult; unintelligible; knotty), **심오한**(=recondite)

ⓝ **abstruseness/abstrusity** 심원(=profundity), 난해

Some books are still so abstruse to us that we need a teacher to find the main idea. 어떤 책들은 아직도 우리들에게 너무 난해해서 주제를 알려 줄 선생님이 필요하다.

averse

[əvə́:rs]

• a- < ab-

a(=from ~로부터) + verse(=turned (마음이) 돌아선) ⇒ 싫어하는

ⓐ **싫어하는**(=unwilling; reluctant); 반대의(=opposed)

ⓝ **aversion** 혐오, 반감(=antipathy; repugnance)

I'm not averse to having a party. 나는 파티를 하는 것이 싫지는 않다.

avert

[əvə́:rt]

a(=away 멀리 다른 쪽으로) + vert(=turn (얼굴을) 돌리다) ⇒ 돌리다, 피하다

ⓐ (눈, 얼굴을) **돌리다**(=turn away); (사고 등을) **피하다**(=avoid; ward off)

ⓥ **avertible/avertable** 피할 수 있는

He averted his eyes from her stare. 그는 그녀의 응시하는 눈을 피했다.
avert[prevent] an accident 사고를 막다

avocation

[æ̀vəkéiʃən]

a(=away) + vocation(직업, 본업) ⇒ 본업 이외의 (일) ⇒ 부업

ⓝ (본업 이외의) **부업**; 취미, 심심풀이(=hobby)

I want to deal in dress by an avocation.
나는 부업으로 옷 장사를 하고 싶다.

cf. **vocation** 직업(=occupation); 천직; 소명(召命)
vacation 휴가, 쉬기 ⓥ 휴가를 얻다, 휴가를 보내다
mistake one's **vocation** 직업을 잘못 선택하다

tips **분리 · 이탈(=from; away; off)의 뜻으로 쓰이는 접두사 정리**

(1) ab(s)- ex) **abhor** ⓥ ~을 몹시 싫어하다(=detest utterly)
(2) de- **deviation** ⓝ 이탈, 탈선; 일탈(=divergence)
(3) di- **divert** ⓥ 방향을 바꾸다, 돌리다(=turn aside; deflect)
(4) dif- **differ** ⓥ (의견이) 다르다(=disagree)
(5) dis- **dissipate** ⓥ 분산시키다, 흩뜨리다(=scatter)
(6) off- **offspring** ⓝ 자식, 자손(=progeny); 결과(=result)
(7) se- **separation** ⓝ 분리, 분할; 이별, 단절(=parting)

≫ ad-

(1) 접근, 방향 : to; toward (2) 가까이 : near
(3) 부가, 첨가 : add (4) 강조 : intensively의 의미를 지닌다.

C2-002

adapt
[ədǽpt]

ad(=to ~에) + apt(=fit 적응시키다) ⇒ 적응시키다, 순응시키다

ⓥ **적응시키다**(=adjust), **순응시키다**; 순응하다(~oneself); 개조하다

ⓝ **adaptation** 적합, 적응(=fitness); 적용, 응용; 각색

ⓝ **adaptability** 적합성, 적응성, 순응성(=flexibility)

ⓐ **adaptable** 적합[적응, 순응]시킬 수 있는; 개작할 수 있는

cf. adept ⓐ 숙련된, 정통한(=proficient) ⓝ 숙련자(=expert)

adopt 채택하다, 채용하다(=take up); 양자로 삼다

ⓝ **adoption** 채택, 채용, 선임; 양자로 삼기

The theory of evolution states that living things changes slowly over time to adapt to their environment.
진화론은 생물이 그들의 환경에 적응하기 위하여 시간의 경과에 따라 천천히 변한다고 주장한다.

cf. She is a self-taught musician who is adept at piano.
그녀는 피아노의 숙련자인 독학의 음악가이다.

adopt the view of another 남의 의견을 채택하다

adopt a child as one's heir 상속자로서 아이를 양자들이다

· **opt** ⓥ 선택하다

addict
[ədíkt]

ad(=to ~에) + dict(=devote (노력, 시간을) 바치다) ⇒ ~에 빠지게 하다

ⓥ **~에 빠지게 하다,** 몰두시키다(=devote; give up)

ⓝ [ǽdikt] 몰두하는 사람; 열렬한 팬; (특히) 마약 상용자

ⓐ **addicted** 빠져 있는, 골몰해 있는; 나쁜 버릇이 있는(=habituated)

ⓐ **addictive** (약이) 중독성의, 습관성의

ⓝ **addiction** 열중, 몰두, 골몰, 탐닉; (마약의) 중독

I think I'm addicted to the game. 아무래도 나는 게임 중독자인가 봐요.

She is a shopping[drug] addict. 그녀는 쇼핑[마약] 중독이다.

adequate
[ǽdikwət]

ad(=to ~에) + equ(=equal 같게, 알맞게) + ate(한) ⇒ 충분한, 적합한

ⓐ (어떤 목적, 요구에) **충분한**(=sufficient); **적합한**(=suitable)

opp. **inadequate** 불충분한(=insufficient); 부적당한(=inappropriate)

ⓐⓓ **adequately** 충분하게; 알맞게, 적합하게(=suitably)

Do you have an adequate knowledge of responsibilities and privileges of being an Australian Citizen?
당신은 호주 시민이 됨으로써 그에 따르는 책임과 특권에 대한 충분한 지식이 있습니까?

adequate measures 적절한 대책

adhere
[ædhíər]

ad(=to ~에) + here(=stick 붙이다, 들러붙게 하다) ⇒ ~에 들러붙다, 집착하다

ⓥ ~에 들러붙다(=stick fast; cling); 집착하다(=hold firmly)

ⓝ **adherence** 점착, 부착; 집착, 고수; 지지(=backing; upholding)

ⓐ **adherent** 들러붙는, 부착하는 ⓝ 지지자, 찬성자(=supporter)

ⓝ **adhesion** 점착, 부착, 접착; 집착; 지지

ⓐ **adhesive** 점착성의, 들러붙어 떨어지지 않는(=sticky)

It sometimes makes matters worse to adhere too strictly to the regulations.
규정에 너무 집착하면 일을 더욱 악화시키는 경우가 있다.

adjacent
[ədʒéisənt]

ad(=to ~가까이에) + jac(=lie 놓여 있) + ent(는) ⇒ 인접한

ⓐ 인접한(=near, adjoining); 이웃하는(=neighboring)

ⓝ **adjacency** 근접, 인접; 인접물; (TV, 라디오) 인접프로

China and Japan are adjacent to Korea. 중국, 일본은 한국에 인접해 있다.

adjoin
[ədʒɔ́in]

ad(=to ~에) + join(인접하다) ⇒ ~에 인접하다, 이웃하다

ⓥ ~에 인접하다, 이웃하다(=be next to or in contact with)

ⓐ **adjoining** 인접해 있는(=contiguous; neighboring; adjacent)

Canada adjoins the United States. 캐나다는 미국에 인접해 있다.

adjourn
[ədʒə́:rn]

ad(=to ~로) + journ(=day 날을 (옮기다)) ⇒ 연기하다; 휴회하다

ⓥ (모임 등을) 연기하다(=postpone); 휴회하다; 자리를 옮기다

ⓝ **adjournment** 연기(=postponement); 산회, 휴회(=recess)

The meeting was adjourned without delay. 모임은 지체 없이 연기되었다.

admonish
[ədmániʃ]

ad(=to ~에게) + monish(=warn 경고하다) ⇒ 훈계하다, 경고하다

ⓥ 훈계하다, 타이르다(=blame or scold gently); 경고하다(=warn)

ⓝ **admonition** 충고(=advice); 경고(=warning); 훈계(=exhortation*)

ⓐ **admonitory** 충고의, 경고적인; 훈계의(=exhortative)

The dentist admonished me against eating Coke if I wanted to keep my teeth.
그 치과의사는 내게 치아를 잘 유지하고 싶으면 콜라를 먹지 말라고 충고했다.

adulterate
[ədʌ́ltərèit]

ad(=to ~에) + ulter(=other 다른 것을 넣어 나쁘게) + ate(하다) ⇒ 불순하게 하다

ⓥ 불순하게 하다, 질을 나쁘게 하다(=debase; deteriorate*)

ⓐ 진짜가 아닌, 가짜의(=spurious*); 간통의(=adulterous)

ⓝ **adulteration** 섞음질; 품질을 떨어뜨리기 ⓝ **adultery** 간통, 간음(=illicit intercourse)

The dictionary says that to adulterate something is to make it impure.
사전에는 어떤 나쁜 것을 섞는 것은 그것을 더럽히는 것이라고 되어 있다.

advent
[ǽdvent]

ad(=near 가까이) + vent(=come 오다)의 뜻에서 ⇒ 도래, 출현

ⓝ **도래, 출현**(=coming or arrival); 예수 재림

ⓐ **adventitious** 우연의(=happening by chance); 외래의

ⓝ **adventure** 모험, 희한한 사건 ⓥ (목숨을) 걸다

The world goes through big change in the 20th century due to the advent of the computer. 세계는 20세기에 컴퓨터의 등장으로 인해 큰 변화를 겪고 있다.

advert
[ædvə́:rt]

ad(=to ~로) + vert(=turn (주의; 시선을) 돌리다) ⇒ 주의를 돌리다, 언급하다

ⓥ **주의를 돌리다**; ~에 유의하다; **언급하다**(=refer)

ⓝ **advertence/advertency** 주의, 유의(=attention)

ⓐ **advertent** 주의하는, 유의하는 *opp.* **inadvertent** 우연한, 부주의한

ⓥ **advertise** 광고하다(=publicize)

The President adverted to the need of more houses.
대통령은 주택이 더욱 필요하다는 것에 주의를 돌렸다.

advocate
[ǽdvəkèit]

ad(=toward ~을 향해) + voc(=call 외치) + ate(=make 다) ⇒ 옹호하다

ⓥ **옹호하다**, 주장하다(=plead for; support; urge); 변호하다(=defend)
ⓝ [ǽdvəkət] 옹호자(=defender), 창조자, 주장자(=vindicator)

ⓝ **advocacy** 변호, 옹호; 지지, 주장(=support)

ⓝ **advocator** 옹호자(=supporter), 주창자(=advocate), 지지자(=proponent*)

· **reciprocate**
ⓥ 보답하다, 답례하다; 교환하다

The United States, a strong advocate of free trade, is now confronted with the dilemma of how to encourage trading partners to reciprocate with opening across to their markets. 자유무역의 강력한 주창자인 미국이 이제는 어떻게 교역상대국들을 독려하여 미국에 대해 그들의 시장을 개방함으로써 미국에 보답하도록 하느냐 하는 난제에 직면하고 있다.

· **accompany**
ⓥ 동반하다, 동행하다

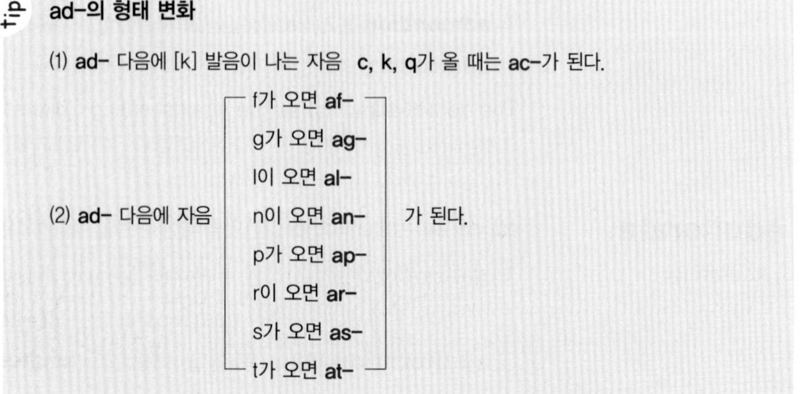
tips **ad-의 형태 변화**

(1) ad- 다음에 [k] 발음이 나는 자음 c, k, q가 올 때는 ac-가 된다.

(2) ad- 다음에 자음
- f가 오면 af-
- g가 오면 ag-
- l이 오면 al-
- n이 오면 an-
- p가 오면 ap-
- r이 오면 ar-
- s가 오면 as-
- t가 오면 at-

가 된다.

(3) 발음상의 편리함을 위해 **ad**의 **d**가 탈락되어 **a-**만 쓰이는 경우
– 주로 자음 **'sc-, sp-, st-'** 앞에서 일어난다.

accelerate
[æksélərèit]

• ac- < ad-

ac(=to ~까지) + celer(=swift 빠르게) + ate(=make 하다) ⇒ 촉진하다

ⓥ **촉진하다**(=hasten); 속력을 빠르게 하다, 가속하다(=quicken)

opp. **decelerate** 속도를 떨어뜨리다, 감속하다(=slow down)

ⓝ **acceleration** 가속, 촉진(=facilitation); 가속도

ⓝ **accelerator** (자동차의) 가속 장치; 액셀러레이터

Experts says sales will accelerate even more as technology advances.
전문가들은 기술이 발전하면 판매량은 훨씬 더 증가할 거라고 말한다.

accommodate
[əkámədèit]

• mod=measure 척도, 치수

ac(=to ~에) + com(=with 서로) + mod(치수를 맞추) + ate(=make 다) ⇒ 적응시키다

ⓥ **적응시키다**(=adapt); (시설에) 수용하다, 숙박시키다(=lodge); 조절하다

ⓝ **accommodation** 맞추기; 적합, 조화; 융통 *pl.* 숙박 설비

ⓐ **accommodating** 친절한, 남의 일을 잘 봐주는; 다루기 쉬운

The hotel can accommodate 1,500 guests. 그 호텔에는 1,500명의 손님이 묵을 수 있다.
I am willing to accommodate you. 기꺼이 편의를 봐드리겠습니다.

accomplish
[əkámpliʃ]

• -ish=make; do
• compl=complete

cf. **accomplice** ⓝ 공범자

ac(=to ~까지) + compl(=fill up (일로) 채우) + ish(다) ⇒ 완성하다, 완수하다

ⓥ **완성하다**, 해내다, **완수하다**(=complete; fulfill); 끝내다(=finish)

ⓝ **accomplishment** 완성, 성취, 완수(=completion);
달성, 업적(=achievement); pl. (사교상 필요한) 소양, 교양

ⓐ **accomplished** 완성된, 성취된, 기정의, 기성의(=completed); 숙달된

How do we plan to accomplish these goals?
이들 목표를 이루려면 어떤 계획을 세워야 합니까?

accumulate
[əkjú:mjulèit]

ac(=to ~에) + cumul(=heap 무더기를) + ate(=make 만들다) ⇒ 쌓다, 축적하다

ⓥ **쌓다**(=pile up); 모으다, **축적하다**(=gather; collect)

ⓝ **accumulation** 누적, 축적; 저축, 적립금

ⓐ **accumulative** 계속 쌓여가는, 누적적인

I want to get in a publishing company and accumulate a lot of experience.
출판사에 취직해서 많은 경험을 쌓고 싶다.

accurate
[ǽkjurət]

ac(=to ~에) + cur(=care (특히) 주의) + ate(한) ⇒ 정확한, 정밀한

ⓐ **정확한**(=exact); **정밀한**(=precise); 옳은(=correct)

ⓐⓓ **accurately** 정확히(=exactly); 정밀하게(=precisely)

ⓝ **accuracy** 정확, 정밀, 정밀도(=exactness)

It's possible to make accurate predictions through polls.
여론조사를 통해서 정확한 예측이 가능할 수 있다.

accustom

[əkʌ́stəm]

ac(=to ~에 대하여) + custom(습관 (들이다)) ⇒ 익히다, 습관들이다

ⓥ **익히다, 습관들이다**(=habituate); 훈련하다(=train)

ⓐ **accustomed** 익숙한(=familiar); 평소의, 늘 하는(=usual)

We will soon grow accustomed to the new environment.
우리는 곧 새로운 환경에 익숙해질 것이다.

affiliate

[əfílièit]

• af-<ad-

af(=to ~에) + fili(=son 아들을) + ate(만들어 넣다) ⇒ ~에 가입시키다

ⓥ **~에 가입시키다**; 합병하다(=merge) ⓝ 회원, 계열 회사

ⓝ **affiliation** 양자결연; 가입; 합병; 협력관계, 제휴(=union; coalition)

ⓐ **affiliated** 합병한, 가입한, 협력관계에 있는(=coalescent)

affiliate a smaller company to a large one 작은 회사를 큰 회사에 합병하다
a affiliated company 자회사, 계열회사

affable

[ǽfəbl]

af(=to ~에게) + fa(=say 말을 걸) + (a)ble(수 있는) ⇒ 상냥한; 공손한

ⓐ **상냥한,** 사귀기 쉬운(=sociable); **공손한**(=polite; courteous); 정중한

ⓐⓓ **affably** 상냥하게, 공손하게(=politely; courteously)

ⓝ **affability** 상냥함, 공손함(=tenderness)

I am an affable individual and have good relationship with other people.
저는 사교성이 좋아서 대인관계도 좋습니다.

affliction

[əflíkʃən]

af(강조-강하게) + flict(=strike 때리는) + ion(것) ⇒ 고통, 괴로움

ⓝ **고통,** 고난(=suffering; distress); **괴로움**(=misery), 고통의 원인

ⓥ **afflict** (병마 등이) 심신을 괴롭히다, 슬퍼하게 하다(=distress)

Be happy even though yóu are with affliction.
고난과 함께라도 즐거워하라.

affluent

[ǽfluənt]

af(강조-철철) + flu(=flow (넘쳐)흐르) + ent(는) ⇒ 부유한, 풍부한

ⓐ **부유한**(=wealthy*); **풍부한**(=abundant), 엄청난(=copious)
ⓝ (강의) 지류(=tributary) ⓐⓓ **affluently** 풍부하게(=abundantly)

ⓝ **affluence** 부, 부유(=wealth; opulence*); 풍부; 유입(=influx)

The past was passed. it's time to challenge to the affluent future.
과거는 지나갔다. 이제 풍요로운 미래에 도전할 때다.

aggrandize
[əgrǽndaiz]

• ag- < ad-

ag(=to ~까지) + grand(=large 크게) + ize(=make 하다) ⇒ 확대하다, 강화하다

ⓥ **확대하다**(=enlarge), **강화하다**(=intensify); 과장하다(=exaggerate)

ⓝ **aggrandizement** 확대, 강화(=intensification); 과장(=exaggeration)

We'll gradually aggrandize investment in the development of new drugs.
우리는 신약 개발 투자를 점차 늘려갈 것입니다.

aggravate
[ǽgrəvèit]

• -ate=make

opp. **alleviate** ⓥ 완화하다

• **exorbitant** ⓐ 엄청난

ag(=to (나쁜 것)에 더하여) + grav(=heavy 무겁게) + ate(하다) ⇒ 악화시키다

ⓥ (병, 슬픔 등을) **악화시키다;** 화나게 하다(=exasperate; irritate)

ⓝ **aggravation** 악화, 격화; 짜증거리; 화남(=irritation)

ⓐ **aggravating** 악화시키는; 화나는, 약오르는(=irritating; exasperating)

If you borrow money at exorbitant interest, you aggravate the risks.
만약 당신이 너무 높은 이자로 돈을 빌린다면, 위험을 악화시킬 것이다.

cf. **aggregate** ⓥ (하나로) 모으다(=accumulate) ⓐ 총계의(=total)

aggressive
[əgrésiv]

• a written ~ 성문헌법

• an unwritten ~ 불문헌법

ag(=to ~로) + gres(=step (발을) 힘차게 내딛) + sive(는) ⇒ 침략적인, 적극적인

ⓐ **침략적인,** 공격적인(=offensive); 호전적인(=quarrelsome); **적극적인**

ⓝ **aggression** 공격, 침략(=invasion*); 침범, 침해 (=encroachment)

ⓥ **aggress** 싸움을 걸다, 시비를 걸다

ⓝ **aggressor** 침략자, 침략국; 공격자(=assailant; invader)

The nation violated the constitution that renounces all aggressive wars by assisting the war in Iraq.
그 나라는 이라크 전쟁을 도움으로써 모든 침략전쟁을 포기한다는 헌법 조항을 위반했다.

A successful businessman must be aggressive.
성공한 사업가는 진취적임에 틀림없다.

allege
[əlédʒ]

• al- < ad-

al(=to ~에 대해) + lege(=clear at law 법에 결백을 밝히다) ⇒ 주장하다

ⓥ (증거도 없이 강력히) **주장하다**(=assert); 우겨대다(=plead)

ⓝ **allegation** (근거없는) 주장(=affirmation); 변명; 진술, 해명

ⓐ **alleged** 주장된, 그렇다고 일컬어지고 있는(=asserted)

I cannot allege that she was there. 그녀가 거기 있었다고 단언할 수 없다.

alleviate
[əlíːvièit]

al(~로) + levi(=light 가볍게) + ate(=make 하다) ⇒ 완화시키다

ⓥ (고통, 슬픔 등을) **완화시키다,** 경감하다(=relieve; lessen; mitigate)

ⓝ **alleviation** 완화, 경감(=relief)

ⓐ **alleviative** 경감하는, 완화하는 ⓝ 완화제(=relaxant)

People take up smoking to alleviate stress and to lose weight.
사람들은 스트레스나 체중을 줄이려고 흡연을 시작한다.

alliance
[əláiəns]

al(=to ~에) + li < lig(=bind (같이) 묶) + ance(음) ⇒ 결합, 연합

ⓝ **결합, 연합,** 결연, 제휴(=union); 동맹, 조약(=treaty)

ⓐ **allied** 동맹을 맺고 있는, 연합하고 있는; 같은 계통인(=kindred)

ⓥ **ally** 동맹[연합, 제휴, 결연]시키다 ⓝ 동맹국, 연합국

Adolf Hitler made an anti-Communist alliance with Italy and Japan.
아돌프 히틀러는 이탈리아, 일본과 반공동맹을 맺었다.

allot
[əlɑ́t]

al(=to ~에게) + lot(나누다, 구분하다) ⇒ 할당하다

ⓥ **할당하다,** 배당하다(=apportion; assign; allocate*; distribute)

ⓝ **allotment** 할당, 배분(=assignment; allocation); 운명(=fate)

Allot money for other expenses, such as cosmetics and recreation.
돈을 다른 경비, 즉 화장이나 오락 같은 곳에 할당하라.

allude
[əlúːd]

al(=to ~에게) + lude(=play 장난치듯 이야기하다) ⇒ 넌지시 말하다, 암시하다

ⓥ **넌지시 말하다, 암시하다**(=speak of something indirectly)

ⓝ **allusion** (간접적인) 언급(=reference), 암시(=hint) ⓐ **allusive** 암시적인

ⓐⓓ **allusively** 넌지시, 암암리에 가리켜(=tacitly; implicitly)

She alluded to the problem but did not mention it.
그녀는 그 문제를 암시는 했으나 언급하지는 않았다.

allure
[əlúər]

al(=to ~을) + lure((미끼로) 유혹하다) ⇒ 유혹하다

ⓥ **유혹하다**(=tempt; entice; lure; seduce) ⓝ 매혹(=charm); 성적 매력

ⓝ **allurement** 유혹, 매혹(=fascination; captivation)

ⓐ **alluring** 유혹하는, 마음을 끄는, 매혹적인(=fascinating; charming)

She allured boys with her attractive lips.
그녀는 매력적인 입술로 많은 남자들을 유혹했다.

annex
[ənéks]

• an- < ad-

an(=to ~에) + nex(=tie 붙들어매다; 매달다) ⇒ 덧붙이다, 합병하다

ⓥ (책에 부록으로) **덧붙이다**(=append); (조건 등을) 첨가하다(=attach)
(토지, 나라, 회사 등을) **합병하다**(=merge; amalgamate) ⓝ 부가물, 부록; 별관

ⓝ **annexation** 첨가, 합병; 첨가물; 부록(=appendix)

Madagascar was annexed to France in 1896.
마다가스카르는 1896년 프랑스에 합병되었다.

The hotel annex will be completed in next month.
그 호텔 별관은 다음 달에 완공된다.

annihilate
[ənáiəlèit]

an(=to ~에) + nihil(=nothing 아무것도 없게) + ate(하다) ⇒ 전멸시키다

ⓥ **전멸[절멸]시키다**(=destroy completely; wipe out*); (상대를) 완패시키다

ⓝ **annihilation** 전멸(=total destruction)

"Destroy!" 쳐부수자. "Annihilate!" 전멸시키자. "Obliterate!" 없애버리자. "Eradicate!" 완전히 섬멸하자.(=root out)

annul
[ənʌ́l]

an(=to ~에) + nul(=none 아무것도 없게) 하다 ⇒ 무효로 하다, 취소하다

ⓥ **무효로 하다**(=nullify), 폐기하다(=abolish); **취소하다**(=cancel)

ⓝ **annulment** 취소, 폐지(=cancellation); 무효화(=nullification)

annul[abrogate] a treaty 조약을 폐기하다

appear
[əpíər]

• ap- < ad-

ap(=to ~에) + pear(=come forth 나오다[나가다]) ⇒ 나타나다, 출현하다

ⓥ **나타나다, 출현하다**(=come in to sight); 출두하다 *opp.* **disappear**(사라지다)

ⓝ **appearance** 출현, 출두; 외관, 겉모양(=aspect); pl. 형세, 정세

ⓐ **apparent** 눈에 보이는; 분명한, 명백한(=evident); opp. dubious(의심스러운)

ⓐⓓ **apparently** 명백하게, 분명히(=clearly; plainly)

She appeared[showed up; turned up] late for the party.
그녀는 파티에 늦게 나타났다.

applaud
[əplɔ́ːd]

ap(=to ~에게) + plaud(=clap 박수치다) ⇒ 박수갈채하다, 칭찬하다

ⓥ **박수갈채하다**(=acclaim; clap; hail), **칭찬하다**(=commend; praise; panegyrize*)

ⓝ **applause** 박수갈채, 환호; 성원; 칭찬(=laudation; commendation)

ⓐ **applausive** 박수갈채하는, 칭찬하는(=eulogistic; laudatory)

We applaud his leadership on efforts to curb teen smoking.
우리는 10대들의 흡연 억제에 대한 그의 리더십에 박수를 보냅니다.

appoint
[əpɔ́int]

ap(=to ~에게) + point((자리를) 가리키다) ⇒ 임명하다, 지명하다

ⓥ **임명하다, 지명하다,** 선임하다(=nominate); (날짜를) 정하다(=fix)

ⓝ **appointment** 임명, 선정; 관직; 약속; pl. 설비(=equipment; outfit)

ⓐ **appointed** 결정된, 정해진, 약속된; 설비된(=equipped)

The stockholders elect the directors of the corporation and the directors appoint the management.
주주들은 회사의 경영진을[이사들을] 선출하고 이사들은 경영 간부를 임명한다.

apposition
[æ̀pəzíʃən]

ap(=to ~에) + posit(=put (나란히) 놓) + ion(음) ⇒ 병치, 병렬

ⓝ **병치, 병렬**(=juxtaposition); 부가, 부착; <문법> 동격

ⓥ **appose** 나란히 놓다, (~에) 가까이 두다, 반대편에 놓다

We can translate some sentences of apposition and subordination into Korean.
우리는 동격과 종속 문장을 한국어로 옮길 수 있다.

approbation
[æ̀prəbéiʃən]

ap(=to ~에 대해) + prob(=examine 심사) + ation(함) ⇒ 허가, 인가

ⓝ **허가**(=approval); **인가**(=sanction)

ⓥ **approbate** 인가하다, 공인하다(=approve officially)

This software and its document can't be sold without the approbation of the authorities concerned.
이 소프트웨어와 도큐먼트는 관계당국의 허가 없이는 판매할 수 없다.

approximate
[əprάksəmèit]

• -ate=make

ap(=to ~에) + proxim(=near 가깝게) + ate(하다) ⇒ ~에 근접하다; 대강의, 대략의

ⓥ (수량 등이) **~에 근접하다,** 가까워지다; 접근하다(=approach)

ⓐ **대강의, 대략의**; 유사한, 비슷한(=very similar); 대체로 정확한

ⓐⓓ **approximately** 대강, 대략, 거의(=nearly; roughly)

ⓝ **approximation** 근접(=proximity*); 근사치, 가까운 것; 어림(=guess)

The number approximates seven thousand. 그 수는 7천에 가깝다.
an approximate estimate 어림셈

arrangement
[əréindʒmənt]

• ar- < ad-

ar(=to ~에) + range((가지런히) 정렬시) + ment(킴) ⇒ 정돈, 배치

ⓝ **정돈,** 정리; **배치**(=constellation*); 조정(=adjustment); 화해(=settlement); 협정; 편곡, 각색 *pl.* 계획(=plan), 준비(=preparations)

ⓥ **arrange** 정리하다, 정돈하다; 배열하다, 배치하다; 계획하다; 조정하다

• **constellation**
ⓝ 별자리, 성좌

We are going to make arrangement with the local agent to ship your order.
발주분의 선적을 위하여 현지 대리점과 협의할 예정이다.

arrogant
[ǽrəgənt]

ar(=to ~에게) + rog(=ask (건방지게) 요구하) + ant(는) ⇒ 거만한, 오만한

ⓐ **거만한,** 건방진, **오만한**(=overbearing; impudent; impertinent)

ⓐⓓ **arrogantly** 거만하게, 건방지게 ⓝ **arrogance** 거만, 건방짐; 오만

It's arrogant of the younger generation to press their morality on the older people. 젊은 세대가 자신들의 도덕성을 노인들에게 강요하는 것은 오만하다.

arrogate
[ǽrəgèit]

ar(=to ~에게) + rog(=ask (자기 것이라고) 요구) + ate(하다) ⇒ 사칭하다

ⓥ (칭호를) **사칭하다;** (권리를) 침해하다(=infringe)

• -ate=make

ⓝ **arrogation** 사칭; 횡령(=misappropriation)

It is wrong for the US government to arrogate the power to itself.
미국 정부가 권력을 남용한 것은 나쁘다.

ascertain

[æ̀sərtéin]

• as- < ad-
• certain 확실한

as(=to ~에게) + certain(=make certain 확인하다) ⇒ 확인하다

ⓥ **확인하다,** 조사하다, 규명하다(=find out); 알아내다(=get to know)

ⓝ **ascertainment** 확인, 탐지 ⓐ **ascertainable** 확인할 수 있는

The reporter ascertained whether the report is true.
그 보도기자는 그 보고의 사실여부를 확인했다.

cf. **certify** 증명하다, 지급을 보증하다 ⓝ **certification** 증명(서), 보증 ⓝ **certificate** 증명서

assail

[əséil]

as(=to ~에게) + sail(=leap 뛰어오르다, 달려들다) ⇒ 공격하다

ⓥ (맹렬하게) **공격하다,** 습격하다(=attack); (질문을) 퍼붓다

ⓝ **assailant** 습격자, 공격자; 가해자(=assaulter)

The tanker was assailed[attacked] by a plane of unknown[unidentified] nationality. 그 유조선은 국적불명의 비행기의 공격을 받았다.
She was assailed with[by] doubts.
그녀는 갖가지 의혹에 시달렸다.

asseverate

[əsévərèit]

as(=to ~에게) + sever(=serious 진정으로 말) + ate(하다) ⇒ 단언하다

ⓥ **단언하다**(=avouch; aver; assert; avow)

ⓝ **asseveration** 단언(=avouchment; averment)

I am not able to asseverate to my friends that I was certain.
나는 내 친구에게 내가 확실하다고 단언하지 못한다.

assiduous

[əsídʒuəs]

as(=to ~에) + sidu(=sit (계속) 앉아 (일하)) + ous(는) ⇒ 부지런한, 근면한

ⓐ **부지런한, 근면한**(=diligent; industrious); 계속하는

ⓐⓓ **assiduously** 부지런하게(=diligently)

ⓝ **assiduity** 근면(=diligence); pl. 배려

They are always assiduous in their assigned duties.
그들은 언제나 자신들에게 부여된 임무에 열심이다.

[tips] **근면한** = assiduous; diligent; industrious; hardworking

assort

[əsɔ́ərt]

as(=to ~에 대해) + sort(=lot 나누다, 구분하다) ⇒ 분류하다

ⓥ **분류하다**(=classify), 종류별로 나누다; 어울리다, 조화하다(=match)

ⓝ **assortment** 분류, 유별(=classification); 골고루 갖추기, 구색

ⓐ **assorted** 선별된; 갖가지의; 조화된(=matched; suited)

Assort the articles in sizes and patterns. 그 물건을 크기와 모양으로 분류하라.
have a greal assortment of ~ ~의 구색이 잘 갖추어져 있다

attainment

[ətéinmənt]

• at- < ad-

at(=to ~에) + tain(=touch 도달) + ment(함) ⇒ 달성, 도달

ⓝ (노력에 의한) **달성,** 성취(=accomplishment); **도달**(하기); *pl.* 학식

ⓥ **attain** 달성하다, 이루다(=accomplish; achieve)

ⓐ **attainable** 도달[달성]할 수 있는, 이룰 수 있는(=accomplishable)

The goals is beyond attainment.
그 목표는 달성하기 힘들다.

attenuate

[əténjuèit]

• -ate=make

at(=to ~에 대해) + tenu(=thin 가늘게) + ate(하다) ⇒ 가늘게 하다

ⓥ **가늘게 하다**(=make thin); 홀쭉하게 하다; (액체를) 묽게 하다
ⓐ **가늘어진,** 홀쭉해진(=thin); 묽은, **희박한**(=dilute)

ⓝ **attenuation** 가늘어짐; 홀쭉해짐; 희박화, 희석(=dilution)

We can amplify or attenuate an original image.
우리들은 최초의 이미지를 강하게 할 수도 있고 약하게 할 수도 있다.

attribute

[ətríbjut]

cf. **contribute** ⓥ 공헌하다
distribute ⓥ 분배하다

at(=to ~에) + tribute(=give (원인 등을) (돌려) 주다) ⇒ ~에 돌리다

ⓥ (원인 등을) **~에 돌리다,** (~의) 탓으로 하다(=consider as caused by);
(~의) 소유물[작품]으로 간주하다(=ascribe)
ⓝ [ǽtribjù:t] 속성, 특질, 특성(=characteristic); 상징(=symbol)

ⓝ **attribution** 돌리기, (~의) 속성이라 생각하기, 귀속

ⓐ **attributive** 속성의, 속성을 나타내는; 귀속적인; 〈문법〉 한정사

He attributed[ascribed, imputed] his failure to bad luck.
그는 자신의 실패를 불운한 탓으로 돌렸다.

attrition

[ətríʃən]

at(=to ~에) + trit(=rub 문지) + ion(름) ⇒ 마찰, 마모

ⓝ **마찰**(=friction), **마모**(=abrasion); 소모; 인원의 감소

Obviously, complex human relationships cause attrition[friction].
분명히 복잡한 인간관계는 마찰을 낳는다.

problems of friction and attrition 마찰과 마모 문제
a war of attrition 소모전

ascribe

[əskáib]

• a- < ad-

a(=to ~에[게]) + scribe(=write (원인 등을) 적어 넣다) ⇒ ~에 돌리다

ⓥ (원인 등을) **~에 돌리다,** ~때문[탓]이라고 하다(=assign; attribute*)

ⓝ **ascription** (~에) 돌리기, 귀속(=the act of ascribing)

ⓐ **ascribable** (~에) 돌릴 수 있는, ~에 기인하는(=attributable)

He ascribed his success to hard work.
그는 자신의 성공을 열심히 일한 덕분으로 돌렸다.

---

aspect
[ǽspekt]

a(=to ~에 대한) + spect(=look 모습, 외모) ⇒ 모양, 양상

ⓝ **모양, 양상,** 국면(=look; appearance); (문제 등의) 측면; 표정

Things began to take on a tragic[serious, new] aspect.
사태는 비극적인[심상치 않은, 새로운] 양상을 띠기 시작했다.

She wears an aspect of gloom. 그녀는 우울한 얼굴을 하고 있다.

---

aspersion
[əspə́:rʒən]

a(=to ~에게) + spers(=sprinkle (욕을 마구) 뿌) + ion(림) ⇒ 비난, 중상

ⓝ **비난, 중상**(=slander); <종교> 성수 살포(=sprinkle)

ⓥ **asperse** 욕설을 퍼붓다, 비방하다, 중상하다(=slander)

She strongly resented your aspersion. 그녀는 너의 비방에 분개했다.

baptize by aspersion 물을 뿌려 세례를 베풀다

---

available
[əvéiləbəl]

a(=to ~에게) + vail(=worth 가치가) + able(있는) ⇒ 유용한, 이용할 수 있는

ⓐ **유용한**(=usable), **이용할 수 있는;** 입수할 수 있는; 유효한(=valid)

ⓐ **avail** 쓸모 있다, 도움이 되다(=help; profit)

E-mail is not available because my computer is out of order.
컴퓨터가 고장이라서 이메일을 할 수 없다.

---

avenge
[əvéndʒ]

a(=to ~에 대해) + venge(=punish 혼내주다) ⇒ 복수하다

ⓥ (남을 위해) **복수하다**(=revenge); (~의) 앙갚음을 하다(=retaliate)

ⓝ **avenger** 복수자, 원수를 갚는 사람

It's time for you to pick up the gun and avenge her father's death.
이제 총을 들고 그녀 아버지의 죽음을 복수할 때다.

cf. **avenge[revenge] oneself[be avenged(revenged)] on ~** ~에게 원수를 갚다
vengeance ⓝ 복수, 원수 갚기 ⓥ **revenge** 복수하다
ⓐ **vengeful** 복수심에 불타는, 앙심을 품은

---

aver
[əvə́:r]

a(=to ~에 대해) + ver(=true 진실하다고 (주장하다)) ⇒ 단언하다, 증언하다

ⓥ (진실이라고) **단언하다,** 확언하다(=affirm; assert positively);
<법률> **증언하다**(=allege as a fact; verify)

His father averred his son's innocence.
그의 아버지는 아들의 무죄를 단언했다.

He averred that I had done it. 그는 내가 그것을 했다고 증언했다.

avow

[əváu]

a(=to ~에 대해) + vow((사실이라고) 맹세하다) ⇒ 공언하다

ⓥ (솔직히) **공언하다;** 인정하다(=confess; admit; avouch)

ⓝ **avowal** 공언, 고백, 자인(=frank acknowledgment)

ⓐ **avowed** 자인한, 공언하고 있는(=acknowledged; declared)

ⓐⓓ **avowedly** 공공연히(=openly; publicly; overtly; in public)

He avowed himself a patriot. 그는 자기가 애국자라고 말했다.

avowed[open] hostilities 공공연한 적대행위

tips

1. **ad-, ac-, af-, ag-, al-, an-, ap-, ar-, as-, at-, a-**가 붙는 단어가 자동사로 쓰일 경우 전치사 **to**를 동반하는 경우가 많다.

   ex) **adhere to ~** ~을 고수하다, ~에 들러붙다(=stick to)

   affirm to ~ ~라고 단언하다(=assert)

   allude to ~ ~을 암시하다(=hint; intimate)

   appeal to ~ ~에 호소하다, 흥미를 끌다(=attract)

   attach to ~ ~에 부착하다(=adhere), ~을 수반하다(=accompany)

2. **acquiesce** ⓥ (마지못해) 동의하다, 묵묵히 따르다 ⓝ **acquiescence** 묵종, 묵인

   accountable ⓐ 책임이 있는(=responsible); 설명할 수 있는

   acquaintance ⓝ 아는 사이, 알고 있음 ⓥ **acquaint** 알리다, 알게 하다

» ambi-

(1) both : 양쪽, 쌍방 / in two ways : 양쪽으로
(2) double : 둘의 / around : 둘레 / about : 여기저기의 의미를 지닌다.

 C2-003

ambidextrous
[æmbidékstrəs]

ambi(=both 양손이 모두) + dexterous(손재주 있는) ⇒ 재능이 많은

ⓐ **재능이 많은,** 다재다능한(=versatile); 교묘한(=skillful; facile); 양손잡이의; 두 마음을 품은; 교활한(=deceitful)

ⓝ **ambidexterity** 양손잡이, 표리부동(=duplicity)

ⓐ **ambidexter** 양손잡이의; 손재주가 있는(=dexterous) ⓝ 양손잡이, 두 마음을 품은 사람

Recently, a machine for an ambidextrous person has been made by a company. 최근 한 회사에 의해서 양손잡이용 기계가 만들어졌다.

an ambidextrous policy 양다리 걸치는 정책

ambiguous
[æmbígjuəs]

• g < ag=drive

ambi(=both 양쪽으로) + drive((뜻이) 가) + (u)ous(는) ⇒ 애매한

ⓐ **애매한**(=obscure; doubtful); 두 가지 뜻으로 해석되는(=equivocal)

ⓐⓓ **ambiguously** 애매하게(=vaguely; equivocally; obscurely)

ⓝ **ambiguity** 애매(함); 모호한 어구[표현]; 다의[多義]

Her ambiguous reply made him irritated. 그녀의 애매한 대답이 그를 열 받게 했다.

an ambiguous position 이도저도 아닌 입장

cf. **ambitious** ⓐ 야심있는; 야심적인 **ambition** ⓝ 대망, 야심
an **ambitious** attempt 야심적인 시도

ambivalence
[æmbívələns]

ambi(=both 양쪽) + val(=worth 가치)를 + ence(가짐) ⇒ 양면가치

ⓝ <심리> **양면가치,** 2중 경향(=the coexistence of positive and negative feelings toward the same person, object, or action)

ⓐ **ambivalent** 양면가치의; (마음이) 불안정한; 애매한(=ambiguous*)

Our researches investigate ambivalence in the behavior change process.
우리들이 한 연구는 행동변화 과정에서의 이중경향을 조사하고 있다.

an ambivalent feeling toward politics 정치에 대한 감정의 갈등

ambivert
[ǽmbivə̀ːrt]

cf. **introvert** 내성적인 사람
extrovert 외향적인 사람

ambi(=both 양쪽) + vert(=turn (성향)을 가진 사람 ⇒ 양향성인 사람

ⓝ **양향성인 사람,** 양향성 성격자(=a person who has elements of both introversion and extroversion)

ⓝ **ambiversion** (내향, 외향의 중간인) 양향성

Many people are ambivert; in some circumstances extroverted and in others introverted. 많은 사람들이 어떤 상황에서는 외향적이고 또 다른 상황에서는 내향적인 양향 성격자이다.

주의_ **ambiance** ⓝ 환경, 분위기 ⓐ **ambient** 에워싼, 주의의
amphibious ⓐ 양서류의, 수륙양용의 ⓝ **amphibian** 양서류 ⓐ 수륙양용의

≫ an-

부정 : not(~이 아닌), without (~이 없는)의 의미를 지닌다.

C2-004

anarchy

[ǽnərki]

cf. **anomie, anomy**

아노미(사회적 혼돈상태)

an(=without) + archy(=ruler) ⇒ 통치자가 없는 (상태) ⇒ 무정부 상태

ⓝ **무정부 상태**(=lawlessness); 무질서, 혼란(=disorder)

ⓝ **anarchism** 무정부주의, 무정부주의적 행동, 테러 행위

ⓝ **anarchist** 무정부주의자 ⓐ **anarchistic** 무정부주의(자)의

The collapse of central government is tantamount to anarchy.
중앙정부의 붕괴는 무정부상태에 가깝다.

anecdote

[ǽnikdòut]

• ec- < ex-

⇒ 아직 발표되지 않은 (재미있는) 일

an(=not 안) + ec(=out 밖으로) + dote(=give 발표된 (일)) ⇒ 일화, 비화

ⓝ **일화, 비화,** 기담; 비담(=little-known, entertaining facts of history or biography)

ⓐ **anecdotic** 일화의, 일화적인, 일화를 담은; 일화를 말하고 싶어하는

She spiced her conversation with humorous anecdotes.
그녀는 자신의 대화에 재미있는 일화를 넣어 흥미를 더했다.

anonymous

[ənɑ́nəməs]

an(=without 無) + onym(=name 이름) + ous(의) ⇒ 이름이 없는, 익명의

ⓐ **이름이 없는**(=nameless); 작자 불명의, **익명의**

ⓝ **anonymity** 익명, 무명, 필자불명 ⓐⓓ **anonymously** 익명으로

These messages are completely anonymous and virtually untraceable.
이들 메시지는 완전히 익명이고 실질적으로 추적도 불가능하다.

[tips] anesthetic ⓝ 마취제 anesthesia ⓝ 마취, 무감각증

tips an-의 형태 변화

• 자음 앞에서는 n이 탈락되어 a-가 된다.

abyss

[əbís]

• a- < an-

a(=without) + byss(=bottom 바닥) → 바닥이 없는 ⇒ 심연; 혼돈

ⓝ **심연;** 깊은 땅속, **혼돈**(=chaos); 나락; 끝없는 깊이(=bottomless depth)

ⓐ **abyssal** 헤아릴 수 없이 깊은(=unfathomable); 심해의

ⓐ **abysmal** 심연의, 끝없이 깊은; 깊이를 알 수 없는

ⓐⓓ **abysmally** 깊이를 모를 만큼, 지독히

After experiencing the abyss of national bankruptcy, many people are enjoying an economic revival. 국가부도의 혼돈을 겪고 난 후 많은 사람들이 경제적 회복을 누리고 있다.

apathy
[ǽpəθi]

a(=without) + pathy(=feeling 감정) → 감정이 없는 ⇒ 무관심, 냉담

ⓝ **무관심, 냉담**; 무감동(=indifference)

ⓐ **apathetic** 무감동의(=unmoved); 무관심한, 냉담한(=indifferent)

ⓐⓓ **apathetically** 냉담하게, 무관심하게

It doesn't mean that he has an apathy to her.
그것은 그가 그녀에게 무관심하다는 것을 뜻하는 것은 아니다.

They have apathy to politics. 그들은 정치에 냉담하다.

[tips] **무관심하게=apathetically; indifferently; stolidly; impassively**

cf. **antipathy** ⓝ 반감
sympathy ⓝ 공감, 동정

agnostic
[ægnástik]

a(=without) + gnostic(지식에 관한) → 지식에 관한 것이 없는 ⇒ 불가지론의

ⓐ **불가지론의**(=of an agnostic or agnosticism)
ⓝ 불가지론자(=who neither asserts nor denies the existence of a Creator)

ⓝ **agnosticism** 불가지론

people who are agnostic, atheist, non-religious care
불가지론자, 무신론자, 종교에 무관심한 사람들

cf. **agony** ⓝ 고뇌, 고통 (=anguish)

amnesty
[ǽmnəsti]

a(=not 안) + mnes(=remember 기억) + ty(함) → 죄를 안 기억함 ⇒ 은사, 특사

ⓝ **은사, 특사**(=general pardon especially for political offenses against a government)

cf. **amnestic** ⓐ 건망증의 ⓝ 건망증 환자

Amnesty International fights for the rights of humans throughout the world.
국제사면위원회는 전 세계에서 인권을 위해 노력하고 있다.

cf. **amnesia** ⓝ 기억 상실, 건망증

- **asymmetrical** ⓐ 비대칭의, 균형이 잡히지 않는, 어울리지 않는
- **amorphous** ⓐ 무정형의(=formless); 애매한(=ambiguous)
- **aseptic** ⓝ 방부제 ⓐ 무균의
- **atheism** ⓝ 무신론
- **asylum** ⓝ 피난처, 보호시설
- **anhydrous** ⓝ 무수(無水)의

tips

1. 부정(=not; without)의 뜻으로 쓰이는 접두사를 정리하면 다음과 같다.

(1) dis- ex) dishonor 불명예 / disrespect 무례, 경멸
(2) in- inability 할 수 없음, 불능 / inaccuracy 부정확
(3) il- illegal 불법의 / illogical 비논리적인
(4) im- impossible 불가능한 / impracticable 실행 불가능한
(5) ir- irregular 불규칙한 / irresolute 결단력이 없는
(6) non- noncooperation 비협력 / nonsense 허튼소리
(7) un- uncertain 불확실한 / undeniable 부정할 수 없는

2. 위의 단어에서 접두사를 제거하면 반대의미가 된다.

honor 명예 / respect 존경 / accuracy 정확 / legal 적법한 / logical 논리적인 / ability 할 수 있음, 능력 / possible 가능한 / regular 규칙적인 / resolute 단호한 / cooperation 협력 / certain 확실한 / deniable 부정할 수 있는

≫ ante-

• before : '앞의, 전에'라는 의미를 지닌다.
opp. Post- 후에, 나중에 cf. Anti- = against ~에 반대[대항]하여

C2-005

antecedent
[æ̀ntəsí:dənt]

ante(=before ~에 앞서) + ced(=go 가) + ent(는) ⇒ 선행하는; 선례

ⓐ **선행하는,** 앞서는(=preceding); 이전의(=previous)
ⓝ 앞선 일[사건]; **선례,** 전례; *pl.* 전력, 경력; <문법> 선행사

cf. **ancestry** ⓝ 가문, 조상

ⓐⓓ **antecedently** 앞서 ⓥ **antecede** (~보다) 선행하다(=precede)
ⓝ **antecedency/antecedence** (시간, 순서의) 선행(=priority)

an antecedent obligation and liability to the other
상대방에게 져야 하는 이전의 의무와 책임

antedate
[ǽntidèit]

ante(=before ~보다 앞선) + date(날짜)에 일어나다 ⇒ 먼저 일어나다

ⓥ **먼저 일어나다;** (시간적으로 ~에) 앞서다, (편지, 문서의) 날짜를 실제보다 앞선 날짜로 하다 ⓝ 실제보다 앞당긴 날짜
opp. **postdate** 실제보다 날짜를 늦추어 적다

Music may antedate agriculture.
음악은 농경보다 먼저 생겨났을 수도 있다.

antemeridian
[æ̀ntimərídiən]

ante(=before 전의) + meridian(=meridian 정오) ⇒ 오전의

ⓐ **오전의**(=before noon) *opp.* **postmeridian** 오후의

We divide the day into two halves and call it "antemeridian" and "postmeridian".
우리는 하루를 반으로 나누고 그것을 오전과 오후라 한다.

[tips] ante-의 변형은 ant(i)-이다.

anticipate
[æntísəpèit]

• anti- < ante-
• -ate=make

anti(=before 미리) + cip(=take (생각을) 취) + ate(하다) ⇒ 기대하다

ⓥ **기대하다**(=look forward to), 예기하다; 선수치다, 기선을 제압하다
ⓝ **anticipation** 예상, 기대(=expectation); 사전행위; 선수

It was far better than was anticipated. 기대한 것보다 훨씬 더 좋았다.

antiquity
[æntíkwəti]

• anti-<ante-=before
⇒ '이전의, 옛날의' 에서 유래함.

anti(=before (지금보다) 전의) + qu(=quality 성질) + ity(임) ⇒ 오래됨, 낡음

ⓝ **오래됨, 낡음;** 고대(=ancient times); *pl.* 고대의 유물[풍습, 문화]
ⓐ **antique** 옛날의(=ancient); 구식인(=old-fashioned) ⓝ 골동품
ⓥ **antiquate** 낡게 하다; 시대에 뒤지게 하다

It's true that many young people are indifferent to antiquity.
많은 젊은이들이 오래된 것[골동품]에 관심이 없는 것은 사실이다.

anti-

against : '적대, 반항' / opposite : '반대, 역'의 의미를 지닌다.
⇒ 모음 앞에서는 ant-가 되며 hyphen(-)을 쓰기도 한다.

C2-006

antagonist

[æntǽgənist]

• ant- < anti-

ant(=against 대항하여) + agon(=struggle 싸우는) + ist(사람) ⇒ 적수, 적대자

ⓝ **적수, 적대자**; 맞상대; 반대자(=opponent)

ⓥ **antagonize** 적대하다(=oppose); 갈등을 일으키다

ⓐ **antagonistic** 적의를 가진(=hostile); 비우호적인(=unfriendly)

ⓝ **antagonism** 반대, 적대(=active opposition); 적의(=hostility); 적개심

a formidable antagonist 강력한 적대자

cf. **a hostile country** 적대국 **a hostile act[actions]** 적대행위(=histilities)

antibody

[ǽntibὰdi]

cf. **antigen** ⓝ항원
antibiotic ⓝ항생제 ⓐ항생의
antidote ⓝ 해독제, 해결책

anti(=against (병균에) 대항하는) + body(물체) ⇒ 항체

ⓝ **항체,** 항독소(=substances formed in the blood tending to inhibit harmful bacteria, etc)

antibody testing to prevent HIV infection HIV 감염을 막기 위한 항체 테스트

naturally-occurring antibody 자연항체

Human Immunodeficiency Virus 인간 면역 결핍 바이러스(HIV)

antipathy

[æntípəθi]

anti(=against 반대하는(反)) + pathy(=feeling 감(感)정) ⇒ 반감, 혐오

ⓝ **반감,** 싫어함, **혐오**(=dislike; aversion)

ⓐ **antipathetic** 반감을 품고 있는; 성미에 맞지 않는

She seems to have an antipathy toward me.
그녀는 내게 반감을 가지고 있는 듯하다.

a mutual antipathy between two persons 두 사람 사이의 반감

● **mutual** [mjúːtʃuəl] ⓐ 중립의; 서로간의(=reciprocal; each other's)

antonym

[ǽntənìm]

cf. **synonym** ⓝ동의어

ant(=opposite 반대(의미의)) + onym(=word 말) ⇒ 반의어

ⓝ **반의어**

Antonym of an odd number is an even number.
홀수의 반의어는 짝수이다.

[tips]
• antifreeze 부동액
• antiseptic 방부제
• antacid 제산제
• anti-America 반미
• antarctic 남극 (지방의)
• antinuclear 반핵운동의
• antisocial 비사교적인, 반사회적인

ex. apply **antiseptic** treatment 방부 처리를 하다
an **antinuclear** campaign[movement] 반핵운동

≫ auto-

(1) self; of or by oneself : '자신의, 독자적으로'
(2) working by itself, without human operation : '자동의'라는 의미를 지닌다.

▶ C2-007

autobiography

[ɔ̀:təbaiɑ́grəfi]

cf. **biography** ⓝ 전기, 일대기

auto(=self 자신의) + bio(=life 인생)을 + graphy(=writing 쓴 것) ⇒ 자서전

ⓝ **자서전**(=story of a person's life written by himself)

ⓐ **autobiographic** 자서전적인, 자서전체의

An autobiography is the story of one's own life written by oneself.
자서전은 스스로 쓴 자신의 생에 관한 이야기다.

autocracy

[ɔ:tɑ́krəsi]

auto(=self 혼자서) 마음대로 하는 + cracy(=rule 통치) ⇒ 독재정치

ⓝ **독재정치**(=government by a ruler who has unlimited power)

ⓝ **autocrat** 독재자, 전제 군주

the <u>termination</u> of military autocracy 군사독재의 <u>종결</u>

autograph

[ɔ́:təgræ̀f]

auto(=self 자기 자신이) 직접 + graph(=writing 쓴 것) ⇒ 서명, 자필

ⓝ **서명, 자필**(=person's handwriting, especially his signature)
ⓐ 자필의, 서명이 있는 ⓥ 자필로 쓰다

ⓝ **autography** 자필, 자필 문서; 필적

May I have your autograph please?
사인 부탁드립니다., 사인 좀 해주시겠습니까?

autonomy

[ɔ:tɑ́nəmi]

auto(=self 자기 스스로) + nomy(=law 법)을 다스림 ⇒ 자치, 자율

ⓝ **자치**(=self-governing); 자치권; **자율**(=self-control)

ⓐ **autonomous** 자치의, 자치권을 가진(=self-governing)*

Local autonomy is the lowest level of democracy.
지방 자치는 민주주의의 가장 낮은 단계이다.

autonym

[ɔ́:tənìm]

aut(=self 자기 자신의) + onym(=name 이름) ⇒ 본명, 실명

ⓝ **본명, 실명** *opp.* **<u>pseud</u>onym** 필명, 아호, 익명
(pseud = false + onym = name)

a novel published under the author's autonym 작가의 실명으로 발행된 소설

cf. <u>**an**</u> + <u>**onym**</u> ⓝ 익명(자), 무명, 가명
(an = without, onym = name)

automation ⓝ 자동화, 자동조작

auto-의 변형

• 모음과 자음 h 앞에서는 aut-가 된다.

authentic
[əθéntik]

aut(=self 자신이 직접) + hen(=prepare 준비) + t + ic(한) ⇒ 진짜의, 믿을 만한

ⓐ **진짜의**(=genuine; based on actual fact); **믿을 만한**(=reliable; credible)
opp. **fictitious** 가짜의(=false; spurious; counterfeit; sham; feigned)

ⓥ **authenticate** (확실함을, 진짜임을) 증명하다, 확증하다; 인증하다

ⓝ **authenticity** 확실성, 신뢰성, 신빙성

This is an authentic information. 이것은 믿을 만한 정보이다.

authority
[əθɑ́rəti]

aut(=self 개인의) + hor(=bound (영향력을) 한정한) + ity(것) ⇒ 권위, 당국

ⓝ **권위**; 권한, 권력(=power; influence); *pl.* **당국**, 관계자

ⓥ **authorize** 권한을 주다(=empower); 권력을 위임하다(=commission)

ⓝ **authorization** 권한부여, 인증

ⓐ **authorized** 권한을 부여받은; 인가된 ⓐ **authoritarian** 권위주의의 ⓝ 권위주의자

He has no authority over his subordinates.
그는 부하들에게 권위가 없다.

the authorities concerned 해당관청

autopsy
[ɔ́:tɑpsi]

aut(=self 자신이 직접) + ops(=sight (시체를) 보는) + y(것) ⇒ 검시

ⓝ **검시**(=postmortem examination of a body); 실지 검증

The autopsy showed no sign that he had been slaughtered.
검시결과 타살의 흔적은 없었다.

[tips]
- **automotive** ⓐ 자동차의, 자동추진의
- **automobile** ⓝ 자동차 ⓐ 자동차의 ⓥ 자동차를 타다
- **automatic** ⓐ 자동의; 기계적인 ⓝ 자동권총
  ⓝ **automation** 자동화, 자동조작 ⓐⓓ **automatically** 자동적으로, 무의식적으로

Fumes from an **automobile** are toxic.
자동차 배기가스는 유독하다.
automatic calling unit 자동호출 장치
automatic data processing 자동정보처리
automatic[automated] teller machine 현금자동 입출금기(=ATM)

» be-

(1) make(~하게 만들다); do(~하다)라는 의미로 동사를 만든다.
(2) 강조(=completely; utterly; fully)의 의미를 지닌다.

▶ C2-008

befall
[bifɔ́:l]

be(=completely(완전히) 일이 ~에게) + fall(떨어지다) ⇒ 일어나다

ⓥ (일이) **~에게 일어나다,** 생기다(=happen to)

If any emergency befall you on your journey, you may open this letter.
여행 중에 혹시 어떠한 위험이 생기면 너는 이 편지를 뜯어보면 된다.

begrudge
[bigrʌ́dʒ]

be(=utterly 아주) + grudge(주기 싫어하다) ⇒ 주기 싫어하다

ⓥ (물건을) **주기 싫어하다,** ~을 아까워하다; 시기하다(=envy)

cf. **grudge** ⓝ 한, 원한(=spite) ⓥ 시기하다, ~을 주기 싫어하다

I think I have to begrudge money from now. 이제부터 돈을 아껴 써야겠다.

cf. a personal **grudge** 사사로운 원한, 개인적 유감

beguile
[bigáil]

⇒ be(강조-완전히) + guile(속이다)

be(=do) + guile(기만) → 남을 기만하다 ⇒ 속이다

ⓥ **속이다**(=deceive; cheat; defraud); 즐겁게 하다(=amuse)

ⓝ **beguilement** 속이기(=deception; imposition); 지루함을 달래기

And this I say, lest any man should beguile you with enticing words.
내가 이렇게 말함은 아무도 꼬드기는 말로 너희를 속이지 못하게 함이니라.

I recommend you this book if you want to beguile your daily life.
일상생활이 즐겁기를 원한다면 네게 이 책을 권해주고 싶다.

belie
[bilái]

be(=do) + lie(거짓말) ⇒ ~와 모순되다

ⓥ **~와 모순되다;** (~의) 거짓을 나무라다; (기대를) 어기다

They are inclined to belie those who disagree with them.
그들은 자기와 의견을 달리하는 사람을 나무라는 경향이 있다.

belittle
[bilítl]

be(=make) + little(작은) → 작게 만들다 ⇒ 작게 하다, 경시하다

ⓥ **작게 하다,** 작아보이게 하다; 얕잡다, **경시하다**(=depreciate*)

Democrats have belittled the influence of communism.
민주주의자들은 공산주의의 영향을 경시해왔다.

bereave
[birí:v]

be(=utterly 철저히) + reave(=reave 빼앗다) ⇒ 앗아가다

ⓥ (사고 등이) (가족을) **앗아가다;** (희망 등을) 앗아가다(=take ~ away)

ⓐ **bereaved** (근친을) 사별한, 뒤에 남겨진

ⓐ **bereft** 빼앗긴, 잃은(=deprived)

ⓝ **bereavement** 여읨; (가까운 사람과) 사별

The traffic accident bereaved his parents. 교통사고로 그는 부모님을 잃었다.

beset
[bisét]

be(=fully 충분히) + set((사람을) 배치하다) ⇒ 포위하다, 괴롭히다

ⓥ **포위하다;** 수반하다(=entail); 장식하다(=stud); 습격하다(=attack); **괴롭히다**(=harass; besiege)

ⓝ **besetment** 포위, 달라붙기

The undertaking is beset with many difficulties. 그 사업에는 많은 어려움이 따른다.

besiege
[bisí:dʒ]

be(=do) + siege(포위 공격) ⇒ (공격하기 위해) 포위하다, 괴롭히다

ⓥ **포위하다**(=beset; enclose; encompass); **괴롭히다**(=harass); 공격하다

The President was besieged with questions of many reporters.
대통령은 기자들의 질문공세에 시달렸다.

She was besieged with cares. 그녀는 근심걱정으로 시달렸다.

bestow
[bistóu]

be(=completely 완전히) + stow((식량, 짐을) 채워주다) ⇒ 기증하다

ⓥ **기증하다,** 주다, 수여하다(=confer); (시간 등을) 들이다, 사용하다

ⓝ **bestowal** 증여, 수여; 주기

She bestowed millions on charities. 그녀는 자선사업에 수백만 달러를 기부했다.

betroth
[bitróuð]

⇒ be(=do) + troth(=truth)
→ 진실을 약속하다

be(=do) + troth(약혼) ⇒ 약혼하다

ⓥ **약혼하다**(=make an engagement); 약혼시키다(=engage)

ⓝ **betrothal** 혼인의 약속, 혼약, 약혼(=affiance; engagement)

ⓐ **betrothed** 약혼한(=intended; engaged) ⓝ 약혼자

He was betrothed to my daughter. 그는 내 딸과 약혼했다.
She betrothed her daughter to Mr. Jones. 그녀는 딸을 존스씨와 약혼시켰다.

bewitch
[biwítʃ]

be(=completely 완전히) + witch(마법을 걸다, 매혹하다) ⇒ 마법을 걸다

ⓥ **마법을 걸다;** 매혹하다(=charm; fascinate)

ⓐ **bewitched** 마법에 걸린; 매혹된, 넋을 잃은(=charmed; captive*)

ⓝ **bewitchery** 마력, 매력(=charm; fascination)

ⓝ **bewitchment** 마법에 걸기; 매력(=charm)

ⓐ **bewitching** 마력을 가진; (남을) 매혹하는
(=fascinating; charming ; attractive; enchanting; glamorous)

I was bewitched by her beauty. 나는 그녀의 미모에 매혹되었다.

[tips] 매력이 있다=be attractive[charming; fascinating; bewitching; glamorous]

tips

- **beget** ⓥ (자식을) 보다, 낳다(=procreate); 생기게 하다(=produce)
- **behave** ⓥ 행동하다; (아이가) 얌전하다(=act properly)
  ⓝ **behavior** 행동, 행실; 태도(=deportment)
- **behold** ⓥ 주시하다, 바라보다(=look at)
- **belong** ⓥ (~에) 속하다, (~의) 것이다; (~의) 일원이다(~ to)
  ⓝ **belongings** 소유물, 소지품(=personal effects)
- **bequeath** ⓥ 유언으로 물려주다, 유증하다; 후세에 전하다(=hand down; pass on)
- **beseech** ⓥ (남에게) 탄원하다, 간청하다(=entreat; implore)
- **betray** ⓥ 배반하다; 속이다(=deceive); (약속을) 어기다; 폭로하다(=reveal)
  ⓝ **betrayal** 배반, 내통; 밀고(=anonymous notice)
- **bewilder** ⓥ 당황하게 하다, 어리둥절하게 하다(=confuse; embarrass; perplex)
  ⓐ **bewildered** 당혹한, 어리둥절해진(=confused; perplexed)
  ⓐ **bewildering** 당혹하게 하는, 어리둥절하게 하는(=embarrassing)
  ⓝ **bewilderment** 당혹, 곤혹(=confusion; embarrassment)

bene-

good : '좋은', well : '잘, 좋게'의 의미를 지닌다.

C2-009

benediction
[bènədíkʃən]

bene(=good 좋은) 일이 있도록 + dict(=say 말) + ion(함) ⇒ 축복

ⓝ **축복**(=blessing); 축도, 감사기도(=grace); 은총(=mercy) *opp.* **curse**(저주)

ⓐ **benedictory** 축복의 ⓐ **benedictive** 소원의, 소망의

ⓐ **benedictional** 축복의

God gives a benediction to the poor. 하느님은 가난한 사람들에게 축복을 주신다.

benefactor
[bénəfæ̀ktər]

bene(=good 선, 좋은 것)을 + fact(=do 행하)는 + or(사람) ⇒ 은인, 후원자

ⓝ **은인**(=patron); 은혜를 베푸는 사람; **후원자**, 기증자, 기부자(=donor)

ⓝ **benefaction** 자비, 선행, 자선(=charity); 기증, 기부

He enjoyed recovering his property, and thanked his benefactor warmly.
그는 잃어버린 재산을 찾아서 기뻤고 은인에게 정말 고마워했다.

beneficence
[bənéfəsəns]

bene(=good 선, 좋은 일)을 + fic(=do 행하) + ence(기) ⇒ 선행, 자선행위

ⓝ **선행; 자선행위**, 자선(=charity); 자비(=mercy)

ⓐ **beneficent** 은혜를 베푸는, 자비로운(=benevolent)

ⓐ **beneficial** 이익을 주는, 도움이 되는; 유익한(=favorable)

ⓝ **beneficiary** 수익자, 수혜자; (연금, 보험금 등의) 수취인

Beneficence is an effect of love. 자선(행위)는 사랑의 결과이다.

benefit
[bénəfit]

bene(=good (좋은) 일을) + fit(=do 하다) ⇒ 이익을 주다; 이익

ⓥ (~에게) **이익을 주다**, ~에 이롭다(=do good to (~))

ⓝ **이익**(=profit); 친절(=kindness); 은혜(=favor); 연금, 수당, 보험금

We are grateful for the benefits we receive from her.
우리는 그녀에게 받은 은혜에 감사한다.

benevolence
[bənévələns]

bene(=good 선, 좋은 일)을 + vol(=wish 바) + ence(람) ⇒ 자비, 선행

ⓝ **자비**, 친절(=kindness); 자선심(=charitableness); **선행**

ⓐ **benevolent** 자비로운, 친절한(=kind); 자선적인(=charitable)

opp. **malevolent** 악의 있는(=ill-intentioned; malicious; spiteful)

ⓐⓓ **benevolently** 자비롭게, 친절하게(=kindly)

I look upon benevolence and generosity as love.
나는 박애와 관용을 사랑으로 본다.

bene-의 변형

• beni- / bo(u)n-가 있다.

benign
[bináin]

• beni- < bene-

• gn < gen=birth

beni(=good 좋은) + gn(=birth (마음씨를 가지고) 태어남) ⇒ 인자한, 온화한

ⓐ **인자한,** 친절한(=kind), 자비로운(=generous*);
(기후, 풍토 등이) **온화한**(=mild); 쾌적한(=favorable)

ⓐⓓ **benignly** 친절하게(=kindly), 자비롭게(=generously)

ⓐ **benignant** 온정적인, 다정한(=gracious); 친절한(=kindly); 유익한(=beneficial)

opp. **malignant** 해로운(=harmful; detrimental*)

ⓝ **benignity** 온정, 자비(=graciousness); 친절(=kindness)

I want to become a benign person who can help others.
나는 다른 사람을 도울 수 있는 자비로운 사람이 되고 싶다.

a benign tumor 양성 종양

bonanza
[bənǽnzə]

bon(=good 좋은) + anza(=luck 행운) ⇒ 노다지, 대성공

ⓝ (대규모적인) **노다지**(=windfall), 풍부한 광맥; **대성공,** 큰행운(=good luck)
ⓐ 대성공의, 행운의(=lucky; fortunate)

She had invested his money in stocks and stroke a bonanza.
그녀는 주식에 투자하여 엄청난 돈을 벌었다.

a business bonanza 사업상의 큰 횡재

bounty
[báunti]

boun(=good 선한, 좋은) + ty(것) ⇒ 너그러움, 후함

ⓝ **너그러움**(=generosity), **후함;** 기증품; 장려금, 보조금

ⓐ **bountiful** 자비스러운(=bounteous), 관대한(=generous)

ⓐ **bounteous** 후한(=generous); 풍부한(=abundant)

The young couple live in affluence and bounty.
그 젊은 부부는 넉넉히 베풀면서 산다.

bene-의 반의 접두사는 MAL-, MALE-, MALI-이다.

ex) malefaction ⓝ 악행, 비행(=wrongdoing)
malice ⓝ 악의, 적의, 증오(=spite)
malevolence ⓝ 악의, 적의(=ill will)
malignity ⓝ (뿌리깊은) 악의, 증오(=malevolence); (병이) 악성, 불치

▸**bouquet** [boukéi] 꽃다발

» bi-

two : '(~이) 둘인, 이 중[두 가지; 양쪽]으로[인];
1기 2회 발행의'란 뜻의 형용사, 부사, 동사, 명사를 만든다.

C2-010

bicameral
[baikǽmərəl]

bi(=two 2) + camer(=chamber 의회) + al(의) ⇒ 양원제의

ⓐ (의회가) 상하 **양원제의**(=having two legislative chambers)

Bicameral Parliament consisting of the Senate and the House of Representatives 상원과 하원으로 구성된 상하양원제 의회

biennial
[baiéniəl]

bi(=two 2) + ennial(~년 계속되는, ~년마다의) ⇒ 2년간 계속되는

ⓐ **2년간 계속되는,** (식물이) 2년생의; 2년마다의(=occurring every two years)
ⓝ 2년마다 있는 것[행사]; 2년생 식물

cf. **perennial** 영속하는, 영원의; 다년생의 ⓝ 다년생 식물
annual 1년간의, 1년에 한 번의; 1년생 식물
biannual ⓐ 1년에 두 번의, 2년에 한 번의

Biennial plants need two growing seasons.
2년생 식물은 2년의 생장기를 필요로 한다.

bilateral
[bailǽtərəl]

bi(=two 양쪽) + lateral(측면의, 옆의) ⇒ 양면의; 쌍방의

ⓐ **양면의**(=having two sides); **쌍방의;** 상호적인(=reciprocal; mutual*)

cf. **unilateral** 한쪽만의; 일방적인; 일면만의(=one-sided)
collateral 평행한(=parallel); 추가의(=additional); 부수적인

The President met with business leaders to discuss pending bilateral issues.
대통령은 쌍무적인 경제현안 문제를 논의하기 위해 경제지도자들과 만났다.

bilingual
[bailíŋgwəl]

bi(=two 2) + lingual(말의, 언어의) ⇒ 2개 국어를 말하는

ⓐ (자유로이) **2개 국어를 말하는;** 2개 국어로 쓰인(=written in two languages)
ⓝ **bilinguist** 2개 국어 상용자 ⓐ **linguistic** 어학의, 언어학의

the person in favor of bilingual education
2개 국어 교육을 찬성하는 사람

bimonthly
[baimʌ́nθli]

bi(=two 2) + monthly(달의, 1개월 동안) ⇒ 2개월에 한 번의, 격월의

ⓐ **2개월에 한 번의, 격월의**
ⓐⓓ 2개월에 한 번, 2개월마다 ⓝ 격월 간행물

The newspaper is not a monthly magazine but a bimonthly.
그 신문은 월간이 아니라 격월간이다.

bipartisan

[baipáːərtizən]

bi(=two 두) + partisan(당파의, 게릴라의) ⇒ 두 당으로 된; 초당파적인

ⓐ **두 당으로 된;** 양당 연립의; **초당파적인**

Political opponents gave bipartisan support.
정적들은 초당적인 지지를 보냈다.

a bipartisan foreign policy 초당파적 외교정책

bi-의 변형

(1) 모음 앞에서는 **bin-**이 된다.
(2) 자음 **c, s** 앞에서는 **bis-**가 된다.

binocular

[bainákjulər] • bin- < bi-

bin(=two 두) + ocular(눈의, 시각의; 접안렌즈) ⇒ 두 눈의; 쌍안경

ⓐ **두 눈의,** 쌍안용의(=involving two eyes)
ⓝ *pl.* **쌍안경**(=field glasses 야외용, 육군용; opera glasses 극장용)
cf. **monocular** ⓐ 눈이 하나밖에 없는; 단안용의

The binocular eyepiece tube allows you to observe samples without having to lean forward.
쌍안경의 접안 튜브는 앞으로 기울이지 않고도 샘플을 볼 수 있도록 해 준다.

cf. **telescope** 망원경 **microscope** 현미경 **periscope** 잠망경

≫ circum-

(1) 주위 : around '둘레에', circle '원'
(2) 방향 : on all sides '온사방으로'의 뜻을 지닌다.

C2-011

circumference

[sərkʌ́mfərəns]

circum(=around (주위로) 둥글게) + fer(=carry 나) + ence(른 것) ⇒ 원주, 주위

ⓝ **원주,** 원둘레(=perimeter); 범위, 영역(=sphere; range); 주변, 주위

ⓐ **circumferential** 원주의, 주위의

cf. **circumfluent** ⓐ 주위를 흐르는, 환류성의

Eratosthenes said that the circumference of the earth was 28,600 miles.
에라토스테네스는 지구의 원둘레가 28,600마일이라고 말했다.

circumfuse

[sə̀ːrkəmfjúːz]

circum(=around 주위에) + fuse(=pour 붓다, 따르다) ⇒ 주위에 붓다

ⓥ (빛, 액체, 기체 등을) **주위에 붓다**(=pour around); 적시다(=bathe)

ⓝ **circumfusion** 주위에 쏟아 부음; 살포(=diffusion; spreading)

Light travels through space without circumfusing itself.
광선은 흩어짐 없이 공간을 꿰뚫고 지나간다.

circumlocution

[sə̀ːrkəmloukjúːʃən]

circum(=around 빙둘러) + locu(=say 말하) + tion(기) ⇒ 둘러말하기

ⓝ (넌지시) **둘러말하기**(=roundabout[indirect] way of speaking);
완곡한 표현(=roundabout expressions)

Language learner use a circumlocution or gesture to delivering his intention.
언어 학습자들은 의사전달을 위하여 우회표현이나 제스처를 사용한다.

without circumlocution 단도직입적으로

circumnavigate

[sə̀ːrkəmnǽvəgèit]

• -ate=make

circum(=around 빙 돌아) + nav(ship 배를) + ig(=drive 몰) + ate(다) ⇒ 배로 일주하다

ⓥ **배로 일주하다**(=sail around), (~을) 배로 돌다

ⓝ **circumnavigator** 세계 일주 항해자

Vasco Da Gama was the first European to circumnavigate Africa.
바스코다가마는 아프리카를 일주한 최초의 유럽인이었다.

cf. **navigate** ⓥ 배로 운행하다; (배나, 항공기를) 조종하다

circumscribe

[sə́ːrkəmskràib]

circum(=around 둘레에) + scribe(=write 선을 그리다) ⇒ 제한하다

ⓥ **제한하다**(=restrict); 둘레에 선을 긋다(=draw a line around)

ⓝ **circumscription** 한계, 제한(=limitation; restriction); 경계(선)

The work tends to represent an attempt to circumscribe meaning.
그 작품은 의미를 제한하기 위한 시도를 나타내는 경향이 있다.

circumspect
[sə́ːrkəmspèkt]

circum(=around 여기저기를) + spect(=look (주의 깊게) 살펴보는) ⇒ 신중한

ⓐ **신중한,** 주의 깊은(=cautious; careful; prudent; watchful)

ⓝ **circumspection** 조심(=caution), 신중(=prudence)

We must be circumspect in drawing a conclusion.
우리는 결론을 내리는 데 있어서 더 신중해야 한다.

circumstance
[sə́ːrkəmstæ̀ns]

• circum-=around

circum(주위가) + st(=stand (어떤 상태에) 서 있) + ance(음) ⇒ 상황, 환경

ⓝ *pl.* **상황,** 사정(=situation); **환경**

ⓐ **circumstantial** 상황에 의한; 우발적인(=incidental); 이차적인

Depending on circumstances, they will leave for America in June.
상황에 따라서 그들은 6월에 미국으로 떠날지도 모른다.

circumvent
[sə́ːrkəmvént]

circum(=around 빙 돌아서) + vent(=come 오다) ⇒ 일주하다, 회피하다

ⓥ **일주하다**(=go around), 우회하다; <곤란 등을> 교묘하게 **회피하다;** ~을 함정에 빠뜨리다(=entrap)

ⓝ **circumvention** 책략을 쓰기, 선수를 치기; 한 바퀴 돌기; 우회

a way to circumvent a TV debate TV 토론을 교묘히 피하는 법

tips **circum-의 변형**

• circu(l)- / circl-로 형태 변화한다.

circuit
[sə́ːrkit]

circu(=around 빙 돌아서) + it(=going 가기) ⇒ 순회, 우회

ⓝ **순회**(=circular journey); 둘레, 주변(=circumference); **우회**

I made a circuit in order to avoid her.
나는 그녀를 만나지 않기 위해 길을 돌아갔다.

circulate
[sə́ːrkjulèit]

cf. **whirl** ⓥ 빙빙돌다
revolve ⓥ 회전하다

circul(=around 여기저기로 빙돌) + ate(=make 다) ⇒ 순환하다, 배포하다

ⓥ (혈액 등이) **순환하다;** 유포하다(=diffuse); (화폐 등을) 유통시키다, **배포하다**(=distribute*)

ⓝ **circulation** (화폐 등의) 유통: (혈액의) 순환; (신문, 잡지의) 보급, 배포(=distribution); 발행부수; (TV · 라디오의) 시청자수; 광고의 이용인구

ⓐⓓ **circuitously** 간접적으로, 우회적으로(=indirectly, in a roun dabout way)

Blood circulates through[around] the body. 피는 체내를 순환한다.
She circulated from here to there at the dinner party.
그녀는 만찬회에서 여기저기를 돌아다녔다.

≫ com-

(1) with; together : 함께, 더불어, 서로
(2) thoroughly, completely : 완전히 - 강조 의미를 지닌다.

C2-012

combatant
[kəmbǽtənt]

com(=together 서로) + bat(=strike 때리는) + ant(사람) ⇒ 투사, 전투원

ⓝ **투사**(=fighter; warrior); **전투원** *opp.* **non-combatant** 비전투원

ⓐ **combative** 싸우기 좋아하는(=pugnacious); 호전적인(=militant)

ⓝ **combat** 전투, 격투(=duel); 전투; 투쟁(=struggle) ⓥ 싸우다

· **a combat plane** 전투기

Each combatant has a variety of ratings, including health and endurance.
각 전투원들에게는 건강이나 인내심을 포함한 다양한 평가가 있다.

commandeer
[kɑ̀məndíər]

com(강조 - 강제로) + mand(=order 명령) + eer(하다) ⇒ 강제 징집하다

ⓥ (군대에) **강제 징집하다**; 징발하다(=requisition); 강제로 빼앗다

ⓝ **commander** 명령자; (군대의) 지휘관; 사령관

ⓐ **commanding** 지휘하는; 유력한(=powerful); 당당한(=imposing)

ⓝ **command** 명령, 지령; 지휘, 명령권 ⓥ 명령하다, 지휘하다

cf. **commend** ⓥ 칭찬하다; 위탁하다(=entrust); 추천하다(=recommend)

The hospital was commandeered for the wounded.
그 병원은 부상자들을 위해 징발되었다.

commentary
[kɑ́məntèri]

com(강조 - 자세히) + ment(=mind 의견)을 말 + ary(함) ⇒ 주석, 논평

ⓝ **주석**, 주해(=series of annotations); **논평**(=series of comments)

ⓥ **commentate** 해설자로 일하다; 해설[논평]하다

cf. **documentry**
ⓐ 기록의 ⓝ 기록물

ⓝ **commentator** 주석자; (T.V, 라디오) 해설자

ⓝ **comment** (설명적, 비평적인) 주석, 해설(=annotation); 비평(=criticism); 논평(=remark)

ⓥ 주석하다, 해설하다; 비평하다

a running commentary 본문의 순서에 따른 일련의 주석
news commentary 뉴스해설
a running commentary on a basketball game 농구시합의 실황방송

commotion
[kəmóuʃən]

com(강조 - 강하게) + mot(=move 움직) + ion(임) ⇒ 소란, 소동, 폭동

ⓝ **소란, 소동**(=agitation, disturbance; upheaval); **폭동**(=revolt; riot)

ⓥ **commove** 뒤흔들다(=agitate); 동요[흥분]시키다(=shake)

It wasn't such a big commotion. 그다지 큰 소동은 아니었다.
Act of God, civil commotion, strike or labor disputes
천재지변, 내란, 파업 또는 노동쟁의들
create[cause] a commotion 소요를 일으키다

compact
[kəmpǽkt]

com(=together 서로(꽉)) + pact(=fasten 묶다, 죄다) ⇒ 꽉 채우다; 빽빽한

ⓥ [kəmpǽkt] **꽉 채우다**(=pack firmly); 압축시키다(=compress)

ⓐ [kəmpǽkt] **빽빽한**(=dense); 간결한(=terse); (자동차가) 소형의

ⓝ [kάmpækt] 협정, 계약(=agreement); 소형차; 분첩

Pulp is compacted into paper. 펄프는 압축되어 종이가 된다.

mutual defense compact 상호 방위조약

comparison
[kəmpǽrəsn]

com(=together 서로) + pari(=esteem equal 같게 평가) + son(함) ⇒ 비교

ⓝ **비교;** 비유(=likening); 비교의 가능성[여지]; <문법> 비교

ⓐ **comparative** 비교에 의한; 비교적인(=relative)

ad **comparatively** 비교하여; 상대적으로(=relatively)

ⓐ **comparable** 비교할 수 있는, 필적하는(=equal to)

ⓥ **compare** 비교하다(~ with[to]), 비유하다(~ to)

There is no comparison between them. 양자는 비교할 바가 없다.

- **incomparable** 비교가 안되는
- **incompatible** 서로 맞지 않는, 호환성이 없는

compete
[kəmpíːt]

com(=together 서로) + pete(=seek (목표를) 추구하다) ⇒ 경쟁하다

ⓥ **경쟁하다**(=vie); (경기에) 참가하다(=take part in); 필적하다

ⓝ **competition** 경쟁(=rivalry); 경기, 시합(=match)

ⓐ **competitive** 경쟁의, 경쟁에 의한; 경쟁심이 강한

The cup was competed for among many teams. 우승컵을 놓고 여러 팀이 경쟁했다.

complaisant
[kəmpléisənt]

com(강조-(남을) 잘) + plais(=please 만족시키) + ant(는) ⇒ 공손한; 순종적인

ⓐ **공손한**(=polite; courteous; obliging);
순종적인, 고분고분한(=compliant; amiable; congenial; amicable)

ⓝ **complaisance** 공손(=civility); 친절(=affability)

ⓥ **comply** 따르다, 순응하다 ⓝ **compliance** 승낙, 순종, 추종

The clerk obeyed the master's orders in a complaisant manner.
점원은 주인의 지시에 고분고분하게 따랐다.

cf. **complacent** ⓐ 마음에 흡족한(=satisfactory)

compunction
[kəmpʌ́ŋkʃən]

com(강조-강하게) + punct(=prick (마음을) 찌) + ion(름) ⇒ 양심의 가책

ⓝ **양심의 가책,** 후회, 뉘우침(=remorse); 마음의 아픔(=scruple)

ⓐ **compunctious** 마음에 거리끼는, 후회스러운(=remorseful)

ad **compunctiously** 후회하여

I have no compunctions about telling a white lie.
나는 악의 없는 거짓말에 대해 나쁘다고 생각하지 않는다.

- **compilation** ⓝ 편집
  ⓥ **compile** 편집하다, 모으다(=gather)

[tips] commitment ⓝ 약속, 위임 commemorate ⓝ 기념하다, 기념식을 거행하다

tips com-의 변형

(1) com- 다음에 [자음 - l / 자음 - r] 앞에서는 [col- / cor-] 이 된다.

(2) 자음 b, h, l, m, p 이외의 자음 앞에서는 con-이 된다.

(3) 자음 g, h, p, v 앞에서와 모음 a, e, i, o, u 앞에서는 com-의 **m이 탈락되어** co-로 쓰인다.

---

collaborate
[kəlǽbərèit]

col(=together 함께) + labor(=work 일) + ate(하다) ⇒ 공동작업하다

ⓥ (문예, 학문 등에서) **공동작업하다,** 협력하다(=work together)

ⓝ **collaboration** 공동, 협력(=cooperation); 합작, 공저(共著); 이적 행위

• col- < com-

cf. **corroborate** ⓥ 확증하다

Two scholars collaborated on this book.
이 책은 두 학자의 공저이다.

---

collapse
[kəlǽps]

col(=completely 완전히) + lapse(=fall 넘어지다) ⇒ 무너지다; 붕괴, 실패, 쇠약

ⓥ (건조물, 계획, 희망, 사업 등이) **무너지다,** 붕괴하다; (사람이) 쓰러지다

ⓝ (건조물, 조직 등의) **붕괴;** (사업 등의) **실패,** 좌절; (건강의) **쇠약**

ⓐ **collapsible** 접을 수 있는(=folding), 조립식의

The house collapsed during the storm.
그 집은 폭풍으로 무너졌다.

The firm collapsed when the price of oil rose sharply.
그 회사는 유가의 급격한 상승으로 도산했다.

---

collide
[kəláid]

col(=together 서로) + lide(=strike 맞부딪치다) ⇒ 충돌하다, 상충되다

ⓥ **충돌하다**(=crash); (이해 등이) **상충되다**(=conflict)

ⓝ **collision** 충돌; (이해 등의) 상충, 불일치(=conflict)

cf. **collude** ⓥ 결탁하다

A bus collided with a taxi at the corner.
버스와 택시가 저 코너에서 충돌했다.

---

collusion
[kəlú:ʒən]

col(=together (다른 사람과) 함께) + lus(=play 행동) + ion(함) ⇒ 결탁, 공모

ⓝ **결탁, 공모**(=conspiracy); 통모(通謨)

ⓐ **collusive** 결탁한, 공모의(=conspiratorial)

ⓥ **collude** (은밀히) 결탁하다, 공모하다(=conspire)

cf. **collision** ⓝ 충돌(=clash)

They are in collusion with a criminal syndicate.
그들은 범죄조직과 결탁하고 있다.

a head-on collision 정면충돌

conceal
[kənsíːl]

• con-<com-

con(=together 서로) + ceal(=hide 숨기다) ⇒ 숨기다, 비밀로 하다

ⓥ **숨기다**(=hide); **비밀로 하다**(=keep secret)

ⓝ **concealment** 은닉; 잠복; 숨는 곳; 잠복처(=shelter)

He concealed his business reverses from his parents.
그는 자신의 사업실패를 부모님께 숨겼다.

cf. **ambush duty** 잠복근무

concept
[kánsept]

con(=together 함께) + cept(=take (생각을) 가지다)의 뜻에서 ⇒ 개념

ⓝ **개념**(=generalized idea), 관념(=notion)

ⓝ **conception** 임신; 생각; 인상(=impression); 개념

ⓥ **conceive** 마음에 품다, 착상하다, 생각하다; 임신하다(=be pregnant)

The concept of patriotism is a powerful force in shaping history.
애국심이라는 관념은 역사 형성에 있어서 큰 힘이다.

concord
[kánkɔːrd]

con(=together 서로 같은) + cord(=heart 마음) ⇒ 일치, 조화

ⓝ **일치**(=agreement); **조화**, 화합(=harmony); (국가간의) 우호관계
opp. **discord** (의견의) 불일치; 불화, 내분(=strife; dispute)

ⓝ **concordance** 일치(=agreement); 조화(=harmony)

ⓐ **concordant** 일치한; 조화된(=harmonious)

constant concord and discord 지속적인 조화와 부조화

confiscate
[kánfiskèit]

• -ate=make
• fisc<fiscus

con(=completely 몽땅) + fisc(=treasury 국고로) + ate(만들다) ⇒ 몰수하다

ⓥ **몰수하다**, 압수하다, 징발하다(=seize*; attach(압류하다))

ⓝ **confiscation** 몰수, 압수(=seizure; attachment), 징발

The illegally imported goods are confiscated[seized] by the government.
밀수품은 정부에 의해 압수된다.

confront
[kənfrʌ́nt]

con(=together 서로) + front(=face 정면)으로 맞대다 ⇒ 직면하다

ⓥ (~에) **직면하다**(face); 대결시키다, 대질시키다; ~을 맞추어 보다

ⓝ **confrontation** 직면, 대립, 대치, 대결, 대심(對審)

I was confronted with[by] the difficulty[hardship, suffering, adversity, affliction].
나는 어려움에 직면했다.

congenial
[kəndʒíːnjəl]

con(=together 같은) + gen(=birth 태생) + ial(의) ⇒ 같은 성질의

ⓝ **같은 성질의**(=kindred; like-minded); 마음에 맞는, 성격에 맞는

ⓐⓓ **congenially** 성미에 맞게(=agreeably)

ⓝ **congeniality** (성질, 취미의) 일치, 잘 맞음(=affinity)

cf. **congenital** ⓐ (병 등이) 타고난(=inborn); 선천적인(=innate)

Among various lipsticks, find one that is congenial to yourself.
여러 가지 립스틱 중에서 자신에게 맞는 것을 고르세요.

---

conquer
[káŋkər]

con(=completely 완전히) + quer(=seek (목표를) 추구하다) ⇒ 정복하다

ⓥ **정복하다**(=subjugate; vanquish); 이겨내다(=overcome)

ⓝ **conqueror** 정복자, 승리자(=victor)

ⓐ **conquerable** 정복할 수 있는 opp. **invincible***; **unconquerable** 정복할 수 없는

Conquer, or be conquered. 정복하라, 그렇지 않으면 정복당한다.

---

consecutive
[kənsékjutiv]

con(강조-쭉) + sequ(=follow 뒤따르) + tive(는) ⇒ 계속되는, 연속적인

ⓐ **계속되는,** 계속 일어나는, **연속적인**(=successive*; continuing)

ⓐⓓ **consecutively** 계속하여, 연속적으로(=successively)

ⓝ **consecution** (사건 등의) 연속, 관련(=sequence); (논리 등의) 일관성

We had a good time for consecutive holidays.
우리들은 연휴 동안 즐겁게 지냈다.

---

conservation
[kànsərvéiʃən]

con(강조-철저히) + serv(=keep 보존) + ation(함) ⇒ 보존, 보호

ⓝ **보존**(=preservation); **보호,** 자연보호(=conservation of nature)

ⓐ **conservative** 보수적인 (*opp.* **progressive** 진보적인) ⓝ 보수주의자

ⓥ **conserve** 보호하다, 보존하다(=preserve; keep); 보관하다

conservation of nature 자연보호
the development and conservation of the natural resources
천연자원의 개발과 보호

---

consummate
[kánsəmèit]

• -ate=make

con(강조-완전히) + summ(=highest 정점에 도달) + ate(하다) ⇒ 완성하다; 완전한

ⓥ **완성하다,** 성취하다(=accomplish); <혼례를> 마치다

ⓐ **완전한**(=perfect), 유례가 없는(=supreme); (나쁜 일이) 극단의

ⓐⓓ **consummately** 완전하게; 극도로(=extremely)

ⓝ **consummation** 완성, 성취(=completion); 완전; 극치; 죽음

She is a consummate, glamourous, and versatile entertainer.
그녀는 유례없고, 매력적이며, 다재다능한 연예인이다.

---

convene
[kənví:n]

con(=together 함께) + vene(=come 오게 하다) ⇒ 소집하다

ⓥ (회의를) **소집하다**(=convoke); (모임 등에) <사람을> 모으다(=call together)

ⓝ **convention** 집회, 모임, 회의(=conference); 협정(=agreement); 관례, 인습(=custom; usage)

cf. **convenience** ⓝ 편리

ⓐ **conventional** 회의의; 관습적인(=customary); (무기가) 재래의

ⓐⓓ **conventionally** 관례대로; 판에 박은 듯이

An opposition party convened a special session of the Assembly.
야당은 임시국회를 소집했다.

conventional weapons 재래무기

---

correspond

[kɔ̀:rəspɑ́nd]

• cor-<com-

cor(=together 서로) + respond(=answer 응답하다) ⇒ 일치하다, 서신 왕래하다

ⓥ **일치하다,** 조화하다; **서신 왕래하다**(=communicate); ~에 상당하다

ⓝ **correspondence** 대응, 상응, 부합, 일치(=agreement; conformity); 유사(=similarity; analogy); 통신, 편지 왕래

ⓐ **correspondent** 대응하는, 부합하는(=conforming)

ⓝ 편지를 쓰는 사람, 통신자; 통신원; (외국에 있는) 거래선

ⓐ **corresponding** 대응하는, 상응하는(=agreeing); 편지 왕래의, 통신의

His actions do not correspond with his words.
그는 말과 행동이 일치하지 않는다.

I would like to correspond with you by snail mails.
편지로 당신과 연락을 주고받고 싶어요.

---

corrupt

[kərʌ́pt]

cor(=completely 완전히) + rupt(=break 파멸시키다) ⇒ 타락시키다; 부정한

ⓥ **타락시키다,** 더럽히다(=debase); 부패시키다(=corrode); 매수하다(=bribe)

ⓐ **부정한**(=dishonest), 타락한(=corrupt)

ⓝ **corruption** 부패(=decay; depravity); 타락; 뇌물수수(=bribery)

ⓐ **corruptive** 부패시키는, 타락시키는; 부패성의, 퇴폐적인

Her body was corrupted[soiled], but her mind is not.
몸은 비록 더렵혀졌지만 그녀의 마음은 그렇지 않다.

a corrupt politician 타락한 정치인

cf. **corrode** ⓥ 침식하다; 서서히 나쁘게 하다(=deteriorate) ⓝ **corrosion** 부식, 마음을 좀먹기

ⓐ **corrosive** 부식성의, 썩는; (풍자가) 신랄한 ⓝ 부식제

resistance to corrosive chemicals 부식화학물에 대한 저항력

---

corroborate

[kərɑ́bərèit]

• -ate=make

cor(강조 - 완전히) + robor(=strong 강하게) + ate(하다) ⇒ 확실하게 하다

ⓥ (신념 등을) **확실하게 하다**(=strengthen); (사실을) 확증하다(=confirm*)

ⓝ **corroboration** (새로운 사실, 증거 등에 의한) 확증(=confirmation)

The proof corroborates the rumor.
그 증거는 소문이 사실임을 확증한다.

coalescence
[kòuəlésəns]

• co-<com-

co(=together 함께 (합쳐서)) + alesc(=grow 자) + ence(람) ⇒ 합동, 연합

ⓝ **합동, 연합,** 합병(=fusion; alliance*; amalgamation); 유착

ⓥ **coalesce** 합동하다, 합병하다, 연합하다(=combine); (뼈 등이) 유착하다

ⓐ **coalescent** 합동하는, 연합하는; 유착하는

collision-coalescence process 충돌 · 응집 과정

cogent
[kóudʒənt]

• g<ag

co(=together 서로) + g(=drive (따르도록) 몰아가) + ent(는) ⇒ 설득력 있는

ⓐ (논의 등이) **설득력이 있는,** 승복시키는(=convincing*; persuasive)

ⓝ **cogency** (논의 등이) 설득력 있음, 설득력; 설득력 있는 문장, 표현

The essay is cogent enough to satisfy the critical reader.
그 수필은 비평적인 독자들을 만족시키기에 충분할 정도로 설득력이 있다.

cogent arguments 남을 수긍케하는 논의

cognate
[kágneit]

co(=together 같이) + gn < gen(=birth 태어) + ate(난) ⇒ 조상이 같은; 혈족

ⓐ **조상이 같은,** 같은 혈족의; 같은 계통의 ⓝ **혈족,** 친족

ⓝ **cognation** 동족 관계 *cf.* **cognition** 인식 (작용); 인식된 것

The English “father” is cognate with[to] the German “Vater”.
영어의 ‘father’는 독일어의 ‘Vater’와 같은 어원이다.

coherent
[kouhíərnt]

• together=서로

co(=together) + her(=stick 들러붙어 있) + ent(는) ⇒ 서로 밀착해 있는, 일관성 있는

ⓐ **서로 밀착해 있는; 일관성 있는**(=logical*; consistent; connected)

ⓝ **coherence** 밀착, 긴밀한 결합(=cohesion); 일관성(=consistency)

ⓝ **cohesion** (각 부분의) 결합; (정신적인) 결합, 단결

ⓥ **cohere** 서로 밀착하다; 긴밀하게 결합하다(=stick together);
(논리 등이) 시종일관하다(=be logically connected)

China’s Foreign Investment Policy coherent and stable
일관되고 안정적인 중국의 대외 투자 정책

coincide
[kòuinsáid]

co(=together 똑같이) + in(=on ~에) + cide(=fall 떨어지다) ⇒ 일치하다, 부합하다

ⓥ **일치하다, 부합하다**(=concur*; correspond exactly); 같은 때에 일어나다

ⓝ **coincidence** 일치, 부합; 우연의 일치; 동시 발생(=synchronization)

ⓐ **coincident** 일치하는, 부합하는(=coinciding); 똑같은(=identical)

ⓐ **coincidental** 일치하는, 부합하는(=coincident) ⓐⓓ **coincidentally** (우연히) 일치하여

Her interest coincided with her duty. 그녀의 취미는 하는 일과 일치했다.

the coincidence of the two events 두 사건의 동시 발생

tips **합동(=together; with)의 뜻으로 쓰이는 접두사의 정리**

(1) con- ex) **conceit** 자만(*opp.* **humility** 겸손); 기발한 착상
ⓐ **conceited** 자만심에 찬
confirm 확인하다(=make firm); (결심 등을) 굳게하다
conflagration 대화재, 큰불(=big fire)
consecrate 신성하게 하다(=hallow); ~에 바치다(=devote)
ⓝ **consecration** 신성화, 헌신, (주교의) 서품식
ⓐ **unconsecrated** 신성화되지 않은
contaminate 오염시키다 (=spoil)
ⓝ **contamination** 오염
contiguous 인접한, 근접한(=near)
contrite 뉘우치는(=repentant)
convey 나르다, 운반하다(=transport) ⓝ **conveyance** 운반, 수송

(2) com- **concoct** 썩어 만들다, 혼합하다(=mix)
conglomerate 복합체, 대기업체 ⓐ 덩어리가 된
commensurate 같은 크기의; 알맞은, 적당한 *opp.* **incommensurate**
commiseration 동정, 연민(=compassion)
compensate 보상하다, 배상하다, 보충하다
composure 침착, 냉정(=self-possession)
compulsory 강제적인, 의무적인(=mandatory)

(3) col- **collect** 모으다, 수집하다(=assemble)
colloquial 구어체의

(4) co- **coalition** 합동, 연합
coerce 강요하다(=force; compel)

(5) syn- **synchronize** 동시에 발생하다

(6) sym- **sympathy** 공감 *opp.* **antipathy** 반감(=aversion)

(7) syl- **syllable** 음절; 한 마디, 일언반구

≫ contra-

(1) against; opposite : '~에 반대하여, 대항하여'
(2) contrary : '반대의, 역의'의 의미를 나타낸다.

C2-013

contraband
[kɑ́ntrəbæ̀nd]

contra(=against (법에) 반하므로) + ban(=ban 금지) + d(시킨 것) ⇒ 밀수

ⓝ **밀수**(=smuggling), 부정거래; 밀수꾼, 부정 거래물
ⓐ (법률로거래, 수출입을) 금지한, 위법의(=prohibited)

ⓝ **contrabandist** 밀수업자(=smuggler)

Criminals trafficked in drugs and contraband goods.
범인들은 마약과 밀수품을 거래했다.

contraception
[kɑ̀ntrəsépʃən]

contra(=against) + conception(임신) → 임신을 막는 것 ⇒ 피임

ⓝ **피임**, 피임법(=method of preventing or planning conception)

ⓐ **contraceptive** 피임의(=preventing conception) ⓝ 피임약, 피임기구

ⓥ **contracept** 피임하다, 피임시키다

cf. **conception** ⓝ 임신, 개념

a permanent method of contraception 영구 피임법
use a contraceptive 피임기구를 사용하다

contradiction
[kɑ̀ntrədíkʃən]

contra(=against ~와 반대로) + dict(=say 말) + ion(함) ⇒ 반박; 모순

ⓝ **반박**(=refutation); 부정, 부인(=denial); **모순**(=inconsistency)

ⓐ **contradictory** 모순된, 상반된(=inconsistent; paradoxical)

ⓥ **contradict** (진술, 소문 등을) 부정하다(=deny); 반박하다(=gainsay)

the contradiction of the rumor 그 소문의 반박[부정]
a contradiction between two reports 두 보고간의 모순
The actual is often contradictory to the ideal. 현실과 이상은 모순된다.

contravene
[kɑ̀ntrəvíːn]

contra(=against (법을) 어기고) + vene(=come 오다) ⇒ 위반하다

ⓥ **위반하다**(=violate); 반대하다(=oppose), 반박하다(=contradict); 모순되다

ⓝ **contravention** 위반(=violation); 반대(=opposition);
반박(=contradiction*; refutation*; confutation)

There is a punishment for contravening the rule.
규칙을 어기면 벌을 받는다.

cf. They were arrested for a breach of the Election Law.
그들은 선거법 위반으로 검거되었다.

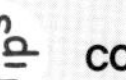

contra-의 변형

counter- / contro- ⇒ against

counteract

[kàuntərǽkt]

• counter- < contra-

counter(=against 반대로) + act(작용하다, 행동하다) ⇒ 방해하다, 좌절시키다

ⓥ (반대 작용으로) **방해하다**(=hinder); **좌절시키다**(=frustrate); (약이) 중화하다

ⓝ **counteraction** 반작용, 중화작용; (계획 등의) 방해

The medicine help (to) counteract the effects of motion sickness.
그 약은 멀미 증세를 없애주는 데 효과가 있다.

forces counteracting the influence
그 세력을 꺾으려는 여러 세력

countercharge

[káuntərtʃɑ̀rdʒ]

counter(=contrary 반대의) + charge(돌격, 고발) ⇒ 역습, 맞고소

ⓝ (습격에 대한) **역습,** 반격; **맞고소** ⓥ 역습하다, 맞고소하다

I charged him with <u>bribery</u>; he countercharged me with <u>slander</u>.
나는 그를 뇌물수수죄로 고소했지만 그는 나를 <u>명예훼손죄</u>로 맞고소했다.

countercheck

[káuntərtʃèk]

counter(=opposite 대항의) + check(저지, 대조) ⇒ 대항 수단, 재대조

ⓝ **대항[억제] 수단;** 반대, 방해; **재대조**(=double check)

ⓥ 대항[억제] 수단을 취하다; 방해하다; 재대조하다

It's important for the students to countercheck texts on the same subject.
학생들은 똑같은 주제에 관한 지문을 재대조해 보는 것이 중요하다.

cf. counter check 예금 인출표

counterfeit

[káuntərfìt]

counter(=against 위반하여) + feit < fac(=make 만들다) ⇒ 위조하다; 위조의

ⓥ **위조하다**(=fake, forge; imitate coins, handwritings, etc.)

ⓐ **위조의,** 가짜의(=forged), 모조의; 거짓의(=false), 가짜의(=bogus)

ⓝ 모조품, 모조물(=forgery); 가장, ~인 체하기

ⓝ **counterfeiter** 위조자, 모조자, 위작자

counterfeit coins 화폐를 위조하다

Her painting by Rembrandt was proved to be a clever counterfeit.
그녀가 가지고 있는 렘브란트의 그림은 교묘한 위조품인 것으로 판명되었다.

a counterfeit note 위조지폐

countermand

[kàuntərmǽnd]

counter(=against 반대로) + mand(=order 주문하다) ⇒ (주문을) 취소하다

ⓥ (명령이나 주문을) **취소하다**(=cancel), 철회하다(=revoke)

ⓝ (앞서의 명령을 취소하는) 반대 명령; (주문의) 취소

We are sorry to say that we have to countermand our order No. 20.
우리가 주문한 주문번호 20에 대하여 주문 취소를 알려드리게 되어 유감입니다.

counterpart

[káuntərpɑ̀ərt]

counter(=opposite 대응의, 마주보는) + part(상대, 편) ⇒ 대응되는 인물, 부본

ⓝ (상대적으로) **대응되는 인물**(=equivalent*), 흡사한 물건, 상대방; (계약서 등의) <정 · 부 2통 중의> 한 통, 사본(=copy), **부본**

The American foreign minister met his German counterpart.
미국 외상은 독일 외상과 만났다.

Woman is the counterpart of man.
여자는 남자(에게 없는 것)를 보완하는 존재다.

counterplot

[káuntərplɑ̀t]

counter(=contrary 대항의) + plot(책략, 계략) ⇒ 대항책; 의표를 찌르다

ⓝ **대항책,** 상대의 계략을 뒤엎기

ⓥ 계략을 뒤엎다; **의표를 찌르다**(=baffle a person's expectations)

hold a secret meeting to discuss a counterplot against ~
~에 대한 대항책을 논의하기 위한 비밀회의를 개최하다

controvert

[kɑ́ntrəvə̀:rt]

• contro- < contra-

contro(=against (생각이 서로) 반대로) + vert(=turn 돌다) ⇒ 논쟁하다

ⓥ **논쟁하다,** 논전하다(=dispute); 논박하다, 반대하다(=oppose)

ⓝ **controversy** 논쟁(=dispute); 싸움(=quarrel); 말다툼(=wrangle)

ⓐ **controversial** 논쟁의 대상이 되는(=disputable; debatable)

incontrovertible 논쟁할 여지가 없는(=incontestable; irrefutable*)
(in = not) 의심의 여지가 없는(=indubitable)

incontrovertibly 논의할 필요도 없이, 명백하게

The defendant has the right to controvert the evidence against him.
피고에게는 자신에게 불리한 증거에 대해서 반박할 권리가 있다.

The matter is beyond controversy[dispute]. 그 문제는 논쟁의 여지가 없다.

[tips] counterbalance ⓝ 평형력 ⓥ 대등하게 하다
counterclaim ⓝ 반소; 반대요구
confederation ⓝ 동맹, 연합(=alliance)
ⓥ confederate 동맹하다, 연합하다 ⓐ 동맹의
countermarch ⓝ 반대행진, 후진, 후퇴 ⓥ 후진하다

de-

(1) 위치 : down; under 아래(로)　(2) 분리, 이탈 : away; from; off 떨어져(서)
(3) 강조 : intensively; completely의 의미를 나타낸다.

C2-014

decadent
[dékədənt]

de(=down (도덕이) 아래로) + cad(=fall 무너져 내리) + ent(는) ⇒ 타락하는

ⓐ **타락하는,** 퇴폐적인(=declining); <문학> 퇴폐기의; 쇠퇴해 가는

ⓝ **decadence/decadency** 쇠퇴; 타락, 퇴폐

Many young men enjoy decadent night life.
많은 젊은이들이 퇴폐적인 밤의 환락을 즐긴다.

deciduous
[disídʒuəs]

de(=from ~에서) + cidu(=fall 떨어지) + ous(는) ⇒ 낙엽성의

ⓐ **낙엽성의**(*opp.* **evergreen** 상록의); (뿔, 털 등이) 빠지는, 덧없는(=transitory)

a belt of evergreen and temperate deciduous forest
상록 활엽수림과 온대 낙엽수림대

decrepit
[dikrépit]

de(=completely 완전히) + crep(=rattle 덜컥거리) + it(는) ⇒ 노쇠한

ⓐ **노쇠한,** 늙어빠진; 오래 써서 낡은(=worn out); 노후한(=senescent)
cf. **senile** ⓐ 고령의, 노년의; 심신이 모두 쇠약한

ⓝ **decrepitude** 노쇠, 노후, 노망

The walls were stained, and the tables were decrepit.
벽들은 지저분했고 테이블들은 낡아 덜거덩거렸다.

deface
[diféis]

de(=away 멀리) + face(표면을 없어지게 하다) ⇒ 손상시키다

ⓥ (외관을) **손상시키다**(=mar); (비명, 증서 등을) 손상시켜 잘 보이지 않게 하다; 지우다(=obliterate; efface)

ⓝ **defacement** 오손, 파손; 오손[파손]물

Do not deface or remove the label from the computer.
컴퓨터의 라벨을 떼어내거나 손상시키지 마세요.

defective
[diféktiv]

de(=away (정상에서) 떨어지게) + fect(=make 만) + ive(든) ⇒ 결함이 있는; 장애자

ⓐ **결함이 있는**(=faulty); 불완전한(=incomplete); 불충분한(=deficient)
ⓝ (신체, 정신) **장애자**(=the handicapped)

ⓝ **defection** 탈당; 배신, 변절(=betrayal); 의무 불이행; 결함

ⓝ **defect** 부족, 결핍(=want; lack); 결점, 결함(=fault); 단점(=shortcoming); 흠(=flaw)

When you buy defective products, you can exchange them for a new one.
결함 있는 제품을 구입한 경우에는 새 것으로 교환할 수 있다.

a plan with numerous defect 결함이 많은 계획

defraud
[difrɔ́d]

de(=completely 완전히) + fraud(사기) 치다 ⇒ 속여서 빼앗다

ⓥ (재산, 권리를) **속여서 빼앗다,** 사취하다(=deprive by fraud, cheat)

ⓝ **defraudation** 사취(=swindle; fraud; deception; cheating)

He defrauded the citizens of their rights. 그는 시민을 속여서 권리를 빼앗았다.

degenerate
[didʒénərèit]

⇒ 자신의 종족에서 나쁘게 분리되다[달라지다]

de(=from (종족에서) 분리되어) + generate(태어나다) ⇒ 퇴보하다; 타락한

ⓥ **퇴보하다**(=retrograde; retrocede); 나빠지다, 타락하다(=deteriorate)

ⓐ [didʒénərət] **타락한**(=degraded), 퇴화한(=deteriorated); 변질된

ⓝ 타락자, 변질자; 퇴화 동식물; 성욕도착자

ⓝ **degeneration** 타락, 퇴보, 악화(=deterioration); 퇴화

ⓐ **degenerative** 퇴화적인, 퇴행성의; 타락적인

The young people of today are degenerating little by little.
오늘날의 젊은이들은 점차 타락하고 있다.

defiance
[difáiəns]

• de- < dis-

de(=not 안, apart 떨어져) + fi(=trust 믿) + ance(음) → 안 믿음 ⇒ 반항, 도전

ⓝ **반항,** 무시; (경쟁 · 투쟁 등을 요구하는) **도전**(=challenge)

ⓐ **defiant** (명령, 권위를) 무시하는, 대담한; 반항적인, 무례한

ⓐⓓ **defiantly** 반항적으로, 도전적으로, 교만하게

ⓥ **defy** 반항하다(=oppose); 무시하다; 저항하다; 좌절시키다(=baffle)

defiance of established authority 기성 권위에 대한 반항
a letter of defiance 도전장
in defiance of ~ ~을 무시하고, ~에도 불구하고

degradation
[dègrədéiʃən]

de(=down 아래로) + grad(=step 등급)이 내려 + ation(감) ⇒ 좌천, 강등

ⓝ **좌천, 강등**(=demotion), 면직; (가치의) 저하; 타락(=debasement); 퇴화

ⓥ **degrade** (지위를) 낮추다, 강등시키다(=demote); (품위를) 떨어뜨리다

ⓐ **degraded** 지위가 낮아진; 타락한; (품질이) 떨어진

ⓐ **degrading** 품위를 떨어뜨리는; 품위가 없는(=debasing)

promotion and degradation 승진과 좌천
The captain was degraded for disobeying order.
그 육군대위는 명령불복종으로 강등되었다.

dejection
[didʒékʃən]

de(=down 아래로) + ject(=throw (기분이) 던져) + ion(짐) ⇒ 낙담, 우울

ⓝ **낙담,** 의기소침(=depression), **우울;** 배설, 대변(=excrement)

ⓐ **dejeted** 풀이 죽은(=depressed); 실망한(=discouraged)

ⓐⓓ **dejectedly** 풀이 죽어서, 낙심하여

ⓥ **deject** 실망하다, 낙담시키다(=dishearten; depress)

cf. **depression**
ⓝ 우울; 불경기; 저기압

Those days when out of dejection you will feel accomplishment.
낙담에서 벗어나는 그날에 당신은 성취감을 느끼게 될 것입니다.

---

delinquent
[dilíŋkwənt]

de(=off (정상행동)에서) + linqu(=leave 떠나 있) + ent(는) ⇒ 비행의; 범죄자

ⓐ **비행의;** 의무를 게을리하는(=neglect); 지불 기일을 넘긴(=overdue)
ⓝ 의무[직무] 태만자(neglecter*); 과실자; 체납자; **범죄자**, 비행자

• **juvenile** ⓐ 소년 소녀의
ⓝ 청소년

ⓝ **delinquency** (의무, 직무의) 불이행, 태만(=neglect); (경)범죄, 과실

delinquent taxes 체납세금
juvenile delinquency 청소년 범죄 / a juvenile delinquent 비행 소년

---

deluge
[déljuːdʒ]

de(=away 멀리) + luge(=wash (물이) 씻어버리다) ⇒ 범람시키다

ⓥ **범람시키다**(=flood), 넘치게 하다; 쇄도하다(=overwhelm)
ⓝ 큰물, 대홍수; 밀어닥치기, 쇄도(=rush)

A heavy rain deluged the city. 홍수로 그 도시는 물에 잠겼다.
a deluge of congratulatory telegrams 쇄도하는 축전

---

demolish
[dimáliʃ]

de(=down) + mol(=heap 쌓은 것)을 + ish(무너뜨리다) ⇒ 부수다, 파괴하다

ⓥ **부수다**(=pull down); **파괴하다**(=destroy; raze*); (주장, 학설을) 뒤집다
ⓝ **demolition** 파괴, 분쇄(=destruction); pl. 폭약(=detonator)

• -ish=make
• down=아래로

He demolished one side of his car against the guardrail.
그의 차는 난간에 부딪쳐 차의 한쪽이 망가졌다.

---

demonstrate
[démənstrèit]

• -ate=make

de(강조 - 완전히) + monstr(=show 보이게) + ate(하다) ⇒ 논증하다

ⓥ **논증하다,** 실증하다(=prove); (상품 등의) 선전을 하다(=exhibit; display); 시위운동을 하다(=take part in a demonstration)
ⓝ **demonstration** 증명; (감정) 표시; 시위운동
ⓐ **demonstrative** 감정을 노골적으로 나타내는; 명시하는; 지시하는
ⓝ **demonstrationist** 시위운동(참가)자; 데모 참가자

The professor demonstrated that language learning is based on repetition.
그 교수는 언어학습은 반복에 바탕을 둔다는 것을 증명해 보였다.
an anti-war demonstratiioon 전쟁반대 시위운동

---

deplete
[diplíːt]

de(=down (채워진 것을) 아래로) + plete(=empty 비우다) ⇒ 비우다, 고갈시키다

ⓥ **비우다**(=empty); (가득 차 있는 것을) 줄이다(=reduce);
(자원을) **고갈시키다**(=exhaust; drain)
ⓝ **depletion** 감소; 고갈, 소모(=exhaustion)

We have depleted natural resources which will be used by future generation.
우리는 후대들이 사용하게 될 천연자원을 고갈시키고 있다.

deport
[dipɔ́ərt]

de(=away 멀리) + port(=carry 가게 하다, 떠나보내다) ⇒ 추방하다

ⓥ (국외로) **추방하다**(=banish); 처신하다, 행동하다(=behave)

ⓝ **deportation** 유형(=expulsion), 국외추방(=banishment)

ⓝ **deportment** 처신, 태도, 행동(=behavior)

The government deported the criminals from the country.
정부는 범죄자들을 국외로 추방했다.

deprecate
[déprikèit]

cf. **depreciate**
ⓥ 가치를 떨어뜨리다

de(=off (나쁜 것에서) 떨어지라고) + prec(=pray 기도) + ate(하다) ⇒ 반대하다

ⓥ **반대하다;** 비난하다(=disapprove); 경시하다(=belittle; make light of)

ⓝ **deprecation** 불찬성; 애원, 탄원(=supplication)

ⓐ **deprecatory** 불찬성의; 탄원하는 듯한(=deprecating)

ⓐⓓ **deprecatingly** 비난하듯이, 애원조로

The Congressman deprecated the intent of proposed legislation.
그 국회의원은 제안된 법률의 취지에 반대했다.

deride
[diráid]

de(=down 아래로 (내려다보며)) + ride(=laugh 웃다) ⇒ 비웃다

ⓥ **비웃다**(=ridicule); 조소하다, 우롱하다(=mock; sneer (at))

ⓝ **derision** 비웃음, 조소(=ridicule); 우롱(=mockery)

ⓐ **derisive** 비웃는, 희롱하는(=ironical); 조소하는(=mocking)

ⓐ **derisory** 비웃는; 하잘 것 없는(=insignificant)

ⓐⓓ **derisively** 비웃듯이, 희롱하여

She derided tears I couldn't hide. 그녀는 내 숨기지 못하는 눈물을 비웃었다.

descend
[disénd]

de(=down 아래로) + scend(=climb 기어 올라가다) ⇒ 내려가다, 전해지다

ⓥ **내려가다**(=go down), 경사지다(=slope downward);
(자손에게) **전해지다,** 유래하다(=be inherited; derive from)

ⓝ **descendant** 자손; 후예(=posterity) opp. **ancestor** 조상

ⓝ **descent** 내리기, 하강, 내리막 경사 opp. **ascent** 상승

The road descends to a river. 길은 내리막으로 강에 이른다.
He descends from a noble family. 그는 명문가 태생이다.

desolate
[désələt]

de(=completely 완전히) + sol(=alone 홀로) + ate(된) ⇒ 황폐한; 황폐시키다

ⓐ **황폐한,** 황량한(=devastated; waste); 적막한, 고독한(=solitary)
ⓥ (국토를) **황폐시키다**(=ruin; devastate); 쓸쓸하게 하다

cf. **desperate**

ⓐ 절망적인, 자포자기의

ⓐⓓ **desolately** 황폐하여; 황량하게, 쓸쓸하게(=lonelily)

ⓝ **desolation** 황량, 황폐 상태; 적막함, 쓸쓸함; 비참함(=sadness)

Fire desolated the town. 화재로 도시는 황폐해졌다.

He was desolate when she went away. 그녀가 가버리고 나자 그는 쓸쓸했다.

despise
[dispáiz]

de(=down 아래로) + spise(=look (내려다) 보다) ⇒ 경멸하다

ⓥ **경멸하다,** 업신여기다 *opp.* **admire** 존경하다(=respect)

ⓝ **despite** 모욕(=insult); 악의(=malice); 증오(=hatred) ⓟ ~에도 불구하고(=notwithstanding)

You should not despise him because he is poor. 가난하다고 해서 그를 경멸해서는 안 된다.

detect
[ditékt]

de(=off 분리) + tect(=cover 덮개) → 덮개를 벗겨내다 ⇒ 찾아내다

ⓥ (비행 등을) **찾아내다,** 발견하다(=find out); 검출하다(=analyze out)

ⓝ **detection** (알아내기 힘든 사실의) 발견(=discovery)

ⓐ **detective** 탐정의, 탐정용의 ⓝ 형사; 탐정(=spy; sleuth)

Detect and remove the files on your computer.
네 컴퓨터에서 그 파일을 찾아내어 제거하라.

detest
[ditést]

⇒ 신을 증인(witness)으로 호출하여 저주하다는 뜻에서 유래함

de(=away from (싫어서) 멀리서) + test(=witness 목격하다) ⇒ 혐오하다

ⓥ **혐오하다**(=abhor); 몹시 미워하다, 싫어하다(=hate)

ⓝ **detestation** 혐오, 질색(=hatred; abomination)

ⓐ **detestable** 혐오할 만한, 몹시 싫은(=hateful; abominable)

ⓐⓓ **detestably** 진저리나게, 지독하게(=abominably)

She detests people laughing when she herself perceived no joke.
그녀는 자신이 알지 못하는 농담에 사람들이 웃으면 몹시 싫어한다.

detriment
[détrəmənt]

de(=frequently 자꾸) + trim(문질러 (닳아 없어진)) + ent(결과) ⇒ 손해, 손실

ⓝ (재산, 건강상의) **손해**(=damage*); **손실**(=loss); 유해물

ⓐ **detrimental** 손해가 되는, 해로운(=harmful) ⓝ 해로운 사람[것]

ⓐⓓ **detrimentally** 해롭게, 불이익을 끼치게(=harmfully)

It is very important that environmental detriment is minimized and benefits is maximized. 환경적인 손해는 최소화시키고 이익을 극대화시키는 것이 매우 중요하다.

Lack of sleep is detrimental to one's health. 수면부족은 건강에 해롭다.

devastate
[dévəstèit]

• -ate=make

de(강조 - 완전히) + vast(=waste 황무지)로 + ate(만들다) ⇒ 황폐시키다

ⓥ **황폐시키다,** (국토를) 유린하다(=ravage); 압도하다(=overwhelm)

ⓝ **devastation** 파괴(=destruction), 유린; 파괴의 자취(=ruin)

ⓐ **devastating** 황폐시키는, 파괴적인(=destructive)

The town was devastated by the long war. 그 도시는 장기간의 전쟁으로 황폐화되었다.
War makes great devastation. 전쟁은 엄청난 참화를 초래한다.

---

deviation

[di:viéiʃən]

de(=off 벗어나서) + via(=way 길을) + tion(감) ⇒ 이탈, 탈선

ⓝ (길, 규칙, 정도 등에서의) **이탈,** 일탈, **탈선**(=divergence); 항로 변경

ⓥ **deviate** (정도, 규범에서) 벗어나다(=turn aside); 이탈하다(=diverge)

cf. **diverge** ⓥ 갈라지다, 분기하다, 벗어나다 ⓝ **divergence** 분기, 일탈; 차이

converge ⓥ 한 점에 모이다, (의견이) 한데 모아지다 ⓝ **convergence** 집중성

a deviation from long-standing customs 오랜 관습에서의 일탈
I never deviated from my chosen path. 나는 내가 선택한 길에서 벗어난 적이 없다.

---

devour

[diváuər]

de(=completely 몽땅) + vour(=swallow 삼키다) ⇒ 게걸스레 먹다

ⓥ **게걸스레 먹다,** 먹어치우다(=eat up; swallow; gorge; stuff);
(화재, 전염병, 전쟁 등이) 멸망시키다(=annihilate);
(질병 · 화재 등이) 황폐시키다(=devastate)

ⓐⓓ **devouringly** 게걸스럽게; 뚫어지게

Insects would devour our crops every year.
해마다 곤충들이 우리의 곡식들을 먹어치우곤 한다.
devour one's heart 비탄에 잠기다(=eat one's heart out)

tips 접두사 de–의 기출어휘 정리

- **defame** ⓥ 중상모략하다, 비방하다(=slander; calumniate*)
- **deficient** ⓐ 모자라는(=insufficient; inadequate)
- **defile** ⓥ 더럽히다(=besmirch; soil)
- **demise** ⓝ 사망(=death); 소멸(=disappearance)
- **demoralization** ⓝ 풍기문란, 사기저하
- **denote** ⓥ 나타내다(=signify) ⓝ **denotation** 표시, 상징
- **deplore** ⓥ 한탄하다 ⓐ **deplorable** 통탄할 ⓝ **deploration** 탄식
- **deranged** ⓐ 미친, 발광한(=insane; mad)
- **desiccate** ⓥ 건조시키다(=dry); 무기력하게 하다(=enervate; weaken)
  ⓝ **desiccation** 건조(=drying)
- **destabilize** ⓥ 불안정하게 하다 *opp.* **stabilize** 안정시키다
- **destitute** ⓐ 결핍한, 빈곤한(=indigent; deprived)
- **desultory** ⓐ 산만한, 종잡을 수 없는; 엉뚱한(=digressing)
- **deteriorate** ⓥ 악화시키다; (품질, 가치를) 떨어뜨리다
  (=make worse; make lower in quality, value, etc.)
- **devout** ⓐ 독실한, 경건한(=pious); 성실한(=earnest)

≫ dis-

(1) 반대 : opposite of 반대의, 부정 : not ~아닌(不), 무(無)
(2) 분리 : apart 떨어져, away 멀리의 (3) 차이 : differently 다르게란 의미를 지닌다.

C2-015

disadvantage
[dìsədvǽntidʒ]

dis(=not 안) + advantage (유리) ⇒ 불리, 장해

ⓝ **불리,** 불편; 불리한 입장, **장해**(=drawback; handicap); 손해, 손실(=loss)

ⓐ **disadvantageous** 불리한, 형편이 좋지 않은(=unfavorable)

We are at a disadvantage. 우리는 불리한 입장에 있다.

disapprove
[dìsəprúːv]

cf. **disprove**
ⓥ 논박하다(=refute)

dis(=not 안) + approve(찬성하다) ⇒ 찬성하지 않다

ⓥ **찬성하지 않다;** 승인하지 않다 *opp.* **approve** 찬성하다, 승인하다

ⓝ **disapproval** 불찬성, 불승인, 부인; 비난(=censure) opp. **approval** 찬성, 승인

ⓐⓓ **disapprovingly** 불가하다고 하여, 비난하여 opp. **approvingly** 만족하여

I disapprove of smoking here. 나는 여기서 담배 피는 것에 찬성하지 않는다.

discontent
[dìskəntént]

dis(=not 안) + content(만족) ⇒ 불만, 불평

ⓝ **불만, 불평**(=dissatisfaction) ⓐ 불만인, 불평을 품은
ⓥ 불만을 품게 하다(=dissatisfy; displease)

ⓐ **discontented** 불만인, 불평을 품고 있는

The ability to hide anger and discontent is a valuable asset for social life.
화와 불만을 감추는 능력은 사회생활을 위한 소중한 자산이다.

discredit
[dìskrédit]

dis(=not 안) + credit(신용, 명예) ⇒ 불신; 불명예

ⓝ **불신, 불명예,** 의심, 의혹(=disbelief; doubt) *opp.* **credit** 신뢰, 명성, 외상
ⓥ 신용하지 않다, 의심하다(=disbelieve; doubt)

ⓐ **discreditable** 신용을 떨어뜨리는

ⓐⓓ **discreditably** 신용을 떨어뜨릴 정도로, 창피하게도

The incident is a discredit to our school.
그 사건은 우리 학교의 수치이다.

discrepancy
[diskrépənsi]

dis(=differently 다르게) + crep(=sound 소리) + ancy(남) ⇒ 불일치, 모순

ⓝ **불일치,** 차이(=disagreement; difference); **모순**(=inconsistency)

ⓐ **discrepant** 일치하지 않는(=disagreeing); 모순된(=inconsistent);
조화되지 않는(=inharmonious)

There is a discrepancy between the two theories.
두 이론 사이에는 모순이 있다.

disentangle

[disentǽŋgl]

• dis-=반대동작

dis(반대로) + entangle(얽히게 하다) ⇒ 풀다; 정상화 하다

ⓥ (실의 얽힘 등을) **풀다,** 끄르다(=undo); (혼란, 분규를) **정상화하다**

ⓝ **disentanglement** (얽힌 것을) 품; (혼란, 분규의) 해결

They disentangled the dispute by mutual concession.
그들은 서로 양보하여 분규를 해결했다.

disintegrate

[disíntəgrèit]

• dis-=반대동작

dis(반대로) + integrate(통합하다) ⇒ 분해시키다, 붕괴시키다

ⓥ **분해시키다; 붕괴시키다**(=break up) *cf.* **collapse** ⓥ 붕괴하다

ⓝ **disintegration** 분해, 분열; 붕괴(=breakdown)

ⓐ **disintegrable** 붕괴할 수 있는, 분해할 수 있는

Any trivial remark can disintegrate beliefs that we built up over several years.
사소한 말 한 마디가 수년간에 쌓아온 믿음을 무너뜨릴 수 있다.

disparage

[dispǽridʒ]

dis(=away 멀리) + parage(=rank 지위(를 떨어뜨리다)) ⇒ 평판을 떨어뜨리다, 깔보다

ⓥ **평판을 떨어뜨리다; 깔보다,** 경시하다(=depreciate); 비방하다

ⓝ **disparagement** 경시, 깔봄, 비방; 명예훼손(=detraction); 불명예

ⓐ **disparaging** 헐뜯는(=negative)

ⓐⓓ **disparagingly** 헐뜯어, 나쁘게 말하여

That she signed the decree is her everlasting disparagement.
그녀가 그 법령에 서명한 것은 그녀의 영원한 불명예다.

Don't disparage him because he is poor.
그가 가난하다고 깔보지 마라.

disparity

[dispǽrəti]

dis(=not 안) + par(=equal 같) + ity(음) ⇒ 부등, 상이

ⓝ **부등**(=inequality); **상이,** 차이(=difference*); 불일치, 불균형

ⓐ **disparate** (본질적으로) 다른, 종류가 다른

income disparity and the gap between rich and poor
소득 차이와 빈부간의 격차

disperse

[dispə́:rs]

dis(=apart 뿔뿔이) + prese(=scatter 흩뿌리다) ⇒ 흩뜨리다, 해산시키다

ⓥ **흩뜨리다**(=scatter abroad; spread); **해산시키다,** 쫓아버리다

ⓝ **dispersion** 분산, 흩어지게 하기; 퍼뜨리기(=scatter)

ⓐ **dispersive** 분산하는, 분산적인; 전파성의

ⓐⓓ **dispersively** 분산적으로, 뿔뿔이(=separately)

The police dispersed an unlawful assembly. 경찰이 불법집회를 해산시켰다.

disqualify
[dìskάləfài]

dis(=not 안) + qualify(자격을 주다) ⇒ ~의 자격을 박탈하다, 무능하게 하다

ⓥ **~의 자격을 박탈하다**(=deprive of legal rights, etc.); 실격시키다
(사람을) **무능하게 하다**(=disable; incapacitate)

ⓝ **disqualification** 무자격, 불합격; 실격; 자격 박탈

They were disqualified from taking part in the competition.
그들은 경기에 참가할 자격을 잃었다.

disrupt
[disrʌ́pt]

dis(=apart 따로따로) + rupt(=break 부숴버리다) ⇒ 분열시키다

ⓥ **분열시키다,** 분할시키다; (교통, 회의 등을) 방해하다(=disturb)
~을 혼란시키다(=cause disorder or turmoil in)

ⓝ **disruption** 분열, 분할; 파열, 파괴; 두절(=stoppage)

We must conduct our business in a manner that does not disrupt the natural environment. 우리는 자연환경을 파괴하지 않는 방법으로 사업을 해야 한다.

dissatisfy
[disǽtisfài]

dis(=not 안) + satisfy(만족시키다) ⇒ 만족시키지 않다

ⓥ **만족시키지 않다,** 불만을 품게 하다(=discontent)

ⓝ **dissatisfaction** 불만, 불평(=discontent)
불만족

ⓐ **dissatisfactory** 불만스러운(=unsatisfactory)

ⓐ **dissatisfied** 불만인, 불평의(=discontented)

How much we satisfy or dissatisfy each other?
우리는 서로에게 얼마나 만족하고 만족하지 않는가?

dispassionate
[dispǽʃənət]

dis(=not 안) + passionate(열렬한, 격정적인) ⇒ 조용한, 냉정한, 공평한

ⓐ **조용한, 냉정한**(=calm); 편견 없는(=unprejudiced),
공평한(=impartial; equitable; unbiased)

ⓐⓓ **dispassionately** 냉정하게, 편견 없이, 공평하게(=impartially)

ⓝ **dispassion** 냉정(=calmness); 편견 없음, 공평(=impartiality)

The President ordered the prosecution to conduct a dispassionate investigation into the case. 대통령은 검찰에게 그 사건을 공평하게 조사하라고 지시했다.
assume a dispassionate attitude 냉정한 태도를 취하다

disrepair
[dìsripέər]

dis(=not 안) + repair(수리(됨)) ⇒ 황폐, 파손

ⓝ <손질, 수리 부족에 의한> (건물의) **황폐, 파손**(=dilapidation)

The building is in a miserable state of disrepair. 그 건물은 몹시 황폐되어 있다.

disseminate
[disémənèit]

dis(=apart 사방으로) + semin(=seed 씨를 뿌리) + ate(다) ⇒ 흩뿌리다, 퍼뜨리다

ⓥ (씨 등을) **흩뿌리다;** (사상을) **퍼뜨리다**(=promulgate; spread)

ⓝ **dissemination** (씨, 사상 등을) 흩뿌리기, 살포, 선전, 전파; 유포, 보급

- -ate=make
- **seminate** ⓥ 씨를 뿌리다

We disseminate a wide variety of information to users.
우리는 아주 다양한 정보를 사용자들에게 배포하고 있습니다.

dissimilar
[disímələr]

dis(=not 안) + similar(닮은, 유사한) ⇒ 닮지 않은, 다른

ⓐ **닮지 않은;** 같지 않은; **다른**(=different)

ⓝ **dissimilarity** (외관 등의) 차이, 부동(=unlikeness; difference)

ⓝ **dissimilitude** 부동, 차이(=dissimilarity; difference)

Her coat is dissimilar in color to mine. 그녀의 코트 색은 내 것과 다르다.

dissimulate
[disímjulèit]

dis(=away 멀리서) + simulate(~인 체하다) ⇒ ~을 숨기다

ⓥ (감정을) **숨기다**(=hide); ~인 체하다, 가장하다(=pretend; dissemble)

ⓝ **dissimulation** 시치미 떼기, 위장(=pretense); 위선(=hypocrisy)

cf. **dissimilate**
ⓥ ~을 다르게 하다

She tried to dissimulate her sorrow. 그녀는 슬픔을 감추려고 애썼다.

dissipate
[dísəpèit]

dis(=apart 따로따로) + sip(=throw 던지) + ate(=make 다) ⇒ 흩뜨리다

ⓥ **흩뜨리다**(=scatter; dispel); 낭비하다(=waste; squander)

ⓝ **dissipation** 소산(=dispersion); 낭비(=extravagance); 방탕

dissipate energy at a constant rate 일정한 비율로 에너지를 분산시키다
the dissipation of energy[time] 정력[시간]의 낭비

distort
[distɔ́ərt]

dis(=completely 마구) + tort(=twist 비틀어 돌리다) ⇒ 왜곡하다

ⓥ (사실을) **왜곡하다,** 잘못 전하다(=misrepresent);
(모양을) 찌그러뜨리다(=deform; contort); 비틀다(=twist away)

ⓝ **distortion** 곡해, 왜곡; 찌그림, 비틀림

ⓐ **distorted** 왜곡된, 찌그러진(=twisted; deformed)

distort the truth[history] 진실을[역사를] 왜곡하다
It is a wilful distortion of facts. 이것은 사실에 대한 고의적인 왜곡이다.

[tips] discipline ⓝ 기율, 질서(=order); 훈련 ⓥ 훈련하다, 징계하다

tips **dis-의 변형**

(1) 자음 f 앞에서는 **dis-**가 **dif-**로 된다.

(2) 자음 **g, l, m, r, v** 앞에서는 **dis-**가 **di-**로 된다.

difference

[dífərəns]

• dif- < dis-

dif(=apart 따로) + fer(=carry (다르게) 나) + ence(름) ⇒ 상이, 차이

ⓝ **상이, 차이;** 상이점, 특이점(=carriage); 차별, 구별(=distinction; discrimination); 의견의 차이, 불일치(=disagreement); 언쟁

ⓐ **different** 다른; 별개의, 딴(=separate)

ⓥ **differ** 다르다; 의견이 일치하지 않다(=disagree)

ⓐⓓ **differently** 다르게, 달리(=diversely)

ⓥ **differentiate** 구분 짓게 하다; 구별되게 하다; 구별하다(=discriminate)

ⓝ **differentiation** 차별, 구별; 식별, 판별(=distinction; discernment)

ⓐ **differential** (임금 등이) 차별적인

There is no difference between the two. 둘 사이에는 다른 점이 없다.

differentiate a star from a planet 항성과 행성을 구별하다

differential wages 차별임금

diffident

[dífədənt]

dif(=not (자신을) 안) + fid(=trust 믿) + ent(는) ⇒ 자신이 없는

ⓐ **자신이 없는;** 수줍어하는(=shy; bashful)
opp. **confident** 확신하고 있는, 자신만만한(=sure)

ⓐⓓ **diffidently** 자신 없이, 겸허하게

ⓝ **diffidence** 자신없음, 망설임(=hesitation); 수줍음(=shyness) *opp.* **confidence** 자신

I am diffident about my ability to succeed.
나는 성공할 자신이 없다.

diffract

[difrǽkt]

dif(=apart 따로따로) + fract(=break 깨뜨리다) ⇒ 분해하다, 분산시키다

ⓥ **분해하다, 분산시키다**(=break into parts); (광선, 음파를) 회절시키다

ⓝ **diffraction** (광선, 음파 등의) 회절

Sunscreens absorb and diffract light.
태양 차단막은 빛을 흡수하고 회절시킨다.

diffusion

[difjú:ʒən]

dif(=away 멀리) + fus(=pour (퍼지게) 쏟아부) + ion(음) ⇒ 방산, 산포

ⓝ **방산, 산포**(=spreading); 보급(=dissemination)

ⓐ **diffusive** 널리 흩어지는[퍼지는], 보급되기 쉬운

ⓐ **diffused** 널리 퍼진[흩어진](=dispersed)

ⓥ **diffuse** (광선, 냄새를) 방산하다(=spread out)

technology diffusion and infusion 기술의 유포와 주입

diffuse a scent 냄새를 방산하다

digress
[daigrés]

• di- < dis-

cf. **aggress** ⓥ 싸움을 걸다

di(=apart (주제에서) 벗어나) + gress(=go 가다) ⇒ 본론에서 벗어나다

ⓥ (말, 글 등이) **본론에서 벗어나다,** 옆길로 새다(=deviate)

ⓥ **digression** (연설) 주제에서 벗어남, 탈선(=deviation)

ⓐ **digressive** 본론에서 벗어난, 곧 잘 옆길로 빠지는

The President's address digressed from the main issue for a long time.
대통령의 연설은 오랫동안 본론에서 벗어났다.

to return from the digression 본론으로 돌아가서

dilapidated
[dilǽpədèitid]

di(=apart 여기저기) + lapid(=stone 돌)로 쳐 + ated(=made 진) ⇒ 파손된

ⓐ (건물, 가구 등이) **파손된,** 낡아빠진(=worn-out); 황폐한(=ruined)

ⓝ **dilapidation** 황폐(=decay) ⓥ **dilapidate** 황폐하다, 헐어빠지다

A dilapidated school building was converted into a restaurant.
황폐화된 학교건물이 식당으로 바뀌었다.

dilate
[dailéit]

di(=apart 따로 떼어) + late(=wide, swell 크게 부풀리다) ⇒ 넓히다, 팽창시키다

ⓥ **넓히다, 팽창시키다**(=expand); 상술하다(=expatiate*)
opp. **contract** 수축시키다(=shrink)

ⓝ **dilatation** 팽창, 확장(=expansion); 장황함

ⓐ **dilatant** 팽창[확장]하는, 팽창[확장]성의

This medicine dilates the pupils of the eyes.
이 약은 눈의 동공을 크게 한다.

diminish
[dimíniʃ]

• -ish=make

di(=apart 따로 떼어) + min(=small 작게) + ish(하다) ⇒ 줄이다

ⓥ **줄이다**(=reduce; dwindle*); 적게 하다(=lessen) *opp.* **augment** 늘리다

ⓐ **diminished** 적어진, 작아진, 감소된 ⓐ **diminishing** 점점 적어지는

ⓝ **diminution** 감소(=lessening), 축소(=abridgment)

Illness had seriously diminished her strength.
병으로 인해 그녀의 체력이 현저히 떨어졌다.

divergent
[divə́ːrdʒənt/dai-]

di(=apart 따로따로) + verg(=turn 돌려) + ent(진) ⇒ 갈라져 나오는

ⓐ (한 점에서) **갈라져 나오는;** 분기하는; 발산하는(=diverging)
opp. **convergent** 한 점에 모이는

ⓝ **divergence/divergency** 분기, 발산; 이탈

ⓥ **diverge** (어떤 한 점에서) 갈라져 나오다(=branch off); 벗어나다

People have widely divergent ideas[thinking]. 사람들은 아주 다양한 사고방식을 가지고 있다.

a divergence in[of] views 견해차이

diversity

[divə́ːrsəti/dai-]

di(=apart 뿔뿔이) + vers(=turn 방향을 돌) + ity(림) ⇒ 차이, 상이; 다양성

ⓝ **차이,** 같지 않음(=unlikeness), **상이**(점)(=difference);
다양성(=variety*; multiformity)

ⓐ **diverse** 다양한(=various); 다른(=different)

ⓝ **diversification** 다양화; (경영의) 다각화

ⓥ **diversify** 다양하게 하다(=vary); (자본을) 분산시키다; 다각화하다

People have diversities of taste. 사람들은 다양한 취미를 가지고 있다.

Students require diversification of education program.
학생들은 다양한 교육 프로그램을 필요로 한다.

divert

[divə́ːrt/dai-]

di(=away 멀리(딴 데로)) + vert(=turn (주의를) 돌리다) ⇒ 딴 데로 돌리다

ⓥ (주의를) **딴 데로 돌리다,** (기분을) 전환시키다(=deflect);
즐겁게 하다(=amuse; entertain)

ⓝ **diversion** (다른 방면으로) 돌리기, 전환; 교통의 우회; 오락, 기분전환(=pastime)

ⓐ **diversionary** 주의를 딴 데로 돌리는

He always diverts himself with cycling. 그는 늘 사이클링을 즐기고 있다.
the diversion of one's mind 마음의 전환, 심기일전

divulge

[divʌ́ldʒ/dai-]

di(=apart (비밀을) 낱낱이) + vulge(=publish 공표하다) ⇒ 누설하다

ⓥ 비밀을 **누설하다,** 입 밖에 내다(=disclose; reveal*)

ⓝ **divulgence/divulgement** (비밀의) 누설, 폭로(=disclosure)

Policemen are divulging the source of the information.
경찰은 그 정보의 출처를 밝히고 있다.

divulge secret plans to the enemy 적에게 비밀 계획을 누설하다

[tips]
- **disquieting** 불안한, 걱정스러운(=uneasy)
- **disconsolate** 우울한, 절망적인(=dejected)
- **disinterested** 사심없는, 공평한(=unbiased; impartial)

tips

접두사(=prefix)를 학습할 때는 접두사를 떼고 남은 부분의 단어 의미를 함께 학습하면 어휘력을 2배로 늘릴 수 있다.

ex) advantage 유리 → disadvantage 불리
compass 둘러싸다 → encompass 에워싸다
deed 행동, 행위 → misdeed 비행, 못된 짓
nutrition 영양 → malnutrition 영양불량
meditate 숙고하다 → premeditate 미리 숙고하다

» en-

(1) 명사에 붙어 '~안에 넣다, ~위에 놓다' (2) 명사, 형용사, 동사에 붙어 '~으로 되게 하다'
(3) 동사에 붙어 'in[on] 속, 안에[위에]'의 뜻을 첨가 (4) 'not 아니다'의 뜻을 첨가

enchant
[intʃǽnt]

en(=on 위에서) + chant(=cant (아름다운) 노래를 부르다) ⇒ 매혹하다

ⓥ **매혹하다**(=fascinate); 기쁘게 하다(=delight); 마법을 걸다(=bewitch)

ⓝ **enchantment** 매혹, 매력(=fascination); 마법, 요술(=magic)

ⓝ **enchanter** 마법사(=magician; sorcerer; wizard)

ⓐ **enchanting** 매혹적인, 황홀하게 하는(=charming); 대단히 아름다운

I need no light to enchant me if you love me.
당신이 나를 사랑한다면 날 매혹할 빛은 필요치 않아요.

enclose
[inklóuz]

cf. **endorse** ⓥ 배서하다

en(=into 안으로 (빙둘러)) + close(=shut 닫다, 잠그다) ⇒ 둘러싸다

ⓥ **둘러싸다,** 에워싸다(=surround); (용기에) 넣다(=insert); 동봉하다

ⓝ **enclosure** 둘러싸기, 포위; 울타리; 동봉된 것, 봉입물

We enclosed the garden with a wire fence.
우리는 정원을 철조망으로 둘러쳤다.

encompass
[inkʌ́mpəs]

en(=into 안으로) + compass(둘러싸다) ⇒ 둘러싸다

ⓥ **둘러싸다,** 에워싸다(=encircle; surround); 포함하다(=include); 완수하다(=accomplish; achieve; attain)

ⓝ **encompassment** 둘러쌈, 포위, 망라

A free trade zone encompasses 436,400 square meters near the Jeju International Airport. 자유 무역지대는 제주 국제공항 근처 436,400평방미터를 둘러싸고 있다.

encounter
[inkáuntər]

en(=make) + counter(반대) → 반대하게 하다 ⇒ ~에 부딪치다

ⓥ (방해, 위험, 반대, 곤란 등에) **부딪치다,** 직면하다(=meet with; experience); 우연히 만나다(=meet unexpectedly[by chance]; chance upon)

ⓝ 뜻밖에 만남, 조우(=meeting); 교전, 전투(=combat)

I encountered unexpectedly an old friend on the street yesterday.
나는 어제 거리에서 우연히 옛 친구를 만났다.

encroach
[inkróutʃ]

en(=in 남의 땅에) + croach(=hook 갈고리로 걸고 (들어가다)) ⇒ 침범하다

ⓥ (영토, 권리 등을) **침범하다,** 침해하다; (~에) 침입하다(=intrude*)

ⓝ **encroachment** 침입, 침해; 침식; 방해(=obstruction)

The sea is encroaching upon the land along the coast.
바다가 해안선을 따라 육지를 서서히 침식하고 있다.

encumber
[inkʌ́mbər]

en(=make) + cumber(방해(하다), 훼방(놓다)) ⇒ 방해하다, 부담지우다

ⓥ **방해하다**(=hamper; hinder); (채무를) **부담지우다**(=burden)

ⓝ **encumbrance** 방해, 방해물; (자산상의) 부담

For I know she'll not encumber me, I'll always meet her.
그녀가 나를 방해하지 않으리라는 것을 알기에 나는 언제나 그녀를 만날 겁니다.

endow
[indáu]

en(=in ~에) + dow(=give ((돈을) 거저) 주다) ⇒ 기부하다, 타고나다

ⓥ (병원, 학교 등에) <기금을> **기부하다**(=donate); (재능을) **타고나다**

ⓝ **endowment** 기증, 기부(=donation) pl. 천부의 재능(=talent; gift)

· **be endowed with ~** ⓥ ~을 타고나다

He endowed the hospital with a large sum of money. 그는 병원에 많은 돈을 기부했다.
She is endowed with beauty. 그녀는 미모를 타고났다.

engross
[ingróus]

en(=in) + gross(=large 큰) → in large '크게 (차지하다)' ⇒ 집중시키다

ⓥ (시간·주의를) **집중시키다,** 열중[몰두]하게 하다(=absorb*)

ⓝ **engrossment** 몰두, 열중, 전념(=absorption); 매점(=monopolization)

That business engrosses his whole time and energy. 그는 그 일에 모든 정력을 쏟고 있다.

enjoin
[indʒɔ́in]

en(=in ~에게) + join((의무를) 연결시키다) ⇒ (의무를) 과하다, 명령하다

ⓥ (의무를) **과하다**(=impose); 강요하다; **명령하다**(=require; urge); 금지하다

ⓝ **enjoinment** 〈의무〉 부과; 재촉

The authority enjoined the trade company from using the dazzling advertisements. 당국은 그 무역회사에 대하여 과장광고를 하지 말도록 조치했다.

enlighten
[inláitn]

en(=in 안을) + lighten(밝게 하다) ⇒ 계몽하다

ⓥ **계몽하다;** 가르치다(=inform); 알리다(=instruct)

ⓝ **enlightenment** 계몽, 계발; 문명, 개화(=civilizatioon)

cf. **edify** ⓥ 교화하다

ⓐ **enlightened** 계발[계몽]된, 개화된(=civilized)

Her lecture greatly enlightened the ignorant. 그녀의 강연은 무지한 사람들을 크게 계몽했다.

enmity
[énməti]

en < in(=not 안) + m < am(=love 사랑) + ity(함) ⇒ 적의, 증오

ⓝ **적의**(=bitterness; dislike; hostility; malice); **증오**(=hatred; repungance*)

China has enmity against the United States. 중국은 미국에 대해 적의를 품고 있다.

ensue
[insú:]

en(=on 계속해서) + sue(=follow 뒤따르다) ⇒ 잇따라 일어나다

ⓥ **잇따라 일어나다**(=follow*; succeed); 결과로써 일어나다(=result*)

ⓐ **ensuing** 다음의(=following); 잇따라 일어나는

What will ensue on[from] this? 이제부터 무슨 일이 일어날까?

entail
[intéil]

en(=make) + tail(꼬리) → 꼬리를 만들다 ⇒ 수반하다, (비용을) 들게 하다

ⓥ (필연적 결과로서) **수반하다**(=involve); 필요하게 하다(=make necessary; require); (비용을) 들게 하다; 상속인으로 하다

ⓝ **entailment** 상속인 한정; 세습재산

Marriage entails cooperation and understanding. 결혼생활에는 협조와 이해가 필요하다.
Liberty entails responsibility. 자유에는 책임이 따른다.

entreat
[intríːt]

en(=in 안에서) + treat(=draw 끌어당기며 애원하다) ⇒ 탄원하다

ⓥ **탄원하다,** 간청하다(=beg; implore)

ⓝ **entreaty** 탄원, 간청, 애원 ⓐ **entreating** 간청하는, 탄원하는

I entreat this favor of you. 이 부탁을 꼭 들어 주십시오.

entrench
[intréntʃ]

en(=in 안에) + trench(참호(를 파다)) ⇒ 참호로 둘러싸다, 침해하다

ⓥ **참호로 에워싸다;** 방비하다; 확립하다; (권리 등을) **침해하다**(=trespass)

ⓝ **entrenchment** 참호, 참호 구축작업

Troops entrenched themselves at the foot of a mountain.
군대가 산기슭에 진을 쳤다.

envoy
[énvɔi]

en(=on 위에) + voy(=way 길) → 길 위로 내보내는 사람 ⇒ 사절, 외교사절

ⓝ **사절**(=messenger*); 대리인(=agent); **외교사절;** 외교관

a cultural[goodwill] envoy 문화[친선] 사절
an envoy extraordinary 특명 전권공사

[tips] • **enroll** ⓥ 등록하다, 명부에 올리다(=register) ⓝ **enrollment** 등록, 등록자 수
• **entangle** ⓥ 뒤얽히게 하다 *opp.* **disentangle** 얽힌 것을 풀다

tips **en-의 변형**

• 자음 **b, p** 앞에서는 **em-**으로 변한다.

embargo
[imbáːrgou]

• em- < en-

cf. **embark** ⓥ (배에) 태우다

em(=make) + bar(장애물) + go(감) → 장애물로 막으러 감 ⇒ 통상금지

ⓝ **통상금지**(=a restriction put on trade by law); (선박의) 출항[입항] 금지, 제한(=restriction), 금지(=prohibition)

ⓥ (선박의 입항[출항]을) 금지하다, 통상을 금지하다

in the event of refusal to issue an import licence, embargo, civil commotion ...
수입허가서 발행금지, (선박의) 입출항금지, 시민 폭동 … 의 경우에

embellish
[imbéliʃ]

• -ish=make

em(=in 내부를) + bell(=beautiful 아름답게) + ish(하다) ⇒ 장식하다

ⓥ **장식하다**(=adorn; beautify); (이야기를) 재미있게 꾸미다

ⓝ **embellishment** 장식, 꾸미기(=ornament; decoration); 윤색

A beautiful woman is embellishing an altar with flowers.
한 아름다운 여인이 제단을 꽃으로 장식하고 있다.

emblem
[émbləm]

• bl < bol=throw

em(=in 안에) + bl(=throw (표시로) 던져 넣은) + em(것) ⇒ 상징, 표상

ⓝ **상징, 표상**(=symbol); 기장, 휘장(=badge)

ⓐ **emblematic** 상징의, 상징적인; 상징하는(=symbolical)

ⓥ **emblematize** (~의) 상징이 되다 ; (~을) 상징하다(=symbolize)

The dove is an emblem[symbol] of peace. 비둘기는 평화의 상징이다.

embody
[imbádi]

em(=in ~안에 (사상 · 감정을)) + body(구체화하다) ⇒ 구체화하다

ⓥ (사상, 감정을) **구체화하다;** (정신에) 형체를 부여하다(=materialize)

ⓝ **embodiment** 형태를 부여하기, 구체화; 화신(化身)

We are incessantly trying to do our every effort to embody the company's images satisfying all customers. 모든 고객들을 만족시킨다는 회사 이미지를 구체화하기 위한 모든 노력을 경주하려고 부단히 노력하고 있습니다.

empathy
[émpəθi]

cf. **sympathy**
ⓝ 공감, 동감, 찬성
antipathy ⓝ 반감, 혐오

em(=into 안으로) + pathy(=feeling (감정)을 불어넣음) ⇒ 감정이입

ⓝ **감정이입;** 공감(=ability to identify vicariously with another)

ⓐ **empathic** 감정이입의, 감정이입에 입각한

ⓥ **empathize** 다른 사람의 기분이 되다; 감정이입하다

Empathy is an ability to understand and feel the inner world of another.
공감이라는 것은 또 하나의 내부 세계를 이해하고 느끼는 능력이다.

empower
[impáuər]

cf. **qualify** ⓥ 자격을 주다

em(=make) + power(권능[권한]) ⇒ 권능[권한]을 (만들어) 주다

ⓥ **권능[권한]을 주다,** 권한을 부여하다(=authorize; entitle)

ⓝ **empowerment** 권능[권한] 부여

The civil law empowers the police to search private houses.
민법은 경찰에게 가택을 수색할 권한을 부여하고 있다.

» eu-

(1) good : 좋은 / (2) well : 잘] 의 의미를 지닌다. opp. caco- / dys-] 나쁜

C2-017

eulogy
[jú:lədʒi]

eu(=good 좋게) + logy(=speech 말하는 것) ⇒ 찬사, 찬미

ⓝ **찬사, 찬미;** 찬양, 칭찬(=praise; laudation)

ⓥ **eulogize** (~에게) 찬사를 보내다, (~을) 칭찬하다(=extol)

ⓐ **eulogistic** 칭찬하는, 찬사의(=laudatory)

The English teacher pronounced a eulogy on the theory of generative grammar.
그 영어선생님은 생성문법 이론에 찬사를 보냈다.

euphony
[jú:fəni]

• **jar** ⓥ 삐걱거리다, (신경에) 거슬리다

eu(=good 아름다운) + phony(=sound 목소리) ⇒ 듣기 좋은 음조

ⓝ **듣기 좋은 음조,** (말이) 음조가 좋음 *opp.* **cacophony** 불협화음

ⓥ **euphonize** (말의) 음조를 좋게 하다 ⓐ **euphonious** (말이) 음조가 좋은

ⓐ **euphonic/euphonical** 발음하기 편하고 듣기 좋은

Languages have some mechanism of euphony to bar jarring sequences in word-formation.
언어에는 어휘구조에서의 일련의 연속성을 깨뜨리는 것을 막아 줄 좋은 음조의 어떤 장치가 있다.

euphoria
[ju:fɔ́:riə]

eu(=good 만족스러운) + phoria(=bearing (느낌을) 가짐) ⇒ 행복감

ⓝ **행복감;** <의학> 도취행복감, 다행증; 의기양양(=elation)

ⓝ **euphoriant** 〈의학〉 도취감을 주는 마약

Whenever you meet someone new, there is a kind of euphoria that enjoys you.
어떤 사람을 새롭게 만날 때마다 당신을 기쁘게 해줄 행복감이 있다.

euthanasia
[jù:θənéiʒə]

eu(=good (고통 없는) 좋은[편안한]) + thanasia(=death 죽음) ⇒ 안락사

ⓝ **안락사**(=painless death), 안락사술

ⓥ **euthanize** 안락사 시키다

Most people are against the euthanasia.
대부분의 사람들은 안락사를 반대한다.

[tips] • **eugenics** ⓝ 우생학(=the science of improving the human race)
opp. **dysgenics** 열생학 *cf.* **euthenics** 환경 우생학
• **euphemism** ⓝ 완곡어법
'Be no more' is a **euphemism** for **'die'**.
'이제는 없다'는 '죽다'의 완곡어법이다.

tips **eu-의 반의 접두사 정리**

(1) caco- : ① **bad** 나쁜 ② **hard** 어려운

(2) dys- : ① **bad** 나쁜 ② 보기 흉한, 불쾌한

cacography
[kəkɑ́grəfi]

caco(=bad 나쁜) + graphy(=writing 쓰기, 필적) ⇒ 악필

ⓝ **악필,** 서투른 글씨

ⓐ **cacographic** 악필의; 철자가 틀리는

Cacography is bad handwriting.
악필이라는 것은 나쁜 필체를 말한다.

cf. **calligraphy** [kəlígrəfi] ⓝ 필적(=handwriting); 서체; 달필

cacophony
[kəkɑ́fəni]

caco(=bad(나쁜) + phony(=sound 소리) ⇒ 불협화음

ⓝ **불협화음,** 귀에 거슬리는 소리

opp. **euphony** 듣기 좋은 음조

Her ears rang with cacophony of sounds.
그녀의 귀는 귀에 거슬리는 소음으로 울렸다.

dyspepsia
[dispépʃə]

dys(=ill 나쁜) + peps(=digest 소화) + ia(병) ⇒ 소화불량(증)

ⓝ **소화불량(증)**(=indigestion*)

opp. **eupepsia** 소화정상[양호]

The air conditioner gives us many disadvantages, such as muscular pain, headache, and dyspepsia.
에어컨은 많은 나쁜 것들을 우리에게 주는데, 예를 들면 근육통, 두통, 그리고 소화불량 같은 것이다.

≫ ex-

(1) 장소 : out 밖(으로), from ~으로부터 (2) 초과 : beyond; exceed ~을 넘어서
(3) 강조 : completely; thoroughly의 의미를 지닌다.

C2-018

exaggerate

[igzǽdʒərèit]

• -ate=make

ex(=beyond 너무 (부풀려)) + agger(=heap 쌓) + ate(다) ⇒ 과장하다

ⓥ **과장하다**(=overstate*); 과대시하다(=overestimate)

ⓝ **exaggeration** 과장, 과장된 표현(=overstatement) *opp.* **understatement** 삼가서 말함

ⓐ **exaggerative** 과장하기 쉬운; 과장된

ⓐⓓ **exaggeratedly** 과도하게(=unduly); 과장하여

We cannot exaggerate the difficulties.
그 어려움을 아무리 강조해도 지나치다고 할 수 없다.

exasperate

[igzǽspərèit]

ex(강조 - 완전히) + asper(=rough (기분을) 거칠게) + ate(하다) ⇒ 격노시키다

ⓥ **격노시키다,** (몹시) 화나게 하다(=vex; infuriate)

ⓝ **exasperation** 화나게 하기; 분개, 격노; (병의) 악화

ⓐ **exasperating** 화나는, 분통터지는(=irritating)

The student's endless questions exasperated the teacher.
그 학생의 계속된 질문으로 인해 선생님은 화가 났다.

excellent

[éksələnt]

ex(=beyond (기준) 이상으로) + cell(=high 높이) + ent(있는) ⇒ 우수한

ⓐ **우수한,** 탁월한, 뛰어난, 훌륭한(=remarkably good)

ⓝ **excellence** 우수, 탁월, 뛰어남(=eminence); 훌륭한 특성

ⓝ **Excellency** 각하(=a title of honor given to high officials)

ⓥ **excel** (남보다) 낫다, 뛰어나다, 능가하다(=surpass; outdo; transcend

Mike is an excellent basketball player. 마이크는 아주 우수한 농구선수이다.
Scholarship for Academic Excellence 성적우수 장학금

exertion

[igzə́ːrʃən]

ex(=out 밖으로) + ert(=put forth 힘을 쏟) + ion(음) ⇒ 노력; (힘의) 행사

ⓝ **노력,** 진력(=effort; endeavor); **(힘의) 행사,** 발휘

ⓥ **exert** 발휘하다, 행사하다(=exercise)

unwise exertion of authority 권력의 무분별한 행사
The project requires serious exertion. 그 연구과제에는 진지한 노력이 필요하다.

exhaustion

[igzɔ́ːstʃən]

ex(=out 밖으로) + haust(=draw 물이 빠지게) + ion(함) ⇒ 소모, 고갈

ⓝ (물자의 완전한) **소모, 고갈;** (체력의) 소모, 기진맥진

ⓐ **exhaustive** 남김 없는; 완전한(=complete); 철저한(=thorough); 고갈시키는, 소모적인
(=tending to drain)

ⓐⓓ **exhaustively** 남김없이, 완전히; 철저하게(=downrightly; thoroughly*)

ⓥ **exhaust** 고갈시키다(=drain); 다 써버리다(=consume)

ⓐ **exhausted** 다 써버린, 고갈된; 지쳐빠진(=tired; worn-out)

Many people experience a short period of exhaustion after their arrival because of jet lag.

많은 사람들이 시차로 인한 피로로 인해 비행기가 도착한 후 짧으나마 극도의 피로감을 경험하게 된다.

exodus

[éksədəs]

ex(=out 나가는) + odus(=way 길) → (길) 밖으로 나가기 ⇒ 나가기, 출국

ⓥ (많은 사람들이) **나가기,** 출발(=departure); (이민단의) **출국,** 이주

a massive exodus of hungry N.K. refugees into China

기아로 굶주린 북한 난민들의 중국으로의 대규모 탈출

exonerate

[igzɑ́nərèit]

⇒ 부담에서 벗어나게 하다

• -ate=make

ex(=out) + oner(=burden 부담) 밖으로 + ate(하다) ⇒ 면제하다, 무죄를 입증하다

ⓥ (의무, 책임을) **면제하다**(=free; relieve; release); 무죄가 되게 하다(=free)
무죄를 입증하다(=exculpate; free from blame)

ⓝ **exoneration** <의무 등의> 해제; 면제(=exemption; immunity)

The witness exonerated the driver of the tank trailer.

목격자들은 유조차 운전자에게 책임이 없다는 것을 밝혀 주었다.

exorbitant

[igzɔ́ərbətənt]

• ex-=out of 밖으로

• orbit 궤도

ex(=out 밖으로) + orbit(궤도) + ant ⓐ → (정상) 궤도를 벗어난 ⇒ 터무니없는, 엄청난

ⓐ (값, 요구가) **터무니없는, 엄청난,** 과대한(=extravagant; excessive)

ⓐⓓ **exorbitantly** 과대하게, 터무니없이(=extravagantly)

ⓝ **exorbitance/exorbitancy** (값, 요구가) 터무니없음, 엄청나게(=prohibitively extremely)

An unlawful strike for an indefinite period caused exorbitant loss of the domestic economy.

장기 불법파업으로 인해 국내 경제에 막대한 손실을 가져왔다.

expatiate

[ikspéiʃièit]

• -ate=make

ex(=out (뜻이) 밖으로) + pati(=walk 나올 정도로 자세히) + ate(하다) ⇒ 상술하다

ⓥ **상술하다**(=enlarge; explain in detail); 장황하게 진술하다

ⓝ **expatiation** 상술, 상설(=enlargement)

ⓐ **expatiatory** 장황한(=diffuse; verbose)

I shall expatiate on the issues once more for these reasons.

이러한 이유들 때문에 그 문제를 한 번 더 상세히 설명해드립니다.

● **expatriate** ⓥ (국외로) 추방하다(=banish; exile)
ⓐ, ⓝ 국외로 추방된 (사람), 국적을 상실한 (사람)
expatriate oneself (외국으로) 이주하다(=emigrate); (귀화하기 위해) 원래의 국적을 버리다

expedient
[ikspí:diənt]

ex(=out 밖으로) + pedi(=foot (족쇄에 묶인) 발을) + ent(뺀) ⇒ 편리한; 수단

ⓐ **편리한**(=convenient); 쓸모있는, 적절한; 편의주의의(=makeshift), 정략적인
ⓝ (목적 달성을 위한) **수단**(=means); 임기응변적인 방책, 편법

• temporary **expedient** 임시방편, 미봉책

ⓐⓓ **expediently** 편의상(=conveniently)
ⓝ **expedience/expediency** 편의, 방편, 편법; 편의주의

cf. **dispatch** ⓝ 급파, 급송; 신속한 처리 ⓥ 급파하다, 재빨리 해치우다

ⓥ **expedite** 촉진시키다(=hasten; quicken*)
ⓝ **expedition** 급속, 신속; 원정, 탐험 여행, 신속한 처리(=dispatch*)
ⓐ **expeditious** 급속한, 신속한(=prompt; rapid; swift*)

A lie is sometimes **expedient**. 거짓말은 때때로 도움이 된다.
an **expedient** policy[marriage] 편법[정략결혼]

expiate
[ékspièit]

ex(=thoroughly (죄를) 철저히) + pi(=holy 신성하게) + ate(하다) ⇒ 속죄하다

ⓥ **속죄하다**(=atone*); (죄를) 보상하다; 변상하다(=compensate)
ⓝ **expiation** (죄를) 갚음, 속죄(=atonement)

cf. **expatriate** ⓥ 추방하다

cf. **expiration** ⓝ 숨을 내쉼; (기간, 권리의) 만기
ⓐ **expiatory** (죄를) 보상하는, 속죄의(=piacular) ⓝ **expiator** 속죄자

expiate a crime with death 죽음으로써 속죄하다

expurgate
[ékspərgèit]

ex(=out 밖으로) + purg(=purge 제거) + ate(=make 하다) ⇒ 삭제하다

ⓥ (책의 좋지 못한 부분을) **삭제하다**(=remove)
ⓝ **expurgation** (책의 좋지 못한 대목의) 삭제(=deletion)
ⓥ **expunge** 지우다(=erase); 제거하다, 삭제하다(=remove; delete); 지워없애다, 말소하다(=obliterate; cancel)

The editor **expurgated** from the text all the disparaging comments about the government party. 편집자는 원문에서 여당에 관한 비난 논평을 모두 삭제했다.

extant
[ékstənt]

ex(=out (아직도) 밖에) + (s)tan(=stand 서 있) + t(는) ⇒ 아직 남아 있는

ⓐ **아직 남아 있는**, 현존하는(=existent; existing; living)
opp. **extinct** 절멸한, 죽어 없어진; (불이) 꺼진(=extinguished)

Some of the novelist's works are **extant**.
그 소설가의 작품이 몇 점 남아 있다.

extenuate
[iksténjuèit]

ex(=out (죄를) 밖으로 (빼내어)) + tenu(=thin 가늘게) + ate(하다) ⇒ 경감하다

ⓥ (죄 등을) **경감하다**(=lighten); 정상을 참작하다, (죄, 과실을) 가볍게 보다

• -ate=make

ⓝ **extenuation** 정상 참작, 죄의 경감(=commutation)

ⓐ **extenuating** 참작할 만한

Nothing can extenuate his disgraceful behavior.
그의 불미스러운 행위는 정상을 참작할 여지가 없다.

---

exterminate
[ikstə́ːrmənèit]

ex(강조 - 완전히) + termin(=end 끝내) + ate(버리다) ⇒ 근절하다, 박멸하다

ⓥ (병 등을) **근절하다**(=eradicate; extirpate; annihilate; root out); **박멸하다**(=destroy completely*)

ⓝ **extermination** 근절; 박멸(=eradication; extirpation)

ⓝ **exterminator** (해충) 박(멸)업자; 구충제

The President wants to exterminate the corruption and vice of society.
대통령은 사회악과 부패를 척결하고 싶어 한다.

---

extricate
[ékstrəkèit]

• ex-=out 밖으로

ex(=out) + tric(=perplexities 곤경에서 나오게) + ate(하다) ⇒ 구출하다

ⓥ (위험, 곤경으로부터) **구출하다,** 해방하다(=disentangle; release);

ⓝ **extrication** 끌어내기, 구출(=rescue), 이탈; 방출

ⓐ **inextricable** 풀 수 없는, 해결할 수 없는; 탈출할 수 없는

How do you extricate yourself from such a jam? 그런 궁지에서 어떻게 빠져나왔니?

tips **ex-의 변형**

(1) 자음 **f** 앞에서는 **ex-**가 **ef-**로 된다.
(2) 자음 **c, l, s, t, z** 앞에서는 **ex-**가 **ec-**로 된다.
(3) 자음 **c** 앞에서는 **ex-**가 **es-**로 된다.
(4) 자음 **b, d, g, h, l, m, n, r, v** 앞에서는 **ex-**의 **x**가 탈락되어 **e-**가 된다.
(5) **ex-** 다음에 자음 **s**가 올 때는 **s**가 자주 생략된다.

---

efface
[iféis]

• ef- < ex-

ef(=out 밖으로) + face(표면 (위의 것을 지우다)) ⇒ 문질러 없애다

ⓥ (흔적을) **문질러 없애다,** 지우다(=erase; obliterate; rub out; wipe off)

ⓝ **effacement** 말소, 소멸(=nullification; termination)

His achievements will never be effaced from our memories.
그의 업적은 우리의 기억에서 결코 사라지지 않을 것이다.

---

efficacious
[èfəkéiʃəs]

ef(=out 밖으로 (결과를)) + fic(=make 만들어) + aci + ous(내는) ⇒ 효과적인

ⓐ **효과적인**(=effective as a means or remedy; telling*); (약 등이) 효험이 있는

ⓝ **efficacy** 효능, 효험, 효력; 유효성(=effectiveness)

ⓝ **efficiency** 능력, 유능(=competency); (기계의) 효율, (노동의) 능률

ⓐ **efficient** 능률적인; (사람이) 유능한, 실력 있는

ⓐⓓ **efficiently** 능률적으로, 유효하게(=efficaciously)

The medicine is highly efficacious against a cold.
그 약은 감기에 아주 잘 듣는다.

efficiency wages 능률급

effrontery
[ifrʌ́ntəri]

ef(=out 밖으로) + front(=forehead 이마(를 내)) + ery(밈) ⇒ 뻔뻔스러움

ⓝ **뻔뻔스러움**(=impudence); 철면피(=shameless audacity[boldness])

He had the effrontery to deny it.
그는 뻔뻔스럽게도 그것을 부정했다.

She had the effrontery to question my honesty.
그녀는 뻔뻔스럽게도 내 정직성을 의심했다.

effusive
[ifjú:siv]

ef(=out 밖으로) + fus(=pour 흘러나오) + ive(는) ⇒ 넘쳐흐르는

ⓐ **넘쳐흐르는**(=overflowing); 넘쳐나도록 감정을 발로한(=profuse)

ⓝ **effusion** (액체의) 유출(물); (감정의) 발로, 분출

ⓥ **effuse** (빛, 열, 냄새를) 발산하다, 유출하다(=pour out)

effusive rocks 분출암

Her sentimental effusion embarrassed them.
그녀의 감상적인 표현에 그들은 놀랐다.

eccentric
[ikséntrik]

• ec- < ex-(=out of)
• centr=center 중심

cf. **exotic** ⓐ 이국적인

ec(=out) + centr(=center) + ic → (행동이) 중심에서 벗어난 ⇒ 괴상한, 별난

ⓐ (행동 등이) **괴상한, 별난**(=odd; strange; erratic; peculiar; bizarre*); 중심에서 벗어난 *opp.* **concentric** 집중적인 ⓝ **기인, 괴짜**(=crank)

ⓐⓓ **eccentrically** 색다르게(=oddly), 변덕스럽게 cf. **grotesquely** 괴기하게

ⓝ **eccentricity** 기행(奇行), 기벽; 이색; 변덕

He thinks that her character is eccentric and twisted.
그는 그녀의 성격이 별나거나 비뚤어졌다고 생각한다.

eccentric comedy 엽기 코미디

eclectic
[ikléktik]

ec(=out of ~중에서) + lect(=choose 선택) + ic(하는) ⇒ 취사선택하는, 절충의

ⓐ **취사선택하는**(=selecting; combining elements chosen from different sources); **절충의,** 절충적인 ⓝ 절충주의자

ⓐⓓ **eclectically** 절충하여 ⓝ **eclecticism** 절충주의

an uninformed and undisciplined eclectic therapist
충분한 지식도 없고 훈련도 받지 않은 절충주의식의 치료전문가

an eclectic collection that includes pop and rock
팝과 락을 포함하여 선택한 선곡(집)

eclipse
[iklíps]

ec(=out 밖에 보이지 않게) + lipse(=leave 버려 둠) ⇒ (해 · 달의) 식; 실각

ⓝ (해, 달의) **식(蝕);** 명성의 실추, **실각**(=downfall)

ⓥ (천체가) 숨기다; (빛을) 어둡게 하다(=darken; overshadow; outshine) 능가하다(=surpass)

a total[partial, solar, lunar] eclipse 개기식[부분식, 일식, 월식]

Her beauty eclipsed that of rivals. 그녀의 아름다움은 경쟁자들을 압도했다.

escort
[éskɔərt]

• es- < ex-

es(=out 밖에서) + cort(=set right 바르게 하다) ⇒ 호위하다

ⓥ **호위하다,** 호송하다, 바래다 주다 ⓝ 호위자, 호위대; 호위

escort fighter <폭격기의> 호위 전투기

May I escort you home? (여자에게) 댁까지 바래다 드릴까요?

The President-elect was surrounded by a large escort of service men.
대통령 당선자는 많은 경호원들에게 에워싸여 있었다.

elated
[iléitid]

• e- < ex-

e(=out 밖으로) + lat(=carry (당당하게) 나) + ed(른) ⇒ 의기양양한

ⓐ **의기양양한,** 우쭐대는(=proud; pompous), 기쁨에 넘친(=blissful; exultant)

ⓥ **elate** 기운을 돋우다, 신나게 하다, 의기양양하게 하다

He was elated that he had passed the entrance examination to Seoul National University. 그는 서울대학교 입학시험에 합격하여 의기양양했다.

elicit
[ilísit]

e(=out 밖으로) + licit(=draw 끌어내다) ⇒ 이끌어내다

ⓥ **이끌어내다**(=draw forth; extract); 알아내다; (웃음 등을) 유도해내다(=educe)

ⓝ **elicitation** 끌어내기, 알아내기, 꾀어내기

Scientists do not yet know how to elicit antibodies to HIV.
과학자들은 아직 에이즈 바이러스에 대항할 항체를 알아내는 법을 모르고 있다.

elongate
[ilɔ́:ŋgeit]

e(=out 밖으로) + long(길게 늘) + ate(=make 이다) ⇒ 길게 하다, 잡아늘이다

ⓥ **길게 하다**(=lengthen); **잡아 늘이다**(=draw out)

ⓝ **elongation** 신장(=lengthening); 잡아 늘이기

She elongated my sleeves by three inches. 그녀는 내 옷소매를 3인치 늘렸다.

elucidate
[ilú:sədèit]

e(=out 밖으로) + lucid(=clear 분명하게 밝히) + ate(다) ⇒ 명백히 하다

ⓥ (문제, 어려운 일을) **명백히 하다;** 밝히다(=make clear); 설명하다(=explain)

ⓝ **elucidation** 해명, 설명 ⓝ **elucidator** 해설자

Botanists elucidated the structure, function, and mechanism of plasma.
식물학자들은 원형질의 구조, 기능, 작용을 밝혀냈다.

emancipate

[imǽnsəpèit]

- 손에 잡은 것을 밖으로 풀어주다는 뜻에서
- e- < ex-

e(=out) + man(=hand) + cip(=take) + ate(=make) ⇒ 해방하다

ⓥ (노예를) **해방하다**(=liberate); (속박, 구속으로부터) 해방하다(=set free)

ⓝ **emancipation** (속박으로부터) 해방(=liberation)

ⓐ **emancipated** 해방된, 인습에 구애받지 않는

Abraham Lincoln led the victory of the Civil War and emancipated the slaves.
아브라함 링컨은 남북전쟁을 승리로 이끌어 노예를 해방시켰다.

emanate

[émənèit]

- -ate=make

e(=out 밖으로) + man(=flow (빛 등이) 흘러나오) + ate(다) ⇒ 나오다

ⓥ (냄새, 빛, 소리, 열 등이) **나다, 나오다,** 발산하다(=issue; come forth)

ⓝ **emanation** (빛, 열, 냄새 등의) 발산, 발산물

The waves emanate from the interaction between the disc and speakers.
파동은 디스크와 스피커의 상호작용에 의해서 나온다.

enumerate

[injú:mərèit]

- -ate=make

e(=from ~에서부터) + numer(=number 수를 (하나씩 세)) + ate(다) ⇒ 세다, 열거하다

ⓥ (하나하나) **세다**(=count); 일일이 **열거하다**(=mention)

ⓝ **enumeration** 계산, 계수(計數); 열거; 명세표(=detailed list)

The President enumerated the problems of American foreign policy.
대통령은 미국 외교정책의 문제점들을 하나하나 열거했다.

eradicate

[irǽdikèit]

- -ate=make

e(=out 밖으로) + radic(=root 뿌리(째 뽑아내)) + ate(다) ⇒ 뿌리째 뽑다

ⓥ **뿌리째 뽑다**(=uproot); 근절시키다(=destroy; extirpate; exterminate)

ⓝ **eradication** 근절, 박멸 ⓝ **eradicator** 제초제, 잉크 지우개

He tried to eradicate corruptionists. 그는 부패정치가들을 근절하려고 애썼다.

erode

[iróud]

e(=out 밖에서(부터)) + rode(=gnaw 갉아먹어 들어가다) ⇒ 부식하다

ⓥ **부식하다**(=corrode); 파먹다(=eat into); 침식하다(=gnaw)

ⓝ **erosion** 부식; (조직, 피부 등의) 파괴; (물, 빙하 등에 의한) 침식

ⓐ **erosive** 부식하는, 파괴하는; 침식의

Violent demonstrations by thousands of students will seriously erode the nation's image in the international community. 수천 명의 학생들이 벌이는 폭력시위는 국제 사회에서 국가의 이미지를 심각하게 갉아먹을 것이다.

erudite

[érjudàit]

e(=free from) + rud(=rough 무례한) + ite ⓐ → 무례함이 없는 ⇒ 박학한, 박식한

ⓐ **박학한, 박식한**(=learned; well-informed; scholarly)

ⓝ **erudition** 박학, 박식, 학문(=learning; scholarship)

• e-<ex-

• rud=rough
무례한; 난폭한; 거칠은

ⓐⓓ **eruditely** 박식하게, 학자답게, 학자적으로(=learnedly)

Prime Minister is an erudite financier who is well-aware of the existing economic problems. 국무총리는 현실 경제문제를 잘 알고 있는 박식한 재정가이다.

exist
[igzíst]

ex(=out 바깥에) + ist(=stand, be (아직까지) 서 있다) ⇒ 존재하다, 생존하다

ⓥ **존재하다,** 실재하다; **생존하다,** 살아나가다(=continue to be)

ⓝ **existence** 존재, 실재, 존속; 생존, 생활(=life)

ⓐ **existent** 존재[생존]하고 있는(=extant; existing)

ⓝ **existentialism** 실존주의 ⓝ **existentialist** 실존주의자

ⓐ **existing** 존재하는, 현존하는(=existent)

Such things do not exist. 그러한 것은 존재하지 않는다.
the struggle for existence 생존 경쟁

extinguish
[ikstíŋgwiʃ]

• -ish=make

• **extirpate**

ex(강조 - 완전히) + (s)tingu(=quench (불 등을) 끄) + ish(다) ⇒ 끄다, 전멸시키다

ⓥ (불을) **끄다**(=quench); (희망을) 잃게 하다(=destroy);
없애다, **전멸시키다**(=annihilate); 무효화하다(=nullify)

ⓐ **extinct** (불이나 빛이) 꺼진(=extinguished); 멸종한

ⓝ **extinction** 꺼지기, 끄기(=extinguishment); (종족 등의) 절멸, 소멸(=annihilation)

ⓝ **extinguisher** 소화기

Please extinguish your cigarettes. 담뱃불 좀 꺼 주세요.
The fire is extinct. 불은 꺼져 있다.

[tips] • **exhort** ⓥ 권고하다, 훈계하다 ⓝ **exhortion** 권고, 훈계
• **exhilarate** ⓥ 원기를 돋우다, 활기띠게 하다(=invigorate)
ⓝ **exhilaration** 기분을 돋움, 유쾌한 기분

• **excoriate** ⓥ 비난하다(=denounce; reproach; condemn)
• **extirpate** ⓥ 멸종시키다(=exterminate); 뿌리째 뽑다(=root up); 〈의학〉 적출하다

≫ extra-

(1) outside : '바깥쪽에, ~의 범위를 넘어' opp. intra- / intro-(=within)
(2) beyond : '범위 밖에, ~을 넘어선'의 의미를 지닌다.

C2-019

extracurricular
[èkstrəkəríkjuər]

extra(=outside ~밖의) + curricular(교과과정의) → 교과과정 밖의 ⇒ 과외의

ⓐ (클럽 활동 등이) **과외의;** 정규 교과과정 이외의

extracurricular activities 과외활동; 외도

I'd like to do extracurricular activities such as windsurfing and scuba diving.
나는 윈드서핑이나 스쿠버다이빙 같은 과외활동을 하고 싶다.

cf. **extraterrestrial**
ⓐ 지구밖의, 외계의 ⓝ 외계인

extraessential
[èkstrəisénʃəl]

extra(=outside ~밖의) + essential(본질적인) ⇒ 본질적이 아닌, 비본질적인

ⓐ **본질적이 아닌, 비본질적인;** 주요하지 않은(=unimportant)

an extraessential difference 비본질적인[중요하지 않은] 차이
extra inning game 〈야구〉 연장전

extramural
[èkstrəmjúərəl]

extra(=outside ~의 바깥에) + mural(벽의) ⇒ 문 밖의, 교외의

ⓐ (도시의) **문 밖의, 교외의;** 대학 밖의 *opp.* **intramural** 교내의, 도시 안의

an extramural lecture 대학 공개강좌
Many applicants took extramural classes. 많은 지원자들이 교외강좌를 신청했다.

extraneous
[ekstréiniəs]

extra(=outside 외부에서) + ne + ous(온) ⇒ 외래의, 무관계한

ⓐ **외래의,** 외부에서 온(=coming from or existing outside);
이질의(=alien); **무관계한**(=not related; irrelevant*)

Interference is contamination by extraneous signals.
(소리의) 간섭은 외부 신호에 의한 혼신이다.

extraordinary
[ikstrɔ́ərdənèri]

extra(=outside) + ordinary(보통의) → 보통이 아닌 ⇒ 이상한, 별난

ⓐ **이상한**(=strange), 비범한; **별난**(=exceptional); 특별한, 임시의
ⓐⓓ **extraordinarily** 이상하게, 특별히, 엄청나게, 터무니없이
ⓝ **extraordinariness** 이상함, 터무니없음

an extraordinary scarcity 엄청난 부족
an extraordinary general meeting 임시총회

extravagant
[ikstrǽvəgənt]

extra(=beyond 너무) + vag(=wander (쓰고) 다니) + ant(는) ⇒ 사치스러운

ⓐ **사치스러운,** 낭비하는(=wasteful); (말, 행동이) 터무니없는, 지나친
opp. **economical** 경제적인, 절약하는(=frugal; thrifty; saving)
ⓐⓓ **extravagantly** 사치스럽게; 과도하게, 엄청나게

⇒ (자기 수입의) 범위 이상으로 (돈을 쓰고) 돌아다니는

cf. **vagrant** ⓐ
방랑하는, 주거부정의, 정처없이 떠도는; 방랑자

ⓝ **extravagance/extravagancy** 사치(=luxury), 낭비(=squandering) (=wastefulness), 과도, 지나침(=excess); 지나친 언동, 엉뚱한 생각

extravagant tastes and habits 사치스러운 취미와 습성
She has an extraordinarily extravagant lifestyle.
그녀는 너무나도 낭비적인 생활을 하고 있다.

tips
extra-의 변형
• 모음 앞에서는 extr-가 된다.

extremity
[ikstréməti]

• extr- < extra-

extrem(=extra 의 최상급) + ity(임) → 마지막[극]임 ⇒ 극한, 극도

ⓝ **극한, 극도**(=extreme point, end, or limit); 극단, 극점; 죽음; 궁지, 곤경; *pl.* 극단적인 행위, 궁여지책, 비상수단

ⓐ **extreme** 극도의, 극단적인(=excessive); 맨 끝의; 최종의, 최후의(=final; last); 과격한(=radical) ⓝ 극도; pl. 극단, 극단적인 행위[수단]

ⓐⓓ **extremely** 극도로, 대단히, 지극히(=very)

ⓝ **extremism** 극단주의(=radicalism)

ⓝ **extremist** 극단론자, 극단주의자(=radical)

He is in a dire extremity. 그는 비참한 곤경에 처해 있다.
proceed[go, resort] to extremities 최후수단을 쓰다
I'm extremely sorry. 정말로 미안하게 됐습니다.

extrinsic
[ekstrínzik]

extr(=outside 바깥에서) + in + sic(=following 따라오는) ⇒ 부대적인, 비본질적인

ⓐ **부대적인, 비본질적인**(=not essential and inherent); 외부로부터의(=external); 본질적인 관련이 없는(=extraneous)
opp. **intrinsic** 본질적인, 고유의(=essential; inherent)

ⓐⓓ **extrinsically** 부대적으로, 본질적인 관련 없이; 외부로부터

the difference between extrinsic value and intrinsic value
(재산, 지위 등의) 부대적 가치와 (도덕, 성격 등의) 본질적 가치

for-

(1) away; apart; off : '분리, 제외, 금지, 배제'
(2) intensive 강조 : '대단히, 격심하게'의 의미를 지닌다.

C2-020

forbear
[fɔːrbέər]

for(=away 떨어져서 (~하지 않으려고)) + bear(참다, 견디다) ⇒ 참다

ⓥ **참다,** 인내하다(=endure; stand); 삼가다(=refrain from)

ⓝ **forbearance** 참음, 자제; 인내; 유보 ⓐ **forbearing** 참을성 있는, 관대한

Bear and forbear. 참고 또 참아라.

cf. **forebear** ⓝ 선조, 조상

forbid
[fərbíd]

for(금지 – ~하지 말라고) + bid(명령하다) ⇒ 금지하다

ⓥ **금지하다**(=prohibit); ~에 접근하지 못하게 하다(=exclude from)

ⓝ **forbiddance** 금지(=prohibition) ⓐ **forbidden** 금지된, 금제의(=prohibited)

The doctor forbade her to drink wine. 그 의사는 그녀에게 술 마시는 것을 금했다.

forfeit
[fɔ́ːrfit]

for(=away (집을) 벗어나) + feit(=do (위반) 해서 (내는 것)) ⇒ 벌금; 몰수; 몰수당하다

ⓝ **벌금,** 과료, 위약금(=fine; penalty); **몰수, 박탈**(=forfeiture)
ⓥ (벌로서) 상실하다; <권리를> 잃다, **몰수당하다**

ⓝ **forfeiture** (벌로서의) 몰수, 박탈, 상실; 벌금, 과료(=penalty; fine)

the forfeit of one's civil rights 시민권의 박탈

forgo
[fɔːrgóu]

for(=away 떨어져서[~없이]) + go((생활해) 가다) ⇒ ~없이 지내다

ⓥ **~없이 지내다**(=do without); 한때 보류하다; 그만두다(=relinquish)

I forwent the movies to do homework. 나는 숙제를 하기 위해서 영화 보는 것을 포기했다.

cf. **forego** ⓥ 선행하다(=go before)
forge ⓥ 위조하다(=fabricate; counterfeit) a **forged** note 위조지폐

forlorn
[fərlɔ́ːrn]

for(=away (세상에서) 멀리) + lorn(버림받은, 고독한) ⇒ 버림받은, 절망적인

ⓐ **버림받은,** 버려진(=deserted); (사람, 장소가) 쓸쓸한, 고독한, 외로운 (=desolate); **절망적인**(=hopeless; desperate)

See how forlorn she looks. 그녀가 얼마나 외로운가를 보라.
future forlorn of hope 희망 없는 미래

forswear
[fɔːrswέər]

for(=away (나쁜 일에서) 멀리하기로) + swear(맹세하다) ⇒ 그만두다

ⓥ (맹세코) **그만두다,** 맹세코 부인하다

ⓐ **forsworn** 위증한(=perjured)

She forswore smoking. 그녀는 맹세코 담배를 끊었다.

» fore-

(1) before : '이전에', beforehand : '미리'
(2) front : '앞쪽에'의 의미를 지닌다.

C2-021

forearm
[fərɑ́ərm]

fore(=front 앞부분의) + arm(팔, 무장하다) ⇒ 팔뚝; 미리 무장하다

ⓝ **팔뚝,** 전박(팔꿈치와 손목 사이) ⓥ **미리 무장하다**

fingers, hand, wrist, and forearm ... 손가락, 손, 손목, 팔뚝[전박] …

forebear
[fɔ́ərbὲər]

fore(=before ~보다 앞에) + be(존재했던) + ar(사람) ⇒ 선조, 조상

ⓝ **선조, 조상**(=ancestor*; forefather; progenitor*)
opp. **descendant; progeny** 자손

Like their parents, grandparents, great-grandparents and forebears
그들의 부모, 조부모, 증조부모 그리고 조상들처럼

forebode
[fɔərbóud]

fore(=beforehand 미리) + bode(징조가 되다) ⇒ 예시하다

ⓥ **예시하다;** 예언하다(=foretell; predict); 불길한 예감이 들다

ⓝ **foreboding** (불길한) 예언, 전조(=presentiment*) ⓐ 불길한(=ominous*)

cf. **forbidding** 무서운, 험악한

Politicians foreboded evil days to come.
정치가들은 불길한 날이 올 것을 예언했다.

forecast
[fɔ́ərkæ̀st]

fore(=beforehand 미리) + cast(점치다) ⇒ 예상하다; 예상

ⓥ **예상하다,** 예보하다(=foretell*; anticipate) ⓝ **예상**(=prediction), (날씨의) 예보

The weather caster forecasted that flooding would occur during this night.
그 기상통보관은 오늘 밤에 홍수가 일어날 것이라고 예보했다.

forefront
[fɔ́ərfrʌ̀nt]

fore(=before ~의 앞의) + front(앞, 전선) ⇒ 맨 앞, 선두, 최전선

ⓝ **맨 앞**(부분), **선두, 최전선;** (여론, 정세 등의) 최전면

Paris is always in the forefront of the fashion.
파리는 항상 유행의 최첨단을 달리고 있다.

foregoing
[fɔərgóuiŋ]

fore(=before 먼저) + going(가는) ⇒ 선행하는; 전술한

ⓐ **선행하는**(=preceding; going before), 앞의, **전술한** ⓝ **앞에 말한 것**

ⓥ **forego** 선행하다, 앞서다(=precede)

I hereby certify that foregoing statements are true, correct to the best of my knowledge. 상기와 여히 상위 없음. <영문이력서>

cf. **forward** ⓐⓓ 앞으로, 금후 **forethought** ⓝ 사전고려; (장래에 대비한) 깊은 생각, 신중

foremost
[fɔ́ərmòust]

fore(=before 앞에) + most(최상급) → 맨 앞의 ⇒ 가장 중요한

ⓐ **맨 앞의**(=first), 선두의; (제) 일류의, **가장 중요한,** 주요한(=principal)

The first and the foremost thing to do is to study English hard.
최우선적으로 해야 할 일은 영어 공부를 열심히 하는 것이다.

foreshadow
[fɔərʃǽdou]

fore(=before 미리) + shadow(어렴풋이 나타내다) ⇒ 어렴풋이 예시하다

ⓥ **어렴풋이 예시하다**(=prefigure); 미리 보여주다[나타나다]

ⓝ **foreshadowing** 예시, 징후(=indication); 예상(=anticipation)

Injuries to star players foreshadowed our defeat in the game.
주전 선수의 부상은 게임에서 우리가 패할 것이라는 예시였다.

foresight
[fɔ́ərsàit]

fore(=before 미리) + sight((앞을 내다) 봄) ⇒ 예지

ⓝ **예지**(=foreseeing), 선견지명(=forethought; prevision); 내다봄, 예상
opp. **hindsight** 뒤늦은 지혜, 뒷궁리

ⓥ **foresee** 예견하다, 예측하다(=foretell; predict)

Hindsight is better than foresight. 선견지명보다는 뒤늦은 지혜가 낫다.

forestall
[fɔərstɔ́:l]

fore(=before 미리) + stall(칸막이(로 막다)) ⇒ 선수를 치다

ⓥ **선수를 치다,** ~의 기선을 제압하다; 미리 막다(=preclude)

ⓝ **forestallment** 기선제압, 선수 치기

The government must try to forestall deflationary tendencies by rising prices.
정부는 물가를 올림으로써 디플레이션 경향을 미연에 방지해야 한다.

foretell
[fɔərtél]

fore(=before 미리) + tell((~에 대해서) 말하다) ⇒ 예언하다

ⓥ **예언하다**(=prophesy*; forecast; predict; portend; presage); 예고하다

Who can foretell what such a wicked man will do?
그런 사악한 사람이 무슨 짓을 할지 누가 예언할 수 있겠는가?

foretoken
[fɔ́ərtòukən]

fore(=before 미리 (나타나는)) + token(표시) ⇒ 전조, 징후

ⓝ **전조, 징후,** 조짐(=omen; sign; presage; portent; premonition; auspice)

ⓥ ~의 전조[징후]가 되다, 조짐이다

A foretoken is a phenomenon that serves as a sign or warning of some future good or evil. 전조라고 하는 것은 미래의 좋고 나쁜 어떤 것을 경고하거나 알려주는 현상이다.

- **foreman** ⓝ 우두머리, 감독
- **forehead** ⓝ 이마(=brow)
- **foreword** ⓝ 머리말, 서문(=preface)
- **forerun** ⓥ ~에 앞서다; 예시하다

≫ hetero-

other, different : '다른'의 의미를 지닌다.
⇒ 모음 앞에서는 heter-가 된다. opp. hom(o)- = same 같은, 동일의

C2-022

heterogeneous
[hètərədʒíːniəs]

• gene=kind=species

hetero(=other 다른) + gene(=kind 종) + ous(의) ⇒ 이종의, 잡다한

ⓐ **이종의,** 이질의(=dissimilar; unlike); **잡다한,** 이질 분자로 된

ⓐⓓ **heterogeneously** 여러 가지로 잡다하게, 이종을 섞어서

Integrity contributes to harmony in a heterogeneous workshop.
성실함은 이질적인 직장에서의 화합에 기여한다.

heteronym
[hétərənìm]

• heter- < hetero-
• spell-spelt-spelt

heter(=other 다른) + onym(=name 명칭, 이름) ⇒ 동철 이음 이의어

ⓝ **동철 이음 이의어;** 철자는 같으나 음과 뜻이 다른 말
ex. **tear** [tiər] (눈물) / [tɛər] (찢다)

A heteronym is spelt the same as another, but has a different pronunciation and meaning. 동철 이음 이의어는 다른 단어와 철자는 같으나 뜻과 발음이 다르다.

heterosexual
[hètərəsékʃuəl]

hetero(=other 다른) + sexual(성의, 성행위의) ⇒ 이성애의

ⓐ **이성애의;** 이성에 대해 성애를 느끼는; 다른 성에 관한 ⓝ 이성애자
opp. **homosexual** 동성애자의; 동성애자

ⓝ **heterosexuality** 이성애(異性愛) *opp.* **homosexuality** 동성애

Many people who got AIDS in America are actually heterosexual.
미국에서 에이즈에 감염된 많은 사람들이 이성애자들이다.

Tips HETERO-의 반의 접두사 → HOMO- = SAME 같은

homogeneous
[hòumədʒíːniəs]

homo(=same 같은) + gene(=kind, birth 종) + ous(의) ⇒ 동종의

ⓐ **동종의,** 동질의, 동성의(=similar; identical)

ⓝ **homogeneity** 동질성(=similarity); 균질성(=uniformity)

ⓥ **homogenize** 균질이 되게 하다, (우유를) 균질화하다

feel a compassion and a homogeneous sense 연민과 동질감을 느끼다

homonym
[hámənim]

cf. **antonym** 반의어
synonym 동의어

hom<homo-(=same 같은) + onym(=name 명칭, 이름) ⇒ 동음이의어

ⓝ 동음이의어

ex. pole [막대 / 극] [see 보다 / sea 바다] [meet 만나다 / meat 고기]

ⓐ **homonymous** 같은 뜻의, 동음이의어의 cf. **polysemous** ⓐ 다의의, 다의적인

Homonyms are words that sound the same, but with different meaning.
동음이의어는 발음은 같으나 의미가 다른 단어이다.

hetero의 동의 접두사[어근]

alter- / ulter- / ali(en)- = other 다른

alteration

[ɔ́:ltəréiʃən]

• **unalterable** ⓐ 변경할 수 없는

alter(=other 다르게) + ation(함) ⇒ 변경

ⓝ **변경,** 바꿈(=change; modification); 개조(=remodeling)

ⓥ **alter** 바꾸다, 변경하다; 고치다, 개조하다(=change; modify)

No charge for alteration. 옷의 치수 고치기는 무료

alternate

[ɔ́:ltərnèit]

• -ate=make; do

alter(=other (한번씩) 다른 (것으로)) + (n)ate(하다) ⇒ 번갈아 하다; 번갈아 하는

ⓥ **번갈아 하다,** 서로 엇갈리게 하다(=interchange); <전기> 교류하다

ⓐ [ɔ́:ltərnət] **번갈아 하는,** 서로 엇갈리는; 하나 거른(=every other); 상호의(=reciprocal; mutual); 대신인 ⓝ 대리자(=substitute)

ⓐⓓ **alternately** 번갈아, 교대로(=by turns) ⓝ **alternation** 교체, 번갈음

ⓐ **alternative** 양자택일의; 달리 취해야 할 ⓝ 양자택일, 대안(=choice; option)

ⓐⓓ **alternatively** 양자택일적으로, 선택적으로, 번갈아서

Good luck alternates with misfortune. 행복과 불행은 번갈아 온다.

adulterate

[ədʌ́ltərèit]

• -ate=make

cf. **adultery** ⓝ 간통
adulterous ⓐ 불륜의, 간통의

ad(=to ~에) + ulter(=other 다른 (것을) 섞) + ate(다) ⇒ 불순물을 섞다; 불량의

ⓥ **~에 불순물을 섞다,** ~을 불순하게 하다(=besmirch; tarnish)

ⓐ 품질을 떨어뜨린, **불량의;** 불륜의, 간통한(=adulterous)

ⓝ **adulteration** 섞음질; 불순품, 저질품

ⓐ **adulterated** 순도[제조법, 상표표시]가 법정기준에 맞지 않는, 불순한

He adulterated pure oil with similar oil. 그는 진짜 기름에 유사 기름을 섞었다.
This drink is adulterated with water. 이 술은 물을 탔다[섞었다].
adulterous relationship 불륜관계

alienate

[éiljənèit]

cf. **inalienable** ⓐ 권리를 양도할 수 없는

alien(=other (우리와) 달라서 (멀어지게)) + ate(하다) ⇒ 소외시키다

ⓥ **소외시키다,** 멀리하다, 이간하다(=estrange); 양도하다(=transfer)

ⓝ **alienation** 멀리함, 소외(=estrangement), 이간; 양도

ⓝ **alien** 외국인(=foreigner); 외계인 ⓐ 외국의(=foreign), 이질적인

I felt I was alienated from the society. 나는 사회로부터 소외당하는 느낌이 들었다.
a sense of alienation 소외감

≫ hyper-

(1) over : '~이상으로'; beyond : '~을 초월하여'; above : '~위에'
(2) excessive(ly) : '과도한[하게]'라는 의미를 지닌다.

C2-023

hyperbole

[haipə́ːrbəli]

hyper(=beyond (사실) 이상으로) + bol(=throw 말을 던) + e(짐) ⇒ 과장법

ⓝ **과장법**(=overstatement)

ⓥ **hyperbolize** 과장하다, 과장된 표현을 하다

cf. **hyperbola** ⓝ 쌍곡선

A little hyperbole is an effective way to color the speech.
약간의 과장은 이야기에 특색을 주는 효과적인 방법이다.

hypercritical

[hàipərkrítikəl]

hyper(=over (필요) 이상으로) + critical(비평적인) ⇒ 혹평의

ⓐ **혹평의,** 혹평적인(=overcritical; captiously critical)

ⓝ **hypercriticism** 혹평

ⓥ **hypercriticize** 혹평하다

Nothing pleases hypercritical people.
어느 것으로도 혹평하는 사람을 만족시킬 수 없다.

hypersensitive

[hàipərsénsətiv]

hyper(=excessively 과도하게) + sensitive(민감한) ⇒ 과민한

ⓐ **과민한**(=oversensitive; touchy)

ⓝ **hypersensitivity** 과민증

How to treat patients hypersensitive to this drug
이 약에 너무 과민한 환자를 치료하는 법

hypertension

[háipərtènʃən]

hyper(=beyond (정상보다) 너무 높은) + tension((혈관의) 압(력)) ⇒ 고혈압

ⓝ **고혈압**(=abnormally high blood pressure); 과도한 긴장

treatment of hypertension 고혈압의 치료

opp. **hypotension** 저혈압

cf. 우울증 = **melancholia; hypochondria; mental depression**

[tips] 병명 영단어 총정리

- 당뇨병 = diabetics
- 백혈병 = leukemia
- 간염 = hepatitis
- 뇌졸중, 뇌출혈 = cerebral hemorrhage
- 폐렴 = pneumonia
- 충수염 = appendicitis
- 관절염 = arthritis
- 수두 = chickenpox
- 류마티즘 = rheumatism
- 심장마비, 심근경색 = heart attack
- 빈혈증 = anaemia; anemia
- 암 = cancer
- 에이즈 = AIDS(Acquired Immuno-Deficiency Syndrom)

hyper-의 반의 접두사 → hypo-

▶hypo- = (1) under 아래, 아래쪽 (2) less 보다 적은, 종속된

hypocrisy
[hipɑ́krəsi]

hypo(=under (진실을) 아래에 (숨긴)) + crisy(=dispute 논쟁) ⇒ 위선

ⓝ **위선;** 위장, 거짓, 겉치레(=pretense)

ⓝ **hypocrite** 위선자(=pretender) ⓐ **hypocritical** 위선적인, 가면을 쓴

Hypocrisy is my abhorrence. 나는 위선이 너무 싫다.

hypothesis
[haipɑ́θəsis]

hypo(=under (논제의) 아래에 놓여 있는) + thesis(논제, 주제) ⇒ 가설

ⓝ **가설(假說);** (논의의) 전제; 추측(=guess), 가정(=assumption)

This hypothesis is accepted but that hypothesis is rejected.
이 가설은 받아들여졌으나 저 가설은 받아들여지지 않았다.

[tips] • **hypnosis** ⓝ 최면(상태)(=mesmerism); 최면술
ⓐ **hypnotic** 최면술의 ⓝ 최면제
• **hypodermic** ⓐ 피하의, 피하주사용의 ⓝ 피하주사
hypodermic injection 피하주사

in-

(1) 부정 : not ~이 아닌, against ~에 반대하여 (2) 위치 : in ~안에, on ~위에
(3) 운동 : into 안으로, to; toward '~을 향하여'라는 의미를 지닌다.

C2-024

inadequate
[inǽdikwət]

in(=not 안) + adequate(적당한, 충분한) ⇒ 부적당한

ⓐ **부적당한**(=unfit; inappropriate); 불충분한, 부족한(=insufficient)

ⓐⓓ **inadequately** 불충분하게

ⓝ **inadequacy** 불충분, (자격의) 부족(=insufficiency)

This road in this region is inadequate for traffic. 이 지역의 도로는 교통에 부적절하다.

inanimate
[inǽnəmət]

in(=not) + animate(생명이 있는) ⇒ 생명이 없는, 무생물의

ⓐ **생명이 없는**(=lifeless), **무생물의**; 활기 없는(=flat); 비정한(=heartless)

ⓐⓓ **inanimately** 생기 없이, 활기 없이

ⓝ **inanimation** 생명이 없음; 불활동, 무기력; 비정

Animation is a technique that creates the life in inanimate thing.
애니메이션은 생명이 없는 사물에서 생물체를 만들어내는 기술이다.

inauspicious
[inɔ́:spiʃəs]

in(=not 안) + auspicious(조짐이 좋은, 행운의) ⇒ 조짐이 좋지 않은

ⓐ **조짐이 좋지 않은,** 불길한(=infavorable); 운수 나쁜, 불행한(=unlucky)

ⓐⓓ **inauspiciously** 불길하게, 운수 나쁘게도

Friday is believed to be an inauspicious[unlucky] day.
금요일은 불길한 날이라고 한다.

incalculable
[inkǽlkjuləbl]

in(=not) + calculable(계산할 수 있는) ⇒ 헤아릴 수 없는, 무수한

ⓐ **헤아릴 수 없는, 무수한;** 예상할 수 없는(=unpredictable)

ⓐⓓ **incalculably** 헤아릴 수 없을 정도로, 무수히

ⓝ **incalculability** 헤아릴 수 없음, 무수; 예측할 수 없음

A flood in this regions will cause incalculable losses.
만약 이 지역에 홍수가 난다면 그 손해는 헤아릴 수 없을 정도가 될 것이다.

incentive
[inséntiv]

cf. **intensive** ⓐ 집중적인, 철저한

in(=on 위에서) + cent(=sing 노래로 (자극하)) + ive(는) ⇒ 자극적인; 자극, 유인

ⓐ **자극적인,** 유발적인, 장려하는(=stimulating; provocative)

ⓝ **자극, 유인,** 동기(=motive); 동기 부여를 목적으로 행하는 각종 혜택

Good grades are an incentive to study hard.
좋은 점수를 따는 것은 열심히 공부하게 하는 동기[유인]이다.

We will do give you 5% incentives of sales amount.
판매대금에 대해 5%의 인센티브를 꼭 주겠다.

incognito
[ìnkɑgníːtou]

in(=not 안) + cogn(=know 알려진) + ito(것의, 사람) ⇒ 숨긴; 익명(자)

ⓐ (신분, 성명 등을) **숨긴**(=anonymous); 가명의; 암행의

ⓝ **익명(자);** 가명(자); 미행(자); 변장(자)(=disguise); 암행자

disclose[reveal] one's incognito 신분을 밝히다
They ought to be careful to stay incognito.
그들은 들키지 않기 위해 주의해야 한다.

inconsequential
[inkɑ̀nsikwénʃəl]

in(=not 안) + consequential(중요한) ⇒ 중요하지 않은 ⇒ 사소한

ⓐ **중요하지 않은**(=unimportant), **사소한**(=trifling);
일관성이 없는(=inconsequent); 비논리적인(=illogical)

ⓐ **inconsequent** (의견, 행동이) 조리가 서지 않는(=illogical)

ⓝ **inconsequence** 비논리적임, 비합리; 모순, 당착

Spain and Morocco have a long history of inconsequential disputes.
스페인과 모로코는 오랫동안 사소한 분쟁을 하고 있다.

incontrovertible
[inkɑ̀ntrəvə́ːrtəbl]

in(=not) + controvertible(논의할 여지가 있는) ⇒ 논의할 여지가 없는

ⓐ **논의할 여지가 없는**(=incontestable; indisputable); 명백한(=manifest)

ⓐⓓ **incontrovertibly** 논의할 필요도 없이, 명백하게(=manifestly)

Despite incontrovertible evidence, she maintained she had not committed fraud. 명백한 증거에도 불구하고 그녀는 사기를 치지 않았다고 주장했다.

increment
[ínkrəmənt]

opp. decrement 감소

in(=in ~안에서) + cre(=grow 성장) + ment(한 것) ⇒ 증대, 성장

ⓝ **증대, 성장;** 증가(량); 수입액, 이익(=profit; gain); 이윤(=profits)

ⓝ **incrementalism** (정치, 사회의) 점진주의(정책)(=gradualism)

An annual salary $ 50,000, with yearly increments of $ 5,000 to the maximum of $ 30,000.
연봉 5만 달러, 최고 3만 달러에 이를 때까지 해마다 5천 달러의 승급 있음.

incriminate
[inkrímənèit]

in(=in ~에) + criminate(죄를 씌우다) ⇒ 죄를 씌우다

ⓥ <남에게> **죄를 씌우다;** 고소하다(=charge); (아무를) 유죄라고 하다

ⓝ **incrimination** 죄를 씌우기; 죄의 증명이 되는 것

cf. **criminate** ⓥ 유죄로 하다
discriminate ⓥ 구별하다, 차별하다(=distinguish; differentiate)
indiscriminate ⓐ 무차별의, 마구잡이의(=random; haphazard)

She refused to testify for fear of incriminating herself.
그녀는 자신이 유죄가 될까 봐 증언하기를 거부했다.

inculcate

[inkʌ́lkeit]

• -ate=make

in(=into 속으로 (계속)) + culc(=tread 밟아주) + ate(다) ⇒ 주입시키다

ⓥ (몇 번이고 되풀이해서 머릿속에) **주입시키다**(=impress by repeat); (알아듣도록) 타이르다(=admonish; counsel; remonstrate)

ⓝ **inculcation** 주입시키기; 반복해서 타이르기[가르치기]

The school inculcates patriotism on his students.
그 학교는 학생들에게 애국심을 심어주고 있다.

indemnity

[indémnəti]

in(=not 안) + demn(=damage 손해가 가게) + ity(함) ⇒ 배상[보상], 배상금

ⓝ **배상[보상], 배상금**(=protection or security against damage); 면책, 사면

ⓥ **indemnify** 배상하다, 보상하다(=compensate); 보장하다

ⓝ **indemnification** 배상, 보상, 보증; 배상금(=compensation)

I need several documents to claim the indemnity.
보상금을 청구하기 위한 몇 가지 서류가 필요하다.

indifference

[indífərəns]

cf. **difference** ⓝ 차이, 다름; 불일치, 불화

in(=not (의견이) 안) + difference(다름) → 어떠해도 좋음 ⇒ 무관심

ⓝ **무관심,** 냉담(=unconcern); 중요하지 않음(=unimportance)

ⓐ **indifferent** 무관심한(=uninterested); 중요하지 않은(=unimportant)

ⓐⓓ **indifferently** 무관심하게, 개의치 않고, 냉담하게(=lukewarmly)

with indifference 무관심[냉담]하게

show indifference to ~ ~을 아랑곳하지 않다

He assumed the air of indifference to politics. 그는 정치에 무관심한 체 했다.

indispensable

[ìndispénsəbl]

in(=not) + dispensable(없어도 되는) ⇒ 없어서는 안 되는, 절대 필요한

ⓐ **없어서는 안 되는, 절대 필요한**(=absolutely necessary* or essential); (의무 등이) 피할 수 없는(=inevitable)

ⓐⓓ **indispensably** 반드시, 꼭(=absolutely)

ⓝ **indispensability** 필요불가결한 일(=a thing that is indispensable)

Computers are indispensible machines in every industrial sector.
컴퓨터는 전 산업 분야에서 없어서는 안 될 기계이다.

indisputable

[ìndispjú:təbl]

in(=not) + disputable(논쟁의 여지가 있는) ⇒ 논쟁의 여지가 없는; 명백한

ⓐ **논쟁의 여지가 없는**(=unquestionable); 말할 나위 없는, **명백한**(=evident; manifest; plain), 확실한(=certain)

ⓝ **indisputability** 논의할 여지가 없음, 명백함

ⓐⓓ **indisputably** 말할 나위도 없이; 명백하게, 확실하게

This is a indisputable fact. 이것은 명백한 사실이다.

infallible
[infǽləbl]

in(=not) + fallible(잘못을 저지르기 쉬운) ⇒ 결코 틀리지 않는; 확실한

ⓐ (사람이) **결코 틀리지 않는;** 절대로 옳은(=absolutely trustworthy); 반드시 효과가 나타나는; **확실한**(=sure; certain) ⓝ 결단코 틀리지 않는 사람

ⓐⓓ **infallibly** 틀림없이, 확실하게(=certainly) ⓝ **infallibility** 절대 확실

No man is infallible. 잘못 없는 사람은 없다.

Her memory is infallible. 그녀의 기억은 절대로 틀림없다.

infirmity
[infə́ːrməti]

in(=not 안) + firm(=strong 강) + ity(함) ⇒ 병약, 노쇠

ⓝ **병약, 노쇠**(=feebleness; weakness): 병(=disease); 결함(=defect)

ⓐ **infirm** (몸이) 허약한(=weak; feeble); 박약한(=flimsy; frail)

ⓝ **infirmary** 진료소, 병원; (학교의) 양호실 ⓝ **infirmity** 허약, 병약*

ⓐⓓ **infirmly** 가냘프게, 불안정하게

Health is not a state of the absence of disease or infirmity.
건강이라고 하는 것은 질병이나 허약함이 없는 상태를 말하는 것이 아니다.

inflammable
[inflǽməbl]

in(=into 속으로) + flammable(타들어가기 쉬운) ⇒ 불붙기 쉬운, 가연성의

ⓐ **불붙기 쉬운,** 타기 쉬운; **가연성의**(=combustible); 흥분하기 쉬운

ⓝ **inflammation** 점화, 발화; 〈의학〉 염증; 격노, 흥분

ⓐ **inflammatory** 자극적인, 선동적인; 염증을 일으키는

ⓥ **inflame** 불태우다; 자극하다(=arouse); 흥분시키다, 화나게 하다

Paper is inflammable. 종이는 불붙기 쉽다.

inflammatory speeches 선동적 연설

inflate
[infléit]

in(=in 속에) + flate(=blow (기체를 넣어) 부풀게 하다) ⇒ 부풀게 하다

ⓥ (공기, 가스로) **부풀게 하다**(=distend); (통화를) 팽창시키다
opp. **deflate** <공기, 가스를> 빼다, 통화를 수축시키다

ⓝ **inflation** 부풀리기, 팽창; 통화 팽창, 인플레이션

ⓐ **inflated** 부푼, 팽창한; 인플레이션 상태의

This vest will inflate when it gets wet.
이 (구명) 조끼는 물에 젖게 되면 팽창한다.

infraction
[infrǽkʃən]

cf. **fraction** ⓝ 단편; 일부분, 아주 조금; 분수

in(=in 안에서) + fract(=break (법을) 어) + ion(김) ⇒ 위반

ⓝ **위반,** 위반 행위(=breach; violation; infringement); 불완전 골절

ⓥ **infract** (법률 등을) 어기다(=break); 위반하다(=violate; infringe)

The presidential plug is regarded as an infraction of election laws in Korea.
한국에서 대통령의 선거 개입은 선거법 위반으로 간주된다.

ingenuity
[ìndʒənjú:əti]

in(=in 안에) + gen(=birth (재능을 가지고) 태어) + (u)ity(남) ⇒ 발명의 재주, 고안력

ⓝ **발명의 재주, 고안력,** 독창성(=cleverness); 재간(=skill), 정교함

ⓐ **ingenious** 영리한; 손재주가 있는(=skillful); 재능이 있는

cf. **ingenuous** ⓐ 솔직한(=frank); 숨김없는(=open); 순진한

He is famous for his ingenuity in all mechanical occupations.
그는 기계를 다루는 직업에서의 발명 재주로 유명하다.

ingredient
[ingrí:diənt]

· gred<grad=go

in(=in ~안에) + gred(=go (내용물로 들어) 가는) + (i)ent(것) ⇒ 성분

ⓝ (혼합물의) **성분,** 원료; (요리의) 재료; 요소(=element)

the ingredients of ice cream 아이스크림의 성분[원료]
the ingredients for making a cake 과자 만드는 재료

inhabitant
[inhǽbətənt]

cf. **inhibit** ⓥ 억제하다

in(=~에 (사는)) + habitant(주민, 거주자) ⇒ 주민, 거주자

ⓝ (장기 거주의) **주민, 거주자**(=resident*; dweller); 서식동물

ⓝ **inhabitation** 거주, 서식 *cf.* **inhibition** ⓝ 금지(=prohibition), 억제

ⓥ **inhabit** ~에 살다(=live in; dwell in); ~에 존재하다

ⓐ **inhabitable** 살 수 있는, 살기에 알맞은(=habitable)

an inhabitant of a house[city] 집[도시] 거주자[주민]
Animals inhabit the forest. 짐승들은 숲 속에서 산다.

initiative
[iníʃiətiv]

in(=into ~로) + it(=go (먼저) 가) + ia + tive(기) ⇒ 시작, 선도, 솔선

ⓝ **시작; 선도,** 주도권, **솔선,** 개시(=first or introductory step; taking the first step); 진취적 기상, 기업심; 독창력; 의안제출권; 선제

ⓝ **initiation** 개시, 창업; 입회(식); (비법) 전수; 입문

ⓥ **initiate** 시작하다, ~에 착수하다; 비법을 전하다 ⓐ 개시된, 초기의

· **injustice** ⓝ 불공평, 부정

ⓐ **initiatory** 처음의(=initial), 초보의; 입문의(=introductory)

ⓐ **initial** 최초의, 초기의(=first) ⓝ (이름의) 머리글자

He took the initiative in supporting the project.
그는 솔선하여 그 계획에 찬성했다. (그는 주도권을 잡고 그 계획을 지지하였다.)

innate
[inéit]

in(=in (배) 속에서 (가지고)) + nate(=born 태어난) ⇒ 타고난; 선천적인

ⓐ **타고난**(=inborn); **선천적인**(=inherent) *opp.* **acquired** 획득한

ⓐⓓ **innately** 선천적으로, 태어나면서부터(=congenitally; by nature)

an innate instinct[characteristic] 타고난 본능[특성]
He has an almost innate gift in the use of computers.
그는 컴퓨터를 사용하는 데 있어 선천적인 재능을 타고났다.

innocuous
[inάkjuəs]

in(=not) + nocuous(유해한) ⇒ 무해한, 독이 없는

ⓐ **무해한, 독이 없는;** 해 없는(=harmless*; innoxious; inoffensive)

ⓐⓓ **innocuously** 해롭지 않게

The innocuous garter snake is often found in gardens.
독이 없는 얼룩뱀은 정원에서 자주 발견된다.

innovation
[ìnəvéiʃən]

in(=in 안에서) + nov(=new 새로이, 다시) (만) + (a)tion(듦) ⇒ 개혁, 혁신

ⓝ **개혁, 혁신**, 쇄신(=reform; renovation*); 신제도, 새로운 사물(=novelty)

ⓥ **innovate** 혁신하다, 새로운 경지를 개척하다

ⓐ **innovatory/innovational** 혁신적인(=revolutionary)

ⓝ **innovator** 혁신자, 도입자

The risks of innovations are (as) great as the rewards.
혁신[개혁]의 위험은 그 보상만큼 크다.

cf. **novation** ⓝ (계약서 등의) 갱신
nova ⓝ 신성－갑자기 빛 나다가 서서히 사라지는 별

innumerable
[injú:mərəbl]

in(=not) + numerable(셀 수 있는) ⇒ 셀 수 없는, 무수한

ⓐ **셀 수 없는**(=uncountable); **무수한**(=countless; numerous)

ⓐⓓ **innumerably** 셀 수 없을 만큼; 무수히

They had innumerable failures to conquer the sky.
그들은 하늘을 정복하기 위해 무수한 실패를 거듭했다.

inopportune
[inàpərtjú:n]

in(=not 안) + opportune(시기가 좋은) ⇒ 시기가 나쁜

ⓐ **시기가 나쁜,** 좋지 않은 때에 일어난(=unseasonable; untimely)

ⓐⓓ **inopportunely** 시의적절하지 않게, 공교롭게도

The telephone rang at an inopportune moment when I moved the bowels.
하필이면 대변을 보는 중에 전화가 왔다.

inordinate
[inɔ́rdənət]

• ordin=arrange
order
regulate

in(=not 안) + ordin(=regulate 조절) + ate(된) ⇒ 정도가 지나친; 무질서한

ⓐ **정도가 지나친,** 터무니없는(=excessive; immoderate);
무질서한, 혼란한(=disorderly); 무절제한(=intemperate)

ⓐⓓ **inordinately** 과도하게, 터무니없이; 무질서하게

ⓝ **inordinacy** 무질서, 무절제; 지나친 행위

inordinate demands 터무니없는 요구
a sermons of inordinate length 너무 지나치게 긴 설교
an inordinate life 무절제한 생활

inquiry
[inkwáiəri]

in(안으로 (궁금한 것을)) + quir(=seek 찾) + y(음) ⇒ 질문, 문의

ⓝ **질문, 문의,** 조회; 조사, 취조(=investigation; examination)

ⓥ **inquire** 묻다, 질문하다(=ask; question); 조사하다; 탐구하다

ⓐ **inquiring** 미심쩍은; 캐묻기 좋아하는(=inquisitive)

We made an inquiry of her about it.
우리는 그녀에게 그 일을 질문했다.

insinuate
[insínjuèit]

• in(=into)
-ate=make

in(안으로) + sinu(=curve (몸을) 굽히고 (들어가)) + ate(다) ⇒ 넌지시 비추다

ⓥ **넌지시 비추다**(=hint; suggest indirectly); 빗대어 말하다; (사상 등을) 스며들게 하다(=inspire)

ⓝ **insinuation** 넌지시 비춤, 빗대어 말함(=hint); 환심 사기

ⓐ **insinuative** 빗대어 말하는; 알랑거리는(=insinuating)

cf. **sinuate** ⓐ 꾸불꾸불한, 물결 모양의(=winding); 에두르는(=indirect)

sinuosity ⓝ 꾸불꾸불함, 만곡부(=a curve, bend, or turn)

The manager insinuated (to me) that the company was nearly bankrupt.
그 부장은 내게 그 회사가 파산위기에 처해 있다고 넌지시 말했다.

instantaneous
[ìnstəntéiniəs]

• stant=stand

in(=near (바로) 가까이에) + stant(서 있) + ane + ous(는) ⇒ 즉석의, 즉시의

ⓐ **즉석의, 즉시의**(=immediate; occurring in an instant)

ⓐⓓ **instantaneously** 즉석에서(=offhandedly; on the spot*), 순간적으로

ⓝ **instant** 순간, 찰나 ⓐ 즉각적인, 즉시의(=immediate)

ⓐⓓ **instantly** 곧, 당장(=immediately); 즉각(=on the spot)

The medicine had an instantaneous effect.
그 약은 즉효가 있었다.

insubordinate
[ìnsəbɔ́ərdənət]

in(=not 안) + subordinate(복종하는, 하위의) ⇒ 순종하지 않는, 반항적인

ⓐ **순종하지 않는, 반항적인**(=disobedient); 하위가 아닌 ⓝ 반항자

ⓐⓓ **insubordinately** 순종하지 않고, 반항적으로

ⓝ **insubordination** 불순종, 반항(=disobedience); 명령 거부

They held a court-martial because of the insubordinate soldier.
그들은 그 항명 병사 때문에 군법회의를 열었다.

insurgent
[insə́ːrdʒənt]

in(=upon 위로) + surg(=rise (반란을) 일으키) + ent(는) ⇒ 반란을 일으키는; 반란자

ⓐ **반란[폭동]을 일으키는**(=rebellious; mutinous)
ⓝ **반란자,** 폭도(=rebel; mutineer); (당내의) 반대 분자

ⓝ **insurgence/insurgency** 반란, 폭동(=rebellion)

We couldn't suppress the insurgent troops.
우리는 반란군을 진압할 수 없었다.

intangible

[intǽndʒəbl]

cf. **tactile** ⓐ 촉각의, 만져서 알 수 있는

in(=not) + tangible(만져 볼 수 있는, 유형의) ⇒ 만질 수 없는, 무형의, 막연한

ⓐ (손으로) **만질 수 없는**(=impalpable); **무형의**(=immaterial); 파악하기 힘든; **막연한**(=vague) ⓝ 만질 수 없는 것; 무형물

ⓐⓓ **intangibly** 손으로 만질 수 없을 만큼; 막연히(=hazily)

ⓝ **intangibility** 만질 수 없음; (막연하여) 종잡을 수 없음

an intangible cultural treasure 무형문화재

We were scared from the intangibility of insecurity.
우리는 막연한 위험의식에 두려웠다.

interminable

[intə́:rmənəbl]

• tremin=end limit

in(=not) + terminable(끝낼 수 있는, 기한부의) ⇒ 끝없는, 무한의

ⓐ **끝없는,** 무궁한(=without end); **무한의**(=endless); 지루한(=tedious)

ⓐⓓ **interminably** 그칠 줄 모르게, 끝없이, 무기한으로

I keep watching the interminable movie.
나는 그 지루한 영화를 계속 보고 있다.

There is an interminable avenue of trees.
가로수가 끝없이 늘어서 있다.

intimidate

[intímədèit]

cf. **intimate** ⓐ 친밀한 (=close; familiar) ⓝ 친구 ⓥ 넌지시 비추다 편입

in(=into ~에) + timid(=fear 두려움을 주) + ate(=make 다) ⇒ 겁주다, 협박하다

ⓥ **겁주다,** 두려워하게 하다; **협박하다**(=threaten)

ⓝ **intimidation** 위협, 으름장, 협박

ⓝ **intimidator** 위협자, 협박자

intimidate a person into doing ~를 협박하여 …하게 하다

They intimidated the little boy into taking money out of his pocket.
그들은 그 어린 소년을 위협해 주머니에서 돈을 꺼내놓게 했다.

integrity

[intégrəti]

in(=not (나쁜 것에) 안) + teg(=touch 손) + r + ity(댐) ⇒ 청렴결백

ⓝ **청렴결백**(=uprightness); 정직(=honesty); 성실(=sincerity); 완전무결

ⓥ **integrate** 통합하다, 완전하게 하다; 인종차별을 없애다

ⓝ **integration** 통합; 완성(=completion); (인종차별의) 철폐

ⓐ **integral** 완전한, (전체의 일부로) 없어서는 안 되는(=constituent)

My father is a man of high integrity.
우리 아버지는 청렴결백한 사람이시다.

She integrated my proposal into the final report.
그녀는 내 제안을 최종보고서에 엮어 넣었다.

intolerable
[intάlərəbl]

in(=not) + tolerable(참을 수 있는) ⇒ 참을 수 없는

ⓐ **참을 수 없는,** 견딜 수 없는, 버틸 수 없는(=unbearable)

ⓐⓓ **intolerably** 참을 수 없을 정도로(=unendurably)

ⓝ **intolerance** 참을 수 없음; 옹졸, 편협(=narrow-mindedness)

ⓐ **intolerant** 참을 수 없는; 옹졸한, 편협한(=narrow-minded)

Last summer, we lived in intolerable heat.
지난 여름, 우리는 참을 수 없는 더위 속에서 지냈다.

intrepid
[intrépəd]

- **trepid** ⓐ 소심한, 벌벌 떠는
- **trepidation** ⓝ 전율, 공포(=fright)

in(=not 안) + trep(=shake (공포로부터) 떠) + id(는) ⇒ 두려움이 없는, 대담한

ⓐ **두려움이 없는**(=fearless); 무서워하지 않는(=unafraid); **대담한**(=bold; audacious; daring; dauntless; courageous)

ⓐⓓ **intrepidly** 대담하게(=boldly; fearlessly; daringly; dauntlessly)

ⓝ **intrepidity** 대담, 용맹, 겁 없음

The little boy was intrepid in front of the fierce dog.
그 어린 소년은 그 사나운 개 앞에서 무서워하지 않았다.

intrigue
[intríːg]

- trig < tric
- **intricate** ⓐ 뒤얽힌, 복잡한

in(=in ~안에) + trig(=hindrance 방해물(을 넣)) + ue(음) ⇒ 음모; 음모를 꾸미다

ⓝ **음모,** 술책(=conspiracy); 불의, 간통, 정사(=secret love affair)
ⓥ **음모를 꾸미다,** 술책을 부리다(=plot); 간통하다(=commit adultery)

ⓝ **intrigant** 음모자(=plotter), 밀통자

ⓐ **intriguing** 음모를 꾸미는, 흥미를 돋우는; 매력이 있는

ⓐⓓ **intriguingly** 음모로; 흥미를 돋우게, 매력적으로

He was involved in an intrigue. 그는 음모에 관련됐다.

inundate
[ínəndèit]

- -ate=make

in(=on 위로) + und(=flow (많은 물이) 흘러나오) + ate(다) ⇒ 범람시키다

ⓥ **범람시키다**(=flood), 침수시키다(=deluge; swamp; overwhelm)

ⓝ **inundation** (홍수에 의한) 침수; 홍수(=flood; deluge)

ⓐ **inundant** 넘치는, 넘쳐흐르는; 압도적인

The rainy season inundated the district with water.
우기에 그 지역이 물에 잠겼다.

invincible
[invínsəbl]

cf. **invective**
n. 비난, 독설, 욕설 a. 독설의

in(=not) + vincible(정복할 수 있는) ⇒ 정복할 수 없는

ⓐ **정복할 수 없는,** 무적의(=unconquerable)

ⓐⓓ **invincibly** 이겨낼 수 없도록

ⓝ **invincibility** 이겨낼 수 없음, 무적

ⓝ 악담, 욕설(=abuse)

He had a invincible will in his match. 그는 시합에서 불굴의 의지를 가졌다.
His opponent seemed invincible. 그는 상대를 이겨낼 것 같지 않았다.

inveterate
[invétərit]

in((몸) 속에) + veter(=old 오래 (자리잡고)) + ate(있는) ⇒ 뿌리 깊은, 상습적인

ⓐ (병, 감정, 습관 등이) **뿌리 깊은,** 고질적인; **상습적인**(=habitual)

ⓐⓓ **inveterately** 뿌리 깊게, 끈질기게; 상습적으로(=habitually)

ⓝ **inveteracy** 뿌리 깊음, 집요함; 뿌리 깊은 편견

She suffers from the inveterate disease. 그녀는 고질병으로 고생하고 있다.
an inveterate smoker 상습적 흡연가

invulnerable
[invʌ́lnərəbl]

in(=not) + vulnerable(상처받기 쉬운) ⇒ 상처를 받지 않는

ⓐ **상처를 받지 않는,** 손해를 입는 일이 없는; 어떤 공격에도 견딜 수 있는

ⓐⓓ **invulnerably** 어떤 공격에도 견딜 수 있게

ⓝ **invulnerability** 상처를 입힐 수 없음, 불사신

She was so invulnerable even from the divorce. 그녀는 이혼에도 상처받지 않았다.

[tips]
- incumbent ⓐ 의무로서 지워지는(=obligatory); 현직의
- indolence ⓝ 나태, 게으름(=laziness) ⓐ indolent 게으른; 무통의
- inevitable ⓐ 피할 수 없는, 필연적인(=unavoidable); 당연한
- infamous ⓐ 악명 높은(=notorious), 수치스러운
- insulate ⓥ 절연하다, 단열하다, 고립시키다 ⓝ insulation 절연, 절연체; 격리
- intact ⓐ 손대지 않은, 손상되지 않은

tips **in-의 변형**

(1) **in-** 다음에 자음 **l**이 나올 때는 **il-**로 변한다.
(2) **in-** 다음에 자음 **b, m, p**가 나올 때는 **im-**으로 변한다.
(3) **in-** 다음에 자음 **r**이 나올 때는 **ir-**로 변한다.
(4) **in-**에서 **n**이 탈락된 후 **i-**만 쓰이는 경우도 있다.

illegal
[ilíːgəl]

• il-<in-

il(=not 안) + legal(적법의, 합법의) ⇒ 비합법의, 불법의

ⓐ **비합법의, 불법의,** 위법의(=unlawful; unauthorized) ⓝ 불법이민

ⓐⓓ **illegally** 불법으로, 비합법으로(=unlawfully)

ⓝ **illegality** 위법, 불법 행위(=unlawfulness)

ⓥ **illegalize** 비합법화하다; 불법으로 하다

cf. **illegitimate** ⓐ 위법의(=illicit; unlawful), 비논리적인

It is illegal to sell cigarettes to a person under age.
미성년자에게 담배를 파는 일은 불법이다.
illegitimate business 위법거래

illegible

[ilédʒəbl]

il(=not) + legible((쉽게) 읽을 수 있는) ⇒ 읽기 어려운

ⓐ **읽기 어려운,** 판독하기 어려운(=hard to read)

ⓐⓓ **illegibly** 읽기 어렵게, 판독할 수 없도록

ⓝ **illegibility** 읽기 어려움, 판독불능

The handwriting was so illegible. 그 필체는 읽기 어려웠다.
an illegible sale 밀매

illicit

[ilísit]

il(=not 안) + licit(합법의) ⇒ 위법의, 불법의

ⓐ **위법의, 불법의**(=unlawful; illegal; illegitimate); 금지의(=forbidden)

ⓐⓓ **illicitly** 불법으로, 위법으로(=unlawfully)

illicit intercourse 부정, 간통
She sued for divorce on his illicit affair.
그녀는 그의 불륜을 이유로 이혼소송을 제기했다.

illiberal

[ilíbərəl]

il(=not 안) + liberal(후한, 관대한) ⇒ 인색한, 편협한

ⓐ **인색한**(=stingy); **편협한**(=narrow-minded; bigoted)

ⓐⓓ **illiberally** 인색하게, 편협하게

ⓝ **illiberality** 인색; 편협; 저속

We tried to persuade him but he was illiberal.
우리는 그를 설득하려 했지만 그는 완고했다.

illusion

[ilú:ʒən]

il(=on 위에서) + lus(=play (가짜로) 노는) + ion(것) ⇒ 환상, 착각

ⓝ **환상; 착각,** 망상(=delusion); 오해(=misapprehension)

ⓐ **illusory** 남을 속이는(=deceptive); 거짓의, 가공의(=unreal)

He hardly awoke from the illusion.
그는 환상에서 거의 깨어나지 않았다.

imbibe

[imbáib]

• im- < in-

im(=into 안으로) + bibe(=drink 들이마시다) ⇒ 흡입하다, 흡수하다

ⓥ (공기를) **흡입하다,** 빨아들이다(=inhale; absorb)
(술 등을) 마시다(=drink); **흡수하다**(=assimilate)

ⓝ **imbibition** 흡입, 흡수(=suction)

Flowers imbibe light from the sun. 꽃들은 태양에서 빛을 흡수한다.

immense

[iméns]

im(=not 안) + mense(=measure 측정, 평가)될 정도로 큰 ⇒ 광대한, 거대한

ⓐ **광대한, 거대한**(=vast; huge; enormous(막대한)); 훌륭한(=splendid)

ⓐⓓ **immensely** 광대하게, 거대하게, 막대하게(=enormously); 대단히(=greatly)

ⓝ **immensity** 광대, 거대, 막대; 무한(=infinity)

They built a railroad in the immense territory.
그들은 광대한 땅에 철도를 건설했다.

---

immerse
[imə́:rs]

im(=into (물) 속으로) + merse(=plunge 가라앉히다) ⇒ (물에) 담그다, 몰두시키다

ⓥ (물에) **담그다,** 잠기게 하다(=plunge; dip); 몰두시키다(=engross)

ⓝ **immersion** (물속에) 넣기[가라앉히기, 잠기기]; 침례; 열중, 몰두

She was immersed in cooking. 그녀는 요리에 몰두했다.
an immersion course 집중 훈련 코스

---

imminent
[ímənənt]

im(=upon (바로) 위로) + min(=project 튀어나) + ent(온) ⇒ 절박한, 긴박한

ⓐ (위험, 재난 등이) **절박한, 긴박한**(=impending)

ⓐⓓ **imminently** 절박하여, 급박하여(=urgently; pressingly)

ⓝ **imminence/imminency** 절박, 급박; 긴박한 위험[재난]

We became conscious of imminent danger.
우리는 절박한 위험을 인식했다.

---

immobile
[imóubəl]

in(=not) + mobile(움직일 수 있는) ⇒ 움직일 수 없는

ⓐ **움직일 수 없는**(=immovable), 고정된(=stable); 정지해 있는

ⓝ **immobility** 고정, 정지, 부동(=immovability; stability)

ⓥ **immobilize** 움직이지 않게 하다; (유동 자본을) 고정 자본화하다

He was immobile after the accident. 그는 사고 후 움직일 수 없었다.

---

immortal
[imɔ́ərtl]

im(=not 안) + mortal(죽게 마련인) ⇒ 죽지 않는, 불멸의

ⓐ **죽지 않는,** 불사의(=undying); **불멸의,** 영구한(=everlasting)

ⓐⓓ **immortally** 영구히(=forever); 영원히(=eternally)

ⓝ **immortality** 불사, 불멸; 불후의 명성

It is regarded as an immortal masterpiece.
그것은 불후의 걸작으로 여겨졌다.

· **masterpiece**[mǽstərpì:s] ⓝ 가장 뛰어난 작품, 걸작

---

immunity
[imjú:nəti]

im(=not) + mun(=duty 의무) + ity(임) → 의무가 아님 ⇒ (의무의) 면제; 면역

ⓝ (과세, 병역 등의) **면제**(=exemption); **면역**(성)

ⓐ **immune** 면역의, 면역이 된(=inoculated); (과세 등이) 면제된(=exempt)

ⓥ **immunize** 면역이 되게 하다(=make immune)

He got a immunity from military service.
그는 병역면제를 받았다.

cf. **impunity** ⓝ (처벌의) 면제

immutable
[imjú:təbl]

im(=not 안) + mutable(변하기 쉬운) ⇒ 변하지 않는, 불변의

ⓐ **변하지 않는,** 변경할 수 없는, **불변의**(=unchangeable; unalterable)

ⓐⓓ **immutably** 변함없이(=unchangeably)

ⓝ **immutability** 변하지 않음, 불변성

The saying is the immutable truth.
그 속담은 불변의 진리다.

impair
[impέər]

im(=completely 완전히) + pair(=worse 나빠지게) 하다 ⇒ 약화시키다, 해치다

ⓥ (가치, 역량, 질 등을) **약화시키다,** 낮추다(=deteriorate); (건강을) **해치다**

ⓝ **impairment** 약화시키기; 손상(=damage; injury); 약화(=weakening)

His drinking habit impaired his health.
술 먹는 습관은 그의 건강을 해쳤다.

impart
[impά:rt]

im(=in ~에) + part(할당된 부분(을 주다)) ⇒ 나누어 주다

ⓥ **나누어 주다,** 주다(=give); 전하다(=communicate)

ⓝ **impartation** 수여, 나누어 줌; 전달(=transmission)

ⓐ **impartable** (재산, 토지 등이) 분할할 수 없는; 불가분의(=indivisible)

I had much to impart news to him. 나는 그에게 전할 말이 많았다.

impartial
[impά:rʃəl]

im(=not 안) + partial(불공평한, 편파적인) ⇒ 공평한, 편견이 없는

ⓐ **공평한**(=fair); **편견이 없는**(=unprejudiced*); 치우치지 않는

ⓝ **impartiality** 치우치지 않음, 공평(=fairness)

A judge must be impartial. 판사는 공정해야 한다.

impassible
[impǽsəbl]

cf. **impassable** ⓐ
지나갈 수 없는, 통행할 수 없는

im(=not) + passible(감동할 수 있는) ⇒ 느끼지 않는, 무감각한

ⓐ **느끼지 않는, 무감각한**(=impassive; insensible); 아픔을 느끼지 않는; 상처를 입지 않는(=impassive)

ⓝ **impassibility** 무신경, 태연함 ⓝ **impassivity** 무감각

ⓐ **impassive** 감정이 없는, 무감각한(=apathetic)

She became impassible with the narcosynthesis.
그녀는 마취종합요법으로 아픔을 느끼지 않게 됐다.

impecunious
[impikjú:niəs]

im(=not 안) + pecuni(=money 돈이) + ous(있는) ⇒ 돈이 없는, 가난한

ⓐ **돈이 없는,** 빈털터리인, **가난한**(=poor; needy; penniless*)

ⓝ **impecuniosity** 무일푼, 가난(=poverty; indigence)

cf. **pecuniary** ⓐ 금전(상)의, 재정상의(=monetary)

The failure of business made him impecunious.
사업실패로 그는 빈털터리가 되었다.

impedient

[impédmənt]

im(=in 안에 (방해되게)) + pedi(=foot 발을) + ment(넣음) ⇒ 방해, 장애

ⓝ **방해, 장애**(=hindrance*; obstacle); 언어장애

ⓐ **impedimental** 방해가 되는, 걸리적거리는(=hindering)

ⓥ **impede** 저해하다(=hinder; hamper; check); 방해하다(=obstruct)

He had an impediment in his speech.
그는 언어장애가 있었다.

imperative

[impérətiv]

im(=in ~에) + pera(=prepare 꼭 준비해야) + tive(하는) ⇒ 절대 필요한, 명령적인

ⓐ **절대 필요한,** 긴요한(=urgent*; necessary; essential);
명령적인, 단호한(=peremptory) ⓝ 명령(=command)

ⓐⓓ **imperatively** 명령적으로

It is imperative that you (should) act at once.
어떤 일이 있어도 즉시 행동해야 한다.

I didn't like his imperative talking. 나는 그의 명령적인 말투를 좋아하지 않았다.

imperious

[impíəriəs]

cf. **impetuous** ⓐ 격렬한, 성급한

im(강조 - 너무) + peri(=command 명령) + ous(적인) ⇒ 건방진; 긴급한

ⓐ **건방진**(=arrogant); 오만한(=haughty); 당당한(=commanding),
긴급한, 절박한(=urgent; imperative; impressing)

ⓐⓓ **imperiously** 당당하게; 긴급히(=urgently)

an imperious person 건방진 사람
She had an imperious manner. 그녀는 오만한 태도를 지녔다.

imperturbable

[ìmpərtə́ːrbəbl]

im(=not) + perturbable(동요되기 쉬운) ⇒ 동요하지 않는

ⓐ **동요하지 않는, 침착한**(=impassive); 당황하지 않는; 냉정한(=calm)

ⓐⓓ **imperturbably** 동요하지 않고, 태연히, 냉정히

ⓝ **imperturbability/imperturbation** 냉정, 침착(=calmness)

an imperturbable mind 동요하지 않는 마음
He kept the imperturbable composure.
그는 동요하지 않는 태연함을 유지했다.

impervious

[impə́ːrviəs]

im(=not 안) + pervious(통과시키는) ⇒ 스며들지 않게 하는

ⓐ (습기 등을) **스며들지 않게 하는**(=impenetrable; impermeable);
통과할 수 없는(=impassable)

ⓐⓓ **imperviously** 무감각하게

The cloth is impervious to water. 그 천은 물이 스며들지 않는다.

---

impetus
[ímpətəs]

im(=into 안으로) + pet(=rush 돌진)하는 + us(힘) ⇒ 기세; 자극

ⓝ (물체가 움직일 때의) **기세,** 여세(=momentum);
(정신적) **자극**(=stimulus); 추진력(=impulse)

ⓐ **impetuous** 격렬한(=violent; furious); 성급한(=hasty); 충동적인(=impulsive)

cf. **impulse** ⓝ 충동

ⓐⓓ **impetuously** 격렬하게(=violently; furiously); 조급히(=hastily; impatiently)

We were under impetus from our father.
우리는 아버지에게서 자극을 받았다.

---

implacable
[implǽkəbl]

in(=not) + placable(달래기 쉬운, 온화한) ⇒ 달래기 어려운; 무자비한

ⓐ **달래기 어려운,** 누그러뜨릴 수 없는(=inappeasable);
사정없는, **무자비한**(=inexorable; relentless)

ⓐⓓ **implacably** 달랠 수 없이, 사정없이

ⓝ **implacability** 달랠 수 없음; 무자비, 무정(=inhumanity)

My little brother is implacable when he gets mad.
내 어린 동생은 화가 나면 달랠 수 없다.

---

implement
[ímpləmənt]

im(=in 속에 (일이 완성되도록)) + ple(=fill 채우는) + ment(것) ⇒ 도구, 수단; 이행하다

ⓝ **도구,** 기구(=tool; instrument; utensil); **수단**(=means)
ⓥ (계약을) **이행하다**(put~in practice); 도구를 주다; 성취하다(=accomplish)

ⓝ **implementation** 이행, 실행; 성취(=accomplishment)

ⓐ **implemental** 도구의, 도구가 되는; 도움이 되는

He purchased new farm implements. 그는 새로운 농기구를 구입했다.

---

implore
[implɔ́ər]

im(=toward ~을 향해) + plore(=weep 울부짖다) ⇒ 애원하다, 탄원하다

ⓥ (구조, 사면을) **애원하다,** 간청하다, **탄원하다**(=entreat)

ⓝ **imploration** 애원, 탄원(=entreaty; supplication)

ⓐ **imploring** 애원적인, 탄원의(=entreating; supplicatory)

ⓐⓓ **imploringly** 애원하듯이, 애원조로(=with an imploring look)

They implored people for aid. 그들은 사람들에게 도움을 간청했다.

---

impoverish
[impɑ́vəriʃ]

im(=in ~안을) + pover(=poor 가난하게) + ish(하다) ⇒ 가난하게 하다

ⓥ **가난하게 하다**(=make poor); 빈약하게 하다; 피폐시키다

ⓝ **impoverishment** 빈궁, 피폐(=exhaustion)

cf. **poverty** ⓝ 빈곤, 가난

The country was impoverished by the civil war.
그 나라는 내전으로 가난해졌다.

impromptu
[imprámptu:]

im(=not 안) + promptu(=readiness 준비(가 되어 있는)) ⇒ 준비 없는, 즉석의

ⓐ **준비 없는, 즉석의**(=improvised; extempore; extemporaneous; extemporary; offhand)
ⓐⓓ 준비[계획] 없이, 즉각(=offhand; offhandedly; immediately; impromptu)
ⓝ 즉석 연설[연출], 즉흥시, 즉흥곡

verses written impromptu 즉흥시
an impromptu party 즉석파티
He delivered a speech impromptu. 그는 즉석에서 연설을 했다.

improvident
[imprávədənt]

im(=not 안) + provident(선견지명이 있는, 절약하는) ⇒ 선견지명이 없는

ⓐ **선견지명이 없는;** 장래에 대비하지 않는, 절약하지 않는(=thriftless)
ⓝ **improvidence** 장래를 생각하지 않음; 절약하지 않음, 낭비

He was improvident when considering his future.
그는 앞날을 생각하면 아무런 대비가 없었다.

impunity
[impjú:nəti]

im(=not 안) + punity(=punishment 처벌함) ⇒ 처벌되지 않음, 무사, 면제

ⓝ **처벌되지 않음, 무사**(=exemption from punishment), **면제**

with impunity 벌을 받지 않고, 무사히

cf. **impurity** ⓝ 불순, 불결

He was with impunity for the crime. 그 범죄에 대해 그는 처벌되지 않았다.

[tips]
- **implant** ⓥ (인공치아를) 심다; (사상 등을) 주입하다; 이식하다
- **impeccable** ⓐ 죄없는; 결점 없는, 잘못 없는(=faultless)
- **impugn** ⓥ (의견, 태도 등에 대해) 이의를 제기하다; 비난하다 ⓝ **impugnment** 비난, 공격
- **imbecility** ⓝ 저능, 우둔함(=stupidity; dullness; absurdity(불합리, 어리석음))

irrefutable
[iréfjutəbəl]

• ir- < in-

ir(=not) + refutable(반박할 수 있는) ⇒ 반박할 수 없는

ⓐ **반박할 수 없는,** 논박할 수 없는(=that cannot be refuted; incontrovertible*)
ⓐⓓ **irrefutably** 반박의 여지가 없이, 두말할 것 없이

irrefutable and just argument 확고한 논법
The attorney provided irrefutable evidence that the accused was guilty.
변호사는 피의자의 유죄가 확실한 반박할 수 없는 증거를 제시했다.

irrelevant
[iréləvənt]

ir(=not 안) + relevant(적절한, 관련된) ⇒ 적절하지 않은, 부적절한

ⓐ **적절하지 않은, 부적절한**(=inappropriate; impertinent), 관계없는
ⓝ **irrelevance/irrelevancy** 적절하지 않음, 엉뚱함

What you say is irrelevant to it.
네가 하는 얘기는 동떨어진 소리다.
His point of view was irrelevant to the argument.
그 논쟁에 대한 그의 관점은 적절하지 않았다.

---

irreparable
[irépərəbəl]

ir(=not) + reparable(고칠 수 있는) ⇒ 고칠 수 없는

ⓐ **고칠 수 없는,** 회복할 수 없는(=not reparable; irretrievable)

ⓐⓓ **irreparably** 수리[교정, 구제]할 수 없을 정도로

The damage to the car was irreparable from the crash.
충돌에서 생긴 차의 손상은 고칠 수 없었다.

---

irresolute
[irézəlùːt]

ir(=not 안) + resolute(단호한, 결연한) ⇒ 결단력이 없는; 우유부단한

ⓐ **결단력이 없는,** 결심이 서지 않는, **우유부단한**(=hesitant; indecisive)

ⓝ **irresolution** 결단력이 없음, 우유부단(=indecisiveness; indetermination)

He is an irresolute man.
그는 우유부단한 사람이다.
Many countries are irresolute about whether or not to help America.
많은 나라들이 미국을 도울지 결심이 서지 않았다.

---

irreverent
[irévərənt]

ir(=not 안) + reverent(공손한) ⇒ 불손한, 무례한

ⓐ **불손한, 무례한**(=disrespectful; blasphemous*; lacking respect)

ⓐⓓ **irreverently** 불경스럽게, 불손하게(=haughtily)

ⓝ **irreverence** 불경, 무례(=arrogance; insolence); 불손한 언행

He was irreverent to his guest.
그는 손님에게 무례했다.
in an irreverent manner 불손하게

---

irrevocable
[irévəkəbl]

• voc=call, voice

ir(=not) + revocable(취소할 수 있는) ⇒ 취소할 수 없는

ⓐ **취소할 수 없는;** 변경할 수 없는; 돌이킬 수 없는
(=irreversible*; final; unchangeable; irreversible)

ⓐⓓ **irrevocably** 취소할 수 없도록, 변경할 수 없도록

ⓝ **irrevocability** 취소할 수 없음, 돌이킬 수 없음

The Supreme Court rendered an irrevocable decision.
대법원은 되돌릴 수 없는 판결을 내렸다.

---

ignoble
[ignóubl]

ig(=not 안) + noble(고상한, 훌륭한) ⇒ 상스러운, 비열한

ⓐ **상스러운, 비열한**(=base); 창피스러운(=shameful)

• ig-<in-

ⓐⓓ **ignobly** 천하게, 비열하게(=basely; meanly)

ignoble purposes 비열한 속셈

Her parents didn't consent to the union because the groom was ignoble.

그녀의 부모님은 신랑이 천하다고 결혼을 승낙하지 않았다.

ignominious

[ìgnəmíniəs]

cf. **nomination** ⓝ 지명, 추천

ⓥ **nominate** 지명하다, 임명하다 (=appoint; designate)

ig(=not 안) + nomin(=name 명성) + ious(스러운) ⇒ 불명예스러운

ⓐ **불명예스러운**(=dishonorable); 수치스러운(=shameful); 경멸할 만한(=contemptible)

ⓐⓓ **ignominiously** 불명예스럽게, 수치스러울 정도로, 굴욕적으로

ⓝ **ignominy** 불명예(=dishonor); 치욕(=disgrace); 추행, 부끄러운 행위

an ignominious retreat 불명예스러운 퇴각

The soccer team suffered an ignominious defeat, the score was 5:0.

축구팀은 5:0이라는 불명예스런 패배로 괴로워했다.

tips

- **ignescent** ⓐ 확 타오르는; (성격이) 발끈하는 ⓝ 발화물질
- **illustration** ⓝ 설명, 해설; 실례(=example)
- **immaculate** ⓐ 흠 없는(=flawless), 순결한, 오류 없는
- **immemorial** ⓐ 아주 오래된, 아주 옛날부터의
- **immoral** ⓐ 부도덕한, 품행이 나쁜 *cf.* **amoral=nonmoral** 도덕과 관계없는
- **immure** ⓥ 가두다(=confine; shut up); 감금하다(=imprison)
- **impalpable** ⓐ (손으로 만져서) 느껴지지 않는; 미세한(=fine)
- **impeach** ⓥ 의심하다(=discredit); 탄핵하다(=denounce)
- **impregnable** ⓐ 어떤 공격에도 견디는, 난공불락의(=unconquerable; invincible); (유혹에) 지지 않는, 불굴의
- **impurity** ⓝ 불순; 불순물; (도덕상의) 불순, 부패(=corruption)
- **indiscreet** ⓐ 분별없는, 경솔한(=imprudent; rash; hasty; flippant(까부는))
- **insuperable** ⓐ 극복하기 어려운, 이겨내기 어려운(=insurmountable)
- **intemperance** ⓝ 무절제, 과도(=extravagance); 폭음(=drunkenness)
- **irrigate** ⓥ (토지에) 물을 대다; 관개하다; 세척하다(=rinse)

≫ inter-

• 사이 · 중간 - between; among '~사이에, 가운데에; 서로'의 의미를 지닌다.

C2-025

intercede
[intərsíːd]

inter(=between 사이로) + cede(=go (해결하러 들어)가다) ⇒ 중재하다

ⓥ **중재하다,** 조정하다(=mediate); 청원하다, 탄원하다(=plead)

ⓝ **intercession** 중재, 조정(=mediation); 탄원(=entreaty)

They interceded whenever there's an argument.
그들은 말다툼이 있을 때마다 중재했다.

intercept
[ìntərsépt]

inter(=between 도중에) + cept(=take 빼앗다) ⇒ 도중에서 가로채다

ⓥ (사람, 물건을) **도중에서 가로채다,** 빼앗다(=seize; snatch)

ⓝ **interception** 도중에서 붙잡기[빼앗기], 가로채기; (무전) 도청

ⓝ **interceptor** 가로채는 사람; 방해자, 차단물; 요격기

A bomb was intercepted at the Canadian boarder.
폭탄은 캐나다 국경에서 빼앗겼다.

interfere
[ìntərfíər]

• **penalty** [pénəlti]
ⓝ 형벌, 처벌; 벌금, 위약금

inter(=between 가운데서) + fere(=strike (서로) 치다) ⇒ 방해하다

ⓥ **방해하다,** 훼방놓다(=intervene); 충돌하다, 상충하다(=clash); 간섭하다, 말참견하다(=meddle; interfere)

ⓝ **interference** 방해, 충돌; 간섭, 말참견; 중재

ⓐ **interfering** 간섭하는, 말참견하는; 방해하는

He interfered in the match and received a penalty.
그는 경기를 방해해서 벌칙을 받았다.

interfere in another person's affairs 남의 일에 간섭하다

interline
[ìntərláin]

inter(=between ~사이에) + line(선을 긋다) ⇒ 행간에 글씨를 써넣다

ⓥ **행간에 글씨를 써넣다**(=write or insert between ~)

ⓐ **interlinear** 행간에 쓴, 행간을 번역한

She interlined her textbook.
그녀는 교과서 행간에 글씨를 써넣었다.

interlude
[ìntərlúːd]

inter(=between 사이에 하는) + lude(=play 연주(곡)) ⇒ 간주곡

ⓝ **간주곡**(=intermezzo); (연극의) 막간(=interval); 사이에 일어난 일

Please excuse us for this brief interlude.
잠깐 동안 일어난 일에 대해 용서해 주세요.

intermediate
[ìntərmí:diət]
• medi-=middle

inter(=between 중간에서) + mediate(중재하다, 조정하다) ⇒ 중재하다; 중간물

ⓥ **중재하다,** 중개하다, 조정하다(=mediate) ⓐ 중간의(=middle)
ⓝ **중간물;** 매개; 중간시험; 중개자, 조정자(=intermediary); 중형 자동차

ⓐⓓ **intermediately** 중간에서, 개재하여
ⓝ **intermediation** 중개, 조정, 중재(=mediation)
ⓐ **intermediary** (시간, 공간, 정도, 성질 등이) 중간의(=intermediate); 중개의(=mediatory)
ⓝ 중개자, 중재인(=mediator); 매개물

the intermediate examination 중간시험
The student was intermediate in her test. 그 학생은 시험에서 중간 정도 했다.

intermit
[ìntərmít]

inter(=between 사이로) + mit(=send (중지시키려고) 보내다) ⇒ 일시 멈추다

ⓥ **일시 멈추다,** 중단시키다(=suspend); 단속(斷續)시키다
ⓐ **intermittent** 간헐적인; 때때로 끊기는(=spasmodic)
ⓐⓓ **intermittently** 띄엄띄엄; 단속[간헐]적으로(=spasmodically)
ⓝ **intermission** 중지, 중단(=interruption); 휴게시간(=break)

The watch beeped intermittently every hour.
그 시계는 시간마다 띄엄띄엄 삑 소리를 냈다.

interrogate
[intérəgèit]
• -ate=make

inter(=between 사이로) + rog(=ask 물어 보) + ate(다) ⇒ 질문하다, 심문하다

ⓥ **질문하다**(=inquire; question; ask); **심문하다,** 검문하다
ⓝ **interrogation** 질문, 심문, 검문; 의문 부호
ⓐ **interrogative** 의문의, 질문의; 미심쩍어하는(=inquiring)

The detective interrogated the suspect relentlessly.
형사는 용의자를 가차 없이 심문했다.

interrupt
[intərʌ́pt]

inter(=between 사이에서) + rupt(=break 중단하다) ⇒ 가로막다, 중단하다

ⓥ **가로막다,** 방해하다(=hinder; obstruct); **중단하다;** (전류를) 끊다
ⓝ **interruption** 방해(하기), 방해물, 장해물; 중단; 중간휴식(=intermission)
ⓐ **interrupted** 중단된, 단속적인

The president's speech was interrupted by a loud noise.
사장의 연설이 시끄러운 소리 때문에 중단됐다.

intersect
[ìntərsékt]

inter(=between 사이를) + sect(=cut 가로지르다) ⇒ 가로지르다

ⓥ **가로지르다**(=traverse); 횡단하다, 교차하다(=cross)
ⓝ **intersection** 횡단, 교차; (도로의) 교차점

There was an accident at the intersection.
교차로에서 사고가 있었다.

interurban
[ìntərə́ːrbən]

inter(=between) + urban(=city) → 도시 사이의 ⇒ 도시간의

ⓐ **도시간의**(=between cities or towns)

ⓝ 도시간 연락철도[전동차, 버스]

The two cities are connected by an interurban railway.
두 도시가 도시간 연락철도로 연결되어 있다.

intervene
[ìntərvíːn]

inter(=between 사이에) + vene(=come 들어오다) ⇒ 사이에 들다, 중재하다

ⓥ **사이에 들다[끼다],** 개재하다; **중재하다,** 조정하다(=mediate); 간섭하다(=interfere); 방해하다(=hinder)

ⓝ **intervention** 사이에 들어 있음[끼어듦, 일어남], 개재; 중재, 조정(=mediation); 간섭(=meddling; interference)

The teacher intervened to stop a fight between two students.
선생님은 두 학생간의 싸움을 말리기 위해 끼어드셨다.

collective intervention 공동간섭

interview
[íntərvjùː]

cf. **presentation** ⓝ 발표, 소개; 제출; 증정

inter(=between 서로 간에) + view(=see (만나) 보다) ⇒ 회견하다

ⓥ **회견하다,** 면접하다(=have an interview with ~)

ⓝ 회견, 면접, 회담(=conference); 인터뷰, 기자회견

Sally got the job shortly after her interview.
샐리는 인터뷰 후에 곧바로 일자리를 얻었다.

tips **inter-의 변형**

- 자음 i 앞에서는 inter-가 intel로 바뀐다.

intellect
[íntəlèkt]

- intel- < inter-

intel(=between ~중에서) + lect(=choose 선별하는 능력) ⇒ 지성, 지능

ⓝ **지성; 지능,** 지력(=understanding); 지식인(=egghead; intellectual)

ⓝ **intellection** 사고(=thinking), 이해(=understanding)

ⓐ **intellectual** 지성의, 지력의; 이지적인, 총명한(=intelligent)
 ⓝ 지식인, 인텔리(=intelligentsia)

They solved the problem in using their intellect.
그들은 지식을 이용하여 문제를 풀었다.

cf. **instinct** ⓝ 본능 **emotion** ⓝ 정서

intelligence

[intélədʒəns]

intel(=between ~중에서) + lig(=choose (확실히) 골라) + ence(냄) ⇒ 지성, 지능, 정보

ⓝ **지성, 지능,** 이해력(=intellect); 보도(=news); **정보**(=information)

ⓐ **intelligent** 이성적인(=rational), 이해력 있는; 총명한(=sagacious)

ⓐⓓ **intelligently** 지적으로, 총명하게(=sagaciously; shrewdly)

He has shown signs of average intelligence.

그는 이해력이 보통이라는 것을 보여줬다.

intelligible

[intélədʒəbl]

intel(=between ~중에서) + lig(=choose 쉽게 고를) + ible(수 있는) ⇒ 알기 쉬운, 분명한

ⓐ **알기 쉬운**(=comprehensible); **분명한**(=clear)

ⓐⓓ **intelligibly** 알 수 있게, 명료하게(=clearly)

The professor spoke very intelligibly.

교수님은 아주 명료하게 말씀해 주셨다.

tips

- **interaction** ⓝ 상호작용 ⓥ **interact** 상호작용하다
- **intercourse** ⓝ 교제, 왕래; (국가간의) 거래; 성교(sexual ~)
  commercial **intercourse** 통상(관계)
- **interim** ⓐ 중간의, 임시의(=temporary*) ⓝ 짬, 잠시(=a short while)
- **intermingle** ⓥ 섞다, 혼합하다(=mix)
- **interpose** ⓥ 사이에 넣다(=insert); 중재하다(=mediate)
- **interpret** ⓥ 해석하다, ~의 뜻을 밝히다, 설명하다(=explain; explicate)
- **interweave** ⓥ ~을 섞어 짜다; ~을 서로 섞다(=intermingle); 뒤엉키다

≫ intra-

• 내부 - within '~안에'의 의미를 지닌다.
opp. extra- ~밖에

C2-026

intramural
[ìntrəmjúərəl]

intra(=within) + mural(벽[울타리]의) ⇒ 구역 안의, 교내의

ⓐ (학교나 대학 등의) **구역 안의**(=within the walls or boundaries of a school, college, etc.); **교내의** *opp.* **extramural** 교외의

He won the intramural badminton championship.
그는 교내 배드민턴 대회에서 우승했다.

intramuscular
[ìntrəmʌ́skjulər]

intra(=within) + muscular(=muscular 근육의) ⇒ 근육 안의

ⓐ **근육 안의**(=within a muscle)

For his sore arm he needed an intramuscular injection.
아픈 팔 때문에 그는 근육 주사가 필요했다.

● **injection** [indʒékʃən] ⓝ 주사(액), 관장(액); 주입; (연료의) 분사 ⓥ 주사하다, 주입하다

intraparty
[ìntrəpάərti]

intra(=within) + party(=party 당, 정당) ⇒ 정당 내의

ⓐ **정당 내의**(=within a party)

The intraparty policies varied greatly.
당내의 정책들이 꽤 바뀌었다.

intrastate
[ìntrəstéit]

intra(=within) + state(=state 주) ⇒ 주 내의

ⓐ **주 내의**(=within a state)

The two cities were connected via an intrastate highway.
두 도시는 주 내의 고속도로로 연결되어 있다.

intravenous
[ìntrəví:nəs]

intra(=within) + ven(=vein 정맥) + ous(의) ⇒ 정맥 내의

ⓐ **정맥 내의**(=inside a vein), 정맥 내에 행해지는

The doctor gave the patient an intravenous injection to regain his body.
의사는 환자 몸의 회복을 위해 정맥주사를 놓아 주었다.

[tips] • intracity ⓐ 시내의; (대도시의) 과밀지역의
• intracranial ⓐ 두 개 골 내의
• intracellular ⓐ 세포 내의, 세포간의
cf. intro- : in(안), into(안으로)의 뜻
introspect ⓥ (자기자신을) 내성하다 introvert ⓐ, ⓝ 내성적인 (사람)

macro-

(1) large : '큰' '거시적인'
(2) long : '긴'의 의미를 지닌다. ⇒ 모음 앞에서는 macr-이 된다.

 C2-027

---

macrocosm
[mǽkrəkὰzm]

macro(=large 큰, 大) + cosm(=universe 우주) ⇒ 대우주

ⓝ **대우주**(=great universe); 큰 세상(=great world)
opp. **microcosm** 소우주, 축소판
(micro = small)

There are many planets visible to the eye in macrocosm.
대우주에는 육안으로 볼 수 있는 행성들이 많다.

● **planet** [plǽnət] ⓝ 행성, 혹성 → the major[minor] planets 대행성[소행성]

---

macroeconomics
[mæ̀kroui:kənάmiks]

macro(=large 큰 (의미의)) + economics(경제학) ⇒ 거시 경제학

ⓝ **거시 경제학** *opp.* **microeconomics** 미시 경제학

A macroeconomic survey provided some statistics on average income.
거시경제 조사는 평균수입에 관한 몇몇 통계를 제공했다.

● **statistics** [stətístiks] ⓝ 통계, 통계자료; 통계학

---

macroscopic
[mæ̀krəskάpik]

macro(=large 크게) + scop(=look at ~을 보) + ic(는) ⇒ 거시적인

ⓐ **거시적인;** 육안으로 보이는
opp. **microscopic** ⓐ 현미경이 아니면 보이지 않는, 극미의

The bacterial growth was large enough to see it macroscopically.
세균의 성장은 육안으로 볼 수 있을 만큼 컸다.

· **a macroscopic theory** 거시적 이론

tips **macro-의 반의 접두사**

- micro- = small 작은; 현미경적인; 100만분의 1 → 모음 앞에서는 micr-이 된다.
- a micro car 초소형 자동차
- micro-corneal lens 소형 각막 렌즈

· **corneal grafting [transplantation]** 각막이식술

tips **large; great(큰)의 의미를 지니는 접두사(prefix)의 정리**

- grand- / magn- / maj- / mega- / megalo- / metro-

---

aggrandize
[əgrǽndaiz]

ag(=to ~까지) + grand(=large 크게) + ize(=make 하다) ⇒ 확대하다; 강화하다

ⓥ **확대하다**(=enlarge; extend), **강화하다**(=intensify)

ⓝ **aggrandizement** (부, 지위 등의) 증대, 강화

· ag- < ad-

The government aggrandized the issue in order to gain public support.
정부는 공개지지를 얻기 위해 문제를 확대시켰다.
The President of the United States of America aggrandized his power in international affairs. 미국 대통령은 외교 문제에 있어 자신의 힘을 강화했다.

magnify
[mǽgnəfài]

magn(i)(=great 크게) + fy(=make 하다) ⇒ 확대하다; 과장하다

ⓥ **확대하다**(=enlarge); 강화하다(=intensify; strengthen); **과장하다**(=exaggerate; overstate)

ⓝ **magnification** 확대, 과장(=exaggeration; overstatement); 칭찬

ⓝ **magnificence** 장려, 장엄(=splendor) ⓝ **magnifier** 확대경, 돋보기

ⓐ **magnificent** 장대한, 장려한(=splendid); 웅장한(=stately; august)

John could read the small print much easier using a magnifying glass.
존은 돋보기를 사용하여 작은 글자를 더 쉽게 읽을 수 있었다.

majority
[mədʒɔ́:rəti]

major(과반수, 대다수의) + ity(임) ⇒ 과반수, 대다수

ⓝ **과반수, 대다수;** (차점자와) 표차; 성인; 다수파, 다수당

majority rule 다수결 원칙
The majority of the voters elected the president.
대다수의 유권자가 대통령을 뽑았다.

cf. **majesty** ⓝ 위엄, 장엄 ⓐ **majestic** 위엄 있는, 장엄한(=dignified); 고귀한(=noble)

megalopolis
[mègəlɑ́pəlis]

megalo(=large 큰) + polis(=city 도시) ⇒ 거대도시

ⓝ **거대도시,** (몇 개의 위성도시를 포함한) 거대도시권

ⓐ **megalopolitan** 거대도시의, 거대도시권의 ⓝ 거대도시의 주민

New York is an example of a megalopolis. 뉴욕은 거대도시의 예다.

cf. **megalomania** ⓝ 과대망상증

metropolis
[mitrɑ́pəlis]

cf. **skyscraper** ⓝ 초고층빌딩, 마천루

metro(=large 큰 / mother 어머니인) + polis(=city 도시) ⇒ 주요 도시

ⓝ **주요 도시,** 수도; 중심지, 대도시

ⓐ **metropolitan** 주요 도시[대도시, 수도]의; (식민지에 대하여) 본국의 ⓝ 대도시 거주자

Things are very expensive in the metropolitan area of Tokyo.
도쿄의 수도권에서는 물가가 아주 비싸다.

[tips] • magnitude ⓝ 크기, 지진규모; 중요성(=importance)
• magniloquent ⓐ 호언장담하는, 과장된
cf. eloquent ⓐ 웅변의, 감명적인 *opp.* ineloquent 눌변의

mal-

• bad : '나쁜, 불량한, 부정한'의 의미를 지닌다.

C2-028

maladjustment
[mæ̀lədʒʌ́stmənt]

mal(=ill 나쁜) + adjustment(조정, 조절) ⇒ 부조정, 부조절

ⓝ **부조정, 부조절,** 조정 이상; (환경에 대한) 적응 이상, 부적응

ⓐ **maladjusted** 조정[조절]이 잘못된; 환경에 적응하지 못하는, 부적응의

destitution, maladjustment, and physical and mental diseases
결핍, 부조정, 그리고 육체적 · 정신적 질병들

maladroit
[mæ̀lədrɔ́it]

mal(=badly 서투르게) + adroit(솜씨 있는, 능숙한) ⇒ 솜씨 없는, 서투른

ⓐ **솜씨 없는**(=unskillful), **서투른**(=awkward; clumsy; inept)

Surgeons cannot afford to be maladroit when operating.
수술할 때 외과의사들은 서투르면 안 된다.

malady
[mǽlədi]

• ad < hab=hold
have

mal(=bad 나쁜 것을) + ad(=have (몸속에) 가지고) + y(있음) ⇒ 병; 병폐

ⓝ **병**(=disease; ailment); 만성병(=chronic disease); (사회적) **병폐**

I went to the pharmacy to get some medicine for her malady.
나는 그녀의 병을 위한 약을 좀 사러 약국에 갔다.

social maladies 사회적 병폐

malcontent
[mæ̀lkəntént]

mal(=badly 나쁘게) + content(만족한) ⇒ 불평의, 불만의

ⓐ (특히 정치적으로) **불평의, 불만의**(=dissatisfied); 반항적인, 불온한

ⓝ (특히 정치적인) 불평가, 불온분자; 반주류파, 반란군

His malcontent situation didn't get better. 그의 불만 상황은 나아지지 않았다.

malfeasance
[mælfíːzns]

• **feasance** ⓝ (의무 등의) 이행
(=performance)

mal(=badly 나쁘게) + feas(=do 행동) + ance(함) ⇒ 나쁜 짓, 부정행위

ⓝ **나쁜 짓, 부정행위;** (특히 공무원의) 독직; 위법행위

ⓐ **malfeasant** 나쁜 짓을 하는; 유해한(=harmful) ⓝ 범죄인

The mayor was fired due to his malfeasance.
시장은 그의 부정행위 때문에 파면되었다.

malice
[mǽlis]

mal(=bad 나쁜, 사악한) + ice(=will 의지, 마음) ⇒ 악의, 적의

ⓝ **악의**(=ill will; malevolence), **적의**(=enmity); 원한, 증오(=spite)

ⓐ **malicious** 악의[적의]가 있는, 심술궂은, 악의에 찬(=spiteful)

She reacted with malice after she was betrayed.
그녀는 배반당한 후에 악의적으로 대응했다.

malediction

[mæ̀lədíkʃən]

male(=ill 악의 있는, 사악한) + diction(말씨, 말하기) ⇒ 저주, 악담

ⓝ **저주**(=curse*; execration; imprecation)); **악담**(=slander)

ⓐ **maledictory** 저주의, 저주하는 듯한; 욕하는, 비방의

• dict=speak 말하다

opp. **benediction** ⓝ 축복

He uttered maledictions against her. 그는 그녀에게 악담을 했다.

He spoke to her in a maledictory manner. 그는 그녀에게 비방하듯이 말을 했다.

mal-의 변형

(1) 자음 **d, f, v** 앞에서는 male-가 된다. (2) 자음 **g, s** 앞에서는 mali가 된다.

malefaction

[mæ̀ləfǽkʃən]

male(=ill 나쁘게) + fact(=do 행동) + ion(함) ⇒ 악행, 비행

ⓝ **악행, 비행**(=wrongdoing); 죄악; 범죄(=crime), 범죄 행위

ⓝ **malefactor** 나쁜 짓을 하는 사람, 범죄인(=criminal); 흉악범인(=felon)

opp. **benefactor** ⓝ 은인

She committed a malefaction. 그녀는 악행을 저질렀다.

malevolent

[məlévələnt]

male(=ill 악, 사악, 불행)을 + vol(=wish 바라) + ent(는) ⇒ 악의가 있는

ⓐ **악의[적의]가 있는**(=malicious; hostile) *opp.* **benevolent** 자비로운

ⓝ **malevolence** 악의, 적의(=ill will) *opp.* **benevolence** 자비, 자선행위

We must thwart his malevolent schemes. 우리는 그의 악의적인 흉계를 좌절시켜야 한다.

malignant

[məlígnənt]

mali(=bad 나쁜(유전 형질로)) + gn(=birth 태어) + ant(난) ⇒ 해로운, 악성의

ⓐ **해로운**(=harmful), 악의가 있는; (병이) **악성의**(=violent)

• gn < gen=birth

ⓝ **malignity** (뿌리 깊은) 악의, 증오; 사악한 감정; (병의) 악성

ⓝ **malignancy** 극도의 악의, 적의; (종기의) 악성, 악성종양

ⓥ **malign** 헐뜯다(=speak ill of), 중상하다(=slander; libel)

ⓐ 해로운(=injurious; harmful), 악의가 있는(=malicious)

opp. **benign** ⓐ 친절한(=kind); 자비로운(=generous)

cf. **repugnant** ⓐ 아주 싫은, 불쾌한, 적의를 품은(=hostile)

Unfortunately the tumor was malignant. 불행히도 종양은 악성이었다.

a malignant tumor 악성 종양

• **malaise** ⓝ 불쾌, 불안감; (사회의) 침체

• **maleficent** ⓐ 유해한, 해가 되는(=harmful) *opp.* **beneficent** 선을 행하는, 유익한

• **malodor** ⓝ 악취, 고약한 냄새 ⓐ **malodorous** 악취가 나는

• **malformation** ⓝ 〈신체의〉 기형(=deformity); 꼴불견

• **malfunction** ⓝ (기관 등의) 기능 부전; (기계 등의) 기능 장애

• **maltreat** ⓥ (거칠게, 잔인하게) 다루다, 학대하다, 혹사하다(=abuse)

• **malnutrition** ⓝ 영양실조(=poor nourishment; dystrophy)

cf. **nutrition** ⓝ 영양, 영양물

ⓥ **nourish** 영양분을 주다

≫ mis-

(1) bad : '나쁜', badly : '나쁘게'
(2) wrong : '잘못된, 틀린, 나쁜', wrongly : '잘못하여'의 의미를 지닌다.

▶ C2-029

misbehave
[mìsbihéiv]

mis(=badly 나쁘게, 틀리게) + behave(행동하다) ⇒ 버릇없이 굴다

ⓥ **버릇없이 굴다;** 예의에 어긋나게 행동하다(=behave badly)

ⓝ **misbehavior** 나쁜 행실, 못된 짓, 부정행위

The teacher sent the student outside because he was misbehaving.
못된 짓을 해서 선생님은 그를 밖으로 내보냈다.

misbelief
[mìsbilí:f]

mis(=wrong 잘못된) + belief(믿음, 신념) ⇒ 그릇된 믿음

ⓝ **그릇된[옳지 않은] 믿음[신앙]**(=wrong or erroneous belief)

She had the misbelief that she didn't do anything wrong.
그녀는 자신이 잘못한 것은 아무것도 없다는 그릇된 생각을 가졌다.

misconduct
[miskándʌkt]

mis(=wrong 나쁜) + conduct(행동, 행실, 짓) ⇒ 비행, 불법행위

ⓝ **비행**(=wrong behavior), **불법행위;** 행실의 나쁨; 간통(=adultery)

ⓥ 행실[품행]이 나쁘다, 간통하다; 잘못 관리하다(=mismanage)

He misconducted himself and he had to be punished. 그는 행실이 나빠서 징계되어야 했다.

misconstrue
[mìskənstrú:]

mis(=wrongly 잘못) + construe(=interpret 해석하다) ⇒ 잘못 해석하다

ⓥ **잘못 해석하다**(=misinterpret); 곡해하다(=misunderstand*)

ⓝ **misconstruction** (말, 행위 등의) 그릇된 해석; 오해, 곡해

cf. **explicate** ⓥ (상세히) 설명하다 (=interpret)

The newspaper article misconstrued the truth. 신문기사는 사실을 잘못 해석했다.
She miscontrued my <u>intention</u>. 그녀는 내 <u>의도</u>를 오해했다.

misdeed
[mìsdí:d]

mis(=bad 나쁜, 사악한, 부정의) + deed(행위, 행동) ⇒ 비행, 못된 짓

ⓝ **비행,** 부정행위; 범죄(=crime); **못된 짓**(=bad act; wicked deed)

ⓐ 사악한(=wicked; vicious; malicious; evil)

ⓝ **misdemeanor** 경범죄, 비행(=delinquency)

He was sentenced to prison for his misdeed. 그는 악행으로 형무소에 수감됐다.

misfire
[misfáiər]

mis(=wrongly 잘못) + fire(발사하다) ⇒ 불발되다

ⓥ **불발되다,** 불발로 끝나다; (비유적으로) 실패하다(=fail)

ⓝ 점화되지 않음, 불발; 실패(=failure)

He misfired his gun and missed the target. 그는 총이 불발해 목표물을 놓쳤다.

misfortune
[misfɔ́ːrtʃən]

mis(=bad 나쁜) + fortune(운) ⇒ 불운, 불행(=mischance)

ⓝ **불운, 불행;** 역경(=trouble; adversity); 재난(=mishap)

It was through his own misfortune that he missed his plane.
그가 비행기를 놓친 것은 자신의 불운 때문이었다.

a series of misfortunes 거듭되는 불행

misgiving
[mìsgíviŋ]

mis(=bad 나쁜 (의심스러운)) 것을 + giving((가져다) 줌) ⇒ 의심, 불안

ⓝ **의심,** 의혹(=doubt); 염려(=feeling of doubt or suspicion); **불안,** 근심

ⓥ **misgive** 의심을 품게 하다; 염려하게 하다

⇒ 마음속에 나쁜 것을 가져다 줌 → 불안

He had misgivings about her since their first meeting.
그는 첫 만남부터 그녀에 대해 불안해했다.

mishap
[míshæp]

mis(=bad 나쁜) + hap(운) ⇒ 불운, 불행

ⓝ **불운**(=bad luck); **불행**(=misfortune); 역경(=adversity); 재난, 사고

It was an unfortunate mishap. 그것은 불운한 사고였다.

without mishap 무사히(=without accident; safely)

mislay
[misléi]

mis(=wrongly 잘못) + lay(두다, 놓다) ⇒ 잘못 두다[두고 잊어버리다]

ⓥ **잘못 두다[두고 잊어버리다];** 틀린 곳에 두다(=misplace); 둔 곳을 잊어버리다

I mislaid my hat at the restaurant yesterday.
나는 어제 그 식당에서 모자를 어디에 두고 잊어버렸다.

mislead
[mislíːd]

mis(=wrongly 잘못되게, 나쁘게) + lead(이끌다) ⇒ (잘못된 방향으로) 인도하다

ⓥ (잘못된 방향으로) **인도하다;** 나쁜 길로 끌어들이다; 속이다(=deceive)

ⓝ **misleading** 잘못 인도하는, 현혹시키는; 오해하게 하는, 애매한

Some say the president misled the people on the issue of taxes.
어떤 사람은 대통령이 세금 문제에 관해서 국민들을 잘못 이끌었다고 한다.

misstep
[misstép]

mis(=wrong 잘못된) + step(디디기) ⇒ 잘못 디디기, 헛디디기, 실수

ⓝ (발을) **잘못 디디기, 헛디디기**(=wrong step); **실수**(=blunder);
(여자가) 몸을 망침, 사생아를 낳음

I fell down the stairs after I misstepped at the top.
나는 꼭대기에서 발을 잘못 디뎌 계단 아래로 떨어졌다.

The talks are a veritable minefield, where any misstep could be fatal.
협상은 잘못 디디면 치명적인 꼭 지뢰밭 같았다.

- **mischance** ⓝ 불행, 불운(=misfortune)
- **mischief** ⓝ 해악(=harm), 악영향; 손해; 고장; 장난, 까불
  mischievous ⓐ 장난을 좋아하는(=wicked), 개구쟁이의; 해로운(=harmful)
- **misdemeanor** ⓝ 비행, 악행, 나쁜 행실(=misbehavior)
- **misfeasance** ⓝ 불법행위, 부당행위; 권력의 부당한 행사
- **misgive** ⓥ 불안하게 하다, 걱정시키다 ⓝ **misgiving** 의심(=doubt); 불안
- **misplace** ⓥ 잘못 두다, 둔 곳을 잊다(=mislay)
- **misinterpret** ⓥ 오해하다(=misunderstand; misapprehend), 오역하다
- **misrepresent** ⓥ ~을 잘못 표현하다(=represent incorrectly)
- **misrule** ⓝ 악정, 실정(=misgovernment); 무질서, 혼란(=disorder)
- **misuse** ⓥ 잘못 사용하다; 학대하다(=abuse) ⓝ 남용, 오용

≫ non-

(1) 부정 : not 非, 不
(2) 결여 : lack of ~이 없는

cf. • in-
• un- = not 부정, 반대

C2-030

nonaggression
[nɑ̀nəgréʃən]

non(=not(不) + aggression(침략, 침범) ⇒ 불침략

ⓝ **불침략,** 불가침(=abstention from aggression)

• **institute** [ínstətjù:t]
ⓥ 마련하다, 설립하다 ⓝ 협회

nonaggression pact 불가침 조약
The government instituted a policy of nonaggression.
정부는 불침략 방침을 정했다.

noncombatant
[nɑ̀nkəmbǽtənt]

non(=not(非) + combatant(전투원, 투사) ⇒ 비전투원

ⓝ, ⓐ **비전투원(의);** (전시중의) 일반 시민(의) *opp.* **fighter** 전투원

ⓐ **noncombat** 비전투의; 전투를 필요로 하지 않는

There are many noncombatant forces in Iraq.
많은 비전투 부대들이 이라크에 있다.

nondurable
[nɑ̀ndjúərəbl]

non(=not(非)) + durable(내구력 있는, 오래 견디는) ⇒ 비내구성의

ⓐ **비내구성의**
ⓝ *pl.* 비내구재(=nondurable goods), 소모품

nondurable goods 비내구재
The container was nondurable. 그 용기는 내구성이 없었다.

nonplus
[nɑ̀nplʌ́s]

non(=not 아닌) + plus(=more 오히려, 더욱 더) → 더욱 더 아닌(상태) ⇒ 난처, 곤경

ⓝ **난처**(=perplexity); **곤경,** 궁지; 당혹(=confusion)
ⓥ 궁지에 몰아넣다, 아주 난감하게 만들다(=perplex)

She was both nonplussed and confused.
그녀는 난감하고 혼란스러웠다.

cf. **malfeasance**
ⓝ 불법행위, 부당행위

tips

- **nonchalant** ⓐ 무관심한(=indifferent; unconcerned)
- **nonfeasance** ⓝ 직무태만, 의무불이행(=failure in duty)
- **nonflammable** ⓐ 불연성의, 타지 않는(=not flammable[combustible])
- **nonferrous** ⓐ (금속이) 철을 함유하지 않은 *ex.* a **nonferrous** metal 비철금속
- **noninterference** ⓝ (특히 정치상의) 불간섭
- **nonviolence** ⓝ 비폭력(주의) ⓐ **nonviolent** 비폭력주의의, 평화의 (=the policy of refraining from the use of violence)
- **nonconfidence** ⓝ 불신임
- **nonproductive** ⓐ 비생산적인
- **nonresident** ⓝ 비거주자
- **nonsense** ⓝ 무의미한 말

ob-

(1) 방향 : to, toward ~쪽으로 (2) 방해 : in the way of 방해하여
(3) 반대 : against 반대하여 (4) 위치 : upon ~위에 (5) 강조 : completely; intensively

C2-031

obdurate
[ɑ́bdjurət]

ob(강조-너무) + dur(=harden (마음이) 딱딱) + ate(한) ⇒ 고집 센, 완고한

ⓐ **고집 센, 완고한**(=obstinate; unyielding); 냉혹한, 무정한(=cold; hard)

ⓝ **obduracy** 고집, 완고 ⓐⓓ **obdurately** 완고하게

He was very obdurate and wouldn't change his mind.
그는 고집이 세서 절대 마음을 안 바꿀 것이다.

obese
[oubíːs]

ob(강조-너무) + ese(=eat 먹어 (뚱뚱한)) ⇒ 뚱뚱한

ⓐ **뚱뚱한,** 살찐(=fat; corpulent) ⓝ **obesity** 비만(=corpulent)

Obesity has become a serious issue in America.
비만은 미국에서 심각한 문제가 되었다.

obligate
[ɑ́bləgèit]

cf. **oblique** ⓐ 비스듬한, 간접적인

ob(강조-강하게) + lig(=bind 의무로 묶) + ate(다) ⇒ 의무를 지우다

ⓥ (법률상, 도덕상의) **의무를 지우다**(=oblige); 속박하다(=restrict)

ⓝ **obligation** 의무, 책임(=duty); 채무(=liability); 은혜

ⓐ **obligatory** 의무로서 해야 할(=compulsory); (과목이) 필수(=required)

This will put you under no obligation to buy.
이것이 너에게 꼭 사야 할 의무를 지우는 것은 아니다.

obliterate
[əblítərèit]

• 글씨를 쓰는 것의 반대 행위를 하다 → 글씨를 지워 없애다

ob(=against) + liter(=letter 글씨를 쓰) + ate(다) ⇒ (글씨를) 문질러 지우다

ⓥ **문질러 지우다**(=rub or bolt out; erase); 흔적을 없애다(=efface)

ⓝ **obliteration** 삭제, 말소; 말살

cf. **literate** ⓐ 글을 읽고 쓸 줄 아는, 교양 있는

opp. **illiterate** 글자를 모르는, 읽기·쓰기를 못하는

The team was obliterated by the competition.
그 팀은 경쟁에 의해 해체됐다.

oblivious
[əblíviəs]

• liv < livisci =smooth 없애다

ob(강조-완전히) + liv(=forget 잊어) + (i)ous(버리는) ⇒ 잊어버리는

ⓐ **잊어버리는**(=forgetful), 잊기 쉬운; 염두에 두지 않는(=unheeding*)

ⓝ **oblivion** 잊음, 잊을 수 있음; 망각(=forgetfulness)

She was oblivious to the events of the previous night.
그녀는 전날 밤의 일들을 잊어버렸다.

She was oblivious to my attentions.
그녀는 내 구애에 무관심했다.

obloquy
[ábləkwi]

ob(=against ~에 거슬리는) + loquy(=speaking 말하기) ⇒ 비방, 욕설

ⓝ **비방, 욕설,** 비난(=calumny; censure); 오명, 불명예(=disgrace)

cf. **loquacious** ⓐ 수다스러운, 말이 많은(=talkative; garrulous)

cf. **oblique** ⓐ 비스듬한 완곡한

The obloquy he rendered were inappropriate.
그가 표현한 비방은 부적절했다.

obnoxious
[əbnákʃəs]

• nox-=hurt

ob(=intensively 아주) + noxious(유독한, 해로운) ⇒ 불쾌한, 아주 싫은

ⓐ **불쾌한, 아주 싫은**(=disagreeable; offensive)

ⓐⓓ **obnoxiously** 매우 불쾌하게, 비위에 거슬리게

That guy is very obnoxious as you say. 네가 말한 대로 저 남자는 매우 불쾌하다.

obscene
[əbsíːn]

ob(=toward ~을 향한) + scene(=filth 불결) → 불결한 쪽으로 향한 ⇒ 외설한, 음란한

ⓐ **외설한, 음란한**(=lewd; indecent); 더러운(=filthy)

ⓝ **obscenity** 외설, 음란(=lewdness; indecency)

That was an obscene movie. 저것은 외설영화였다.

obsession
[əbséʃən]

ob(강조 - 완전히) + sess(=sit (둘러싸여) 앉아 있) + ion(음) ⇒ 사로잡힘, 강박관념

ⓝ (망상 등에) **사로잡힘,** (귀신 등에) 들리기; **강박관념**

ⓐ **obsessive** 강박관념의, 망상의; 강박관념을 일으키는

ⓥ **obsess** (귀신, 망상 등이) 사로잡다, 달라붙다(=haunt)

She is obsessed by[with] the idea of her own importance.
그녀는 제 잘 났다는 생각에 사로잡혀 있다.

obstacle
[ábstəkl]

ob(=in the way 방해가 되어) + sta(=stand 서 있는) + cle(것) ⇒ 장애(물), 방해(물)

ⓝ **장애(물), 방해(물)**(=impediment; hindrance; obstruction)

raise an obstacle 장애물을 설치하다
He overcame many obstacles and difficulties.
그는 많은 장애와 곤란을 극복했다.

obstinate
[ábstənit]

ob(=against 대항하여) + stin(=stand 서 있) + ate(는) ⇒ 완고한, 완강한

ⓐ **완고한,** 고집스러운(=stubborn*; dogged; pertinacious; tenacious; pigheaded); (저항이) **완강한**(=persistent; resolute); (병이) 난치의(=intractable)

ⓐⓓ **obstinately** 완고하게, 완강하게(=stubbornly), 집요하게

ⓝ **obstinacy** 완고, 집요함(=stubbornness); (병의) 난치

She was suffering from an obstinate headache. 그녀는 고질적인 두통을 앓고 있었다.

obstruct
[əbstrʌ́kt]

ob(=in the way 방해가 되게) + struct(=build 세우다) ⇒ (가로) 막다, 방해하다

ⓥ (통로를) **막다**(=block),~의 통행을 차단하다(=dam; bar);
(진행, 활동을) **방해하다,** 저해하다(=impede; check)

ⓝ **obstruction** 차단; 방해, 장애; 장애물(=obstacle*)

ⓐ **obstructive** 방해가 되는(=hindering) ⓝ 방해물; 방해자

They were charged with obstructing public affairs.
그들은 공무 방해로 고발되었다.

obtrude
[əbtrú:d]

cf. **obtuse**
ⓐ 무딘(=blunt), 둔한

ob(=intensively 강하게) + trude(=thrust 밀고나가다) ⇒ 강요하다

ⓥ (억지로 의견을) **강요하다,** 강제하다(=force); 쑥 내밀다(=extrude; thrust)

ⓝ **obtrusion** 무리한 강요(=extortion), 주제넘은 참견

ⓐ **obtrusive** 주제넘게 나서는[참견하는]; 튀어나온(=protruding)

ⓐⓓ **obtrusively** 주제넘게, 강제하듯이

Charlie obtruded his opinion on others. 찰리는 다른 사람들에게 자신의 의견을 강요했다.

obviate
[ɑ́bvièit]

• -ate=make

ob(=upon ~위에) + vi(=way 길을) + ate(내다) ⇒ 장애를 제거하다

ⓥ (장애, 위험, 불편 등을) **제거하다, 미연에 방지하다**(=get rid of; remove;
eliminate; prevent; preclude; forestall)

ⓝ **obviation** (장애 등의) 제거; 회피(=evasion; avoidance)

He obviated the attention from others. 그는 스스로 다른 사람들의 주의를 회피했다.

[tips] • **obsolete** ⓐ 쓸모없게 된, 구식의(=outmoded*; obsolescent)
ⓝ **obsolescence** 노화, 쇠퇴
obsolete equipment[system] 노후설비[낡은 제도]
• **obligation** ⓝ 의무, 책무(=duty) ⓐ **obligatory** 의무적인 ⓥ **oblige** 억지로 시키다

tips ob-의 변형

(1) 자음 **c** 앞에서는 **oc-**가 된다. (2) 자음 **f** 앞에서는 **of-**가 된다.
(3) 자음 **p** 앞에서는 **op-**가 된다. (4) 자음 **t** 앞에서는 **ot-**가 된다.
(5) 자음 **m** 앞에서는 **b**가 탈락되어 **o-**가 된다.

occult
[əkʌ́lt]

• oc-<ob-

oc(=completely 완전히) + cult(=hide 숨은) ⇒ 숨은, 비밀의

ⓐ **숨은**(=hidden); **비밀의**(=secret); 신비로운, 불가사의한
(=mysterious); 초자연적인(=supernatural*) ⓥ 숨기다(=eclipse)

· the+형용사 → 명사

ⓝ **occultation** 숨기(=concealment); 모습을 감추기

Many mysteries remain about the occult.
불가사의한 일에 대해 많은 수수께끼가 남는다.

occupant
[ákjupənt]

oc(=against ~에게 대항하여) + cup(=take 차지한) + ant(사람) ⇒ 점유자

ⓝ **점유자,** 점령자(=occupier); 거주자(=inhabitant; resident)

ⓥ **occupy** 차지하다, 점유하다(=take or fill up); 종사시키다

cf. **preoccupation**
ⓝ 선취, 선점; 몰두

ⓝ **occupation** 점유, 사용, 거주; 일, 직업(=business; calling)

ⓐ **occupational** 점령의; 직업의(=of an occupation or calling)

The occupant of the vehicle had been drinking.
차량 안의 사람은 술을 마시고 있었었다.

occupational disease 직업병

She is a teacher by occupation. 그녀의 직업은 선생이다.

offend
[əfénd]

of(=against (감정에) 거슬리게) + fend(=strike 치다) ⇒ 화나게 하다, 죄를 범하다

ⓥ **화나게 하다;** ~의 감정을 상하게 하다(=irritate*); 불쾌하게 하다;
죄를 범하다(=commit a crime)

· of- < ob-

· 다른 사람의 감정을 상하게 때리다

ⓝ **offender** 범죄자, 위반자(=criminal)

ⓝ **offense** 위반, 범죄(=transgression; crime); 공격(=attack)

ⓐ **offensive** 공격의, 공격용의; 불쾌한, 역겨운 *opp.* **defensive** 수비의*, 방어용의

ⓐⓓ **offensively** 공격적으로, 공세로; 무례하게

I'm sorry if I have offended you.
화나게 했다면 죄송합니다.

officious
[əfíʃəs]

of(=in the way of ~의 방해되게) + fic(=do 행동) + ious(하는) ⇒ 참견하기 좋아하는

ⓐ **참견하기 좋아하는**(=meddlesome*); 거만한(=arrogant)
<외교> **비공식의**(=informal; unofficial) *opp.* **official** 공식의, 공무의

ⓐⓓ **officiously** 비공식으로; 거만하게(=arrogantly)

She paid officious attention to her guests.
그녀는 손님들에게 부질없는 친절을 보였다.

an officious statement 비공식 성명

opponent
[əpóunənt]

op(=against 반대쪽에) + pon(=place 있는) + ent(사람) ⇒ 상대; 반대자

ⓝ (싸움, 시합, 논쟁의) **상대,** 적(=adversary); **반대자**(=antagonist)
ⓐ 반대 측의(=opposite); 반대하는(=opposing; antagonistic)

· op- < ob-

ⓥ **oppose** 반대하다(=object), 대항하다; 이의를 제기하다

ⓐ **opposed** 반대된, 대항하는; 마주보는

ⓐ **opposite** 마주보고 있는; 정반대의

It will be a tough challenge to beat that opponent.
저 상대를 쓰러뜨리는 것은 힘든 도전일 것이다.

opportune
[àpərtjú:n]

op(=before 바로 앞에) + port(=harbor 항구가) + une(있는) ⇒ 시기가 좋은, 시의 적절한

ⓐ **시기가 좋은,** (때가) 적당한(=suitable); **시의 적절한**(=timely*)

ⓝ **opportunity** 기회, 호기(=a good chance)

ⓝ **opportunism** 기회주의, 편의주의

ⓝ **opportunist** 기회주의자, 편의주의자

He announced the news at the most opportune time.
그는 가장 적당한 때에 그 소식을 알렸다.

oppress
[əprés]

op(=upon 위에서) + press(내리누르다) ⇒ 억압하다, 학대하다

ⓥ **억압하다, 학대하다;** 압박감을 주다, 짐이 되게 하다(=burden)

ⓝ **oppression** 압박, 압제; 압박감, 중압감

ⓐ **oppressive** 압제적인, 포악한(=tyrannical); 가혹한(=harsh)

ⓝ **oppressor** 압제자, 폭군(=tyrant; despot)

The poverty-stricken peasants lived in oppression.
가난에 짓눌린 소작농들은 억압 속에 살았다.

opprobrium
[əpróubriəm]

op(강조-심한) + probrium(=disgrace 불명예, 치욕) ⇒ 오명, 치욕

ⓝ **오명, 치욕**(=infamy); 욕설(=abuse); 비난(=reproach)

ⓐ **opprobrious** 입이 더러운, 상스러운; 욕을 퍼붓는(=abusive*)

He found himself a victim of opprobrium.
그는 자신이 비난의 희생자임을 알았다.

ostensible
[asténsəbl]

os(=upon ~위에 (짝)) + tens(=stretch 펼쳐) + ible(진) ⇒ 표면상의, 명백한

ⓐ **표면상의,** 겉으로 만의, 겉치레의(=apparent*; pretended)
(*opp.* **real**; **actual** 사실의); **명백한,** 눈에 띄는

ⓐⓓ **ostensibly** 표면상으로, 겉으로는

His ostensible wealth was only an illusion.
그의 겉으로 드러난 부는 환상에 불과했다.

• os- < ob-

• **illusion** [ilú:ʒən]
ⓝ 환상, 착각; 환각;
<심리> 착각

ostentatious
[àstentéiʃəs]

os(=toward ~을 향해) + tentati(=stretch 쭉 뻗) + ous(는) ⇒ 허세부리는

ⓐ **허세부리는**(=pretentious); 과시하는(=liking to attract notice)

ⓐⓓ **ostentatiously** 허세를 부리고, 이것 보라는 듯이, 과시하여

· os- < ob-

ⓝ **ostentation** 허식, 겉치레(=showiness); 과시(=showing off)

They purchased an ostentatious real estate.
그들은 과시할 만한 부동산을 사들였다.

---

omit

[oumít]

· o- < ob-

o(=completely 완전히) + mit(=send 내보내다) ⇒ 생략하다, 빠뜨리다

ⓥ **생략하다, 빠뜨리다**(=leave out); 빼먹다(=overlook)

ⓝ **omission** 생략; 태만, 소홀(=neglect); <법률> 부작위

ⓐ **omissive** 태만의(=negligent); 탈락의; 빠뜨리는

ⓐ **omissible** 생략할 수 있는

omit to write one's name 이름 쓰는 것을 잊다
The teacher instructed the class to omit chapter seven.
선생님은 7장은 생략하라고 말씀하셨다.
without omission 생략하지 않고, 빠진 것 없이

- **occidental** ⓐ 서양의, 서구의; 서양인의 ⓝ 서양인
- **objurgate** ⓥ 엄하게 질책하다(=scold or rebuke sharply)
- **obfuscate** ⓥ 당황하게 하다(=confuse) ⓝ **obfuscation** 혼란, 당혹
- **obituary** ⓝ 부고, 사망 (광고) ⓐ 사망의
- **obstetrician** ⓝ 산과의사(=a doctor who deals with pregnant women)
- **obsequious** ⓐ 아부하는(=flattering; adulatory; complimentary(칭찬하는, 우대의))

tips

반대, 저항(=opposed to; against) 의미의 접두사 정리

(1) ob- ex) **obtain** 획득하다, 입수하다
(2) anti- **antipathy** 반감, 혐오(=dislike; aversion)
(3) ant- **antonym** 반의어, 반대말
(4) contra- **contradiction** 반박, 부인, 모순
(5) contro- **controvert** 논쟁하다, 반대하다
(6) counter- **counterblow** 역습, 반격
(7) with- **withstand** 저항하다, 항거하다

out-

(1) outward : 밖으로, outside : 바깥쪽에[의] (2) better[greater; more] than : 보다 뛰어나서[이상으로] (3) beyond : ~을 넘어서, ~이상으로 의미를 지닌다.

C2-032

outgrow
[àutgróu]

out(=more than ~보다 더 (빨리)) + grow(자라다) ⇒ 빨리 자라다

ⓥ **빨리 자라다;** (옷이 작아질 만큼) 몸이 커지다; (성장해서) ~이 없어지다

ⓝ **outgrowth** 자연적인 발전(=development); 결과(=result); 부산물

He outgrew all of his clothes. 그는 자신의 모든 옷보다 몸이 커졌다. → 옷이 작아졌다.

outlandish
[autlǽndiʃ]

out(=outside 바깥쪽) + land(나라) + ish((풍)의) ⇒ 이국풍의, 이상한

ⓐ **이국풍의**(=alien; exotic); **이상한,** 기괴한(=fantastic; bizarre); 외딴, 지방의

ⓐ **outland** 변경의, 변두리의(=outlying) ⓝ pl. 지방, 변경 지역

ⓝ **outlander** 외국인(=foreigner); 낯선 사람(=stranger)

an outlandish dress[place] 이상한 복장[외딴 곳]
He told me a very outlandish story. 그는 나에게 매우 이국적인 이야기를 해줬다.

outlast
[àutlǽst]

out(=more than ~보다 이상으로) + last(지속하다) ⇒ ~보다 오래 가다

ⓥ **~보다 오래 가다**[살다(=outlive; survive)](=last or live longer than)

He outlasted many of his friends.
그는 많은 친구들보다 오래 살았다.

outlaw
[áutlɔ̀ː]

⇒ 법을 벗어나 보호를 받을 수 없다

out(=outside) + law(법) → 법밖으로 벗어나서 ⇒ 법의 보호를 박탈하다, 불법화하다

ⓥ (~로부터) **법의 보호를 박탈하다;** 사회에서 추방하다(=banish);
불법화하다(=make unlawful); 금지하다(=prohibit)

ⓝ 법률상의 보호를 박탈당한 사람; (사회로부터의) 추방자; 무법자

That medication has been outlawed in several European countries.
그 약물은 유럽의 몇몇 나라에서 불법화됐다.

outline
[áutlàin]

out(=outside 바깥쪽의) + line(선) ⇒ 외형, 윤곽

ⓝ **외형, 윤곽;** 개요, 대요(=summary)

ⓥ 윤곽을 그리다; 초안을 쓰다; 개설하다(=summarize)

The professor gave the class a course outline.
교수는 학생들에게 교육과정 개요를 주었다.

outlive
[àutlív]

out(=more than ~보다 이상으로) + live(살다) ⇒ ~보다 오래 살다

ⓥ **~보다 오래 살다**(=survive): ~보다 오래 계속되다

She outlived her husband.
그녀는 그의 남편보다 오래 살았다.

outlook
[áutlùk]

out(=outside (집) 밖의) + look(모습) ⇒ 전망, 경치

ⓝ **전망,** 조망, **경치**(=view on which one looks out); 가망, 전도(=prospect); 견해(=viewpoint); 경계, 망보기(=guard; lookout; watch)

The apartment has a pleasant outlook. 그 아파트는 전망이 좋다.
The economic outlook for the future is dim. 미래에 대한 경제 전망은 어둡다.

outmoded
[àutmóudid]

out(=outside 밖으로 벗어난) + mode(유행) + ed(의) ⇒ 유행에 뒤떨어진

ⓐ **유행에 뒤떨어진,** 구식의, 낡은(=obsolete; old-fashioned)
ⓥ **outmode** 유행[시대]에 뒤지게 하다; 구식이 되게 하다

· **occasion** [əkéiʒən]
ⓝ 중요한 행사, 의식; 경우; 기회; 원인

She wore an outmoded dress to the occasion.
그녀는 행사에 뒤떨어지는 드레스를 입고 나갔다.

outpour
[áutpɔ̀ːr]

out(=outward 바깥으로) + pour(흘러나오다, 쏟다) ⇒ 유출되다; 유출

ⓥ **유출되다,** 흘러나오다 ⓝ **유출,** 유출물(=outflow; effusion)
ⓝ **outpouring** 유출, 유출물(=overflow); pl. (감정 등의) 발로, 폭발, 분출

There was an outpouring of sympathy for the sick children.
아픈 아이들에 대한 동정심이 넘쳐났다.

output
[áutpùt]

out(=outward 밖으로 (만들어내)) + put (놓은) 것 ⇒ 생산량; 출력

ⓝ **생산량,** 생산고; (컴퓨터로부터 산출된) 정보; (기계의) **출력**

Company output went down in the month of January.
1월의 회사 생산량은 떨어졌다.
a generator with an output of 500 kilowatts
500킬로와트 출력의 발전기

outrage
[áutrèidʒ]

out(=beyond (한계를) 넘어선) + rage(분노) ⇒ 난폭, 폭행

ⓝ **난폭, 폭행**(=violence); 부녀 폭행(=rape); 모욕, 무례(=rudeness)
ⓥ 폭행하다, 난폭하게 굴다; (법, 도덕을) 어기다(=infringe)
ⓐ **outrageous** 난폭한(=violent), 포악한(=cruel; egregious); 엄청난; 멋진; 엉뚱한

He made an outrageous comment over dinner.
그는 식사 도중에 무례한 말을 했다.
an outrageous crime[price] 포악한 범죄[엄청난 가격]
That is quite outrageous. 그것은 어이없는 짓이다.

outrun
[àutrʌ́n]

out(=more than ~보다 빨리) + run(달리다) ⇒ ~보다 빨리 달리다

ⓥ **~보다 빨리 달리다**(=run faster), 달려서 앞지르다; ~의 범위를 넘다(=go beyond)

The getaway car outran the police. 도주 차량은 경찰을 앞질렀다.

outskirt
[áutskə̀:rt]

out(=outside 바깥쪽)을 + skirt((둘러싸고) 있는 곳) ⇒ 변두리, 교외

ⓥ (도시 등의) **변두리, 교외**(=suburb); 빠듯함, 한계

The owner of the restaurant decided to build another one in the outskirt of Seoul. 그 식당 주인은 서울 근교에 식당을 하나 더 짓기로 했다.

outspoken
[àutspóukən]

out(=outward 밖으로) + spoken((솔직히) 말하는) ⇒ 기탄없이 말하는, 솔직한

ⓐ **기탄없이 말하는**(=saying freely what one thinks);
솔직한(=frank; candid; outspoken; straightforward)

ⓐⓓ **outspokenly** 기탄없이, 솔직하게(=frankly; candidly; plainly)

ⓥ **outspeak** 공공연히[분명히, 거침없이] 말하다

She is a very outspoken woman. 그녀는 아주 솔직한 여성이다.

outwit
[àutwít]

out(=more than ~보다 나은) + wit(꾀)로 속이다 ⇒ ~보다 나은 꾀로 이기다

ⓥ **~보다 나은 꾀로 …을 이기다;** ~을 계략으로 앞지르다,
의표를 찌르다(=overreach); 속이다(=trick; cheat)

She outwitted me. 나는 그녀의 꾀에 꼼짝없이 당했다.

- **outburst** ⓝ (감정의) 폭발, 분출(=explosion; eruption)
- **outcry** ⓝ 절규, 고함; 떠들썩함(=loud clamor)
- **outdo** ⓥ ~보다 뛰어나다, ~을 능가하다(=surpass; outmatch*)
- **outfit** ⓝ (여행 등의) 채비, 장비(=equipment); (군대의) 부대
- **outgoing** ⓐ 나가는, 떠나가는; 사교적인 ⓝ 떠나감, 출발; 지출
- **outing** ⓝ (옥외) 산책, 소풍(=excursion; picnic)
- **outlay** ⓝ 지출(=expenditure); 비용, 경비(=expenses) *opp.* **income** 수입
- **outlet** ⓝ 출구(=exit); (상품의) 판매점, 판로
- **outplay** ⓥ (상대방을) 패배시키다, 이기다(=beat)
- **outpoll** ⓥ ~보다 더 많은 지지를 얻다
- **outright** ⓐ 솔직한, 명백한(=obvious) ⓐⓓ 완전히(=entirely); 터놓고; 현찰로
- **outshine** ⓥ ~보다 빛이 더 강하다; ~보다 우수하다
- **outreach** ⓥ ~보다 멀리 미치다, ~을 능가하다 ⓝ 봉사[복지]활동; 퍼짐, 도달거리
- **outstrip** ⓥ ~을 능가하다, ~에 이기다(=surpass; exceed)
- **outweigh** ⓥ ~보다 무겁다; (가치, 중요성이) 능가하다(=exceed)

over-

(1) over : ~의 위에서, 넘어서 (2) too much : 너무 많이
(3) excessive(ly) : 지나친[치게] (4) across : 가로질러서의 의미를 지닌다.

C2-033

overbear
[òuvərbέər]

over(~위에서) + bear((고압적으로) 행동하다) ⇒ 위압하다, 억누르다

ⓥ **위압하다**(=domineer), 중압을 가하다(=oppress; press down), **억누르다**(=overwhelm); 애를 너무 많이 낳다

ⓝ **overbearing** 뽐내는, 거만한, 건방진, 고압적인(=domineering*; arrogant; supercilious)

His physical presence was overbearing.
그의 겉으로 드러나는 태도는 건방졌다.

· **presence** [prézəns]
ⓝ 태도, 인품; 존재; 출석, 참석

overburden
[òuvərbə́:rdn]

over(=excessively 과도하게) + burden(짐을 싣다) ⇒ (부담을) 너무 많이 지우다

ⓥ (짐, 부담, 책임을) **너무 많이 지우다**(=burden excessively)

ⓝ 과중, 과도한 부담(=a heavy burden)

She was overburdened with work.
그녀는 일의 부담을 많이 받았다.

overconfident
[òuvərkánfədənt]

over(=excessively 너무) + confident(자신이 있는) ⇒ 자신이 너무 많은

ⓐ **자신이 너무 많은**(=too sure of oneself; excessively confident); 자부심이 강한(=self-conceited[confident, important])

ⓝ **overconfidence** 과신, 강한 자만(심)

He lost the race because of his overconfidence.
그는 자만심 때문에 경기에서 졌다.

overdose
[òuvərdóus]

over(=too much 너무 많은) + dose((약의) 복용량) ⇒ 약의 적량초과

ⓝ **약의 적량초과**(=quantity of medicine beyond what is to be taken at one time or in a given period) ⓥ 약을 너무 많이 넣다, 약을 지나치게 먹이다

Thousands of people each year die from a drug overdose.
수천 명의 사람들이 매년 약물 과용으로 죽는다.

overestimate
[òuvəréstəmèit]

over(=too much 너무 높게) + estimate(평가하다) ⇒ 과대평가하다

ⓥ **과대평가하다**(=overrate), 지나치게 높이 사다(=overvalue)

ⓝ 과대평가, 지나치게 어림침 ⓝ **overestimation** 과대평가

The company overestimated the cost of the new building.
그 회사는 새 건물에 들어가는 돈을 너무 높이 추정했다.

overgenerous

over(=excessively 지나치게) + generous(관대한) ⇒ 지나치게 관대한

[òuvərdʒénərəs] ⓐ **지나치게 관대한;** 지나치게 후한(=too liberal in giving; openhanded)

Mam thought Dad was overgenerous in leaving the waiter a 20% tip.
아버지가 웨이터에게 20퍼센트의 팁을 주고 떠나자 어머니는 아버지가 너무 후하다고 생각했다.

---

override
[òuvərráid]

over(~위에) + ride(타고 짓누르다) → 짓밟다 ⇒ 유린하다

ⓥ **짓밟다**(=trample; ride over); 억압하다(=suppress); **유린하다**(=overrun)

ⓐ **overriding** 위압적인, 거만한(=arrogant); 주된(=principal)

The President override the wishes of the people.
대통령은 민의를 무시했다.

the overriding question of the present day
오늘날의 가장 중요한 문제

---

overrule
[òuvərrú:l]

over(~위에서) + rule(지배하다, 통치하다) ⇒ 지배하다, 위압하다

ⓥ **지배하다**(=govern); **위압하다**, 억누르다(=overmaster);
이겨내다(=overcome); 파기하다, 취소하다, 무효로 하다(=annul)

ⓐ **overruling** 지배적인, 위압적인(=overbearing; highhanded)

The Supreme Court overruled the decision.
대법원은 그 판결을 뒤엎었다.

---

overshadow
[òuvərʃǽdou]

over(~위에서) + shadow(그늘지게 하다) ⇒ 빛을 잃게 하다

ⓥ (비교하여) **빛을 잃게 하다**(=outshine); 그늘지게 하다(=darken);
~을 못해 보이게 하다(=diminish the importance of ~)

Ralph's good deeds were overshadowed by his bad ones.
랄프의 선행들은 나쁜 행동들로 가려졌다.

---

overthrow
[òuvərθróu]

over(아래에서 위로 → 거꾸로) + throw(던지다) ⇒ 뒤짚어 엎다; 전복

ⓥ **뒤짚어 엎다**(=overturn), 타도하다; (정부 등을) 전복하다(=subvert*)

ⓝ **전복**(=subversion); 타도, 정복(=conquest)

The government was overthrown by the hands of soldiers.
정부는 군인들의 손에 의해 전복됐다.

---

overwhelm
[òuvərhwélm]

over((더 큰힘으로) 위에서) + whelm(압도하다) ⇒ 압도하다

ⓥ **압도하다**(=overpower); 질리게 하다; 당황하게 하다(=confuse); 전복시키다

ⓐ **overwhelming** 압도적인(=overpowering), 저항할 수 없는

The rebel army was overwhelmed by the guerrilla troops.
그 반란군은 게릴라 부대에 의해 제압되었다.

overwhelming superiority 압도적 우세

- **overhaul** ⓥ ~을 철저히 조사하다(=scrutinize) ⓝ 정밀조사
- **overload** ⓥ 짐을 너무 많이 싣다
- **overmaster** ⓥ 압도하다(=overwhelm); 이기다(=overcome)
- **overpass** ⓥ 건너다, 통과하다 ⓝ 육교
- **overplus** ⓝ 여분, 나머지(=excess); 과잉(=surplus)
- **overpower** ⓥ (힘으로) 제압하다, 이기다(=overcome); 압도하다(=subdue)
- **overrate** ⓥ 과대평가하다; 너무 높게 예상하다(=overestimate)
- **overrun** ⓥ 침략하다(=invade); (잡초가) 우거지다, (벌레 등이) 들끓다; (사상 등이) 퍼지다; (범위를) 넘다 ⓝ 초과비용
- **overtime** ⓝ 규정 외 노동시간, 초과 근무수당
- **overturn** ⓥ 뒤집어 엎다(=upset); 전복하다(=subvert); 좌절시키다(=defeat)
- **overweigh** ⓥ ~보다 중요하다, ~보다 무겁다

≫ para-

(1) 측면 : beside 옆에, 곁에 (2) 양쪽 : both sides (3) (병적) 이상
(4) 모순 : contrary to (5) 방호물 : '낙하산'의 의미를 지닌다.

parabola
[pərǽbələ]

⇒ 양쪽을 위로 던져 올린 것

para(=both sides 양쪽을) + bol(=throw (위로) 던진) + a(것) ⇒ 포물선

ⓝ **포물선** *cf.* **hyperbola** 쌍곡선

ⓐ **parabolic/parabolical** 포물선(모양)의

The focus of the parabola is 9 inches from the bottom.
포물선의 꼭짓점은 바닥에서 9인치에 있다.

paradigm
[pǽrədàim]

para(=beside 곁에서) + digm(=show (사례로) 보여주는) 것 ⇒ 예, 모범, 전형

ⓝ **예, 모범**(=model; pattern), **전형**(=example); 인식체계

The profitable company served as a paradigm to new businesses.
그 이익이 많이 나는 회사는 새 사업의 모범으로 도움이 되었다.

paradox
[pǽrədɑ̀ks]

para(=contrary to (정설에) 반하는) + dox(=opinion 의견) ⇒ 역설, 모순된 일

ⓝ **역설,** 패러독스; **모순된 일**(=contradiction)

ⓐ **paradoxical** 역설의, 역설적인; 모순된(=contradictory)

ⓐⓓ **paradoxically** 역설적으로는, 역설적으로 말하면

That paradox is hard to understand.
저 역설은 이해하기 어려웠다.

The paradox is this; The surest way to get lower prices tomorrow is to put up with higher prices today.
역설이란 이런 것이다. 내일 더 싼 가격을 얻는 확실한 방법은 오늘 더 비싼 가격을 참는 것이다.

paragon
[pǽrəgɑ̀n]

para(=beside 곁에서) + gon(=test (시험하는) 시금석) ⇒ 모범, 본보기

ⓝ **모범, 본보기;** 귀감(=pattern; example; model)

She served as a paragon to other women.
그녀는 다른 여성들에게 본보기가 되는 역할을 했다.

a paragon of beauty 미의 전형, 절세의 미인

paragraph
[pǽrəgræ̀f]

para(=beside 곁에 (따로 떼어)) + graph(=write 쓴 것) ⇒ 절, 단락

ⓝ (문장의) **절, 단락;** (신문, 잡지의) 작은 기사

ⓥ (~에 대하여) 작은 기사거리로 쓰다; (문장을) 단락 짓다

Her story was only three paragraphs long.
그녀의 이야기는 세 단락짜리 길이였다.

an editorial paragraph 짧은 사설

paralyze
[pǽrəlàiz]

para(=beside 한쪽 옆을) + ly(=loosen 느슨하게) + ze(하다) ⇒ 마비시키다

ⓥ 마비시키다(=benumb; anesthetize*); 무력하게 만들다

ⓝ **paralysis** 마비, 신체 불수, 중풍(=palsy); (활동 등의) 정체, 마비상태

ⓝ **paralyzation** 마비시킴, 무력화

After the accident he was paralyzed below the waist. 사고 후 그는 하반신이 마비됐다.

cerebral[infantile] paralysis 뇌성마비[소아마비]

paramount
[pǽrəmàunt]

para(=beside 옆에) + mount(산) → 옆 산(보다) 높은 ⇒ 최고의, 가장 중요한

ⓐ **최고의, 가장 중요한**(=supreme*; dominant; prime); (보다) 우월한 (=superior); 최고 권력을 가진 ⓝ 최고 권력자, 수장, 최고 권위자, 군주

ⓝ **paramountcy** 가장 중요함, 최고, 우월

a duty paramount to all 모든 것에 우선하는 의무

paraphrase
[pǽrəfrèiz]

para(=beside 옆에다 (알기 쉽게 쓴)) + phrase(표현) ⇒ 바꾸어 쓰기

ⓝ **바꾸어 쓰기**, 의역(=restatement of the meaning of a piece of writing in other words; rewording) ⓥ 바꾸어 쓰다, 바꾸어 말하다(=rephrase)

The professor instructed us to paraphrase the short story.
교수님은 우리들에게 단편소설을 알기 쉽게 바꿔 쓰라고 지시하셨다.

parasite
[pǽrəsàit]

para(=beside 곁에 (붙어서)) + site(=food 음식)을 먹는 것 ⇒ 기생충

ⓝ **기생충**; 기생 동식물, 기식자, 식객(=hanger-on; dependent)

ⓐ **parasitic** 기생하는; 기생충에 의한; 식객의

We discovered a parasite while giving him a routine checkup.
우리는 그의 정기 건강검진을 하는 동안 기생충을 발견했다.

- **parallel** ⓥ ~에 필적하다(=match) ⓐ 평형의; 유사한(=analogous; similar; akin)
  ⓝ **parallelism** 평행, 유사, 병렬구조, 대구법
- **paraphernalia** ⓝ (개인의) 소지품(=personal belongings); 장비, 비품
- **parenthesize** ⓥ (단어, 구를) 삽입하다 ⓝ **parenthesis** 둥근 괄호
- **paranoia** ⓥ 편집증, 망상

per-

(1) 관통 : through 관통하여 (2) 정도 : completely 완전히; thoroughly 철저히
(3) 범위 : throughout ~에 널리; 죽 (4) 방법 : wrongly 나쁘게

perceive
[pərsíːv]

per(=thoroughly 철저히) + ceive(=take 파악하다) ⇒ 알아차리다, 이해하다

ⓥ **알아차리다;** 인지하다, **이해하다,** 알다(=apprehend; understand)

ⓝ **perception** 지각, 인지; 식별; 직감, 직관(=intuition); (임대료 등의) 징수

ⓐ **perceptive** 지각력 있는, 지각이 기민한

ⓐ **perceptible** 지각[인지]할 수 있는; 알아챌 만한

She perceived the problem much differently.
그녀는 그 문제를 매우 다르게 이해했다.

peremptory
[pərémptəri]

per(강조 - (혼자서) 강하게) + empt(=take 꽉 잡) + ory(은) ⇒ 단호한, 독단적인

ⓐ (명령이) **단호한**(=authoritative); **독단적인**(=dogmatic); 압제적인 (=dictatorial); 거만한(=imperious); <법률> **최종적인**(=final)

ⓐⓓ **peremptorily** 단호히; 독단적으로, 거만하게

The colonel shouted a peremptory command to the soldiers.
연대장은 큰 소리로 군인들에게 단호한 명령을 내렸다.

perfidious
[pərfídiəs]

per(=wrongly 나쁘게) + fid(=faith 믿) + ious(는) ⇒ 불신의, 배신하는

ⓐ **불신의,** 불성실한(=faithless; deceitful) *opp.* **loyal** 충성스러운 **배신하는,** 딴 속셈을 품은(=treacherous)

ⓝ **perfidy** 불신, 불성실(=faithlessness); 배신, 등짐(=treachery)

Their perfidious relationship ended after the argument.
그들의 불신 관계는 말다툼 후 끝났다.

perforate
[pə́ːrfərèit]

• -ate=make

per(=through ~을 뚫고) + for(=bore 구멍)을 + ate(내다) ⇒ 구멍을 내다, 꿰뚫다

ⓥ **구멍을 내다[뚫다]; 꿰뚫다,** 관통하다(=pierce*; penetrate*) ⓐ 구멍이 난, 관통된

ⓝ **perforation** 구멍을 내기, 관통; 바늘구멍 점선 cf. **piercing** ⓐ 꿰뚫은 ⓝ 구멍뚫기

ⓝ **perforator** 천공기; (차표 찍는) 개찰가위

He went back home because of the perforated shirts.
그는 구멍 난 셔츠 때문에 집으로 돌아갔다.

perfunctory
[pərfʌ́ŋktəri]

per(=away (실질과) 떨어져) + funct(=perform 수행하) + ory(는) ⇒ 형식적인, 무성의한

ⓐ **형식적인,** 아무렇게나 하는; 피상적인(=superficial*); **무성의한,** 무관심한(=indifferent; insincere)

ⓐⓓ **perfunctorily** 건성으로, 아무렇게나, 겉치레로

The clerk treated the customer with a perfunctory greeting.
점원은 손님을 무성의한 인사로 대했다.

perjury

[pə́:rdʒəri]

per(=wrongly (사실과 달리) 나쁘게) + jur(=swear 증언) + y(함) ⇒ 위증

ⓝ **위증**(=a false statement), 위증죄; 새빨간 거짓말

ⓥ **perjure** 위증시키다, 서약을 어기게 하다

ⓝ **perjurer** 위증자, 서약을 어긴자 ⓐ **perjured** 위증죄를 범한

ⓐ **perjurious** 거짓 맹세하는; 위증의

The perjury of the witness caused the case to be dismissed.
목격자의 위증으로 그 소송은 기각됐다.

· **dismiss** [dismís]
ⓥ 받아들이지 않다; 해고하다; 해산시키다

permeate

[pə́:rmièit]

per(=through 뚫고) + mea(=pass 들어가) + (a)te(=make 다) ⇒ 스며들다

ⓥ **스며들다**, 침투하다(=penetrate); 고루 미치다, 퍼지다(=pervade)

ⓝ **permeation** 침투, 보급 ⓐ **permeable** 침투성이 있는

Water permeated through the roof. 물은 지붕으로 스며들었다.
Advertising permeates our lives. 광고는 우리 생활에 퍼져 있다.

pernicious

[pərníʃəs]

per(=thoroughly 완전히) + nici(=harm 해) + ous(로운) ⇒ 파멸적인, 해로운

ⓐ **파멸적인, 해로운**(=injurious; hurtful); 치명적인(=fatal; deadly*)

ⓐⓓ **perniciously** 해롭게, 치명적으로(=fatally)

pernicious anemia 악성 빈혈
He endured a tough battle with the pernicious disease.
그는 치명적인 병과의 힘든 싸움을 참았다.

perpetual

[pərpétʃuəl]

per(=throughout 줄곧) + pet(=seek 추구하) + ual(는) ⇒ 영속하는, 영원한

ⓐ **영속하는**, 영원한(=eternal; everlasting); 끊임없는(=continuous)

ⓐⓓ **perpetually** 영구히, 영속적으로(=forever); 끊임없이(=constantly)

ⓥ **perpetuate** 영속시키다, 영원무궁토록 하다(=make perpetual)

ⓝ **perpetuation** 영속, 영구화; 불후(=immortality)

Many people wish for perpetual happiness.
많은 사람들이 영원한 행복을 바란다.

perplex

[pərpléks]

per(=completely 완전히) + plex(=involve 얽히게 하다) ⇒ 난처하게 하다

ⓥ (사람을) **난처하게 하다**(=bewilder; puzzle);
(일을) 복잡하게 하다, 뒤얽히게 하다(=complicate; tangle)

ⓝ **perplexity** 난처, 곤란(=bewilderment); 분규, 난국

ⓐ **perplexed** 난처한, 어찌할 바를 모르는(=puzzled; bewildered);
뒤얽힌(=complicated; involved; entangled)

ⓐ **perplexing** 난처하게 하는, 당혹시키는(=bewildering)

ⓐⓓ **perplexedly** 당혹하여, 난감하여, 어리둥절하여

I was perplexed by the situation. 나는 그 상황으로 골치가 아팠다.

His contradictory accounts serve only to perplex us.
그의 모순된 설명은 우리를 헷갈리게 할 뿐이다.

---

persecute
[pə́ːrsikjùːt]

per(=thoroughly 철저히 (못살게)) + secut(e)(=follow 뒤쫓다) ⇒ 박해하다, 학대하다

ⓥ (종교, 정치, 주의가 다르기 때문에) **박해하다**(=oppress*);
학대하다(=torment); 성가시게 괴롭히다(=harass)

ⓝ **persecution** 박해; 성가시게 괴롭힘, 졸라댐 ⓝ **persecutor** 박해자, 학대자

ⓐ **persecutive** 박해하는, 괴롭히는(=tormenting)

They were persecuted because of their religion.
종교 때문에 그들은 박해받았다.

We were persecuted by mosquitoes. 우리는 모기에 몹시 시달렸다.

---

persevere
[pə̀ːrsəvíər]

per(강조 - 아주) + severe(=strict 엄하게 견뎌내다) ⇒ 참다, 인내하다

ⓥ **참다, 인내하다**(=endure); 버티어 내다(=persist)

ⓝ **perseverance** 인내, 불굴(=tenacity); 버팀(=persistence)

ⓐ **persevering** 참을성 있는, 끈기 있는, 꾸준한(=persistent)

He persevered in his battle with cancer. 그는 암과의 싸움을 버텨냈다.

Perseverance leads to success. 인내가 성공을 가져다 준다.

---

pertinent
[pə́ːrtənənt]

per(=completely 완전히) + tin(=hold 붙잡) + ent(는) ⇒ 적절한, 관계가 있는

ⓐ **적절한**(=proper; appropriate; adequate; opportune; fitting; applicable);
딱 들어맞는; (~과) **관계가 있는**(=relevant)

ⓥ **pertain** (~에) 관계 있다, 관련 있다, 관련하다(=relate); 어울리다, 적절하다

ⓐⓓ **pertinently** 적절하게(=relevantly; appropriately)

ⓝ **pertinency/pertinence** 적절, 타당, 적당

cf. **pertinacity** ⓝ 완고, 고집; 불굴 ⓐ **pertinacious** 끈덕진, 완고한, 고집 센

The information was pertinent to the topic they were discussing.
그 정보는 그들이 논의하던 주제와 딱 들어맞았다.

pertinent details 관련 항목

---

perturb
[pərtə́ːrb]

per(=thoroughly 철저히) + turb(=disturb 어지럽히다) ⇒ 뒤흔들다, 당황하게 하다

ⓥ (마음을) **뒤흔들다**(=disturb), **당황하게 하다**(=upset)

ⓐ **perturbable** 동요되기 쉬운, 흐트러지기 쉬운

ⓐ **perturbed** 마음이 흐트러진(=disturbed); 당황한(=perplexed)

ⓝ **perturbation** 마음의 동요, 혼란, 당혹(=perplexity)

She was perturbed by the outcome of the test.
그녀는 시험의 결과에 당황했다.

---

pervade

[pərvéid]

per(=throughout 온통) + vade(=go 퍼져나가다) ⇒ 널리 펴지다

ⓥ (영향, 세력 등이) **널리 퍼지다,** 만연하다, 보급되다(=diffuse); (냄새 등이) 골고루 스며들다(=permeate)

ⓝ **pervasion** 골고루 미침, 퍼짐, 보급(=diffusion); 충만, 침투

The smell of flowers pervades the air. 꽃내음이 공기 속에 가득 차 있다.

> **tips** **per-의 변형**
>
> (1) 자음 **l** 앞에서는 **pol-**이 된다.
>
> (2) 자음 **t** 앞에서는 **por-**가 된다.

---

pollution

[pəlúːʃən]

• pol- < per-

pol(=wrongly 잘못) + lu(=wash 씻어 (더러워진)) + tion(것) ⇒ 오염; 타락

ⓝ **오염**(=contamination) 불결, 더러움; **타락**(=corruption)

ⓥ **pollute** 더럽히다(=defile); 타락시키다(=corrupt)

ⓝ **polluter** 오염자, 오염원 ⓝ **pollutant** (물, 공기를) 오염시키는 물질, 오염원

environmental[air] pollution 환경[대기] 오염

Pollution is an escalating problem in cities throughout the world.
오염은 전 세계를 걸쳐 여러 도시들에 확대되고 있는 문제다.

---

portend

[pɔːrténd]

por(=forth (다가 올 일들) 앞으로) + tend(=stretch 쭉 뻗다) ⇒ 전조가 되다

ⓥ (나쁜 일의) **전조[징조]가 되다,** 예고하다(=forebode)

ⓝ **portent** (주로 나쁜 일의) 전조, 조짐(=omen), 징조(=sign)

ⓐ **portentous** 불길한, 어쩐지 기분 나쁜(=ominous); 경이적인(=marvelous); 놀랄 만한

The dark sky portended a storm would soon come this way.
어두운 하늘은 태풍이 이쪽으로 곧 올 것을 예고했다.

• **perspicacious** ⓐ 통찰력 있는, 총명한
ⓝ **perspicacity** 통찰력(=acumen)

> • **percolate** ⓥ (액체를) 여과하다(=filter); 스며들다(=permeate)
>
> • **permanent** ⓐ 영구적인(=lasting; perpetual; everlasting; eternal); 상설의
> *opp.* **temporary; transient**
>
> • **permutation** ⓝ 바꾸어 넣음, 치환(=interchange); 〈수학〉 순열
>
> • **perpendicular** ⓐ 수직의, 직립한(=upright; vertical)

pre-

before : '미리, 이전의; 앞에 있는'의 의미를 지닌다.

C2-036

precaution
[prikɔ́:ʃən]

pre(=before 미리) + caution(조심, 경계) ⇒ 조심, 예방(책)

ⓝ **조심,** 경계(=prudent foresight): **예방,** 예방수단

ⓐ **precautionary** 예방의 ⓐ **precautious** 조심하는, 주의깊은

She took many precautions to avoid an accident.
그녀는 사고를 피하기 위해 많은 예방조치를 취했다.

take extra precautions 각별한 주의를 기울이다

precedent
[présədənt]

pre(=before 앞에[이전에]) + ced(=go 행해진) + ent(것) ⇒ 선례; 선행하는

ⓝ **선례,** 전례(=a former example); <법률> 판례 ⓐ **선행하는,** 먼저의

ⓐⓓ **precedently** 전에, 먼저, 앞서(=antecedently); 미리(=beforehand)

opp. **succeed** ⓥ ~에 뒤따르다

ⓥ **precede** ~앞에[먼저] 일어나다, ~에 앞서다 ⓝ **precedence** 앞서기, 선행

ⓐ **preceding** 앞선, 선행하는; 바로 앞의(=previous); 전술한

without[according to] precedent 전례 없이[전례를 좇아]

A new precedent has been set. 새로운 선례가 만들어졌다.

precept
[prí:sept]

pre(=before 먼저) + cept(=take (깨달아) 얻은 것, 안 것) ⇒ 교훈

ⓝ **교훈,** 가르침; 격언, 금언(=maxim); <법률> 명령서, 영장(=writ)

ⓐ **preceptive** 교훈적인 ⓝ **preceptor** 훈계자, 교사(=teacher)

A new precept has been instituted for such matters.
새로운 가르침은 그런 문제들을 위해 정해졌다.

precipice
[présəpis]

• 머리를 앞으로
곤두박이로 떨어진 곳
→ 절벽

pre(=before 앞으로) + cip(=head 머리(를 내민) + ice(곳) ⇒ 절벽

ⓝ **절벽;** 벼랑(=cliff; bluff); 위험한 곳; 위기(=crisis)

ⓐ **precipitous** 벼랑 같은, 가파른(=steep); 성급한(=rash)

ⓥ **precipitate** 거꾸로 떨어뜨리다(=hurl); 재촉하다(=hasten)

ⓐ 곤두박질하여 떨어지는; 성급한(=impetuous); 경솔한(=rash)

ⓝ **precipitation** 투하; 낙하; 화급: 촉진; 강설, 강우, 강수(량)

The precipice looked very unstable. 그 절벽은 매우 불안정해 보였다.

precocious
[prikóuʃəs]

pre(=before 미리) + coci(=ripe 익) + ous(은) ⇒ 조숙한

ⓐ (아이가) **조숙한,** 어른스러운(=premature); (식물이) 조생의

ⓝ **precocity** 조숙; 꽃이 일찍 피기

She was a precocious young lady. 그녀는 조숙한 젊은 숙녀였다.

precursor

[prikə́:rsər]

pre(=before (인생을) 먼저) + cursor(=runner 달려간 사람) ⇒ 선구자

ⓝ **선구자,** 선각자; 선임자(=predecessor); 조짐, 전조(=presage)

ⓐ **precursory** 선구의, 조짐의; 전조의, 예비적인

cf. **cursory** ⓐ 서두르는(=hurried); 소홀한(=careless); 피상적인(=superficial)

- cur=run
- -or=사람

September 11, 2001 served as a precursor to the war on terrorism.
2001년 9월 11일은 테러와의 전쟁의 전조가 됐다.

predecessor

[prédəsèsər]

pre(=before 앞서) + de(=away 떠나) + cess(=go 간) + or(사람) ⇒ 전임자

ⓝ **전임자,** 선임자, **선배;** 선조, 조상(=ancestor); 전의 것, 앞서 있던 것

opp. **successor** ⓝ 후임자

His predecessor had been much more popular with the voters.
그의 선임자는 유권자에게 훨씬 더 인기 있었다.

predicament

[pridíkəmənt]

pre(=before 이미) + dic(=say 말(하기도 힘든)) + a + ment(상태) ⇒ 곤경

ⓝ **곤경,** 궁지, (특히) 곤란한 상태(=plight*; dilemma)

The rapid urbanization has effects on the present predicament.
급속한 도시화로 인해 현재의 곤란한 상태가 왔다.

● **urbanization** [ə̀:rbənizéiʃən] ⓝ 도시화

predominant

[pridɑ́mənənt]

pre(=before 앞서 (잘)) + domin(=master 지배) + ant(한) ⇒ 뛰어난, 지배적인

ⓐ **뛰어난,** 탁월한, 훌륭한(=superior); **지배적인**(=ruling; ascendant); 주요한(=principal; chief), 현저한(=prevailing)

cf. **dominant** ⓐ 지배적인, 우세한; 우뚝 솟은

ⓐⓓ **predominantly** 우세하게, 남보다 우월하여; 주로

ⓝ **predominance/predominancy** 우월, 우위; 탁월; 지배

ⓥ **predominate** 지배하다(=rule), 우세하다; 탁월하다(=be superior)

ⓝ **predomination** 지배, 우세; 탁월(=excellence; eminence)

a predominant self-interest 강한 사리사욕

The predominant color of the Canadian flag is red.
캐나다 국기에서 우세한 색은 빨강이다.

preempt

[priémpt]

pre(=before 남보다 앞서) + empt(=take 잡다, 점령하다) ⇒ 먼저 차지하다, 선취하다

ⓥ **먼저 차지하다;** 남보다 앞서서 점유하다, **선취하다**(=appropriate)

ⓝ **preemption** (토지의) 선매, 선매권; 선제공격

ⓐ **preemptive** 선매의, 선매권이 있는

ⓝ **preemptor** 선매권 획득자

The senior students preempted the ground.
상급생들이 운동장을 먼저 차지했다.

prefabricate

[prìːfǽbrikèit]

• fabric=make 만들다

pre(=before 미리) + fabricate(만들다, 조립하다) ⇒ 미리 만들어내다

ⓥ **미리 만들어내다**(=fabricate beforehand); 조립식으로 (주택을) 짓다

ⓝ **prefabrication** 미리 만들어냄; 조립식 가옥의 부분품 제조

ⓝ **prefab** 조립식 가옥 ⓐ 조립식의

The Johnson's purchased a prefabricated house.
존슨 가족은 조립식 주택을 구입했다.

prefatory

[préfətɔ̀ːri]

pre(=before (본문) 앞에) + fat(=say 말하) + ory(는) ⇒ 서문의

ⓐ **서문의,** 서두의, 서론의(=introductory)

ⓥ **preface** 서문을 달다; (이야기 등의) 서두를 꺼내다; ~의 계기가 되다

ⓝ 서문, 서론, 머리말; 계기, 실마리

The prefatory section of the book was very interesting.
그 책의 서두 부분은 아주 흥미로웠다.

preferment

[prifə́ːrmənt]

cf. **deferment**

ⓝ 연기, 거치; 징병유예

pre(=before (지위가) 앞으로) + fer(=carry 가게) + ment(함) ⇒ 승진

ⓝ **승진,** 승급(=promotion); 고관, 높은 지위

ⓥ **prefer** ~쪽을 좋아하다[취하다, 택하다](=like better; choose);
승진시키다(=promote; advance); 제출하다(=present; submit)

ⓐ **preferable** 보다 바람직한, ~보다 나은 ⓐⓓ **preferably** 오히려

ⓝ **preference** 선호, 선택; 우선(권); 선택권

ⓐ **preferential** 우선의, 특혜의(=favorable)

ⓐⓓ **preferentially** 우선적으로(=on the preferential basis)

He received a preferment for doing his work well.
그는 일을 잘하여 승진됐다.

premature

[prìːmətjúər]

pre(=before (나이보다) 앞서) + mature(성숙한, 익은) ⇒ 조숙한; 너무 조급한

ⓐ **조숙한;** 시기상조의; 때 아닌(=untimely); **너무 조급한**(=hasty)

ⓝ 조산아 ⓐⓓ **prematurely** 너무 이르게, 너무 서둘러서

ⓝ **prematurity** 조숙, 빨리 됨; 시기상조

premature conclusions[death] 성급한 결론[요절]
She prematurely answered the question. 그녀는 질문에 너무 서둘러 답했다.

premeditate

[priːmédətèit]

pre(=before 미리) + meditate(숙고하다, 계획하다) ⇒ 미리 숙고하다

ⓥ **미리 숙고하다**(=meditate beforehand), 미리 계획하다

ⓝ **premeditation** 미리 숙고하기, 사전 계획 ⓐ **premediated** 계획적인

cf. **mediate**
ⓥ 조정하다, 중재하다

ⓐ **premeditative** 미리 곰곰이 생각하는, 사려깊은; 계획적인

He was being charged with premeditated murder.
그는 계획적인 살인으로 고발당했다.

premonition
[prìːmənɪ́ʃən]

pre(=before 앞선) + monition(경고, 고지) ⇒ 예고, 전조

ⓝ **예고,** 경고(=forewarning); **전조**(=foreboding), 징후; 예감(=presage)

ⓐ **premonitory** 예고의(=forewarning); 전조의

ⓥ **premonish** 미리 경고하다(=forewarn), 예고하다(=betoken)

He had a premonition that this would happen.
그는 이 일이 일어나리란 예감을 가졌다.

preposterous
[pripɑ́stərəs]

pre(=before 앞이) + post(=after 뒤에 오) + er + ous(는) ⇒ 앞뒤가 뒤바뀐, 불합리한

ⓐ **앞뒤가 뒤바뀐; 불합리한**(=irrational; absurd*; senseless*);
터무니없는(=ridiculous)

ⓐⓓ **preposterously** 터무니없이(=absurdly), 심하게

Alice made a preposterous claim to her boyfriend.
엘리스는 남자친구에게 터무니없는 요구를 했다.

prerogative
[prirɑ́gətiv]

pre(=before 남보다 먼저) + rog(=ask 요청할 수 있는) + ative(것) ⇒ 특권

ⓝ (지위, 신분 등에 딸린) **특권**(=privilege*), 특전; 다른 것보다 나은 특질

ⓐ 특권의, 특권이 있는(=privileged)

the prerogatives of parliament 의회의 특권

presage
[présidʒ]

pre(=before (앞일을) 미리) + sage(=perceive 감지하다) ⇒ 전조(가 되다)

ⓥ (~의) **전조가 되다,** 예고하다(=predict); 예감하다

ⓝ (주로 좋지 않은) **전조,** 징후, 조짐(=omen); 예감, 육감

She presaged the boys of what could happen.
그녀는 소년들에게 무슨 일이 일어날지 예감했다.

prescience
[príːʃiəns]

pre(=before 미리) + sci(=know 아는) + ence(것) ⇒ 예지, 선견

ⓝ **예지**(=foreknowledge); **선견**(=foresight)

ⓐ **prescient** 예지하는, 선견지명이 있는(=foresighted)

Through his prescience, he knew what had happened before he was informed.
예감을 했기 때문에, 그는 어떤 일이 일어났는지 소식을 듣기 전에 알았다.

cf. **science** ⓝ 과학
conscience ⓝ 양심, 도의심

prescribe
[priskráib]

pre(=before 미리) + scribe(=write ~하라고 쓰다) ⇒ 규정하다, 처방하다

ⓥ **규정하다**(=ordain; lay down*); 지시하다, 명령하다(=order; command; direct); (의사가 치료법, 약 등을) **처방하다**

· **prescribe** his duties **to** a person
남에게 직무를 지시하다

ⓝ **prescription** 규정, 법령, 명령(=order); (약의) 처방(전); (법률) 시효

ⓐ **prescriptive** 규정하는, 규범적인; 시효에 의해 취득한

ⓝ **prescript** 명령, 지령(=command); 규정(=rule); 법규

The doctor prescribed some medicine for the patients.
의사는 약간의 약을 환자에게 처방했다.

prestigious
[prestídʒəs]

pre(=before 미리(세상에)) + stig((이름을) 묶어) + (i)ous(든) ⇒ 위신이 있는

ⓐ **위신이 있는;** 이름이 난, 세상에 알려진(=honored; esteemed)

ⓝ **prestige** 위신, 위세; 명성(=renown) ⓐ 세평이 좋은, 명문의, 일류의

· stig=bind 묶다

They are prestigious stockholders in the company.
그들은 회사에서 위신 있는 주식 소유주들이다.

● **stockholder** ⓝ 주주(=shareholder)

presume
[prizú:m]

pre(=before 미리) + sume(=take (생각을) 취하다) ⇒ 추정하다, 가정하다

ⓝ **추정하다, 가정하다**(=assume); (~을) 전제로 하다(=presuppose); 대담한[건방진, 뻔뻔스러운] 행동을 하다

ⓝ **presumption** 추정, 가정, 추측(=supposition); 외람됨, 철면피; 참견

ⓐ **presumptuous** 나서기 좋아하는(=officious*); 건방진, 뻔뻔스러운(=impudent*)

ⓐ **presumptive** 가정의, 추정에 의한(=assumed)

ⓐⓓ **presumably** 아마도, 아마(=probably)

presume innocence until guilt is proved 유죄가 증명될 때까지는 무죄로 추정하다

pretentious
[priténʃəs]

pre(=before 앞으로) + tent(=stretch 내뻗치) + i + ous(는) ⇒ 자부하는, 허풍을 떠는

ⓐ **자부하는,** 뽐내는; 겉치레뿐인, **허풍을 떠는**(=showy; extravagant*)

ⓥ **pretend** ~인 체하다(=feign); 자부하다

ⓝ **pretense** 구실(=plea), 핑계(=pretext); 허식, 과시(=ostentation)

ⓝ **pretension** 주장, 요구; 자부; 구실(=pretext)

He introduced himself in a pretentious manner.
그는 허세를 부리며 자신을 소개했다.

pretext
[prí:tekst]

pre(=before 미리) + text(=weave 짜내어 (이유로 만든 것)) ⇒ 구실, 핑계

ⓝ **구실**(=excuse*), **핑계**(=pretense)

cf. **pretest** ⓝ 예비검사; ⓥ 미리 검사하다

He claimed he was sick as a pretext to avoid the meeting.
그는 모임을 피하기 위한 구실로 아프다고 했다.

---

prevail

[privéil]

pre(=before ~보다) + vail(=strong 강한, 우세한) 그래서 ⇒ 이기다, 우세하다

ⓥ **이기다,** 낫다(=triumph); **우세하다**(=predominate); 유행하다, 만연하다

ⓐ **prevailing** 유력한; 우세한, 주된(=predominant); 널리 행해지고 있는

ⓝ **prevalence** 널리 행해지고 있음; 보급, 유행(=fashion)

ⓐ **prevalent** 만연하는, 일반화된; 유행하고 있는(=in fashion)

Good will prevail over evil. 호의는 악의를 이긴다.

Influenza is prevailing throughout the country.
독감이 전국에 유행하고 있다.

- ~보다 강하다
  → 이기다, 낫다
- **goodwill**
  ⓝ 호의; 친선; 기꺼이 하는 마음; 영업권, 신용도
- **destine** ⓥ 예정해 두다, (운명으로) 정해지다

- **preamble** ⓝ 서문, 머리말(=preface; foreword)
- **precarious** ⓐ 불확실한(=uncertain); 위태로운(=perilous; hazardous)
- **preconception** ⓝ 편견, 선입견; 예상 ⓥ **preconceive** 선입관을 갖다, 예상하다
- **predestine** ⓥ (신, 사람이) 운명을 미리 정하다, 예정하다(=preordain)
- **predilection** ⓝ 편애(=preference; favoritism; unfair partiality)
- **prejudicial** ⓐ 편견을 갖게 하는; 편파적인(=partial) ⓝ **prejudice** 편견; 선입관; 침해
- **prerequisite** ⓐ 미리 필요한 ⓝ 선행조건
- **presuppose** ⓥ ~을 전제로 하다; 미리 추정하다(=assume)
- **prevaricate** ⓥ 얼버무리다, 속이다(=lie)
- **preview** ⓝ (영화 등의) 시연, 시사회; 미리보기; 예고편(=trailer); 방송순서 예고

pro-

(1) forward; forth : 앞으로 (2) before : 미리, 이전에 (3) for : 찬성하여
(4) according to : ~에 따라 (5) in place of : '~대신에'의 의미를 지닌다.

C2-037

proclaim
[proukléim]

pro(=forth 앞으로) + claim(=cry 외치다) ⇒ 선언하다, 공고하다

ⓥ **선언하다,** 포고하다; 공언하다(=declare); **공고하다**(=announce)

ⓝ **proclamation** 선언(=declaration); 포고(=announcement); 성명문

ⓐ **proclamatory** 선언적인, 포고의, 성명의

He proclaimed his stance on the issue.
그는 그 논점에 관한 자신의 입장을 표명했다.

procrastinate
[proukræ̀stənèit]

• -ate=make

pro(=forth 앞의 (일을)) + crastin(=tomorrow 내일)로 + ate(하다) ⇒ 미루다, 연기하다

ⓥ (행동을) **미루다,** 질질 끌다(=retard); **연기하다**(=postpone)

ⓝ **procrastination** 지연, 연기; 꾸물대는 버릇

He always seems to procrastinate when he gets busy.
그는 항상 바쁠 때 일을 질질 끄는 것 같다.

prodigal
[prάdigəl]

pro(d)(=forth (돈을) 앞으로) + ig(=drive 몰아) + al(내는) ⇒ 낭비적인, 방탕한

ⓐ **낭비적인**(=extravagant); **방탕한;** 아끼지 않는(=lavish); 풍부한(=abundant)

ⓐⓓ **prodigally** 낭비하며, 아낌없이(=lavishly 함부로)

ⓝ **prodigality** 낭비, 사치(=extravagance); 풍부(=abundance)

The prodigal son returned. 방탕한 아들이 돌아왔다.
the prodigality of nature 자연의 풍부함

prodigious
[prədídʒəs]

• ig<ag(=say)
• forth=앞으로

pro(d)(=forth) + ig(=say 말할 수 없을 정도로) + i + ous(큰) ⇒ 거대한, 경이적인

ⓐ **거대한**(=huge; colossal; vast; immense), 막대한(=vast; enormous);
비범한(=extraordinary); **경이적인**(=wonderful); 비정상의(=abnormal)

ⓐⓓ **prodigiously** 매우, 대단히(=very)

ⓝ **prodigy** 감탄할 만한 사람[것, 행위]; 천재, 신동

A prodigious storm destroyed the village. 거대한 폭풍은 마을을 파괴했다.
a child[piano] prodigy 신동[피아노의 천재]

profess
[prəfés]

pro(=forth 앞으로) + fess(=say (자신있게) 말하다) ⇒ 공언하다

ⓥ **공언하다**(=declare), 확언하다(=aver); 고백하다(=confess);
~을 직업으로 삼다; ~인 체하다(=pretend)

ⓝ **profession** 직업; 공언(=declaration; avowal); 고백(=confession)

ⓐ **professional** 전문적 직업의 ⓝ 직업 선수, 전문가

ⓐ **professed** 공언한(=avowed); 가장한(=pretended)

They professed their love for each other. 그들은 서로를 위한 사랑을 고백했다.
a full[an associate, an assistant] professor 정[부, 조]교수

proffer
[prάfər]

pro(=forward 앞으로) + ffer(=offer 제안하다, 제공하다) ⇒ 제안하다, 제공하다

ⓥ **제안하다; 제공하다**(=offer); (도움을) 제의하다(=propose)
ⓝ 제공(=offer), 제출(=proposal); 제공물

I want to proffer the pictures connected with Korea.
나는 한국에 관련된 사진을 제공하고 싶다.

proficient
[prəfíʃənt]

pro(=forth 앞으로) + fic(=make (잘) 만들어) + (i)ent(낸) ⇒ 숙달된

ⓐ **숙달된**(=skill; accomplished), 뛰어난; 능숙한 ⓝ 숙련자, 명인(=expert)
ⓐⓓ **proficiently** 능숙하게, 솜씨 좋게
ⓝ **proficiency** 숙달(=skill), 숙련(=expertness)

He was very proficient at his job. 그는 그의 일에 아주 노련하다.

[tips] 솜씨 있는 = adroit; dexterious; deft

prognosticate
[prαgnάstəkèit]

• -ate=make

pro(=before 미리) + gnostic(=know 인식하) + ate(다) ⇒ 예지하다, 예측하다

ⓥ **예지하다,** 예언하다(=predict); **예측하다;** ~의 징조를 보이다
ⓝ **prognostication** 예지, 예언; 예측; 전조, 징후
ⓐ **prognostic** 전조가 되는, 예시하는(=foretelling)
ⓝ 전조(=omen); 예측(=prediction); 증후(=symptom)
ⓝ **prognosis** 예지, 예상, 예측

It is difficult to prognosticate those circumstances.
그 상황들을 예지하는 것은 어렵다.

prolific
[prəlífik]

• pro=forth
• l<al=nourish 기르다, 거름을 주다

proli(=offspring 자손)을 + fic(=made 많이 만들어낸) ⇒ 다산의; 비옥한

ⓐ (사람, 동물이) **다산의**(=productive); (토질이) **비옥한**(=fertile)
ⓐⓓ **prolifically** 다산적으로, 풍부히(=abundantly)
ⓝ **prolificacy** 다산; 풍부(=abundance) ⓥ **proliferate** 증식하다(=propagate)

She was a prolific writer, she published many works.
그녀는 다작을 내는 작가였고 많은 책들을 출판했다.
a controversy prolific of misunderstanding 오해가 많은 논쟁

prolong
[prəlɔ́:ŋ]

pro(=forth 앞으로) + long(길게 (늘리다)) ⇒ 늘리다, 연장하다

ⓥ (공간을) **늘리다,** 길게 하다(=extend; make longer);
(시간을) **연장하다,** 오래 끌다(=protract)

• **inevitable** [inévitəbəl]
ⓐ 불가피한(=unavoidable); 당연한, 필연의

ⓝ **prolongation** 연장(=extension); 연기(=protraction)

In doing so, she only prolonged the inevitable.
그녀는 그러면서 피할 수 없는 일을 오래 끌고 있었다.

prolong one's stay 체재 기간을 연장하다

---

prominent
[prámənənt]

pro(=forth 앞으로) + min(=project (툭) 튀어나) + ent(온) ⇒ 눈에 띄는; 현저한

ⓐ **눈에 띄는; 현저한,** 두드러진(=conspicuous; distinguished; outstanding; remarkable; striking); 탁월한(=eminent); 저명한(=well-known); 주요한(=leading); 돌출한(=protruding)

ⓐⓓ **prominently** 눈에 띄게, 현저히(=conspicuously)

ⓝ **prominency/prominence** 돌출, 돌출부; 현저; 탁월

a prominent chin[nose, teeth] 튀어나온 턱[오뚝한 코, 뻐드렁니]
He's a prominent leader of the city 그는 그 도시에서 저명한 지도자이다.

---

propensity
[prəpénsəti]

pro(=forward (마음이) 앞으로) + pens(=hang 매달린) + ity(상태) ⇒ 경향; 버릇

ⓝ (타고난) **경향**(=inclination), 성벽(=bent; proclivity); 버릇, 기호(=taste; preference)

a propensity for getting into accidents 사고를 내기 쉬운 버릇

---

proponent
[prəpóunənt]

pro(=forth 앞으로 (지지를)) + pon(=place 내놓은) + ent(사람) ⇒ 지지자

ⓝ (주의의) **지지자**(=supporter), 찬성자(=favorer); 제안자, 주창자(=advocate)
opp. **opponent** 반대자(=objector; dissenter)

ⓥ **propone** (계획, 변명 등을) 꺼내다; 제의하다, 제안하다(=propose)

She is a strong proponent of that issue.
그녀는 그 논점의 단호한 지지자이다.

---

protrude
[prou*t*rú:d]

pro(=forward 앞으로) + trude(=thrust 내밀다) ⇒ 튀어나오다, 돌출하다

ⓥ **튀어나오다, 돌출하다**(=project); 내밀다(=stick out)

ⓝ **protrusion** 내밂, 튀어나옴; 돌기, 돌출부

ⓐ **protrudent** 내민, 튀어나온, 돌출한(=projecting; protruding)

Something was protruding through her handbag.
무엇인가가 그녀의 손가방에서 튀어나오고 있었다.

the protrusion of a jaw 턱의 돌출

> **tips** **pro–의 변형**
>
> • 자음 c, p, s, v 앞에서는 pur–가 된다.

purchase

[pə́:rtʃəs]

• pur-<pro-

pur(=forth 앞으로) + chase((물건을) 쫓아가다) ⇒ 사다, 구입하다

ⓥ **사다, 구입하다**(=buy); 구매하다; 획득하다(=acquire)

ⓝ 구입, 구매(=buying); 획득(=gain); 매입품, 구매품

ⓝ **purchaser** 사는 사람, 구입자(=buyer); 취득자(=acquisitor)

She purchased a new car for 10,000 dollars.
그녀는 새 차를 만 달러에 샀다.

purport

[pə́:rpɔərt]

pur(=forth 앞으로) + port(=carry (뜻을) 전달하다) ⇒ 의미(하다)

ⓥ **의미하다**(=import); ~을 취지로 하다; ~라고 지칭하다(=profess)

ⓝ **의미**(=meaning); 요지, 취지(=gist); 목적, 의도(=intention)

ⓐ **purported** (~이라고) 소문난(=rumored); 의심을 받고 있는

(ad) **purportedly** 소문에 의하면(=according to rumor)

ⓐ **purportless** 의미가 없는, 목적이 없는

She purported to do good. 그녀는 좋을 일을 하자는 취지였다.

The purport of this letter is that she will resign.
이 편지의 취지는 그녀가 사임하겠다는 것이다.

purview

[pə́:rvju:]

pur(=forward 전방으로) + view(=look 볼 (수 있는 범위)) ⇒ 범위, 시야

ⓝ (법령, 문서 등의) **범위**(=range; province); 권한; **시야,** 시계; (법령의) 조항(=body)

The purview of the report was inclusive. 그 보고서의 범위는 포괄적이었다.

- **profane** ⓐ 불경스런(=impious; ungodly); 이단의(=heathen; pagan)
- **profile** ⓝ 윤곽; 옆얼굴; 프로필, 인물소개 ⓥ ~의 윤곽을 그리다, 인물을 소개하다
- **profligate** ⓐ 품행이 나쁜, 방탕한(=dissolute); 낭비하는(=wasteful) ⓝ 방탕자
- **progeny** ⓝ (사람 · 동식물의) 자손(=descendant; offspring)
- **prolix** ⓐ 장황한, 지루한(=wordy; tedious; dull)
- **promising** ⓐ 전도 유망한, 장래가 촉망되는(=hopeful; encouraging)
- **promotion** ⓝ 승진, 진급 ⓥ **promote** 승진시키다, 진행시키다
- **propitiate** ⓥ ~을 달래다(=appease; mollify; conciliate)
- **propitious** ⓐ (날씨, 경우 등이) 좋은, 길조의(=auspicious; favorable)
- **prosaic** ⓐ 산문적인, 지루한(=tedious; dull)
- **prospective** ⓐ 장래의, 미래의(=future); 유망한(=promising)
- **prosperous** ⓐ 번영하고 있는(=thriving) ⓥ **prosper** 번영하다(=flourish)
  ⓝ **prosperity** 번영(=flourish)
- **prostrate** ⓥ (몸을) 엎드리다; 쓰러뜨리다(=fell); 쇠약하게 하다 ⓐ 엎드린, 패배한
- **proviso** ⓝ (계약, 법령 등의) 단서, 조건(=provision)
- **prudent** ⓐ 신중한(=judicious); 절약하는(=economical)

» post-

• after : '<시간적으로> (이)후에, 지나서'의 의미를 지닌다.
opp. ante- = before 먼저, 이전에

C2-038

postdate [pòustdéit]

post(=after (실제보다) 늦은) + date(날짜를 적다) ⇒ 늦은 날짜로 적다

ⓥ (수표 등의 날짜를 발행일보다) **늦은 날짜로 적다**(=assign a date after the true date); (시간적으로) ~의 뒤에 오다(=follow in time)

opp. **antedate; predate** ⓥ 앞선 날짜로 하다

Frank gave the landlord a postdated check.
프랭크는 주인에게 발행일보다 늦은 날짜의 수표를 줬다.

posthumous [pástʃuməs]

post(=after) + hum(=earth 이승) + ous ⓐ ⇒ 사후의

ⓐ **사후의;** 아버지가 죽은 후에 태어난(=born after the death of its father); 저자가 죽은 후에 출판된 ⓐⓓ **posthumously** 죽은 후에

⇒ earth (흙)으로 돌아간 후에 → 사후의

The author's book was published posthumously. 그 저자의 책은 저자가 죽은 후에 출판됐다.

postmeridian [pòustmərídiən]

post(=after) + meridian(=meridian 정오) ⇒ 오후의

ⓐ **오후의**(=afternoon) *opp.* **antemeridian** 오전의
cf. **post meridiem** 오후(의)(=afternoon; P.M. p.m.)

They played a postmeridian game of checkers. 그들은 오후의 체커 게임을 했다.

postmortem [pòustmɔ́ːrtəm]

post(=after) + mort(em)(=death 죽음) ⇒ 사후의, 검시의

ⓐ **사후의,** 죽은 뒤에 일어나는; 시체 검사의, **검시의**(=of autopsy)
ⓝ (일이 끝난 뒤의) 사후 검토; 시체 검사, 검시(=autopsy)

opp. **antemortem** ⓝ 죽기 전의

The doctor conducted the postmortem autopsy. 그 의사는 시체 부검을 실시했다.

postpone [poustpóun]

post(=after (날짜를) 뒤로) + pone(=put 놓다) ⇒ 연기하다

ⓥ **연기하다**(=put off until afterward; delay); 뒤로 미루다(=defer)
ⓝ **postponement** 연기(=delay; deferment)

• pon=put 놓다, 두다

I had to postpone my appointment because I had other obligations.
나는 다른 업무가 있어서 약속을 연기해야만 했다.

postscript [póustskrìpt]

post(=after (편지의) 맨 끝에) + script(=written (쓰여 진) 글) ⇒ 추신; 후기

ⓝ (편지의) **추신**(=a note added to a letter after it has been signed); (책의) **후기**

The postscript revealed some interesting insight into the book.
후기에 그 책에 대한 재미있는 견해들을 나타냈다.

cf. **script** ⓝ 원본, 대본

[tips] preposterous ⓐ 앞뒤가 뒤바뀐; 터무니없는, 불합리한(=absurd)

≫ re-

(1) again : 다시, 또 - 반복 (2) back : 뒤로, 뒤에 (3) against : 저항
(4) away, from : 분리 (5) intensive : 강조의 의미를 지닌다.

C2-039

receptive

[riséptiv]

re(=again 다시 또) + cept(=take 받아들이) + ive(는) ⇒ 잘 받아들이는

ⓐ **잘 받아들이는;** 이해가 빠른; 감수성이 예민한(=sensitive)

ⓝ **reception** 받기, 받아들임; 영접; 환영회; (세상의) 반응, 인기; 수신

ⓝ **receptionist** 접수계원, 접대원

ⓝ **receipt** 수취; 영수증

ⓥ **receive** 받다, 수령하다(=take); 접대하다; 청취하다

ⓝ **receiver** 수령인; 수납계원, 출납관; 수금원; 수신기, 수화기

ⓝ **recipient** 수령자, 영수인(=receiver)

He was very receptive to the idea. 그는 그 의견을 잘 받아들였다.
attend a relative's wedding reception 친척의 결혼 연회에 참석하다.

• **receptacle** ⓝ 그릇, 용기 (=container; vessel); 저장소

recompense

[rékəmpèns]

re(=back 되돌려주려) + com(=with 서로) + pense(=weigh 달다) ⇒ 보답하다, 보상하다

ⓥ **보답하다**(=requite; repay); **보상하다**(=compensate); 벌하다(=punish)

ⓝ 보답(=requital; repayment); 답례(=reward); 벌(=punishment); 보상(=compensation; amends)

recompense good with evil 선을 악으로 갚다
They were recompensed for the accident.
그들은 그 사고에 대해 보상받았다.

⇒ 서로 무게를 달아 부족을 되돌려 주다

recrimination

[rikrìmənéiʃən]

re(=against ~에 맞선) + crimination(고소, 비난) ⇒ 맞고소, 반박

ⓝ **맞고소,** 맞비난; **반박**(=contradiction; refutation)

ⓥ **recriminate** 맞받아 비난하다; 맞고소하다(=countercharge)

ⓐ **recriminatory** 지지 않고 비난하는, 반소의

The client recriminated against his lawyer for his handling of the case.
그 소송의뢰인은 그 사건 처리에서 자기 변호사를 거꾸로 고소했다.

• crim=accuse 고소하다

refractory

[rifrǽktəri]

re(=back 뒤로) + fract(=break 부수고 나오) + ory(는) ⇒ 말을 안 듣는, 불치의

ⓐ **말을 안 듣는,** 다루기 힘든(=unmanageable); 고집 센(=obstinate); (병이) **불치의,** 난치의(=incurable*)

ⓐⓓ **refractorily** 고집세게, 완강하게; 반항적으로

ⓝ **refractoriness** 고집 셈, 반항성; (병의) 난치, 고질

a refractory man to handle 다루기 힘든 사내
His sickness was refractory. 그의 병은 난치병이었다.

rehabilitate
[rì:həbílətèit]

re(=again 다시) + habilit(=enable 할 수 있게) + ate(하다) ⇒ 복위시키다

ⓥ **복위[복직, 복권]시키다;** (명예, 건강을) 회복시키다(=restore; recover)

ⓝ **rehabilitation** 복위, 복직, 복권(=recovery); 재건; 명예 회복

He completely rehabilitated himself. 그는 명예를 완전히 회복했다.
He was completely rehabilitated after the treatment.
그는 치료 후에 완전히 회복되었다.

reimburse
[rì:imbə́:rs]

• im-<in- ~안에
• 지갑에 (돈을) 되돌려 넣어 주다

re(=back 되돌려) + im + burse(지갑(에 넣어주다)) ⇒ (돈을) 갚다, 배상하다

ⓥ (돈 등을) **갚다, 상환하다**(=repay); (손해를) **배상하다**(=compensate)

ⓝ **reimbursement** 상환; 변제(=repayment; discharge)

The company reimbursed him for the purchase.
그 회사는 그에게 구매품에 대해 변상을 했다.

reinforce
[rì:infɔ́:rs]

re(=again 다시) + in(=in ~에) + force((힘)을 주다) ⇒ 강화하다, 보강하다

ⓥ **강화하다, 보강하다**(=make stronger; strengthen*)

ⓝ **reinforcement** 증강, 강화; *pl.* 증원 부대; 보강재

reinforce the infantry with aerial support 보병을 공군의 지원으로 강화하다

reiterate
[ri:ítərèit]

• iter=repeat

re(=again 거듭) + iterate(되풀이하다) ⇒ 되풀이하다, 반복하다

ⓥ **되풀이하다, 반복하다**(=repeat; recapitulate)

ⓝ **reiteration** 되풀이하기, 반복(=repetition; recapitulation)

ⓐ **reiterative** 되풀이되는, 반복하는(=repetitious)

The teacher reiterated the point. 선생님은 주요점을 되풀이했다.

rejuvenate
[ridʒú:vənèit]

• -ate=make

re(=again 다시) + juven(=young 젊게) + ate(하다) ⇒ 다시 젊어지게 하다

ⓥ **다시 젊어지게 하다,** 활기차게 하다(=refresh; renew)

ⓝ **rejuvenation** 다시 젊어짐, 원기 회복; 회춘

ⓥ **rejuvenesce** 다시 젊어지다[젊어지게 하다]; 새로운 활력을 주다

He felt rejuvenated after a day of rest. 그는 짧은 휴식 후에 원기를 회복하였다.

relegate
[réləgèit]

re(=back 뒤에 (낮은 자리로)) + leg(=send 보내) + ate(다) ⇒ 좌천시키다

ⓥ **좌천시키다,** 직위를 격하하다(=degrade); 추방하다(=banish)

ⓝ **relegation** 격하, 좌천(=demotion); 추방(=banishment); 위탁

The manager relegated his employees to achieve the company goals.
매니저는 회사의 목적을 이루기 위해 사원들을 내쫓았다.

relentless
[riléntlis]
• -less=without

re(강조-전혀) + lent(=pliant (마음이) 유연하지) + less(않은) ⇒ 냉정한, 냉혹한

ⓐ **냉정한, 냉혹한**(=pitiless; merciless); 완고한(=inflexible)

ⓥ **relent** (마음이) 부드러워지다; 누그러지다(=soften)

ⓐⓓ **relentingly** 부드럽게; 불쌍히 여겨 **relentlessly** 사정없이, 무자비하게

We must maintain relentless pressure against terrorist groups .
우리는 테러집단에 대하여 냉혹한 압력을 계속 유지해야 한다.

relevant
[réləvənt]
• lev=raise
lift

re(=again 다시) + lev(=raise (알맞게) 들어올) + ant(린) ⇒ 적절한; 관련된

ⓐ **적절한,** 적용되는(=pertinent; applicable); (문제와) **관련된**(=related)

ⓐⓓ **relevantly** 적절하게(=pertinently; suitably), 요령 있게(=aptly)

ⓝ **relevancy/relevance** 관련(성); 적절함

That is not a relevant argument. 그것은 적절한 논쟁이 아니다.
matters relevant to the subject 그 문제에 관련이 있는 사항

reminisce
[rèmənís]

re(=again 다시) + min(=remind 생각나게) + isce(하다) ⇒ 회상하다, 추억에 잠기다

ⓥ **회상하다**(=remember; call to mind); **추억에 잠기다**

ⓝ **reminiscence** 회상, 추억, 기억(=memory; recollection)

ⓐ **reminiscent** 회상의, 회고의, 추억의; ~을 생각나게 하는

They liked to reminisce about old times.
그들은 옛 추억에 잠기는 것을 좋아했다.

remnant
[rémnənt]

re(=back 뒤에) + mn(=remain 남아 있는) + ant(것) ⇒ 나머지

ⓝ **나머지,** 잔여물(=remainder; residue); (과거로부터의) 유물; 자취(=trace)

There are remnants of the old regime still present today.
오늘날까지 낡은 제도의 잔재가 남아 있다.

remonstrate
[rimánstreit]
• ate=make

re(강조 - 강하게) + monstr(=show (불만을) 나타내) + ate(다) ⇒ 항의하다

ⓥ **항의하다**(=protest), 이의를 제기하다; 충고하다(=expostulate)

ⓝ **remonstration** 이의 제기, 항의(=protest); 충고(=expostulation)

She remonstrated with the authorities on the action.
그녀는 당국에 그 조치에 대해 항변하였다.

renegade
[rénigèid]

re(강조 - 강하게) + neg(=deny (믿음을) 부정하는) + ade(사람) ⇒ 배교자, 변절자

ⓝ **배교자,** 개종자(=person who changes his religious beliefs);
탈당자(=deserter); 배신자, **변절자**(=turncoat)

ⓐ 배반한, 변절한 ⓥ 배반하다, 거역하다, 저버리다

People referred to him as the renegade of the school.
사람들은 그를 학교의 배신자로 불렀다.

renovate
[rénəvèit]

re(=again 다시) + nov(=new 새롭게) + ate(하다) ⇒ 새롭게 하다

ⓥ (개조 등으로) **새롭게 하다,** 쇄신하다; 수선하다(=repair)

ⓝ **renovation** 혁신(=innovation 쇄신); 개조, 수리(=alteration*); 원기 회복

They made renovations to their house.
그들은 집수리를 했다.

Closed for renovation. 관내 개장 중 휴관함. <개시>

repellent
[ripélənt]

re(=back 뒤로) + pell(=drive 몰아내) + ent(는) ⇒ 물리치는

ⓐ **물리치는,** 불쾌한(=disagreeable); 싫어하는(=disgusting; abhorrent*)

ⓝ 구충제, 방충제; 반발력

ⓝ **repellency/repellence** 반발(성), 격퇴(성); 혐오감

ⓥ **repel** 격퇴하다(=repulse); 거부하다(=refuse); 불쾌하게 하다

a water repellent garment 방수복

He used some insect repellent to repulse the bugs.
그는 벌레를 쫓기 위해 약간의 방충제를 사용했다.

replenish
[ripléniʃ]

• -ish=make

re(=again 다시) + plen(=full 가득 차게) + ish(하다) ⇒ 다시 채우다, 보충하다

ⓥ **다시 채우다**(=make full or complete again); **보충하다**(=fill up)

ⓝ **replenishment** 다시 채우기; 보충품

Make sure (that) you replenish the water when you've finished.
끝나면 반드시 물을 다시 채워라.

replete
[riplí:t]

re(=again 다시) + plet(=fill 가득 채워 넣) + e(은) ⇒ 가득 찬, 포식한

ⓐ **가득 찬,** 충만한(=filled; full); 배가 부른, **포식한**(=gorged)

ⓝ **repletion** 가득함, 충만; 포식, 포만(상태); 〈의학〉 다혈증

The river was replete with fish. 강은 물고기로 가득했다.

to repletion 가득차게; 물리도록

replica
[réplikə]

re(=again 다시 똑같이) + plic(=fold 접은) + a(것) ⇒ (원작의) 복제, 사본

ⓝ (원작의) **복제,** 복사(=duplicate*); **사본**(=copy); 복제(=facsimile)

ⓥ **replicate** (그림 등을) 복사하다; ~의 복제품을 만들다

ⓝ **replication** 모사, 복사; 반향(=echo)

The replica looked exactly like the original.
복제그림은 정말 진품같아 보였다.

reprehensible
[rèprihénsəbl]

re(=back (잘못해서) 뒤에서) + prehens(=take 잡음) + ible(만한) ⇒ 책망할 만한

ⓐ **책망할 만한,** 비난할 만한(=blameworthy)

ⓐⓓ **reprehensibly** 야단쳐야[책망해야] 할 정도로, 야단칠 만하게

ⓝ **reprehension** 질책, 책망, 비난(=reproof)

ⓥ **reprehend** 야단치다, 꾸짖다(=rebuke); 비난하다(=censure)

They admitted that her actions were reprehensible.
그들은 그녀의 행동이 괘씸했다는 것을 인정했다.

reprisal
[ripráizəl]

re(=back 뒤에서) + pris(=take 잡아당) + al(김) ⇒ 보복행위

ⓝ (국가 간의) **보복행위;** 보복, 앙갚음(=retaliation); 강제 포획, 몰수

take[make] reprisals 보복수단을 취하다
The reprisal of the missiles from the enemy was a significant victory.
적의 미사일에 대한 보복은 큰 승리였다.

repudiate
[ripjú:dièit]

• pud-<ped(=foot)

re(=back 뒤로) + pud(=foot (발로 차)) + i + ate(다) → 뒤로 차다 ⇒ 거절하다, 이혼하다

ⓥ **거절하다**(=refuse; reject), 부인하다; (아내와) **이혼하다**(=divorce); (자식과의) 인연을 끊다(=cast[break] off)

ⓝ **repudiation** 부인, 거절; (채무 등의) 지불 거부; 이혼(=divorce)

He repudiated the claims against him.
그는 자신에게 불리한 요구는 거절했다.

repugnant
[ripʌ́gnənt]

re(=again 자꾸자꾸) + pugn(=fight 싸우) + ant(는) ⇒ 아주 싫은, 모순된

ⓐ **아주 싫은**(=detestable; disgusting), 비위에 거슬리는(=offensive); 반대의(=contrary); **모순된**(=contradictory)

ⓝ **repugnance/repugnancy** 혐오, 질색; 증오, 반감(=disgust; aversion); 모순, 불일치(=contradiction; inconsistency)

ⓥ **repugn** ~에 반대하다, 반항하다; 모순되다(=contradict)

A repugnant odor was coming from the room.
불쾌한 악취는 방에서 나오고 있었다.

reputable
[répjutəbəl]

re(=again (사람을) 다시) + put(=think 생각) + able(할 만한) ⇒ 평판이 좋은

ⓐ **평판이 좋은**(=estimable); 존경할 만한(=honorable)

ⓐⓓ **reputably** 부끄럽지 않도록, 훌륭히(=respectably)

ⓝ **repute** 평판(=reputation); 호평, 명성 ⓥ ~이라고 생각하다

ⓐ **reputed** 평판이 좋은, 유명한(=noted); ~이라는 평판이 있는

ⓝ **reputation** 평판, 세평(=fame); 호평, 명성

They hired a reputable lawyer to handle the case.
그들은 소송을 해결하기 위해 명망 있는 변호사를 고용했다.

rescind
[risínd]

re(=back 뒤로) + scind(=cut 잘라서 버리다) ⇒ 파기하다

ⓥ (법률, 계약 등을) **파기하다,** 폐지하다, 무효화하다; 취소하다(=cancel)

ⓝ **rescission** 폐지, 파기; 무효, 취소(=cancellation)

ⓐ **rescissible** 무효화할 수 있는, 취소가 가능한

His boss rescinded the contract. 사장은 그 계약을 파기했다.

residue
[rézədjùː]

re(=back 뒤에) + sid(=remain 남아 있는) + ue(것) ⇒ 나머지; 찌꺼기

ⓝ **나머지,** 잔여(=remainder; rest); 잔여 재산; **찌꺼기**

ⓐ **residual** 나머지의(=remaining*) ⓝ 나머지(=residue; remainder)

ⓐ **residuary** 나머지의, 잔여의(=residual)

There was residue left on his hand after he had fired the gun.
총을 쏜 후 그의 손에는 잔재가 남아 있었다.

the residue of one's property 나머지 재산

resilient
[rizíljənt]

re(=again 다시) + sili(=leap 튀어 오르) + ent(는) ⇒ 되 튀는; 탄력성이 있는

ⓐ **되 튀는**(=rebounding); **탄력성이 있는**(=elastic*; flexible);
쾌활한(=buoyant in disposition); 곧 기운을 회복하는

ⓝ **resilience/resiliency** 되팀(=rebound); 탄성(=elasticity), 탄력성(=buoyancy)

ⓥ **resile** 되튀다, 튀다(=recoil; rebound)

She was resilient and kept on trying. 그녀는 기운을 회복하고 계속해서 시도를 했다.

resolution
[rèzəlúːʃən]

• 느슨하게 푼 마음을 다시 죔 → 결심

cf. **solution** ⓝ 해결, 녹임

re(=back 뒤로) + solu(=loose 느슨하게) + tion(함) ⇒ 분해, 결심

ⓝ **분해;** 해결; **결심,** 결의(=determination); 결단; 결의문, 결의안

ⓐ **resolute** 굳게 결심한, 단호한, 결연한(=determined; firm)

ⓐⓓ **resolutely** 단호하게(=firmly; positively; squarely)

ⓥ **resolve** 결심하다; 결의하다; 분해하다, 분석하다(=analyze)

ⓐ **resolved** 결심한(=determined); 단호한(=decisive)

The attack only strengthened their resolution on the issue.
공격은 그 문제에 대한 그들의 결의를 강화시킬 뿐이었다.

respite
[réspit]

• spect=spec=spit=look

re(=again 나중에 다시) + spit(e)(=look 보)려고 → delay(연기, 유예)함 ⇒ 연기

ⓝ (채무 등의) **연기;** 집행유예; **중간 휴식**(=interval; cessation)

ⓥ (형의) 집행을 연기하다; 연기하다, 유예하다(=postpone; put off)

work without respite 잠시도 쉬지 않고 일하다

He went for a walk to take respite from his worries.
그는 걱정을 잠시 잊기 위해 산책을 했다.

resplendent
[rispléndənt]

cf. **restitution** ⓝ 반환, 복권

re(강조 - 아주) + splend(=shine 번쩍이) + ent(는) ⇒ 번쩍번쩍하는; 찬연한

ⓐ **번쩍번쩍하는,** 눈부신(=dazzling); **찬연한, 빛나는**(=brilliant)

ⓐⓓ **resplendently** 찬연하게(=brilliantly)

ⓝ **resplendence/resplendency** 번쩍임, 광휘, 찬란

The party took place in a resplendent house. 파티는 화려한 집에서 열렸다.

cf. **respondence** ⓝ 상응, 일치; 응답, 반응

retard
[ritɑ́ərd]

re(=back 뒤로 당겨) + tard(=slow 늦추다) ⇒ (속력을) 늦추다; 방해하다

ⓥ (속력을) **늦추다**(=delay*), **방해하다**(=hinder), 뒤로 미루다(=postpone)

ⓝ **retardation** 지연, 지체(=delay); 지능 발달의 지체; 방해(=hindrance)

ⓐ **retarded** 발달이 늦은, 지능이 지체한

Weather conditions are retarding progress on road repairs.
기상상태가 도로보수의 진척을 늦어지게 하고 있다.

a retarded child 지진아

retentive
[riténtiv]

re(=back 뒤에서 (계속)) + tent(=hold 잡고) + ive(있는) ⇒ 보유하는

ⓐ **보유하는,** 보유력이 있는; 잘 기억하는(=having a good memory)

ⓝ **retention** 보유, 보전; 유지력(=the power to retain)

ⓥ **retain** 계속 유지하다; 보유하다(=keep); 마음에 간직하다(=remember)

She has a retentive memory. 그녀는 뛰어난 기억력을 가졌다.

retain one's position 지위를 유지하다

reticent
[rétəsənt]

re(=back 뒤에서) + tic(=silent 침묵) + ent(하는) ⇒ 입이 무거운, 과묵한

ⓐ **입이 무거운,** 말 수가 적은, **과묵한**(=taciturn*; reserved; laconic 간결한)
opp. **talkative; loquacious*** 수다스러운, 말이 많은

ⓝ **reticency/reticence** 과묵, 삼감; (군더더기를 생략하는) 억제

ⓐ **tacit** 무언의, 암묵적인

He is somewhat reticent about political problems.
그는 정치문제에 대해서는 다소 입이 무겁다.

a tacit agreement 묵계

retrench
[ritréntʃ]

re(=back 뒤쪽을) + trench(=cut 잘라내다) ⇒ 줄이다; 삭감하다

ⓥ (비용 등을) **줄이다, 삭감하다**(=curtail; reduce);
제거하다(=remove); 삭제하다(=omit; delete)

ⓝ **retrenchment** 단축, 축소; 경비 절약(=cutting down)

The board of directors retrenched the fixed costs of the company.
이사회는 회사의 고정비용을 줄였다.

---

revile
[riváil]

re(=again 계속) + vile(나쁜) → 계속 나쁜 (말을 하다) ⇒ 욕하다; 매도하다

ⓥ **욕하다,** 욕설을 퍼붓다(=abuse); **매도하다**(=denounce)

ⓝ **revilement** 욕, 비난, 비방(=abuse; aspersion); 매도

cf. **reveille** ⓝ기상나팔; 기상신호, 작업신호

She reviled him for his actions. 그녀는 그의 행동에 대해 욕을 했다.

cf. She **railed at** me in public 그녀는 공개석상에서 나를 욕했다.

tips **re-의 변형**

(1) 모음 앞에서 **re-**의 **e**가 탈락되어 **r-**가 된다.
(2) 모음 앞에서 자음 **d**가 첨가되어 **red-**로 된다.
(3) 자음 **d** 앞에서 **ren-**으로 쓰인다.

---

redolent
[rédələnt]

• red- < re-

red(=again 자꾸) + ol(=smell 냄새가 나) + ent(는) ⇒ 향기로운; 암시하는

ⓐ **향기로운**(=fragrant), 좋은 냄새가 나는; **~을 암시하는**(=suggestive)

ⓝ **redolency/redolence** 방향; 향기(=fragrance)

a house redolent of fresh paint 갓 칠한 페인트 냄새가 몹시 나는 집
The incident is redolent of revenge. 그 사건은 복수를 암시한다.

---

redundant
[ridʌ́ndənt]

red(=again 자꾸) + und(=wave (넘치려) 출렁거리) + ant(는) ⇒ 과다한; 불필요한

ⓐ **과다한,** 여분의(=superfluous; extra; surplus);
불필요한(=unnecessary; not needed)

ⓝ **redundancy/redundance** 과잉; 군더더기 말

redundant workers[population] 과잉 노동자[인구]
The statement is redundant. 그 진술은 장황하다.

---

render
[réndər]

• ren- < re-

ren(=back 뒤로 (되돌려)) + der(=give 주다) ⇒ 돌려주다, 갚다

ⓥ **돌려주다, 갚다;** 주다(=give; impart); 제출하다(=submit);
지불하다(=pay); 표현하다; 연주하다; **~을 …하게 하다**(=make)

ⓝ **rendition** (독자적인 해석에 따른 음악이나 연극 배역 등의) 연주, 연출(=rendering; performance); 번역(=translation)

render good for evil 악을 선으로 갚다
The judge rendered his opinion. 재판관은 자신의 의견을 나타냈다.

- **recalcitrant** ⓐ 반항하는, 고집센(=defiant) ⓥ **recalcitrate** 완강하게 반항하다
- **recapitulate** ⓥ 요약하다(=summarize); 재현하다
- **recidivist** ⓝ 상습범, 재범자 ⓐ **recidivous** 상습범의, 죄를 거듭 짓기 쉬운
- **reciprocal** ⓐ 상호간의(=mutual); 답례의 ***reciprocal** gifts 답례품
- **reconcile** ⓥ 화해시키다, 조정하다 ⓝ **reconciliation** 화해, 조정
- **recondite** ⓐ 심오한, 난해한(=profound); 알려지지 않은
- **reconnaissance** ⓝ 시찰, 정찰(=patrol) ⓥ **reconnoiter** 정찰하다, 답사하다
- **recuperate** ⓝ (병, 경제적 손실 등에서) 회복하다, 재기하다(=recover)
- **recycle** ⓥ ~을 재생이용하다(=use again; reclaim)
- **redemption** ⓝ 되찾기, (몸값을 내고) 사람을 빼내기(=ransom); 구제; (약속의) 이행
- **redress** ⓥ (잘못을) 고치다, 교정하다(=correct) ⓝ 교정, 시정
- **referendum** ⓝ 국민투표(=plebiscite)
- **rendezvous** ⓝ 만남의 약속, 만남의 장소; 집결, 랑데뷰
- **resentment** ⓝ 분노, 적의 ⓥ **resent** 분개하다 ⓐ **resentful** 분개한(=furious)
- **resumption** ⓝ 되찾음, 회복; (회의 등의) 재개
  ⓥ **resume** 재개하다, 되찾다, 다시 시작하다
- **retaliate** ⓥ 보복하다, 복수하다(=revenge) ⓝ **retaliation** 보복 *cf.* **vengeance** ⓝ 복수

[tips] proto- = first(처음)

- **protocol** ⓝ 외교의례; 통신규약
- **protagonist** ⓝ (연극의) 주연, 주인공(=hero)
- **prototype** ⓝ 원형(=original), 본보기

retro-

(1) back : '뒤로', backward : '뒤로 향한'
(2) back towards the past : '뒤로 거슬러'의 의미를 지닌다.

retroactive
[rètrouǽktiv]

retro(=backward 거슬러 올라가서) + active(실시중인) ⇒ 소급력이 있는

ⓐ (법률 등이) **소급력이 있는**(=retrospective)

ⓝ **retroactivity** (법률의) 소급성[력] ⓥ **retroact** 소급력이 있다

ⓝ **retroaction** 소급효력; 반동, 반작용; 반응

a retroactive clause 소급조항

The company owed retroactive pay to its workers.
회사는 노동자들에게 소급력 있는[밀린] 임금을 지불해야 했다.

retrograde
[rétrəgrèid]

retro(=back 뒤쪽으로) + grade(=go 가다) ⇒ 후퇴하다; 쇠퇴하다

ⓥ **후퇴하다,** 역행하다; 악화하다(=deteriorate); **쇠퇴하다**(=decline)

ⓐ 후퇴하는, 역행하는, 뒤를 향하는; 퇴화하는(=deteriorating); 역추진의

opp. **progressive** 전진하는, 진보적인 ↔ **retrogressive** 퇴보적인

ⓥ **retrogress** 되돌아가다, 후퇴하다; 역행하다, 퇴화하다

ⓝ **retrogression** 후퇴, 역행; 퇴화, 퇴보(=degeneration)

The movement became retrograde several months later.
몇 달 후 그 움직임은 약화되었다.

a retrograde motion 역행 운동

retrospect
[rétrəspèkt]

opp. **prospect** ⓝ 전망

· **retrospect and prospect** 회고와 전망

retro(=backward 뒤로(되돌아)) + spect(=look 보다) ⇒ 회고하다; 회고

ⓥ **회고하다**(=look back); 소급하여 대조해 보다

ⓝ **회고,** 회상, 추억(=contemplation of the past)

ⓝ **retrospection** 회고, 회상, 과거를 되돌아 봄

ⓐ **retrospective** 회고하는, 회상하는; 뒤쪽의; 소급력이 있는 ⓝ (화가, 조각가 등의) 회고전

I retrospected on my school life. 나는 학창시절을 회고했다.

[tips] **회고하다**=retrospect; recollect; reflect; recall; look back on
회고=retrospection; recollection; reflection; remembrance(기억)

retroverted
[rétrouvə̀:rtid]

retro(=backward 뒤쪽으로) + vert(=turn 구부러) + ed(진) ⇒ 뒤로 휜

ⓐ **뒤로 휜,** 후굴한(=turned backward) ⓥ **retrovert** 뒤로 구부리다

ⓝ **retroversion** 뒤로 휨[굽음], 후퇴; (자궁 등의) 후굴

The chair was retroverted and so uncomfortable. 그 의자는 뒤로 휘어 아주 불편했다.

[tips] retrocede ⓥ 되돌아가다; 후퇴하다; 영토를 반환하다
ⓝ retrocession 반환; 후퇴; (의학) 환부

» se-

(1) apart : '떨어져서' ⇒ 분리, 이탈
(2) without : '~없이'의 의미를 지닌다.

C2-041

seclude
[siklúːd]

se(=apart 따로 떼어) + clude(=shut 문을 닫아 가두다) ⇒ 떼어놓다, 격리시키다

ⓥ **떼어놓다**(=keep apart from others; separate); **격리시키다**(=isolate)

ⓝ **seclusion** 격리, 차단; 은둔(=retirement)

ⓐ **secluded** 격리시킨, 후미진(=separated; retired); 한적한(=undisturbed); 은둔한(=hidden)

ⓐ **seclusive** 은둔적인, 틀어박히기를 좋아하는

She secluded her baby from other babies. 그녀는 자신의 아기를 다른 아기들과 떼어놨다.

secure
[sikjúər]

se(=apart 벗어나) + cure(=care 걱정) → 걱정 없는 ⇒ 안전한; 안전하게 하다

ⓐ **안전한**(=safe); (근심, 걱정, 두려움에서) 벗어난; 확신하는(=confident)

ⓥ **안전하게 하다;** 방비하다(=guard; protect); 보증하다(=guarantee)

ⓐⓓ **securely** 안전하게(=safely); 틀림없이, 확실히(=certainly)

ⓝ **security** 안전(=safety) (opp. insecurity 불안전); 담보, 저당(=mortgage; pledge) pl. 유가증권

We secured our town from an assault. 우리는 우리 고장을 습격에서 지켜냈다.

• **mortgage loan** 주택 담보 대출

segregate
[ségrigèit]

se(=apart 따로) + greg(=flock 무리)에서 + ate(떼어놓다) ⇒ 분리하다

ⓥ **분리하다,** 격리하다(=isolate; separate); **차별 대우하다**

opp. **desegregate** 인종차별 대우를 폐지하다; **integrate** 통합하다

ⓐ **segregated** 분리된, 격리된; 차별대우를 하는; (인종) 차별적인

ⓝ **segregation** 분리, 격리; 인종차별(대우)

The government segregated negroes into a special section of a city.
정부는 흑인들을 도시의 특수한 한 구역에 격리시켰다.

segregated education 인종차별 교육

sedition
[sidíʃən]

sed(=apart 떨어져) + it(=go 나가 (사람들을 부추)) + ion(김) ⇒ 선동; 치안 방해

ⓝ **선동,** 난동, 반란(=tumult); **치안 방해** *opp.* **allegiance** 충성, 신의

ⓝ **seditionist** 선동자(=one who practices acts of sedition)

ⓝ **seditionary** 선동자, 치안 방해자 ⓐ 선동적인(=inflammatory)

ⓐ **seditious** 치안 방해의, 선동적인(=incendiary)

People sued him for sedition. 사람들은 그를 치안방해죄로 고소했다.

[tips] seduce ⓥ 부추기다, 유혹하다(=mislead) ⓝ seduction 유혹
secede ⓥ 탈퇴하다(=withdraw) ⓝ secession 탈퇴
secrete ⓥ 분비하다(=excrete); 비밀로 하다

• sed- < se-

• **raucous** ⓐ 거슬리는, 쉰 목소리의 (=husky; hoarse)

sub-

(1) 분리, 이탈 : away (from); off; from 떨어져서, 멀리에
(2) 강조 : intensively; completely 등의 의미를 지닌다.

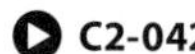

subjugate

[sʌ́bdʒugèit]

• -ate=make

sub(=under 아래에) + jug(=yoke 굴복, 복종) + ate(시키다) ⇒ 정복하다, 복종시키다

ⓥ **정복하다**(=conquer; vanquish*; defeat; beat down);
복종시키다(=subdue; master)

ⓝ **subjugation** 정복, 종속, 복종 ⓝ **subjugator** 정복자

In order to subjugate the Shia, Saddam embarked on a large-scale program.
시아파를 정복하기 위해서 사담은 엄청난 계획에 착수했다.

submissive

[səbmísiv]

sub(=under 아래로) + miss(=send 가서 (얌전히)) + ive(있는) ⇒ **복종하는**

ⓐ **복종하는**, 순종하는, 고분고분한(=obedient)

ⓝ **submission** 복종, 굴복(=yielding); 항복; 순종(=obedience); 제출

ⓥ **submit** 제출하다, 제기하다(=present); 항복하다(=surrender); 굴복하다, 복종하다(=yield to)

His mother wanted a **submissive** daughter-in-law.
그의 어머니는 순종하는 며느리를 원했다.

subservient

[səbsə́:rviənt]

cf. **servant** ⓝ 하인

sub(=under 아래에서) + serv(=serve 시중드) + i + ent(는) ⇒ **비굴한, 종속적인**

ⓐ **비굴한; 종속적인**(=subordinate); 도움이 되는, 부차적인(=secondary)

ⓐⓓ **subserviently** 도움이 되도록; 영합적으로, 비굴하게

ⓝ **subservience** 순종; 추종, 비굴(=servility); 도움이 됨

a **subservient** manner 비굴한 태도
We didn't want singers to remain **subservient** to composers.
우리는 가수가 작곡에게 종속적인 관계로 남아 있는 것을 원치 않는다.

subsidiary

[səbsídièri]

sub(=under 아래에) + sid(=sit 놓여) + i + ary(있는) ⇒ **부차적인; 자회사**

ⓐ **부차적인**, 종속적인(=subordinate*); 보조의(=auxiliary*)
ⓝ **자회사**(=subsidiary company); 보조자, 부속물
cf. **본사** = the main office; headquarters
모회사 = a holding company; a parent company

• **a subsidiary currency[coin]** 보조화폐

ⓝ **subsidy** (국가가 개인의 사업에 교부하는) 보조금, 조성금

ⓥ **subsidize** 보조금을 내다; 보조금을 내어 조성하다

The coffee shop was a **subsidiary** business to her.
그 커피숍은 그녀의 부업이었다.

cf. **subside** ⓥ (앙금 등이) 가라 앉다(=settle down); (폭풍 등이) 가라 앉다
The storm **subsided**. 폭풍은 잠잠해졌다.

substantial

[səbstǽnʃəl]

• under=아래에

sub(=under) + stant(=stand (실제로) 서 있) + ial(는) ⇒ 실질적인; 중요한

ⓐ **실질적인**(=virtual), 실재하는; 단단한(=solid); 견고한(=strong); 충분한(=ample); **중요한**(=important); 유복한(=well-to-do)

(ad) **substantially** 실체 상, 본질상(=essentially); 실제로(=actually); 대체로(=in the main); 크게(=largely); 단단히(=firmly)

ⓥ **substantiate** 실체화[구체화]하다, 튼튼하게 하다; 실증하다

ⓝ **substance** 실체(=reality); 본질(=essence); 물질; 내용

The book gives the students substantial helps.
그 책은 학생들에게 실질적인 도움을 준다.

tips **sub-의 변형**

(1) 자음 **c** 앞에서는 **suc-**가 된다.
(2) 자음 **f** 앞에서는 **suf-**가 된다.
(3) 자음 **g** 앞에서는 **sug-**가 된다.
(4) 자음 **m** 앞에서는 **sum-**이 된다.
(5) 자음 **p** 앞에서는 **sup-**가 된다.
(6) 자음 **r** 앞에서는 **sur-**가 된다.
(7) 자음 **c, p, t** 앞에서는 **sus-**가 된다.

succinct

[sʌksíŋkt]

• suc- < sub-

suc(=under 아래로) + cinct(=gird 허리띠를 졸라맨) ⇒ 간결한

ⓐ **간결한**(=concise; terse), 간명한(=brief; clear)

(ad) **succinctly** 간결하게(=briefly; concisely)

ⓝ **succinctness** 간결, 간명(=terseness)

The writer pursues the succinct style. 그 작가는 간결한 문체를 추구한다.

succumb

[səkʌ́m]

suc(=under ~아래에) + cumb(=lie down 굴복하다, 눕다) ⇒ 굴복하다

ⓥ **굴복하다**(=give way to); (유혹, 아첨에) 지다, 넘어가다(=yield*); 죽다(=die), (병으로) 쓰러지다

He succumbed to his friend's offer. 그는 친구의 제안에 넘어갔다.
succumb to temptation 유혹에 넘어가다

[tips] succulent ⓐ 즙이 많은, 흥미진진한(=juicy)

suffocate

[sʌ́fəkèit]

• suf- < sub-

• -ate=make

suf(=under) + foc(=throat 목구멍) 아래를 막히게 + ate(하다) ⇒ 질식시키다

ⓥ **질식시키다**(=smother; choke); 숨막히게 하다(=stifle)

ⓝ **suffocation** 질식(=asphyxiation)

ⓐ **suffocating** 숨막히게 하는, 질식할 듯한(=stifling)

He was suffocated to death in a fire. 그는 화재에서 질식해 죽었다.

suffrage
[sʌ́fridʒ]

• under=아래에서

suf(=under) + frag(e)(=applause 투표권을 요구하는 환호) ⇒ 선거권

ⓝ (정치에 관한) **선거권,** 투표권(=franchise); (찬성) 투표(=vote; voting)

ⓝ **suffragist** 여성 참정권론자(suffragette)

The woman's movement that ranges from the achievement of female suffrage to the legalization of abortion

여성 선거권 쟁취에서 낙태의 합법화까지를 범위로 하는 여성운동

cf. ⓝ **ballot** 무기명투표 ⓥ 투표하다(=vote)

summon
[sʌ́mən]

• sum- < sub-

sum(=under ~아래로) + mon(=warn (나오라고) 통고하다) ⇒ 호출하다, 소환하다

ⓥ (증인 등을) **호출하다, 소환하다;** (집회를) 소집하다(=convoke)

ⓝ **summons** 호출, 소환; 호출[소환]장; (재판에의) 출두 명령서; 소집

The police summons him as a witness.

경찰은 그를 목격자로서 소환했다.

supplant
[səplǽnt]

• sup- < sub-

sup(=in place of ~대신에) + plant((다른 사람을) 앉히다) ⇒ 대신하다

ⓥ **대신하다**(=take the place of); 대체하다(=supersede; replace)

ⓝ **supplanter** 대신 들어앉는 사람; 축출자

The new theory will supplant the previous one.

새로운 이론은 이전 것을 대신할 것이다.

supplement
[sʌ́pləmənt]

sup(=under 아래쪽) + ple(=fill up (여백에) 써넣) + ment(음) ⇒ 보충; 보충하다

ⓝ **보충**(=complement); (책 등의) 증보; (신문, 잡지 등의) **부록**

ⓥ **보충하다**(=complement); 증보하다, 부록을 붙이다(=append)

ⓐ **supplementary** 보완하는, 보충의; 증보의; 부록의

a supplement to Time 타임지의 부록

Our teacher supplemented the math lesson.

우리 선생님은 수학 수업을 보충하셨다.

supplicate
[sʌ́pləkèit]

sup(=under 아래로) + plic(=fold (몸을) 구부리) + ate(다) ⇒ 탄원하다, 간청하다

ⓥ **탄원하다, 간청하다,** 애원하다(=beg humbly; entreat)

ⓝ **supplication** 탄원, 간청, 애원(=entreaty)

ⓝ **supplicant** 탄원자 ⓐ 탄원하는, 간청하는(=supplicating; entreating)

We supplicated the manager not to fire him.

우리는 그를 해고하지 말라고 매니저에게 탄원했다.

[tips] supple ⓐ (몸이) 유연한(=pliable); 온순한(=compliant)
pliant ⓐ 유연한 compliant ⓐ 온순한 *cf.* plaint ⓝ 불평; 고소장

supposition
[sʌ̀pəzíʃən]

sup(=under 아래에 (가정해서)) + position((생각을) 둠) ⇒ 추정, 가정

ⓝ **추정**, 추측(=conjecture); **가정**, 가설(=assumption)

ⓥ **suppose** 가정하다(=assume); 상상하다(=suppose); 생각하다(=think)

ⓐ **supposed** 상상된, 가정의(=assumed; hypothetical)

ⓐⓓ **supposedly** 아마, 필경, 일반적으로 믿고 있는 바로는

· pos(it)=put place

I knew that my **supposition** was wrong.
내 추측이 틀렸다는 것을 알았다.

surreptitious
[sə̀:rəptíʃəs]

sur(=secretly 몰래) + rept(=seize 채) + it(=go 가) + ious(는) ⇒ 은밀한; 부정한

ⓐ **은밀한**, 비밀의(=clandestine; stealthy; secret; covert; furtive); **부정한**, 무허가의(=unauthorized)

ⓐⓓ **surreptitiously** 몰래, 남모르게; 부정하게

· rept < rap=seize snatch

It is the **surreptitious** story (that) others don't know.
그것은 다른 사람들이 모르는 비밀이야기다.

a **surreptitious** glance 훔쳐보기

surrender
[səréndər]

sur(=over 위로 (모든 것을)) + render(넘겨주다) ⇒ 넘겨주다, 항복하다; 항복

ⓥ (적 등에게) **넘겨주다, 항복하다**(=give in (to)); (희망, 권리를) 포기하다(=relinquish*; give up); (유혹 등에) 넘어가다(=yield)

ⓝ 인도, 명도; **항복**; 포기; (보험의) 해약

· sur- < super-

▶ sur- < sub-로 혼동하지 말자.

The hijackers **surrendered** to the police.
비행기 납치범들은 경찰에게 굴복했다.

The army **surrendered** the fort to the enemy.
군대는 요새를 적에게 넘겨주었다.

an conditional[unconditional] **surrender** 조건부[무조건] 항복

susceptible
[səséptəbl]

sus(=under 아래로) + cept(=take (영향) 받기) + ible(쉬운) ⇒ 느끼기 쉬운

ⓐ **느끼기 쉬운, 감수성이 강한**(=responsive); ~이 가능한, ~의 여지가 있는

ⓝ **susceptibility** 감수성; 민감; (병 등에) 걸리기 쉬움 pl. 감정(=feelings)

Buffaloes appear to be less **susceptible** than cattle.
물소[들소]는 소보다 감수성이 덜 강한 것으로 나타난다.

susceptible to various interpretations 여러 가지 해석이 가능한

[tips] ~을 받기 쉬운=susceptible; sensitive; subject; liable; exposed; receptive(잘 받아들이는, 수용적인, 감수성이 풍부한)

cf. **immune** ⓐ 면역의, 면역된; 면제된(=exempt); 영향을 받지 않는

immune from punishment 처벌을 면한

sustenance

[sʌ́stənəns]

sus(=under 아래에서) + ten(=hold (생명을) 떠받치는) + ance(것) ⇒ 생계, 유지, 부양

ⓝ **생계**(의 수단); 음식(물)(=food; fare); 영양(물)(=nourishment); 생명을 유지하는 것; (생활 등의) **유지, 부양**(=support)

ⓥ **sustain** 떠받치다, 지지하다(=support); 유지하다(=maintain); 계속하다(=continue); (가족 등을) 부양하다; 견디다(=bear)

ⓐ **sustainable** 유지할 수 있는, (자원이) 고갈됨이 없이 이용할 수 있는

ⓐⓓ **sustainedly** 지속적으로, 끊임없이, 한결같이

Earth offers all material **sustenance.** 땅은 물질적인 모든 삶의 양식을 제공해 준다.

sustainable development (환경과 자원의 유지가 양립될 수 있는) 지속이 가능한 개발[발전]

- **submerge** ⓥ 물속에 잠기다, 가라앉다(=sink; immerse; subside)
- **subconscious** ⓐ 잠재 의식의(=subliminal*) *cf.* **unconscious** ⓐ ~을 모르는
- **subdivide** ⓥ 세분하다(=divide into smaller parts; fractionize)
  ⓝ **subdivision** 세분, 구획 분할
- **subterranean** ⓐ 지하에 있는(=underground*); 숨은, 비밀의(=hidden or secret)
  – a subterranean cable 지하 통신선
- **surrogate** ⓝ 대리인(=deputy); 유언 검인 판사
- **surge** ⓝ 큰 파도; (감정의) 격동(=outburst) ⓥ 요동치다, 쇄도하다
- **subpoena** ⓥ 소환하다(=summon) ⓝ 소환장
- **subterfuge** ⓝ 구실, 핑계(=excuse; pretext; pretense; plea)
- **subvert** ⓥ (체제 등을) 전복시키다, 파괴하다, 뒤엎다(=overthrow)

super-

(1) above; over : '~의 위에, ~의 위로' (2) beyond : '~을 넘어서'
(3) superior to : '~보다 우수한'의 의미를 지닌다.

supercilious

[sù:pərsíliəs]

• over-=위에서

super(=over) + cili(=eyelid 눈꺼풀 아래로 내려보) + ous(는) ⇒ 거만한

ⓐ (태도 등이) **거만한,** 거드름피우는(=haughty); 젠체하는, 얕보는

ⓐⓓ **superciliously** 거만하게, 건방지게(=arrogantly; haughtily)

He resented her supercilious attitude.
그는 그녀의 거만한 태도에 화를 냈다.

superficial

[sù:pərfíʃəl]

super(=over) + fic(=face 표면 (바로 위에)) + ial(있는) ⇒ 피상적인, 외견상의

ⓐ **피상적인,** 천박한(=shallow; perfunctory*; surface);
겉날림의, 엉성한(=cursory); **외견상의;** 하찮은(=trifling)

ⓐⓓ **superficially** 표면적으로, 겉보기만; 피상적으로

ⓝ **superficiality** 피상, 천박(=shallowness)

You take a superficial view of the matter.
네 견해는 피상적이다.

superfluous

[su:pə́rfluəs]

super(=over ~위로) + flu(=flow 흘러넘치) + ous(는) ⇒ 여분의, 불필요한

ⓐ **여분의,** 필요 이상의(=extra; surplus), **남아도는**(=excessive);
불필요한(=unnecessary; needless; unessential)

ⓝ **superfluity** 남아돎(=superabundance), 과잉(=excess); 사치품

A lot of food was superfluous at the party.
파티에서 많은 음식이 남아돌았다.

superintend

[sù:pərinténd]

super(=over 위에서) + in(=on ~로) + tend(=stretch 주의를 뻗다) ⇒ 감독하다

ⓥ (일 등을) **감독하다**(=oversee; direct) 관리하다(=manage)

ⓝ **superintendent** (사업 등의) 감독자, 관리자; 책임자 ⓐ 감독하는

ⓝ **superintendency/superintendence** 감독, 관리, 지휘

The best experts went there to superintend the factory.
최고의 전문가가 그 공장을 관리하기 위해 그곳에 갔다.

supernatural

[sù:pərnǽtʃərəl]

super(=beyond ~을 초월한) + natural(자연의) ⇒ 초자연의

ⓐ **초자연의**(=preternatural); 이상한(=mysterious)

It is not religion because it is not associated with the supernatural beliefs.
그것은 초자연적인 믿음과 함께 연상되지 않기 때문에 종교가 아니다.

supersede

[sù:pərsí:d]

super(=over ~위에) + sede(=sit 대신 앉다) ⇒ ~대신 들어서다

ⓥ **~대신 들어서다**(=displace); (어떤 사람을) 교체하다(=replace)

ⓝ **supersession** 대신 들어서기, 대용; 대체되기, 폐기

The calculator was superseded by the computer.
계산기는 컴퓨터로 대체되었다.

superstition

[sù:pərstíʃən]

super(=over 사물 위에 비현실적으로) + st(=stand 서는) + ition(것) ⇒ 미신

ⓝ **미신,** 미신적인 행위[관습](=an irrational belief); 우상숭배

ⓐ **superstitious** 미신의; 미신적인, 미신을 믿는

Women highly believe superstitions.
여자들은 미신을 꽤 믿는다.

For example, 12 percent of those who said they were not really superstitious confessed to knocking on wood for good luck.
예를 들어 별로 미신을 믿지 않는다고 말한 사람들 중에 12퍼센트는 행운을 위해 나무를 두드린다고 고백했다.

supervene

[sù:pərví:n]

super(=above 위의 것에 뒤따라) + vene(=come 오다) ⇒ 잇따라 일어나다

ⓥ (예기하지 않던 것이) **잇따라 일어나다;** 결과로서 일어나다(=ensue)

ⓝ **supervention** 속발, 병발(=occurring simultaneously); 추가, 부가

Another disease supervened on his body.
그에게 다른 병이 잇따라 생겼다.

cf. Her influenza developed into pneumonia.
그녀의 독감은 폐렴을 병발했다.

supervise

[sú:pərvàiz]

super(=over 위에서) + vise(=see (내려다) 보다) ⇒ 감독하다

ⓥ (일, 사업, 노동자 등을) **감독하다,** 관리하다(=oversee; superintend); 지휘하다

ⓝ **supervision** 감독, 관리, 지휘(=direction; superintendence)

ⓝ **supervisor** 감독(=superintendent); 관리인(=manager)

He or she shall supervise the team.
그 아니면 그녀가 그 팀을 감독할 것이다.

He is responsible for supervising overall party affairs.
그는 당무 전반을 통활할 책임을 지고 있다.

super-의 변형

sur- / supr-

surfeit

[sə́ːrfit]

• sur- < super-

sur(=over 너무 많이) + feit(=do (식사) 하다) ⇒ **폭식하다; 과다, 과식**

ⓥ **폭식하다**(=overfeed); 불편하게 하다, 지겨워지게 하다(=satiate)

ⓝ **과다**(=excess), **폭식**, 과음; 포만(상태)(=satiety)

A surfeit of food can make one sick.

폭식은 병의 원인이 될 수 있다.

surmise

[sərmáiz]

sur(=over (머리) 위로) + mise(=send (생각을) 보내다) ⇒ **짐작하다, 추측하다; 짐작**

ⓥ **짐작하다, 추측하다**(=conjecture; guess); ~이라고 생각하다(=suspect; suppose) ⓝ **짐작**, 추측(=guess; conjecture)

As we **surmised**, there were more work to do.

우리가 짐작했듯이, 할 일이 더 있었다.

surmount

[sərmáunt]

sur(=over (어려움) 위로) + mount(=climb 오르다) ⇒ **극복하다**

ⓥ (곤란 등을) **극복하다**, 이겨내다(=overcome; conquer)

We must **surmount** small difficulties.

우리는 작은 어려움들을 극복해야만 한다.

surplus

[sə́ːrpləs]

sur(=over 이상으로) + plus(더 많은 것; 여분의, 추가의) ⇒ **나머지, 과잉; 잉여의**

ⓝ **나머지, 과잉**, 잉여, 여분(=excess); 잉여금, 초과액 *opp.* **deficit** 부족(액)

ⓐ **잉여의**, 나머지의(=excess)

ⓝ **surplusage** 여분, 잉여, 과잉(=surplus; excess)

The **surplus** population is a big issue. 과잉 인구는 큰 문제다.

get rid of **surplus** fat 군살을 빼다

surveillance

[sərvéiləns]

sur(=over 위에서) + veill(=watch 지켜보) + ance(기) ⇒ **감시하기, 감독**

ⓝ (용의자, 죄수 등을 엄중히) **감시하기**, 망보기; **감독**(=supervision)

ⓐ **surveillant** 엄중히 망을 보는, 감시하는 ⓝ 망보는 사람, 감시자, 감독자

Suspects are under police **surveillance**.

용의자들은 경찰의 감시를 받고 있다.

around-the-clock **surveillance** 24시간 감시

supreme

[suprí:m]

• supr- < super-

supr(=above 상위의)의 최상급 ⇒ 최고의, 극도의

ⓐ (권력, 지위 등이) **최고의**(=paramount*; sovereign); 더할 나위 없는; **극도의** (=extreme; utmost) ⓝ 최고의 것; 최고의 상태, 절정

ⓝ **supremacy** 최고 지배권; 최고위, 우위, 우월(=domination)

at the supreme moment[hour] 가장 중요한[마지막] 고비에

She feels the supreme happiness in spending time with him.
그녀는 그와 시간을 보내며 최고의 행복을 느끼고 있다.

• **reign** ⓝ 처세, 통치, 군림 ⓥ 군림하다, 세력을 휘두르다

• **sovereign** [sάvərən] ⓝ 주권자, 군주(=monarch); 독립국 ⓐ 주권을 가진; 독립의; 최상의, 탁월한

tips

- **superabundant** ⓐ 너무 많은, 과잉의 ⓝ **superabundance** 과다
- **superb** ⓐ 훌륭한, 뛰어난(=excellent); 장엄한(=grand; majestic)
- **superior** ⓐ ~보다 높은[나은, 고급의](=higher in rank, quality, or value, etc.)
- **superlative** ⓐ 최상의, 최고의(=supreme) ⓝ 최고의 본보기[사람]
- **supersonic** ⓐ 초음속의, 초음파의 – supersonic[ultrasonic] waves 초음파
- **supine** ⓐ 무관심한, 게으른(=indifferent; indolent); 반듯이 누운
- **surcharge** ⓝ 추가요금; 폭리 ⓥ 너무 많이 싣다; 폭리를 취하다
- **surname** ⓝ 성(=a family name; a last name)
  cf. 이름(=a first[given, Christian] name)
- **surpass** ⓥ (능력 등이) ~을 능가하다, 초월하다(=excel; exceed; outdo)
- **surrogate** ⓐ 대리의 ⓝ 대리(=deputy); 대리인(=substitute)
- **survey** ⓥ 바라보다, 조사하다 ⓝ 개관; 조사; 측량

syn-

(1) together; with : '함께, 같이'
(2) at the same time '동시에'의 의미를 지닌다.

C2-044

synchronize

[síŋkrənàiz]

• syn-=at the same time 동시에

syn(동시) + chron(=time 시간에 (발생)) + ize(하다) ⇒ 동시에 발생하다

ⓥ **동시에 발생하다**(=happen at the same time); (동일 시간으로) 맞추다

ⓝ **synchronization** 동시발생, 시간적으로 일치; 〈영화〉 동시녹음

ⓐ **synchronous** 동시에 일어나는(=concurrent; simultaneous)

One event synchronized with another. 한 사건이 다른 사건과 동시에 발생했다..

synchronized swimming 싱크로나이즈드 스위밍

syndrome

[síndroum]

• syn-=at the same time

syn(동시에) + drome(=run (유행 등이) 퍼지다)는 뜻에서 ⇒ 증후군; 행동양식

ⓝ **증후군**(=signs and symptoms coming together at the same time); **행동양식**

ⓐ **syndromic** 증후군의

Maybe it was a bit of Peter Pan syndrome. 아마 그것은 피터 팬 증후군 같은 거였다.

synopsis

[sinάpsis]

syn(=together 함께) + opsis(=sight (짧게) 본 것) ⇒ 요약, 개요

ⓝ **요약, 개요,** 대의(=a brief or condensed statement giving a general view of some subject); (소설 등의) 줄거리; 요강; 일람표

The synopsis of his theory was simple. 그의 이론의 개요는 단순했다.

synthesis

[sínθəsis]

syn(=together 함께) + thesis(=placing (모아) 놓음) ⇒ 종합, 합성

ⓝ **종합,** 통합; **합성**(*opp.* **analysis** 분석, 분해); <외과> 접합; 종합체

ⓥ **synthesize** 종합하다, 종합적으로 구성하다; 〈화학〉 합성하다

ⓐ **synthetic** 종합적인; 가짜의(=not real; artificial); 합성의

opp. **analytic** 분석적인, 분석의(=analytical)

The brand is the synthesis of image and feeling.
상표는 이미지와 느낌의 종합이다.

synthetic resin[rubber] 합성 수지[고무]

[tips] • **syndicate** ⓝ 신디케이트, 기업합동, 기업연합; 채권[증권, 주식] 인수단; 조직폭력단
A **syndicate** is an association of people or organizations that is formed for business purposes or in order to carry out a project.
신디케이트라 함은 어떤 계획사업을 수행하거나 사업상의 목적으로 결성된 사람이나 조직의 연합체를 말한다.

tips syn-의 변형

(1) 자음 l 앞에서는 syl-이 된다.
(2) 자음 m, p, b 앞에서는 sym-이 된다.
(3) 자음 s 앞에서는 sys-가 된다.

syllable

[síləbl]

• syl-<syn-

syl(=with 같이) + lab(=take 이해하는) + le(작은 것) ⇒ 음절

ⓝ **음절,** 실러블(=a unit of speech consisting of a single pulse of breath and forming a word or part of a word); 한 마디

ⓥ ~을 음절마다[똑똑히] 발음하다

Don't say even a syllable. 한 마디도 하지 말거라.

syllogism

[síləd͡ʒìzm]

syl(=with 같은) + log(=logic, speech 논리) + ism(체계) ⇒ 삼단논법

ⓝ **삼단논법**(=a type of deductive argument consisting of two premises by which a conclusion is supported); 정교한 이론

They discussed about the topic with the syllogism.
그들은 삼단논법으로 그 주제를 논했다.

symbiosis

[sìmbaióusis]

• sym-<syn-
• bio=life

sym(=together 같이) + bio(=life 생활하) + sis(기) ⇒ 공생

ⓝ <생물> **공생**(=the living together of two dissimilar organisms, *esp.* when this association is mutually beneficial)

The harmonious symbiosis exists between mother and fetus.
조화된 공생관계는 엄마와 태아 사이에 존재한다.

symbol

[símbəl]

sym(=together 함께) + bol(=throw (눈에 띄게) 던져 보낸 것) ⇒ 상징, 기호

ⓝ **상징,** 표상, 심벌(=emblem); (음악, 화학, 수학 등의) **기호,** 부호
ⓥ 나타내다, 상징하다(=represent; stand as a symbol)

ⓝ **symbolization** 상징화; 가호로 나타냄

ⓥ **symbolize** ~을 상징하다(=stand for), ~의 상징이다; 상징화하다

The ring is a symbol of pledge. 반지는 언약의 상징이다.
a phonetic[functional] symbol 발음기호[함수기호]

symmetry

[símətri]

sym(=together 똑같은) + metry(=measuring 치수)임 ⇒ 좌우대칭, 균형

ⓝ **좌우대칭; 균형**(=balance); 조화(=harmony) *opp.* **asymmetry** 비대칭 (a → 부정 not)

ⓐ **symmetrical** 대칭적인, 균형 잡힌(=balanced; proportioned*)

ⓥ **symmetrize** 대칭적으로 하다, 균형을 이루게 하다

The symmetry of this mask is incomplete. 이 마스크의 균형은 완전하지 않다.

sympathy
[símpəθi]

sym(=with 같이, 함께) + pathy(=feeling 기분을 느낌) ⇒ 공감, 동정

ⓝ **공감; 동정;** 지지, 찬성(=favor); 조문, 조위(=condolence) *opp.* **antipathy** 반감

ⓐ **sympathetic** 동정적인; 공감을 나타내는; 친절한(=kind)

ⓥ **sympathize** 동정하다(=commiserate*); 공감하다; 찬성하다

The movie excited us **sympathy**. 그 영화는 우리에게 공감을 불러일으켰다.

---

symphony
[símfəni]

sym(함께) + phon(y)(=sound 소리(를 냄)) → 조화(된 소리) ⇒ 교향곡

ⓝ **교향곡,** 교향악단, 심포니; (색채, 음향 등의) 조화(=harmony)

symphony orchestra 교향악단

We had charge of the **symphony**. 우리는 그 연주회를 주관했다.

---

symposium
[simpóuziəm]

• sym-=together

sym(함께) + posium(=drinking (얘기하며) 마시기)의 뜻에서 ⇒ 토론회

ⓝ **토론회,** 좌담회, 심포지엄(=a meeting or conference for the discussion of some subject, esp. a meeting at which several speakers discuss a topic before an audience)

They open a **symposium** on economics.
그들은 경제문제에 관한 토론회를 열었다.

---

symptom
[símptəm]

• pt<piptein=fall

sym(=together (여러 조짐이) 함께) + pt(=fall 떨어) + om(짐) ⇒ 징후, 증상

ⓝ **징후,** 징조, 조짐; <병의> 증후, **증상**(=an outward sign of disease)

ⓐ **symptomatic/symptomatical** 징후적인, 조짐의; 전조적인; ~을 나타내는(=indicative)

allergic symptom 알레르기 증상

She developed **symptoms** of influenza. 그녀는 유행성 감기의 증상을 보였다.

• **synergy** ⓝ 상승작용, 협력작용 → 1+1=2가 아니고 2 이상인 경우

cf. Zero-Sum Game=1+1=0인 경우로 누군가가 이익을 보면 누군가는 그만큼의 손실을 보게 되는 게임

Win-Win Game=경쟁 상대끼리 모두 이익이 되는 게임

• **synonym** ⓝ 동의어 *opp.* **antonym** 반의어

≫ tele-

(1) far(=off, distant) : '먼'
(2) '텔레비전의[에 의한]'의 의미를 나타낸다.

C2-045

telegram
[téləgræ̀m]

cf. **epigram**
ⓝ 경구, 풍자시

tele(=far 멀리서 (소식을)) + gram(=write 써 보내온 글) ⇒ **전보**

ⓝ **전보**(=message sent by telegraphy)

by telegram 전보로

He sent a congratulatory **telegram** to her.
그는 그녀에게 축전을 보냈다.

● **congratulatory** [kəngrǽtʃələtɔ̀ːri] ⓐ 축하의 ⓝ **congratulation** 축하, 경축

telegraph
[téligræ̀f]

tele(=far 멀리) + graph(=write 글을 써서 (보내는 것)) ⇒ **전신**

ⓝ **전신**, 전보; 전신기계[장치, 방식]

ⓥ (통신을) 전보로 보내다(=wire); (~에게) 전보를 보내다

Telegraph her to come at once.
즉시 오라고 그녀에게 전보를 쳐라.

telepathy
[təlépəθi]

tele(=far 멀리 떨어져서) + metry(=measuring 측정하기) ⇒ **정신감응**

ⓝ **정신감응**, 텔레파시(=communication between minds by some means other than sensory perception); 이신전심

ⓐ **telepathic** 정신감응의, 이심전심의

ⓥ **telepathize** 텔레파시로 전하다

There might be something like **telepathy** between us.
우리 둘 사이에 텔레파시 같은 게 있었나 보다.

telescope
[téləskòup]

• -scope=~보는 기구
~경(鏡)

cf. **microscope** 현미경
periscope 잠망경

tele(=far 먼 곳에 있는) 물체를 보는 + scope(기구) ⇒ **망원경**

ⓝ **망원경** ⓥ 끼워 넣다; 단축하다(=condense; shorten)

Scientists explore the universe by observing it with a **telescope**.
과학자들은 망원경을 가지고 관찰함으로써 우주를 탐험한다

The TV program **telescoped** the actor's life into three hours.
그 텔레비전 프로는 그 배우의 생애를 3시간으로 집약한 것이었다.

tips

- **telebanking** ⓝ 텔레뱅킹(컴퓨터나 전화 등을 이용한 은행거래)
- **telecast** ⓝ 텔레비전 방송 ⓥ 텔레비전 방송을 하다
- **telecommute** ⓥ 컴퓨터로 재택근무하다 ⓝ **telecommuting** 재택근무
- **telecommunication** ⓝ 원격통신, 전기통신
- **teleconference** ⓝ (TV 등을 이용한) 원격지간의 회의

≫ trans-

(1) across : 가로질러, through : ~을 관통하여
(2) over : ~을 넘어서, beyond :~을 초월하여 (3) change의 의미를 지닌다.

▶ C2-046

transaction
[trænsǽkʃən]

trans(=through 계속 쭉) + act(=carry (일을) 수행) + ion (함) ⇒ 처리, 취급

ⓝ (사무 등의) **처리, 취급**, 집행(=management);
사무, 업무(=business); 거래, 매매(=deal); *pl.* 의사록

ⓥ **transact** (거래 등을) 행하다(=perform); 처리하다(=conduct)

I am sorry for the late transaction of business. 일 처리가 늦어져 죄송합니다.

transference
[trænsfə́ːrəns]

trans(=across 가로질러) + fer(=carry 나) + ence(름) ⇒ 이동, 전학, 전이

ⓝ **이동**(=transportation), 이송; **전학;** 양도; 전임; <의학> **전이**

ⓥ **transfer** 옮기다, 운반하다(=convey), 전학시키다; **갈아타다**; (권리를) 양도하다(=make over); (책임을) 전가하다(=transmit) ⓝ 옮기기; 전임, 전학, 이동; (권리의) 양도

ⓝ **transferor** 양도인 **transferee** 양수인

His company ordered him transference to L.A. branch.
회사는 그에게 LA지점으로 전임을 명했다.

transit
[trǽnsit]

trans(=across 가로질러) + it(=go 지나가다) ⇒ 통과, 변천; 통과하다

ⓝ **통과**, 통행(=passage); 운송, 수송(=conveyance); 변화, **변천**
ⓥ **통과하다**, 지나가다; 나르다(=convey)

ⓝ **transition** 변화, 이행, 변천(=passage); 과도기

ⓐ **transitory** 빠르게 지나가 버리는(=not lasting or permanent); 일시적인(=temporary; transient; ephemeral*); 덧없는, 무상한(=short-lived)

ⓐ **transient** 일시적인, 순간적인, 덧없는 *opp.* **permanent** 영구적인

make a transit across the Pacific 태평양을 횡단하다
They were in charge of the mass transit. 그들은 대량수송을 담당했다.

translate
[trænsléit]

trans(=across (언어를) 가로질러) + late(=carry 나르다) ⇒ 번역하다

ⓥ **번역하다**, 해석하다(=interpret); 옮기다, 나르다

ⓝ **translation** 번역, 해석; 번역물; 재산 양도

ⓐ **translative** 이행[이동]의, 번역의; 재산 양도의

She translates an English novel into Korean. 그녀는 영어소설을 한국어로 번역한다.

transmit
[trænsmít]

trans(=across ~을 가로질러) + mit(=send 보내다) ⇒ 발송하다, 보내다

ⓥ **발송하다, 보내다**(=transfer); (세습, 유전에 의해) 전하다;

(지식, 뉴스 등을) 전하다(=communicate)

ⓝ **transmission** 보내기, 전달, 전송; (열의) 전도; (자동차의) 전동장치

I transmitted the package by hand to her.
나는 그녀에게 그 소포를 손수 전했다.

transmute
[trænsmjú:t]

trans(=across ~을 가로질러) + mute(=change 변화시키다) ⇒ 변화시키다

ⓥ (모양, 성질, 내용을) **변화시키다,** 바꾸다(=transform)

ⓝ **transmutation** 변형, 변성; 변화(=transformation)

ⓐ **transmutative** 변형하는, 변질하는

They transmuted raw materials into fine products.
그들은 원자재를 좋은 제품으로 바꾸었다.

transparent
[trænspέərənt]

trans(=through ~을 통과하여) + par(=appear 보이) + ent(는) ⇒ 투명한, 솔직한

ⓐ **투명한,** 비쳐 보이는(=pellucid; crystalline) (*opp.* **opaque** 불투명한); (성격이) **솔직한**(=frank); (의도 등이) 명백한(=obvious)

cf. **translucent** ⓐ 반투명의; 명백한, 알기쉬운(=lucid)

ⓝ **transparence/transparency** 투명, 투명도; 슬라이드

The coffee glass was transparent. 그 커피 잔은 투명했다.

tips **trans-의 변형**

(1) 자음 **q, s** 앞에서 **s**가 탈락되어 **tran-**이 된다.
(2) 자음 **d, j, v** 모음 **i** 앞에서는 **tra-**가 된다.
(3) 자음 **p, t** 모음 **o** 앞에서는 **tres-**가 쓰인다.

tranquillity
[træŋkwíləti]

• tran- < trans-

tran(강조 - 완전히) + qui(=quiet 조용한, 평온한) + l + ity(상태) ⇒ 조용함, 평온

ⓝ **조용함,** 고요함(=calmness); 잔잔함(=serenity); **평온,** 침착

ⓐ **tranquil** 조용한(=quiet); 온화한, 평온한(=calm; placid); 잔잔한(=serene); 평화로운(=peaceful; harmonious)

ⓥ **tranquilize** 조용하게 하다, 가라앉히다(=make[become] tranquil)

ⓝ **tranquilizer** 진정제, 신경 안정제

Tranquility has been restored in our town. 우리 마을은 평온을 찾았다.
a tranquil public park 조용한 공원

transcend
[trænsénd]

• tran- < trans-

tran(=beyond ~의 범위를 넘어) + scend(=climb 오르다) ⇒ 초월하다

ⓥ (한계, 범위를) **초월하다,** 넘다(=exceed); (~을) 능가하다(=excel)

ⓐ **transcendent** 초월적인; 탁월한(=superior); 유별난(=extraordinary)

ⓐ **transcendental** 초월적인, 우수한, 탁월한(=transcendent); 초자연적인(=supernatural); 형이상학적인(=metaphysical)

The accident transcended human power. 그 사고는 인력을 초월했다.

transpire

[trænspáiər]

tran(=through ~을 통하여) + spire(=breathe 내쉬다) ⇒ 발산시키다

ⓥ (증기, 악취를) **발산시키다**(=emit; give off); (비밀이) 새다(=reveal*); (사건 등이) 일어나다, 발생하다(=happen; occur; take place)

ⓝ **transpiration** 발산, 누설, (애정의) 발로

moisture that transpire through the skin 피부에서 발산되는 수분

traduce

[trədjúːs]

• tra-<trans-

tra(=across (~의 나쁜 점을) 꿰뚫어) + duce(=lead 이끌어내다) ⇒ 비방하다

ⓥ **비방하다,** 중상하다(=slander; malign)

ⓝ **traducement** 비방, 중상(=slander; aspersion; calumny)

ⓝ **traducer** 중상 모략자

They **traduced** her in the magazine.
그들은 잡지에서 그녀를 비난했다.

travesty

[trǽvəsti]

tra(=over ~위에) + vest(=dress 아름답게 옷을 입힌) + y(것) ⇒ 희화화

ⓝ **희화화**(=parody); (진지한 작품을) 익살스럽게 고쳐 놓은 것; 모방; (배역 등의) 서투른 연출; 곡해(=perversion)

ⓥ 서투르게 흉내 내다; 우습게 만들다; 변장시키다(=disguise)

People blamed him for his **travesty** of the classic.
사람들은 고전을 희화화했다고 그를 비난했다.

trespass

[tréspəs]

• pass=step 걸어 들어가다

tres(=across (남의 것을) 가로질러) + pass(지나가다) ⇒ 침해하다, 불법 침입하다

ⓥ (남의 권리, 재산을) **침해하다; 불법 침입하다**(=transgress); 방해하다(=intrude)

ⓝ (권리 등의) 불법 침해; (토지 등의) 불법 침입(=encroachment); (도덕상의) 죄(=sin); 방해(=intrusion)

He **trespassed** on her privacy. 그는 그녀의 사생활을 침해했다.

- **transform** ⓥ 변형시키다, 바꾸다 ⓝ **transformation** 변형
- **transfuse** ⓥ 옮겨붓다; 수혈하다 ⓝ **transfusion** 수혈
- **transplant** ⓥ 옮겨심다(=graft); 이식하다; ~을 옮기다
- **traverse** ⓥ 가로지르다(=cross); 반대하다; 이의를 제기하다
  cf. **transverse** ⓐ 가로지르는, 횡단하는(=cross)
- **intransigent** ⓐ 비타협적인; 양보하지 않은(=uncompromising; unyielding)

» un-

(1) 부정 : not '~이 아닌'　(2) 결여 : lack of '~이 부족한'
(3) 반대 : do the opposite of ~ '~의 반대를 행하다'의 의미를 지닌다.

C2-047

unabridged
[ʌ̀nəbrídʒd]

un(=not 안) + abridged(줄인, 단축한) ⇒ 생략하지 않은, 완전한

ⓐ **생략하지 않은,** 발췌하지 않은, **완전한**(=complete)

She bought an unabridged dictionary for her study.
그녀는 학습을 위해 완본 사전을 샀다.

unbiased
[ʌ̀nbáiəst]

un(=not 안) + biased(치우친, 편견을 지닌) ⇒ 치우치지 않은; 공평한

ⓐ **치우치지 않은,** 편견이 없는, **공평한**(=impartial; fair; unprejudiced)

ⓐⓓ **unbiasedly** 편견 없이, 공평하게(=impartially; fairly; squarely)

The judge couldn't make an unbiased decision because of his own interests.
그 재판관은 자신의 이익 때문에 공평한 결정을 내릴 수가 없었다.

unconcern
[ʌ̀nkənsə́ːrn]

un(=not 무(無)) + concern(관심, 걱정) ⇒ 무관심

ⓝ **무관심**(=indifference); 태연, 걱정하지 않음

ⓐ **unconcerned** 무관심한, 관계하지 않는(=indifferent; disinterested); 걱정하지 않는, 태연한(=unworried; free from anxiety)

ⓐⓓ **unconcernedly** 태연하게, 무관심하게(=indifferently)

She has unconcern in playing computer games.
그녀는 컴퓨터 게임에는 관심이 없다.

She is unconcerned about her low grades.
그녀는 점수가 낮아도 무사태평이다.

ungag
[ʌ̀ngǽg]
• un-=반대동작

un(반대로) + gag(재갈을 물리다) ⇒ 재갈을 풀어주다

ⓥ **재갈을 풀어주다;** 검열을 해제하다(=release from censorship)

The government ungaged the freedom of speech.
국가는 언론의 자유를 주었다.

opp. **gag** 언론의 억압; 재갈 ⓥ 입을 막다, 언론의 자유를 억압하다

unjust
[ʌ̀ndʒʌ́st]

un(=not 안) + just(올바른, 공평한) ⇒ 부정한, 불공평한

ⓐ **부정한,** 불법의(=unlawful); **불공평한,** 부당한(=unfair)

ⓐⓓ **unjustly** 부정하게; 부당하게(=unfairly)

unjust enrichment 부정축재
an unjust sentence 부당한 판결
These restrictions are unjust. 이 제약들은 부당하다.

• **restriction** [ristríkʃən]
ⓝ 제한, 제약; 제약조건

unnerve
[ʌnnə́ːrv]

• un-=반대동작

un(반대로) + nerve(기운을 북돋우다) ⇒ 기운을 잃게 하다

ⓥ **기운을 잃게 하다;** 용기을 잃게 하다(=deprive of nerve or courage);

The seriousness of the matter unnerves her.
그 문제의 심각성은 그녀에게 자신감을 잃게 한다.

unprecedented
[ʌnprésədentid]

un(=not) + precedented(전례가 있는) ⇒ 전례가 없는; 유례없는

ⓐ **전례가 없는, 유례없는**(=unparalleled); 일찍이 없었던(=unheard-of)

The trend was unprecedented. 그 경향은 전례가 없었다.
an precedented promotion 파격적인 승진

[tips] 유례가 없다 = be unparalleled[unexampled; unprecedented]

unquestionable
[ʌnkwéstʃənəbl]

un(=not) + questionable(의심의 여지 있는) ⇒ 의심의 여지없는; 확실한

ⓐ **의심의 여지없는, 확실한**(=certain); 나무랄 데 없는, 완전한(=perfect)

ⓐⓓ **unquestionably** 의심할 여지없이, 확실하게(=certainly)

It was unquestionable evidence of the crime.
그것은 의심할 여지가 없는 범죄의 증거였다.

unquenchable
[ʌ̀nkwéntʃəbl]

• **quench** ⓥ 갈증을 풀다, 불을 끄다

un(=not) + quenchable(억누를 수 있는) ⇒ 억누를 수 없는

ⓐ **억누를 수 없는**(=not quenchable; insatiable); 끌 수 없는(=inextinguishable); 충족될 수 없는(=not capable of being satisfied)

He always had an unquenchable curiosity.
항상 그의 호기심은 충족되지 않았다.

unreal
[ʌnríːəl]

un(=not 안) + real(실재의) ⇒ 실재하지 않는; 비현실적인

ⓐ **실재하지 않는, 비현실적인**(=impractical); 공상의, 가공의(=fantastic); 상상의(=imaginary); 믿을 수 없는(=unbelievable)

ⓝ **unreality** 비실재, 비현실적인 일[것], 공상적인 것

The story in the film was unreal.
영화 속 이야기는 실재하지 않았다.

unscramble
[ənskrǽmbəl]

un(반대로) + scramble(뒤섞다) ⇒ 뒤섞인 것을 다시 정리하다

ⓐ **뒤섞인 것을 다시 정리하다**(=do the opposite of scramble); (암호를) 해독하다(=decipher); (혼선된 송신을) 알아들을 수 있도록 조정하다

He unscrambled the documents on his desk.
그는 책상 위 서류들을 다시 정리했다.

unsettled

[ʌnsétld]

un(=not 안) + settled(안정된) ⇒ 불안정한, 불안한

ⓐ (사회 상황 등이) **불안정한**(=unstable), **불안한**(=unquiet); (날씨 등이) 일정치 않은(=inconstant)

ⓐ **unsettling** 불안하게 하는(=disturbing; uncomfortable)

The woman on the chair looked so unsettled.
의자에 앉아 있는 여자는 매우 불안해 보였다.

unshackle

[ʌnʃǽkl]

• un-=반대동작

un(반대로) + shackle(수갑[족쇄]을 채우다) ⇒ 수갑[속박]을 풀다

ⓥ **수갑[속박]을 풀어주다**(=release from a shackle); **구속에서 해방하다**(=set free from restraint)

The victory of war unshackled people in the country.
전쟁의 승리는 그 나라 국민을 해방시켰다.

untimely

[ʌntáimli]

un(=not 안) + timely(적시의) ⇒ 때 아닌, 시기가 나쁜

ⓐ **때 아닌**(=unseasonable); **시기가 나쁜**(=ill-timed); 공교로운(=inopportune); 때가 너무 이른(=premature)

His untimely death made people sorrowful.
그의 때 이른 죽음은 사람들을 비탄에 잠기게 했다.

unwary

[ʌnwέəri]

un(=not 안) + wary(주의 깊은) ⇒ 부주의한; 경솔한

ⓐ **부주의한;** 멍한, 속기 쉬운(=gullible); **경솔한**(=rash)

ⓐⓓ **unwarily** 부주의하게; 경솔하게(=rashly; hastily)

His unwary driving caused an accident. 그의 부주의한 운전이 사고를 일으켰다.

unwholesome

[ʌnhóulsəm]

• **complexion** [kəmplékʃən]
ⓝ 피부색, 안색, 외관; 양상(=aspect)

un(=not 안) + wholesome(건강에 좋은) ⇒ 건강에 나쁜

ⓐ **건강에 나쁜**(=not wholesome; unhealthful; deleterious[injurious; harmful] to physical or mental health) *opp.* **salutary** 건강에 좋은

ⓝ **unwholesomeness** 건강에 해로움; 건강하지 못함

an unwholesome food 건강에 해로운 음식

an unwholesome complexion 병적인 안색

unworthy

[ʌnwə́ːrði]

un(=not) + worthy(가치가 있는) ⇒ 가치가 없는; 시시한

ⓐ **가치가 없는**(=not worthy; worthless); **시시한**, 보잘 것 없는; ~할 값어치가 없는; 품위에 어울리지 않는

He is unworthy to live who lives only for himself.
자기만을 위해 사는 사람은 살 가치가 없다. <속담>

- **unalterable** ⓐ 변경할 수 없는, 바꿀 수 없는 opp. **alterable** ⓐ 변경할 수 있는
- **unassuming** ⓐ 주제넘지 않는; 겸손한(=humble)
- **unavoidable** ⓐ 불가피한; 피하기 어려운 ⓐⓓ **unavoidably** 불가피하게
- **unbind** ⓥ (속박으로부터) 해방하다, 석방하다(=liberate)
- **unconscionable** ⓐ 비양심적인, 파렴치한(=unscrupulous); 과도한(=inordinate)
- **uncouth** ⓐ 어색한(=awkward); 무례한; 세련되지 않은(=unpolished)
- **unduly** ⓐⓓ 과도하게(=excessively); 부당하게(=unjustly; unfairly)
- **unearthly** ⓐ 초자연적인; 기분 나쁜; 소름이 끼치는(=hideous; gooseflesh)
  ⓥ **unearth** 파내다, 발굴하다(=dig up); 밝혀내다
- **unfamiliar** ⓐ 잘모르는, 생소한(=unusual; strange; unacquainted)
- **unkempt** ⓐ (복장 등이) 단정치 못한, 흐뜨러진(=shabby and untidy; sordid)
- **unload** ⓥ 짐을 내리다; (할 말을 다하여) 후련하게 하다
- **unobtrusive** ⓐ (행동을) 조심하는, 삼가는(=modest)
- **unorthodox** ⓐ (종교 등이) 정통이 아닌(=heretical) *opp.* **orthodox** 정통파의
  unorthodox medicine ⓝ 대체의학
- **unpalatable** ⓐ 마음에 들지 않는, 불쾌한(=unpleasant); 맛없는(=distasteful)
- **unreliable** ⓐ 믿을 수 없는(=untrustworthy; insincere; deceptive)
- **unremitting** ⓐ 끊임없는(=unceasing); 끈기 있는, 꾸준히 노력하는
- **unrest** ⓝ 불안, 걱정(=uneasiness; disquiet; anxiety; concern)
- **unruly** ⓐ 다루기 힘든, 제멋대로 하는(=unlawful)
- **unscrupulous** ⓐ 비양심적인; 사악한, 파렴치한(=ignominious)
- **unwitting** ⓐ 알지 못하는 ⓐⓓ **unwittingly** 자신도 모르게

uni-

• one : '하나의, 하나로 된'
single : '단 하나의, 단 한 개의'의 의미를 지닌다. ⇒ 모음 앞에서는 un-이 된다.

C2-048

unification
[jù:nəfikéiʃən]

uni(=one 하나로) + fic(=make 만) + ation(듦) ⇒ 통일, 단일화

ⓝ **통일,** 통합, **단일화**(=uniformity; union)

ⓥ **unify** ~을 하나로[단일체로]하다, 통일하다; 일체화하다

It's more than just a story about German unification.
그것은 독일 통일에 관한 하나의 이야기거리 이상으로서의 의미가 있다.

uniform
[jú:nəfɔ̀:rm]

uni(=single 단일의) + form(모양, 형태)인 ⇒ 같은 형태의; 일정한

ⓐ **같은 형태의; 일정한,** 규칙적인(=regular; invariant); 한결같은(=constant) ⓝ 제복

ⓐⓓ **uniformly** 한결같이, 균일[균등]하게(=evenly)

My son is the boy in football uniform. 축구 유니폼을 입고 있는 소년이 내 아들이다.

unique
[ju(:)ní:k]

uni(=one 하나, 단일) + que(=ic 의) ⇒ 유일의, 유례없는

ⓐ **유일의,** 둘도 없는, **유례없는**(=peerless*; matchless); 진귀한(=rare); 놀라운, 훌륭한(=remarkable; wonderful)

• a **unique** proof 유일한 증거

a wildflower unique to the Alps 알프스 산맥에만 있는 야생화

unison
[jú:nəsn]

uni(=one 하나의 (똑같은)) + son(=sound 소리) ⇒ 음의 완전 일치; 조화

ⓝ **음의 완전 일치;** 일치(=agreement); **조화**(=harmony)

ⓐ **unisonant** 동음의, 가락이 맞은

Footsteps running are in perfect unison. 달리는 발소리가 완전히 일치한다.

universal
[jù:nəv:rsə́l]

uni(=one (생각이) 하나로) + vers(=turn 도) + al(는) ⇒ 보편적인

ⓐ **보편적인,** 일반적인(=general); 우주의; 온 세계의; 만인의

ⓐⓓ **universally** 보편적으로, 전반적으로; 도처에

• **unicorn** 유니콘, 일각수

The problem that he had was not universal. 그가 가진 문제는 보편적인 것이 아니었다.

cf. **univocal** ⓐ 한 가지 의미만 가지는, 모호하지 않은(=unambiguous)

unity
[jú:nəti]

uni(=one 하나) + ty(임) ⇒ 통일(성), 조화

ⓝ **통일(성);** 일관성, 일치(=agreement), **조화**(=harmony); 협동, 단결

ⓥ **unite** 일체화하다; 하나로 묶다; ~을 합병[통일]하다

• **unanimity** 만장일치

ⓐ **united** 합친, 결합한; 협력한; 일치한

unity in purpose and action 행동과 목적의 일관성

≫ under-

(1) beneath; below : '아래의[에], 아래쪽의[에]' (2) lower : '~보다는 낮은'
(3) insufficient(ly) : '표준 이하의, 불충분하게'의 의미를 지닌다.

▶ C2-049

underbrush
[ʌ́ndərbrʌ̀ʃ]

under(=beneath 아래쪽의) + brush(숲, 곁가지) ⇒ 덤불

ⓐ **덤불**(=undergrowth); 숲속에서 큰 나무 밑에서 자라는 관목, 잔풀

She reached the hilltop and searched the underbrush.
그녀는 언덕 꼭대기에 올라 덤불을 찾았다.

underdeveloped
[ʌ̀ndərdivéləpt]

under(=insufficiently 불충분하게) + developed(발달한) ⇒ 개발이 불충분한

ⓐ **개발이 불충분한;** (사진의) 현상이 불충분한; 발육부전의

ⓝ **underdevelopment** 개발부족, 저개발; (사진의) 현상부족

They visited the underdeveloped areas. 그들은 저개발 지역들을 방문했다.

cf. a **developing** country 개발도상국가
a **developed** country 선진국

undergraduate
[ʌ̀ndərgrǽdʒuət]

under(=below) + graduate(졸업생) → 졸업하기 전의 학생 ⇒ 학부 재학생

ⓝ **학부 재학생,** 대학생

cf. **postgraduate** 대학원생(=graduate)
after + 대학생

Qualified undergraduates can apply for this position.
자격 있는 대학생들은 이 일을 지원할 수 있다.

underlie
[ʌ̀ndərlái]

under(=beneath ~아래에[밑에]) + lie((누워) 있다) ⇒ ~의 밑에 있다

ⓥ **~의 밑에 있다,** ~의 아래에 깔려 있다(=be at the basis of); ~의 기초가 되다

ⓐ **underlying** 밑에 있는, 아래에 깔려 있는; 기반을 이루는, 기초가 되는

ⓥ **underlay** 밑에 놓다, 아래에 깔다; (케이블 등을) 부설하다

They understood the underlying principles of experiments.
그들은 실험의 기반을 이루는 원칙들을 이해했다.

· **experiment** [ikspérəmənt]
ⓝ 실험, 시험
ⓥ 실험하다, 시험하다

underline
[ʌ́ndərlàin]

under(=beneath ~밑에) + line(줄을 긋다) ⇒ ~아래에 줄을 긋다, 강조하다

ⓥ **~아래에 줄을 긋다,** 밑줄을 치다; **강조하다**(=stress; emphasize)

ⓝ 밑줄, 언더라인; (프로그램 아래쪽에 기재된) 다음 번 흥행의 예고

He underlined the wrong spelled word.
그는 스펠링이 틀린 단어에 밑줄을 쳤다.

He underlined that she was in the wrong.
그는 그녀가 틀렸다는 사실을 강조했다.

undermine
[ʌ̀ndərmáin]

under(=below ~밑에) + mine(갱도를 파다) ⇒ ~의 밑을 파다

ⓥ **~의 밑을 파다,** 아래에 갱도를 파다; 차차 침식하다; 훼손하다(=injury); 약화시키다(=weaken gradually)

The rumor undermined his authority.
그 루머는 그의 권위를 훼손했다.

His father's health was undermined by drink and smoking.
그의 아버지의 건강은 술과 담배로 망가졌다.

underprivileged
[ʌ̀ndərprívəlidʒd]

• under=insufficiently

under(불충분하게) + privileged(특권을 가지는) ⇒ 권익을 누리지 못하는

ⓐ **권익을 누리지 못하는;** (사회적, 경제적으로) 불우한, 혜택을 입지 못하는
ⓝ (the ~) 혜택을 받지 못하는 사람들

cf. privi (private) + leg (law) + ed ⓐ 특권을 가지는

She helped the underprivileged residents. 그녀는 불우한 거주자들을 도왔다.

underrate
[ʌ̀ndərréit]

opp. **overrate** ⓥ 과대평가하다

under(=beneath 아래로) + rate(평가하다, 견적하다) ⇒ 낮게 평가하다, 경시하다

ⓥ **낮게 평가하다,** 싸게 견적하다; 얕보다, **경시하다**(=underestimate)

They underrated the efficiency of new system.
그들은 새 시스템의 효율성을 낮게 평가했다.

● **efficiency** [ifíʃənsi] ⓝ 유능; 유효; (기계, 엔진 등의) 효율

underscore
[ʌ́ndərskɔ̀ər]

under(=beneath ~밑에) + score(줄을 긋다) ⇒ 밑줄을 치다, 강조하다

ⓥ **밑줄을 치다**(=underline); **강조하다**(=emphasize; underscore)
ⓝ 밑줄, 언더라인(=underline; a line drawn beneath something)

They underscore the people's preference of the car.
그들은 그 차에 대한 사람들의 선호도를 강조한다.

undersell
[ʌ̀ndərsél]

under(=lower ~보다 더 아래로) + sell(팔다) ⇒ (남보다) 싸게 팔다

ⓥ (남보다) **싸게 팔다**(=sell goods at a lower price than others)

Fruits in this store have been undersold.
이 가게의 과일들은 싸게 팔렸다.

undersigned
[ʌ̀ndərsáind]

under(=beneath ~아래에) + signed(서명된) ⇒ 아래에 서명한

ⓐ **아래에 서명[기명]한;** (the ~) (편지, 문서의) 아래에 이름을 쓴 사람
ⓥ **underrsign** (편지, 증서 등의) 끝에 서명하다, (~의) 밑에 서명하다

She checked the undersigned contract. 그녀는 서명된 계약서를 확인했다.

understatement
[ʌ̀ndərstéitmənt]

under(=below (사실보다) 낮춰서) + statement(말하기) ⇒ 삼가서 말하기

ⓝ **삼가서 말하기**(=statement that is too weak or moderate)

ⓥ **understate** 삼가서 말하다, 줄잡아 말하다(=state less strongly)

opp. **overstate; exaggerate** 과장하다

That's probably an understatement of his income.

아마 그것은 그의 수입을 줄잡은 것일 거다.

understudy
[ʌ́ndərstʌ̀di]

under(=beneath 아래에서 (~대신에)) + study(대사를 외다) ⇒ 대역을 하다; 대역배우

ⓥ (정식배우 대신으로) **대역을 하다,** 대역의 연습을 하다

ⓝ (필요할 때의) 대역을 하는 사람; (일반적으로) **대역 배우**

She was replaced by her understudy.

그녀의 대역으로 교체됐다.

undertake
[ʌ̀ndərtéik]

under(=below 아래로 (내려온)) + take((직무를) 떠맡다) ⇒ ~을 맡다, 착수하다

ⓥ (일, 책무 등을) **맡다,** 담당하다(=accept); (사업, 일 등에) **착수하다**

ⓝ **undertaking** 수임; 기업(=enterprise); 사업(=business); 보증(=guarantee)

I cannot undertake the task.

나는 그 일을 담당할 수 없다.

underwork
[ʌ̀ndərwə́ːrk]

• under=insufficiently

under(불충분하게) + work(작동하다) ⇒ 충분히 가동하지 못하다

ⓥ (기계 등을) **충분히 가동하지 못하다;** ~보다 싼 임금으로 일하다

ⓝ 종속적인 일, 허드렛일; 토대, 기초공사

She underwork the research for class.

그녀는 수업을 위한 연구를 충분히 하지 않는다.

underwrite
[ʌ́ndərràitər]

under(=beneath ~아래에) + write((이름을) 쓰다) ⇒ 서명하다

ⓥ **서명하다,** 아래에 쓰다(=subscribe; sign one's name to ~);
(사채, 주식 등을) 일괄 인수하다; 지불을 승인하다

He underwrote his signature on a typewritten letter.

그는 타이프한 편지에 서명했다.

- **underground** ⓐ 지하의; 비밀의(=secret); 숨은(=hidden)
- **undervalue** ⓥ ~을 낮게 평가하다(=value too low); 경시하다(=belittle)
- **underworld** ⓝ 하층사회; 지하 세계, 저승; 암흑 사회, 암흑가

» up-

(1) up : '위로'
(2) upward : '위쪽으로 향한'의 의미를 지닌다.

▶ C2-050

upcoming
[ʌ́pkʌ̀miŋ]

up((곧) 위로) + coming(다가오는) ⇒ 다가오는, 곧 닥칠

ⓐ **다가오는**(=forthcoming; coming up); 접근해오는(=approaching);
곧 닥칠(=about to happen; impending; imminent)

They couldn't prepare for their upcoming events.
그들은 다가오는 행사들을 준비하지 못했다.

update
[ʌ̀pdéit]

up((보다) 위의)+ data(날짜를 기입하다) ⇒ 최신의 것으로 하다

ⓥ **최신의 것으로 하다,** 새롭게 하다(=add new information)
ⓝ 새롭게 함; 최신식 방식; 최신 정보

We've just updated our website. 우리는 방금 웹사이트를 업데이트 했다.

upgrade
[ʌ́pgrèid]

up(위로 올려) + grade(등급을 매기다) ⇒ 향상시키다

ⓥ (상품의 등급이나 질을) **향상시키다**(=enhance)
ⓐ 오르막길의, 상행의 ⓝ 오르막길; 증가, 향상; (제품의 품질) 향상

They upgraded the computer nicely. 그들은 컴퓨터 품질을 훌륭하게 향상시켰다.

upheave
[ʌ̀phíːv]

up((갑자기) 위로) + heave(들어 올리다) ⇒ 들어 올리다; 혼란시키다

ⓥ **들어 올리다**(=uplift); (화산활동이 지표를) 융기시키다(=raise);
솟아오르다, 융기하다(=rise); **혼란시키다**

ⓝ **upheaval** 들어 올리기, (화산 활동 등에 의한 지표의) 융기; (사회, 사상, 환경의) **대변동,**
대변혁, 격변(=convulsion; disturbance)

His muscles upheaved after the exercise. 그의 근육은 운동 후 솟아 있었다.
social upheaval 사회의 대변동

upkeep
[ʌ́pkìːp]

up(~위에 (계속)) + keep(유지함, 보존) ⇒ 유지, 보존

ⓝ (가옥, 토지, 도로, 기계 등의) **유지, 보존**(=maintenance);
유지비, 보존비, 수리비(=cost of operating and repairing)

This car costs ten million won a year in upkeep. 이 차는 일 년 유지비가 천만 원이 든다.

upright
[ʌ́pràit]

up(~위에) + right(직립한, 똑바른) ⇒ 직립한, 곧추선

ⓐ **직립한, 곧추선;** 수직의(=upright; perpendicular); 정직한(=honest); 고결한
(=honorable) ⓝ 수직(=perpendicular); <축구> 골포스트, 골대(=goalposts)

He was an upright man and people respected him.
그는 정직한 사람이었고 사람들은 그를 존경했다.

uproot
[ʌ̀prúːt]

up(위로) + root(뿌리(채 들어 올리다)) ⇒ 뿌리째 뽑다, 근절하다

ⓥ **뿌리째 뽑다**(=root up); **근절하다**(=eradicate*; exterminate)

They tried to uproot social evils.
그들은 사회 악습을 뿌리뽑으려고 노력했다.

upset
[ʌ̀psét]

up((아래를) 위가 되게) + set(놓다) ⇒ 뒤엎다; 전복, 혼란, 당황; 뒤집힌

ⓥ **뒤엎다,** 전복시키다(=overturn; capsize); 당황하게 하다(=disarrange)

ⓝ **전복,** 전도(=overturn); 패배(=defeat); **혼란, 당황**(=disarrangement); 마음의 혼란; (위의) 이상, 불편(=disorder)

ⓐ **뒤집힌**(=overturned); 전복된(=capsized); 마음이 동요한

The boat was upset by the waves.
그 보트는 파도에 휩쓸려 전복됐다.

the upset of the plans 계획의 좌절

upstart
[ʌ́pstɑ̀ərt]

up(위로) + start(갑자기 뛰어오른 사람) ⇒ 벼락 출세자

ⓝ (특히 오만무례한) **벼락 출세자,** 벼락부자(=parvenu; mushroom)

ⓐ 벼락부자의, 벼락 출세자의; 벼락 출세자 같은

Born of a poor family, he became a upstart.
그는 가난한 집안에서 태어났지만 벼락 부자가 됐다.

upturn
[ʌ́ptə̀ːrn]

up(위로) + turn(돌리다) ⇒ 위로 돌리다; 상승, 혼란, 전복

ⓥ **위로 돌리다**(=turn up); 위로 향하게 하다; (위를 향하게) 뒤집다

ⓝ (지위, 급료, 물가 등의) **상승**, 향상; **혼란,** 격동(=upheaval; chaos); **전복**(=overturn; overthrow)

ⓐ **upturned** 위로 향한, 위로 향하게 한; 뒤집힌; (시선 등이) 치뜬

Due to an upturn in the business, they were excited.
사업의 번창으로 그들은 신이 났다.

- **uprise** ⓥ 일어나다(=get up); 〈태양이〉 떠오르다; 폭동[반란]을 일으키다
  ⓝ 해돋이, 상승; 입신 출세
- **uproar** ⓝ 소란, 소동(=tumult); 야단법석(=racket; confusion)
- **upside-down** ⓐ 거꾸로의(=topsy-turvy), 뒤집힌; 혼란한(=disordered)
- **up-to-date** ⓐ 최근의, 최신식의; 〈사람이〉 현대적인, 최신 유행을 쫓는

» with-

(1) 방향 : back '뒤쪽(으로)' away '떨어져, 저쪽으로'
(2) 반대 : against '대항하여'의 의미를 지닌다.

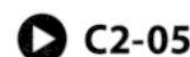

withdraw
[wiðdrɔ́ː]

with(=back 뒤쪽으로) + draw(당기다, 끌다) ⇒ 뒤로 당기다, 회수하다, 철수시키다

ⓥ **뒤로 당기다[빼다]**(=draw back); 거두다(=take back), **회수하다;** (군대를) **철수시키다;** 박탈하다(=take away); (약속을) 취소하다

ⓝ **withdrawal** 움츠리기, 물러나기; 탈퇴; 철회, 회수; (예금의) 인출; 철수

ⓐ **withdrawn** 인가에서 떨어진(=secluded), 분리된(=detached); 내향성의(=introvert)

I withdrew my hand from the hot stove. 나는 뜨거운 난로에서 손을 뒤로 뺐다.
He withdrew his promise because he was busy. 그는 바빠서 약속을 취소했다.
withdrawal symptoms (마약, 담배 등의) 금단현상
make large withdrawals from the bank 은행에서 예금을 많이 인출하다

withhold
[wiðhóuld]

with(=back (하지 못하게) 뒤로) + hold(잡고 있다) ⇒ 억누르다; 보류하다

ⓥ **억누르다, 억제하다** ~하지 못하게 하다(=restrain; check); (허락 등을) **보류하다**(=hold back); 억제하다; (세금을) 원천징수하다

She withheld her friends from fighting. 그녀는 친구들이 싸우는 것을 말렸다.
a withholding tax 원천과세
I don't want to withhold anything. 나는 어느 것도 억누르고 싶지 않다.

withstand
[wiðstnǽd]

with(=against ~에 대항하여) + stand(맞서다) ⇒ 저항하다; 견디다

ⓥ **저항하다**(=stand up against; resist); 지탱하다(=hold out); **견디다,** 버티다(=endure; tolerate*)
cf. **notwithstanding** ~에도 불구하고(=in spite of; despite)

She withstood temptation of shopping. 그녀는 쇼핑의 유혹을 참았다.
withstand hardships[a trial] 고난을 견디다

tips

- **avaricious** ⓐ 탐욕스러운(=greedy; rapacious) ⓝ **avarice** 탐욕(=cupidity)
- **desecrate** ⓥ ~의 신성함을 더럽히다, 신성을 모독하다(=profane)
- **impeccable** ⓐ 죄가 없는(=sinless); 결점이 없는(=faultless)
- **lukewarm** ⓐ 마음이 내키지 않는(=halfhearted); 미온적인; 무관심한(=indifferent)
- **mandatory** ⓐ 의무적인, 강제적인(=compulsory; obligatory)
- **skeptical** ⓐ 회의적인, 의심많은(=doubtful)
- **spurious** ⓐ 가짜의, 위조의(=false; fake; counterfeit); 그럴싸한
- **strident** ⓐ (소리가) 삐걱거리는; 귀에 거슬리는(=shrill 날카로운)
- **tactile** ⓐ 촉각의(=tactual); 만질 수 있는(=tangible)
- **unfathomable** ⓐ 깊이를 알 수 없는; 불가해한(=mysterious; inexplicable)

- **corporeal** ⓐ 육체적인 (=bodily); 유형의

2. 반대 뜻을 만드는 접두사

□ **approve** ⓥ 찬성하다; (의안을) 승인하다(=sanction; ratify)
□ **disapprove** ⓥ 찬성하지 않다; 승인하지 않다(=decline to sanction)

I approve[disapprove] of smoking here.
나는 여기서 담배 피는 것에 **찬성한다[찬성하지 않는다]**.

[연구] **dis**(=not 안) + **approve**(찬성하다) = 찬성하지 않다
[plus] **approval** ⓝ 승인, 시인, 찬성; 허가
disapproval ⓝ 불승인, 불찬성; 불만

□ **advantage** ⓝ 유리, 이점; 우세(=a superior or dominating position)
□ **disadvantage** ⓝ 불리, 불리한 입장; 장해(=handicap; drawback)

There are many **advantages[disadvantages]** to running your own business.
자영업을 하면 **유리[불리]한 점**들이 많이 있다.

[연구] **dis**(=not 안) + advantage(유리) = 불리
[plus] **advantageous** ⓐ 유익한, 유리한; 편리한
disadvantageous ⓐ 불리한, 손해를 입히는

[관련기출어휘 모음]
- **disclose** ⓥ 드러내다
- **disgrace** ⓝ 불명예
- **dislike** ⓥ 싫어하다
- **dissolve** ⓥ 용해하다; 해산하다; 해제하다(=undo)
- **disuse** ⓝ 폐기

tips 왼쪽 단어에 dis-가 붙으면 **반대의미**를 나타낸다.

* **connect**(잇다, 연결하다) – **disconnect**(끊다)
* **content**(만족) – **discontent**(불만, 불평)
* **credit**(신용, 명성) – **discredit**(불신, 불명예)
* **integrate**(통합하다) – **disintegrate**(분해시키다)
* **qualify**(자격을 주다) – **disqualify**(자격을 박탈하다)
* **satisfy**(만족시키다) – **dissatisfy**(만족시키지 않다)
* **passionate**(격렬한, 열렬한) – **dispassionate**(냉정한)
* **repair**(수리, 수선) – **disrepair**(황폐, 파손)
* **respectful**(공손한) – **disrespectful**(예절이 없는)
* **similar**(유사한, 닮은) – **dissimilar**(닮지 않은, 다른) ⓥ **dissimilate** 다르게 하다

□ **accurate** ⓐ 정확한, 확실한; 정밀한(=precise)
□ **inaccurate** ⓐ 부정확한(=inexact), 틀린(=incorrect)

The train left at the **accurate** schedule. 기차는 **정확한** 시간에 출발했다.
I believed the **inaccurate** information. 나는 **부정확한** 정보를 믿었다.

[연구] in(=not 안) + accurate(정확한) = 부정확한

[plus] accuracy ⓝ 정확, 정밀; 정밀도
accurately ⓐⓓ 정확하게, 정밀하게(=precisely)

□ **adequate** ⓐ 충분한(=sufficient); 알맞은(=suitable)
□ **inadequate** ⓐ 불충분한(=insufficient); 부적당한(=improper)

an **adequate** defense 충분한 방비
This road is **inadequate** for traffic. 이 도로는 교통에 부적당하다.

[연구] in(=not 안) + adequate(충분한) = 불충분한

[plus] adequacy ⓝ 충분; 적당, 타당
inadequacy ⓝ 불충분, (역량 등의) 부족

□ **compatible** ⓐ 잘 맞는; 조화하는; 양립하는(=capable of existing together)
□ **incompatible** ⓐ 서로 맞지 않는, 양립하지 않는(=incapable of existing together)

cf. **comparable** ⓐ (~와) 비교되는
incomparable ⓐ (~와) 비교할 수 없는

This program is **compatible[incompatible]** with my computer.
이 프로그램은 내 컴퓨터에는 **잘 맞는다[맞지 않는다]**.

[연구] in(=not 안) + compatible(맞는) = 맞지 않는

[plus] compatibly ⓐⓓ 사이좋게, 적합하게
incompatibly ⓐⓓ 양립하지 않게

□ **gratitude** ⓝ 감사(=thanks; acknowledgement)
□ **ingratitude** ⓝ 배은망덕; 감사하는 마음이 없음(=ungratefulness)

cf. **ingratiate** ⓥ 환심을 사다, 비위를 맞추다

I have no words to express my **gratitude**. 뭐라 감사의 말을 드려야 할지 모르겠습니다.
He showed signs of **ingratitude**. 그는 배은망덕의 기미를 보였다.

[연구] in(=not 안) + gratitude(감사함) = 배은망덕

[plus] gratuitous ⓐ 무료의; 무보수의
gratuitously ⓐⓓ 무료로, 무상으로(=free; gratis; for nothing)
gratuity ⓝ 사례금, 팁(=tip)

□ **secure** ⓐ 안전한(=safe); 걱정 없는; 확실한(=sure)
□ **insecure** ⓐ 불안한(=unsafe), 불안정한(=unstable); 위태로운(=perilous)

You may feel **secure** about the future.
너는 장래의 일에 대해서는 **걱정하지 않아**도 된다.
We are **insecure** of the future because of economic situations.
우리는 경제상황 때문에 앞날이 **걱정이다**.

[연구] in(=not 안) + secure(안전한) = 불안한

[plus] **securely** ⓐⓓ 안전하게(=safely); 확실히

security ⓝ 안심, 확신; 안전(=safety); 보호

[관련기출어휘 모음]

- **incredulous** ⓐ 의심 많은, 잘 속지 않는 (=skeptical; dubious) opp. **credulous**(잘 속는)
- **ingenuous** ⓐ 솔직한, 천진난만한(=innocent), 꾸밈 없는 cf. **ingenious** ⓐ 재능이 있는, 정교한, 독창적인
- **subordinate** ⓐ 부차적인, 종속적인(=subject; secondary); 부하의 ⓝ 부하, 하급자

tips 왼쪽 단어에 **in-**이 붙으면 **'반대, 부정(=not, 불 ~, 부 ~)'**을 나타낸다.

* **ability**(능력) – **inability**(무능력, 할 수 없음)
* **accessible**(다가가기 쉬운) – **inaccessible**(도달할 수 없는)
* **active**(활동적인) – **inactive**(활동력이 없는)
* **adequate**(적당한) – **inadequate**(부적당한)
* **advertent**(주의하는) – **inadvertent**(부주의한)
* **animate**(생명이 있는) – **inanimate**(생명이 없는)
* **auspicious**(조짐이 좋은) – **inauspicious**(조짐이 좋지 않은)
* **capable**(할 수 있는) – **incapable**(할 수 없는)
* **consistent**(일치하는) – **inconsistent**(일치되지 않는)
* **correct**(정확한, 옳은) – **incorrect**(부정확한)
* **definite**(명확한) – **indefinite**(명확하지 않은) *cf.* **definitive** 결정적인
* **dependent**(의지하고 있는) – **independent**(독립한)
* **direct**(직접의) – **indirect**(간접적인, 멀리 도는)
* **discreet**(신중한) – **indiscreet**(경솔한, 분별없는)
* **dispensable**(없어도 되는) – **indispensible**(절대 필요한)
* **evitable**(피할 수 있는) – **inevitable**(피할 수 없는)
* **finite**(한계가 있는) – **infinite**(무한한)(=boundless)
* **formal**(정식의) – **informal**(정식이 아닌, 비공식인)
* **justice**(정의, 공평) – **injustice**(불법, 부정, 불공평)
* **offensive**(불쾌한) – **inoffensive**(불쾌감을 주지 않는)
* **subordinate**(아첨하는) – **insubordinate**(반항하는)
* **tolerable**(참을 수 있는) – **intolerable**(참을 수 없는)
* **valid**(근거가 확실한, 유효한) – **invalid**(확실한 근거가 없는, 무효의)
* **vincible**(정복 가능한) – **invincible**(정복할 수 없는)
* **visible**(볼 수 있는) – **invisible**(눈에 보이지 않는)

cf. **incessant** ⓐ 끊임없는, 그칠 새 없는 **infinitesimal** ⓐ 극소의(=minute)

☞ **in의 변형 = im, il, ir, ig가 있다.**

□ **mortal** ⓐ 죽게 마련인; 치명적인(=fatal)

□ **immortal** ⓐ 죽지 않는; 불멸의, 영구한(=everlasting)

Man is **mortal**. 사람은 죽게 마련이다.

It is regarded as an **immortal** masterpiece. 그것은 **불후**의 명작으로 여겨진다.

[연구] im(=not 안) + mortal(죽게 마련인) = 불멸의

[plus] **mortality** ⓝ 죽어야 할 운명; 사망률

immortality ⓝ 불사, 불멸; 불후의 명성

immorality ⓝ 부도덕; 음란, 외설

immobility ⓝ 부동(성), 고정, 정지

□ **mediate** ⓐ 간접의(=indirect); 중간의 ⓥ 조정하다, 중재하다(=arbitrate)

□ **immediate** ⓐ 즉각적인; 직접적인(=direct); 바로 옆의(=adjacent)

a **mediate** election 간접 선거

an **immediate** answer 즉답

[연구] im(=not) + mediate(간접의) = 직접의, 직접적인

[plus] ⓝ **mediation** 조정; 중재 / **mediator** 중개자 *cf.* **medication** ⓝ 약제, 약물치료

ⓐⓓ **immediately** 바로, 직접적으로(=directly)

cf. **meditate** ⓥ 계획하다(=plan; scheme; contemplate)

[관련기출어휘 모음]

- **mobil** ↔ **immobile**
  이동할 수 있는, 기동의 ↔ 움직일 수 없는, 고정된
- **impudent** ⓐ 뻔뻔스러운

cf. **imprudent** ⓐ 경솔한

tips

왼쪽 단어에 **im-**이 붙으면 **'반대; 부정(=not, 불 ~, 부 ~)'**의 의미를 나타낸다.

* **moral**(도덕의) – **immoral**(부도덕한)
* **partial**(불공평한, 편파적인) – **impartial**(공평한)(=unprejudiced)
* **perfect**(완전한) – **imperfect**(불완전한)
* **personal**(개인의) – **impersonal**(비개인적인, 객관적인)
* **pertinent**(적절한) – **impertinent**(부적절한)
* **possible**(가능한) – **impossible**(불가능한)
* **practicable**(실행할 수 있는) – **impracticable**(실행 불가능한, 통행할 수 없는)
* **proper**(적당한) – **improper**(부적당한)

cf. **immaculate** ⓐ 오점없는, 완벽한; 깨끗한

□ **legal** ⓐ 합법의, 적법의; 법률의(=lawful)

□ **illegal** ⓐ 비합법의, 불법의(=unlawful; illicit)

It's perfectly **legal** to do so. 그렇게 하는 것은 완전히 합법적이다.

It's **illegal** to sell cigarettes to a person under age.
미성년자에게 담배를 파는 일은 **불법**이다.

[연구] il(=not) + legal(합법의) = 비합법의

[plus] **legality** ⓝ 합법성(=lawfulness)

legally ⓐⓓ 합법적으로, 법률적으로

[tips] **licit**(합법의) – **illicit**(불법의)

legible(읽을 수 있는) – **illegible**(읽기 어려운)

liberal(후한) – **illiberal**(인색한)(=stingy; tightfisted; parsimonious)

□ **relevant** ⓐ 적절한(=pertinent; adequate; appropriate); 관련된(=related)
□ **irrelevant** ⓐ 적절하지 않은(=impertinent; inadequate; inappropriate)

a **relevant** question 적절한 질문
What you say is **irrelevant** to it. 네가 하는 얘기는 동떨어진 소리다.

[연구] ir(=not 안) + relevant(적절한) = 부적절한

[plus] **relevance** ⓝ 적절함(=pertinence); 관련성

[**관련기출어휘 모음**]
· **irrevocable** ⓐ 돌이킬 수 없는, 취소할 수 없는

* **regular**(규칙적인) – **irregular**(불규칙한)
* **resolute**(단호한) – **irresolute**(결단력이 없는, 우유부단한)
* **responsible**(책임이 있는) – **irresponsible**(책임이 없는)
* **revocable**(취소할 수 있는) – **irrevocable**(취소할 수 없는)
* **noble**(고상한, 훌륭한) – **ignoble**(상스러운, 비열한)
 cf. **respective**(각각의, 각자의) – **irrespective of**(~에 관계없는)

□ **nutrition** ⓝ 영양(상태); 영양보급[섭취](=the process of nourishing or of being nourished)
□ **malnutrition** ⓝ 영양실조, 영양부족(=inadquate or unbalanced nutrition)

cases of insufficient **nutrition** 영양부족의 여러 증상
Malnutrition is a major problem in developing countries.
영양실조는 개발도상국들의 중요한 문제다.

[연구] mal(=bad 나쁜) + nutrition(양양상태) = 영양실조

□ **treat** ⓥ (사람을) 다루다, 취급하다; (병을) 치료하다(=deal with)
□ **maltreat** ⓥ (거칠게) 다루다; 학대하다(=abuse; persecute)

She **treats** him as a child. 그녀는 그를 어린애 **취급한다**.
John has **maltreated** Susan for years.
존은 오랫동안 수잔을 **학대해왔다**.

[연구] mal(=badly 나쁘게) + treat(다루다) = 학대하다

[plus] **treatment** ⓝ (사람, 사물의) 취급; 치료; 대우; 처리

[**관련기출어휘 모음**]
· **malignant** ⓐ 악의 있는, 해로운; (병이) 악성의
opp. **benign**(양성의)
· **malady** ⓝ 병(=ailment), 병폐
· **malice** ⓝ 악의, 원한
ⓐ **malicious** 악의 있는 (=malevolent)

왼쪽 단어에 **male**이 붙으면 **'악, 불량, 불완전'** 이란 의미가 첨가된다.
* **adapt**(적응시키다) – **maladapt**(잘못 응용[적용]하다)
* **adjustment**(조정, 조절) – **maladjustment**(부조정)
* **content**(만족한) – **malcontent**(불만인)(=dissatisfied)
 (만족) – **discontent**(불만; 불평)(=dissatisfaction)
* **diction**(말하기) – **malediction**(저주, 악담)(=curse) *opp.* **benediction** 축복

□ **behave** ⓥ 행동하다; (아이가) 행실이 좋다(=act properly)
□ **misbehave** ⓥ 버릇없이 행동하다(=behave badly or improperly)

Tom **behaved** himself like a man. 탐은 남자답게 행동했다.
He is **misbehaving** recently. 그는 요즈음 버르장머리 없이 행동한다.

[연구] mis(=badly 나쁘게) + behave 행동하다) = 버릇없이 행동하다

[plus] behavior ⓝ 행실; 행동; 행위
misbehavior ⓝ 나쁜 행실; 못된 짓

[관련기출어휘 모음]

- **misapprehend** ⓥ 오해하다
  이해하다
- **misconstrue** ⓥ 잘못 해석하다
  해석하다
- **mischievous**
  ⓐ 유해한, 장난이 심한
- **mishap** ⓝ 재난, 사고
- **misstep** ⓝ 실수, 실족

tips
왼쪽 단어에 **mis-**가 붙으면 나쁜 의미인 **'나쁜, 나쁘게; 잘못'** 이란 의미가 첨가된다.
* **belief**(믿음) – **misbelief**(그릇된 생각[믿음])
* **conduct**(행동) – **misconduct**(비행, 불법행위)
* **deed**(행동) – **misdeed**(비행, 악행; 나쁜 짓)
* **fortune**(운, 행운) – **misfortune**(불운, 불행; 역경)
* **fire**(발사하다) – **misfire**(불발되다; 실패하다)
* **lead**(이끌다) – **mislead**(〈잘못된 방향으로〉 이끌다, 속이다)

□ **fiction** ⓝ 소설; 허구; 상상으로 꾸며내기(=something feigned, imaginary)
□ **nonfiction** ⓝ 논픽션, 비소설(=literature other than poetry, story, and novels)

She writes only **fiction.** 그녀는 소설만 쓴다.
Nonfiction was very popular at that time. 그 당시 비소설 책들이 아주 인기 있었다.

[연구] non(비) + fiction(소설) = 비소설

[관련기출어휘 모음]

- **nonflammable** ⓐ 불연성의
  inflammable 가연성의
- **nonchalant** ⓐ 무관심한 (=unconcerned; indifferent)
- **nonplus** ⓝ 당혹, 난처 (=embarrassment)
  ⓥ 난처하게 만들다

왼쪽 단어에 **non-**이 붙으면 반대의미인 **'불(不)~, 비(非)~'** 라는 뜻이 첨가된다.
* **aggression**(침략, 침범) – **nonaggression**(불침략)
* **combatant**(전투원, 투사) – **noncombatant**(비전투원)
* **confidence**(신임, 신뢰) – **nonconfidence**(불신임)
* **productive**(생산적인) – **nonproductive**(비생산적인)
* **resident**(거주하는) – **nonresident**(거주하지 않는)
* **sense**(의미) – **nonsense**(무의미한 말, 허튼소리)

□ **concern** ⓝ 관심; 걱정(=worry; anxiety): 관계(=relation)
□ **unconcern** ⓝ 무관심(=indifference); 태연함(=freedom from anxiety)

You have no **concern** in your health. 너는 건강에는 아무런 **관심**도 없다.
He has **unconcern** in playing computer games. 그는 컴퓨터 게임에는 무관심하다.

[plus] concerned ⓐ 관계하고 있는; 염려스러운
unconcerned ⓐ 관계가 없는, 개의하지 않는, 무관심한, 걱정 않는

□ **employment** ⓝ 고용, (사람의) 사용; 직업(=line); 업무(=business)
□ **unemployment** ⓝ 실업, 실직; 실직자 수

full **employment** 완전 고용
an **unemployment** problem 실업 문제

[plus] employ ⓥ 고용하다 employer ⓝ 사용자–employee ⓝ 종업원

[관련기출어휘 모음]

- **unalterable** ⓐ 변경할 수 없는
- **unavoidable** ⓐ 불가피한
- **unbearable** ⓐ 견딜 수 없는
- **uncanny** ⓐ 이상한; 괴상한; 초자연적인
- **unceasing** ⓐ 끊임없는
- **unquenchable** ⓐ (불 등을) 끌 수 없는; 억누를 수 없는 (=insatiable)
- **unruly** ⓐ 다루기 힘든
- **unsettling** ⓐ 불안하게 하는 (=disturbing)
- **unwitting** ⓐ 알지 못하는 (=unaware; unconscious); 고의가 아닌
- **unwonted** ⓐ 보통이 아닌, 드문(=unusual)

tips

왼쪽 단어에 **un–**이 붙으면 **'반대; 부정(not); ~ 아닌[불~, 부~]'**이란 뜻을 나타낸다. 이렇게 쉽게 단어를 외울 수 있으니 그 얼마나 효과적인가!

* **acceptable**(받아들일 만한) – **unacceptable**(받아들일 수 없는)
* **authorized**(인가된) – **unauthorized**(인가되지 않은)
* **comfortable**(편안한) – **uncomfortable**(불편한)
* **conscious**(알고 있는) – **unconscious**(모르는)
* **familiar**(잘 알고 있는) – **unfamiliar**(잘 모르는)
* **friendly**(친절한, 친한) – **unfriendly**(불친절한)
* **just**(공평한) – **unjust**(불공평한, 부정한)(=partial)
* **happy**(행복한) – **unhappy**(불행한, 불우한)
* **known**(알려진) – **unknown**(알려지지 않은, 미지의)
* **like**(같은, 닮은) – **unlike**(닮지 않은, 다른(=different))
* **limited**(한정된) – **unlimited**(제한이 없는, 무제한의)
* **lucky**(행운의) – **unlucky**(불행한, 불운의)
* **natural**(자연스러운) – **unnatural**(부자연스러운)
* **necessary**(필요한) – **unnecessary**(불필요한)
* **pleasant**(유쾌한) – **unpleasant**(불쾌한, 싫은)
* **real**(실재의) – **unreal**(실재하지 않는, 비현실적인)
* **safe**(안전한) – **unsafe**(안전하지 않은, 위험한)
* **scrupulous**(양심적인, 세심한) – **unscrupulous**(비양심적인, 사악한)
* **selfish**(이기적인) – **unselfish**(이기적이 아닌)
* **skilled**(숙련된) – **unskilled**(미숙한, 서투른)
* **stable**(안정된) – **unstable**(불안정한, 흔들리기 쉬운)
* **steady**(안정된) – **unsteady**(불안정한, 동요하는)
* **tie**(묶다, 동여매다) – **untie**(풀다, 끄르다)
* **timely**(적시의) – **untimely**(때 아닌, 시기가 나쁜, 시기상조의)
* **usually**(일반적으로) – **unusually**(평소와 다르게)
* **wary**(주의 깊은) – **unwary**(부주의한; 경솔한(=imprudent; hasty))
* **willing**(자진해서 하는) – **unwilling**(억지로 하는)

□ **ascend** ⓥ 오르다, 올라가다; 상승하다(=rise)
□ **descend** ⓥ 내려가다(=go or come down); 경사지다(=slope; incline)

Prices **ascend.** 물가가 오른다.
The road **descends** steeply. 길은 가파른 내리받이로 내려간다.

[연구] a(=to ~로) + scend(=climb 올라가다) = 상승하다
de(=down 아래로) + scend(=climb 올라가다) = 내려가다

[plus] **ascent** ⓝ 올라가기, 상승; 오르막 길
descent ⓝ 내리기, 하강; 내리막 길; 혈통, 기원

□ **associate** ⓥ 연합시키다(=join); 연상하다(=be reminded (of)); 교제하다
□ **dissociate** ⓥ (결합된 것을) 분리하다(=sever)

· **assimilate** ⓥ 동화시키다, 같게 하다; 일치시키다 ↔ **dissmilate** ⓥ 다르게 하다

We **associate** Christmas with Santa Clause.
우리는 크리스마스 하면 산타클로스를 **연상한다**.
She **dissociated** herself from him. 그녀는 그와의 관계를 **끊었다**.

[연구] as(=to ~에) + soci(=join 결합) + ate(시키다) = 연합시키다
dis(=apart 따로) + soci(=join 결합) + ate(하다) = 분리하다

[plus] **association** ⓝ 연합, 관련; 회, 협회
dissociation ⓝ 분리, 분열(=disunion)

□ **defend** ⓥ 지키다, 방어하다(=protect); 변호하다
□ **offend** ⓥ 화나게 하다; 죄를 범하다; 위반하다; 감정을 상하게 하다(=irritate)

We should **defend** our country against the enemy.
우리는 적으로부터 나라를 지켜 내야 한다.
I am sorry if you are **offended**. 기분이 상했다면 죄송합니다.

[연구] de(=away (적을) 멀리) + fend(=strike 쳐내다) = 방어하다
of(=against ~에 대항하여) + fend(=strike 치다) = 화나게하다

[plus] **defense** ⓝ 방어, 수비; 변호 / **offense** ⓝ 공격; 위반; 죄, 반칙; 화냄
defensive ⓐ 방어하는; 방어의 / **offensive** ⓐ 공격의, 공격용의
defender ⓝ 방어자; 옹호자 / **offender** ⓝ 범죄자; 위반자

□ **dissuade** ⓥ 단념시키다, 그만두게 하다(=persuade not to do something)
□ **persuade** ⓥ 설득시키다, 권해서 ~하게 하다(=prevail on ~ to do something)

I **dissuaded** her from going there.
나는 그녀가 그곳에 가는 것을 단념시켰다.
I **persuaded** her to go there.
나는 그녀에게 그곳에 가도록 설득했다.

[연구] dis(=away 멀리 하라고) + suade(=advise 충고하다) = 단념시키다
per(강조-꼭 하라고) + suade(=advise 충고하다) = 설득시키다

[plus] **dissuasion** ⓝ 그만두게 함, 단념시킴, 말림
persuasion ⓝ 설득; 확신, 신념

□ **inhale** ⓥ 숨을 들이마시다; (공기를) 흡입하다(=breathe in)
□ **exhale** ⓥ 숨을 내쉬다(=emit breath); (가스, 냄새 등을) 발산하다(=emit)

ⓝ **inhalation** 숨을 들이 쉼
ⓝ **exhalation** 숨을 내숨, 발산

City dwellers **inhale** foul air. 도시 거주자들은 오염된 공기를 들이마시고 있다.
He **exhaled** heavily upon hearing the news. 그는 뉴스를 들으면서 무겁게 숨을 내쉬었다.

[연구] in(=into 안으로) + hale(=breathe 숨쉬다) = 숨을 들이마시다
ex(=out 밖으로) + hale(=breathe 숨쉬다) = 숨을 내쉬다

cf. **expire** ⓥ 숨을 내쉬다; 죽다(=die)
ⓝ **expiration** ⓝ 숨을 내쉬기; 기한의 만료; 죽음
inspire ⓥ (사상, 감정을) 불어 넣다
ⓝ **inspiration** 감화, 고무; 영감; 숨을 들이쉬기

□ **ordinary** ⓐ 보통의(=common); 통상적인(=usual)
□ **extraordinary** ⓐ 이상한(=strange); 별난(=exceptional); 임시의(=additional); 비범한

· **extraneous** ⓐ 관계없는 (=irrelevant); 이질적인
· **extravagant** ⓐ 낭비하는 opp. **thrifty**(검소한); 도를 지나친(=exorbitant)

an **ordinary** meeting 정기총회
an **extraordinary** general meeting 임시총회
an **extraordinary** child 별난 아이

[연구] extra(=outside 밖의) + ordinary(보통의) = 이상한, 별난

[plus] **ordinarily** ⓐⓓ 보통(=usually); 대체로 – **extraordinarily** ⓐⓓ 이상하게, 특별히
essential(본질적인) – **extraessential**(비본질적인)
extravagant(사치스러운, 낭비하는)(=wasteful)

□ **normal** ⓐ 정상인; 보통의(=usual); 정규의(=regular)
□ **abnormal** ⓐ 비정상인, 보통과 다른(=unusual)

· **abject** ⓐ 비참한 (=wretched)
· **abrupt** ⓐ 갑작스러운, 뜻밖의(=suddenly)

a **normal** speed 정상속도
abnormal behavior 이상행동

[연구] ab(=away 먼) + normal(정상인) = 비정상인
standard(표준, 정상)

[plus] **normally** ⓐⓓ 정상적으로, 본래대로라면 **abnormality** ⓝ 이상, 변태; 기형

□ **confident** ⓐ 자신이 있는, 확신하는(=certain; sure)
□ **diffident** ⓐ 자신이 없는, 수줍어하는(=bashful), 소심한(=timid)

I am **confident** of success. 나는 성공을 확신하고 있다.
I am **diffident** of success. 나는 성공할 자신이 없다.

cf. **diffuse** ⓥ (빛 등을) 발산하다; 퍼뜨리다(=spread)

[연구] con(강조 – 완전히) + fid(=trust 믿) + ent(는) = 확신하는
dif(=not 안) + fid(=trust 믿) + ent(는) = 자신이 없는

[plus] confidence ⓝ 자신; 확신; 신뢰 ⓐ confidential 비밀의; 신뢰할 수 있는
diffidence ⓝ 자신감 없음; 소심 ⓐ diffident 자신 없는, 수줍은

□ **interior** ⓐ 안쪽의, 내부의(=internal), 국내의
□ **exterior** ⓐ 밖깥쪽의, 외부의(=external), 옥외용의

interior repairs 내부 수리
the **exterior** features of a building 건물의 바깥 모습

[연구] in(=in ~안의) / out(=out ~밖의)
[plus] internal(내부의) ↔ external(외부의)
extermination ⓝ 근절, 몰살, 멸종

□ **synonym** ⓝ 동의어, 비슷한 말 ⓐ synonymous 같은 뜻의
□ **antonym** ⓝ 반의어, 반대말 ⓐ antonymous 반의어의

That word is a **synonym** for this.
그 말은 이 말의 **동의어**다.
'Go' is the **antonym** of 'come'.
'가다'는 '오다'의 반의어다.

[연구] syn(=together 서로 같은) + onym(=name 이름) = 동의어
ant(=against 반대되는) + onym(=name 이름) = 반의어
[plus] sympathy ⓝ 공명, 공감
symphony ⓝ 교향곡; 조화
synthesis ⓝ 종합 *opp.* analysis 분해, 분석

□ **presence** ⓝ 존재; 출석; 참석(=attendance); 풍채(=apperance; air)
□ **absence** ⓝ 부재; 결석, 결근; 없음, 결핍(=want; lack)

cf. **prescience** ⓝ 예지, 선견
pretext ⓝ 구실, 핑계
(=excuse; pretense)

We doubt the **presence** of life on Mars.
우리는 화성에 생물체가 존재한다는 것을 의심한다.
absence from school[office] 결석[결근]

[연구] pre(=before 앞에) + sence(=being 있음) = 존재
ab(=away 떨어져) + sence(=being 있음) = 부재
[plus] present ⓐ 출석하고 있는; 현재의
ⓥ 주다; 제출하다(=submit)
absent ⓐ 부재의, 결석의; 없는
ⓥ 결석하다, 결근하다
absentee ⓝ 불참자, 결석자, 결근자; 부재자
an **absentee** without leave 무단 결석자[외출자]

□ **prologue** ⓝ 서언; 머리말, 서시; (연극의) 개막사 = prolog
□ **epilogue** ⓝ 끝맺는 말; (연극의) 폐막사 = epilog

cf. **prolong** ⓥ 연장하다 (=extend)

The performance consists of six acts with a **prologue** and an **epilogue**.
그 공연은 **개막사, 폐막사**를 포함하여 6막으로 구성되어 있다.

[연구] pro(=before ~에 앞서) + logue(=speaking 말하는 것) = 서언
epi(=after 맨 뒤에) + logue(=speaking 말하는 것) = 끝맺는 말

3. 단어 뜻을 변화시키는 접두사

□ **vocation** ⓝ 직업(=occupation); 사명(=calling)
□ **avocation** ⓝ (본업 이외의) 부업; 취미(=hobby)

ⓐ **vocational** 직업의

mistake one's **vocation** 직업을 잘못 선택하다
She wants to deal in dress by an **avocation**.
그녀는 부업으로 옷 장사를 하고 싶어한다.
cf. **vacation** ⓝ 방학, 휴가 ⓥ 휴가를 얻다

[연구] a(=away 본업 이외의) + vocation(직업) = 부업

□ **knowledge** ⓝ 앎; 지식; 이해(=understanding)
□ **acknowledge** ⓥ 인정하다(=admit), 자백하다; 감사하다(=express gratitude for ~)

cf. **knob** ⓝ (문 등의) 손잡이 (=handle)

He has a good **knowledge** of music. 그는 음악에 관한 지식이 상당히 높다.
He **acknowledged** himself to be the author of the rumor.
그는 자기가 그 소문을 냈음을 **인정했다**.

[연구] ac(=to ~에 대해서) + knowledge(앎고 있음)
= 그래서 인정하다; 자백하다

[plus] **know** ⓥ 알다; 이해하다; 서로 알고 있다
knowing ⓐ 알고 있는, 박식한
acknowledgment ⓝ 승인, 자백(=admission); 감사(=thanks)

□ **join** ⓥ 결합하다, 연결하다(=connect); 참가하다(=take part in)
□ **adjoin** ⓥ ~에 인접하다; ~에 이웃하다(=abut on)

cf. **joint** ⓐ 공동의
ⓝ 이음매, 관절

a railway that **joins** two nations 두 나라를 연결하는 철도
Canada **adjoins** the United States. 캐나다는 미국에 인접해 있다.

[연구] ad(=to ~에) + join(인접하다) = ~에 인접하다
[plus] **adjoining** ⓐ 인접해 있는
adjacent ⓐ 이웃하는, 인접한(=near)

□ **fluent** ⓐ (물 흐르듯이) 거침없는; 유창한(=spoken or written effortlessly)
□ **affluent** ⓐ 부유한(=wealthy); 풍부한(=abundant)

cf. **flux** ⓝ 흐름, 유동
influx ⓝ 유입, 쇄도

She speaks **fluent** English. 그녀는 영어를 유창하게 말한다.
affluent society[future] 풍요로운 사회[미래]

reflux ⓝ 썰물(=ebb), 퇴조, 역류

[연구] af(강조-철철 넘쳐) + flu(=flow 흐르) + ent(는) = 부유한

[plus] **affluence** ⓝ 부유(=wealth); 풍부(=profusion)

□ **locate** ⓥ ~에 놓다, 두다; 위치하다(=be situated[located])

□ **allocate** ⓥ 할당하다; 배분하다(=assign; allot; distribute)

The lawyer's office is **located** on Main Street.
그 변호사의 사무실은 중앙로에 **위치하고 있다**.

We **allocated** money for a new campaign.
우리는 돈을 새로운 운동에 **할당했다**.

[연구] al(=to ~에게) + locate((몫을) 두다) = 할당하다

[plus] **location** ⓝ 위치선정; 야외촬영; 부지
allocation ⓝ 할당; 배분(=allotment)

□ **position** ⓝ 위치; 자세; 지위(=rank); 태도(=attitude); 형세(=situation)

□ **apposition** ⓝ 병치(나란히 놓음(=parallelism)); 부가, 부착; <문법> 동격

cf. **status** ⓝ 지위, 신분

the **position** of a school 학교의 **위치**
his social **position** 그의 사회적 **지위**
in **apposition** with[to] ~ ~와 **동격**인[으로]
cf. **positive** ⓐ 명확한; 확신하는; 긍정적인
negative ⓐ 소극적인; 부정의, 반대의

[연구] ap(=to ~에 (나란히) + position(위치시킴) = 병치, 동격

[관련기출어휘 모음]
- **cohere** ⓥ 응집하다, 달라붙다(=adhere); 조리가 서다
ⓐ **coherent** 조리가 서는 (=logical)

tips

ac-, af-, ag-, al-, an-, ap-, ar-, as-, at-는 모두
AD-의 변화 형태로 **'접근, 방향(=to)'**이나 **'부가, 첨가(=add)'**의 의미를 나타낸다.

* **adhere** ⓥ ~에 들러붙다, 집착하다(=stick) ⓝ **adherent** 추종자, 지지자(=follower)
* **accomplish** ⓥ ~을 완성하다(=complete); 완수하다(=bring off)
* **aggravate** ⓥ 악화시키다; 화나게 하다(=provoke; exasperate)
* **alleviate** ⓥ 완화시키다; 경감하다(=lighten; mitigate)
* **annex** ⓥ ~에 덧붙이다; 첨가하다(=append)
* **appoint** ⓥ ~에 임명하다(=nominate; name); 지정하다(=fix)
* **arrange** ⓥ 정리하다; 정돈하다; 배열하다(=put[place] in order)
* **assort** ⓥ 분류하다(=classify); 종류별로 나누다(=group)
* **attain** ⓥ 달성하다; 이루다(=accomplish; achieve)

□ **biography** ⓝ 전기, 일대기(=a written account of another person's life)

□ **autobiography** ⓝ 자서전(=an account of a person's life written by himself)

He wrote a **biography** about Napoleon. 그는 나폴레옹의 **전기**를 썼다.

He published his **autobiography** last year. 그는 작년에 자신의 **자서전**을 냈다.

cf. **geography** ⓝ 지리학
photography ⓝ 사진촬영; 사진술

cf. **monograph** ⓝ 특수 연구서, 전공 논문
biochemistry ⓝ 생화학
(chemistry: 화학)

[연구] auto(=self 자신의) + biography(일대기) = 자서전

□ little
□ belittle

ⓐ 작은, 소규모의(=tiny); 적은, 약간의(=a certain amount)
ⓥ 작게 하다, 경시하다, 깔보다(=depreciate; underestimate; underrate)

a **little** village 작은 마을
There is a **little** hope. 약간의 희망은 있다.
Don't **belittle** even a weak rival. 아무리 약한 경쟁자라도 **얕보지 마라.**

[연구] be(=make만들다) + little(작게) = 작게 하다, 경시하다

[관련기출어휘 모음]
- **behead** ⓥ 목을 베다, 참수시키다
- **belated** ⓐ 때늦은, 뒤늦은; 구식의

tips be는 **make(만들다), do(하다)**라는 뜻으로 명사, 형용사에 붙어 동사를 만든다는 사실을 알면 어휘력이 쑥쑥 늘어난다.
* **be**(=do 하다) + **lie**(거짓말) = **belie** ~와 모순되다, (기대를) 저버리다
* **be**(=do 하다) + **siege**(포위) = **besiege** 포위하다(=surround)
* **be**(=do 하다) + **troth**(약혼) = **betroth** 약혼하다(=engage)

□ fall
□ befall

ⓥ 떨어지다, 넘어지다 ⓝ 가을(=autumn)
ⓥ 일이 ~에게 일어나다, 생기다(=happen)

The leaves are **falling** from the trees. 나뭇잎이 **떨어지고 있다.**
Be careful that no harm **befalls** you. 재난이 **일어나**지 않도록 조심해라.

[연구] be(강조-갑자기) + fall((일이) 떨어지다) = (일이) 생기다

□ equal
□ coequal

ⓐ 같은, 동등한; ~을 감당해 나갈 수 있는 ⓥ ~와 같다
ⓐ (지위, 가치 등이) 같은, 동등한 ⓝ 동등한 사람

cf. **equable** ⓐ 한결같은, 균등한(=even), 침착한(=tranquil)

One American dollar is equal to one thousand two hundred Korean won.
미국 돈 1달러는 한국 돈 1,200원**과 같다.**

The three persons are **coequal.**
그 세 명의 사람들은 **지위가 같다.**

[연구] co(=together 서로) + equal(같은) = 동등한

[plus] **equally** ⓐⓓ 같게, 동등하게
equality ⓝ 같음; 평등
equation ⓝ 균등; 평균; (수학) 방정식

□ **science** ⓝ 과학; 지식; 학문(=learning)
□ **conscience** ⓝ 양심, 본심; 도의심(=ethical and moral principles)

I know something about **science**. 나는 **과학**에 대해 어느 정도 알고 있다.
I leave you to your **conscience**. 너의 **양심**에 맡긴다.

[연구] con(=together서로) + science(바르게 아는 것) = 양심

[plus] **conscientious** ⓐ 양심적인, 성실한; 꼼꼼한
conscientiously ⓐⓓ 양심적으로
cf. **conscious** 의식하고 있는; 고의의(=intentional)
I'm **conscious** of my stupidness.
나는 내 어리석음을 **깨닫고 있다**.

□ **respond** ⓥ 답하다, 응답하다(=answer)
□ **correspond** ⓥ 일치하다(=be in agreement); 조화하다(=harmonize); 통신하다

I didn't **respond** to the teacher's question.
나는 선생님의 질문에 **대답하**지 못했다.
His words and actions do not **correspond**.
그의 말과 행동은 **일치하**지 않는다.

[연구] cor(=together 서로) + respond(응답하다) = 어울리다, 통신하다

[plus] **response** ⓝ 응답; 반응; 반향

[**관련기출어휘 모음**]
- **compensation** ⓝ 배상, 보상
- **commence** ⓥ 개시하다, 시작하다(=begin; start)
- **collaborate**(=cooperate) ⓥ 협력하다, 공동으로 하다
- **consecrate** ⓥ 신성하게 하다
- **corroborate** ⓥ 확실하게 하다, 보강하다

tips
co-, col-, con-, cor-는 com-의 변형으로
'서로, 함께(=together; with)' 의 의미를 나타낸다.
* **compete** ⓥ 경쟁하다(=contest; rival; vie) ⓝ **competition** 경쟁
* **coincide** ⓥ 일치하다(=accord); 부합하다(=correspond)
* **collide** ⓥ 충돌하다; (이해 등이) 상충되다 ⓝ **collision** 충돌
* **confiscate** ⓥ 몰수하다; 압수하다(=seize) ⓝ **confiscation** 압수
* **confront** ⓥ (어려움 등에) 직면하다(=face) ⓝ **confrontation** 직면, 대치

□ **gradation** ⓝ 단계, 등급, 계급(=degrees); 점차적인 변화
□ **degradation** ⓝ 강등, 좌천: (가치의) 저하, 타락(=debasement)

cf. **delegate** ⓥ 파견하다; 위임하다(=assign) ⓝ 대리인

the **gradations** of color in the rainbow 무지개의 여러 **단계**별 빛깔
promotion and **degradation** 승진과 **좌천**

[연구] de(=down 아래로) + gradation(등급이 내려감) = 강등

[plus] **grade** ⓝ 단계; 과정; 석차, 평점; 학년
degrade ⓥ 강등시키다; (가치를) 떨어뜨리다

□ **terminate** ⓥ 한계 짓다(=limit); 끝내다(=cease; conclude)
□ **determinate** ⓐ 한정된; 확정된(=fixed; definite); 결심한(=determined); 단호한(=resolute)

cf. **definitive** ⓐ 결정적인, 최종적인

They **terminated** business with us. 그들은 우리와의 거래를 **끊었다**.
I didn't know the **determinate** date of his wedding.
나는 그의 결혼식의 **확정된** 날짜를 몰랐다.

[연구] de(강조-완전히) + terminate(한계 짓다)의 뜻에서 = 한정된

[plus] **termination** ⓝ 끝(냄); 종료; 만기
terminal ⓐ 끝의; 종점의
term ⓝ 기간, 기한; 학기; *pl.* 조건, 조항; 말
determination ⓝ 결정; 결심
determine ⓥ 결정하다, 결심하다

de-는 **'아래로(=down); 떨어져서(=away; from); 강조'** 의 의미를 나타낸다.
* **degenerate** ⓥ 퇴보하다; 나빠지다
* **dejection** ⓝ 낙담; 의기소침; 배설
* **demolish** ⓥ 부수다; 파괴하다(=destroy)
* **deplete** ⓥ 비우다; (자원을) 고갈시키다(=exhaust)
* **deride** ⓥ 비웃다(=ridicule); 조소하다
* **despise** ⓥ 경멸하다, 업신여기다(=look down on)
* **devastate** ⓥ 황폐시키다(=ruin); (사람을) 압도하다

□ **criminate** ⓥ 죄를 씌우다; 고발하다(=charge)
□ **discriminate** ⓥ 구별하다, 분간하다; 차별을 두다(=distinguish; differentiate)

The man **criminated** her about the stolen goods.
그 남자는 훔친 물건에 대해 그녀에게 **뒤집어 씌웠다**.
The child didn't **discriminate** 'd' from 'b'.
그 아이는 'b' 와 'd' 를 **구별하**지 못했다.

[연구] dis(=apart 따로따로) + criminate(고발하다) = 구별하다

[plus] **crimination** ⓝ 죄를 씌우기; 고발; 비난
discrimination ⓝ 구별, 식별; 안목; 차별대우

[관련기출어휘 모음]
- **dissimulation** ⓝ 시치미 뗌; 위장, 위선
- **distortion** ⓝ 찌그러짐, 왜곡
- **digression** ⓝ 탈선, 여담
- **diminution** ⓝ 감소, 축소
- **dispersion** ⓝ 분산, 살포
- **diversify** ⓥ 다양화하다
- **differentiate** ⓥ 구별짓다, 식별하다

dis-는 **'반대, 부정(=not 아닌, 안 ~)'** 의 뜻과 **'분리(=apart 떨어져)'** 의 의미를 나타내는데 반대, 부정의 경우는 앞에서 이미 다루었으므로 참고하기 바란다.
* **disrupt** ⓥ 분열시키다; 분할시키다; 방해하다(=hinder)
* **disseminate** ⓥ 흩뿌리다(=spread); (사상을) 퍼뜨리다(=promulgate)
* **dissimulate** ⓥ (감정을) 숨기다; ~인 체하다(=pretend)
* **dissipate** ⓥ 흩뜨리다; 쫓아 버리다(=dispel; scatter); 탕진하다(=waste)
* **distort** ⓥ (사실을) 왜곡하다; (모양을) 찌그러뜨리다(=deform; contort)

* **disperse** ⓥ 흩뜨리다; (뉴스를) 퍼뜨리다(=spread)

[dis의 변형 – di-; dif-]
* **digress** ⓥ (말, 글 등이) 주제에서 벗어나다(=deviate)
* **diminish** ⓥ 줄이다(=reduce); 작게 하다(=lessen)
* **diversity** ⓝ 차이, 상이; 다양성(=variety; multiformity)
* **difference** ⓝ 상이, 차이(=dissimilarity); 차별, 구별(=distinction)

□ power
□ empower

ⓝ 권력, 권능; 힘(=strength); 능력(=ability); 동력, 전력
ⓥ 권능[권한]을 주다, ~할 권한을 부여하다(=authorize; entitle)

He spent his whole life in pursuit of **power**.
그는 권력을 추구하는 데 일생을 보냈다.
He was **empowered** to sign the **contract**.
그는 계약서에 서명할 권한을 **부여받았다**.

[연구] em(=make 만들다) + power(권한) = 권한을 주다
[plus] **powerful** ⓐ 강한, 강력한; 효력 있는
powerless ⓐ 무력한, 무기력한; 효과없는

□ passion
□ impassion

ⓝ 열정, 격정; (감정의) 발작; 강한 애착; 격노(=rage; fury)
ⓥ ~의 열정을 북돋우다, 감동시키다(=move; impress; inspire)

cf. **impasse** ⓝ 궁지, 막다른 골목(=deadlock)
impassive ⓐ 감정이 없는, 냉정한; 무감각한

He is a man of **passion** when he is on the stage.
그는 무대에 있을 때는 **열정적인** 사람이다.
The musical **impassioned** me and I finally cried.
그 뮤지컬은 나를 깊이 **감동시켰고** 결국 난 울었다.

[연구] im(=make) + passion(열정) = 열정을 북돋우다
[plus] **passionate** ⓐ 격한, 쉽게 화를 내는; 열정적인
impassioned ⓐ 열렬한(=passionate; ardent; fervent)
cf. **compassionate** ⓥ 동정하다 ⓐ 동정적인
ⓝ **compassion** 동정, 연민 *cf.* **pathetic** ⓐ 애처로운, 감상적인(=touching; plaintive)
dispassionate ⓐ 냉정한; 공평한(=impartial)

□ prison
□ imprison

ⓝ 감옥(=jail); 감금(=confinement; detention)
ⓥ 감옥에 넣다; 감금하다(=jail)

One of criminals broke out of **prison**. 죄수 한 명이 탈옥을 했다.
She remains **imprisoned** in her room. 그녀는 자신의 방에 **처박혀** 있다.

[연구] im(=into 안으로) + prison(감금하다) = 감옥에 넣다
[plus] **prisoner** ⓝ 죄수, 포로
convict, inmate; jailbird; culprit; offender

[관련기출어휘 모음]

- **enclose** ⓥ 둘러싸다, 에워싸다
- **encounter** ⓥ (위험 등에) 직면하다(=meet; confront)
- **enlighten** ⓥ 계몽하다

위에 나온 **en-, em-, im-**은 그것을 뜻하는 명사, 형용사에 붙어 **'~하게 하다'**라는 뜻의 **동사**를 만든다.

* courage(용기) - **en**courage(기운을 북돋우다)
* danger(위험) - **en**danger(위험에 빠뜨리다)
* rich(부유한) - **en**rich(부유하게 하다)
* slave(노예) - **en**slave(노예로 만들다)
* passion(열정) - **im**passion(열정을 북돋우다)

□ **father** ⓝ 아버지 pl. 선조, 조상(=forefather; ancestor)
□ **forefather** ⓝ 선조, 조상(=ancestor; forebear) opp. descendant 자손; 제자

parents, grandparents, and **forefathers** 부모, 조부모, 조상들
a lineal ascendant[descendant] 지계 존속[비속]

[연구] fore(=before 이전의) + father(아버지) ⇒ (할)아버지의 아버지 = 조상

□ **front** ⓝ 앞; 전선, 전쟁터(=battlefield)
□ **forefront** ⓝ 맨 앞, 선두, 최전선(=the foremost part or place)

Look to your **front**. 앞쪽을 보라.
the **forefront** of battle 전투의 **최전선**

[연구] fore(=before 앞의) + front(앞, 전선) = 맨 앞, 최전선

□ **sight** ⓝ 봄, 언뜻 봄(=view; glimpse); 시력; 경치, 장관(=spectacle)
□ **foresight** ⓝ 선견지명; 통찰; 예상(=a view of the future)

I saw the **sights** of New York last month.
나는 지난달에 뉴욕 **관광**을 했다.
Hindsight is better than **foresight**.
선견지명보다는 뒤늦은 지혜가 낫다.

[연구] fore(=beforehand 미리) + sight(내다 봄) = 예지, 선견지명

□ **word** ⓝ 단어, 말; 약속; 소식, 소문(=rumor)
□ **foreword** ⓝ 서문, 머리말(=preface)

a **word** of advice 한마디 충고
the **foreword** of the Constitution 헌법**서문**

[연구] fore(=before (본문) 앞에 있는) + word(말) = 서문
cf. **forward** ⓐⓓ 앞으로, 앞쪽으로; 금후

[관련기출어휘 모음]

• **foreshadow**

ⓥ 징조를 보이다

• **foreboding** ⓝ 육감, 예감 (=presentiment); 전조

왼쪽 단어에 **fore-**가 붙으면 **'앞서(=before), 미리(=beforehand)'** 의 뜻이 첨가된다.

* **cast**(점치다) – **forecast**(예상하다; 예언하다) ⓝ 예상, (일기) 예보
* **going**(가는) – **foregoing**(앞서는, 선행하는) ⓝ 앞서 말한 것
* **most**(최고의) – **foremost**(가장 중요한, 일류의)
* **tell**(말하다) – **foretell**(예언하다; 예고하다)

□ sensitive
□ hypersensitive

ⓐ 민감한; 예민한; 감각의; 감수성이 강한(=susceptible)

ⓐ 과민한(=oversensitive), 과민증의

cf. **hypercritical** ⓐ 혹평하는

hypocritical ⓐ 위선적인

a **sensitive** ear 예민한 귀

How to treat patients **hypersensitive** to drugs

약에 **과민한** 환자를 치료하는 법

[연구] hyper(=excessively 과도하게) + sensitive(민감한) = 과민한

[plus] **sensitivity** ⓝ 민감함, 감수성; 신경과민

cf. **hypertension** 고혈압

hypotension 저혈압

under; less

□ passive
□ impassive

ⓐ 수동적인 **opp. active 능동적인**

ⓐ 고통을 느끼지 않는(=insensible), 감정이 없는; 냉정한(=calm)

He is a man of **passive** disposition.

그는 **수동적인** 기질의 소유자다.

an **impassive** look **감정을 드러내지 않는** 얼굴

cf. **impressive** 강한 인상을 주는

[연구] im(=not) + pass(=feel 느끼) + ive(는) = 감정이 없는

□ difference
□ indifference

ⓝ 다름, 상이(=dissimilarity); 차이; 불일치; 언쟁(=dispute)

ⓝ 무관심, 냉담(=unconcern; apathy)

a **difference** in quality 품질의 **차이**

He assumed the air of **indifference** to politics.

그는 정치에 **무관심**한 체 했다.

[연구] in(=not (의견이) 안) + difference(다름) = 무관심

[plus] **different** ⓐ 다른, 갖가지의; 색다른

differential ⓐ 구별의 기준이 되는, 차별적인

differentiate ⓥ ~을 구별하다, 식별하다

differential duties[wage] 차별관세[임금]

□ **confident** ⓐ 확신하는, 굳게 믿는 opp. diffident 자신감이 없는, 소심한
□ **overconfident** ⓐ 자신이 너무 많은, 자부심이 너무 강한

I was **confident** of being welcomed by her.
나는 그녀에게 환영받으리라고 **굳게 믿고** 있었다.

We were **overconfident** of success. 우리는 성공을 **너무 확신하**고 있었다.

cf. confidential ⓐ 기밀의, 은밀한; 믿을 만한

[연구] over(=too much 너무) + confident(확신하는) = 자신이 너무 많은

[plus] confide ⓥ 신용하다, 신뢰하다(=trust)
confidence ⓝ 신용, 신뢰; 신임, 확신
overconfidence ⓝ 자만심; 과신

□ **estimate** ⓥ 평가하다, 어림잡다 ⓝ 견적; 평가(=appraisal)
□ **overestimate** ⓥ 과대평가하다 ⓝ 과대평가

He **estimated** that the damage was well over $ 2,000.
그는 손해가 2,000달러 이상이라고 **평가했다**.

He **overestimated** the cost of the new building.
그는 새 건물에 들어가는 돈을 **과대평가했다**.

[연구] over(=excessively 지나치게) + estimate(평가하다) = 과대평가하다

[관련기출어휘 모음]
- **overbearing** ⓐ 거만한, 오만한
- **overdue** ⓐ 지불기한이 넘은; 늦은, 연착한; 생리가 늦은
- **do**(하다) – **overdo**(지나치게 하다[과장하다])

tips 왼쪽 단어에 **over**–가 붙으면 **'지나치게, 너무 ~'** 라는 뜻이 첨가된다.
* **crowd**(만원으로 만들다) – **overcrowd**(초만원이 되게 하다)
* **generous**(관대한) – **overgenerous**(지나치게 관대한)
* **supply**(공급하다) – **oversupply**(지나치게 공급하다)
* **tax**(과세하다) – **overtax**(지나치게 과세하다)
* **weight**(중량, 무게) – **overweight**(초과중량)

cf. overcast ⓥ 온통 뒤덮다 ⓐ 온통 뒤덮은
overcome ⓥ 이겨내다, 이기다; 극복하다
overhead ⓐⓓ 머리 위에, 높은 곳에
overlook ⓥ 내려다보다; 빠뜨리고 못보다
override ⓥ 짓밟다(=trample); 유린하다; 무효로 하다(=nullify)
overthrow/overturn ⓥ 뒤집어 엎다; 전복하다
overwhelm ⓥ 압도하다; 뒤덮다 ⓐ overwhelming 압도적인

□ **caution** ⓝ 경고(=warning); 주의; 조심(=heed)
□ **precaution** ⓝ 예방(조치); 조심(=heed); 경계(=vigilance=lookout)

I should like to give you a word of caution.
네게 한마디 **주의**하고 싶다.

I took many **precautions** to avoid an accident.
나는 사고를 피하기 위해 많은 **예방조치**를 취했다.

[연구] pre(=before 미리) + caution(조심함) = 예방
[plus] **cautious** ⓐ 조심하는; 신중한(=wary)

□ dominate ⓥ 지배하다(=rule), 억누르다(=control), 우위를 차지하다
□ predominate ⓥ 우세하다(=preponderate; outnumber); 지배하다; 탁월하다(=be superior)

cf. **preeminent**
저명한, 뛰어난
ⓐ 우수한, 탁월한, 뛰어난

Korea will **dominate** the global marketplace.
한국이 세계 시장을 **지배하게** 될 것이다.
Pity **predominates** his heart.
연민의 정이 그의 마음을 **지배하고 있다.**

[연구] pre(=before 먼저) + dominate(지배하다) = 우세하다
[plus] **domination** ⓝ 지배, 통제(=control); 우월
dominant ⓐ 지배적인(=ruling); 우세한
predominance ⓝ 우월; 우위; 지배
predominant ⓐ 우월한, 우세한; 지배적인 (=prevalent)
탁월한 =preeminent; outstanding; conspicuous; distinguished

□ mature ⓐ 익은; 성숙한(=ripe) ⓥ 성숙시키다
□ premature ⓐ 조숙한(=precocious), 너무 이른; 너무 조급한(=impatient)

The fruit is getting **mature**. 과일이 점점 **익어** 가고 있다.
premature death[conclusions] **요절[성급한** 결론]

[관련기출어휘 모음]
- **prevail** ⓥ 우세하다, 만연하다
- **predicament** ⓝ 곤경, 궁지 (=dilemma; plight)
- **precocious** ⓐ 조숙한
opp. **retarded**
(지능, 학력) 발달이 뒤진

tips
왼쪽 단어에 **pre-**가 붙으면 **'미리, 먼저, 이전의(before)'**라는 뜻이 첨가된다.
* **determine**(결정하다) – **predetermine**(미리 정하다)
* **meditate**(숙고하다) – **premeditate**(미리 숙고하다)
* **view**(봄, 보기) – **preview**(시연, 시사)
cf. **precept** ⓝ 교훈; 가르침(=teaching); (법률) 영장(=warrant; writ)
predicate ⓥ 단언하다, 단정하다(=declare; assert)
predominate ⓥ 지배하다, 우세하다(=outnumber)
preempt ⓥ 선취하다, 미리 획득하다
preoccupy ⓥ 선취하다; 마음을 빼앗다(=absorb)
ⓝ **preoccupation** 선취, 몰두
prescribe ⓥ 규정하다; 명령하다; 약을 처방하다
presume ⓥ 추정하다(=assume) ⓐⓓ **presumably** 아마도(=probably)
pretax ⓐ 세금을 포함한, 세금 공제 전의

□ **cure** ⓥ 치료하다; 보존하다 ⓝ 치료, 교정(=remedy)
□ **procure** ⓥ 획득하다(=acquire; gain; obtain) opp. forfeit 상실하다

He was **cured** of a flu after a week. 그는 일주일 후 감기가 나았다.
Police **procured** evidence of a murder. 경찰은 살인사건의 증거를 입수했다.

[연구] pro(=before) + cure(보존하다) = 획득하다

[plus] **curable** ⓐ 치료가 가능한, 낫는
procurement ⓝ 획득(=procuration)

[관련기출어휘 모음]
- **profane** ⓐ 불경스러운
- **profound** ⓐ 깊은, 심오한
- **profligate** ⓐ 방탕한, 낭비하는 ⓝ 방탕자
- **promulgate** ⓥ 발표하다, 공표하다

pro–는 '앞으로(=forth), 미리(=before)' 라는 의미를 나타낸다.
* **proclaim** ⓥ 선언하다; 공고하다(=announce)
* **prodigal** ⓐ 낭비적인(=extravagant; ; 풍부한(=abundant)
* **prodigious** ⓐ 거대한(=huge); 막대한(=vast)
* **profess** ⓥ 공언하다(=declare); 고백하다(=confess)
* **prominent** ⓐ 두드러진, 현저한; 탁월한(=eminent; outstanding)
* **proscribe** ⓥ 금지하다(=prohibit); 인권을 박탈하다; 추방하다(=exile)
* **protrude** ⓥ 튀어나오다, 돌출하다(=project)
* **provoke** ⓥ 화나게 하다; 자극하다, (감정을) 불러일으키다(=evoke)

□ **adjust** ⓥ 조절하다(=fit); 조정하다(=regulate); 적응시키다
□ **readjust** ⓥ 재조정하다, 재정리하다(=rearrange)

Our bill was wrong and had to be **adjusted**. 계산서가 잘못되어 바로 잡아야 했다.
She always **readjusts** his car seat before driving.
그녀는 운전 전에 언제나 자동차 좌석을 다시 조정한다.
cf. **just** 정의의, 올바른; 공정한 ⓝ **justice** 정의, 정당

[연구] re(=again 다시) + adjust(조절하다) = 재조절하다

[plus] **adjustment** ⓝ 조정; 조절
readjustment ⓝ 재조정; 재조절

□ **solution** ⓝ 해결, 해명; 녹은 것; 용액; 물약
□ **resolution** ⓝ 분해; 해결; 결심, 결단(=resolve; determination)

the **solution** of a difficulty 어려운 일의 해결
New year's **resolution** 새해의 결심

[연구] re(강조–완전히) + solution(녹임) = 분석; 해결

[plus] **soluble** ⓐ 녹는, 용해성의; 해결할 수 있는
resolve ⓥ 결심하다; 분해하다(=analyze)
resolved ⓐ 결심한; 단호한(=decisive) **resolute** ⓐ 굳게 결심한

[관련기출어휘 모음]

- **recruit** ⓝ 신병, 신입 사원모집 ⓥ 신회원을 모집하다 cf. **enlist** 입대하다
- **reckless** ⓐ 무모한
- **redeem** ⓥ 되찾다, 상환하다; (결점을) 메우다
- **reimburse** ⓥ 갚다, 상환하다 ⓝ **reimbursement** 변제, 상환
- **rehabilitate** ⓥ 복귀시키다(=restore), 복직시키다
- **reiterate** ⓥ 되풀이하다(=repeat)

tips

왼쪽 단어에 **re-**가 붙으면 **'다시(=again), 뒤로, 되(=back), 강조'**의 뜻이 첨가된다.

* **assure**(확신시키다) – **reassure**(다시 확신시키다)
* **construct**(건축하다) – **reconstruct**(재건축하다)
* **form**(만들다) – **reform**(개선하다, 개혁하다)
* **new**(새로운) – **renew**(새롭게 하다, 부활하다)
* **act**(작용하다) – **react**(거꾸로 작용하다, 반응하다)
* **call**(부르다) – **recall**(되부르다; 되돌리다)
* **collect**(수집하다) – **recollect**(회상하다, 상기하다)
* **place**(~에 놓다) – **replace**(도로 갖다 놓다; 대신하다)
* **store**(저장하다) – **restore**(본래 위치, 지위로 되돌리다)

cf. **fresh** 새로워지다 – **refresh** 상쾌하게 하다
mark 표를 하다 – **remark** 주목하다, 주의하다
recover ⓥ 되찾다; (건강을) 회복하다
rehearsal ⓝ 되풀이해서 말하기; 연습 ⓥ **rehearse** 연습하다, 암송하다
reproach/reprove ⓥ 꾸짖다; 나무라다; 비난하다(=criticize)
recompense ⓥ 보답하다; 보상하다(=compensate)
relevant ⓐ 적절한(=pertinent); 관련된(=related)
reminiscence ⓝ 회상; 추억(=recollection; retrospection)
remnant ⓐ 나머지(=residue); 잔여물; 유물
renown ⓝ 유명, 명성, 선망(=fame; celebrity) ⓐ **renowned** 유명한

□ **marine** ⓐ 바다의, 해양의; 해운의
□ **submarine** ⓐ 해수면 밑의; 해저의(=underwater)

marine products 해산물
a **submarine** volcano 해저화산

[연구] sub(=under 아래의) + marine(바다의) = 해저의
[plus] **subdue** ⓥ 정복하다, 진압하다(=conquer)
substance ⓝ 실체, 본질; 물질(=material); 요지(=purport)

□ **press** ⓥ 누르다, 내리누르다 ⓝ 누르기; 압착
□ **suppress** ⓥ 진압하다(=repress), 억압하다; 억제하다; (출판물을) 발행금지하다

press a button[lever] 버튼을[레버를] 누르다
suppress a revolt 폭동을 진압하다

[연구] sup(=under 아래로) + press(내리누르다) = 억압하다
[plus] **pressure** ⓝ 압력; 고민; 고혈압
suppression ⓝ 억압, 진압; 은폐; 억제(=restraint)
expression ⓝ 표현; 표정, 안색

[관련기출어휘 모음]

- **subjugate** ⓥ 정복하다, 복종시키다(=subdue)
- **submissive** ⓐ 복종하는, 순종적인(=obedient)
- **subside** ⓥ 가라앉다; 잠잠해지다(=die down)
- **surreptitious** ⓐ 은밀한 (=clandestine)

tips

sub–는 '아래로, 아래에(=under)'라는 뜻을 나타낸다.

* **sub**ordinate ⓐ 하위의; 부차적인, 종속적인(=dependent; secondary)
* **sub**sidiary ⓐ 부차적인, 종속적인(=subservient) ⓝ 보조물, 자회사
* **sub**sist ⓥ 존재하다; 생활하다 ⓝ **subsistence** 생존(=survival), 생계

sub–의 변형 = suc–, suf–, sug–, sum–, sup–, sur–, sus–가 있다.

* **suc**cinct ⓐ 간결한(=concise); 간명한(=brief; terse)
* **sug**gestion ⓝ 제안, 제의(=proposal)
* **sum**mon ⓥ 호출하다, 소환하다; (의회를) 소집하다 ⓝ **summons** 소환, 호출, 소집
* **sup**position ⓝ 상상, 추측; 가설(=assumption)
* **sur**render ⓥ (적에게) 넘겨주다; 항복하다(=capitulate)

□ **natural** ⓐ 자연의, 천연의 opp. artificial 인공의, 인조의(=synthetic)

□ **supernatural** ⓐ 초자연의; 이상한; 굉장한; 무시무시한(=eerie; weird)

natural beauty[forces] 자연미[자연력]

supernatural power 초자연적인 힘

[연구] super(=beyond 초) + natural(자연의) = 초자연의

[plus] naturally ⓐⓓ 자연스럽게, 선천적으로

naturalize ⓥ (외국인을) 귀화시키다

[관련기출어휘 모음]

- **supercilious** ⓐ 거만한, 건방진
- **supersede** ⓥ 대신하다, 대리하다

tips

super–는 '~의 위에, 위로(=over), ~을 초과하여(=beyond)'라는 의미를 나타낸다.

* **super**ficial ⓐ 피상적인(=shallow); 겉치레의; 외견상의(=apparent)
* **super**fluous ⓐ 여분의, 남아도는(=redundant); 불필요한(=unnecessary)
* **super**stition ⓝ 미신; 미신적인 행위; 우상숭배(=idolatry)
* **super**vise ⓥ 감독하다, 관리하다(=superintend; oversee)
* **super**vene ⓥ (~에) 잇따라 일어나다; (~의) 결과로 일어나다(=ensue)

[super–의 변형 = sur–]

* **sur**mise ⓥ 짐작하다; 추측하다(=guess)
* **sur**mount ⓥ (어려움을) 극복하다(=overcome)
* **sur**plus ⓝ 과잉, 잉여(=overplus; excess) ⓐ 잉여의; 과잉의(=superfluous)
* **sur**round ⓥ 둘러싸다, 에워싸다(=enclose; encircle)

□ **grade** ⓥ 등급으로 나누다 ⓝ (품질의) 단계, 등급

□ **upgrade** ⓥ (품질을) 향상시키다 ⓝ 증가, 오르막길

These pears are **grade** A. 이 배는 1등품이다.

I **upgraded** my computer nicely.

나는 컴퓨터의 **품질을** 훌륭하게 **향상시켰다**.

cf. **uproar** ⓝ 소란, 소동
upcoming ⓐ 다가오는, 곧 닥칠
· **incoming** ⓐ 들어오는 ⓝ *pl.* 수입

[plus] **update** ⓥ 최신의 것으로 하다 ⓝ 최신 정보
uproot ⓥ 뿌리째 뽑다(=root up); 근절하다(=eradicate)
upright ⓐ 직립한, 곧추선(=vertical); 정직한, 고결한(=lofty)
upstart ⓝ 벼락 출세자, 벼락부자

cf. **retrograde** ⓥ 후퇴하다; 쇠퇴하다; 악화하다
retrograde in civilization 문명이 **퇴보하다**
retrospect ⓥ 회고하다 ⓝ 회고, 추억
= **retro**(=back 뒤로) + speck(=look 돌아보다)

□ privileged ⓐ 특권을 가지는, 특전이 있는(=prerogative)
□ underprivileged ⓐ 혜택을 받지 못한, 불우한(=unfortunate; adverse)

They were **privileged** to visit at any time.
그들은 언제든지 방문해도 좋다는 **특권이 주어져** 있다.

They are so poor and **underprivileged**.
그들은 아주 가난하고 **사회적 혜택을 입지 못하고** 있다.

[연구] under(보통보다 아래로) + privileged(특권을 가지는) = 혜택을 받지 못한, 불우한

[plus] **privilege** ⓝ 특권; 특전

□ line ⓥ 줄을 긋다 ⓝ 선; 끈; 열; 경계선(=border)
□ underline ⓥ 밑줄을 긋다, 강조하다(=emphasize; stress) ⓝ 밑줄

a parallel **line** 평행선
He **underlined** that she was in the wrong. 그는 그녀가 틀렸다는 사실을 **강조했다**.

[연구] under(=beneath 아래에) + line(줄을 긋다) = 강조하다

[관련기출어휘 모음]
· **undermine** ⓥ ~의 밑을 파다; 약화시키다, 손상시키다
· **underlaying** ⓐ 밑바탕에 깔려 있는, 근원적인
· **understatement** ⓝ 삼가서 말하기, 절제된 표현

tips
왼쪽 단어에 **under-**가 붙으면 **'저, 과소; 아래로, 아래의'** 라는 뜻이 첨가된다.
* **developed**(발달한) – **underdeveloped**(저개발의)
* **estimate**(평가하다) – **underestimate**(과소평가하다)
* **ground**(땅, 지표) – **underground**(지하; 비밀의)
* **rate**(평가하다) – **underrate**(낮게 평가하다)
* **score**(줄을 긋다) – **underscore**(밑줄을 치다, 강조하다)
* **wear**(옷) – **underwear**(속옷, 내의)

4. 접두사 어휘 비교

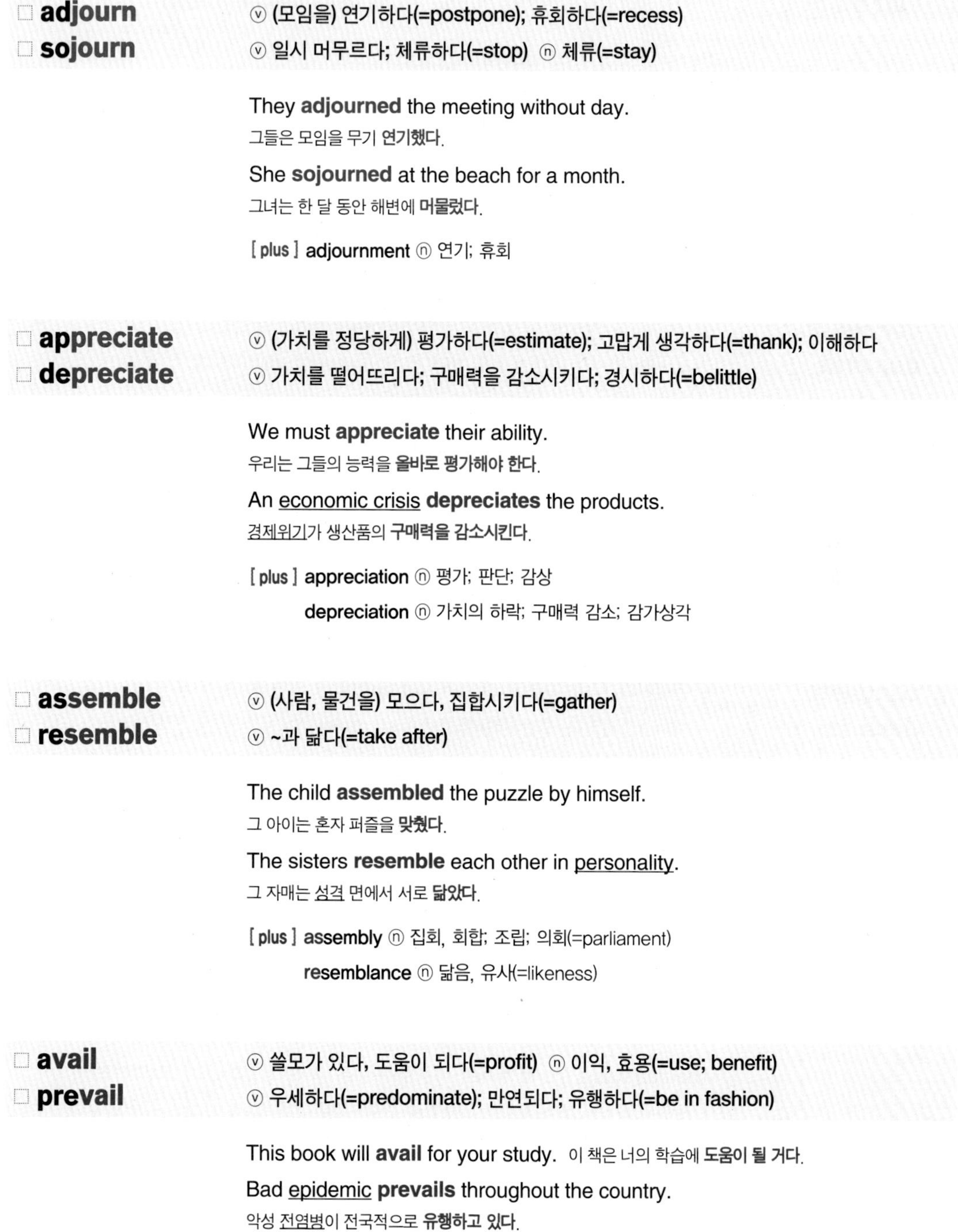

□ **adjourn** ⓥ (모임을) 연기하다(=postpone); 휴회하다(=recess)
□ **sojourn** ⓥ 일시 머무르다; 체류하다(=stop) ⓝ 체류(=stay)

They **adjourned** the meeting without day.
그들은 모임을 무기 **연기했다**.

She **sojourned** at the beach for a month.
그녀는 한 달 동안 해변에 **머물렀다**.

[plus] adjournment ⓝ 연기; 휴회

□ **appreciate** ⓥ (가치를 정당하게) 평가하다(=estimate); 고맙게 생각하다(=thank); 이해하다
□ **depreciate** ⓥ 가치를 떨어뜨리다; 구매력을 감소시키다; 경시하다(=belittle)

We must **appreciate** their ability.
우리는 그들의 능력을 **올바로 평가해야 한다**.

An economic crisis **depreciates** the products.
경제위기가 생산품의 **구매력을 감소시킨다**.

[plus] appreciation ⓝ 평가; 판단; 감상
depreciation ⓝ 가치의 하락; 구매력 감소; 감가상각

□ **assemble** ⓥ (사람, 물건을) 모으다, 집합시키다(=gather)
□ **resemble** ⓥ ~과 닮다(=take after)

The child **assembled** the puzzle by himself.
그 아이는 혼자 퍼즐을 **맞췄다**.

The sisters **resemble** each other in personality.
그 자매는 성격 면에서 서로 **닮았다**.

[plus] assembly ⓝ 집회, 회합; 조립; 의회(=parliament)
resemblance ⓝ 닮음, 유사(=likeness)

□ **avail** ⓥ 쓸모가 있다, 도움이 되다(=profit) ⓝ 이익, 효용(=use; benefit)
□ **prevail** ⓥ 우세하다(=predominate); 만연되다; 유행하다(=be in fashion)

This book will **avail** for your study. 이 책은 너의 학습에 **도움이 될 거다**.

Bad epidemic **prevails** throughout the country.
악성 전염병이 전국적으로 **유행하고 있다**.

[plus] available ⓐ 이용할 수 있는, 유용한

prevalent ⓐ 유행하고 있는, 만연하는(=widespread)

□ **collaborate** ⓥ 협력하다; 공동으로 일하다(=work[cooperate] with)

□ **elaborate** ⓥ 정성들여 만들다 ⓐ 공들인, 정교한(=exquisite; delicate)

Several people **collaborated** on the book.
몇몇 사람들이 그 책을 **공동으로 집필했다**.

an **elaborate** study of the subject
그 문제에 대한 정성스러운 연구

[plus] collaboration ⓝ 공동; 협력; 합작; 이적행위

elaboration ⓝ 공들인 완성; 정교; 역작; 상세한 말

□ **command** ⓥ 명령하다(=order); 제압하다 ⓝ 명령(=order; bidding 입찰)

□ **demand** ⓥ 요구하다(=ask for); 필요로 하다 ⓝ 요구(=need; claim); 수요

cf. **commend** ⓥ 추천하다, 칭찬하다(=praise)

He **commands** me to do that. 그는 내게 그 일을 하라고 **명령**했다.

The police **demand** her to show the <u>driver's license</u>.
경찰은 그녀에게 <u>면허증</u> 제시를 요구했다.

[plus] commander ⓝ 명령자, 사령관

commanding ⓐ 지휘하는, 유력한(=powerful)

commandeer ⓥ 징발하다, 징집하다; (남의 물건을) 제멋대로 쓰다

□ **complete** ⓥ 완성하다, 끝내다(=bring to an end; finish) ⓐ 완전한

□ **deplete** ⓥ ~을 감소시키다, 고갈시키다(=exhaust; drain)

The <u>harvest</u> was **completed** in October. <u>추수</u>는 10월에 **끝났다**.
We **deplete** our <u>resources</u> little by little. 우리는 조금씩 <u>자원</u>을 **고갈시키고 있다**.

[plus] completion ⓝ 완성, 완료; 성취 *cf.* complement ⓥ 보충하다 ⓝ 보충물

depletion ⓝ 감소, 고갈, 소모

□ **desolate** ⓥ 황폐하게 하다 ⓐ 적막한(=dismal); 황폐한(=devastated)

□ **isolate** ⓥ 고립시키다; 격리하다(=detach; separate)

The dog was a friend in her **desolate** life. **적막한** 생활에서 개가 그녀의 친구였다.
The island that we've been to was **isolated**. 우리가 갔던 그 섬은 **고립되**어 있었다.

[plus] desolation ⓝ 황량; 적막 insolation ⓝ 일광욕; 일사병

isolation ⓝ 고독; 고립; 격리 consolation ⓝ 위로; 패자부활전

keep a patient in **isolation** 환자를 격리하다

☐ **detect** ⓥ 찾아내다, 발견하다(=find out)
☐ **protect** ⓥ 지키다, 보호하다(=guard; shelter; safeguard)

I **detected** him stealing the money.
나는 그가 훔치는 것을 **발견했다**.

I wore a hard hat to **protect** my head.
나는 머리를 **보호하**기 위해 안전모를 썼다.

[plus] detection ⓝ 발견, 간파; 탐지
detective ⓐ 탐정의 ⓝ 형사 *cf.* operative 사립탐정, 첩보요원
protection ⓝ 보호, 방호; 보호무역
protector ⓝ 보호자, 옹호자; 가슴받이

☐ **develop** ⓥ 발달시키다, 발전시키다; 개발하다; 드러내다(=reveal; display)
☐ **envelop** ⓝ 싸다, 봉하다(=wrap); 감추다; 완전히 포위하다(=surround)

The government tried to **develop** the animation industry.
정부는 애니메이션 산업을 발달시키려고 노력했다.

I **enveloped** a book in the package paper.
나는 책을 포장지에 **쌌다**.

[plus] development ⓝ 발달; 발전
envelopment ⓝ 싸기, 봉하기
envelope ⓝ 싸는 것, 싸개, 씌우개; 봉투

☐ **disturb** ⓥ (평온, 평화를) 깨뜨리다(=agitate); 걱정시키다(=perturb)
☐ **perturb** ⓥ 마음을 뒤 흔들다(=disturb); 당황하게 하다(=upset)

My wife **disturbs** me in my sleep.
아내가 내 수면을 **방해한다**.

I am much **perturbed** by her illness.
나는 그녀의 병 때문에 크게 **걱정하고 있다**.

[plus] disturbance ⓝ 훼방, 방해; 혼란; 소동(=uproar; commotion); 걱정
perturbation ⓝ 마음의 동요, 불안; 걱정거리

☐ **divide** ⓥ 나누다, 분할하다(=separate) ⓝ 분할(=division)
☐ **provide** ⓥ 준비하다; 공급하다(=supply; furnish), 제공하다(=offer)

cf. **provident** ⓐ 선견지명이 있는, 절약하는

She **divided** the bread into two pieces.
그녀는 빵을 두 조각으로 **나눴다**.

We **provided** a flashlight for a rainy day.
우리는 만일의 경우에 대비해 손전등을 **준비했다**.

[plus] division ⓝ 분할, 구분; 불화; 칸막이 *cf.* dividend ⓝ 배당금, 특별수당

provision ⓝ 준비, 설비; (법의) 조항 *pl.* 식료품, 식량

□ **issue** ⓥ 나오다. 유출하다 ⓝ 유출; 발행; 쟁점(=a point in question)

□ **pursue** ⓥ 추적하다(=chase; follow); 추구하다(=strive to gain)

Smoke was **issuing** from the building.

연기가 그 건물에서 **나오고** 있었다.

Dogs **pursue** a bird in the park.

공원에는 개들이 새 한 마리를 **쫓고 있다**.

[plus] issuer ⓝ 발행인 ⓐ issueless 자식이 없는, 결과가 없는

pursuit ⓝ 추적, 추격; 추구(=chase)

the **pursuit** of happiness 행복의 **추구**

□ **confound** ⓥ 혼동하다(=confuse); 혼란시키다(=disorder)

□ **profound** ⓐ 깊은(=deep); (학문, 사상 등이) 깊은, 심원한(=abstruse)

He **confounded** liberty with license.

그는 자유와 방종을 **혼동했다**.

a man of **profound** learning 학문이 **깊은** 사람

[plus] confounded ⓐ 혼란된; 당황한(=confused)

profoundly ⓐⓓ 깊이; 심오하게; 매우

profundity ⓝ 깊음, 심원함; 깊은 곳; 심오, 오묘

□ **dispense** ⓥ 분배하다(=distribute; share; give out)

□ **suspense** ⓝ 불안, 걱정(=unrest; misgivings); (정세 등이) 미결정인 상태

cf. **disperse** ⓥ 쫓아 버리다; 분산시키다

She **dispenses** food to the poor every Sunday.

그녀는 주일마다 가난한 사람들에게 음식을 **나눠준다**.

The story keeps me in **suspense**.

그 이야기는 나를 **불안**하게 만들었다.

[plus] dispensary ⓝ 약국, 진료소(=clinic); 양호실

suspend ⓥ 달아매다(=hang); 일시 중지[정지]하다

□ **application** ⓝ 적용, 응용; 사용(=use); 신청(=filing)

□ **complication** ⓝ 복잡(화); 귀찮은 문제; 분규(=entanglement)

I made an **application** for admission to the school.

나는 그 학교에 입학 **신청**을 했다.

international **complications** 국제 **분규**

• **duplicate** ⓥ 복사하다

ⓝ 복사, 사본 ⓐ 중복의, 이중의

cf. **duplication** ⓝ 이중, 복사, 복제 ⓝ **duplicity** 이중성, 표리부동

implication ⓝ 연루, 연관; 함축(=comprehension)

multiplication ⓝ 증가, 번식; 곱셈 *opp.* **division** 나눗셈

supplication ⓝ 간청, 애원, 탄원(=entreaty) ⓥ **supplicate** 간청하다(=beseech)

[plus] **apply** ⓥ 적용하다, 신청하다; 사용하다

applicant ⓝ 지원자, 신청자, 응모자 • **appliance** ⓝ 장비, 설비, 가전제품

an **applicant** for a position 구직자

complicate ⓥ 복잡하게 하다, 뒤얽히게 하다

complex ⓐ 복잡한 ⓝ 복합체 • **complexion** ⓝ 안색, 외모

□ **complement** **ⓝ 보충물; <문법> 보어 ⓥ 보충하여 완전하게 하다(=complete)**

□ **supplement** **ⓝ 보충; 증보; 부록(=appendix; annex) ⓥ 보충하다**

Musical <u>entertainment</u> is a good **complement** to a party.

음악적 <u>여흥</u>은 파티를 빛나게 해주는 **보충물**이다.

My teacher gave us another **supplement.** 우리 선생님은 다른 보충자료를 주셨다.

cf. **implement** ⓝ 도구; 용구; 수단 ⓥ 이행하다; (조건을) 충족시키다

agricultural **implement** 농기구

compliment ⓝ 경의, 찬사; *pl.* 인사 ⓥ 칭찬하다, 축하하다

□ **component** **ⓐ 구성하는(=constituent) ⓝ (기계 등의) 구성요소, 성분**

□ **opponent** **ⓐ 반대하는(=antagonistic), 상대편의 ⓝ 상대, 적(=adversary)**

She knows a lot about the **components** of a car.

그녀는 자동차의 **구성부품**들에 대해 많이 안다.

We beat the **opponent** team in the first set.

우리는 첫 세트에서 **상대**편을 물리쳤다.

[plus] **compose** ⓥ 조립하다; 작곡하다; 구성하다 ⓝ **composition** 구성, 구조, 작곡

oppose ⓥ 반대하다; 대항하다 ⓝ **opposition** 반대, 저항, 반발

□ **valid** **ⓐ 정당한(=just); 근거 있는; 효력이 있는(=effective); 확실한(=authentic)**

□ **invalid** **ⓐ (근거가) 박약한; 병약한(=sickly); (법적으로) 무효인(=void)**

This ticket is **valid** for the day of <u>issue</u> only.

이 표는 <u>발행</u> 당일에만 **효력이 있다.**

She worked so hard for her **invalid** son.

그녀는 **병약한** 아들을 위해 열심히 일했다.

[plus] **validity** ⓝ 타당성, 정당성, 합법성 ⓥ **validate** 유효하게 하다, 승인하다

invalidity ⓝ 무효, 무가치 ⓥ **invalidate** 무효로 하다, 무력하게 하다

□ **obvious** ⓐ 분명한, 명백한(=evident; manifest; distinct; patent; apparent)
□ **previous** ⓐ 이전의, 먼저의(=preceeding; former); 조급한, 서두른(=too hasty)

an **obvious** intention 명백한 의도
a **previous** engagement 선약

[plus] **obviously** ⓐⓓ 분명히, 명백히(=manifestly)
previously ⓐⓓ 앞서, 먼저, 미리(=beforehand)

[참고] 같은 뜻으로 쓰이는 두 단어

1. **lure – allure** ⓥ 유혹하다
   She **allured** boys with her attractive lips.
   그녀는 매력적인 입술로 많은 남자들을 유혹했다.

2. **sort – assort** ⓥ 분류하다, 구분하다
   Assort the articles in sizes and patterns.
   그 물건들을 크기와 모양으로 분류하라.

3. **grudge – begrudge** ⓥ 주기 싫어하다, 시기하다(=envy)
   I **grudge** giving him my money.
   그에게는 돈을 주고 싶지 않다.

4. **bear – forbear** ⓥ 참다, 인내하다
   Bear and **forbear**. 참고 또 참아라.

5. **tramp – trample** ⓥ (마구) 짓밟다(=tread)
   tramp on the flowers 꽃을 마구 짓밟다
   trample out a fire 불을 밟아 끄다

Chapter

어근 보카

Root

어근은 단어에서 접사를 제외한 부분으로,
다른 단어가 파생되는 기본 부분이다.
어근을 알면, 그 어근에
접미사나 접두사의 뜻을 더해 파생된 단어 뜻을 파악할 수 있다.
앞에서 공부한 접미사와 접두사에 어근을 더하여
어휘의 구성 원리를 완전히 이해한다.

» act

행동하다, 수행하다(=do), 작용하다; 법령(=law)

C3-001

coact
[kouǽkt]

co(=together 함께) + act(수행하다) ⇒ 함께 일하다, 협력하다

ⓥ **함께 일하다, 협력하다**(=work together; colloborate)

ⓝ **coaction** 협력, 상호작용; 강제 ⓐ **coactive** 공동작업의

He coacted with his friends at the office.
그는 그 사무실에서 친구들과 함께 일하였다.

counteract
[kàuntərǽkt]

counter(=against 반대로) + act(작용하다) ⇒ 방해하다, 중화하다

ⓥ (~을) **방해하다**(=hinder), 좌절시키다; (약 등이) **중화하다**

ⓝ **counteraction** (계획의) 방해; (약의) 중화작용; 반작용

She didn't mean to counteract her friend's plan.
그녀는 친구의 계획을 방해하려는 게 아니었다.

interact
[ìntərǽkt]

inter(=between 사이에서, 공동으로) + act(작용하다) ⇒ 상호작용하다

ⓥ **상호작용하다**(=act upon each other)

ⓝ **interaction** 상호작용(=interplay)

We observe the document together but we don't interact.
우리는 그 서류를 함께 살펴보지만 서로 영향을 주진 않는다.

react
[riǽkt]

re(=back 뒤로, 반대로) + act(작용하다) ⇒ 반작용하다, 역행하다

ⓥ **반작용하다**; (자극에) 반응하다; **역행하다**

ⓝ **reaction** **반작용**, 반발; 역행; (화학, 핵) 반응, (자극등에 대한) 반응

Every body reacts upon the body that moves it.
모든 물체는 그것을 움직이는 물체에 대하여 거꾸로 작용한다.

a chain reaction 연쇄 작용

cf. **exact** ⓥ 강요하다(=force; compel) ⓐ 정확한(=accurate; precise; correct)
exaction ⓝ 강요; 강제징수(=extortion) **exacting** ⓐ 까다로운, 힘든; 엄격한(=severe)

transact
[trænsǽkt]

trans(=through 처음부터 계속) + act((업무를) 수행하다) ⇒ 처리하다, 거래하다

ⓥ (업무 등을) **처리하다**, 행하다; **거래하다**(=negotiate)

ⓝ **transaction** **처리**, 취급; 업무(=business); 거래(=dealings)

They transact business in church. 그들은 교회에서 사무를 관리한다.
perform business transactions 상거래를 하다

» anim

mind, spirit : 마음, 정신 life : 생명

C3-002

animate
[ǽnəmèit]

anim(=life 생명)을 + ate(=make 만들어 주다) ⇒ 생명을 주다, 격려하다

ⓥ (~에) **생명을 주다,** 생기있게 하다; **격려하다**(=encourage)
ⓐ **생명이 있는; 살아 있는**(=living; alive); 생기 있는(=lively)

Water animated the flowers. 물은 꽃을 싱싱하게 해 주었다.

inanimate
[inǽnəmət]

in(=not 안) + animate(생명이 있는) ⇒ 생명이 없는, 활기 없는

ⓐ **생명이 없는**(=lifeless), 무생물의; **활기 없는**(=spiritless; dull; flat; inactive; languid; wooden)

They were bored with the inanimate conversation.
그들은 맥빠진 대화에 지루했다.

equanimity
[ìkwəníməti]

equ(=equal 똑같은) + anim(=mind 마음) + ity(임) ⇒ 평온, 냉정

ⓝ (마음의) **평온,** 침착(=composure); **냉정**(=self-possession)
ⓐ **equanimous** 평온한, 냉정한, 차분한(=calm; tranquil)

She finished her presentation with equanimity. 그녀는 침착하게 발표를 끝냈다.

magnanimity
[mæ̀gnəníməti]

magn(=great 큰) + anim(=mind 마음) + ity(임) ⇒ 관대, 아량

ⓝ **관대, 아량** 도량이 큼; 관대한 행위(=a magnanimous act)
ⓐ **magnanimous** 마음이 큰, 아량이 있는; 관대한(=generous*)

People thought that he was a man of magnanimity.
사람들은 그가 관대한 사람이라 생각했다.

unanimity
[jù:nəníməti]

• un < uni=one

un(=one (모두가) 한) + anim(=mind 마음) + ity(임) ⇒ 만장일치

ⓝ **만장일치,** 전원합의(=all agreeing completely; consentience)
ⓝ **unanimous** 전원합의의, 만장일치의; 같은 의견인(=concurrent)

They passed the bill with a unanimity of opinion.
그들은 만장일치로 법안을 통과시켰다.

animosity
[æ̀nəmάsəti]

anim(=mind (나쁜) 마음으로) + osity(가득 참) ⇒ 적의, 증오심, 원한

ⓝ **적의, 증오심, 원한**(=hatred; enmity; antipathy)
ⓝ **animus** 적의, 악의, 원한(=animosity); 의도(=intention)

animosity between the two parties 양당 간의 적의

» ann(u)

year : 해, 년 ⇒ ann(u) = enn(i-)

▶ C3-003

---

annual
[ǽnjuəl]

annu(=year 해)마다 + al(의) ⇒ 해마다의, 1년생의

ⓐ **해마다의,** 1년의(=yearly); 1년에 한 번의; **1년생의** ⓝ 연보; 1년생 식물

ⓐⓓ **annually** 해마다, 매년(=yearly) cf. **annul** ⓥ 무효로 하다

They all get together annually. 그들은 매년 함께 모인다.

---

biannual
[bàiǽnjuəl]

cf. **bimonthly**
ⓐ 두달의 한 번의

bi(=two 두) + annual(=year 해마다의) ⇒ 연 2회의, 반년마다의

ⓐ **연 2회의**(=semiannual); **반년마다의**(=half-yearly)

ⓐⓓ **biannually** 연 2회로, 반년마다

She receives biannual bonuses. 그녀는 일 년에 두 번 상여금을 받는다.

---

anniversary
[æ̀nəvə́ːrsəri]

anni(=year 해)마다 + vers(=turn 돌아오는) + ary(것) ⇒ 기념일, 기념제

ⓝ (해마다 오는) <생일, 결혼 등의> **기념일;** 기념제

They always have a party on their wedding anniversary.
그들은 항상 결혼기념일에 파티를 연다.

---

biennial
[bàiéniəl]

cf. **bilingual**
ⓐ 두 나라 말을 하는
ⓐ 두 나라 말로 쓴

bi(=two 2) + enni(=year 년 (마다)) + al(의) ⇒ 2년마다의, 2년간 계속되는

ⓐ **2년마다의**(=happening every two years); **2년간 계속되는,** 2년생의

ⓝ 2년마다의 행사; 2년생 식물(=a biennial plant)

He practices tennis hard for a biennial tournament.
그는 2년마다 있는 대회를 위해 테니스를 열심히 연습한다.

---

perennial
[pəréniəl]

per(=through 쭉) + enni(=year 1년) + al(의) ⇒ 연중 계속되는, 영속하는

ⓐ **연중 계속되는; 영속하는,** 영원한(=perpetual; enduring; lasting; eternal);
<식물이> 다년의, 다년생의 ⓝ 다년생 식물

ⓐⓓ **perennially** 일 년 내내, 해마다; 끊임없이, 영속적으로

A perennial festival is dressed. 연중 끊이지 않는 축제가 꾸며진다.

---

centennial
[senténiəl]

cf. **bicentennial** ⓐ 200년 마다의 ⓝ 200년 기념제

cent(=hundred 100) + enni(=year 년(마다)) + al(의) ⇒ 100년(마다)의

ⓐ **100년(마다)의;** 100년 계속되고 있는; 100년 기념제의; 100주년 기념제

the centennial seminar of Korean Railroad 한국철도의 100주년 기념 세미나

[주의] annals 연대기(=chronicle); 사료, 연보

≫ ced(e)

go : 가다, 진행되다, 떠나다 ⇒ ced(e) = ceed = cess

▶ C3-004

accede
[æksíːd]

ac(=to ~에게로 (생각이)) + cede(=go 따라가다) ⇒ 동의하다, 취임하다

ⓥ (요구, 제의에) **동의하다,** 응하다(=agree; consent); **취임하다**

ⓝ **access** 접근, 출입(=admittance)

ⓐ **accessible** 접근하기 쉬운; 이용할 수 있는(=available)

ⓝ **accession** 도달; 획득, 상속; 승낙(=assent)

The buyers acceded to terms they suggested.
구매자들은 그들이 제시한 조건에 동의했다.

antecede
[æ̀ntəsíːd]

ante(=before ~보다 앞에) + cede(=go 가다) ⇒ ~에 선행하다, ~보다 낫다

ⓥ **~에 선행하다**(=precede); **~보다 낫다**(=excel)

ⓐ **antecedent** 이전의(=previous); ~에 앞서는(=prior; preceding)

ⓝ 선례; pl. 전력, 경력(=past history) **조상**(=ancestors)

The results anteceded his expectation.
결과물은 그의 예상보다 나았다.

concede
[kənsíːd]

cf. **cede** ⓥ 양도하다, 양보하다

con(=together 서로 (사이좋게)) + cede(=go 가다) ⇒ 양보하다, 시인하다

ⓥ **양보하다**(=yield); (허가 등을) 주다; **시인하다**(=admit)

ⓝ **concession** 양보, 용인, 허가; 특권, 이권; 영업허가; 장내매점

Our team couldn't concede the defeat.
우리 팀은 패배를 인정할 수 없었다.

an oil concession 석유 채굴권

intercede
[ìntərsíːd]

inter(=between ~ 사이로 (해결하러)) + cede(=go 가다) ⇒ 중재하다, 조정하다

ⓥ **중재하다, 조정하다**(=mediate); ~을 탄원하다(=plead)

ⓝ **intercession** 중재, 조정 ⓝ **intercessor** 중재자, 조정자

They interceded in a quarrel between husband and wife yesterday.
그들은 어제 부부싸움을 중재했다.

precede
[prisíːd]

pre(=before 앞에 먼저) + cede(=go 가다) ⇒ ~을 앞서가다, 우선하다

ⓥ **~을 앞서가다;** ~ 앞에 일어나다; **우선하다** *opp.* **succeed** 뒤에 오다

ⓐ **precedent** 이전의, 앞의; 선행하는(=preceding) ⓝ 전례, 판례

ⓝ **precedence** 선행(=priority); 상위, 우선; 윗자리

ⓐ **unprecedented** 전례가 없는; 비할 바 없는(=unparalleled)

His decision preceded all others.
그의 결정이 다른 모든 것보다 우선했다.

recede
[risíːd]

re(=back 뒤로) + cede(=go (물러) 가다) ⇒ 물러가다, 철회하다

ⓥ **물러가다, 철회하다,** 그만두다(=withdraw)

ⓝ **recession** 후퇴, 퇴거; (일시적) 경기후퇴, 불경기

ⓝ **recess** 휴식, 휴가(=vacation)

ⓐ **recessive** 후퇴하는, 역행하는; 〈유전〉 열성의

We receded from a contract with our partner.
우리는 우리 협력자와의 계약을 철회했다.

retrocede
[rètrousíːd]

retro(=backward 되돌아) + cede(=go 가다) ⇒ 되돌아가다, 후퇴하다

ⓥ **되돌아가다;** 후퇴하다(=recede); (영토, 관할권 등을) 반환하다

ⓝ **retrocession** 후퇴(=recession); (영토의) 반환

The plane retroceded to Seoul due to foul weather.
비행기는 악천후 때문에 서울로 되돌아갔다.

secede
[sisíːd]

se(=apart 떨어져) + cede(=go 나가다) ⇒ 탈퇴하다

ⓥ (정당, 연맹 등에서) **탈퇴하다,** 탈당하다(~from)(=withdraw)

ⓝ **secession** 탈퇴; 이탈; 분리(=separation)

He decided to secede from an opposition party.
그는 야당을 탈당하기로 결심했다.

- 탈퇴하다=secede withdraw; leave; break away

[참고] **aud(i) = hear**
- **audible** ⓐ 들을 수 있는
- **audience** ⓝ 관객, 청중
- **audition** ⓝ 청력, 청취테스트
- **auditorium** ⓝ 청중석, 강당

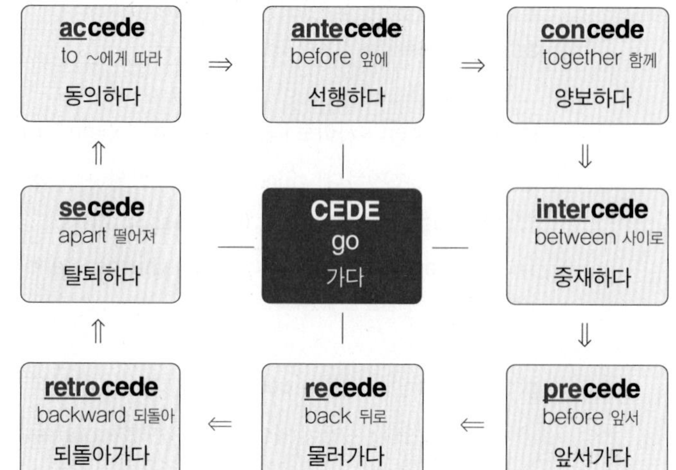

ceiv(e)

take; seize : 잡다, 가지다; 받아들이다 ⇒ ceive = cip = cept = ceip

C3-005

conceive
[kənsíːv]

con(=together 함께) + ceive(=take (생각을) 가지다) → 마음속에 품다, 상상하다

ⓥ (생각, 원한 등을) **마음속에 품다, 상상하다**(=imagine); (계획을) 생각해내다

ⓝ **conceit** 자만(심); 독단 ⓐ **conceited** 우쭐거리는

We cannot conceive why she should allow him to go.
우리는 그녀가 왜 그를 가게 하는지 상상할 수 없다.

deceive
[disíːv]

de(=off (몰래) 떨어져서) + ceive(=take 잡다) ⇒ 속이다, 기만하다

ⓥ (~을) **속이다, 기만하다**(=mislead; delude; cheat; take in); 그르치다

ⓝ **deception** 속임, 기만(=cheat; fraud; artifice)

ⓝ **deceit** 기만, 사기(=cheating; fraud)

ⓐ **deceitful** 기만적인, 사기의; 허위의(=false)

ⓐ **deceptive** 남을 속이는, 믿을 수 없는(=misleading)

The salesman deceived her into buying it.
그 점원은 그녀를 속여서 사게 했다.

perceive
[pərsíːv]

per(=thoroughly 철저히) + ceive(=take (알고) 잡다) ⇒ 알아차리다, 이해하다

ⓥ **알아차리다,** 지각하다, 인지하다(=know); **이해하다**(=apprehend)

ⓝ **perception** 지각, 이해; 직관(=intuition)

ⓐ **perceptive** 지각력 있는; 예민한(=keen)

I didn't perceive him coming into the room.
나는 그가 방에 들어오는 것을 알아차리지 못했다.

a controversy over the correct perception of history
올바른 역사인식에 관한 논쟁

receive
[risíːv]

re(=again 다시 (되돌려)) + ceive(=take 받다) ⇒ ~을 받다, 수령하다

ⓥ **~을 받다, 수령하다**(=take); ~을 경험하다(=experience; undergo)

ⓝ **receipt** 영수증; 수령, 영수

ⓝ **reception** 수령; 환영회; (호텔의) 프런트; 수신(상태); (세상의) 평판

ⓐ **receptive** 잘 받아들이는, 이해가 빠른

He received a letter from his friend. 그는 친구로부터 편지를 받았다.

This book will meet with a favorable reception
이 책은 호평을 받을 것이다.

Give me a receipt. 영수증을 주십시오. deposit receipt 예금증서

anticipate

[æntísəpèit]

• -ate=make

anti(=before 미리) + cip(=take (앞일을) 잡) + ate(다) ⇒ 예기하다, 기대하다

ⓥ (~을) **예기하다,** 예상하다, **기대하다**(=expect)

ⓝ **anticipation** 예상, 예측; 기대(=expectation)

We all anticipated a great party. 우리는 모두 멋진 파티를 기대했다.

emancipate

[imǽnsəpèit]

• 잡은 손을 놓아 밖으로 내보내다

e(=out 밖으로) + man(=hand 손) + cip(잡고 나가) + ate(다) ⇒ 해방하다

ⓥ (사람을) **해방하다,** (구속 등에서) 자유롭게 하다(=free; liberate; release)

ⓝ **emancipation** (노예, 구속으로부터의) 해방(=liberation)

They emancipated slaves after the Emancipation Act.
그들은 노예 해방령 후 노예들을 해방했다.

participate

[pɑːrtísəpèit]

parti(=part 한 부분을) + cip(=take 차지하) + ate(=make 다) ⇒ 참가하다, 관여하다

ⓥ **참가하다**(=take part in); **관여하다**(=have a part[hand] in)

ⓝ **participation** 참가(=entry), 참여; 한몫 끼기(=sharing); 시청자 참가 프로

Many people participated in the marathon race.
많은 사람들이 마라톤 경주에 참가했다.

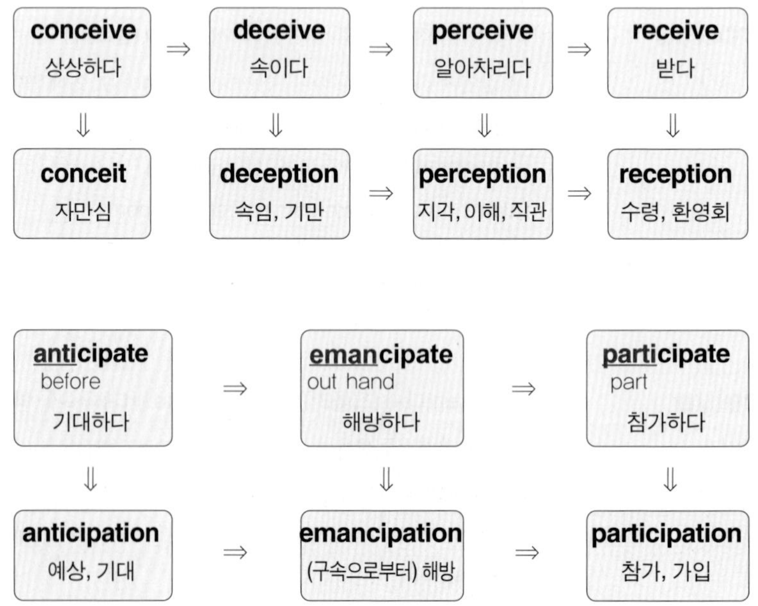

cept

take; seize : 잡다, 취하다, 받아들이다

C3-006

accept
[æksépt]

ac(=to ~에) + cept(=take 받아들이다) ⇒ 받아들이다, 인정하다

ⓥ (~에[을]) **받아들이다**(=receive); 수락하다, **인정하다**(=approve)

ⓐ **acceptable** 받아들일 수 있는; 마음에 드는(=agreeable)

ⓝ **acceptance** 수락, 용인(=approval); 채용; (어음의) 인수

She didn't accept his proposal yesterday.
그녀는 어제 그의 구혼을 받아들이지 않았다.

· **proposal** ⓝ 결혼신청; 신청; 계획, 제의

concept
[kánsept]

con(=together 함께) + cept(=take (생각을) 잡)은 것 ⇒ 개념, 관념

ⓝ **개념**(=generalized idea), 관념(=notion)

ⓝ **conception** 임신; 개념, 착상; 고안(=design; plan)

ⓥ **conceive** 상상하다, 품다; 임신하다; 이해하다

He suggested a new concept of the Universe.
그는 혁신적인 우주관을 제시했다.

contracept
[kàntrəsépt]

contra(=against) + cept(=take (아이를) 갖다) → 아이 갖는 것을 막다 ⇒ 피임시키다

ⓥ **피임시키다**(=prevent conception)

ⓝ **contraception** 피임(=birth control) ⓝ **contraceptive** 피임약

She contracepted over a year after marriage.
그녀는 결혼 후 일 년 이상 피임을 했다.

· (아이가) 생기는 것을 막다

except
[iksépt]

ex(=out 밖으로) + cept(=take 끄집어내다) ⇒ 제외하다

ⓥ **제외하다**(=exclude; leave out); 반대하다 ⓟ **~을 제외하고는**

ⓝ **exception** 예외, 제외(=exclusion); 이의(=demur)

ⓐ **exceptional** 예외의; 특별한, 드문(=unusual; rare)

Other people enjoyed the party except her.
그녀를 제외한 다른 사람들은 파티를 즐겼다.

cf. **excerpt** ⓝ 발췌, 인용구 (=extract)

intercept
[ìntərsépt]

inter(=between ~사이에서) + cept(=take 잡다) ⇒ 도중에서 잡다, 가로채다

ⓥ **도중에서 잡다[빼앗다], 가로채다**; 가로막다, **차단하다**

ⓝ **interception** 도중에서 가로채기; 차단; 도청(=wiretapping)

Our army intercepted enemy's retreat.
우리 군은 적의 퇴로를 차단했다.

· **retreat** [ri:trí:t] ⓝ 후퇴, 철수; 은퇴 (=retirement); 피난

percept

[pə́ːrsept]

per(=thoroughly 철저히) + cept(=take (지식을) 받아들인 것) ⇒ 지각

ⓝ **지각,** <철학> (지각 작용에 의해) 지각[인식]된 것

ⓝ **perception** 지각; 인식, 식별; 이해; 직관(=intuition)

ⓐ **perceptible** 지각할 수 있는; 알아 챌 만한, 상당한 정도의

ⓥ **perceive** 알아채다, 인지하다; 이해하다, 알다(=apprehend)

A percept of the theory couldn't help my report.
그 이론의 이해는 내 과제에 아무런 도움이 안됐다.

precept

[príːsept]

pre(=before 미리) + cept(=take (가르침으로) 받아들인 것) ⇒ 교훈; 영장

ⓝ **교훈,** 가르침; 훈계, 금언(=maxim); **영장,** 소환장(=writ)

ⓐ **preceptive** 교훈의, 교훈적인(=instructive)

Practice[Example] is better than precept.
실행은 교훈보다 낫다.

[tips] 교훈 = precept; instruction; lesson; edification; teachings

susceptible

[səséptəbl]

• sus-<sub-=under

sus(아래로) + cept(=take 받아들일) + ible(수 있는) ⇒ 영향 받기 쉬운

ⓐ **영향 받기 쉬운;** 느끼기 쉬운(~ to)(=impressionable)

ⓐ **susceptive** 감수성이 강한, 영향 받기 쉬운(=responsive)

ⓝ **susceptibility** 감수성; (병에) 걸리기 쉬움; *pl.* (상하기 쉬운) 감정

We are susceptible to colds in this weather.
이런 날씨에 사람들은 감기 걸리기 쉽다.

a susceptible person 감수성이 강한 사람

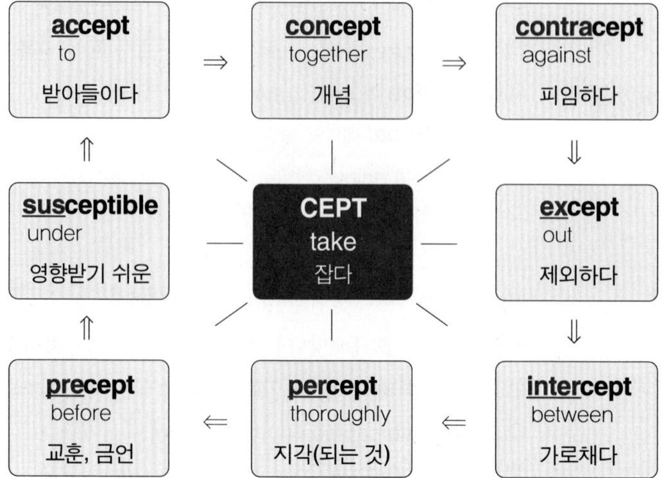

≫ cess — going : 가기, 진행

C3-007

access
[ǽkses]

• ac- < ad-

ac(=to ~에) + cess(=going (접근해) 가기) ⇒ 접근, 입장허가

ⓝ **접근**(= approach); **입장허가**(=admittance); 출입; 이용; 입구

ⓐ **accessible** 다가가기 쉬운(=easy to approach), 입수하기 쉬운

ⓝ **accession** 도달(=approach); 부가물, 증가물; 승낙(=assent)

The road gives good access to the freeway.
그 길로 가면 고속도로로 나가기 쉽다.

excess
[iksés]

• **exceedingly**
ⓐⓓ 대단히, 몹시(=very)

ex(=out 밖으로) + cess(=going (넘쳐 지나쳐) 간 (상태) ⇒ 과잉, 초과

ⓝ **과잉,** 과다(=surplus); **초과;** 과도 ⓐ 과도한, 여분의, 초과한(=extra)

ⓐ **excessive** 과도한, 부당한 opp. **moderate** 적당한(=proper)

ⓥ **exceed** 넘다, 초과하다; 능가하다(=surpass)

They couldn't manage the excess of products.
그들은 생산초과량을 감당할 수 없었다.

process
[prɑ́ses]

pro(=before 앞으로) + cess(=going 진행)되어가는 과정 ⇒ 과정, 진행, 경과

ⓝ (일의) **과정; 진행**(=progress), (시간의) **경과;** (일의) 과정

ⓝ **procession** 행렬; 행진(=march; parade) cf. **matrix** (수학의) 행렬

ⓥ **proceed** 앞으로 나아가다(=advance); 계속하다; 고소하다

The process for making beer wasn't that hard.
맥주 만드는 과정이 그렇게 어렵진 않았다.

recess
[ríːses]

cf. **recede** ⓥ 물러나다

re(=back 뒤로 (쉬러)) + cess(=going 감) ⇒ 휴식, 휴회

ⓝ **휴식**(=a temporary cessation), (회의의) **휴회;** 후미진 곳

ⓝ **recession** 퇴거, 후퇴, 철수; (경기의) 후퇴, 불경기

They chatted and had some snack at recess.
그들은 휴식시간에 잡담하고 간식을 먹었다.

success
[səksés]

⇒ 아래에서 감 → 뒤따라 감 → 뒤를 이음 → 계승

• suc- < sub-

suc(=under ~아래서) + cess(=going (일을) 잘해 나감) ⇒ 성공

ⓝ **성공,** 출세(=accomplishment; achievement) *opp.* **failure** 실패

ⓝ **succession** 연속, 계속; 계승, 상속 ⓝ **successor** 후임, 후계자; 상속자

ⓐ **successive** 연속하는, 계속적인(=running; consecutive)

ⓥ **succeed** 성공하다; 상속하다(~ to), ~의 뒤를 잇다; ~의 후임이 되다

» cid

fall : 떨어지다, 넘어지다, 무너지다

C3-008

accident

[ǽksədənt]

• ac- < ad-

ac(=to ~에게) + cid(=fall (뜻밖에) 떨어진) + ent(일) ⇒ 사건, 사고

ⓝ (뜻밖의) **사건, 사고**(=incident; mishap); 우발적인 일; 재난; 우연

ⓐ **accidental** 우연한(=casual; fortuitous; incidental); 우발적인

opp. **intentional** 고의적인, 계획적인(=aforethought*; premeditated)

A lot of people were injured by the railroad accident.
많은 사람이 그 철도사고로 죽었다.

incident

[ínsədənt]

in(=in, on ~에) + cid(=fall (갑자기) 떨어진) + ent(것) ⇒ (우발) 사건

ⓝ **(우발) 사건;** 생긴 일(=occurrance); 분쟁 ⓐ 흔히있는; 부수적인

ⓐ **incidental** ~에 부수하여 일어나는; 우발의; 부수적인

The flight arrived in New York without further incident.
그 비행기는 더 이상의 사고없이 뉴욕에 도착했다.

coincident

[kouínsidənt]

• co- < com-

co(=together 함께) + in(=on ~에) + cid(=fall 떨어) + ent(진) ⇒ 일치하는, 동시에 일어나는

ⓐ **일치하는**(=unanimous), 부합하는; **동시에 일어나는**

ⓝ **coincidence** 동시발생; 동시존재; (우연의) 일치

ⓥ **coincide** 동시에 일어나다; 일치하다(=correspond)

They should have thought about the coincident problems with this development.
그들은 이 개발과 동시에 일어나는 문제들을 생각해 봤어야 했다.

Occident

[ɑ́ksədənt]

⇒ 해는 동쪽에서 뜨고 서쪽으로 진다

• oc- < ob-

Oc(=toward 해가 ~쪽으로) + cid(=fall 떨어지는) + ent(곳) → 서쪽 ⇒ 서양

ⓝ **서양;** 구미, 서구(=the West)

ⓐ **Occidental** 서양인의(=Western); 서구의, 서양의

ⓥ **Occidentalize** 서양식으로 만들다, 구미화하다

The Orient and Occident are totally different worlds.
동양과 서양은 완전히 다른 세계다.

deciduous

[disídʒuəs]

de(=down 아래로) + cid(=fall (잎이) 떨어지) + u + ous(는) ⇒ 낙엽성인, 덧없는

ⓐ **낙엽성인;** (잎, 뿔, 이가) 탈락성인; 영속하지 않는(=transitory);
덧없는(=transient; ephemeral; transitory; evanescent; fleeting)
opp. **evergreen; persistent**(상록의)

temperate deciduous forest 온대 낙엽 수림

claim

cry : 외치다, 소리치다, 큰 소리로 부르다 ⇒ claim = clam

C3-009

acclaim
[əkléim]
• ac-<ad-

ac(=toward ~을 향해) + claim(=cry 소리치다) ⇒ 환호하다; 환호

ⓥ **환호하다**(=cheer; hurrah); 갈채를 보내다 ⓝ **환호,** 갈채

ⓝ **acclamation** 갈채, 환호(=applause); (일제히) 찬성을 외침

They acclaimed him as their president.
그들은 환호 속에 그를 대통령으로 맞았다.

disclaim
[diskléim]

dis(=not 안) + claim((권리로서) 요구하다) ⇒ 포기하다, 부인하다

ⓥ (권리 등을) **포기하다**(=renounce), 기권하다; (책임 등을) **부인하다**(=deny)

ⓝ **disclamation** (권리 등의) 포기; (요구 등의) 거절(=denial)

We disclaim all liability for these matters.
우리는 이 문제들에 대한 모든 책임을 부인한다.

exclaim
[ikskléim]

ex(=out 밖으로) + claim(=cry 크게 소리치다) ⇒ 외치다, 절규하다

ⓥ (감탄적으로) **외치다;** 큰 소리로 말하다; **절규하다**(=cry out)

ⓝ **exclamation** 외침, 절규 ⓐ **exclamatory** 감탄하는, 감탄적인

She exclaimed at the amazing sight. 그녀는 멋진 경치에 놀라 소리쳤다.

proclaim
[proukléim]

pro(=forth 앞으로) + claim(=cry 외치다) ⇒ 선언하다, 선포하다

ⓥ **선언하다**(=declare); **선포하다,** 성명하다(=announce)

ⓝ **proclamation** 선언, 포고; 선언서, 성명서

They proclaimed war against their enemy. 그들은 적들에게 전쟁을 선언했다.

reclaim
[rikléim]

re(=back 원상태로 돌려 달라고) + claim(요구하다) ⇒ 교정하다, 재생이용하다

ⓥ (죄수 등을) **교정하다;** 간척하다; 되찾다(=retrieve), 회수하다;
(폐물을) **재생이용하다**

ⓝ **reclaimant** 교정자; 개간자 ⓝ **reclamation** 교정; 교화

The priest reclaimed him from a life of sin.
신부는 그를 죄 짓는 생활에서 올바른 길로 돌아서게 했다.

clamorous
[klǽmərəs]

clam(or)(=cry 크게 소리치) + ous(는) ⇒ 시끄러운, 떠들썩한

ⓐ **시끄러운,** 소란스러운, **떠들썩한**(=noisy; vociferous)

ⓝ **clamor** 외치는 소리(=shout); (여론, 항의 등의) 아우성 소리, 소란(=uproar)

» clud(e)

shut; close : 닫다, 잠그다; 가두어 넣다 ⇒ **clud = close**

▶ C3-010

conclude
[kənklú:d]

con(=completely 완전히) + clude(=shut (마음을) 닫다) ⇒ 끝내다, 결말을 짓다

ⓥ **끝내다, 결말을 짓다**(=close; finish); 결심하다(=decide; determine)

ⓝ **conclusion** 종결, 결말; (최후의) 결정, 결론(=decision)

ⓐ **conclusive** 결정적인(=decisive) ⓐⓓ **conclusively** 결정적으로

The novel concluded with uncertainty. 그 소설은 불확실하게 끝을 맺었다.

exclude
[iksklú:d]

ex(=out 밖으로) + clude(=shut 닫다) ⇒ 제외하다, 배제하다

ⓥ **제외하다,** 추방하다, **배제하다**(=shut out; reject) *opp.* **include** 포함하다

ⓝ **exclusion** 제외, 배제; 축출, 추방 opp. **inclusion** 포함, 함유

ⓐ **exclusive** 배제적인, 배타적인, 독점적인 opp. **inclusive** 포괄적인

They excluded him out of their club. 그들은 그를 자신들의 클럽에서 제명했다.

include
[inklú:d]

in(안에 (넣어)) + clude(=shut 가두다) ⇒ 포함하다, 함유하다

ⓥ **포함하다,** 포괄하다(=enclose); **함유하다** *opp.* **exclude** 제외하다

ⓝ **inclusion** 포함(물), 함유(물) opp. **exclusion** 제외, 배제

ⓐ **inclusive** 포함한(=including), 포괄적인 opp. **exclusive** 배제적인

Tax wasn't included in price. 세금은 가격에 포함되지 않았다.

preclude
[priklú:d]

pre(=before 미리 (빼고)) + clude(=shut 닫다) ⇒ 배제하다, 불가능하게 하다

ⓥ **배제하다**(=exclude); 제외하다; 방해하다(=hinder); **불가능하게 하다**

ⓝ **preclusion** 배제, 제외; 방지, 저지(=prevention)

A sprained ankle precluded me from taking part in the game.
발목을 삐어서 나는 경기에 나가지 못했다.

seclude
[siklú:d]

se(=apart 따로 떼어) + clude(=shut 닫다) ⇒ ~에서 떼어놓다, 은둔하다

ⓥ **~에서 떼어놓다,** 격리하다; **은둔하다**(=retire from the world)

ⓝ **seclusion** 격리, 차단; 은퇴, **은둔**(=retirement); 외딴 곳

ⓐ **secluded** 격리된, 외딴(=separated; retired); 한적한(=undisturbed)

She secluded her baby from the hot kettle.
그녀는 아이를 뜨거운 주전자에 못 가게 떼어놓았다.

a policy of seclusion 격리 정책, 쇄국 정책

He is stuck in a secluded village. 그는 시골 한 구석에 박혀 있다.

cord

heart : 마음, 심정

C3-011

accord
[əkɔ́ərd]

• ac- < ad-

ac(=to ~에) + cord(=heart 마음)을 합치시키다 ⇒ 일치하다, 조화하다

ⓥ **일치하다**(=agree), **조화하다**; 주다(=grant; give) ⓝ 일치, 조화; 협정

ⓝ **accordance** 일치(=agreement); 조화(=harmony)

My idea accorded with hers. 내 생각이 그녀의 생각과 일치했다.

concord
[kɑ́ŋkɔərd]

con(=together 서로 같은) + cord(=heart 마음임) ⇒ 일치, 협약

ⓝ **일치**(=agreement), 조화; (국가 간의) 우호협정, **협약**(=treaty) *opp.* **concord**

ⓝ **concordance** 일치(=agreement); 조화(=harmony)

They can't invade our country as the concord.
그들은 협약에 따라 우리나라를 침범할 수 없다.

discord
[dískɔərd]

cf. **discard** ⓥ 해고하다, 버리다; (헌 옷을) 처분하다

dis(=not 안) + cord(=heart (같은) 마음) ⇒ 불일치, 의견충돌

ⓝ **불일치,** 불화(=disagreement); **의견충돌**(=conflict); 소음(=din)

ⓝ **discordance** 불일치; 불화, 알력(=conflict)

ⓐ **discordant** 일치하지 않는, 잘 맞지 않는(=disagreeing);
(소리가) 귀에 거슬리는(=dissonant; harsh)

His affair was the seeds of discord.
그의 바람이 불화의 원인이었다.

record
[rikɔ́:rd]

re(=again 다시) + cord(=heart 마음)에 새기다 ⇒ 기록하다; 기록, 경력, 전과

ⓥ **기록하다,** 적어두다; (기계가) 기록하다; 등록하다(=register)
ⓝ [rékərd] **기록,** 등록; **경력,** 이력; **전과**(=criminal record)

The teller will record your interest in your book.
출납원이 이자를 통장에 기록해 줄 겁니다.

cordial
[kɔ́ərdʒəl]

• **cord** ⓝ 끈, 밧줄
→ the spinal cord 척추
the umbilical cord 탯줄
배꼽의, 밀접한 관계의

cord(=heart 마음(으로부터)) + ial(의) ⇒ 마음에서 우러난, 진심의

ⓐ **마음에서 우러난, 진심의**(=hearty); 우정이 담긴(=friendly)

ⓐⓓ **cordially** 마음속으로부터, 진심으로(=heartily; sincerely)

ⓝ **cordiality** 진정, 진심; 성실(=sincerity)

We appreciated for their cordial welcome.
우리는 그들의 진심어린 환영에 감사했다.

thank cordially[heartily; wholeheartedly] 진심으로 감사하다

cred(it)

credit : 믿음, 신뢰, 신용 / believe : 믿다

C3-012

accredit

[əkrédit]

• ac- < ad-

ac(=to ~에 대해) + credit(신용하다) ⇒ 믿다; (신임장을 주어) 파견하다

ⓥ **믿다**(=believe); (신임장을 주어) **파견하다**; (~을 …으로) 돌리다(=ascribe; attribute)

ⓐ **accredited** 믿고 있는, 인정된; 공인된; 신임장을 수여받은

We accredited her with honesty. 우리는 그녀가 정직하다고 믿었다.

the accrediting system 대학의 학점제도

discredit

[diskrédit]

dis(=not 안) + credit(신용하다) ⇒ 신용을 떨어뜨리다, 의심하다

ⓥ **신용을 떨어뜨리다; 불신하다, 의심하다**(=disbelieve; doubt)

ⓝ 의심, 의혹(=disbelief; doubt); 불명예(=disgrace)

ⓐ **discreditable** 신용을 떨어뜨리는; 수치스러운(=disgraceful; dishonorable)

The scandal disastrously discredited the professor.

그 추문으로 인해 그 교수는 치명적으로 평판이 떨어졌다.

credulous

[krédʒuləs]

• **swindle** [swíndl] ⓥ 사취하다

cred(=believe (너무) 믿는) + ul + ous(경향의) ⇒ 쉽게 믿어버리는, 잘속는

ⓐ **쉽게 믿어버리는**(=ready to believe); 쉽사리 **잘 속는**(=easily deceived)

ⓝ **credulity** 쉽게 믿어버리는 성질, 경신(輕信)

She was credulous and got swindled.

그녀는 쉽사리 잘 속아 사기를 당했다.

incredulous

[inkrédʒuləs]

in(=not 안) + credulous(믿어버리는) ⇒ 쉽게 믿으려 하지 않는, 의심 많은

ⓐ **쉽게 믿으려 하지 않는, 의심 많은**(=doubting; unbelieving; skeptical)

ⓝ **incredulity** 잘 믿으려 하지 않음, 믿어지지 않음; 의심(=doubt)

He was incredulous of her decision. 그는 그녀의 결정을 쉽게 믿으려 하지 않았다.

incredible

[inkrédəbl]

in(=not 안) + cred(=believe 믿)을 + ible(만한) ⇒ 믿어지지 않는, 엄청난

ⓐ **믿어지지 않는**(=unbelievable); 믿어지지 않을 만큼의, **엄청난,** 놀라운

ⓐⓓ **incredibly** 믿어지지 않을 정도로, 놀라울 정도로; 엄청나게

It was an incredible improvement in English skill.

그것은 놀라운 영어실력의 향상이었다.

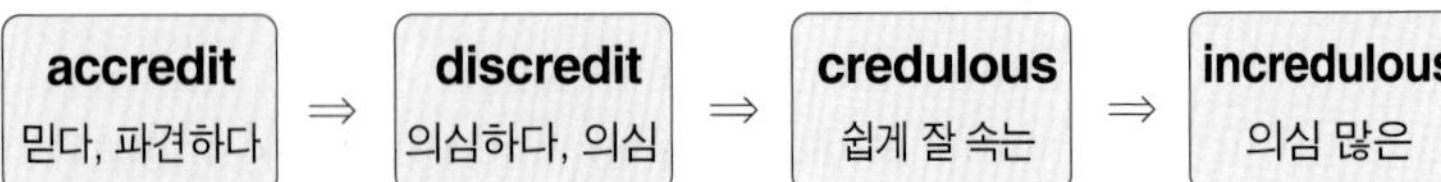

≫ cret(e)　separate : 떼어놓다, 분리하다

 C3-013

discrete
[diskríːt]

dis(=apart 따로따로) + crete(=separate 분리된) ⇒ 분리되어 있는, 별개의

ⓐ **분리되어 있는**(=separate), 따로따로의; **별개의**, 불연속의 ⓝ 부품

cf. **discreet** ⓐ <말, 행위가> 분별 있는, 신중한(=prudent; circumspect)

ⓐⓓ **discretely** (따로) 떨어져서; 별개로

ⓝ **discreteness** 분리(됨); 별개(임)

He was investigating discrete cases for his report.
그는 리포트 때문에 별개의 경우들을 조사하고 있었다.

• **investigate** [invéstəgèit] ⓥ 자세히 조사하다 (=examine; scrutinize)

excrete
[ikskríːt]

ex(=out 밖으로) + crete(=separate (배설물을) 떼보내다) ⇒ 배설하다

ⓥ (체내에서 노폐물을) **배설하다**; <식물> (세포에서 노폐물을) 배출하다

ⓝ **excretion** 배설, 배설작용; 배설물(=excrement)

ⓐ **excretive** 배설하는; 배설을 촉진하는

ⓐ **excretory** 배설의; 배설기능이 있는 ⓝ 배설기관

cf. **excreta** ⓝ (땀, 오줌, 대변 등의) 배설물(=excretions)

The medicinal substance was excreted in the urine.
약물이 소변으로 배출되었다.

cf. **execration** ⓝ 증오, 몹시 싫어함

• **medicinal** [medísənəl] ⓐ 약의; 약효 있는; 치유력이 있는(=curative)

secrete
[sikríːt]

se(=apart 따로 떼어 (몰래)) + crete(=separate 분리하다) ⇒ 숨기다, 비밀로 하다

ⓥ **숨기다, 비밀로 하다**(=hide; conceal); <생리> 분비하다

ⓝ **secretion** 숨기기, 은닉; <생리> 분비(작용); 분비물[액]

ⓐ **secretive** 숨기는, 비밀주의의; 말이 없는(=reticent); 분비의

ⓝ **secret** 비밀, 불가사의, 비결 ⓐ 비밀의, 은밀한; 비밀을 지키는

ⓝ **secretary** 비서, 서기; (S-) (미국의 각 성의) 장관
비밀(이) 맡겨진 사람

ⓐ **secretory** 분비의, 분비하는 ⓝ 분비선[기관]

She secreted herself after divorce.
그녀는 이혼 후 자취를 감추었다.

There is a sort of secret understanding among them.
그들 사이에는 일종의 묵계가 있다.

She is the president's secretary. 그녀는 사장의 비서다.

• **secret agent** ⓝ 비밀요원, 간첩

• **secret service** ⓝ 첩보기관

cf. **recreate** ⓥ 휴양하다, 기운을 회복하다
ⓝ **recreation** 오락, 휴양

discrete 분리되어 있는	⇒	**excrete** 배설하다	⇒	**secrete** 숨기다

≫ crimin

crime : 죄, 범죄 ⇒ cern = crimin 'sift : 체로 쳐서 가려내다'

C3-014

criminal
[kríminl]

crimin(=crime 범죄) + al(의) ⇒ 범죄의; 범인

ⓐ **범죄의;** 형사상의; 죄악의(=sinful), 악한(=wrong) ⓝ **범인,** 범죄자

ⓐⓓ **criminally** 범죄적으로; 형법상으로

He had a long list of criminal acts for 20 years.
그는 20년 동안 온갖 범죄를 저질렀다.

criminate
[krímənèit]

crimin(=crime 죄)를 + ate(=make 만들(어 씌우)다) ⇒ 죄를 씌우다, 고발하다

ⓥ **죄를 씌우다**(=charge); **고발하다**(=accuse); 비난하다(=condemn)

ⓝ **crimination** 죄를 씌우기, 고소(=accusation); 비난(=condemnation)

The man criminated his friend about the stolen goods.
그 남자는 훔친 물건에 대해 친구에게 죄를 씌었다.

discriminate
[diskrímənèit]

⇒ dis(=apart)+crimin (=sift)+ate(=make) 체로 쳐서 따로 구별하다

dis(=apart 따로따로) + criminate(구별해 고발하다) ⇒ 구별하다, 차별하다

ⓥ **구별하다,** 식별하다(=distinguish; discern); **차별하다**(=differentiate)

ⓐ 식별력 있는, 예리한; 차별적인(=discriminatory)

ⓝ **discrimination** 구별; 식별(력)(=discernment); 차별대우

ⓐ **discriminating** 차별하는(=differentiating); 차별적인(=differential)

The child couldn't discriminate "d" from "b".
그 아이는 "b"와 "d"를 구별하지 못했다.

incriminate
[inkrímənèit]

in(=in, into ~에) + criminate(죄가 있다고 고소하다) ⇒ 죄를 덮어씌우다

ⓥ **죄를 덮어씌우다**(=inculpate); (사실, 증거 등이) 죄가 있음을 증명하다; 유죄로 하다; 사건에 말려들게 하다

ⓝ **incrimination** 죄를 씌움; 죄의 증명이 되는 것

The statement incriminated the rest of them.
그 진술은 나머지 사람들도 죄가 있음을 증명했다.

recriminate
[rikrímənèit]

re(=back 되받아) + criminate(비난하다) ⇒ 되받아 비난하다, 맞고소하다

ⓥ **되받아 비난하다; 맞고소하다**(=countercharge)

ⓝ **recrimination** 반박; (법률) **맞고소**

ⓐ **recriminative/recriminatory** 지지 않고 비난하는, 반박하는

The politician recriminated against the criticism about him.
그 정치인은 자신에 관한 비난에 대해 똑같이 맞섰다.

» cur

run : 달리다, 흐르다(=flow)

C3-015

concur
[kənkə́ːr]

• 동시에 작용하다

con(=together 같이) + cur(=run 달리다, 작용하다) ⇒ 동시에 일어나다

ⓥ (둘 이상의 사건이) **동시에 일어나다**(=coincide); 동의하다(=agree)

ⓝ **concurrence/concurrency** 동시 발생(=coincidence), 일치

ⓐ **concurrent** 동시에 일어나는; 같이 작용하는

ⓐⓓ **concurrently** 동시에(=simultaneously), 함께, 겸임으로

His birthday concurs with his friend's.
그의 생일과 친구의 생일은 같은 날이다.

incur
[inkə́ːr]

cf. **incurious** ⓐ 무관심한, 부주의한(=heedless)

in(=into 안으로) + cur(=run (나쁜 것이) 달려들다) ⇒ 초래하다

ⓥ (손해, 위험, 비난 등을) **초래하다**(=bring on); (빚 등을) 지다

ⓐ **incurrent** (물이) 흘러드는

ⓝ **incurrence** 초래함, (손해를) 입음

ⓝ **incursion** 침입, 침략(=raid; invasion); 습격(=attack); (하천 등의) 유입

His lie incurred our blame. 그의 거짓말은 우리의 비난을 샀다.
incur responsibility 책임을 지다

occur
[əkə́ːr]

• oc- < ob-

oc(=against ~에 대항해) + cur(=run 달려가다가 일이 생기다) ⇒ 일어나다, 발생하다

ⓥ (일이)**일어나다, 발생하다**(=happen); 존재하다(=exist); 머리에 떠오르다

ⓝ **occurrence** 일어남, 발생(=happening); 존재; 사건(=incident)

ⓐ **occurrent** 현재 일어나고 있는(=current); 우연의(=incidental)

The airplane crash occurred last month. 지난달에 비행기 추락사고가 일어났다.
It is a common occurrence. 그것은 흔한 일이다.
an unforeseen occurrence 뜻밖의 일
of frequent[rare] occurrence 자주[드물게] 일어나는

[tips] 발생하다 = occur; happen; arise; break out; take place

recur
[rikə́ːr]

• ~에 호소하다

re(=back 되돌아, 뒤로) + cur(=run 달리다) ⇒ 되돌아가다, 재발하다

ⓥ (본래의 화제로) **되돌아가다**(=return); (생각이) 다시 떠오르다; **재발하다**

ⓝ **recurrence** (본래의 화재로) 되돌아감; 다시 떠오름; 다시 일어남; 재발; 의지함(=recourse)

ⓐ **recurrent** 다시 일어나는; 재발하는; 되풀이되는

The matter of cost was recurred today. 비용문제가 오늘 다시 제기됐다.
the fear of cancer recurrence 암 재발의 공포
have recurrence to arms[violence] 무력[폭력]에 호소하다

current
[kə́:rənt]

cur(r)(=run (지금) 흐르고, 달리고) + ent(있는) ⇒ 현재의; 오늘의

ⓐ **현재의; 오늘의,** 금년의; 유통되고 있는(=circulating)
ⓝ (물, 공기의) 흐름(=flow); **전류; 경향,** 추세(=tendency)

ⓐⓓ **currently** 일반적으로, 널리(=generally; commonly)

ⓝ **currency** 통화; (화폐의) 유통, 통용, 유포, 보급

He reads English newspaper for current English.
그는 시사영어 때문에 영자신문을 읽는다.

foreign currency 외화

excurrent
[ikskə́:rənt]

ex(=out 밖으로) + cur(r)(=run 흐르) + ent(는) ⇒ 흘러나오는, 유출하는

ⓐ **흘러나오는, 유출하는**(=flowing) *opp.* **incurrent** 물이 흘러드는

ⓝ **excursion** (주제에서) 벗어남(=digression); 탈선; **소풍**, 짧은 **여행**

ⓐ **excursive** 본제에서 자주 벗어나는, 산만한, 탈선하는; 쏘다니는

The oil was excurrent from the oil tanker.
유조선에서 기름이 흘러나왔다.

How did you enjoy your excursion? 여행은 즐거우셨나요?
make[take, go on] an excursion to[into] ~ ~로 소풍가다

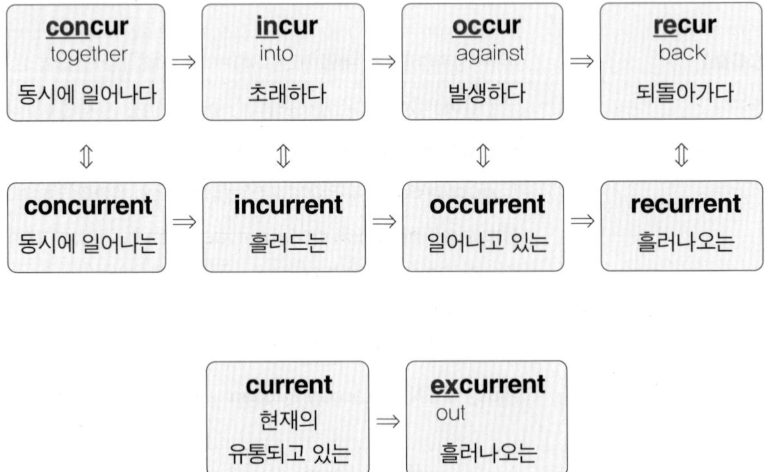

[참고] cursory ⓐ 서두르는(=hurried); 소홀한(=careless)

≫ cur(e)

care (for) : 돌보다, 간호하다; 근심 / cure : 치료하다, 고치다

C3-016

procure
[prəkjúər]
• cure=care

pro(=before 미리) + care((자신이) 돌보다) ⇒ 획득하다, 조달하다

ⓥ **획득하다**(=acquire); 얻다, 손에 넣다(=gain); 조달하다
ⓝ **procurement** 획득(=acquirement), 조달
ⓝ **procurer** 획득자; 매춘부 주선자; 뚜쟁이(=pander)

The police procured evidence of a murder.
경찰은 살인사건의 증거를 입수했다.
procure materials 재료를 조달하다

secure
[sikjúər]
• cure=care

se(=apart 떨어져서) + care(걱정) → 걱정에서 떨어져 있는 ⇒ 안전한, 확실한

ⓐ **안전한**(=safe); (성공 등이) **확실한**(=certain); 튼튼한
ⓥ (위험 등으로부터) 안전하게 하다; 보증하다: 확보하다, 얻다
ⓝ **security** 안심, 확신(=confidence); 안전(=safety); 보호(=protection); 보증(=guarantee); 담보(=pledge; mortgage)
ⓐⓓ **securely** 안전하게(=safely); 틀림없이, 확실히(=certainly)

We secured a secure victory.
우리는 모두 확실한 승리를 얻었다.
national security 국가안보
Passengers are going through airport security.
승객들이 검색대를 통과하고 있다.

insecure
[ìnsikjúər]

in(=not 안) + secure(안전한, 안심되는, 확실한) ⇒ 불안정한, 불안한

ⓐ **불안정한;** 위태로운, **불안한;** 불확실한(=unreliable; unsure)
ⓝ **insecurity** 불안정, 위험, 불확실(=uncertainty)
ⓐⓓ **insecurely** 불안정하게, 흔들흔들

We are insecure of the future because of economic situations.
경제상황 때문에 앞날이 걱정이다.

accurate
[ǽkjurət]
• ac- < ad-

ac(=to ~에) + cur(=care (매우) 주의를 기울) + ate(인) ⇒ 정확한, 정밀한

ⓐ **정확한,** 확실한(=exact); **정밀한**(=precise); 옳은(=correct)
ⓝ **accuracy** 정확, 정밀, 정밀도(=exactness)

The train left at the accurate schedule. 기차는 정확한 시간에 출발했다.
pinpoint locational accuracy 한치의 오차도 없는 위치의 정확함
with accuracy 정확히(=accurately; exactly)

inaccurate
[inǽkjurət]

in(=not 안) + accurate(정확한, 옳은) ⇒ 부정확한, 잘못된

ⓐ **부정확한,** 틀린, **잘못된**(=erroneous); 엄밀하지 않은(=incorrect; inexact)

ⓝ **inaccuracy** 부정확(=inexactness); 잘못(=error)

We believed the inaccurate account. 우리는 그 부정확한 보고를 믿었다.

inaccurate conflicting, misleading or negative information.
부정확하거나, 상반되거나, 오해의 소지가 있거나 부정적인 정보[자료]

procure		secure		insecure
before	⇒	apart	⇒	not
획득하다		안전한		불안정한

· **be free from danger**
안전한

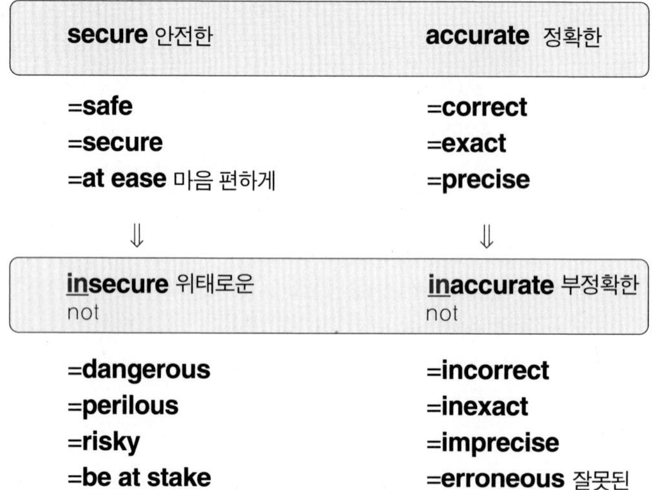

secure 안전한	**accurate** 정확한
=**safe**	=**correct**
=**secure**	=**exact**
=**at ease** 마음 편하게	=**precise**
⇓	⇓
insecure 위태로운 (not)	**inaccurate** 부정확한 (not)
=**dangerous**	=**incorrect**
=**perilous**	=**inexact**
=**risky**	=**imprecise**
=**be at stake**	=**erroneous** 잘못된

[보충] · **arm** ⓥ 무장시키다
ⓐ **armed** 무장한
ⓥ **disarm** 무장을 해제하다
ⓝ **disarmament** 무장해제, 군비축소

· **circle** ⓥ 둘러싸다 ⓝ 원; 순환
ⓥ **encircle** 에워싸다(=surround)
ⓝ **circuit** 순회(=round); 회로, 배선도
ⓥ **circulate** 순환하다, 유통하다

· **cis(e)=cut**
자르다

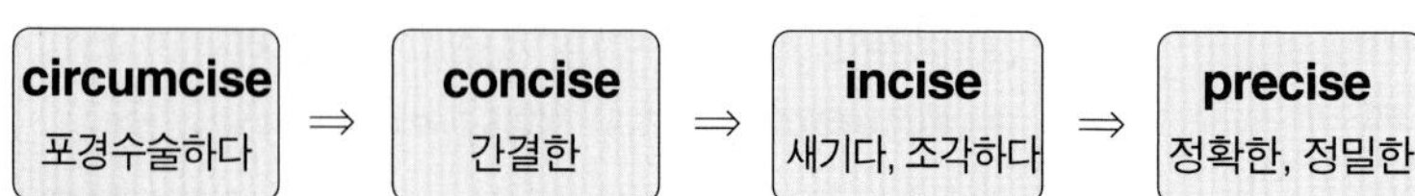

circumcise		concise		incise		precise
포경수술하다	⇒	간결한	⇒	새기다, 조각하다	⇒	정확한, 정밀한

» dem(o)

people : 사람, 민중 district : 지역, 구역, 지구

C3-017

endemic
[endémik]

en(=in 내부) + dem(=district 지역) + ic(의) ⇒ 어떤 지방 특유의

ⓐ (병이) **어떤 지방 특유의;** (동· 식물이 어떤 지방) 특산의 ⓝ 지방병, 풍토병
opp. **exotic** 외래의; 신형의

a disease endemic to the tropics 열대지방 특유의 병

epidemic
[èpədémik]

• epi=among upon

epi(=among) + dem(=people) + ic → 사람들 사이에 퍼진 ⇒ 유행성의, 널리 퍼진

ⓐ (병이) **유행성의;** 유행하고 있는; **널리 퍼진**(=prevalent) ⓝ 전염병; 유행

The epidemic has been spreaded through the town.
전염병이 그 마을 전역에 퍼졌다.

pandemic
[pændémik]

pan(=all 모든) + dem(=district 지역)에 유행 + ic(하는) ⇒ 전국적으로 퍼지는, 전반적인

ⓐ (병이) **전국적으로 퍼지는; 전반적인**(=general; overall) ⓝ 전국적 유행병

Flu was one of the pandemic. 독감은 세계적 유행병의 하나였다.

a serious pandemic that would involve millions of people worldwide
세계적으로 수백만 명의 사람들을 감염시킬 수 있는 심각한 전염병

demagogue
[déməgɑ̀g]

• -agog(ue)=leading 이끄는 것

dem(=people 민중)을 부추기는 + agogue(=leader 지도자) ⇒ 선동정치가

ⓝ **선동정치가**(=political agitator) ⓥ 과장해서 말하다

ⓝ **demagogy** 민중 선동 ⓐ **demagogic/demagogical** 선동가의; 선동적인

He was a seditious demagogue in the past time.
그는 과거에 반정부적 민중 선동가였다.

● **seditious** [sidíʃəs] ⓐ 선동적인; 반란[폭동]적인
seditious harangue 선동연설

democracy
[dimákrəsi]

• cracy=govern 다스리다

demo(=people 민중)에 의한 + cracy(=rule 정치) ⇒ 민주주의

ⓝ **민주주의;** 민주정치; (the -) 민중; (D-) 미국민주당

ⓝ **democrat** 민주정체론자; 민주주의자; 민주당원

ⓥ **democratize** 민주화하다(=make or become democratic)

We should help Iraq democratize its regime.
우리는 이라크 정권의 민주화를 도와야 한다.

Tomorrow successful leaders will decentralize power and democratize strategy.
미래의 성공적인 지도자들은 권력을 분산하고 전략을 민주화시킬 것이다.

democracy versus communism 민주주의 대 공산주의

» dic

say : 말하다 proclaim : 선언하다, 선포하다 ⇒ dic = dict

C3-018

abdicate
[ǽbdikèit]

• -ate = make

ab(=away 멀리 버린다고) + dic(=proclaim 선언) + ate(하다) ⇒ 버리다, 포기하다

ⓥ (왕위를) **버리다,** 사임하다, **포기하다**(=renounce; give up)

ⓝ **abdication** 포기, 기권; 퇴위, 사임(=resignation)

The king abdicated his throne when his son was old enough to take his place.
아들이 자신의 자리를 물려받을 만큼 나이가 들었을 때 그 왕은 왕위를 포기했다.

dedicate
[dédikèit]

• **patron**[péitrən] ⓝ 후원자; 옹호자; 고객, 단골손님

de(=off (따로 떼어) 바치겠다고) + dic(=say 말하) + ate(다) ⇒ 헌납하다

ⓥ **헌납하다**(=consecrate); (생애, 시간을) 바치다; 개관하다(=open)

ⓝ **dedication** 헌납, 봉헌; 헌신, 전념, 열중(=zeal); 개관식

ⓐ **dedicated** (어떤 목적에) 몰두하고 있는, 전념하는; 열심인(=assiduous)

He dedicated the book to his family and patrons.
그는 자신의 책을 가족과 후원자들에게 바쳤다.

indicate
[índikèit]

in(=in, to 안에서 (~를 가리켜)) + dic(=say 말하) + ate(다) ⇒ 가리키다, 나타내다

ⓥ **가리키다, 나타내다;** 지적하다(=point out); ~의 조짐이다(=portend)

ⓝ **indication** 지시, 지적, 암시(=hint); 징조, 징후(=sign); (계기의) 표시

ⓐ **indicatory** 지적하는, 표시하는(=indicant) ⓐ **indicative** ~을 나타내는

The arrow on the sign indicates the right way to go.
표지판의 화살표가 바른 진로를 가리키고 있다.

predicate
[prédikèit]

• **predicament** ⓝ 곤란한 상태, 곤경

pre(=before 앞서) + dic(=say (자신있게) 말하) + ate(다) ⇒ 단정하다

ⓥ **단정하다**(=declare; assert; affirm; proclaim); 내포하다

ⓝ **predication** 단정(=assertion), 단언; <문법> 서술

ⓐ **predicative** 단정적인, 서술하는; <문법> 서술적인

The priest predicated that human life is eternal.
신부님은 인간의 생명은 영원하다고 단언했다.

vindicate
[víndikèit]

vindic(=claim (옳다고) 주장) + ate(하다) ⇒ 주장하다; 입증하다

ⓥ **주장하다**(=assert); (결백함을) **입증하다**(=justify); (명예를) 회복하다

ⓝ **vindication** (권리 등의) 주장; (침해 등에 대한) 방위; 변호, 변명
cf. **vincible** ⓐ 이길 수 있는, 정복할 수 있는

ⓐ **vindicatory** 변명의 ⓐ **vindicative** 변호하는; 변명적인

He vindicated his innocence to the police. 그는 경찰관에게 무죄를 주장했다.

» dict　say; speak : 말하다, 이야기하다

C3-019

diction
[díkʃən]

· **opponent** [əpóunənt] ⓝ (논쟁 등의) 상대, 적; 반대자

dict(=say 말하) + ion(기)의 뜻에서 ⇒ 말씨, 어법, 말투

ⓝ **말씨; 어법**(=wording; phraseology); **말투,** 어조(=elocution; enunciation)

ⓥ (말한 대로) **받아쓰게 하다,** 구술하다; **명령하다** ⓝ 명령, 지시, 지령

ⓝ **dictator** 지배자, 독재자(=arbiter; autocrat) ⓐ **dictatorial** 독단적인

Her superior diction aided her in winning the debate over her opponent.
그녀의 뛰어난 화법은 논쟁에서 상대를 이기게 했다.

addiction
[ədíkʃən]

ad(=to ~에 대해) + dict(=say (자꾸자꾸) 말) + ion(함) ⇒ 몰입, 중독

ⓝ **몰입,** 열중, 탐닉; (마약의) **중독** *cf.* **addition** 부가, 참가; 덧셈

ⓐ **addicted** 빠져 있는, 골몰해 있는 ⓐ **addictive** 중독성의, 습관성의

ⓥ **addict** 빠지게 하다, 몰두시키다(=devote; give up) ⓝ 마약 상용자

She suffered from an addiction to drugs. 그녀는 약물중독에 걸렸다.
a drug[baseball] addict 마약 중독자[야구광]

benediction
[bènədíkʃən]

bene(=good 좋게) + dict(=say 말) + ion(하기) ⇒ 축복, 축복기도

ⓝ **축복**(=blessing); **축도;** (식사 전후의) 감사기도(=grace) *opp.* **malediction**

ⓐ **benedictory** 축복의(=benedictional)

He prayed to the Lord for benediction. 그는 신에게 감사기도를 했다.

malediction
[mæ̀lədíkʃən]

male(=bad 나쁘게) + diction(말하기) ⇒ 저주, 험담

ⓝ **저주**(=curse); **험담**(=slander) *opp.* **benediction** 축복, 축도

ⓐ **maledictory** 저주의, 저주하는 듯한; 욕하는, 욕하는 듯한

They wished for malediction upon him for the sins he had committed.
그들은 그가 저지른 죄에 대해 저주를 내려 달라고 빌었다.

contradiction
[kɑ̀ntrədíkʃən]

contra(=against 반대하여) + diction(말하기) ⇒ 반박, 부정; 모순

ⓝ **반박**(=refutation); **부정**(=denial); 반대; **모순**(=inconsistency); absence of agreement)

ⓐ **contradictious** 반대하기 좋아하는; 논쟁을 좋아하는(=contentious)

ⓐ **contradictory** 모순이 있는(=contradictive; paradoxical; inconsistent)

ⓥ **contradict** 부정하다(=deny); 반박하다(=gainsay); ~과 모순되다

His new statement was a contradiction to the one given only last week.
그의 새 진술은 고작 지난주에 했던 말에 대한 반박에 불과했다.

interdiction

[ìntərdíkʃən]

inter(=between 사이에서) + diction((하지 말라고) 말함) ⇒ 금지, 통상금지

ⓝ **금지**(=prohibition; inhibition); **통상금지;** 금치산 선고

ⓐ **interdictory** 금지의, 금제의(=interdictive)

ⓥ **interdict** 금지하다(=prohibit); 제지하다(=restrain)

The interdiction hindered trade with other countries.
통상금지는 다른 나라와의 무역을 방해했다.

interdict a person from an action ~에게 어떤 행동을 하는 것을 금지하다

jurisdiction

[dʒùərisdíkʃən]

juris(=law(법)을 + diction(말하는 것) ⇒ 사법(권), 재판권

ⓝ **사법권, 재판권;** 권한(=authority); (경찰 등의) 관할권

ⓐ **jurisdictional** 사법권의, 재판권의; 재판 관할상의

The suspect was out of their jurisdiction.
용의자는 그들 관할 구역 밖에 있었다.

prediction

[pridíkʃən]

· **outcome** ⓝ 결과(=result), 성과

per(=before 미리) + diction(말하기) ⇒ 예언, 예보

ⓝ **예언, 예보**(=forecast; prophecy)

ⓐ **predictive** 예언적인(=prophetic); (~의) 전조가 되는

ⓥ **predict** 예언하다(=prophesy); 예보하다(=foretell)

The prediction she made about the outcome had not come true.
그녀가 예상한 결과는 실현되지 않았다.

valediction

[vӕlədíkʃən]

· **inspiring** [inspáiəriŋ] ⓐ 고무하는, 감동시키는

vale(=farewell 작별)을 + diction(말하기) ⇒ 작별, 고별

ⓝ **작별, 고별;** 작별인사, 고별사(=farewell address)

ⓐ **valedictory** 작별의, 고별의(=parting) ⓝ 작별인사, 고별사

The valediction he gave at the graduation was inspiring.
그가 졸업식에서 한 고별사는 감동적이었다.

indictment

[indáitmənt]

cf. **exculpate** ⓥ 무죄로 하다

in(=in (법정)에) + dict(=say (나오라고) 말) + ment(함) ⇒ 기소, 고발

ⓝ **기소**(=prosecution), **고발**(=accusation); 기소장

ⓥ **indict** 기소하다, 고발하다(=accuse; prosecute; charge)

ⓝ **indictor** 기소자(=prosecutor)

ⓐ **indictable** <죄가> 기소되어야 할; <사람이> 고발되어야 할

an indictable offense 기소범죄

He was under indictment for robbery.
그는 강도죄로 기소되어 있다.

domin

master : 지배하다, 정복하다, 숙달하다

 C3-020

dominate
[dάmənèit]

domin(=master 지배) + ate(=make 하다) ⇒ 지배하다

ⓥ **지배하다**(=rule), 석권하다; (다른 것보다) 우위를 차지하다

ⓝ **domination** 지배, 통제(=control); 우월, 우세(=ascendancy)

ⓐ **dominative** 지배적인(=ruling), 우세한(=ascendent; predominant)

ⓥ **domineer** 독재적으로 다스리다, 못살게 굴다(=bully)

ⓐ **domineering** 거만한, 오만한(=arrogant; overbearing); 압제적인

ⓐ **dominant** 지배적인, 가장 유력한; 우뚝 솟은; (생물) 우성의

cf. **predominant** ⓐ (영향력 등에서) 다른 것보다 우세한

Brazil dominated the competition at the last World Cup.
브라질은 지난 월드컵에서 경기를 지배했다.

a dominant social class 지배적인 사회계급

condominate
[kandάmənət]

cf. **comminate**
ⓥ 위협하다, 저주하다

con(=together 함께) + domin(=master 지배) + ate(하는) ⇒ 공동지배의

ⓐ **공동지배의**, 공동통치의

ⓝ **condominium** 공동주권; 공동통치국; 분양 아파트

The two countries were condominate in the defeated nation.
그 두 나라는 패전국을 공동통치 했다.

predominate
[pridάmənèit]

pre(=before ~보다 앞서) + dominate(지배하다) ⇒ 우세하다

ⓥ **우세하다**(=outnumber; preponderate); 지배하다; 두드러지다

ⓝ **predomination** 지배, 우세(=ascendancy), 탁월(=superiority)

ⓐ **predominant** 우월한, 우세한, 탁월한(=superior); 지배적인(=ruling)

ⓐⓓ **predominantly** 우세하게, 남보다 우월하여; 주로

ⓝ **predominance/predominancy** 우월, 우위(=superiority); 우세; 지배

They began to predominate over the territory.
그들은 그 지방에 세력을 떨치기 시작했다.

The predominant color in her dress was red.
그녀의 드레스에서 두드러지는 색깔은 빨강이었다.

• 우세한
=superior
=leading
=predominant
=ascendant

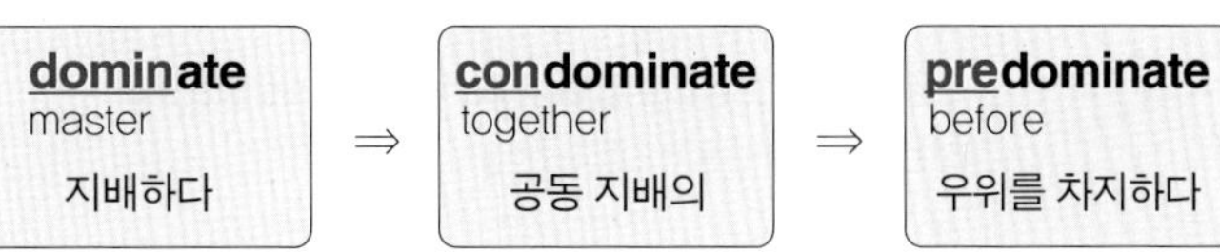

» duc(e)

lead : 이끌다, 인도하다; 꾀다; 지휘하다 ⇒ duc = duct

C3-021

conduce
[kəndjúːs]

con(=together 함께 (힘이 되어)) + duce(=lead 이끌다) ⇒ 공헌하다, 이끌다

ⓥ **공헌하다**(=contribute); (어떤 결과로) **이끌다**(=lead)

ⓐ **conducive** 도움이 되는, 촉진하는(=contributive)

Test results conduced him to believe that he was in serious trouble.
검사결과는 그가 무슨 심각한 문제가 있다고 믿게 만들었다.

deduce
[didjúːs]

de(=down 아래로 (결론을)) + duce(=lead 이끌어내다) ⇒ 추론하다

ⓥ **추론하다**(=infer); 연역하다; 유래를 찾다(=derive)

ⓝ **deduction** 추론; 연역법; 빼기, 공제 ⓐ **deductive** 연역적인

The scientist deduced that the results would change.
그 과학자는 결과가 바뀔 수 있다고 추론했다.

What consequences can be deduced from the hypothesis?
그 가설에서 어떤 결과를 추론해 낼 수 있나요?

induce
[indjúːs]

in(=into 안으로) + duce(=lead 이끌다) ⇒ 설득해서 ~하게 하다, 유발하다

ⓥ **설득해서 ~하게 하다**, 권유하다(=persuade); **유발하다**(=cause); 유도하다

ⓝ **inducement** 유인, 자극(=incentive); 동기(=motive)

ⓐ **inductive** 귀납적인; 유도의 opp. **deductive** 연역적인

She used the medicine to induce a relaxed state.
그녀는 평온한 상태로 유도하기 위해 그 약을 썼다.

She hasn't much inducement to work hard.
그녀에게는 일을 열심히 하도록 하는 자극이 별로 없다.

· **relaxed** [rilǽkst]
ⓐ 느슨한, 이완된; 휴식을 취한

produce
[prədjúːs]

pro(=forward (만들어) 앞으로) + duce(=lead 이끌어 내놓다) ⇒ 생산하다

ⓥ **생산하다,** 제조하다(=manufacture); (신분증 등을) 내보이다(=show); (결과를) 일으키다; 산출하다(=bear; yield); 제조하다(=make); 연출하다

ⓝ (집합적) 농산물, 생산품; 생산액; 결과, 소산(=outcome)

ⓝ **producer** 제조자; 생산자; 연출자 opp. **consumer** 소비자

Plastic can be produced from oil.
플라스틱은 석유로 만들 수 있다.

He produced the credit card from his wallet.
그는 지갑에서 신용카드를 꺼냈다.

reduce

[ridjú:s]

re(=back 뒤로 간단히 줄여) + duce(=lead 이끌다) ⇒ 줄이다; 축소하다

ⓥ (양, 액수, 정도를) **줄이다, 축소하다,** 단축하다(=diminish); (지위를) 격하시키다(=demote); 약하게 하다(=weaken); 진압하다(=subdue)

ⓝ **reduction** 감소, 축소; 축도; 할인, 할인액, 할인 가격

ⓐ **reductive** 축소의, 감소의; 축소[감소]하려고 하는

She reduced her weight by jogging.
그녀는 조깅을 하면서 몸무게를 줄였다.

at a reduction of 30% 30퍼센트의 할인으로

seduce

[sidjú:s]

cf. **intro** + **duce**
into lead
⇒ 안으로 이끌어 들이다
⇒ 소개하다, 안내하다, (신제품을) 발표하다

· **introduction**
ⓝ 소개; 도입; 서론; 입문

· **educe = elicit**
ⓥ 이끌어 내다

se(=apart 옆길로 빠지게) + duce(=lead 이끌다) ⇒ 부추기다, 유혹하다

ⓥ (악을 저지르도록) **부추기다**(=lead astray); (여자를) **유혹하다**(=entice), 유혹하여 순결을 빼앗다; 매혹하다(=attract; lure; allure; tempt)

ⓝ **seduction** 부추기기, 유혹; pl. 매력(=attraction; enticement)

ⓐ **seductive** 유혹하는(=enticing); 매혹시키는(=attractive)

cf. **seditious** ⓐ 선동적인(=inflammatory)

She was seduced by him at the party.
그녀는 파티에서 그에게 이끌렸다.

resist[withstand] temptation 유혹을 이겨내다

a seductive smile 넋을 잃게 하는 미소

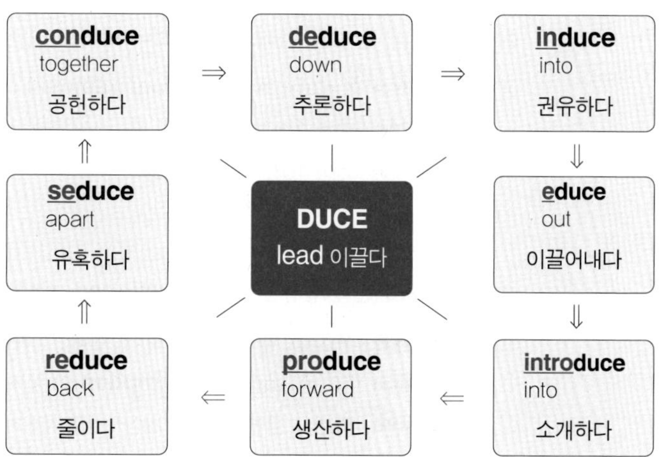

duct
lead : 이끌다, 데리고 가다

C3-022

abduct
[æbdʌ́kt]

ab(=away (강제로) 멀리) + duct(=lead 데려가다) ⇒ 유괴하다

ⓥ **유괴하다,** 납치하다(=kidnap)

ⓝ **abduction** 유괴, 납치(=kidna(p)ping)

ⓝ **abductor** 유괴자(=kidna(p)per)

Some people believe they were abducted by aliens.
일부 사람들은 그들이 외계인에 의해 납치됐다고 믿는다.

conduct
[kəndʌ́kt]

con(=together 같이) + duct(=lead 데리고 가다) ⇒ 안내하다, 행동하다

ⓥ **안내하다**(=lead; guide); 지휘하다, 지도하다(=direct); 처리하다, 경영하다(=manage); (열, 전기를) 전도하다(=convey; transmit) (*opp.* **insulate** 절연하다); **행동하다**(=behave) ⓝ 행위, 행실, 품행(=behavior); 지도; 안내(=guidance); 관리,운영(=management)

ⓝ **conduction** (물을) 끌기; (열, 전기의) 전도

ⓝ **conductor** 안내자(=guide); 지도자(=leader); 지휘자; 차장

He conducted me through the city. 그는 내게 그 도시를 안내해 주었다.
He conducted himself well at the hearing. 그는 청문회에서 잘 처신했다.

· **hearing** [híəriŋ] ⓝ 공청회,청문회; 듣기, 청력; 심문

deduct
[didʌ́kt]

de(=down (금액, 값을) 아래로) + duct(=lead 끌어내리다) ⇒ 빼다, 공제하다

ⓥ **빼다, 공제하다**(=take away, as from a amount or sum)

ⓐ **deductible** 공제할 수 있는 ⓝ 공제조항, 공제금액

The waiter deducted 10% from our bill.
종업원은 우리 계산서에서 10퍼센트를 빼주었다.

product
[prɑ́dʌkt]

pro(=forward (만들어서) 앞으로) + duct(=lead 내놓은) 것 ⇒ 생산품, 제품, 결과

ⓝ **생산품, 제품,** 산출물; 제조, 작품; 소산, **결과,** 성과(=result)

ⓝ **production** 제조, 생산(opp. **consumption** 소비); 제작물; 영화제작소

ⓐ **productive** 비옥한, 기름진(=fertile); 생산적인; 생기게 하는

ⓝ **productivity** 생산성, 생산력

industrial[natural, home] products 공업제품[천연산물, 국산품]
Poverty is productive of crime. 빈곤은 범죄를 낳는다.

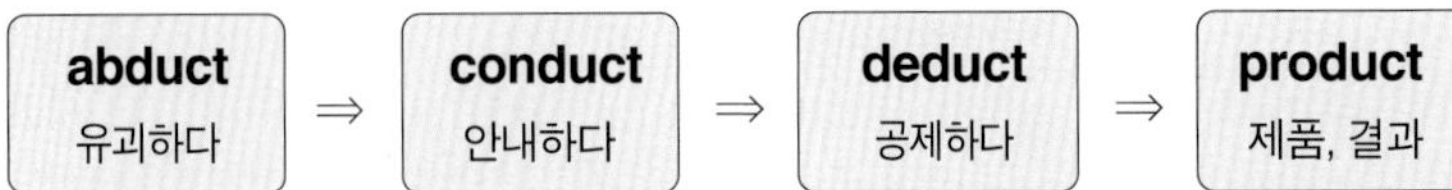

dur

last : 지속하다, 계속하다 harden : 단단하게 하다

 C3-023

duration
[djuréiʃən]

dur(=last 계속) + ation(것[시간]) ⇒ 지속, 내구

ⓝ **지속,** 지속 기간(=span; term); **내구**(耐久), 지속(시간)

ⓐ **durable** 내구력 있는, 오래 가는[견디는]; 영속성이 있는(=lasting)

ⓝ **durables** 내구소비재(주택, 가구, 자동차 등)

opp. **nondurables** 비내구재(식품, 의류 등)

ⓐⓓ **durably** 영속적으로, 내구적으로, 튼튼하게

ⓝ **durability** 내구력, 내구성; 영속성(=perpetuity)

ⓟ **during** ~ 동안, ~내내(=throughout; all through); ~중에, ~ 사이에

a long[short] duration 장기[단기]

We all had to stay indoors for the duration of the storm.
우리는 모두 폭풍이 지속되는 동안 실내에 머물러 있어야만 했다.

an outstanding durability 뛰어난 내구력

endure
[indjúər]

• dur=last
harden
endure

cf. **endue** ⓥ 부여하다

en(강조 - 꿋꿋이) + dure(=last 지속하다) ⇒ 견디다, 참다

ⓥ (사람이) **견디다, 참다**(=stand; bear; tolerate); (물건이) 지탱해내다(=sustain)

ⓝ **endurance** 인내(력)(=persistence; perseverance); 내구성, 지구력

ⓐ **endurable** 참을 수 있는, 견딜 수 있는(=bearable)

ⓐ **enduring** 오래 가는, 영속적인(=lasting); 참을성 있는

They endured many hardships. 그들은 많은 역경을 견뎌냈다.

an enduring fame 불후의 명성

perdure
[pə(:)rdjúər]

per(=through 끝까지) + dure(=last 지속하다) ⇒ 오래 지속하다

ⓥ **오래 지속하다**(=last long), 변치않다(=be constant)

ⓐ **perdurable** 오래 가는[견디는](=durable); 영속하는(=everlasting); 불멸의

My love about you may perdure.
너에 대한 내 사랑은 절대 변치 않을 거야.

obdurate
[ábdjurət]

ob(강조 - 아주) + dur(=hard 단단) + ate(한) ⇒ 완고한, 냉혹한, 고집 센

ⓐ **완고한**(=obstinate; unyielding); **냉혹한; 고집 센**(=stubborn)

ⓝ **obduracy** 옹고집, 완고함(=stubbornness); 냉혹(=coldness)

The obdurate leader granted little freedom to his people.
그 완고한 지도자는 국민들에게 약간의 자유를 허용했다. → 자유를 제약했다.

an obdurate[a flat] refusal 단호한 거절

equ(i) equal(ly) : 같은, 같게

C3-024

equity
[ékwəti]

equ(=equal 같은, 동등한) + ity(상태) ⇒ 공평, 정당

ⓝ **공평,** 공정(=fairness; impartiality); **정당**(=justice); 소유권; *pl.* 보통주

ⓐ **equitable** 공평한(=fair), 정당한(=just)

cf. **equable** ⓐ 균등한, 온화한

The equity of the game was needed. 게임의 공정성이 필요했다.

adequate
[ǽdikwət]

ad(=to ~에) + equate(같게 하다)의 뜻에서 ⇒ 충분한; 적당한

ⓐ **충분한**(=enough; sufficient); 알맞은; **적당한**(=suitable)

ⓐⓓ **adequately** 적당히, 충분히(=enough; suitably) ⓝ **adequacy** 충분(함), 적당(함)(=suitability)

His retirement income is adequate to cover his debt.
그의 퇴직금은 부채를 갚기에 충분한 금액이다.

equation
[i(:)kwéiʒən]

equ(=equal 같) + ation(음) ⇒ 균등, 평형상태

ⓝ **균등,** 평등(=equality); **평형상태**(=equilibrium); (수학) 방정식

ⓐ **equational** 방정식의, 등식의 cf. **equator** ⓝ 적도

I don't know the answer to the simultaneous equation.
나는 그 연립방정식의 답을 모르겠다.

equivalent
[ikwívələnt]

equi(=equal 같은) + val(=value 가치) + ent(의) ⇒ 같은 가치의; 상당하는

ⓐ **같은[동등한] 가치의; 상당하는,** 대등한(=tantamount) ⓝ 같은 것, 동등물

The teacher tried to give all the students equivalent attention.
그 선생님은 모든 학생에게 동등한 관심을 주려 노력하셨다.

equilibrium
[ìːkwəlíbriəm]

equi(=equal 같은) + librium(=balance 균형) ⇒ 균형, 평형상태

ⓝ **균형, 평형상태;** (마음의) 평정(=equanimity); 평형(=balance)

ⓝ **equilibration** 균형, 평형

The equilibrium of the environment is delicate. 환경의 균형은 깨지기 쉽다.

equivocal
[ikwívəkəl]

equi(=equal같은) + vocal(소리라서 (구별이 애매한)) ⇒ 애매한, 의심스러운

ⓐ **애매한**(=ambiguous*; uncertain); (어구 등이) 몇 가지 뜻으로 해석되는, **의심스러운**(=suspicious*; questionable)

The CEO of the company issued an equivocal statement.
그 회사의 최고 경영자는 모호한 의견을 발표했다.

≫ fect

make : 만들다, 만들어내다 ⇒ fect = fac(t) = fic

C3-025

affect

[əfékt]

• af- < ad-

af(=to (마음)에) + fect(=make ~을 만들어 주다) ⇒ ~에 영향을 미치다, ~인 체하다

ⓥ **~에 영향을 미치다**(=influence); 병에 걸리다; ~을 감동시키다 (=move; impress; touch); **~인 체하다**(=feign; pretend)

ⓝ **affection** 애정(=amity); 감동; 영향(=influence); 병

ⓐ **affectionate** 애정이 있는, 다정한, 사랑하는(=loving; fond)

ⓐⓓ **affectionately** 다정하게(=tenderly; warmly; sympathetically)

ⓝ **affectation** ~인 체함, 가장; 허식(=false appearance)

His illness is affected by the climate. 그의 병은 기후에 영향 받았다.

with an affectation of careless cordiality 소탈한 성질을 가장하여

defect

[difékt]

de(=away 떨어져 나가) + fect(=make 만들다) ⇒ 변절하다; 결점, 단점

ⓥ **변절하다,** (주의, 국가 등을) 버리다(=apostatize; change sides)

ⓝ [dífekt] **결점, 단점**(=fault; shortcoming; blemish); 부족(=deficiency)

ⓝ **defection** 배신, 변절; 탈주(=desertion); 부족(=lack)

ⓐ **defective** 결점이 있는 ⓝ 심신장애자, 정신장애자

The spy defected from Iraq to the U.S.

그 스파이는 이라크에서 미국으로 돌아섰다.

effect

[ifékt]

• **abuse** ⓥ 남용하다 ⓝ 오용, 남용

ef(=out 밖으로) + fect(=make 만들어내다) ⇒ 초래하다; 결과

ⓥ (변화 등을) **초래하다;** (계획 등을) 달성하다 ⓝ **결과;** 효과; 체면

ⓐ **effective** 유효한(=effectual*) ⓐⓓ **effectively** 효과적으로

There are serious side effects to drug abuse.

약물 남용에는 심각한 부작용이 있다.

have an effect on ~ ~에 영향을 미치다(=affect); ~에 효과를 나타내다

infect

[infékt]

in(=into 안으로) + fect(=make (병균을) 만들어 넣다) ⇒ 감염시키다, 오염시키다

ⓥ **감염시키다, 오염시키다**(=contaminate)

ⓝ **infection** 감염, 전염(병); 오염; 영향(=influence)

cf. **disinfection** ⓝ 살균, 소독

ⓐ **infectious** 전염성의(=contagious; infective)

ⓐ **anti-infective** 항감염성의 ⓝ 항감염약 ⓝ **infectee** 감염자

His wound became infected because it wasn't properly cleaned.

그의 상처는 적절히 소독을 안해 감염됐다.

perfect
[pərfékt]

per(강조 - 완벽하게) + fect(=make 만들다) ⇒ 완전하게 하다; 완전한

ⓥ **완전하게 하다;** 끝마치다(=finish; complete)

ⓐ **완전한**(=complete); 정확한(=accurate); 전적인

ⓝ **perfection** 완전, 완성; 숙달, 숙련

ⓐⓓ **perfectly** 완전히, 더할 나위 없이
completely; wholly; entirely; thoroughly

The judges awarded her perfect marks for her performance.
심판관은 그녀의 연주에 만점을 주었다.

• **performance** ⓝ 연주, 연기, 상연; 수행, 성취; 성능

refect
[rifékt]

re(=again 다시) + fect(=make (기운 나게) 만들다) ⇒ 기운 나게 하다

ⓥ **기운 나게 하다;** 휴양하다, 기분전환하다(=divert)

ⓝ **refection** 휴양, (음식 등에 의한) 원기 회복; 간단한 식사

He refected himself with a nice meal.
그는 맛있는 식사로 기분전환을 했다.

benefaction
[bènəfǽkʃən]

bene(=good 좋은) 일을 + fact(=do 행) + ion(함) ⇒ 선행, 자선

ⓝ **선행, 자선**(=charity); 은혜를 베풀기; 기부(=charitable donation)

ⓝ **benefactor** 은혜를 베푸는 사람; 후원자, 기증자(=donor)

ⓝ **beneficiary** (보험 등의) 수취인; 수익자, 수혜자

ⓐ **beneficial** 유익한(=advantageous); 이익을 가져오는(=lucrative*)

He has given the orphanage a million won in benefactions.
그는 고아원에 기부금으로 백만 원을 주었다.

• **orphanage** [ɔ́ːrfənidʒ] ⓝ 고아원; 고아임
ⓥ **orphan** 고아

malefaction
[mæ̀ləfǽkʃən]

male(=bad 나쁜) 짓을 + fact(=do 행) + ion(함) ⇒ 악행, 비행

ⓝ **악행, 비행**(=wrongdoing); 죄악, 범죄(=crime)

ⓝ **malefactor** 나쁜 짓을 하는 사람; 범인(=criminal; felon)

He is punishable by law for his malefaction.
그는 자신이 저지른 범죄에 대해 법의 처벌을 받을 만하다.

cf. **malediction** ⓝ 저주(=curse)

satisfaction
[sæ̀tisfǽkʃən]

satis(=enough 충분히 (만족하게)) + fact(=make 만) + ion(듦) ⇒ 만족

ⓝ **만족**(=contentment; gratification; complacency)

ⓐ **satisfactory** 만족스러운(=gratifying), 충분한

ⓐ **satisfied** 만족한, 흡족한(=content; gratified)

ⓥ **satisfy** 만족시키다, 충족시키다; (요구에) 응하다

There was a look of satisfaction on her face.
그녀는 만족스런 얼굴을 하고 있었다.

tumefaction
[tjù:məfǽkʃən]

tume(=swell 부풀어, 부어) 오르게 + fact(=make 만) + ion(듦) ⇒ 팽창, 종기

ⓝ **팽창;** 부어오름(=swelling); **종기,** 종창

ⓥ **tumefy** 부어오르게 하다; 붓다(=swell)

The doctors were concerned about the tumefaction of his hand.
의사는 그의 손이 부어오르는 것을 우려했다.

manufacture
[mæ̀njufǽktʃər]

manu(=hand 손)으로 + fact(=make 만) + ure(듦) ⇒ 제조(업)

ⓝ **제조(업),** 제작; *pl.* 제품(=products)

ⓥ ~을 제작하다, 생산하다(=produce); ~을 제품화하다

ⓝ **manufacturer** 공장주; 제조자; 제작자

ⓝ **manufactory** 공장(=factory; workshop)

The factory is able to manufacture thousands of cars each day.
그 공장은 매일 수천 대의 차를 생산할 수 있다.

facility
[fəsíləti]

• fac=make

• **facile** ⓐ 용이한
make

facil(e)(=easy 손쉽게) + ity(해주는 것) ⇒ 편의, 용이함

ⓝ **편의,** 편리; *pl.* 설비, 편의시설; **용이함**(=ease); 솜씨(=dexterity)

ⓥ **facilitate** ~을 용이하게 하다, 촉진하다(=expedite)

ⓐ **facile** 손쉬운(=easy); 유창한(=fluent)

cf. **facetious** ⓐ 우스운(=funny; jocose); 농담의(=jesting)

The facility is badly in need of repair.
화장실은 수리가 몹시 필요하다.

deficient
[difíʃənt]

de(=away (정상보다) 떨어지게) + fic(=make 만) + (i)ent(든) ⇒ 부족한, 불충분한

ⓐ **부족한, 불충분한**(=insufficient; inadequate); ~이 결여되어 있는

ⓝ **deficiency** 부족, 결핍(=insufficiency); 부족분, 결손

ⓝ **deficit** 결손, 부족액; 적자*

Sally is deficient of common sense. 샐리는 상식이 부족하다.

a deficiency of nutrition 영양부족

efficient
[ifíʃənt]

• ef- < ex-

ef(=out (효과를) 밖으로) + fic(=make 만들어내) + (i)ent(는) ⇒ 유용한; 능률적인

ⓐ **유용한**(=competent); **능률적인,** 효과가 있는(=effective)

ⓝ **efficiency** 유능, 유효; 능력, 능률(=competency)

ⓝ **efficacy** 효능, 효험 ⓐ **efficacious** 효험있는, 유효한

ⓐⓓ **efficiently** 유능하게, 유효하게(=validly)

The old factory was no longer efficient.
그 낡은 공장은 더 이상 능률적이지 않았다.

magnificent

[mægnífəsənt]

magni(=great 크게) + fic(=make 만) + (i)ent(든) ⇒ 장대한, 멋진

ⓐ **장대한**(=grand), 화려한, **멋진;** 숭고한(=noble; sublime)

ⓝ **magnificence** 장엄, 웅장(=splendor; grandeur); 훌륭함

ⓥ **magnify** 확대하다(=enlarge), 과장하다(=exaggerate)

ⓝ **magnification** 확대, 과장; 확대도; 배율

The view from the top of the mountain was magnificent.
산 정상에서 보는 경치는 멋졌다.

a magnificent opportunity 절호의 기회

cf. **magnanimous** ⓐ 관대한, 도량이 큰

proficient

[prəfíʃənt]

pro(=forth 앞으로 척척) + fic(=make 만들어내) + (i)ent(는) ⇒ 숙달된, 능숙한

ⓐ **숙달된, 능숙한**(=skilled; adroit; accomplished) ⓝ 숙련자(=expert)

ⓝ **proficiency** 숙달, 숙련(=skill; ability)

She is proficient in speaking English. 그녀는 영어회화에 능숙하다.

sufficient

[səfíʃənt]

suf(=under 아래에서) + fic(=make (위로 가득) 만들어) + (i)ent(놓은) ⇒ 충분한

ⓐ **충분한**(=enough), 족한(=adequate) ⓝ 충분(=adequacy; enough)
opp. **deficient; insufficient** 불충분한, 부족한

ⓐⓓ **sufficiently** 충분하게(=enough)

ⓝ **sufficiency** 충분, 충족; 많음(=adequacy)

ⓥ **suffice** 충분하다(=be enough); 만족시키다(=satisfy)

Her remarks were sufficient enough to persuade them.
그녀의 언급은 사람들을 설득시키기에 충분했다.

• suf- < sub-

• **remark**[rimɑ́:rk] ⓝ 말, 발언; 주의, 주목

artificial

[ɑ̀:rtəfíʃəl]

arti(=art 인공)적으로 + fic(=make 만) + ial(든) ⇒ 인공의, 인조의

ⓐ **인공의,** 인공적인; 인위적인 (*opp.* **natural** 천연의)
인조의(*opp.* **real 진짜의**); 부자연스러운, 꾸민(=affected)

ⓝ **artificiality** 인공, 인위; 인조물, 인공물

The flavor tasted artificial. 인공적인 맛이 났다.

an artificial flavor[kidney, tooth] 인공 조미료[인공 신장, 의치]

beneficial

[bènəfíʃəl]

bene(=good 유용하게) + fic(=make 만) + ial(드는) ⇒ 이익을 가져오는, 유익한

ⓐ **이익을 가져오는**(=lucrative), 도움이 되는; **유익한**(=advantageous)

ⓐ **beneficent** 은혜를 베푸는; 자비로운(=benevolent); 친절한

ⓝ **beneficence** 자비로움; 자비, 은혜, 자선(=charity)

The relationship was beneficial to them both.
그 관계는 두 사람 모두에게 도움이 됐다.

superficial

[sù:pərfíʃəl]

• fic- < face-

super(=over 위에) + fic(=face 표면) + ial(의) ⇒ 표면(상)의, 피상적인

ⓐ **표면(상)의; 피상적인,** 천박한(=shallow; perfunctory); 엉성한(=cursory); 외견상의(=apparent; external; outward)

ⓐⓓ **superficially** 표면적으로, 피상적으로, 천박하게

ⓝ **superficiality** 표면적임, 피상, 천박

She met me with a superficial smile.

그녀는 표면상의 미소를 지으며 나를 만났다.

a superficial[surface] view 피상적 견해

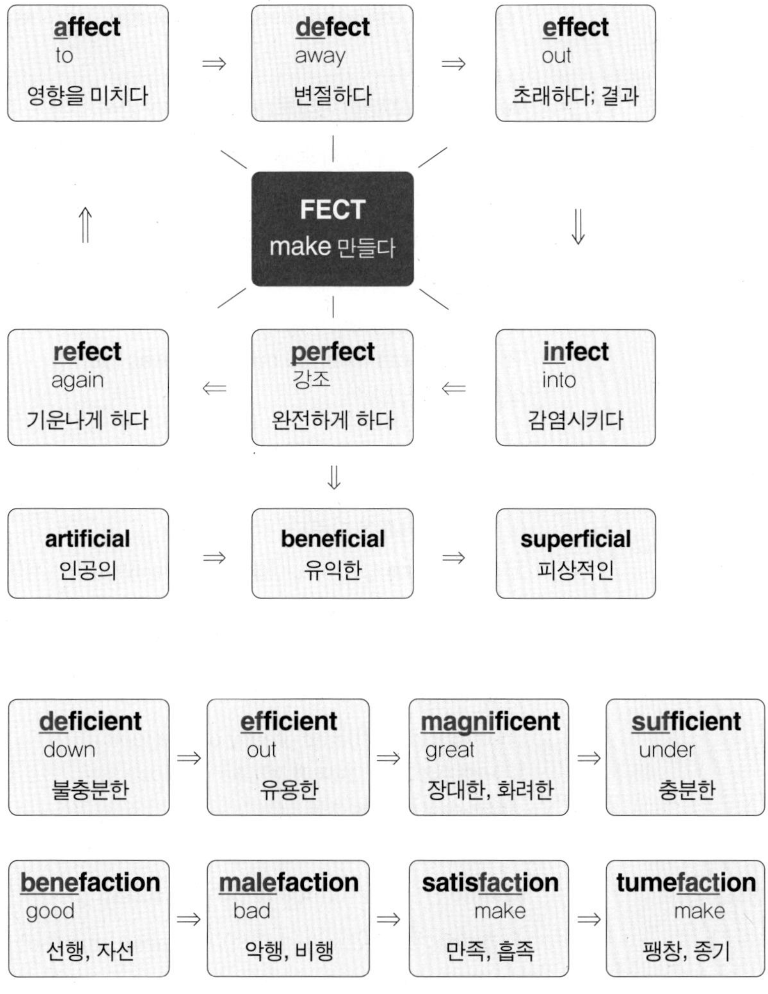

deficient down 불충분한	⇒	**efficient** out 유용한	⇒	**magnificent** great 장대한, 화려한	⇒	**sufficient** under 충분한
benefaction good 선행, 자선	⇒	**malefaction** bad 악행, 비행	⇒	**satisfaction** make 만족, 흡족	⇒	**tumefaction** make 팽창, 종기

≫ fer

bear; carry : 나르다, 가지고 가다 **bear** : 낳다, 산출하다

C3-026

confer
[kənfə́ːr]

con(=together (문제를) 함께) + fer(=carry 나르다) ⇒ 협의하다; 주다

ⓥ **협의하다; 주다,** 수여하다(=give; grant; bestow)

ⓝ **conference** 상담, 협의(=consultation); 회담; 회의; 연맹

ⓝ **conferment** (학위 등의) 수여(=bestowal)

He conferred with his colleagues before he made a contract.
그는 계약을 하기 전 동료들과 협의했다.

[tips] **동료** = colleague; associate; co-worker; comrade; friend

defer
[difə́ːr]

de(=down (고개를) 아래로) + fer(=carry 가져가다) ⇒ 따르다, 연기하다

ⓥ (경의를 표하여) **따르다,** 양보하다(=yield); **연기하다**(=postpone; delay)

ⓝ **deference** 복종(=yielding); 존경, 경의(=respect)

ⓝ **deferment** 연기, (지불의) 거치; 징집 유예

ⓐ **deferred** 연기된(=postponed); (지불 등이) 거치된

I defer to my parent's opinion. 나는 부모님의 의견에 잘 따른다.
The picnic was deferred because it was raining.
소풍은 비 때문에 연기됐다.

differ
[dífər]

• dif-<dis-

dif(=apart 따로따로) + fer(=bear (다르게) 가져가다) ⇒ (의견 등이) 다르다

ⓥ **다르다; 의견이 다르다**(=disagree)

ⓝ **difference** 상이, 차이, 다름(=dissimilarity); 상이점, 특이점(=characteristic); 차별, 구별(=distinction; discrimination)

ⓐ **different** 다른, 틀리는; 별개의, 딴(=separate; distinct)

ⓐ **differential** (임금 등이) 차별적인; 특질적인(=distinctive)

Their opinions differed greatly on the topic.
그 주제에 대한 그들의 견해가 꽤 달랐다.
differential wages 차별 임금

infer
[infə́ːr]

in(=into 안으로) + fer(=carry (의미를) 날라오다) ⇒ 추론하다

ⓥ **추론하다**(=deduce), 추측하다(=guess; surmise); 의미하다(=imply)

ⓝ **inference** 추론, 추단; 추론된 것; 결론(=conclusion)

From the politician's speech, the people inferred that taxes would rise.
정치인들의 연설에서 사람들은 세금이 오르리라고 추측했다.
direct[indirect] inference 직접[간접] 추리

prefer
[prifə́:r]

pre(=before (여럿 중) 먼저) + fer(=carry 나르다) ⇒ 더 좋아하다

ⓥ 오히려 ~을 **더 좋아하다[취하다, 택하다]**; 승진시키다; 고소하다

ⓐ **preferable** 선택할 만한, 보다 바람직한, ~보다 나은(~ to)

ⓝ **preference** 선호, 선택; 우선(권)(=priority); 선택권

ⓐ **preferential** 우선의, 선취의; 특혜의(=favorable)

He prefers coffee to tea. 그는 홍차보다는 커피를 좋아한다.
a preferential tariff 특례 관세

refer
[rifə́:r]

re(=back (원인을) 되돌려) + fer(=carry 가져가다) ⇒ ~의 탓으로 하다; 언급하다

ⓥ **~의 탓으로 하다**(=ascribe); **언급하다**(=allude); 참조하다; 문의하다

ⓝ **reference** 언급(=mention; allusion); 관련, 관계; 참조; 문의

ⓐ **referential** 관계가 있는, 관련이 있는; 참조용의

ⓐ **referable** ~의 탓으로 생각되는(=ascribable; assignable)

She referred the victory to her parents.
그녀는 승리를 부모님에게 돌렸다.
She avoided any reference to her personal affairs.
그녀는 자신의 개인적 문제에 대한 언급을 피했다.

suffer
[sʌ́fər]

- suf- < sub-
- **tear**[tɛər] ⓥ 찢다, (나라, 마음 등을) 분열시키다 tear-tore-torn

suf(=under 아래에서) + fer(=bear (참고) 나르다) ⇒ 경험하다, 참다

ⓥ (고통, 손해를) **경험하다,** 입다, 받다(=experience; undergo); **참다,** 견디다(=endure); 해를 입다, 손해를 보다

ⓝ **sufferance** 인내력(=endurance); 묵인(=permission)

ⓝ **suffering** 괴로움, 고생; pl. 재해, 재난(=hardships)

ⓐ **sufferable** 참을 수 있는, 견딜 수 있는(=endurable)

Many people were suffering in countries torn by war.
전쟁으로 피폐해진 국가들의 많은 사람들이 고통 받고 있었다.

transfer
[trænsfə́:r]

trans(=across 가로질러) + fer(=carry 나르다, 운반하다) ⇒ 옮기다; 양도하다

ⓥ **옮기다,** 운반하다(=carry); 전학시키다; **양도하다**; (책임을) 전가하다

ⓝ 옮기기; 전임, 전학, 이동; (주식, 증권 등의) 명의 변경

ⓝ **transference** 이송, 이동; 전임, 전학, 양도

ⓐ **transferable** 옮길 수 있는; 양도할 수 있는

ⓝ **transferee** 양수인(=grantee) ⓝ **transferor** 양도인

She was transferred to another department in the company.
그녀는 회사에서 다른 부서로 보내졌다.
transfer fee (직업 선수 등의) 이적료

fid　trust : 믿음, 확신; 믿다

C3-027

confidence
[kɑ́nfədəns]

con(=completely 완전히) + fid(=trust 믿) + ence(음) ⇒ 신임, 자신

ⓝ **신임,** 신뢰, 신용(=trust); **자신,** 확신; 대담성(=boldness); 비밀(=secret)

ⓐ **confident** 확신하는, 굳게 믿는(=certain; sure);
자신이 있는(=self-confident); 대담한(=bold) opp. **diffident** 자신이 없는

ⓐ **confidential** 비밀의(=secret; private); 신뢰할 수 있는(=trustworthy)

ⓥ **confide** 신뢰하다; (비밀 등을) 털어놓다

She lacked the confidence that she needed to become a model.
그녀는 모델이 되기에 필요한 자신감이 부족했다.

We are confident that his father will recover.
우리는 그의 아버지가 회복되리라 확신하고 있다.

a vote of confidence 신임투표

diffidence
[dífədəns]

dif(=not 안) + fid(=trust 확신) + ence(함) ⇒ 자신감 없음, 소심

ⓝ **자신감 없음, 소심;** 수줍음(=shyness) *opp.* **confidence** 자신, 확신

ⓐ **diffident** 자신이 없는 opp. **confident** 자신 있는

His diffidence caused him trouble during social gatherings.
자신감 없는 그의 태도는 사교모임에서 그를 당혹스럽게 했다.

fidelity
[fidéləti/fai-]

fid(el)(=trust 신뢰) + ity(함) ⇒ 충실, 성실

ⓝ **충실,** 충성; **성실;** 박진감; <통신> 충실도; (부부간의) 정절

She was rewarded for her fidelity to the company.
그녀는 회사에 대한 충성으로 상을 받았다.

infidelity
[ìnfidéləti]

in(=not 안) + fidelity(충성, 충실) ⇒ 불신, 불성실

ⓝ **불신, 불성실**(=unfaithfulness; disloyalty); 부정, 간통(=adultery)

ⓝ **infidel** 무신론자(=atheist); 이교도(=pagan; heathen)
ⓐ 신을 믿지 않는, 종교가 없는(=unbelieving)

They got a divorce because of his infidelity.
그의 불륜 때문에 그들은 이혼했다.

[tips] reshuffle ⓝ 인사이동; 인사개편 ⓥ (조직의) 사람을 바꾸어 넣다
The **reshuffle** will not affect our policy.
인사이동은 있어도 정책에는 변동이 없을 것이다.
hireling ⓐ 고용되어 일하는 ⓝ 고용인

» firm

firm : 굳게 하다, 견고하게 하다

C3-028

firm
[fəːrm]

firm ⇒ 확고한, 단호한; 회사; 단단하게 하다

ⓐ **확고한**; 견고한, 단단한(=solid; hard); **단호한**; 안정된(=stable)
ⓝ **회사**, 상사(=company; corporation; enterprise) ⓥ **단단하게 하다**

ⓐⓓ **firmly** 견고하게(=fixedly), 단호히(=resolutely) ⓝ **firmness** 견고, 견실, 단단함

They greeted each other with a firm handshake.
그들은 굳은 악수와 함께 서로 인사를 나눴다.

affirm
[əfə́ːrm]

• af- < ad-

af(=to ~에 대해) + firm(확실히 (말)하다) ⇒ 단언하다, 확인하다

ⓥ **단언하다**, 확언하다(=assert); **~을 확인하다**(=confirm)

ⓝ **affirmation** 단언, 확언(=assertion); 확인(=confirmation)

ⓐ **affirmative** 확언의; 긍정적인; 적극적인(opp. **negative** 부정적인) ⓝ 긍정

She affirmed (to me) that it was true. 그녀는 (내게) 그것이 진실이라고 단언했다.
She affirmed her belief in the church. 그녀는 교회에서 자신의 믿음을 확인했다.

confirm
[kənfə́ːrm]

con(강조 - 더욱더) + firm(확실히 하다) ⇒ 확인하다, 확증하다, 굳게하다

ⓥ **확인하다**; **확증하다**(=verify); 승인하다, 비준하다(=ratify); **굳게하다**(=fortify)

ⓝ **confirmation** 확인, 확증; 비준(=ratification)

ⓐ **confirmative** 확인하는, 확정하는, 확증적인

ⓐ **confirmed** 확립된(=established); 상습적인, 만성의(=chronic)

He called the travel agent to confirm his flight schedule.
그는 비행기 스케줄을 확인하기 위해 여행사에 전화를 했다.

infirm
[infə́ːrm]

in(=not 안) + firm(굳은, 단호한) ⇒ 허약한, 결단력이 없는

ⓐ **허약한**(=weak; feeble); **결단력이 없는**(=irresolute)

ⓐⓓ **infirmly** 가냘프게, 불안정하게

ⓝ **infirmity** 병약, 허약(=feebleness; weakness)

ⓝ **infirmary** 진료소, 병원; 양호실, 의무실(=hospital; dispensary)

• **constitutional**
ⓐ 헌법상의; 체질상의, 타고난

The dog I brought was infirm. 내가 데려온 개는 허약했다.
a constitutional infirmity 타고난 허약(체질)

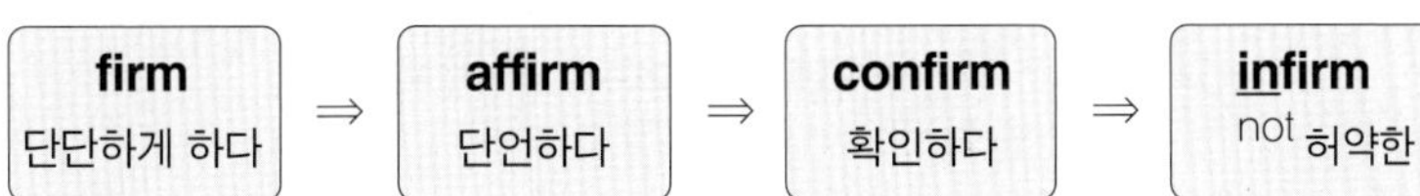

» flect　bend : 굽히다, 구부리다 ⇒ flect = flex

C3-029

deflect
[diflékt]

de(=away 멀리 벗어나) + flect(=bend 구부러지다) ⇒ 빗나가다

ⓥ (올바른 방향으로부터) **빗나가다**(=bend; turn aside); (생각이) 편향되다

ⓝ **deflection** 빗나감, 비뚤어짐; 굴절; (계측기의) 편차

ⓐ **deflective** 편향적인, 빗나가는, 휘어진

The rocket deflected from its set course.
로켓이 정해진 코스를 벗어났다.

inflect
[inflékt]

in(=into 안으로) + flect(=bend 구부리다) ⇒ (안쪽으로) 구부리다

ⓥ (안쪽으로) **구부리다,** 굴곡시키다(=bend); (음성의 음조를) 바꾸다

ⓝ **inflection** 굴곡, 만곡(=turn; bend); (음조 등의) 변화, 억양

He inflected the conversation by changing the topic.
그는 주제를 바꿔 대화를 돌렸다.

reflect
[riflékt]

re(=back 되돌려) + flect(=bend 구부리다) ⇒ 반사하다, 곰곰이 생각하다

ⓥ (빛 등을) **반사하다; 곰곰이 생각하다**(=consider); 체면을 손상시키다

ⓝ **reflection** 반사; 반영; 반성; 숙고(=meditation); 불명예

ⓐ **reflective** 반사하는, 반사된; 상을 비추는; 사려깊은(=thoughtful)

A mirror reflects light. 거울은 빛을 반사한다.
We must reflect upon which course of action to take.
우리는 어느 쪽 행동을 취해야 할지 숙고해야 한다.

flexible
[fléksəbl]

flex(=bend 구부릴) + ible(수 있는) ⇒ 구부리기 쉬운; 유연한

ⓐ **구부리기 쉬운, 유연한**(=pliant) *opp.* **rigid; stiff** (뻣뻣한); 유순한(=tractable); **융통성 있는**(=versatile*)

ⓝ **flexibility** 유연성; 융통성 opp. **inflexibility** 강직, 확고

His schedule was flexible. 그의 스케줄은 유동적이다.
He's very flexible. 그는 매우 융통성이 있다.

inflexible
[infléksəbəl]

in(=not) + flexible(구부릴 수 있는) ⇒ 구부러지지 않는, 확고한

ⓐ **구부러지지 않는,** 경직된(=stiff; rigid); **확고한**(=firm); 완고한(=stubborn)

inflexible determination 확고한 결의
inflexible rules 변경할 수 없는 규칙

[tips] 단호하게 = firmly; resolutely; positively; squarely(직각으로, 공평하게)

flict

strike : 치다, 때리다

C3-030

afflict

[əflíkt]

• af-<ad-

af(=intensively 강하게) + flict(=strike 치다, 때리다) ⇒ 고통을 주다, 괴롭히다

ⓥ **고통을 주다**(=torment), **괴롭히다**(=distress)

ⓝ **affliction** 고통(=pain), 고뇌(=distress), 불행, 재난(=calamity)

ⓐ **afflictive** 고민하게 하는, 쓰라린, 비참한(=distressing)

ⓐ **afflicting** 괴로운(=distressing), 슬픈(=grievous)

She was afflicted with terrible headaches.
그녀는 심한 두통으로 시달렸다.

be afflicted with debts 빚에 시달리다

conflict

[kɑ́nflikt]

• **resolve** [rizɑ́lv] ⓥ (문제 등을) 해결하다; ~을 결정하다

con(=together 서로) + flict(=strike 치다) ⇒ 싸우다, 충돌하다; 싸움, 충돌

ⓥ **싸우다**(=fight; struggle); **충돌하다,** 상반되다(=clash)
ⓝ **싸움,** 투쟁(=fight; struggle); (이해의) **충돌**(=clash)

ⓝ **confliction** 싸움; 충돌; 모순(=contradiction)

ⓐ **conflictive** 상반하는, 모순되는, 충돌하는

ⓐ **conflicting** 서로 다투는, 상반하는, 모순되는(=contradictory)

The conflict could not be resolved in such a short time.
싸움은 그 짧은 시간에 끝날 수 없었다.

conflict of interest 이해의 상충 / a conflict of opinion 의견의 대립

inflict

[inflíkt]

in(=on ~을 향해) + flict(=strike 치다) ⇒ (고통 등을) 주다, 가하다

ⓥ (~에게 상처, 고통 등을) **주다;** (~에게 형벌 등을) **가하다**(=impose)

ⓝ **infliction** (고통 등을) 주기; 고통(=pain); 시련; 벌(=punishment)

ⓐ **inflictive** 보태는; 형벌의; 고통의; 곤란한(=troublesome)
cf. **inflective** ⓐ 굴곡하는, 억양이 있는

The storm inflicted millions of dollars of damage to the city.
폭풍은 그 도시에 수백만 달러의 피해를 주었다.

inflict oneself on ~ ~에게 폐를 끼치다

the infliction of punishment on a person ~ ~에게 벌을 가하기

flu

flow : 흐르다, 유출하다 ⇒ flu = flux = flow

C3-031

fluent

[flúːənt]

flu(=flow (말 등이) (물) 흐르듯) + ent(한) ⇒ 유창한

ⓐ **유창한**(=glib); 부드러운(=graceful); 유동성의(=fluid)

ⓐⓓ **fluently** 유창하게(=smoothly); 부드럽게(=tenderly)

ⓝ **fluency** 유창, 능변

She was fluent in three languages. 그녀는 3개 국어에 능했다.

affluent

[ǽflu(ː)ənt]

• af- < ad-

af(=to ~에) + fluent((돈이 넘쳐) 흐르는) ⇒ 부유한, 풍부한

ⓐ **부유한**(=rich; wealthy); **풍부한**(=abundant) ⓝ (강의) 지류(=tributary)

ⓝ **affluence** 풍부, 부유; (군중의) 쇄도(=rush); 유입(=inflow)

ⓝ **afflux** 유입, 충혈

She's an affluent banker. 그녀는 부유한 은행가다.

a city on the affluent of the river 강 지류에 있는 도시

[tips] 부유한 = affluent; rich; well-off; wealthy; prosperous

confluent

[kánfluːənt]

con(=together 함께) + fluent(흐르는) ⇒ 합류하는

ⓐ **합류하는,** 합쳐지는(=flowing together) ⓝ 합류하는 강

ⓝ **confluence** 합류, 합류점; 사람의 물결; 혼잡(=throng)

ⓝ **conflux** 합류(=flowing together); 인파, 군중(=throng)

That river is confluent to another waterway.
저 강은 다른 수로와 합류한다.

lands formed by the confluence of two rivers
두 강이 합류하여 생긴 뭍[육지]

effluent

[éfluːənt]

• ef- < ex-

ef(=out 밖으로) + fluent(흐르는) ⇒ 유출하는, 발산하는

ⓐ **유출하는, 발산하는**(=flowing out) ⓝ 유출물; 유출수

ⓝ **effluence** 유출(=flowing out; outflow), 유출물[수]

ⓝ **efflux** (물, 피, 가스 등의) 유출, 발산(=outflow); 유출물

The lake has many effluent rivers.
그 호수는 물이 흘러가는 강이 많이 나 있다.

effluent water disposal 유출수 처리

fluent 유창한 ⇒ **affluent** 부유한 ⇒ **confluent** 합류하는 ⇒ **effluent** 유출하는

influent
[ínfluːənt]

in(=into 안으로) + fluent(흐르는) ⇒ 흘러드는, 유입하는

ⓐ **흘러드는, 유입하는**(=flowing in) ⓝ 지류(支流)

ⓝ **influence** 영향, 감화; 영향력; (사람의) 세력

ⓥ 영향을 미치다; ~을 좌우하다(=sway)

ⓐ **influential** 영향력이 있는; 세력 있는, 유력한 ⓝ 막강 세력자

ⓝ **influenza** 인플루엔자, 유행성감기, 독감(=flu; grip)

ⓝ **influx** 유입(=inflow; afflux); 도래, 쇄도 opp. **efflux** 유출, 발산

The beach has a lot of influent trashes.
그 해변은 흘러들어오는 쓰레기가 많다.

[tips] 쓰레기 = trash; garbage; refuse; rubbish; scraps; sweepings; waste
쓰레기통 = garbage[trash] can; litter bin[box, bag]; dustbin

refluent
[réfluːənt]

re(=back 뒤로) + fluent(흐르는) ⇒ 역류하는

ⓐ (해류, 하류, 혈액 등이) **역류하는;** 빠지는(=ebbing)

ⓝ **reflux** 역류, 환류; 퇴조(=ebbing)

ⓥ **reflow** (조수가) 빠지다; 역류하다

The waterway became refluent further down.
수로가 역류했다.

superfluous
[suːpə́ːrfluəs]

super(=ever 위로) + flu(=flow (넘쳐) 흐르) + ous(는) ⇒ 여분의, 과잉의

ⓐ **여분의, 과잉의**(=surplus*; excessive); 불필요한(=needless);
필요이상의(=unnecessary; redundant)

ⓝ **superfluity** 과잉(=excess); 여분의 것; 사치품

ⓝ **superflux** (필요 이상으로) 과잉함[한 것]

superfluous wealth 남아도는 재산[부]
add something superfluous 군더더기를 붙이다
The student's report was superfluous to what the teacher had asked for.
그 학생의 과제는 선생님이 내 준 것보다 필요 이상이었다.

fluctuation
[flʌ̀ktʃuéiʃən]

• fluctu=wave
flu=flow

fluctu(=wave 파도처럼 굽이) + ation(침) ⇒ 변동, 파동

ⓝ **변동,** 동요; 불안정; **파동;** *pl.* 흥망성쇠(=ups and downs)

ⓥ **fluctuate** 변동하다; 오르내리다; 동요하다(=vacillate; sway)

There were many fluctuations in his blood pressure throughout the years.
여러 해 동안 그는 혈압 변동이 많았다.

Exchange rates fluctuate hourly.
환율은 시시각각 변한다.

force

force : 억지로 시키다, 강요하다; 힘, 군대, 세력, 폭력

C3-032

force
[fɔərs]

• force=strength
strong

• **suspect** [səspékt]
ⓝ (범죄 등의) 용의자
ⓐ 의심스러운
ⓥ 의심하다

force(=strong 강한)의 뜻에서 ⇒ 억지로 ~시키다; 힘, 세력

ⓥ **억지로 ~시키다;** 강제하다, 강요하다(=compel); ~에 폭력을 휘두르다
ⓝ **힘**(=strength; vigor; power); **세력**(=impetus); 폭력; 지배력; (법률 등의) 효력(=validity), 구속력; *pl.* 군대, 군

ⓐ **forced** 강제된, 강요된(=enforced; compulsory); 무리한, 부자연스러운(=unnatural); 긴급한(=emergency)

ⓐ **forceful** 강한, 유력한(=strong; powerful)

Our forces forced the enemy to surrender.
아군은 적에게 항복을 강요했다.

The police officer had to take the suspect by force.
경찰은 강제로 용의자를 데려가야 했다.

brute force 폭력 / task force 기동부대

counterforce
[káuntərfɔ̀ərs]

counter(=against ~에 반항하는) + force(세력) ⇒ 반대세력, 선제 핵공격 무기

ⓝ **반대세력,** 저항세력; 반항력; **선제 핵공격 무기**

They repressed the counterforce by army.
그들은 군대로 저항세력을 진압했다.

intense discussions of counterforce capabilities
선제 핵공격무기 적응력에 대한 열띤 토론

enforce
[infɔ́ərs]

en(=in 안으로) + force(강요하다, 억지로 시키다) ⇒ 강요하다, 억지로 시키다

ⓥ **강요하다, 억지로 시키다**(=impose; compel); (법률 등을) 실시하다, 시행하다(=put in force)

ⓝ **enforcement** 추진, 주장; 강제; (법률 등의) 시행, 집행, 단속

The principal enforced the observance of regulations.
교장선생님은 규칙준수를 강요하셨다.

The police are responsible for enforcing the law.
경찰은 법을 시행할 의무가 있다.

reenforce
[rì:infɔ́ərs]

▶ **reenforce=reinforce**

re(=again 계속) + en(=make) + force(힘)을 만들다 ⇒ 강화하다, 보강하다

ⓥ **강화하다**(=strengthen), 증가하다, 증원하다; **보강하다**

ⓝ **reinforcement** (군대의) 증강, 강화; 보강재, 철근 pl. 증원 부대

The concepts of the chapter were reinforced at the revised edition.
그 장의 개념들은 개정판에서 보강됐다.

form

form : 모양, 형태; 만들다, 형성하다, 분명한 형태를 이루다

C3-033

conform
[kənfɔ́ərm]

con(=together 같이, 서로) + form(형성하다) ⇒ 따르다, 순응하다

ⓥ (규칙 등에) **따르다**(=comply), **순응하다**; ~에 맞추다(= adjust)

ⓝ **conformity** (다른 것과의) 조화(=harmony); **일치**(=agreement); 준수, 부합

ⓝ **conformation** 균형 잡힌 배치; 형태(=shape); 구조; 일치

ⓐ **conformable** (양식, 습관에) 합치한; (~에) 조화된

ⓐⓓ **conformably** 적합하여, 순종하여

He didn't conform to the rules of the government.
그는 정부 통치에 따르지 않았다.

Products must conform to standard.
제품은 기준에 합격해야 한다.

deform
[difɔ́ərm]

de(=away (일부가) 떨어져) + form(모양)이 나빠지다 ⇒ 모양을 망치다

ⓥ **모양을 망치다,** 흉하게 하다; (물체를 압축해서) 변형시키다

ⓝ **deformity** 볼품없음; (신체의) **불구, 기형**; 추악함

ⓝ **deformation** 변형; 불구, 기형

ⓐ **deformed** 모양이 일그러진(=misshapen); 불구의(=crippled)

The features of the wax sculpture became deformed in the heat.
밀랍 조각상의 얼굴이 열에 변형됐다.

This satellite will be used to measure deformations in the earth's surface.
이 위성은 지표면의 변형을 측정하는 데 이용될 것이다.

· **sculpture** [skʌ́lptʃər]
ⓝ 조각 작품, 조상; 조각술
ⓥ ~을 조각하다

inform
[infɔ́ərm]

in(~안에) + form((소식 정보를) 형성시키다) ⇒ 알리다, 통지하다

ⓥ **알리다, 통지하다**; 밀고하다(=blow the gaff; tip off)

ⓝ **information** 지식(=knowledge); 안내소; 정보(=intelligence)

ⓐ **informative** 교육적인, 유익한(=instructive)

ⓝ **informality** 비공식, 약식; 약식 행위(=an informal act)

ⓐ **informal** 정식이 아닌; 비공식의, 약식의(=irregular) opp. **formal** 정식의

ⓐⓓ **informally** 비공식으로, 형식에 구애받지 않고 opp. **formally** 공식으로

ⓝ **informant** 통지자, 통보자; 밀고자(=informer)

He informed her when he was coming.
그는 자신이 언제 오는지를 그녀에게 알렸다.

The encyclopedia provides much valuable information.
백과사전은 매우 귀중한 정보를 제공해 준다.

perform
[pərfɔ́ərm]

per(강조 - (일을) 완전히) + form(만들다, 형성하다) ⇒ 완수하다; 수행하다

ⓥ **완수하다**(=accomplish); (일, 직무를) 이행하다, **수행하다**; (음악을) 연주하다(=render); (연극을) 공연하다(=play)

ⓝ **performance** 수행, 실행, 성과(=efficiency); 공적(=feat); 연주, 연기; 공연

ⓝ **performer** 실행자, 연주자, 행위자(=doer); 연주가, 가수

They performed in front of an audience of ten thousand people.
그들은 만 명의 청중 앞에서 공연을 했다.

reform
[rifɔ́ərm]

re(=again 다시 (더 좋게)) + form(만들다) ⇒ 개선하다; 개선, 개혁

ⓥ **개선하다**(=improve); 개혁하다
ⓝ (사회, 제도의) **개선, 개혁**, 혁신

ⓝ **reformation** 개선, 개량, 개혁; (the R-) 종교 개혁

ⓐ **reformatory** 개혁적인, 혁신적인 ⓝ **reformer** 개량자, 혁신자

The government should reform its foreign policy. 국가는 외교정책을 개선해야 했다.
educational reform 교육개혁

transform
[trænsfɔ́ərm]

trans(=change) + form(형태) → 형태를 바꾸다 ⇒ 변형시키다

ⓥ **변형시키다**, (형태나 모양을) 바뀌게 하다(convert); 전환하다

ⓝ **transformation** 변형(=transmutation); <곤충의> 변태; <전기> 변압

ⓝ **transformer** 변압기, 트랜스; 변환기(=converter)

The child's toy could transform into three different things.
그 아이의 장난감은 세 가지로 변형이 가능하다.
Success transformed his <u>character</u>. 성공은 그의 <u>성격</u>을 변화시켰다.

uniform
[jú:nəfɔ̀ərm]

uni(=one 한 가지) + form(형태)의 뜻에서 ⇒ 같은 형태의; 통일하다

ⓐ (~과) **같은 형태의**, 비슷한(=similar; alike); (성질, 형태, 색깔 등이) 일정한(=regular; constant) ⓝ 제복 ⓥ **통일하다**, 균일하게 하다

ⓐⓓ **uniformly** 균일하게, 한결같이(=evenly; invariantly)

ⓝ **uniformity** 한결같음; 유사, 통일(=unity); 균일 opp. **variety** 갖가지, 다양, 변화

Students are required to wear a uniform in the school.
학생들은 학교에서 교복을 입도록 되어 있다.

multiform
[mʌ́ltifɔ̀ərm]

multi(=many 많은) + form(모양)의 뜻에서 ⇒ 다양한

ⓐ **다양한**(=diverse; manifold; various); 갖가지 모양을 한

ⓝ **multiformity** 다양성 opp. **uniformity** 균일성, 획일

Cookies that she made were multiform. 그녀가 만든 쿠키는 다양한 모양이었다.

found

pour : 쏟다, 붓다, 따르다 bottom : 바닥

C3-034

found

[faund]

found(=bottom ~의 바닥을 놓다, ~의 기초를 두다) ⇒ 기초 위에 세우다

ⓥ (건물을) **기초 위에 세우다**; (=set up; originate); ~에 근거를 두다

ⓝ **founder** 창설자, 창립자; (풍습 등의) 원조(=originator); 주조자 ⓥ 실패하다

ⓝ **foundation** (건축의) 토대, 기초(=base); 기초, 근거(=basis); 건설, 설립(=establishment); 기초화장품

The building is solidly built and founded.
그 건물은 견고하게 지어지고 튼튼한 토대 위에 세워져 있다.

confound

[kənfáund]

con(=together 함께) + found(=pour 뒤섞어 붓다) ⇒ 혼동하다

ⓥ **혼동하다**, 뒤섞다(=confuse); 당황케 하다(=bewilder; perplex)

cf. **당황하다** = be bewildered[upset; puzzled]; be at a loss

ⓐ **confounded** 당황한(=confused[upset; puzzled]; bewildered); 괘씸한, 엄청난

ⓐⓓ **confoundedly** 지독하게, 형편없이, 엄청나게

He confounded the situation by getting angry.
그는 화를 내며 상황을 혼란스럽게 만들었다.

dumbfound

[dʌ̀mfáund]

• dumb+confound

dumb(말도 못할 정도로) + found(=pour 붓다) ⇒ 깜짝 놀라게 하다

ⓥ (말도 못할 정도로) **깜짝 놀라게 하다**(=startle*; surprise)

Everyone was dumbfounded by what he said.
그가 한 말에 모든 사람들이 놀랐다.

She was dumbfoundeded with astonishment.
그녀는 놀라서 어쩔줄 몰랐다.

profound

[prəfáund]

pro(=forward) + found(=bottom 밑바닥) ⇒ (밑바닥보다 더) 깊은; 심원한

ⓐ **깊은**(=deep); (사람이) 학문 · 지식이 깊은; 심오한, (사물이) **심원한**

ⓐⓓ **profoundly** 깊이, 깊은 곳까지; (연구 등이) 깊게, 심오하게; 크게(=greatly)

ⓝ **profoundity** 깊음, 깊이(=depth); 심원함, 심오한 사상; 깊은 곳

Juliet expressed profound shock after hearing about the accident.
사고 소식을 들은 후 줄리엣은 심각한 충격을 나타냈다.

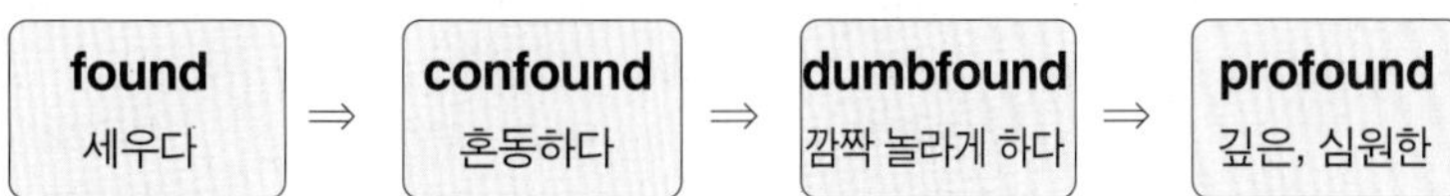

» front

forehead : (물건의) 앞부분; 이마 **front** : 맞서다, 직면하다

C3-035

front
[frʌnt]

front(=forehead <물건의> 앞부분, 전면; 이마) ⇒ 앞, 정면, 최전선

ⓝ **앞, 정면,** 앞쪽; **최전선,** 전쟁터; 활동무대; <기상>전선; 위장사업; 명목사장

ⓐ 앞부분의, 표면의 (*opp.* **back** 후방의); 앞잡이 역의; (골프) 전반의

ⓥ ~(건물 등이) 향하다, 마주보다(=face); 위장 은신처가 되다

ⓝ **frontier** 국경 (지방)(=border); 개척되지 않은 새 영역

ⓐ 국경 (지방)의; 미국 변경 지방의, 변경 개척지의

ⓝ **frontispiece** (책의) 권두화(卷頭畵); <건축> 정면(=facade)

She preferred to sit at the front of the bus.
그녀는 버스의 앞쪽 편에 앉기를 선호했다.

frontier dispute 국경분쟁

forefront
[fɔ́ərfrʌ̀nt]

fore(=before 앞부분의) + front(앞부분) ⇒ 맨 앞, 최전선

ⓝ **맨 앞 (부분); 최전선;** (여론, 정세 등의) 최전면, 가장 중요한 위치

The writer comes to the forefront with his new book.
그 작가는 새로 나온 책으로 세상의 주목을 받고 있다.

affront
[əfrʌ́nt]

• af- < ad-

af(=to) + front(앞, 면전) ⇒ (면전에서) 창피를 주다; 모욕

ⓥ (공공연히) **창피를 주다,** 모욕하다(=insult); 맞서다(=confront)

ⓝ (공공연한) **모욕**(=insult); 무례(=disrespect)

suffer an affront 모욕을 당하다
She was upset because of her friend's affront.
그녀는 남자친구의 무례에 당황했다.

confront
[kənfrʌ́nt]

con(=together 서로 (정면으로)) + front(마주치다) ⇒ (~에) 직면하다

ⓥ (~에) **직면하다**(=face), 맞서다; 직면하게 하다; (~을) 마주대하다; (증거 등을) 들이대다 ⓝ **confrontation** 직면, 대립, 대결

be confronted with[by] difficulties 어려움에 직면하다
The police confronted him with evidence. 경찰은 그에게 증거를 들이댔다.

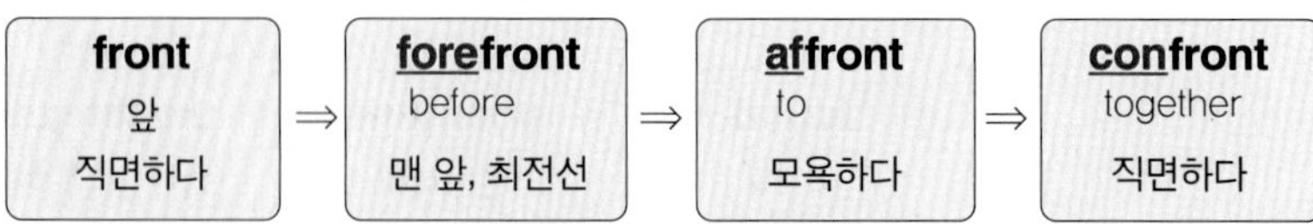

fus(e)

pour : 쏟다, 붓다, 따르다

C3-036

fuse

[fjuːz]

fuse(= melt 녹이다, 용해하다) ⇒ 녹이다; 도화선

ⓥ **녹이다,** 융해시키다(=melt); 융합시키다(=blend)
ⓝ (폭파용) **도화선;** (포탄의 기폭용) 신관; (전기) 퓨즈

ⓝ **fusion** 용해, 융해; 연합(=coalition); 핵 융합 opp. **fission** 핵분열

There was a long fuse at one end of the bomb.
폭탄의 끝에는 긴 도화선이 있었다.

circumfuse

[səːrkəmfjúːz]

• **winding** [wáindiŋ]
ⓐ 굽이치는, 종잡을 수 없는
ⓝ 감기, 감은 것; 굴곡

circum(=around 둘레에) + fuse(=pour 붓다) ⇒ (액체를) 주위에 붓다

ⓥ (액체를) **주위에 붓다**(=pour around); (액체로) 둘러싸다;
(액체에) 담그다(=soak; drench; wet)

ⓝ **circumfusion** 주위에 쏟아 부음; 뿌림, 살포

The town is circumfused by a winding river.
마을은 꾸불꾸불한 강으로 에워싸여져 있다.

confuse

[kənfjúːz]

con(=together 함께) + fuse(=pour 붓다) ⇒ 혼란시키다, 혼동하다

ⓥ **혼란시키다;** 어리둥절하게 하다(=bewilder; perplex; embarrass; disconcert);
혼동하다(=confound; mix up)

ⓝ **confusion** 혼란, 혼잡(=disorder; disorganization; chaos)
(마음의) 혼란, 당황(=bewilderment; embarrassment; derangement)

ⓐ **confused** 혼란한, 난잡한(=disordered); 당황한, 허둥대는

The newspaper article was confusing. 그 신문기사가 혼란스러웠다.
in the confusion of the moment 얼떨결에

diffuse

[difjúːz]

• dif- < dis-

dif(=away 멀리 (흩어지게)) + fuse(=pour 붓다) ⇒ 발산시키다, 퍼뜨리다

ⓥ (광선, 냄새를) **발산시키다**(=spread); 확산하다(=scatter); **퍼뜨리다**
ⓐ 널리 퍼진, 흩어진(=widespread); 산만한; **말수가 많은**(=wordy)

ⓝ **diffusion** 확산; 방산, 산포(=spread); 보급; (문체의) 산만

ⓐ **diffusive** 널리 흩어지는, 보급되기 쉬운; 장황한(=prolix)

ⓐ **diffused** 널리 퍼진, 보급된(=dispersed)

The smell of bread was diffused from the bakery.
그 빵집에서 맛있는 빵 냄새가 퍼져 나왔다.
diffuse a culture 문화를 전파시키다
the diffusion of education[light] 교육의 보급[빛의 확산]

effuse
[ifjú:z]

ef(=out 밖으로) + fuse(=pour 쏟아 붓다) ⇒ 발산하다

ⓥ (빛, 열, 냄새를) **발산하다,** 유출하다(=pour out)

ⓝ **effusion** (액체의) 유출, 유출물; (감정의) 토로, 분출

ⓐ **effusive** 넘쳐나도록, 심정을 토로하는

Blood effused from the wound. 상처에서 피가 흘러나왔다.

infuse
[infjú:z]

in(=into 안으로) + fuse(=pour 부어넣다) ⇒ 주입하다

ⓥ **주입하다;** (사상, 감정을) 불어넣다(=inspire)

ⓝ **infusion** 주입, 불어넣음; 주입물, 혼합물

ⓐ **infusible** 주입할 수 있는; 용해되지 않는

infuse new hope into ~ ~에 새 희망을 불어넣다

He infused a liquid into the big bottle.
그는 큰 병에 액체를 부어넣었다.

interfuse
[intərfjú:z]

inter(=between 사이로) + fuse(=pour (살짝) 붓다) ⇒ 스며들게 하다

ⓥ **스며들게 하다**(=infuse); ~에 침투시키다(=permeate);
퍼지게 하다(=pervade); 뒤섞다, 혼합하다(=fuse; mingle)

ⓝ **interfusion** 혼입; 혼합; 침투

Water was interfusing through the cracks in the wall.
벽의 틈을 통해 물이 들어오고 있었다.

· **crack** [kræk]
ⓝ 금, 흠(=flaw); 균열 (=chink; crevice)

perfuse
[pə(:)rfjú:z]

per(강조 - 여기저기로) + fuse(=pour 쏟아붓다) ⇒ 흩뿌리다

ⓥ (물 등을) **흩뿌리다**(=sprinkle), 쏟아 붓다(=pour)

ⓝ **perfusion** 흩뿌리기; (세례의) 살수; 살포액

She perfused the plant with water.
그녀는 물을 묘목에 뿌렸다.

profuse
[prəfjú:s]

pro(=forth 앞으로) + fuse(=pour (넘쳐서) 쏟아내는) ⇒ 풍부한; 넉넉한

ⓐ **풍부한**(=abundant; affluent; exuberant; copious); 엄청나게 많은;
넉넉한(=plentiful); (돈, 물건을) 아낌없이 주는;
(돈을) 헤프게 쓰는(=lavish; prodigal)

ⓝ **profusion** 다량, 풍부(=abundance); 통이 큼; 사치(=extravagance)

They served their guest with the profuse food.
그들은 손님에게 푸짐한 음식을 대접했다.

profuse praise 아낌없는 칭찬

spend money in profusion 돈을 흥청망청 쓰다

cf. **squander** ⓥ 낭비하다
ⓝ 낭비

refuse
[rifjú:z]

re(=back (싫어서) 뒤로) + fuse(=pour 쏟아버리다) ⇒ 거절하다, 거부하다

ⓥ (요구 등을) **거절하다**(=reject); **거부하다**(=deny); (제의를) 사절하다
ⓐ 버려진, 쓸모없는, 쓰레기의(=worthless) ⓝ 폐물, 쓰레기

ⓝ **refusal** 거절, 거부; 사퇴, 사절; 선택권, 우선권(=option)

ⓝ **refuser** 거절자, 사퇴자; (울타리 등을 넘지 않고) 멈춰서는 말

She refused his invitation to dinner.
그녀는 그의 저녁식사 초대를 거절했다.

suffuse
[səfú:z]

• suf- < sub-

suf(=under 아래에) + fuse(=pour <온통> 쏟아 붓다) ⇒ 온통 뒤덮다

ⓥ (액체, 빛, 색 등으로) **온통 뒤덮다**(=overspread)

ⓝ **suffusion** 뒤덮음; (얼굴의) 홍조

The sea was suffused by a deep blue color.
바다는 진한 파란색으로 뒤덮였다.

transfuse
[trænsfjú:z]

trans(=across 가로질러) + fuse(=pour 붓다) ⇒ 옮겨 붓다; 수혈하다

ⓥ (액체를) **옮겨 붓다**; (사상 등을) 불어 넣다(=instill); **수혈하다**

ⓝ **transfusion** 옮겨 붓기, 주입; <의학> 수혈

receive a blood transfusion 수혈을 받다
He transfused the liquid into another container.
그는 다른 용기에 액체를 옮겨 부었다.

- **circumfusion** ⓝ 살포
- **confusion** ⓝ 혼란, 당황
- **diffusion** ⓝ 확산, 보급
- **effusion** ⓝ 유출, 분출
- **infusion** ⓝ 주입, 주입물
- **interfusion** ⓝ 혼입, 침투
- **perfusion** ⓝ 흩뿌리기
- **profusion** ⓝ 다량, 풍부
- **suffusion** ⓝ 뒤덮음
- **transfusion** ⓝ 주입, 수혈

cf. **refusal** ⓝ 거절, 거부

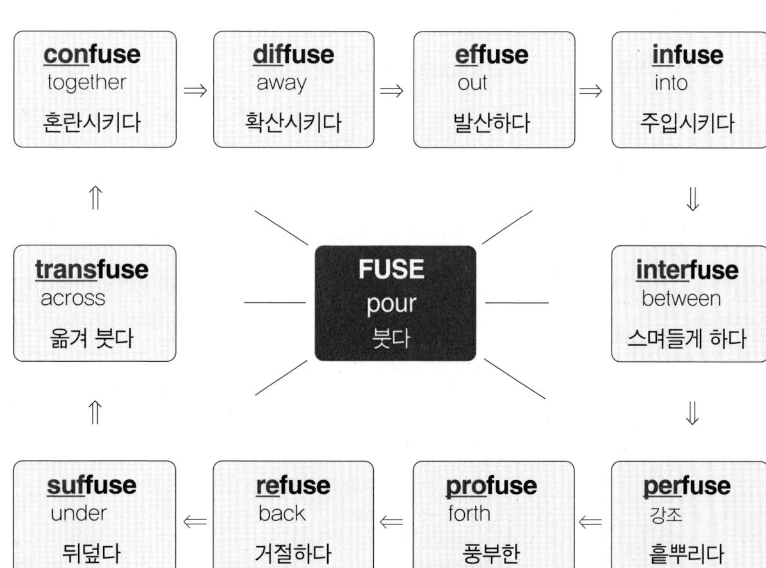

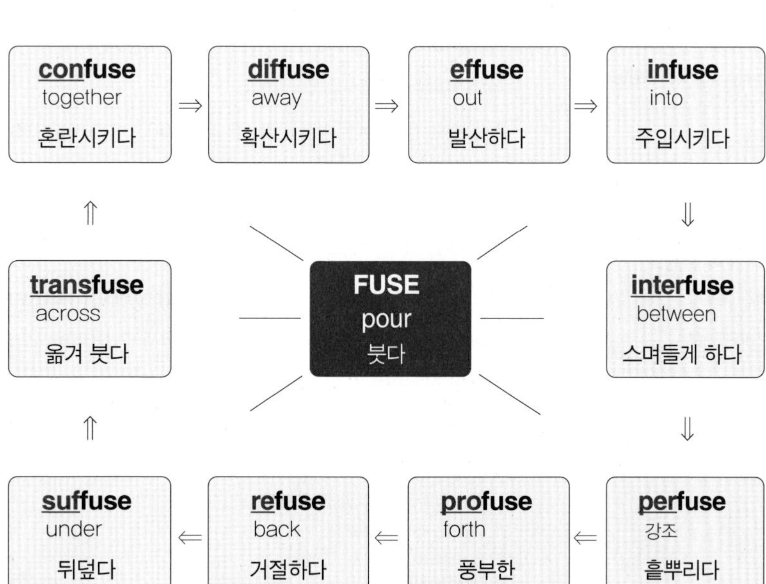

» gest

carry : 나르다, 운반하다; 전하다

C3-037

congest
[kəndʒést]

con(=together 함께) + gest(=carry 뒤섞어 나르다) ⇒ 혼잡하게 하다, 충혈시키다

ⓥ **혼잡하게 하다**(=overcrowd); **충혈시키다**

ⓝ **congestion** (인구의) 밀집, 과잉; (교통, 장소의) 정체, 혼잡; 충혈

ⓐ **congested** 붐비는, 혼잡한; 정체한; 충혈된

The streets were congested with traffic.
거리는 차량으로 혼잡했다.

digest
[daidʒést]

• di- < dis-

di(=apart 잘게 잘라서) + gest(=carry 나르다) ⇒ 소화하다, 이해하다; 요약

ⓥ (음식을) **소화하다, 이해하다**(=understand); 요약하다(=summarize)

ⓝ **요약**(=summary); (여러 가지를 요약하여 게재한) 다이제스트

ⓝ **digestion** 소화[작용]; (서적 내용 등의) 이해(=understanding)

ⓐ **digestive** 소화의, 소화력이 있는; 소화를 촉진하는 ⓝ 소화제

He needed to digest before he went swimming.
그는 수영 가기 전에 (먹은 것을) 소화해야 했다.

a disordered digestion 소화불량

ingest
[indʒést]

cf. **egest** ⓥ 배설하다, 배출하다(=excrete)

in(=into 안으로) + gest(=carry (음식을) 나르다) ⇒ 섭취하다

ⓥ (음식 등을 체내에) **섭취하다**(=take ingest; swallow)

ⓝ **ingestion** (음식의) 섭취(=intake) cf. **egestion** 배설(=excretion; evacuation)

ⓐ **ingestive** (음식 등의) 섭취의

The baby accidentally ingested foods that were hard to digest.
아기는 잘못하여 소화하기 힘든 음식을 먹었다.

suggest
[sədʒést]

• sug- < sub-

sug(=under (생각을) 아래로) + gest(=carry 나르다) ⇒ 제의하다, 암시하다

ⓥ **제의하다**, 제안하다(=propose); **암시하다**(=intimate; hint; imply)

ⓝ **suggestion** 제안, 제의; 암시, 시사; 낌새, 기색(=inkling*; hint)

ⓐ **suggestive** 시사하는 바가 많은; 연상시키는

ad **suggestively** 암시적으로, 시사로서, 의미심장하게

Maria suggested that we get something to eat after the movie.
마리아는 영화를 본 후 뭘 좀 먹는 게 어떨지를 제안했다.

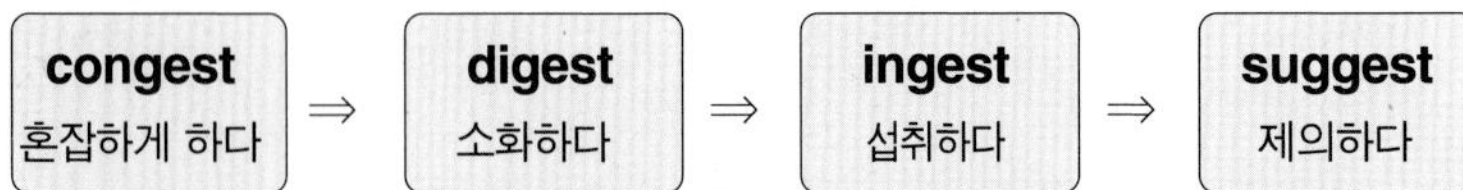

grad

step : 단계(=level) go : (나아)가다 ⇒ grad(u) = gress = gred

C3-038

grade
[greid]

grade(=step (단계; 등급을) 매기다) ⇒ 단계, 등급, 성적, 학년

ⓝ (진행의) **단계,** 과정(=step); (품질, 가치 등의) **등급; 성적,** 평점; (초등, 중, 고등학교의) **학년**
ⓥ 등급을 매기다; 학년으로 나누다; 채점하다

ⓝ **gradation** 점차적인 변화(=change by degrees); 단계, 등급(=stages)

She graduated from Harvard with high grades.
그녀는 우수한 성적으로 하버드 대학을 졸업했다.

[tips] mangle ⓥ 마구 자르다, 난도질하다; 엉망으로 만들다(=mar; spoil)

· **assignment** [əsáinmənt]
ⓝ 숙제, 과제; 할당 (=allotment); 담당 임무

degrade
[digréid]

de(=down 아래로) + grade(등급을 매기다) ⇒ 강등시키다, 떨어뜨리다

ⓥ **강등시키다**(=demote); (품위, 품질을) **떨어뜨리다**(=debase; lower)

ⓝ **degradation** 강등, 좌천(=demotion); 하락; <생물> 퇴화

ⓐ **degraded** 지위가 낮아진; 타락한; (가치, 품질 등이) 떨어진

ⓝ **degree** 정도(=extent); (눈금, 각의) 도; 계급; 학위, 칭호

You will degrade yourself by such an act.
그런 행동은 네 품위를 떨어뜨린다.

His new appointment is a degradation.
그의 이번 발령은 좌천이다.

cf. **upgrade**
ⓥ (품질을) 향상시키다

retrograde
[rétrəgrèid]

retro(=backward 뒤쪽으로) + grade(=go 가다) ⇒ 후퇴하다

ⓥ **후퇴하다,** 역행하다(=go back); 퇴화하다, 쇠퇴하다(=decline; wane)

ⓐ 후퇴하는, 역행하는(*opp.* **progressive** 전진하는); 퇴화하는(=deteriorating)

ⓝ **retrogradation** 후퇴, 퇴각; 퇴화

The sun retrograded behind the mountains and the moon emerged.
태양이 산 뒤로 지고 달이 떴다.

a retrograde order 역순

gradual
[grǽdʒuəl]

gradu(=step 단계적으로) 나아가 + al(는) ⇒ 점차적인, 점진적인

ⓐ **점차적인, 점진적인**(=moving by degrees); 완만한(=gentle)

ⓐⓓ **gradually** 서서히, 차차, 점점, 점차(=little by little)

There was a gradual improvement in his bad behavior.
그의 나쁜 행동은 점차적으로 나아졌다.

a gradual ascent 완만한 오르막길

· **improvement**
ⓝ 개선, 개량; 진보; 증진

» graph(y)

write : 쓰다 draw : 그리다 ⇒ -graphy = -graph = -grapher
쓴 것, 記 ~을 쓰다 ~을 쓰는 사람

C3-039

biography
[baiágrəfi]

bio(=life 일생, 생애)에 대해 + graphy(=writing 쓴 것) ⇒ 전기, 일대기

ⓝ **전기, 일대기**; 전기 문학

ⓐ **biographical** 전기의, 전기체의 ⓝ **biographer** 전기 작가

She wrote a biography about Napoleon.
그녀는 나폴레옹의 전기를 썼다.

autobiography
[ɔ̀:təbaiágrəfi]

auto(=self 자신의) + biography(일대기) ⇒ 자서전

ⓝ **자서전**(=the story of a person's life written by himself)

ⓐ **autobiographical** 전기체의 ⓝ **autobiographer** 자선전 작가

He published his autobiography earlier this year.
그는 올 초에 자신의 자서전을 냈다.

His autobiography will be published soon.
그의 자서전이 곧 출판될 것이다.

cf. 회고록 = **memoirs; reminiscences**

cacography
[kækágrəfi]

opp. **calligraphy** ⓝ 달필

caco(=bad 나쁜) + graphy(=writing 필적) ⇒ 악필, 오자

ⓝ **악필**; 틀린 글자, **오자** *opp.* **orthography** 바른 철자

ⓐ **cacographic** 악필의, 철자가 틀리는 ⓝ **cacographer** 악필가

She spent extra time with her student to correct his cacography.
그녀는 학생의 틀린 글자를 고쳐주기 위해 따로 시간을 가졌다.

geography
[dʒi:ágrəfi]

· **favorite** ⓐ 특히 좋아하는 ⓝ 좋아하는 사람[물건]

geo(=earth 지구, 땅)에 대해 + graphy(기록해 놓은 것) ⇒ 지리학

ⓝ **지리학**, 지리책; (특정 지방, 지역의) 지리, 지형, 지세

ⓐ **geographic/geographical** 지리학의, 지리적인

One of his favorite subjects was geography.
그가 좋아하는 과목 중 하나는 지리학이었다.

stenography
[stənágrəfi]

steno(=narrow 단축된) + graphy(=writing 서법) ⇒ 속기, 속기술

ⓝ **속기, 속기술**(=shorthand; quick[prompt, rapid] writing)

ⓐ **stenographic/stenographical** 속기의, 속기술의

ⓝ **stenographer** 속기사(=shorthand typist)

Many reporters employ stenography when taking notes.
노트에 기입할 때 많은 기자들은 속기를 사용한다.

grat(i)

pleasing: 기쁘게 하는; 만족스러운 **thank(ful)**: 감사(하는)

C3-040

gratify

[grǽtəfài]

grat(=pleasing 만족스럽게) + ify(=make 하다) ⇒ 만족시키다

ⓥ **만족시키다**(=satisfy; indulge); 즐겁게 하다(=please)

ⓐ **gratifying** 만족을 주는(=satisfactory), 기분 좋은(=agreeable; pleasant)

ⓝ **gratification** 만족(=satisfaction); 기쁨, 희열(=pleasure; joy)

Her test results gratified her parents. 그녀의 시험 결과는 부모님을 기쁘게 했다.

grateful

[gréitfəl]

grat(e)(=thanks 감사)로 + ful(가득 찬) ⇒ 감사하는

ⓐ **감사하는,** 고맙게 여기는(=thankful); 기분 좋은(=agreeable)

ⓐⓓ **gratefully** 감사하여(=thankfully), 기꺼이(=with pleasure)

John was grateful that his brother was able to lend him some money.
존은 그의 형이 돈을 좀 빌려준 것에 대해 감사했다.

gratitude

[grǽtətjù:d]

grat(i)(=thankful 고마운) + tude(것)에 대한 표시 ⇒ 감사, 사의

ⓝ **감사**(=acknowledgement); **사의**(=thankfulness)

He bought a present for his friend as a sign of gratitude.
그는 감사의 표시로 친구들에게 줄 선물을 샀다. in token of

ingratitude

[ingrǽtətjù:d]

in(=not 안) + gratitude(감사함) ⇒ 배은망덕

ⓝ **배은망덕**(=ungratefulness); 감사하는 마음이 없음

Michael showed signs of ingratitude after they had helped him.
그들은 마이클을 도왔지만 그는 배은망덕의 기미를 보였다.

gratuity

[grətjú:əti]

grat(u)(=thankful 고마워서) 주는 + ity(것) ⇒ 사례금

ⓝ **사례금,** 팁(=tip) ⓐ **gratis** 무료로(=free; gratuitously)

We gave the waiter a gratuity for the great service we received.
우리는 종업원에게 친절한 서비스에 대한 사례금을 줬다.

gratuitous

[grətjú:ətəs]

grat(uit)(=thankful 고마워서 <거저주>) + ous(는) ⇒ 무료의, 무보수의

ⓐ **무료의, 무보수의,** 까닭 없는, 필요 없는; <법률> 무상의

ⓐⓓ **gratuitously** 무상으로, 무료로; 까닭 없이, 불필요하게

gratuitous service[tickets] 무료봉사[티켓]

I will do gratuitous service to help someone, not just complete the hours of service. 봉사시간을 채우기 위한 봉사가 아니라 남에게 도움이 될 수 있는 봉사를 할 거다.

» greg

flock : 떼, 무리

C3-041

aggregate
[ǽgrigèit]
• ag-<ad-

ag(=to ~에) + greg(=flock 떼)로 모으 + ate(=make 다) ⇒ 모으다, 총계 ~이 되다

ⓥ (하나로) **모으다**(=accumulate; bring[come] together);
총계 ~이 되다(=amount to) ⓐ 종합한, 총계의(=total) ⓝ 총계, 골재

ⓝ **aggregation** 집합, 종합(=collection); 집단(=group)

ⓐ **aggregative** 집합하는, 집합성의; 집단적인; 전체의

The money stolen aggregated $ 10,000.
도둑맞은 돈은 합계 일 만 달러가 되었다.

The aggregate expenses were far too high. 총 지출은 꽤 높았다.

congregate
[káŋgrigèit]

con(=together 함께) + greg(=flock 무리를 짓) + ate(다) ⇒ 모이다; 집합하다

ⓥ **모이다,** 모으다(=gather); **집합하다**(=assemble; bring together)
ⓐ 모인(=collected; assembled), 집단적인(=collective)

ⓝ **congregation** 집합, 모임; (종교적인) 집회(=assemblage)

ⓐ **congregational** (종교적) 집회의, 회중의

Hundreds of people congregated to discuss the issue.
수백 명의 사람들이 그 문제를 논의하기 위해 모였다.

segregate
[ségrigèit]

se(=apart 따로따로) + greg(=flock 무리 짓게) + ate(하다) ⇒ 분리하다

ⓥ **분리하다**(=separate), 격리하다(=isolate); **차별대우하다**(=discriminate)
opp. **desegregate; integrate** 통합하다

ⓐ **segregated** 분리된, 격리된; 차별대우를 하는

ⓝ **segregation** 분리, 격리(=isolation); 차별대우

ⓝ **segregationist** 분리주의자; (인종) 차별주의자

ⓐ **segregative** 분리적인; 격리주의의; 차별방침의

Even today black and white people are segregated in some countries.
심지어 오늘날에도 흑인과 백인은 몇몇 나라에서 차별대우를 받는다.

gregarious
[grigέəriəs]

greg(=flock 떼 지어) + ari + ous(있는) ⇒ 군거하는, 군생하는, 사교적인

ⓐ (동물이) **군거하는,** (식물이) **군생하는;** (사람이), **사교적인**(=sociable)

ⓐⓓ **gregariously** 군거하여, 집단적으로

Man is a gregarious animal. 인간은 모이기를 좋아하는 동물이다.

Matt is a gregarious person, so he likes to speak with other people.
매트는 사교적인 사람으로 다른 사람들과 이야기하기를 좋아한다.

» gress

go : 가다; 나아가다

C3-042

aggress
[əgrés]

• ag- < ad-

opp. **defensive** ⓐ 방어의, 방어의, 수비의

ag(=toward ~을 향해) + gress(=go (싸우려고) 가다) ⇒ 공격하다

ⓥ **공격하다;** 싸움을 걸다(=attack)

ⓝ **aggression** 침략행위, 침범, 침해

ⓐ **aggressive** 적극적인, 활동적인(=active); 공격적인(=offensive)

ⓝ **aggressor** 공격자, 침략자(=assailant; invader)

America declared war on terrorism after terrorists aggressed their security.
미국은 테러분자들이 그들의 안전을 위협하자 테러와의 전쟁을 선포했다.

congress
[káŋgres]

con(=together 함께) + gress(=go (모임에) 가다) ⇒ 모이다; 국회

ⓥ **모이다,** 회합하다(=assemble together) ⓝ (C-) **국회;** 대회

ⓝ **congressman** 국회의원; 하원의원

Congress passed a new law regarding gun control.
국회는 총포 규제에 관한 새로운 법률을 통과시켰다.

digress
[daigrés]

• di- < dis-

di(=aside 옆으로 벗어나) + gress(=go 가다) ⇒ 벗어나다, 탈선하다

ⓥ (주제에서) **벗어나다,** 빗나가다, **탈선하다**(=turn aside)

ⓝ **digression** **탈선**, 주제에서 벗어나기(=deviation)

ⓐ **digressive** 본제에서 벗어난, 곧잘 옆길로 빠지는

digress[stray] from the main subject 본론에서 벗어나다

egress
[í:gres]

• e- < ex-

e(=out 밖으로) + gress(=go 가다) ⇒ 밖으로 나가다

ⓥ **밖으로 나가다**[나오다](=go out; emerge)

ⓝ 밖으로 나감; 출구(=exit; outlet) *opp.* **ingress** 진입, 입구

ⓝ **egression** 외출; 밖으로 나가기 opp. **ingression** 안으로 들어감, 진입

She egressed from the darkness.
그녀는 어두운 곳에서 나왔다.

ingress
[íngres]

in(=into 안으로) + gress(=go 들어가다) ⇒ 들어감, 진입

ⓝ **들어감; 진입;** 입구; 입장의 자유, 입장권 *opp.* **egress** 출구

ⓝ **ingression** 들어감, 진입 ⓐ **ingressive** 들어가는, 진입하는

Ingress to the building was denied because of a security threat.
안전에 대한 위협 때문에 건물의 진입은 거부됐다.

the ingress of fresh air 신선한 공기의 유입

progress
[prágres]

cf. **make progress** 전진하다; 향상되다

pro(=forward 앞으로) + gress(=go 나아가다) ⇒ 전진하다, 발전하다

ⓥ **전진하다; 발전하다**(=advance); 나아가다(=go forward); 진행되다
ⓝ 진행, 전진, 진척; 진보, 발달(=development) *opp.* **regress** 퇴보

ⓝ **progression** 진행, 전진; 발달, 진보; 향상

ⓐ **progressive** 전진하는, 진보하는; 진보적인 opp. **conservative** 보수적인

They were making a lot of progress with their work.
그들은 자신이 하는 일에서 많은 발전을 보였다.

The work is progressing steadily. 일은 순조롭게 진행되고 있다.

the progress of education 교육의 발전[진보] / in progress 진행중

regress
[rí:gres]

re(=back 뒤로 (되돌아)) + gress(=go 가다) ⇒ 되돌아가다, 퇴보하다

ⓥ **되돌아가다**(=go back); **퇴보하다**(=retrograde)
ⓝ 되돌아가기(=return); 귀환, 복귀; 퇴보(=retrogression)

ⓝ **regression** 복귀, 후퇴; 퇴보, 퇴화(=retrogression)

ⓐ **regressive** 후퇴하는; 퇴보하는(=retrograde) opp. **progressive** 전진하는

The state of the economy is greatly regressing because of the war.
전쟁으로 인해 경제상태가 크게 퇴보하고 있다.

progress and regress 진보와 퇴보

retrogress
[rètrəgrés]

retro(=backward 뒤쪽으로) + gress(=go 가다) ⇒ 되돌아가다, 후퇴하다

ⓥ **되돌아가다, 후퇴하다**(=move backward); 퇴보하다, 쇠퇴하다(=decline)

ⓝ **retrogression** 후퇴, 역행; 쇠퇴(=decline); 퇴화

ⓐ **retrogressive** 후퇴하는, 역행하는 opp. **progressive**(전진하는);
퇴보하는(=regressive; degenerating)

Production levels of the factory are retrogressing.
공장의 생산수준이 떨어지고 있다.

a retrogressive policy 퇴보적인 정책

transgress
[trænsgrés]

trans(=beyond 범위를 넘어) + gress(=go 가다) ⇒ 넘다, 위반하다

ⓥ (한계를) **넘다,** 벗어나다(=go beyond; pass over (a limit or boundary);
(법률 등을) **위반하다,** 어기다(=violate; break; offend; infringe)

ⓝ **transgression** 위반(=violation; infringement); 범죄; 죄(=sin)

ⓐ **transgressive** 초월하는; 법률을 위반하기 쉬운

The manager transgressed his authority and was fired.
지배인은 자신의 직권을 남용해 해고됐다.

transgress against the rules 규칙을 위반하다

≫ her(e) stick : 들러붙다; 부착하다

▶ C3-043

adhere
[ædhíər]

ad(=to ~에) + here(=stick 들러붙다) ⇒ 들러붙다, 부착하다; 고수하다

ⓥ **들러붙다; 부착되다**(=stick; cleave; cling); (계획 등을) 지키다, **고수하다**

ⓝ **adherence** 충실(=fidelity); 밀착; 고집(=obstinacy)

ⓝ **adherent** 추종자(=follower), 지지자, 후원자 ⓐ 점착성의

cf. **fellow** ⓝ 놈, 녀석

ⓝ **adhesion** 점착, 부착; 충실, 애착(=attachment)

ⓐ **adhesive** 점착성의, 끈끈한(=clinging) ⓝ 접착제

adhere to a plan 계획을 고수하다

Tenants are expected to adhere to the rules of the apartment building.
세입자들은 아파트 건물의 규칙을 지키도록 요구된다.

cohere
[kouhíər]

co(=together 서로) + here(=stick 들러붙다) ⇒ 밀착하다, 논리정연하다

ⓥ **밀착하다**(=stick together); (이론 등이) **논리정연하다;** 응집하다

ⓐ **coherent** 서로 밀착된(=cohering); 논리적인(=logical)

ⓝ **coherence/coherency** 결합의 긴밀성; (논리 등의) 일관성

ⓐ **cohesive** 결합력이 있는, 응집력이 있는

ⓝ **cohesion** 점착, 결합; 단결; <물리> (분자의) 응집력

From beginning to end, the book didn't cohere.
시작부터 끝까지 그 책은 논리정연하지 않았다.

inhere
[inhíər]

in((날 때부터) 안에) + here(=stick 붙어 있다) ⇒ 본래 갖추어져 있다, 타고나다

ⓥ (성질, 속성 등이) **본래 갖추어져 있다, 타고나다**[내재하다]

ⓐ **inherent** (성질 등을) 타고난(=innate; inborn); 고유한(=intrinsic)

ⓝ **inherence/inherency** 고유, 타고남

• **constitutional** [kànstətjú:ʃənəl] ⓐ 체질의; 헌법의
ⓝ **constitution** 체질, 체격; 구성; 헌법

His constitutional weakness was inhered.
그의 체질적으로 허약한 몸은 타고났다.

an inherent right 생득권

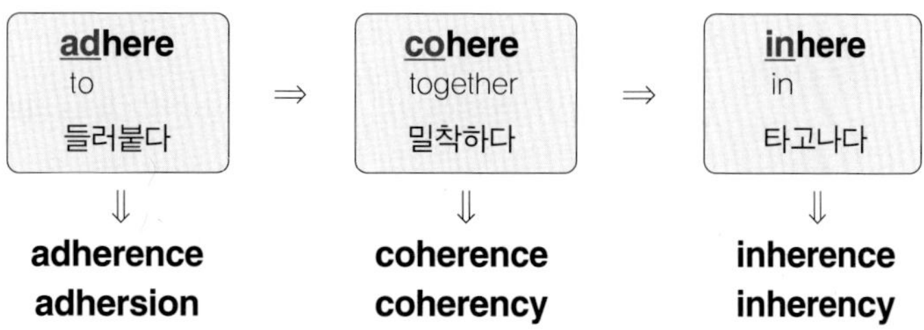

» ject

throw : 던지다, 내던지다

C3-044

abject
[ǽbdʒekt]

ab(=away 멀리) + ject(=thrown 내던져진) ⇒ 비참한; 비열한

ⓐ **비참한**(=miserable; wretched); 천한, **비열한**(=mean; low)

ⓝ **abjection** 비천(=the state of being abject); 비굴, 비겁(=meanness)

She offered an abject apology for what had happened .
그녀는 일어난 일에 대해 비참한 사과를 했다.

deject
[didʒékt]

de(=down (기분을) 아래로) + ject(=throw 던지다) ⇒ 기를 꺾다, 낙심시키다

ⓥ **기를 꺾다, 낙심시키다**(=discourage; dishearten)

ⓐ **dejected** 의기소침한, 낙심한(=disheartened; low-spirited)

ⓝ **dejection** 의기소침, 낙심(=depression); 배설, 대변(=excrement)

The team felt dejected after they lost a hard-fought game.
그 팀은 혹독히 싸운 경기에 진 후 낙심했다.

[tips] 낙담하다 = loss heart; be discouraged[disheartened; dispirited]

eject
[idʒékt]

• e-<ex-

e(=out 밖으로) + ject(=throw 내던지다) ⇒ 내쫓다, 추방하다

ⓥ **내쫓다, 추방하다**(=expel; ostracize); 내뿜다(=emit); 긴급 탈출하다

ⓝ **ejective** 방출하는; 분출하는(=spouting; gushing)

ⓝ **ejection** 내쫓기, 추방; 배출, 분출; (용암 등의) 분출물

Press the 'eject' button after you rewind the tape.
테이프를 감은 후에 '꺼내기' 버튼을 눌러라.

inject
[indʒékt]

in(=into 안으로) + ject(=throw 던져넣다) ⇒ 주입하다, 주사하다, 삽입하다

ⓥ (~을) **주입하다, 주사하다**(=inoculate); **삽입하다**(=insert)

ⓝ **injection** 주입, 주사; (연료 등의) 분사

• **antibiotic** [æ̀ntibaiɑ́tik]
ⓝ 항생물질
ⓐ 항생의, 항생물질의

The doctor injected his patient with antibiotics.
의사는 자신의 환자에게 항생물질을 주사했다.

I had an injection of glucose. 나는 포도당 주사를 맞았다.

object
[əbdʒékt]

ob(=against ~에 반대해) + ject(=throw 던지다) ⇒ 반대하다, 싫어하다

ⓥ **반대하다**(=protest; oppose); **싫어하다**(=hate)

ⓝ [ɑ́bdʒikt] 물체; 대상; 목적, 목표(=aim; purpose; goal)

ⓝ **objection** 이의, 반대(=dissension); 결함(=defect)

· ob=toward
⇒ ~을 향해 던져진 것
⇒ 대상, 목표

ⓐ **objective** 객관적인(opp. subjective 주관적인); 물적인(=material); 대물렌즈; 목적어
ⓝ **objectivity** 객관성, 객관주의적 경향
She objected to the proposal. 그녀는 그 제안에 반대했다.
an object of scientific research 과학 연구의 대상

---

project
[prədʒékt]

pro(=forth 앞으로) + ject(=throw (생각을) 던지다) ⇒ 제안하다; 예상하다

ⓥ **제안하다**(=propose); (경비 등을) 산출하다(=calculate); 예상하다
ⓝ [prɑ́dʒekt] **계획,** 기획(=scheme); 사업; 연구계획, 연구과제

· **deadline** [dédlàin]
ⓝ 최종 기한; (신문, 잡지 등의) 최종 마감시한

ⓝ **projection** 계획, 기획; 발사; 돌출; 예상; (경비의) 산출
ⓐ **projective** 사영(射影)의, 투사의
We projected the costs involved in the new plan.
우리는 새 계획에 소요되는 경비를 계산했다.
They are busy (in) completing the project before their deadline.
그들은 마감일 전에 연구 과제를 끝내느라 바쁘다.

---

reject
[ridʒékt]

re(=back (싫어서) 뒤로) + ject(=throw 던지다) ⇒ 거절하다, 기각하다

ⓥ **거절하다**(=refuse; turn down); 부인하다(deny) (*opp.* **accept** 수락하다); (남을) 퇴짜 놓다; (음식물을) 토하다(=eject; vomit); **기각하다**
ⓝ **rejection** 거절, 각하; 구토; 폐기물, 배설물
The company rejected the new proposal.
회사는 새로운 제안을 받아들이지 않았다.

---

subject
[səbdʒékt]

sub(=under (발) 아래에) + ject(=throw 던져넣다) ⇒ 복종시키다, 지배하다; 주제

ⓥ **복종시키다, 지배하다,** 정복하다; (비판 등을) 당하게 하다, ⓐ영향받기 쉬운
ⓝ [sʌ́bdʒikt] **주제,** 화제; 논제(=topic; theme); 과목; 신하; 피실험자
ⓝ **subjection** 종속, 복종; 굴복(=submission)
ⓐ **subjective** 주관의, 주관적인(opp. **objective** 객관적인); 개인의

cf. **capital punishment**; **death penalty** 사형

The habitual criminal was subjected to cruel punishment.
그 상습범은 혹독한 처벌을 받았다.
He changed the subject when I spoke about sports.
내가 스포츠에 관해 말하자 그는 화제를 바꿨다.

---

conjecture
[kəndʒéktʃər]

· con-<com-

con(=together 함께) + ject(=throw (짐작으로) 던진) + ure(것) ⇒ 추측, 짐작

ⓝ **추측, 짐작**(=guess; surmise; supposition; speculation) ⓥ **~을 추측하다**(=guess)
ⓐ **conjectural** 추측의; 불확실한(=problematic(al))
The sports analysts made many conjectures about which team would win.
스포츠 분석가들은 어떤 팀이 이길지에 대해 많은 추측을 했다.

» junct

join : 결합하다, 잇다; 접합하다

C3-045

junction
[dʒʌ́ŋkʃən]

junct(=join 결합[접합]) + ion(함) ⇒ 결합, 접합

ⓝ **결합, 접합,** 접속(=joining); 결합점; (도로의) 교차점; (강의) 합류점

ⓝ **juncture** 결합(=junction); 결합점; 이음매(=joint); (중대한) 시점

The roads merged into one after the junction.
도로들은 교차로 다음에서 하나로 합쳐졌다.

adjunction
[ədʒʌ́ŋkʃən]

ad(=to ~에 (덧붙인)) + junction(결합, 접합)함 ⇒ 부가, 첨가

ⓝ **부가,** 부속, **첨가**(=adding; addition)

ⓐ **adjunctive** 부속적인, 보조의 ⓝ **adjunct** 부가물, 첨가물; 조수

She didn't put any adjunction in her soup.
그녀는 자신의 수프에 아무런 첨가도 하지 않았다.

an adjunct to ceremonial occasions 의식에 곁들여서 개최되는 행사

conjunction
[kəndʒʌ́ŋkʃən]

con(=together 서로) + junction(결합, 접합)함 ⇒ 결합, 연합

ⓝ **결합,** 접합, 연결(=union; combination); **연합**(=association)

ⓐ **conjunctive** 결합하는, 연결적인(=connective); 공동의(=joint)

ⓐ **conjunct** 결합한, 연결의(=united; combined); 공동의(=joint)

ⓝ **conjuncture** 위기(=crisis); 비상사태; 결합, 접합

The soccer team's MVP was a conjunction of great athleticism and mental capacity.
축구팀 최우수 선수가 된 것은 운동경기에 대한 열정과 정신력의 결합 때문이었다.

disjunction
[disdʒʌ́ŋkʃən]

dis(=apart 따로 떼어) + junction(결합, 접합)함 ⇒ 분리, 분단

ⓝ **분리**(=separation); **분단**(=dividing into sections)

ⓐ **disjunctive** 떼어놓은, 분리성의(=separating)

The disjunctions of the company caused it to go bankrupt.
회사의 분리는 회사를 파산하게 만들었다.

injunction
[indʒʌ́ŋkʃən]

in(=into 안으로 (~하도록)) + junction(붙인 것) ⇒ 명령, 지시

ⓝ **명령,** 지령(=command); **지시**(=direction); 훈령(=order)

ⓥ **injunct** 금지하다; 억제하다(=repress; suppress)

He received an injunction from the judge prohibiting him to leave the city.
그는 재판관으로부터 도시를 벗어나지 말라는 명령을 받았다.

labor

work : 일하다, 근무하다

C3-046

labor

[léibər]

labor = work(일하다) ⇒ 일하다, 노력하다; 노동

ⓥ (부지런히) **일하다;** 애쓰다, **노력하다;** 상세히 논하다

ⓝ **노동,** 근로; 애씀, 노력; (집합적) 노동자, 육체노동자

ⓝ **laborer** 노동자, 인부; 비숙련공

ⓝ **laboratory** 실험실, 연구소, 실습실 ⓐ 실험실(용)의

They pay well for physical labor. 그들은 육체노동의 대가를 잘 지불한다.

laboratory animals 실험용 동물

collaborate

[kəlǽbərèit]

• -ate=make

• col-=com-

col(=together 함께) + labor(=work 일) + ate(하다) ⇒ 협력하다

ⓥ **협력[협동]하다**(=cooperate with; work together); 공동으로 일하다; 공동연구하다

ⓝ **collaboration** 함께 일하기; 협력, 합작; 공동연구

ⓐ **collaborative** 협력적인, 협력하는; 합작의, 공동제작의

ⓝ **collaborator** 합작자; 공저자; (적에 대한) 반역자

Several writers collaborated on the book.
몇몇 필자들이 그 책을 공동으로 집필했다.

elaborate

[ilǽbərèit]

• e-<ex-

e(=thoroughly 철저히) + labor(=work 일) + ate(하다) ⇒ 정성들여 만들다; 공들인

ⓥ **정성들여 만들다;** 상세히 설명하다; 공들여 마무리하다

ⓐ [ilǽbərət] **공들인,** 정교한(=exquisite); 복잡한(=complicated)

ⓝ **elaboration** 공들여 함; 애써 마무름; 정교; 역작

ⓐ **elaborative** 정성을 들인; 정교한(=delicate)

ⓐⓓ **elaborately** 애써서; 정교하게(=delicately; scrupulously; in detail)

Can you elaborate? 상세히 설명해 주시겠어요?

The bank robbers employed an elaborate plan to rob the bank.
은행 강도들은 은행을 털기 위한 정교한 계획을 했다.

laborious

[ləbɔ́:riəs]

labor(일(이 힘드)) + i + ous(는) ⇒ 힘 드는, 고된

ⓐ **힘 드는, 고된;** 부지런한(=industrious); 고심한(=painstaking)

ⓐ **laboring** 노동에 종사하는; 애쓰는, 고생하는; 괴로워하는

He had to spend many laborious hours studying for better grade.
더 나은 성적을 위해 그는 공부에 많은 고된 시간을 보내야 했다.

• **with the utmost effort**
극도의 노력으로

[tips] **힘드는** = laborious; strenuous; tough; toilsome; arduous; exacting
힘들여서 = laboriously; with trouble; with (great) effort

» lect

choose : 선택하다, 고르다 gather : 모으다, 집중하다 read : 읽다

C3-047

collect

[kəlékt]

• col- < com-

cf. **recollect** ⓥ 회상하다

• **material** [mətíəriəl] ⓝ 자료, 소재; 원료, 성분 ⓐ 물질적인, 육체적인

col(=together 함께) + lect(=gather 모으다) ⇒ 모으다, 징수하다

ⓥ **모으다**(=assemble), 한데 모으다(=gather); (생각을) 집중하다; (요금을) **징수하다** ⓐ 수신인[수취인] 요금지불의[로]

ⓝ **collection** 징수, 수집; 수금, 기부금; (쌓인) 무더기(=pile)

ⓐ **collective** 모인, 집합된(=aggregated); 집단적인

ⓐⓓ **collectively** 집단적으로 opp. **individually** 개인적으로

ⓝ **collector** 수집자, 수금인; 수집기

He has collected the material for a history of World War Two.
그는 제2차 세계대전 사료를 수집하고 있다.

dialect

[dáilèkt]

cf. **dialectic** ⓝ 변증법

dia(=between (고장 사람들) 사이에서) + lect(=talk (쓰는) 말) ⇒ 방언

ⓝ (표준말에 대한) **방언,** 사투리; 은어(=cant); 고유한 말씨(=phraseology)

ⓐ **dialectal** 방언의, 사투리의; 통용어적인

My teacher speaks a broad Chejudo dialect.
우리 선생님은 순전히 제주도 사투리를 쓰신다.

elect

[ilékt]

• e- < ex-

• **majority** [mədʒɔ́(:)rəti] ⓝ 대다수, 대부분; 득표 차; 다수당; 성인

e(=out 밖으로 (사람을)) + lect(=choose 골라내다) ⇒ 선거하다; 당선된

ⓥ **선거하다,** (투표에 의해) 뽑다; 선택하다(=choose; select) ⓐ **당선된,** 선출된; 뽑힌, 선정된 ⓐ **elective** 선택의(=optional)

ⓝ **election** 선거; 당선; 선택 ⓝ **electioneering** 선거운동

He was elected by a majority of votes.
그는 압도적 다수의 투표를 얻어 당선되었다.

an election campaign 선거운동 / a general election 총선

intellect

[íntəlèkt]

• intel- < inter-

intel(=among 여럿 중에서) + lect(=choose 선별할) 수 있는 힘 ⇒ 지성

ⓝ **지성,** 지능, 지력(=understanding); 이지(理智); 지식인, 식자

ⓝ **intellection** 사고(=thinking); 이해(=understanding)

ⓐ **intellective** 지성의, 지력의, 지능의; 지성이 있는

ⓐ **intellectual** 지성의, 지력의; 지능적인(=intelligent) ⓝ 지식인, 두뇌노동자

You estimate his **intellect** too highly.
당신은 그의 지력을 과대평가하고 있어요.

an intellectual[intelligent] face 이지적인 얼굴

neglect
[niglékt]

• neg=deny
부인하다

neg(=not 안) + lect(=choose 선택하다) → 선택하지 않다 ⇒ 무시하다; 무시

ⓥ **무시하다;** 소홀히하다, 태만하다(=ignore; disregard)
ⓝ **무시,** 태만, 소홀(=disregard); 방치하기; 등한시

ⓐ **neglectful** 게으른, 태만한(=negligent); 무관심한(=disregardful)

ⓐⓓ **neglectfully** 주의하지 않고; 태만히(=carelessly)

ⓝ **negligence** (직무 등의) 태만, 부주의; (부주의에 의한) 과실; 무관심

ⓐ **negligent** 태만한, 게으른(=neglectful); 부주의한; 방종한(=lax)

ⓐ **negligible** 무시해도 좋은, 하찮은; 쓸모없는(=trifling*)

My boss blamed him for neglect of duty.
사장은 의무를 태만히 한 탓으로 그를 꾸짖었다.

prelect
[prilékt]

pre(=before (학생들) 앞에서) + lect(=read 읽다) ⇒ 강의하다

ⓥ (대학의 강사로서) **강의하다**(=lecture), 강연하다

ⓝ **prelection** (대학의) 강의(=lecture) ⓝ **prelector** 강사(=lecturer)

He prelects on the history of ancient Celt.
그는 고대 켈트족 역사에 관해 강의한다.

select
[silékt]

se(=apart 따로 (선별해서)) + lect(=choose 골라내다) ⇒ 잘 고르다

ⓥ **잘 고르다,** 골라내다(=choose); 선택하다(=pick out)
ⓐ 고른(=chosen); 정선된; 입회 조건이 까다로운 ⓝ *pl.* 정선품, 극상품

ⓐ **selected** 선발된, 정선된(=choice; chosen)

ⓝ **selection** 선택, 선발, 선택(=choice); 정선품; 발췌

ⓐ **selective** 선택의(=elective; optional)

It's so hard to select the best out of many musicians.
많은 음악가들 중에서 최고를 뽑는 것은 어렵다.

selective service 〈미국의〉 병역의무(=conscription)

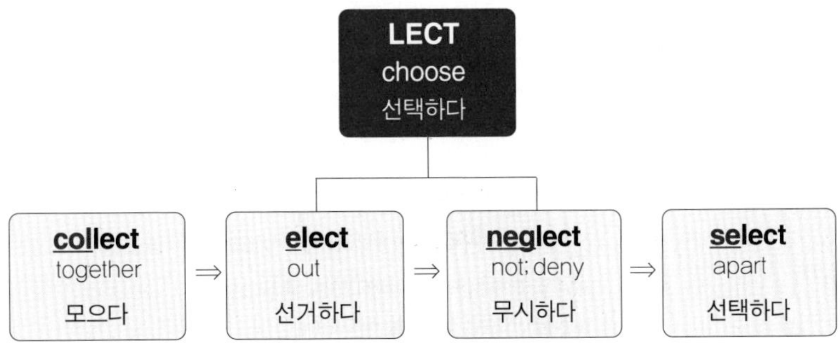

lig — choose : 선택하다, 고르다 ⇒ lig = leg

C3-048

diligent
[dílidʒənt]

• di- < dis-

di(=apart 따로) + lig(=choose (열심히) 선택하) + ent(는) ⇒ 근면한

ⓐ **근면한,** 부지런한(=industrious) (*opp.* **lazy** 게으른(=indolent)); 공들인, 애쓴(=painstaking; elaborate)

ⓝ **diligence** 근면, 부지런함(=industry; assiduity*)

I guarantee that she is a diligent girl.
그녀가 부지런하다는 것을 보증합니다.

intelligent
[intélidʒənt]

• intel- < inter- =between; among

intel(중에서) + lig(=choose (바르게) 선택하) + ent(는) ⇒ 이성적인

ⓐ **이성적인**(=rational); 이해력이 빠른, 영리한(=clever); 알고 있는

ⓝ **intelligence** 지성, 지능, 이해력(=intellect); 보도(=news); 정보

ⓐ **intelligible** 알기 쉬운(=comprehensible); 분명한(=clear)

ⓝ **intelligibility** 이해할 수 있음; 명료(=clarity)

No matter what you said, I think she is intelligent.
네가 뭐라고 했던 간에, 나는 그녀가 영리하다고 생각해.

artificial intelligence 〈컴퓨터〉 인공지능

negligent
[néglidʒənt]

• neg-=deny

neg(=not (일을) 안) + lig(=choose 선택) + ent(하는) ⇒ 태만한, 무관심한

ⓐ **태만한,** 게으른(=neglectful); 부주의한(=careless; heedless); 허리멍텅한; **무관심한**(=indifferent; apathetic; nonchalant)

ⓐⓓ **negligently** 겉날림으로, 경망하게; 무관심하게(=indifferently)

ⓝ **negligence** (직무 등의) 태만, 나태; 방심; 과실, 잘못; 무관심

ⓐ **negligible** 무시해도 좋은, 하찮은; 쓸모없는(=trifling)

ⓥ **neglect** (의무 등을) 게을리하다; 무시하다 ⓝ 태만, 무시

He is sometimes negligent of his work.
그는 가끔씩 자신의 일을 소홀히 한다.

eligible
[élidʒəbl]

• e- < ex-

e(=out 밖으로) + lig(=choose 선택될) + ible(수 있는) ⇒ 뽑힐 자격이 있는

ⓐ (공직 등에 충분히) **뽑힐 자격이 있는;** 적격의; 적당한(=desirable; satisfactory) ⓝ 적당한 사람, 적임자, 적격자 *opp.* **ineligible** 부적격의

ⓝ **eligibility** 뽑힐 수 있는 충분한 자격; 적격성, 적임성

She is eligible to join this club.
그녀는 이 클럽에 가입할 자격이 있다.

be ineligible[disqualified; unqualified] 자격이 없다

» limin

threshold : 문턱, 입구; 발단, 시초

C3-049

eliminate

[ilímənèit]

- e-<ex-=out 밖으로
- -ate=make(~하다)
  ⇒ 문지방에서부터 쫓아내다

e(=out) + limin(=threshold) + ate(=make) → 문 밖으로 쫓아내다 ⇒ 제거하다, 배제하다

ⓥ **제거하다**(=remove; weed out; get rid of), **배제하다**(=exclude); 삭제하다(=omit); (예선 등에서) 떨어뜨리다; <생리> 배설하다(=excrete)

ⓝ **elimination** 제거, 배제; <생리> 배설

ⓝ **eliminator** 제거자, 배제기; 엘리미네이터–교류를 직류로 바꾸는 장치

He eliminated all errors from the script.
그는 원고에서 잘못된 부분을 모두 제거했다.

She eliminated her old files from her computer.
그녀는 자신의 컴퓨터에서 오래된 파일들을 삭제했다.

elimination match[contest, race] 예선 경기

[tips] **삭제하다 = eliminate; delete; cancel; omit; remove; strike[cross] out**

preliminary

[prilímənèri]

- **trial** [tráiəl] ⓝ 시도, 시험; 시행; 재판; 시련, 고난

pre(=before) + limin(=threshold) + ary ⓐ → 문턱 앞에 서 있는 ⇒ 예비적인

ⓐ **예비적인,** 준비적인(=preparatory), 시작의; 서두의(=introductory)

ⓝ 예비 행위, 사전 준비, 서두; 예비 시험(=preliminary exam; prelim)

He was in trouble in his preliminary trial.
그는 예심에서 곤란을 겪었다.

a preliminary notice 예고 / preliminary expense 창업비

preliminary talks[budgets] 예비회담[예산안]

without preliminaries 단도직입적으로, 군말을 빼고 바로

subliminal

[sʌblímənəl]

sub(=under) + limin(=threshold) + al ⓐ → 문턱 아래 숨어 있는 ⇒ 잠재의식의

ⓐ **잠재의식의;** 의식되지 않는, 의식 밑의(=subconscious)

cf. **sublime** ⓐ 장엄한, 숭고한; 최고의 ⓥ 승화시키다, 고상하게 하다
ⓝ (the ~) 장엄, 숭고; 지고, 극치 ⓝ **sublimity** 숭고, 장엄(=grandeur)

The articles were about the subliminal learning.
그 기사들은 잠재학습에 관한 것이었다.

subliminal advertising
사람의 잠재의식에 남도록 되풀이 해서 하는 광고

sublime[lofty] aspirations 숭고한 포부

logy

science: 학문 **word, speech**: 말 **discourse**: 담화
⇒ **-logy** ~학 ⇒ **-logical** ~학의 ⇒ **-logist** ~학자

C3-050

archaeology
[ɑ̀ːrkiɑ́lədʒi]

archaeo(=ancient 고대의) 것에 관한 + logy(=science 학문) ⇒ 고고학

ⓝ 고고학

ⓐ **archaeological** 고고학상의; 고고학적인 ⓝ **archaeologist** 고고학자

The ruins of Pompeii are very precious in archaeology.
폼페이 유적은 고고학에서 아주 중요하다.

astrology
[əstrɑ́lədʒi]

astro(=star 별, 항성)(으)로 점을 치는 + logy(=science 술) ⇒ 점성술

ⓝ 점성술

ⓐ **astrological/astrologic** 점성술의

cf. **astronomy** 천문학 **astronaut** 우주비행사 **asterisk** 별표

This book tells about ancient astrology with influences of the stars.
이 책은 별의 영향과 관련한 고대의 점성술을 담고 있다.

chronology
[krənɑ́lədʒi]

cf. **anachronism**
ⓝ 시대착오

chrono(=time 시대, 시간)에 관한 + logy(=science 학문) ⇒ 연대학, 연대기

ⓝ 연대학, 연대기

ⓐ **chronological/chronologic** 연대순의, 연대순으로 나타낸

ⓝ **chronologist** 연대[연표]학자, 역사가

The systems of chronology used to record human history.
연대학의 체계는 인간의 역사를 기록하기 위해 사용되었다.

ecology
[iːkɑ́lədʒi]

• **relation** [riléiʃən]
ⓝ 관계, 관련; pl. 성교
(=sexual intercourse)

eco(=house 짐승이 사는 곳)에 관한 + logy(=science 학문) ⇒ 생태학

ⓝ 생태학(=bionomics)

ⓐ **ecological/ecologic** 생태학의, 생태학적인

ⓝ **ecologist** 생태학자 ⓐⓓ **ecologically** 생태학적으로

Ecology is a study of relations between organisms and their environment.
생태학은 생물과 그들의 환경 사이의 관계를 연구하는 학문이다.

etymology
[ètəmɑ́lədʒi]

• **derivation** [dèrəvéiʃən]
ⓝ (낱말의) 파생; 유래, 이끌어냄

etymo(=true (말의) 본래의 뜻)에 관한 + logy(=science 학문) ⇒ 어원학, 어원

ⓝ 어원학; 어원 연구; (말의) 기원, 어원

ⓐ **etymological** 어원의, 어원학의, 어원학상의

ⓝ **etymologist** 어원학자

Etymology is necessary when we want to know the origin and derivation of a word. 어원학은 우리가 단어의 기원과 파생을 알고자 할 때 필요하다.

≫ loqu　speak : 말하다, 담화하다

C3-051

colloquy
[kάləkwi]

• col-<com-

col(=together 서로) + loqu(=speak 말) + y(함) ⇒ **대담, 회담**

ⓝ (형식적인) **대담**(=conversation); **회담**(=conference); 자유 토의

ⓐ **colloquial** 구어의, 담화체의; (어구가) 딱딱하지 않은 opp. **literary** 문어적인

ⓥ **collogue** 밀담하다, 공모하다(=conspire)

We listened to the expert after a **colloquy**.
우리는 토의 후 전문가의 이야기를 들었다.

obloquy
[άbləkwi]

ob(=against 거역하여 나쁘게) + loqu(=speak 말) + y(함) ⇒ **욕설, 악평, 불명예**

ⓝ **욕설,** 악담(=calumny; censure); **악평, 불명예**(=disgrace)

cf. **oblique** ⓐ 비스듬한(=slanting), 완곡한

I couldn't stand the **obloquy** at that time. 나는 그 당시에 오욕을 참을 수 없었다.

soliloquy
[səlíləkwi]

soli(=alone 혼자서) + loqu(=speak 말하) + y(기) ⇒ **혼잣말, 독백**

ⓝ **혼잣말;** (이야기를 독점해서) 혼자 떠들기; **독백**(=monologue)

ⓥ **soliloquize** 혼잣말을 하다; (연극에서) 독백하다

• **highlight** ⓝ 중요한 장면[사건] ⓥ 강조하다

The highlight of the play was the **soliloquy** of the hero.
그 연극에서 가장 인상적이었던 것은 주인공의 독백이었다.

eloquence
[éləkwəns]

• e-<ex-

e(=out 밖으로) + loqu(=speak <크고 강하게> 말) + ence(함) ⇒ **웅변**

ⓝ **웅변,** 능변(=fluency); 웅변술; 설득력

ⓐ **eloquent** 달변의, 말 잘하는; 설득력 있는; 의미심장한(=pregnant 임신한)

He is gifted with **eloquence**. 그는 말재주를 타고났다.

grandiloquence
[grændíləkwəns]

주의_ **somniloquy** ⓝ 잠꼬대
진술=**remark; statement**

grandi(=great 엄청 크게) + loqu(=speak 말) + ence(함) ⇒ **호언장담, 큰소리**

ⓝ **호언장담, 큰소리;** 과장된 표현; 과장된 말투

ⓐ **grandiloquent** (말이) 과장된(=bombastic); (사람이) 말을 과장되게 하는

I don't like him when he speaks with **grandiloquence**.
나는 그가 과장되게 말할 때가 싫다.

[tips] 말이 많은 = talkative; loquacious; wordy
말이 적은 = reticent; taciturn

a sarcastic[slanderous; provocative; an ironic] remark
빈정대는[중상적인, 도발적인, 비꼬는] 말

≫ lud(e)

play : 놀다, 연기하다; 행동하다; 연주(하다)

C3-052

allude

[əlúːd]

• al- < ad-

al(=to ~에게) + lude(=play (가벼운 말로 살짝) 장난치다) ⇒ 언급하다

ⓥ **언급하다**(=refer; mention incidentally); 넌지시 말하다

ⓝ **allusion** 암시(=suggestion), 언급(=reference); 빗대어 말하기, 빗댐

ⓐ **allusive** 넌지시 비추는, 암시적인(=suggestive)

He alluded to me that he would go home.
그는 집에 가겠다고 나에게 넌지시 말했다.

collude

[kəlúːd]

cf. **proviso** ⓝ 단서, 조건

col(=together 함께) + lude(=play 행동하다) ⇒ 결탁하다, 공모하다

ⓥ (은밀히) **결탁하다, 공모하다**(=conspire)

ⓝ **collusion** 결탁, 공모(=conspiracy) ⓐ **collusive** 공모의, 결탁한

They colluded with each other 그들은 서로 결탁했다.

delude

[dilúːd]

de(=away 멀리서) + lude(=play (헷갈리게) 놀다) ⇒ 현혹시키다

ⓥ **현혹시키다,** 속이다(=mislead*; deceive)

ⓝ **delusion** 기만, 현혹(=infatuation); 망상

ⓐ **delusive** 미혹시키는, 기만의(=deceptive); 망상적인

She was deluded by a saleswoman and bought a necklace.
그녀는 판매원의 말에 현혹되어 목걸이를 샀다.

elude

[ilúːd]

• e- < ex-

• **taxation** [tækséiʃən] ⓝ 과세, 징세; 조세수입

e(=out 밖으로) + lude(=play (장난치며 (피해 나가다)) ⇒ 피하다

ⓥ (교묘하게) **피하다**(=avoid; evade); (눈을) 속이다; 모호하다

ⓝ **elusion** 피함, 회피(=evasion); 속임수; 발뺌

ⓐ **elusive** 파악하기 어려운; 교묘히 잘 빠지는(=cleverly evasive)

They eluded taxation and ran away abroad.
그들은 세금을 회피하고 해외로 달아났다.

illusion

[ilúːʒən]

• il- < in-

il(=on ~위에서) + lus(=play (어지럽게) 노는) + ion(것) ⇒ 환영; 착각

ⓝ **환영,** 환각, **착각**(=phantom); 환상, 망상(=delusion)

ⓐ **illusory** 환영의, 환상의, 착각의(=phantom); 혼동하기 쉬운(=illusive)

She couldn't be awakened from an illusion. 그녀는 망상에서 깨어나지 못했다.

[tips] **interlude** ⓝ 간주; 막간(=interval); 짬
prelude ⓝ 전주, 서곡(=overture); 서문

magn(i)

great : 큰, 거대한 ⇒ majes / major / maxi = great

C3-053

magnify
[mǽgnəfài]

magni(=great 크게 (보이게)) + fy(=make 만들다) ⇒ 확대하다, 과장하다

ⓥ **확대하다;** 크게 보이게 하다, **과장하다**(=exaggerate)

ⓝ **magnification** 확대; 확대상(像); 확대력; 배율

This microscope magnifies the objects six hundred times.
이 현미경은 사물을 600배로 확대한다.

magnificent
[mægnífəsnt]

magni(=great 크게, 잘) + fic(=make 만) + ent(든) ⇒ 장대한

ⓐ **장대한**(=grand; sublime); 훌륭한(=splendid); 우수한, 굉장한

ⓝ **magnificence** 호화, 장려(=richness; splendor); 장관, 웅대

The old buildings in Rome were magnificent.
로마에 있는 옛 건물들은 장엄했다.

a magnificent party 굉장히 멋진 파티

magnitude
[mǽgnətjùːd]

magni(=great 큰, 중요한) + tude(상태, 성질) ⇒ 큼, 중대, 중요성, 지진규모

ⓝ (치수, 넓이 등이) **큼**(=largeness); 크기(=size);
중대, 중요성(=importance); (별의) 광도, **지진규모**

Their technology was of the first magnitude. 그들의 기술은 일류였다.

problems of very great magnitude 매우 중대한 문제들

magniloquent
[mægníləkwənt]

magni(=great 크게) + loqu(=speak (부풀려) 말) + ent(한) ⇒ 과장된

ⓐ (표현이) **과장된,** 과장한(=bombastic; pompous); 허풍떠는

ⓝ **magniloquence** 과장된 표현[말, 문장]; 과장, 허풍; 호언장담(=grandiloquence)

He has been magniloquent since then.
그는 그때부터 허풍떨었다.

majesty
[mǽdʒəsti]

majes(=great 위대) + ty(함) 속에 있는 성질 ⇒ 위엄, 존엄

ⓝ **위엄**(=dignity), **존엄;** 장관(=grandeur); (M-) 왕, 폐하

ⓐ **majestic** 고상한(=noble); 위엄이 있는(=august); 당당한

He showed a majesty of bearing. 그는 위엄 있는 태도를 보였다.

cf. **magnanimous** ⓐ 관대한, 도량이 큰 ⓝ **magnanimity** 아량, 관대
magnate ⓝ 거물, 고관; 유력자; (야구팀의) 오너

a magnanimous[catholic] person 포용력이 큰 사람

a financial[literary] magnate 재계의 거물[문단의 원로]

» med(i)   middle : 중앙, 중간

C3-054

mediate
[míːdièit]

medi(=middle (싸우는) 중간에 서) + ate(=make 다) ⇒ 조정하다; 중간의

ⓥ **조정하다,** 중재하다; 화해시키다(=reconcile)
ⓐ [míːdiət] **중간의,** 중개의, 간접의(=indirect)

cf. **meditate** ⓥ 숙고하다, 계획하다

ⓝ **mediation** 주선, 중재, 조정; 중개(=intermediation)
ⓝ **mediator** 중개자, 매개자; 중재인, 조정자

She tries to **mediate** between two friends.
그녀는 두 친구 사이를 화해시키려 노력한다.

intermediate
[ìntərmíːdièit]

inter(=between 사이에서) + mediate(조정하다) ⇒ 중재하다, 조정하다

ⓥ **중재하다, 조정하다**(=mediate); 중개하다
ⓐ [intərmíːdiət] 중간의(=intermediary) ⓝ 중간물, 중간 단계; 중개자
ⓝ **intermediation** 중개, 조정, 중재(=mediation)
ⓝ **intermediator** 중개자, 조정자(=mediator; arbitrator)
ⓐ **intermediary** 중간의; 중개의 ⓝ 중개자

She got 'F' at the **intermediate** examination.
그녀는 중간고사에서 'F'를 받았다.

immediate
[imíːdiət]

• im-<in-

im(=not 안) + mediate(중간의, 간접의) → 중간이 없는 ⇒ 즉각의, 직접적인, 인접한

ⓐ **즉각의, 즉시의**(=instant); **직접적인**(=direct); **인접한,** 가장 가까운(=closest; nearest); 이웃의(=adjoining)
ⓝ **immediateness** (공간적, 시간적으로) 접해 있음
ⓐⓓ **immediately** 바로, 직접으로(=directly); 곧, 당장(=instantly)

• **relief** [rilíːf] ⓝ 고통을 없애주는 것; 구제; 안심; 교대(자)

This medicine gives **immediate** relief. 이 약은 즉각적인 효과를 준다.
an **immediate** answer[information] 즉답[직접 입수한 정보]

mediocre
[mìːdióukər]

medi(=middle 중간 높이의) + ocre(=hill 언덕) ⇒ 좋지도 나쁘지도 않은, 보통의

ⓐ **좋지도 나쁘지도 않은, 보통의,** 일반의(=ordinary; average); 2류의(=second-rate); 평범한(=commonplace)
ⓝ **mediocrity** 평범, 보통; 범인(凡人)

mediocre qualities 평범한 자질
a **mediocre** life 평범한 생활

[참고] medium ⓝ 중간, 매개, 매개물; 수단(=means)
medieval ⓐ 중세의 ⓐⓓ medievally 중세풍으로

mens

measure : 재다; 측정, 치수; 정도, 분량

C3-055

commensurate

[kəménsərət]

com(=together 같은) + mens(ur)(=measure 분량) + ate(인) ⇒ 같은 수량의

ⓐ **같은 수량의,** 같은 면적의(=coextensive; equivalent);
균형이 잘 잡힌(=proportionate*)

ⓐ **commensurable** 같은 단위로 잴 수 있는

My apartment was **commensurate** with hers.
내 아파트는 그녀의 아파트와 같은 면적이었다.

be **commensurate** with ~ ~과 잘 맞는다

[tips] 동등하게 = equally; impartially; indiscriminately

dimension

[diménʃən]

• di- < dis-

di(=apart 각각) + mens(=measure 측정한) + ion(것) ⇒ 치수, 넓이, 용적

ⓝ **치수,** 차원; *pl.* **넓이, 용적,** 크기(=size); 범위(=extent); 부피(=bulk);
중요성(=importance)

ⓐ **dimensional** 치수의; (복합어로) ~차원의 ⓐⓓ **dimensionally** 치수면으로

cf. **capacity**
ⓝ 능력, 수용력, 용량

The picture looks in three **dimensions**.
그 그림은 입체적으로[3차원적으로] 보인다.

Do you know the **dimensions** of that table?
저 테이블의 치수를 아십니까?

[tips] of great[vast] dimension 몹시 큰, 극히 중대한
three-dimensional film[picture] 입체 영화(=3-D picture)

immense

[iméns]

im(=not) + mens(e)(=measure 측정) → 측정이 안 될 정도로 큰 ⇒ 광대한; 막대한

ⓐ **광대한,** 거대한, **막대한**(=vast; huge; enormous; tremendous);
멋진, 훌륭한(=fine; excellent; splendid; magnificent)

ⓐⓓ **immensely** 광대하게, 막대하게(=enormously); 대단히(=greatly)

ⓝ **immensity** 광대, 거대, 막대; 무한(=infinity)

He lost an **immense** sum of money from gambling.
그는 도박에서 막대한 돈을 잃었다.

The show was **immense**. 그 쇼는 훌륭했다.

an **immense** territory 광대한 영토

an **immense**[enormous] progress 커다란 진보

an **immense**[enormous] fortune 막대한 재산

[tips] 막대한 = immense; vast; huge; tremendous; enormous
굉장히 = awfully; terribly; magnificently

≫ merg

sink : 가라앉다[앉히다] dip : (물에) 담그다 plunge : 던져넣다

C3-056

merge
[mə:rdʒ]

merge(=sink 가라앉히다, 빠져들게 하다) ⇒ 흡수시키다, 합병하다

ⓥ (다른 것에) **흡수시키다; 합병하다;** 몰입시키다; (도로 등이) 합류하다

ⓝ **merger** (회사 등의) 합병, 합동; 합병[합동]해서 생긴 것

They decided to merge two companies together.
그들은 두 회사를 합병하기로 결정했다.

[tips] 합병하다 = merge; unite; affiliate; amalgamate; coalesce; annex
합병 = merger; union; affiliation; amalgamation; coalition

emerge
[imə́:rdʒ]

• e-<ex-

e(=out ~밖으로) + merge(=sink) → 물속에서 나오다 ⇒ 나타나다

ⓥ (~속에서) **나타나다,** 출현하다(=appear; come out); (문제 등이) 나타나다

ⓝ **emergence** 나타남, 출현; 벗어남, 탈출; (식물의) 가시, 혹

ⓝ **emergency** 비상사태(=exigency); 위급할 때 ⓐ 응급의

Dad emerged from the darkness. 아빠가 어둠 속에서 나타나셨다.
emergency measures[exit, room] 응급조치[비상구, 응급실]

immerge
[imə́:rdʒ]

• im-<in-

im(=in 안으로) + merge(=dip 담그다) ⇒ (물속에) 뛰어들다, 가라앉다

ⓥ (물속에) **뛰어들다, 가라앉다;** (천체 등이) 사라지다(=immerse)

cf. **immerse** ⓥ (물에) 잠그다(=plunge; dip); 몰두시키다(=engross)

ⓝ **immersion** (물 속에) 넣기[가라앉히기; 잠기기]; 침례; 몰두

She immerged herself into the bathtub. 그녀는 욕조에 몸을 담궜다.

submerge
[səbmə́:rdʒ]

cf. **submerse**
ⓥ (물속에) 담그다, 침수시키다(=submerge)

sub(=under (물) 아래에) + merge(=sink 가라앉히다) ⇒ (물에) 잠그다, 가라앉히다

ⓥ (물에) **잠그다, 가라앉히다,** 수몰시키다

ⓐ **submerged** (물속에) 가라앉은; 물 속에서 사는(=submersed)

ⓝ **submergence** 수몰, 잠수, 침수(=submersion)

They submerged the boat in the sea.
그들은 배를 바다 속에 가라앉혔다.

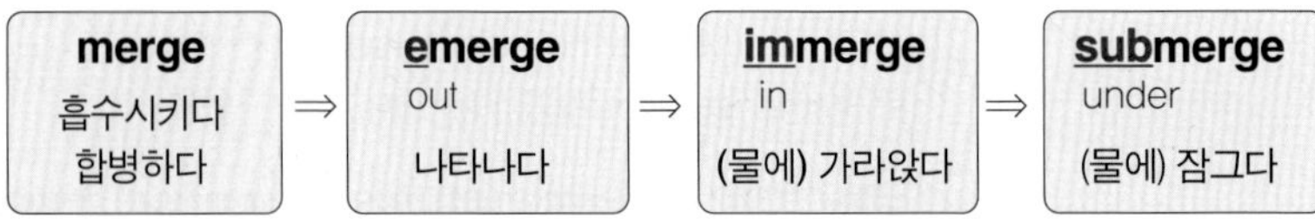

migr
move : 이사하다, 이동하다

C3-057

migrate
[máigreit]

migr(=move 이동, 이사) + ate(=make 하다) ⇒ 이주하다

ⓥ (다른 나라로) **이주하다** ; (새, 물고기가 계절적으로) **이주하다**

ⓝ **migration** 이주, 이동(=emigration; immigration);
(새, 물고기 등의) 이동; (집합적으로) 이민단; 철새 떼, 물고기 떼

ⓐ **migratory** 이주하는, 이동하는, 이주성의; 방랑성의(=roving)

ⓐ **migrant** (사람, 동물이) 이주하는(=migrating) ⓝ 철새; 이주자

A lot of people migrate from the Northern to the Southern States.
많은 사람들이 북부의 주에서 남부의 주로 이사를 한다.

emigrate
[éməgrèit]

• e-<ex-

e(=out 밖으로) + migrate(이주하다, 이민 가다) ⇒ 이민 가다

ⓥ (다른 나라로) **이민 가다,** 이주하다 *opp.* **immigrate** 이민 오다

ⓝ **emigration** (타국으로의) 이주, 이민 opp. **immigration** (입국) 이민

ⓐ **emigrant** (타국에) 이주하는, 이민의 ⓝ (자국에서 국외로 나가는) 이민
opp. **immigrant** (입국해 오는) 이민

They emigrated from Korea to Canada.
그들은 한국을 떠나 캐나다로 이민을 갔다.

A large number of people emigrate to America from Korea.
많은 사람들이 한국에서 미국으로 이민한다.

immigrate
[íməgrèit]

• im-<in-

im(=into 안으로) + migrate(이주해 오다) ⇒ 이민 오다

ⓥ (다른 나라에서) **이민 오다,** 이주해 오다

ⓝ **immigration** (영주하기 위한) 이민, 이주; 이주민의 수

ⓐ **immigrant** 이주해 오는(=immigrating)
ⓝ (입국해 오는) 이민, 외국에서의 이주민

The government immigrates cheap labor.
정부는 값싼 노동자를 이주시킨다.

Many immigrants came to the United States each year.
매년 많은 이민자들이 미국으로 왔다.

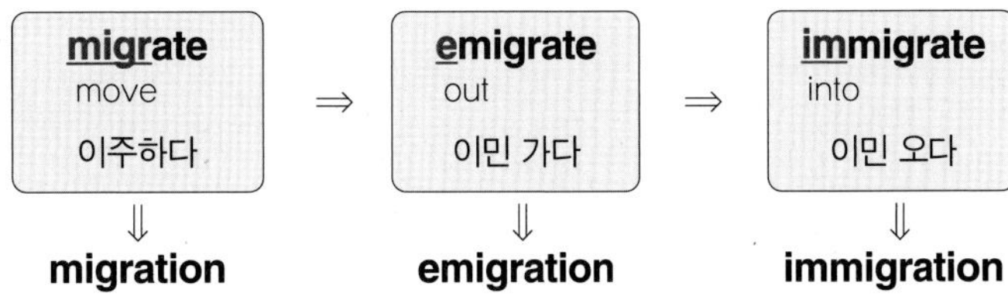

≫ min project : 돌출하다, 내밀다

C3-058

eminent
[émənənt]

• e-<ex-

e(=out 밖으로) + min(=project (높이) 돌출) + ent(한) ⇒ 저명한, 뛰어난, 높은

ⓐ **저명한**(=renowned); **뛰어난,** 탁월한(=outstanding; distinguished); 현저한(=remarkable); (산 · 건물 등이) 높이 솟은(=lofty); 돌출한(=projecting) (지위, 명성 등이) **높은,** 고위의(=exalted)

ⓐⓓ **eminently** 두드러지게, 현저히(=remarkably)

ⓝ **eminence** 고위, 고명(=celebrity); 탁월(=distinction); 땅의 융기

an eminent nose 두드러지게 높은 코

After the novel, he became an eminent writer.
그 소설 이후, 그는 저명 작가가 되었다.

imminent
[ímənənt]

im(=upon 바로 위에) + min(=project 튀어나) + ent(온) ⇒ 절박한, 긴박한

ⓐ (위험, 재난 등이) **절박한**(=urgent; overhanging); **긴박한**(=impending)

ⓐⓓ **imminently** 절박하여, 급박하여(=urgently; impendingly)

ⓝ **imminence/imminency** (위험 등의) 절박, 급박; 절박한 일, 긴박한 위험

imminent danger 절박한 위험

Her death is imminent. 그녀는 금방 죽을 듯하다.

They were in imminent danger. 그들은 절박한 위험에 처했다.

prominent
[prámənənt]

pro(=forth 앞으로) + min(=project 내) + ent(민) ⇒ 돌출한, 두드러진, 탁월한

ⓐ **돌출한,** 돌기한; 눈에 띄는, **두드러진**(=conspicuous); **탁월한**(=eminent); 저명한(=well-known); 주요한(=leading)

ⓐⓓ **prominently** 눈에 띄게, 현저히

ⓝ **prominence/prominency** 돌출, 융기; 돌출물, 돌출부; 현저, 탁월

prominent teeth 뻐드렁니

His grandfather is a prominent scholar. 그의 할아버지는 탁월한 학자다.

[tips] 돌출하다 = project; protrude; jut out
돌출한 = projected; projecting; prominent

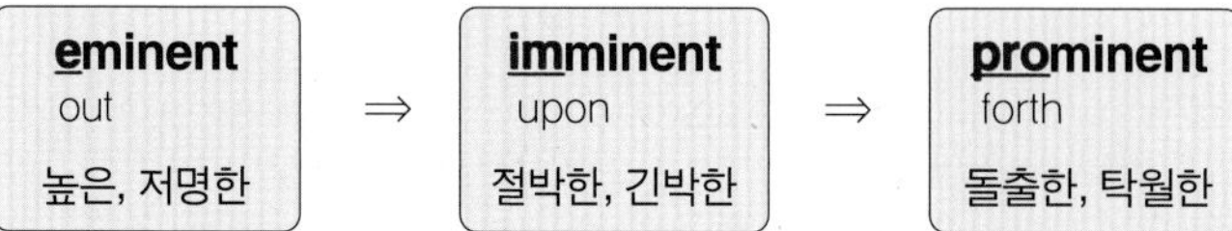

mit

send : 보내다, 전달하다, 해고하다 ⇒ mit = miss = mise

C3-059

admit
[ədmít]

ad(=to ~로) + mit(=send (들여) 보내주다) ⇒ 허락하다; 인정하다

ⓥ (입장을) **허락하다;** 허용하다(=permit; allow); **인정하다**(=acknowledge)

ⓝ **admittance** 입장, 입장허가 → gain admittance 입장허가를 받다

ⓝ **admission** 입장 허락함, 입학, 들어갈 권리; 승인

This ticket admits one person. 이 표는 1인용이다.
She admitted that she was wrong. 그녀는 자신이 틀렸다고 인정했다.

commit
[kəmít]

com(=together 함께) + mit(=send (맡기려고) 보내다) ⇒ 위탁하다, 죄를 범하다

ⓥ **위탁하다,** 맡기다(=entrust); (죄를) **범하다;** 수감하다

ⓝ **commitment** 위탁, 위임; 수감, 투옥; 약속(=promise); 공약

ⓝ **commission** 위임, 위탁; 위원회; 수수료

The child was committed to the care of his aunt.
그 아이는 숙모의 보호를 받게 되었다.
They committed a crime accidentally. 그들은 우발적으로 범죄를 저질렀다.
issue electoral commitment 선거공약을 발표하다

demit
[dimít]

de(=away (일에서) 멀리) + mit(=send 가게 하다) ⇒ 해고시키다, 사직하다

ⓥ **해고시키다, 사직하다**(=resign; quit office)

ⓝ **demission** 사직, 퇴위(=resignation)

Our boss demitted her because she was neglect of duty.
그녀가 의무를 태만했기 때문에 사장은 그녀를 해고했다.

emit
[i(:)mít]

e(=out 밖으로) + mit(=send 보내다) ⇒ 방출하다

ⓥ (액체, 빛, 열 등을) **방출하다**(=discharge; exhale; give out[off])

ⓝ **emission** 방출, 방사(=ejection; discharge); 배출, 사정

The computer emits superheat.
그 컴퓨터는 고열을 발산한다.

• e- < ex-
• **superheat** [sùːpərhíːt] ⓝ 고열, 과열 ⓥ 과열하다

intermit
[ìntərmít]

inter(=between (잠시 멈추게) 사이로) + mit(=send 보내다) ⇒ 일시 멈추다

ⓥ **일시 멈추다**(=pause), 중단시키다(=suspend)

ⓐ **intermittent** 때때로 끊기는, 간헐적인(=spasmodic)

ⓝ **intermission** 중지(=pause), 중절(=interruption); 막간, 휴게시간

ⓐⓓ **intermittently** 띄엄띄엄, 간헐적으로(=spasmodically)

She intermitted her efforts to be a teacher.
그녀는 선생님이 되려는 노력을 중단했다.

omit
[oumít]

• o- < ob-

o(=away 멀리) + mit(=send 내보내다) ⇒ ~을 빠뜨리다, ~하는 것을 잊다

ⓥ **~을 빠뜨리다, ~하는 것을 잊다;** 생략하다(=leave out)

ⓝ **omission** 생략, 빠뜨림; 누락, 탈락; 탈락된 것

I sometimes omit to write my name.
나는 가끔 이름 쓰는 것을 까먹는다.

permit
[pərmít]

per(=through 통과시켜) + mit(=send 보내다) ⇒ 허락하다

ⓥ **허락하다,** 허가하다(=allow); 용납하다(=admit)

ⓝ **permission** 허가, 허락; 허용, 용인

Smoking is not permitted in this building.
이 건물에서는 흡연이 허용되지 않는다.

remit
[rimít]

re(=away 멀리 (돈을) / back 뒤로) + mit(=send 보내다) ⇒ 송금하다, 용서하다

ⓥ (돈을) **송금하다**(=transmit); **용서하다**(=forgive; pardon)

ⓝ **remittance** 송금(액) ⓝ **remission** 용서, 사면; 면제, 경감

I could finally remit the tuition fee.
나는 마침내 수업료를 면제받을 수 있었다.

submit
[səbmít]

sub(=under (발) 아래로) + mit(=send 보내다) ⇒ 복종시키다, 제출하다

ⓥ **복종시키다,** 굴복하다(=yield); 항복하다(=surrender); **제출하다**

ⓝ **submission** 복종, 항복, 굴복; 온순

ⓐ **submissive** 순종하는, 복종하는; 온순한

submit to authority 권위에 복종하다
He submitted his term paper late.
그는 리포트를 늦게 제출했다.

transmit
[trænsmít]

trans(=over ~을 넘어서) + mit(=send 보내다) ⇒ ~을 부치다, 보내다, 전달하다

ⓥ **~을 부치다, 보내다,** 발송하다(=dispatch); **~을 전달하다**, 전염시키다

ⓝ **transmission** 전달, 전송; (자동차) 전동장치

ⓝ **transmitter** (전화의) 송화기; (라디오) 송신장치

I forgot to transmit a letter to my family in Korea.
나는 한국에 있는 가족에게 편지 부치는 일을 잊었다.

cf. **infection** ⓝ 전염
infectious ⓐ 전염성의(=contagious; communicable; epidemic)

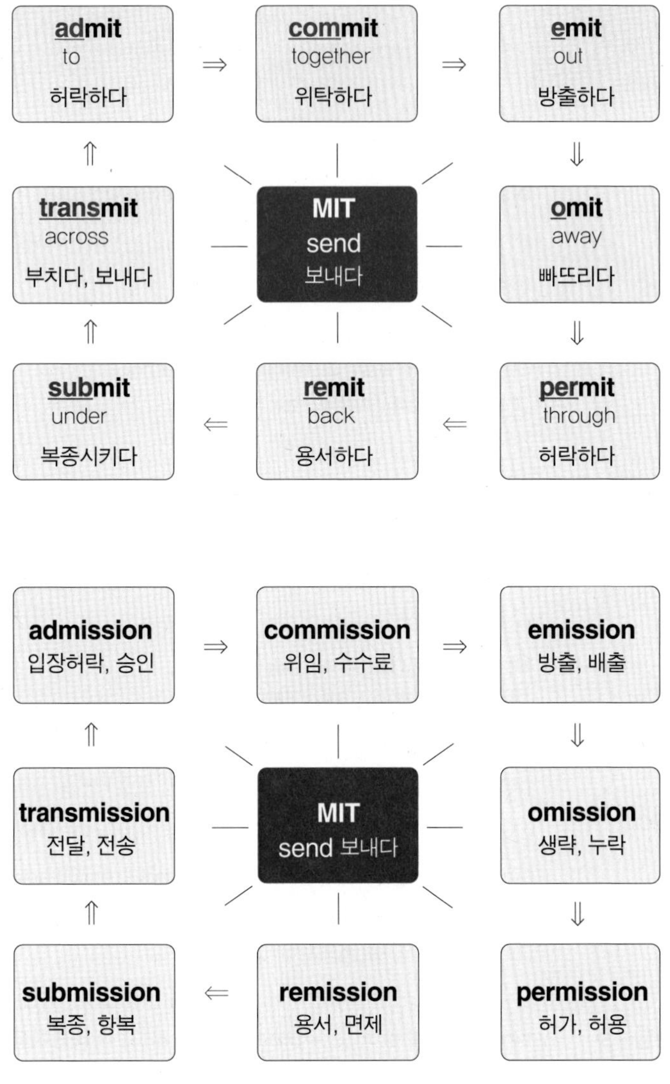

[참고] **manumission** ⓝ (노예, 농노의) 해방(=emancipation)
emissary ⓝ 사자, 밀사; 사절(=messenger); 간첩(=spy)
missionary ⓝ 선교사, 전도사 ⓐ 선교의, 전도의

miss

send : 보내다, 전달하다 ⇒ miss = mise

C3-060

dismiss
[dismís]

dis(=away (일에서) 멀리 (떠나)) + miss(=send 보내다) ⇒ 해고하다, 해산하다

ⓥ **해고[면직]하다**(=send away); (모임을) **해산하다**(=disperse)

ⓝ **dismissal** 해고, 면직, 퇴학; 해고 통지

ⓐ **dismissive** 그만두게 하는; 오만한, 경멸적인

The students were **dismissed** from school.
그 학생들은 학교에서 퇴학을 당했다.

remiss
[rimís]

re(=back (일을) 뒤로) + miss(=send (밀쳐) 보낸) ⇒ 태만한, 부주의한, 소홀한

ⓐ **태만한, 부주의한,** 무관심한(=negligent; careless); **소홀한**(=neglectful)

ⓝ **remission** (죄의) 용서, 사면(=pardon); (형벌, 세금 등의) 면제

ⓐ **remissible** 용서할 수 있는, 면제할 수 있는

She's terribly **remiss** in her work.
그녀는 지독하게 자신의 일에 태만하다.

promise
[prámis]

cf. **premise** ⓝ 전제
ⓥ 전제로 하다

pro(=before 미리) + mise(=send (자기 뜻을) 보내다) ⇒ 약속하다; 약속

ⓥ **약속하다;** ~의 가망이 있다 ⓝ **약속,** 계약; 가망, 전망

ⓐ **promising** 전도유망한, 가망 있는(=hopeful; encouraging)

She always tries to keep **promises** with her son.
그녀는 아들과의 약속을 항상 지키려고 노력한다.

compromise
[kámprəmàiz]

com(=together 서로) + promise(약속하다) ⇒ 타협하다, 화해하다; 타협

ⓥ **타협하다**(=settle); **화해하다;** (명성을) 더럽히다

ⓝ **타협,** 화해, 절충; 타협안, 절충안(=a compromise plan)

He hardly **compromises** with other people.
그는 다른 사람들과 거의 타협하지 않는다.

surmise
[sərmáiz]

• sur- < super-

sur(=over (머리) 위로) + mise(=send (생각을) 보내다) ⇒ 짐작하다; 짐작

ⓥ **짐작하다,** 추측하다(=conjecture; guess)

ⓝ **짐작,** 추측(=guesswork)

I **surmised** that I could win a scholarship then.
나는 그때 장학금을 탈 수 있으리라 생각했다.

cf. **demise** ⓝ 서거, 사망 ⓥ 양도하다, 사망하다

≫ mot

move : 움직이다, 동요시키다, 진행하다

C3-061

commotion
[kəmóuʃən]

com(=together 함께) + motion((강하게) 움직임) ⇒ 격동, 동요

ⓝ **격동,** 혼란(=confusion); **동요**(=disturbance); 소동(=tumult; riot)

ⓥ **commove** 뒤흔들다(=agitate); 동요시키다, 흥분시키다(=excite)

People were in **commotion** after the news.
그 소식을 듣고 사람들은 동요했다.

demotion
[di(:)móuʃən]

de(=down 아래로) + motion((계급 · 지위가) 이동함) ⇒ 강등, 좌천

ⓝ **강등, 좌천**(=relegation) *opp.* **promotion** 승급

ⓥ **demote** (계급, 관등 등을) 낮추다; 좌천시키다(=relegate)

· **appointment**[əpɔ́intmənt] ⓝ 임명; 약속; 설비

His appointment was a **demotion**.
그의 발령은 좌천이었다.

emotion
[imóuʃən]

e(=intensively 강하게) + motion((마음이) 움직임) ⇒ 감동, 감정

ⓝ **감동,** 감격, 정서; **감정**(=feeling); 감동시키는 것

ⓐ **emotional** 감정의, 정서적인; 감정에 호소하는, 감정을 유발하는

ⓐ **emotionless** 감정이 없는, 무감동의; 무표정의

· **upset**[ʌpsét] ⓐ (마음이) 동요된; 뒤집힌(=overturned), 전복된(=capsized)

She was so upset that she couldn't control her **emotion**.
그녀는 너무 화가 나서 감정을 조절할 수가 없었다.

promotion
[prəmóuʃən]

pro(=forward 앞으로) + motion(<지위가> 이동함) ⇒ 승진, 진급, 촉진

ⓝ **승진**(=preferment; advancement), **진급**(*opp.* **demotion** 강등);
촉진(=furtherance); 장려; 발기, 창립; (선전 광고에 의한) 상품 판매

ⓐ **promotive** 증진하는, 장려하는, 조장하는

ⓥ **promote** 승진시키다(=advance); 진급시키다(=raise)(opp. **demote** 강등시키다);
증진하다, 촉진하다(=further; foster)

My father got **promotion** as he wished.
우리 아빠는 바라던 대로 승진을 하셨다.

remotion
[rimóuʃən]

re(=away 멀리) + motion(움직임, 이동함) ⇒ 멀리 떨어져 있음

ⓝ **멀리 떨어져 있음;** 이동, 제거

ⓐ **remote** (거리가) 먼, 멀리 떨어진; 원격의, 외딴(=secluded)

cf. **remorse** ⓝ 후회, 양심의 가책

Her **remotion** seems to be hard to me.
그녀가 멀리 떨어져 있는 게 나에게 힘든 일인 듯하다.

» mount

mount : 오르다(=rise), 올라가다(=ascend)

C3-062

amount

[əmáunt]

• a-<ad-

a(=to ~로) + mount((수량, 비용 등이) 오르다) ⇒ 총계 ~이 되다; 총액, 총계

ⓥ **총계 ~이 되다,** 금액이 ~에 달하다(=add up); 결과적으로 ~이 되다

ⓝ **총액, 총계**(=sum; total); 양(=quantity)

She puts a large amount of sugar into the pot.

그녀는 솥에 많은 양의 설탕을 넣었다.

dismount

[dismáunt]

• dis-=반대동작

dis(반대로) + mount(오르다) ⇒ 내리다, 하차하다

ⓥ (말, 자전거에서) **내리다, 하차하다**(=alight); (기계를) 분해하다

ⓝ 하차, 하마; 철거, 분해(=the act or process of dismounting)

She dismounted her baby from a table.

그녀는 자신의 아기를 탁자에서 내려놓았다.

dismount from a horse 말에서 내리다

paramount

[pǽrəmàunt]

• para-=beyond

para(=above) + mount(산) ⇒ 산보다 높은 ⇒ 최고의, 가장 중요한

ⓐ **최고의, 가장 중요한**(=supreme); (~보다) 위인(=superior); 최고 권력을 가진

ⓝ **paramountcy** 가장 중요함, 최고, 우월

My mom is paramount to cook spaghetti.

우리 엄마는 스파게티 만드는 데에 최고다.

the lord paramount 최고 권력자, 국왕

surmount

[sərmáunt]

sur(=above (어려움) 위로) + mount(올라타다) ⇒ 극복하다; 오르다

ⓥ (곤란 등을) **극복하다,** 이겨내다(=overcome; conquer);
~위를 덮다(=cap); ~을 타고 넘다; (산·언덕을) **오르다**

ⓐ **surmountable** 극복할 수 있는(=conquerable); 타고 넘을 수 있는

cf. **insurmountable/unsurmountable** ⓐ 능가할 수 없는, 이겨내기 어려운

My grandfather surmounted a lot of difficulties in his life.

우리 할아버지는 인생에서 많은 어려움을 극복하셨다.

peaks surmounted with snow

눈덮힌 산봉우리들

• **demount** ⓥ 떼어내다, 분해하다

• **remount** ⓥ (탈것에) 다시 타다; (보석 등을) 다시 갈아끼우다

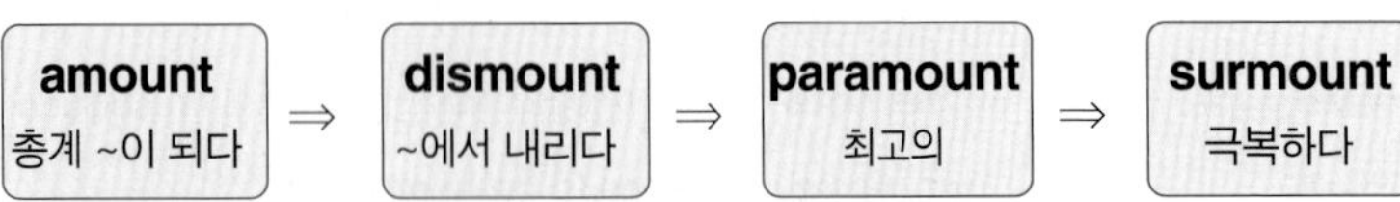

≫ norm

standard : 표준, 평균, 정상

C3-063

normal

[nɔ́ərməl]

norm(=standard 표준) + al((적)인) ⇒ 표준적인, 정규인

ⓐ **표준적인, 정규인**(=regular) *opp*. **abnormal**(비정상의); 평균의(=average), 보통의(=usual)

ⓐⓓ **normally** 정상적으로, 순리적으로; 보통(=usually)

ⓝ **normality/normalcy** 정상(상태)

She is in a girl of normal height but she wants to be taller.
그녀는 표준 키이지만 더 크기를 원한다.

abnormal

[æbnɔ́ərməl]

ab(=away from) + normal(정상) ⇒ 정상에서 먼 ⇒ 비정상의

ⓐ **비정상의,** 예외적인, 변칙의(=unusual; extraordinary); 아주 큰

ⓐⓓ **abnormally** 비정상적으로, 변태적으로

ⓝ **abnormality** 이상, 변칙

My car seems abnormal today. 오늘 내 차에 이상이 있는 듯하다.
abnormal losses 막대한 손실

subnormal

[sʌ̀bnɔ́ərməl]

sub(=under) + normal(표준, 정상) ⇒ 표준[정상] 이하의

ⓐ **표준 이하의,** 정상 이하의(=below the normal) ⓝ 저능아

ⓐⓓ **subnormally** 표준[정상] 이하로 ⓝ **subnormality** 표준 이하임

I hate him when he acts like a subnormal.
그가 저능아처럼 행동할 때 싫어진다.

supernormal

[sù:pərnɔ́ərməl]

super(=above) + normal(보통, 평균) ⇒ 보통 이상의, 비범한

ⓐ **보통 이상의, 비범한**(=uncomnon; extraordinary; remarkable)

One of my classmates has a supernormal memory.
우리 반 친구 중 한 명은 비범한 기억력을 가지고 있다.

enormous

[inɔ́:rməs]

• e- < ex-=out (of)
~을 벗어나, ~의 범위 밖에

e(=out of) + norm(=standard) + ous → (양이) 표준을 크게 벗어난 ⇒ 거대한, 막대한

ⓐ **거대한**(=huge), **막대한**(=immense; tremendous; vast)

ⓐⓓ **enormously** 대단히, 터무니없이(=to an enormous extent)

ⓝ **enormity** 극악, 대죄; 엄청남

an enormous difference 엄청난 차이
The earthquake causes the enormous damages in our town.
그 지진은 우리 마을에 막대한 피해를 끼쳤다.

≫ not

mark : 표시하다, 적어두다 know : 알다

C3-064

connote
[kənóut]

• con- < com-

cf. **connate** ⓐ 타고난, 선천적인

con(=together (안에 의미를) 함께) + note(적어두다) ⇒ **의미하다, 내포하다**

ⓥ **의미하다**(=mean; imply); **내포하다,** 포함하다(=involve)

ⓝ **connotation** 함축, 내포(=implication)

I felt his saying **connoted** something else.
그의 말이 다른 뜻을 의미한 것처럼 느꼈다.

Surrender **connotes** disgrace.
항복은 치욕을 수반한다.

denote
[dinóut]

• **pledge** ⓝ 약속,서약; 저당 ⓥ 맹세하다, 약속하다

de(강조 - 뚜렷이 보이게) + note(=mark 표시하다) ⇒ **나타내다, 의미하다**

ⓥ **나타내다,** ~의 표시이다(=show; indicate; designate; siginify); (낱말, 문자, 부호, 상징 등이) **의미하다**(=mean)

ⓝ **denotation** 표시, 지시(=indication); 표지(=sign); (말의) 의미

The ring **denotes** the symbol of pledge.
반지는 언약의 상징을 나타낸다.

notify
[nóutəfài]

not(=know 알게) + ify(=make 하다) ⇒ **통지하다, 알려주다**

ⓥ (~에게 …을) **통지하다, ~을 알려주다**(=inform); 신고하다; 발표하다(=announce; release; make known; make public)

ⓝ **notification** 통지, 연락; 공고; (통고 등의) 문서, 통지서, 공고문

Our teacher **notified** us that we should come to school early tomorrow.
선생님은 우리가 내일 일찍 학교에 와야 한다고 알려주셨다.

Notification should be writing.
통지는 서면으로 해야 한다.

notice
[nóutis]

not(=know (꼭) 알게) + ice(함) ⇒ **주의, 통지, 경고**

ⓝ **주의; 주목**(=attention); 관찰(=observation); **통지,** 통보(=information); 신고, **경고**(=warning) ⓥ 알아차리다(=observe)

ⓐ **noticeable/notable** 두드러진, 눈에 띄는(=noteworthy); 현저한(=conspicuous); 주목할 만한, 중요한(=significant)

ⓐⓓ **noticeably** 주목을 끌 만큼, 두드러진, 현저하게

ⓝ **note** 명성(=celebrity; repute); 노트, 메모

Her new hat caught my **notice**. 그녀의 새 모자가 내 주목을 끌었다.

a **notable** doctor[event] 유명한 의사[주목할 만한 사건]

» nounce

say; speak : 말하다 report : 보고하다 ⇒ 명사형은 'nunciation'이다.

▶ C3-065

announce

[ənáuns]

• an-<ad-

an(=to ~에게) + nounce(=report 보고하다) ⇒ 알리다, 발표하다

ⓥ **알리다**(=proclaim; annunciate); 공표하다(=publish); **발표하다**

ⓝ **announcement** 발표; 통지, 고지(=annunciation)

ⓝ **announcer** 고지자; (라디오, TV의) 아나운서

My sister announced her marriage to her family.
언니는 가족들에게 결혼을 발표했다.

cf. **proclaim** ⓥ 선언하다, 선포하다 / **promulgate** ⓥ 공포하다, 전파하다

denounce

[dináuns]

de(=down 아래로 깍아 내려) + nounce(=speak 말하다) ⇒ 비난하다, 탄핵하다

ⓥ (공공연히) **비난하다; 탄핵하다;** 고발하다(=accuse)

ⓝ **denunciation** (공공연한) 비난, 고발(=denouncement)

ⓐ **denunciatory** 비난의, 경고의; 위협적인

He denounced me in public yesterday. 그는 어제 공공연하게 나를 비난했다.

pronounce

[prənáuns]

cf. **articulate**
enunciate ⓥ 발음하다

pro(=forward 앞을 향해) + nounce(=say (분명히) 말하다) ⇒ 단언하다, 발음하다

ⓥ **단언하다**(=declare); (판결을) 언도하다(=sentence); **발음하다**(=utter)

ⓝ **pronunciation** 발음(=enunciation) ⓝ **pronoun** 대명사

ⓝ **pronouncement** 선고, 선언(=declaration); 발표; 판결

ⓐ **pronounced** 분명한, 명백한(=evident; obvious); 단호한(=firm)

She pronounced that he made a mistake.
그녀는 그가 실수를 했다고 단언했다.

renounce

[rináuns]

• re-=away; off; back

re(=away 멀리) 버리겠다고 + nounce(=say 말하다) ⇒ 포기하다, 끊다

ⓥ (권리 등을) **포기하다**(=abandon); (생각, 계획을) 단념하다(=relinquish); (습관을) **끊다**(=give up); 인연을 끊다(=repudiate; disown); 거부하다

ⓝ **renunciation** (권리의) 포기; 거부 ⓐ **renunciatory** 포기하는

She renounced a faith but wasn't sad.
그녀는 자신의 신앙을 버렸지만 슬프지 않았다.

renounce drinking[one's friend] 술을 끊다[친구와 절교하다]

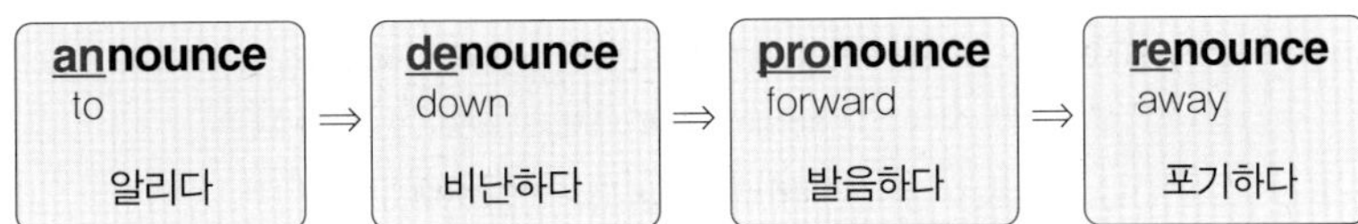

≫ onym　name : 이름, 명칭

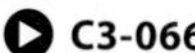 C3-066

anonym
[ǽnənìm]

an(=without 없는) + onym(=name 이름) → 이름이 없는 ⇒ 익명

ⓝ **익명,** 가명; 익명자; 익명의 필자

ⓐ **anonymous** 이름 없는(=nameless); 익명의 ⓝ **anonymity** 익명, 무명

opp. **onymous** 이름을 밝힌, 익명이 아닌

cf. **misnomer** ⓝ 오칭, 잘못부름; 인명오기

One day, she got a strange letter from an anonym.
어느 날 그녀는 익명의 사람으로부터 이상한 편지를 받았다.

antonym
[ǽntənìm]

ant(=against 반대) 의미의 + onym(=name 이름) ⇒ 반의어

ⓝ **반의어,** 반대말

'Go' is the antonym of 'come'. '가다'는 '오다'의 반대말이다.

synonym
[sínənìm]

syn(=with; together 같은) 의미의 + onym(=name 이름) ⇒ 동의어

ⓝ **동의어,** 비슷한 말

That word is a synonym for this. 그 말은 이 말의 동의어이다.

autonym
[ɔ́:tənim]

cf. **autonomy** ⓝ 자치, 자율

aut(=self 자기 자신의) + onym(=name 이름) ⇒ 본명, 실명

ⓝ **본명, 실명** (*opp.* **pseudonym** 가명); 본명으로 낸 저서

He uses only nickname on the internet, so nobody knows his autonym.
그는 인터넷상에서 닉네임을 쓰므로 아무도 그의 진짜 이름을 모른다.

cryptonym
[kríptənìm]

cf. **cryptogram** ⓝ 암호(문)

crypt(=secret 비밀의, 숨겨진) + onym(=name 이름) ⇒ 익명

ⓝ **익명**(=anonymity) *cf.* **cryptic** ⓐ 비밀스런, 감추어진, 신비한

She has been using cryptonym since she made her debut.
그녀는 데뷔 적부터 익명을 써왔다.

pseudonym
[sú:dənìm]

cf. **pseudocyesis** 상상임신
false 거짓의

pseud(=false 가짜의, 거짓의) + onym(=name 이름) ⇒ 가명, 필명

ⓝ **가명; 필명**(=pen name); 아호

ⓐ **pseudonymous** 가명의, 필명으로 쓰인

[참고] acronym ⓝ 두문자어(WAC=Women's Army Corps 육군여군부대)
acronymize ⓥ 머리 글자어로 나타내다
acronymous ⓐ 머리 글자의

≫ ordin

order : 순서, 등급, 질서 arrange : 정리하다, 조정하다

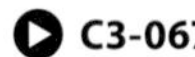

coordinate

[kouɔ́:rdinèit]

- co-<com-
- -ate=make

co(=together 같은) + ordin(=order 등급)으로 + ate(하다) ⇒ 대등하게 하다, 동등한

ⓥ **대등하게 하다,** 동격으로 하다; 조정하다

ⓐ [kouɔ́ərdənət] (지위, 중요성 등이) **동등한,** 동격의, 대등한

ⓝ **coodinator** 조정자 ⓝ **coodination** 공동작용

coordinate the work of each department 각 부의 일을 조절하다

He was an officer coordinate in rank with me. 그는 나와 같은 계급의 장교였다.

coordinate conjunction 등위접속사

inordinate

[inɔ́ərdənət]

in(=not) + ordin(=order 질서) + ate(한) ⇒ 과도한, 불규칙한, 정도가 지나친

ⓐ **과도한**(=excessive) **불규칙한, 정도가 지나친,** 극단적인,

ⓐⓓ **inordinately** 과도하게, 터무니없이; 무질서하게, 무절제하게

We keep inordinate hours because of game. 우리는 게임 때문에 불규칙한 생활을 하고 있다.

a sermon of inordinate length 터무니없이 긴 설교

subordinate

[səbɔ́ərdənət]

opp. **principal** ⓝ 우두머리, 주동자

sub(=below 아래) + ordin(=order 등급) + ate(인) ⇒ 하위의, 종속적인; 부하

ⓐ **하위의; 종속적인;** 부차적인(=secondary), 부수하는(=dependent) ⓝ **부하**

ⓐ **subordinative** 종속적인(=subordinate); 종속의

Rules should be subordinate to reason. 규칙은 이성에 따르는 것이어야 한다.

He exploited his subordinates. 그는 그의 부하들을 이용해먹었다.

ordinary

[ɔ́ərdənèri]

ordin(=order (통상의) 순서)대로 + ary(의) ⇒ 통상적인, 보통의

ⓐ **통상적인**(=usual), **보통의**(=common; not exceptional);
대단치 않은(=commonplace); 좋지 않은(=inferior) ⓝ 예사, 상례

ⓐⓓ **ordinarily** 보통, 통례적으로(=usually); 대체로(=as a rule)

I didn't like anything that was out of the ordinary. 나는 평범한 일에서 벗어나는 것이 싫었다.

extraordinary

[ikstrɔ́:rdənèri]

extra(=beyond ~을 넘어선) + ordinary(보통의, 평범한) ⇒ 비상한, 이상한

ⓐ **비상한**(=exceptional), 현저한(=remarkable; noteworthy); **이상한,**
별난(=eccentric); 묘한(=strange); 특별한, 임시의(=additional)

ⓐⓓ **extraordinarily** 이상하게, 특별히, 엄청나게, 터무니없이

He was shocked by the extraordinary news. 그는 그 이상한 소식에 놀랐다.

an ambassador extraordinary 특명대사

extraordinary expenditure[revenue] 임시세출[세입]

pass (1)

pass : 통과하다, 지나가다 **step** : 발걸음; 걷다, 나아가다

compass
[kʌ́mpəs]

⇒ 걸음 나비로 재다의 뜻에서
⇒ 나침반, 한계

cf. **compassion** ⓝ 동정

com(=completely 완전히 (빙돌아)) + pass(=step 나아가다) ⇒ 둘러싸다; 나침반

ⓥ **둘러싸다**(=surround); 성취하다(=achieve; accomplish)
ⓝ **나침반,** 컴퍼스; *pl.* (제도용) 컴퍼스; 한계(=boundary), 범위(=extent; range); 우회로(=circuit; detour)

I fetched a compass for a walk. 나는 걷기 위해 한 바퀴 돌았다.
He compassed his purpose. 그는 목적을 달성했다.

surpass
[sərpǽs]

• sur- < super-

sur(=over ~보다 위로) + pass(지나가다) ⇒ ~보다 낫다, ~을 능가하다

ⓥ (능력, 성질, 정도, 수량에서) **~보다 낫다, ~을 능가하다**(=excel; exceed); (능력 등을) 넘다, 초월하다(=transcend; outdo)
ⓐ **surpassing** 대단히 우수한, 빼어난, 뛰어난(=preeminent)

He surpasses me in sports. 그는 스포츠에서 나를 능가한다.

trespass
[tréspəs]

• tres- < trans-

tres(=across (무단으로) 가로질러) + pass(통과하다) ⇒ 침해하다; 죄, 불법침해

ⓥ **침해하다, 침범하다;** 도덕에 어긋나다(=transgress); 죄를 범하다
ⓝ (도덕상의) **죄**(=sin); 방해(=intrusion); **불법 침해**(=encroachment)
ⓝ **trespasser** 불법 침입자(=invader)

We couldn't trespass on her privacy.
우리는 그녀의 사생활을 침해할 수 없었다.

passable
[pǽsəbl]

pass(통과할) + able(수 있는) ⇒ 통행[통과]할 수 있는

ⓐ **통행[통과]할 수 있는;** 상당한, 그런대로 괜찮은; (화폐가) 통용되는(=current); 가결될 수 있는
ⓐⓓ **passably** 그런대로; 상당히, 꽤(=tolerably)

passable legislation 가결 가능성이 있는 법안
She had a passable knowledge of German.
그녀는 쓸 만한 독일어 지식을 지녔다.

impassable
[impǽsəbl]

im(=not) + passable(지나갈[통과]할 수 있는) ⇒ 통행할 수 없는

ⓐ **통행할 수 없는;** 통과할 수 없는; 극복할 수 없는; 통용되지 않는
ⓝ **impasse** 막다른 골목; 막다름, 난국(=deadlock)

They broke up because they had impassable differences.
그들은 극복할 수 없는 차이 때문에 헤어졌다.

pass (2)　feel : 느끼다　suffer : 참고 견디다

passion
[pǽʃən]

pass(=suffer (강한 감정을) 겪는) + ion(것) ⇒ 열정, 격정, 격노

ⓝ **열정, 격정;** (감정적) 발작; **격노**(=rage; fury); 애정(=love); 강한 애착; 흥미

ⓐ **passionless** 격정을 느끼지 않는; 정열이 없는; 감동이 없는

ⓐⓓ **passionlessly** 격정에 좌우되지 않고; 냉정하게, 침착하게

He is a man of passion when he is on the stage.
그는 무대에 있을 때는 열정적인 사람이다.

passionate
[pǽʃənət]

passion(격노, 열정) + ate(한[적인]) ⇒ 열정적인, 격렬한, 성미급한

ⓐ **열정적인**(=ardent; impassioned), 열렬한; **격렬한; 성미급한;** 쉽게 화를 내는

ⓐⓓ **passionately** 열렬히; 격심하게, 격노하여

a passionate personality[speech] 정열적인 성격[격렬한 연설]
She feels a passionate love for the animals.
그녀는 동물들에게 깊은 애착을 느끼고 있다.

compassionate
[kəmpǽʃənət]

com(=together 함께) + passion(감정을 느끼) + ate(다) ⇒ 동정하다; 동정적인

ⓥ **동정하다,** 가엽게 여겨 돕다(=pity) ⓐ **동정적인**(=sympathetic)

ⓝ **compassion** 측은히 여김, 동정(=sympathy; pity)

We compassionated the homeless boy.
우리는 그 집 없는 아이를 측은히 여겼다.

dispassionate
[dispǽʃənət]

dis(=not 안) + passionate(성급한, 격한) ⇒ 냉정한; 공평한

ⓐ **냉정한**(=calm); 편견 없는(=unprejudiced); **공평한**(=impartial)

ⓐⓓ **dispassionately** 냉정하게, 편견 없이(=impartially)

He always tries to assume a dispassionate attitude in his workplace.
그는 항상 일터에서 냉정한 태도를 취하려 노력한다.

impassive
[impǽsiv]

cf. **impressive** ⓐ 강한 인상을 주는

im(=not 안) + pass(=feel (감정을) 느끼) + ive(는) ⇒ 무감동의, 냉정한

ⓐ **무감동의,** 감정이 없는(=apathetic; unmoved); **냉정한**(=calm);
고통을 느끼지 않는(=insensible)

ⓐⓓ **impassively** 무감동한 태도로; 냉정하게, 태연히

ⓐ **impassible** 아픔을 느끼지 않는; 상처를 입지 않는;
무감각한(=insensible; unimpressionble)

an impassive countenance 감정을 드러내지 않는 표정

» pathy　feeling : 느낌, 감정, 감동

C3-070

apathy
[ǽpəθi]

a(=without 無) + pathy(=feeling 감동, 감정) ⇒ 무감동, 무관심

ⓝ **무감동,** 무감정(*opp.* **ardor; fervor** 열정); **무관심,** 냉담(=indifference)

ⓐ **apathetic/apathetical** 무감동의; 무관심한, 냉담한(=indifferent)

She has an apathy to me. 그녀는 나에게 무관심하다.

antipathy
[æntípəθi]

• 反感(반감)

anti(=against 반대하는(反)) + pathy(=feeling 감정) ⇒ 반감, 싫어함

ⓝ **반감, 싫어함,** 혐오(=dislike; aversion) *opp.* **sympathy** 공감, 동감

ⓐ **antipathetic** 반감을 품고 있는, 반대의, 성미에 맞지 않는

opp. **sympathetic** 동정적인

have an antipathy to[towards, against] ~ ~에 반감을 갖다, ~이 지독히 싫다

I have an antipathy to cockroaches.
나는 바퀴벌레를 몹시 싫어한다.

sympathy
[símpəθi]

sym(=together 같은) + pathy(=feeling 감정, 느낌) ⇒ 공감, 동정

ⓝ **공감** (*opp.* **antipathy** 반감); 상호이해, 의기투합; 지지, 동감;
동정, 연민의 정; *pl.* 조문; 위문

ⓐ **sympathetic** 공감을 나타내는; 동정적인(=compassionate; warmhearted);

ⓥ **sympathize** 공명하다, 공감하다; 동정하다(=commiserate); 위로하다(=console; soothe)

cf. **callous** ⓐ 무감정의 (=unfeeling); 냉정한

Her story in news excites people's sympathy.
뉴스 속 그녀의 이야기가 사람들에게 동정을 불러일으킨다.

a marriage without sympathy 서로의 사랑 없는 결혼

go on a sympathy strike 동정파업을 하다

a sympathetic vote 동정표

in sympathy with ~ 1. ~에 동정[찬성]하여 2. ~와 일치하여

He is not **in sympathy with** the world in which he lives.
그는 살고 있는 세상과 어울리지 않는다.

[tips] **동정** = sympathy; compassion; commiseration; pity

[참고]
pathetic ⓐ 애처로운, 감상적인
apathetic ⓐ 무감각한, 냉담한
antipathetic ⓐ 반감을 품은
sympathetic ⓐ 동정적인

pel　drive : 몰다, 몰아내다; 쫓아내다; 재촉하다

C3-071

compel
[kəmpél]

com(강조 - 억지로) + pel(=drive (~하도록) 몰다) ⇒ 강요하다, 억지로 ~시키다

ⓥ **강요하다,** 억지로 ~시키다(=force); ~하지 않을 수 없게 하다(=enforce)

ⓝ **compulsion** 강제, 억지(=coercion); 협박(=threat); 강박

ⓐ **compulsive** 강제적인, 억지의(=compelling); 강박관념의

ⓐ **compulsory** 강제된(=compelled); 의무적인(=obligatory)

opp. **voluntary** 자발적인, 지원의; (법) 임의의 ⓝ 자발적인 행위[기부]

Hunger compelled him to steal a loaf of bread.
그는 허기져 빵 한 덩어리를 훔치지 않을 수 없었다.

dispel
[dispél]

dis(=away 멀리) + pel(=drive 몰아내다) ⇒ 쫓아버리다

ⓥ **쫓아버리다**(=scatter); 흩어지게 하다, (근심, 걱정 등을) 없애다; (안개 등을) 헤쳐 없애다(=disperse)

ⓝ **dispersion** 흩뜨림, 분산; 분광; (동 · 식물의) 분포도

She can dispel his doubt after that.
그 일 후 그녀는 그에 대한 의심을 없앨 수 있었다.

expel
[ikspél]

ex(=out 밖으로) + pel(=drive 몰아내다, 쫓아내다) ⇒ 몰아내다, 쫓아내다

ⓥ **몰아내다; 쫓아내다;** 추방하다; 제명하다(=dismiss)

ⓐ **expellant** 몰아내는(=expelling) ⓝ 구충제(=insecticide)

ⓝ **expulsion** 몰아내기(=expelling); 축출; 퇴학, 제명(=dismissal), 면직

ⓐ **expulsive** 몰아서 쫓아내는, 배제적인

They expelled her from the school. 그들은 그녀를 학교에서 퇴학시켰다.

impel
[impél]

• impel+O+to V
~에게 V하게 하다

• an **impelling** force 추진력

im(강조 - 강하게) + pel(=drive 내몰다, 재촉하다) ⇒ 재촉하다, 추진하다

ⓥ (생각 · 감정 등이) **재촉하다,** 몰아대다; **추진하다**(=propel); 억지로 ~시키다(=urge; force); ~에 휩싸이다(~ by)

ⓝ **impulsion** 충동, 자극(=impulse); 추진(력)

ⓐ **impulsive** (사람, 동작이) 충동적인(=impetuous); 추진하는

ⓐⓓ **impulsively** 충동적으로(=on the spur of the moment*)

ⓝ **impulse** (물리적인) 충동, 충격; (마음의) 충동, 일시적 생각

He was impelled by happiness. 그는 행복함에 사로잡혔다.
The young are liable to be more impulsive than the aged.
젊은이는 노인들보다 더 충동적이다.

propel
[prəpél]

pro(=forward 앞으로) + pel(=drive 내몰다, 재촉하다) ⇒ 추진하다

ⓥ **추진하다**(=drive forward); 밀고 나아가다, 몰아대다(=impel)

ⓐ **propellant** 추진하는 ⓝ 발사 화약, 로켓 추진제

ⓝ **propeller** (비행기의) 프로펠러, (배의) 추진기

ⓝ **propulsion** 추진, 추진력(=impulse)

ⓐ **propulsive** 추진하는, 추진력이 있는(=driving)

propelling[impelling] power 추진력

We propelled a boat by our hands. 우리는 손으로 배를 저어 나갔다.

repel
[ripél]

re(=back 뒤로) + pel(=drive 몰아내다) ⇒ 쫓아버리다, 거부하다

ⓥ (~을) **쫓아버리다,** 격퇴하다(=repulse); **거부하다,** 부인하다(=refuse; repudiate), 혐오감을 주다(=disgust)

ⓐ **repellent** 물리치는; 방수의(=waterproof); 불쾌한(=disagreeable); 혐오감을 주는(=repulsive; disgusting) ⓝ 물리치는것, 반발력

ⓝ **repulsion** 격퇴, 반격; 거부, 거절; 반감(=repugnance); 혐오(=aversion)

ⓐ **repulsive** 불쾌한(=offensive); 역겨운(=loathsome); 매정한(=pitiless)

ⓐⓓ **repulsively** 무뚝뚝하게; 쌀쌀맞게; 매정하게(=heartlessly)

ⓝ **repulse** 격퇴, 반격; 반박; 거절(=refusal)

ⓥ 격퇴하다, 내쫓다(=repel); 거절하다(=refuse)

- **intruder** ⓝ 침입자 (=invader; trespasser); 강도(=burglar; robber; housebreaker)
- **garment** ⓝ 의복; 옷(=clothes)

Dad repelled the intruders by alarm.
아버지는 비상경보로 침입자들을 쫓아 버리셨다.

a water repellent garment 방수복

a feeling of repulsion 혐오감

repulse an offer of friendship 친구의 우정어린 제안을 거절하다

tips

▸ -pel(ⓥ) → -pulsion(ⓝ) → -pulsive(ⓐ)로 변한다.

- **compel** 강요하다 → **compulsion** 강요 → **compulsive** 강제적인
- **expel** 몰아내다 → **expulsion** 축출 → **expulsive** 몰아서 쫓아내는
- **impel** 재촉하다 → **impulsion** 충동 → **impulsive** 충동적인
- **propel** 추진하다 → **propulsion** 추진 → **propulsive** 추진하는
- **repel** 물리치다 → **repulsion** 격퇴 → **repulsive** 물리치는, 불쾌한

compulsively 강제적으로 ⇒ **impulsively** 충동적으로 ⇒ **repulsively** 무뚝뚝하게

» pend

hang : 매달다, 걸다 weigh : 무게를 달다 ⇒ pend = pens(e)

C3-072

append

[əpénd]

• ap- < ad-

ap(=to ~에 (덧붙여)) + pend(=hang 매달다) ⇒ ~에 덧붙이다

ⓥ **~에 덧붙이다**(=attach); 추가하다; ~에 매달다(=hang on)

ⓐ **appendant** 부가의, 부수의(=attached); 첨가된(=added)

ⓝ 부수물(=appendage); 부수적인 권리

ⓝ **appendix** 부록(=supplement); 추가(=addition); 부속물; 맹장

She appended Mr. Harold's letter herewith.

그녀는 여기에 해롤드 씨의 편지를 첨부했다.

depend

[dipénd]

de(=down (누구의) 아래) + pend(=hang 매달리다) ⇒ 의존하다, 믿다

ⓥ **의존하다,** 의지하다, **믿다**(=rely; trust); ~에 달려 있다

ⓝ **dependability** 신뢰성, 확실성 ⓝ **dependency** 속국; 종속 관계

ⓐ **dependable** 신뢰할 만한, 의지할 만한(=trustworthy)

ⓝ **dependence** 의지하기; 신뢰 ⓝ **dependent** 부하; 하인, 식솔, 부양가족

ⓐ **dependent** (남에게) 의지하고 있는; 종속해 있는; ~나름의

ⓐ **depending** 매달린, 부수적인(=contingent); 미결의(=pending)

opp. **independent** ⓐ 독립의, 자주의; (정치적으로) 무소속의

ⓝ **independence** 자립, 독립(=independency)

ⓐⓓ **independently** 독립하여, 자립적으로

Dad always depends on my word.

아빠는 항상 나의 말을 믿으신다.

Success is dependent on your efforts.

성공은 노력하기 나름이다.

expend

[ikspénd]

• **expendable office supplies** 사무용 소모품

ex(=out 밖으로) + pend(=weigh 무게를 달아 사용하다) ⇒ 소비하다

ⓥ (돈을) **소비하다**(=spend); (시간, 노력을) 소비하다

ⓝ **expenditure** 소비, 지출; 비용, 경비(=expense)

ⓝ **expense** 비용(=cost), 지출; 희생(=sacrifice)

ⓐ **expensive** 고가의, 값비싼(=costly; dear); 사치스러운

ⓐⓓ **expensively** 값비싸게, 사치스럽게(=luxuriously)

ⓐ **expendable** 희생될 수 있는, 소모성의(=unnecessary)

My brother expended his energy in playing basketball.

우리 형은 농구하는 데에 에너지를 소비했다.

current[extraordinary] expenditure 경상비[임시비]

revenue and expenditure 세입과 세출

[tips] 소비하다 = expend; spend; consume
소비 = expenditures; spending; consumption
= the per capita consumption of rice 일인당 쌀 소비량

---

impend
[impénd]

im(=on 바로 위에) + pend(=hang (위험하게) 매달리다) ⇒ 절박하다

ⓥ **절박하다**(=press), (주로 나쁜 일이) 바야흐로 일어나려 하다;
금시라도 떨어질 듯이 ~위에 걸리다(=overhang)

ⓝ **impendence/impendency** 걸려[임박해] 있기; 절박(=urgency)

ⓐ **impendent** 임박한, 절박한(=pressing; imminent)

ⓐ **impending** 떨어질 듯이 걸려 있는(=overhanging); 곧 일어나려 하고 있는; 절박한(=imminent)

We knew that time impended. 우리는 시간이 임박했음을 느꼈다.
an impending danger 닥친 위험

---

spend
[spend]

• s- < ex-

s(=out 밖으로) + pend(=weigh 무게를 달아 사용하다) ⇒ 소비하다

ⓥ (돈을) **소비하다**(=disburse); 낭비하다(=squander);
(시간을) 보내다(=pass); 다 써버리다(=use up)

ⓐ **spent** 지쳐버린(=tired out); 다 써버린(=used up)

She spends a lot of money on jewelry.
그녀는 보석사는 데에 많은 돈을 쓴다.

---

suspend
[səspénd]

• sus- < sub-

sus(=under 아래로) + pend(=hang (잠시) 매달다) ⇒ 일시적으로 중지시키다

ⓥ (일시적으로) **중지시키다;** (결정을) 일시 보류하다; 연기하다(=postpone);
매달다, 달아매다(=hang)

ⓐ **suspended** 매달린, 허공에 떠있는; 중지된; 정학된

ⓝ **suspension** 매달기; (일시적인) 중지, 정지; (자격의) 박탈; 보류; 연기

ⓝ **suspense** 불안, 걱정, 근심; 미결상태; (권리의) 정지

ⓝ **suspender** 매다는 사람[것]; 양복바지 멜빵

suspend payment 지불을 중지하다
He suspended a star by a thread. 그는 별을 실로 매달았다.
suspension of a license 자격의 정지
Don't leave me in suspense. 조바심 나게 하지 마라.

---

dispense
[dispéns]

dis(=apart 각각) + pense(=weigh 무게를 달아 나누다) ⇒ 분배하다

ⓥ **분배하다,** 베풀다(=distribute); 실시하다, 시행하다(=apply; administer);
조제하다, 투약하다; 면제하다(=exempt)

ⓝ **dispensation** 분배(=distribution); <약의> 조제, 처방; 시행, 실시

ⓝ **dispensary** 조제실; 약국; 진료소(=clinic)

He dispenses food to the poor every Sunday.
그는 주일마다 가난한 사람들에게 음식을 나눠준다.

---

prepense
[pripéns]

pre(=before 사전에) + pense(=weigh 무게를 달아 본) ⇒ 예모한, 계획적인

ⓐ **예모한**(=aforethought); **계획적인,** 고의의(=deliberate) ← 명사 뒤에 붙임.

She caused an accident prepense.
그녀는 고의로 사고를 냈다.

of malice prepense 살의를 품고

---

suspense
[səspéns]

• sus- < sub-

sus(=under 아래로) + pense(=hang (불안하게) 매달려 (있음)) ⇒ 불안, 미결상태

ⓝ (결과가 어찌 될까 하는) **불안,** 걱정, 근심; 서스펜스;
미결상태(=a state of mental indecision); (권리의) 정지

ⓝ **suspension** 매달기; 중지, 정지; (은행의) 지불정지; 자격 박탈

ⓐ **suspensive** 정지[중지]시키는; 결단이 서지 않는, 불안정한

The story kept me in suspense.
그 이야기는 나를 불안하게 만들었다.

---

recompense
[rékəmpèns]

⇒ 다시 한번 더 무게를 달아
⇒ 받은 만큼 돌려주다

re(=again 다시) + com(함께) + pense(=weigh 무게를 달다) ⇒ 보답하다; 보답

ⓥ **보답하다**(=requite; repay); 답례하다(=reward);
(손해 등을) **보상하다,** 벌충하다(=compensate for)

ⓝ **보답,** 보수(=requital; repayment); 답례(=reward); 보상, 벌충
(=compensation; amends)

recompense her for her services = recompense her services to her
그녀의 봉사에 대하여 보답하다

without recompense[pay; fee; remuneration*] 무보수로

cf. No reward without toil. 고생끝에 낙. 〈속담〉

---

compensate
[kɑ́mpənsèit]

⇒ 서로 무게를 달아 부족한 쪽을 채워주다

cf. **offset** ⓥ 상쇄하다

com(=together 서로) + pens(=weigh 무게를 달) + ate(다) ⇒ 보상하다

ⓥ **보상하다,** 배상하다(~ for) (=atone; make up for); (결점을) 보완하다;
변상하다(=reimburse); 상쇄하다; 급료를 지급하다

ⓝ **compensation** 배상; 보상(금); 보수, 봉급(=salary); 임금(=wages)

ⓐ **compensatory/compensative** 보상의, 배상의

You have to compensate her for her loss.
당신은 그녀의 손실을 보상해야 한다.

The president compensated me for extra work.
사장은 나에게 초과근무에 대한 보수를 지불했다.

unemployment compensation 실업 수당

plic

fold : 접다, 겹치다 cf. ple; plet = fill : 채우다

C3-073

application

[æpləkéiʃən]

- ap- < ad-
- **admission** [ædmíʃən] ⓝ 입학, 입장; 입장료; (범죄 등의) 자백

ap(=to ~에 꼭 붙여) + plic(=fold 접) + ation(음) ⇒ 적용, 신청

ⓝ **적용[응용]**(하기); 사용(=use); (약을) 붙임, 바름; 지원, **신청**(서); 전렴

ⓥ **apply** 적용하다; 신청하다; 사용하다; ~에 바르다; ~에 충당하다

ⓐ **applied** (실지로) 적용된, 응용의 opp. **pure** 순수의

ⓐ **applicable** 적용할 수 있는; 적절한(=suitable)

ⓝ **applicant** 지원자, 신청자; 응모자, 후보자(=candidate)

ⓝ **appliance** 가전제품, 장비, 용구(=device); 설비(=apparatus)

I made an application for admission to the school.
나는 그 학교에 입학신청을 했다.

an applicant for a position 구직자(=a job hunter)

complication

[kàmpləkéiʃən]

com(=together 함께) + plic(=fold (복잡하게) 겹) + ation(침) ⇒ 복잡, 분규

ⓝ **복잡(화);** 복잡한 사태(=complicacy); 귀찮은 문제; 분규; 합병증

ⓥ **complicate** 복잡하게 하다; (사태를) 뒤얽히게 하다

ⓐ **complicated** 복잡한(=complex; intricate); 뒤얽힌; 어려운

ⓐ **complex** 복잡한(=complicated); 혼성의 ⓝ 복합체, 합성물

ⓝ **complexity** 복잡(성); 복잡한 것(=complication)

ⓝ **complicity** 공모, 공범, 연루(=involvement; implication)

There were a lot of international complications at that time.
그 당시에 많은 국제간의 분쟁이 있었다.

duplication

[djù:pləkéiʃən]

du(=two 두 겹으로) + plic(=fold 접) + ation(음) ⇒ 이중, 복사

ⓝ **이중,** 이중[두 배](으)로 하기; 복제, **복사**(=copy; replica)

ⓐ **duplicate** 이중의, 두 배의(=double); 복사한, 복제의
　ⓝ (같게 만들어진 두 물건의) 한 쪽(=counterpart); 사본, 부본
　ⓥ 이중[두 배](으)로 하다; 복사하다; (정·부) 두 통으로 만들다

ⓝ **duplicator** 복사기(=duplicating machine)

ⓝ **duplicity** 겉 다르고 속 다름, 두 마음; 이중, 두 배 ⓝ **duplexity** 이중성

done[made] in duplicate 정부(正副) 2통으로 작성된
a duplicate key 여벌 열쇠

explication

[èkspləkéiʃən]

ex(=out 밖으로) + plic(=fold 접힌) 것을 펼 + ation(침) ⇒ 설명, 해석

ⓝ **설명**(=explanation); **해석**(=interpretation); 해명(=elucidation)

• 밖으로 자세히 펼쳐 보임.

ⓐ **explicative** 해명하는, 설명적인(=explanatory; explicatory)

ⓥ **explicate** (논지를) 전개하다(=develop); 밝히다(=explain)

cf. **nebulous**

ⓐ 희미한(hazy), 모호한

ⓐ **explicit** 명확히 표현된, 분명한; 숨김없이 말하는, 솔직한 opp. **implicit** 암묵의 (=outspoken; frank; candid; openhearted)

Dad demanded me an explication for my absence.
아버지는 나에게 결석한 해명을 요구하셨다.

implication
[ìmplikéiʃən]

im(=into 안으로) + plic(=fold 같이 겹쳐 넣) + ation(음) ⇒ 연루, 함축

ⓝ **연루**(=involvement), 연관; 포함; **함축**(=comprehension); 얽힘

ⓥ **imply** 포함하다, 함축하다; 의미하다; 암시하다(=hint; suggest; allude)

• **ritual** [rítʃuəl]
ⓝ (종교 등의) 의식(의 집행); 관례, 절차

ⓥ **implicate** (사건 등에) 휩쓸리게 하다; 함축하다(=imply), 암시하다

ⓐ **implicit** 암묵의, 함축적인; 전혀 의심치 않는(=unquestioning)

ⓐ **implied** 함축된, 언외에 담긴 ⓐⓓ **impliedly** 암암리에, 넌지시

They tried to find out the religious implications of ancient rituals.
그들은 고대 의식의 종교적인 연관을 찾으려 했다.

multiplication
[mÀltəplikéiʃən]

multi(=many 여러 번) + plic(=fold 겹쳐 접) + ation(음) ⇒ 증가, 곱셈

ⓝ **증가,** 증식, 번식; <수학> **곱셈** *opp.* **division** 나눗셈

ⓝ **multiplicity** 다양성, 복잡성; 다수(=multitude)

ⓥ **multiply** 늘리다, 증가시키다(=increase); 곱셈하다; (소문이) 퍼지다

ⓐ **multiplex** 복합의, 다양한(=manifold); 다중 송신의 ⓝ 다목적 복합 건축

He wasn't good at multiplication.
그는 곱셈을 잘하지 못했다.

replication
[rèpləkéiʃən]

re(=again 다시) + plic(=fold (똑같이) 접) + ation(음) ⇒ 사본, 복제

ⓝ **사본,** 모사; 반향(=echo); **복제;** 응답; 뒤로 젖힘

ⓥ **replicate** 모사하다, 복제품을 만들다; 뒤로 접다

ⓝ **replica** (그림의) 복제, 모사(=duplicate); 복제품(=facsimile; copy)

The competitive company made a replication exactly same as ours.
그 경쟁사는 우리 것과 완전히 똑같은 복제품을 만들었다.

a replicated leaf 뒤로 젖혀진 나뭇잎

supplication
[sÀpləkéiʃən]

• sup- < sub-

sup(=under 아래에서) + plic(=fold 무릎을 꿇고) + ation(빔) ⇒ 간청, 애원

ⓝ **간청, 애원**(=petition; entreaty) ⓥ **supplicate** 간청하다, 애원하다

ⓐ **supplicatory** 탄원의 ⓐ **suppliant** 탄원하는(=beseeching)

She remained deaf to our eager supplication.
그녀는 우리의 간절한 애원을 모른 체 하였다.

complement

[kámpləmənt]

cf. **compliment** 칭찬, 아부

com(=completely 완전하게) + ple(=fill 채우)는 + ment(것) ⇒ 보충물; 보충하다

ⓝ **보충물,** 보충하여 완전하게 하는 것; <문법> 보어

ⓥ 보충하여 완전하게 하다(=complete); **보충하다**(=supplement)

ⓐ **complementary** 보충적인(=completing); 서로 보충하는

cf. **complimentary** ⓐ 아첨 잘하는(=flattering); 인사의; 무료의

Good dishes is a complement to a great party.
좋은 그릇들은 멋진 파티를 더욱 빛나게 해 준다.

implement

[ímpləmənt]

im(=in ~안에) + ple(=fill 쓸 것을 채우)는 + ment(것) ⇒ 도구, 용구

ⓝ **도구; 용구**(=instrument); 수단(=means); 앞잡이(=agent)

ⓥ 성취하다(=accomplish); 이행하다(=fulfill); 도구를 주다

ⓐ **implemental** 도구의, 도구가 되는(=instrumental)

ⓝ **implementation** 이행, 성취(=accomplishment; achievement)

kitchen implements 부엌 세간

Agricultural implements are convenient for use. 농기구들은 사용하기 편리하다.

supplement

[sʌ́pləmənt]

• sup-<sub-

cf. **depletion** ⓝ 고갈, 소모

sup(=under 아래에) + ple(=fill (덧붙여) 채) + ment(움) ⇒ 보충; 보충하다

ⓝ **보충;** (책 등의) **증보;** (신문, 잡지의) 부록(=appendix)

ⓥ **보충하다**(=complement); 증보하다; 부록을 붙이다

ⓐ **supplementary** 보완하는, 보충의(=additional; complementary)

ⓐⓓ **supplementally** 추가적으로(=additionally)

He gave us another supplement. 그는 우리들에게 다른 보충자료를 주셨다.

supplementary instruction 보충 교육[수업]

[참고]

apply ⓥ 적용하다

imply ⓥ 포함하다

multiply ⓥ 늘리다

reply ⓥ 대답하다

supply ⓥ 포함하다

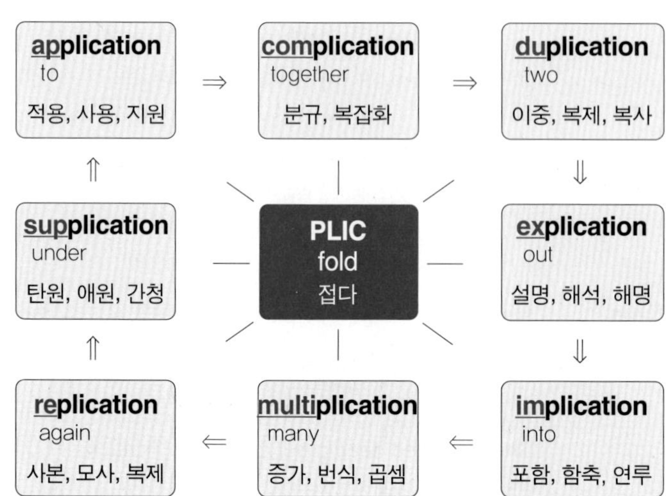

plor(e)

weep : 울다, 울부짖다 **cry** : 외치다

C3-074

deplore

[diplɔ́ər]

de(강조 - 몹시) + plore(=weep 울다) ⇒ 한탄하다, 슬퍼하다

ⓥ **한탄하다;** (잘못, 죄를) 뉘우치다; (죽음 등을) **슬퍼하다**(=lament)

ⓐ **deplorable** 통탄할(=lamentable); 유감스러운(=regrettable)

ⓐⓓ **deplorably** 비통하게, 애처롭게

ⓐⓓ **deploringly** 유감스러운 듯이, 한탄스럽게

We cannot but deplore the corruption of this society.
우리는 이 사회의 부패에 한탄하지 않을 수 없다.

deplore the death of a friend 친구의 죽음을 애통해하다

• **corruption** [kərʌ́pʃən] ⓝ (도덕적) 타락; 부패(=depravity)

explore

[iksplɔ́ər]

ex(=out 밖으로) + plore(=cry (찾아내려) 외치다) ⇒ 탐험하다, 답사하다

ⓥ **탐험하다**(=make an exploration); **답사하다;** 연구하다(=investigate); 조사하다(=examine); 살펴보다(=look into)

ⓝ **exploration** 탐험, 답사; 탐험 여행; (문제 등의) 연구, 조사; 진찰

ⓐ **exploratory** 탐험의, 탐험상의; 조사하는; 진찰상의; 캐기 좋아하는

ⓝ **explorer** 탐험자, 답사자

We explored some historic places.
우리는 몇몇 역사적인 장소를 답사했다.

⇒ '사냥감을 발견하여 계속 소리지르다' → 찾아내다

implore

[implɔ́ər]

im(=toward ~을 향해) + plore(=weep 울부짖다) ⇒ 애원하다, 탄원하다

ⓥ (구조, 사면 등을) **애원하다,** 간청하다, **탄원하다**(=entreat)

ⓝ **imploration** 탄원, 애원, 간청 ⓐ **imploratory** 애원하는, 탄원하는

ⓐ **imploring** 애원적인, 애원하는

They implored us to help them. 그들은 자신들을 도와달라고 애원했다.

in the most imploring manner 몹시 애원하는 태도로

• im- < in-

[참고] **debilitate** ⓥ 쇠약하게 하다(=enfeeble) *cf.* **deliberate** ⓐ 신중한, 고의의

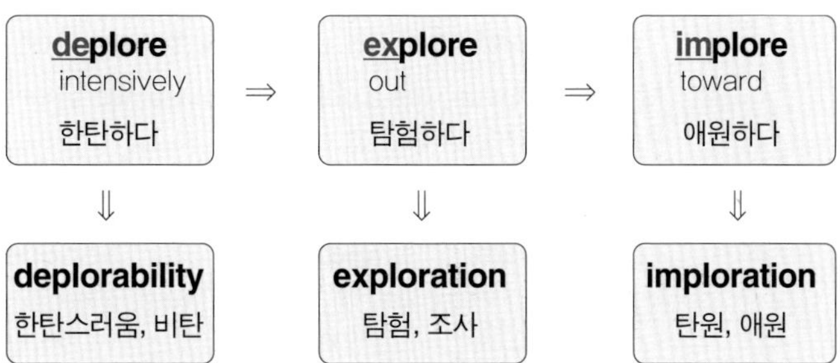

≫ pon

put : 두다, 놓다; 배치하다

C3-075

component

[kəmpóunənt]

⇒ 함께 들어가 넣어져 있는

com(=together 함께) + pon(=put 놓여 있) + ent(는) ⇒ 구성요소인; 성분

ⓐ (물건의) **구성요소인**(=constituent); 성분을 이루는

ⓝ 구성요소; 구성분자; **성분**(=constituent)

ⓥ **compose** 조립하다, 작곡하다; 조정하다

I was surprised that she knew a lot about the components of a car.

나는 그녀가 차의 구성부품들에 대해 잘 아는 것에 놀랐다.

exponent

[ikspóunənt]

cf. **exponential**

ⓐ 기하급수적인, 설명자의

ex(=out 밖에) + pon(=put (알기 쉽게 펼쳐) 놓) + ent(은) ⇒ 설명적인

ⓐ **설명적인,** 해설적인(=explaining)

ⓝ 설명자, 해설자; (전형적인) 대표자; (음악의) 연주자(=executant)

ⓥ **expose** (햇빛, 비바람, 공격 등에) 드러내다; 폭로하다

The book was exponent about Gogh.

그 책은 고흐에 대해 설명되어 있었다.

opponent

[əpóunənt]

• op- < ob-

op(=against ~에 대항하여) + pon(=put 놓인) + ent(사람) ⇒ 상대, 적

ⓝ (싸움, 시합, 논쟁 등의) **상대, 적**(=adversary); 반대자(=antagonist)

ⓐ 반대하는(=opposing; antagonistic); 반대 측의(=opposite)

ⓝ **opponency** 반대, 적대 ⓥ **oppose** 반대하다, 대항하다

We couldn't beat the opponent team in the first set.

우리는 첫 세트에서 상대편을 이길 수 없었다.

proponent

[prəpóunənt]

cf. **postpone** ⓥ 연기하다 (=put off)

pro(=forth 앞으로) + pon(=put (의견을) 내놓)은 + ent(사람) ⇒ 제안자

ⓝ **제안자,** 발의자(=proposer); 주창자(=advocate);

(주의, 운동의) 지지자(=supporter), 찬성자(=favorer)

ⓥ **propone** (계획, 변명 등을) 꺼내다, 제의[제안]하다

cf. **propose** ⓥ 제의하다, 제안하다(=suggest); 신청하다

proposition ⓝ 제안, 건의; 계획 ⓝ **proposal** 신청, 결혼 신청

My grandmother was a proponent of women's rights.

우리 할머니는 여권신장 지지자였다.

component together 구성요소	⇒	**exponent** out 설명자, 해설자	⇒	**opponent** against 반대자, 상대	⇒	**proponent** forth 제안자, 지지자

≫ port

carry : 나르다, 운반하다, 처신하다 **port** : 항구

C3-076

comport
[kəmpɔ́ərt]

com(=together 같이) + port(=carry 처신하다) ⇒ 행동하다, 어울리다

ⓥ **행동하다,** 처신하다(=behave); **어울리다**(=suit)

ⓝ **comportment** 행동, 태도(=behavior)

· **port** ⓝ 항구, 항만
airport ⓝ 공항

She didn't comport herself well at the party.
그녀는 파티에서 스스로 잘 처신하지 못했다.

deport
[dipɔ́ərt]

cf. **depart** ⓥ 떠나다

de(=away (사람을) 멀리) + port(=carry 보내 버리다) ⇒ 추방하다, 처신하다

ⓥ (국외로) **추방하다**(=banish); **처신하다,** 행동하다(=behave)

ⓝ **deportation** 유형(=expulsion); 국외 추방(=banishment)

ⓝ **deportment** 처신, 행동(=behavior); 행실, 품행(=demeanor)

We deported the criminals from our country.
우리는 범죄자들을 우리나라에서 추방했다.

disport
[dispɔ́ərt]

dis(=away (일로부터) 멀리) + port(=carry 나르다) ⇒ 기분을 풀다, 놀다

ⓥ **기분을 풀다, 놀다**(=play); (옥외나 물에서) 즐기다, 기분풀이하다

ⓝ 오락, 놀이, 위안(=amusement)

She disported herself at her birthday party.
그녀는 자신의 생일파티에서 흥겨워했다.

export
[ekspɔ́ərt]

ex(=out 밖으로) + port(=carry (상품을) 실어내다) ⇒ 수출하다; 수출

ⓥ **수출하다**(*opp.* **import** 수입하다) ⓐ 수출의, 수출용의

ⓝ [ékspɔərt] **수출**(=exportation); 수출품, 수출액

ⓝ **exportation** 수출, 수출품 ⓐ **exportable** 수출할 수 있는

They export computer chips to other countries.
그들은 컴퓨터 칩을 다른 나라로 수출한다.

import
[impɔ́ərt]

im(=into 안으로) + port(=carry (상품을) 들여오다) ⇒ 수입하다, 의미하다; 수입

ⓥ **수입하다** (*opp.* **export** 수출하다); 들여오다; **의미하다**(=mean)

ⓝ [ímpɔərt] **수입**(=importation), 수입품; 의미(=meaning)

ⓝ **importation** 수입, 수입품 **importance** 중요(함)

The imports exceed the exports. 수입이 수출을 초과하고 있다.
Clouds import rain. 구름은 비를 뜻한다.
import restrictions 수입 제한

purport

[pə́ːrpɔərt]

- pur- < pro-
- **report** ⓥ 보고하다, 신고하다

pur(=forward 앞으로) + port(=carry (뜻을) 전달하다) ⇒ 의미하다; 의미, 취지

ⓥ **의미하다**(=import); ~을 취지로 하다; ~이라고 칭하다

ⓝ (책, 이야기 등의) **의미**(=meaning); 요지, **취지**(=gist); 목적

The letter purports to change her mind.
그 편지는 그녀의 맘을 되돌리기 위한 목적이다.

support

[səpɔ́ərt]

- sup- < sub-

sup(=under 아래에서) + port(=carry (떠받치고) 나르다) ⇒ 지지하다; 지지, 부양

ⓥ **지지하다,** 지탱하다(=maintain); 받치다, **유지하다**; 지원하다

ⓝ 받침; **지지,** 지원; **부양**; 지지물(=prop); 증거(=proof)

ⓝ **supporter** 지지[지원, 원조, 찬성]자(=adherent); 부양자

The old man supported himself with a stick.
그 노인은 지팡이에 몸을 의지했다.

He works hard everyday to support his family.
그는 매일 가족을 부양하기 위해 열심히 일한다.

transport

[trænspɔ́ərt]

trans(=across 가로질러) + port(=carry (물건을) 나르다) ⇒ 수송하다; 수송

ⓥ **수송하다,** 나르다(=carry; transfer); 추방하다(=banish)

ⓝ **수송,** 운송, 운반(=transportation); 수송선, 여객기

ⓝ **transportation** 수송, 운송(=conveyance); 수송기관; 운임

They transported the products by ship. 그들은 생산물을 배로 수송했다.
a means of transportation 교통 기관

[참고]
deportation ⓝ 국외추방
exportation ⓝ 수출
importation ⓝ 수입
transportation ⓝ 수송, 운송
cf. **comportment** ⓝ 행동, 태도

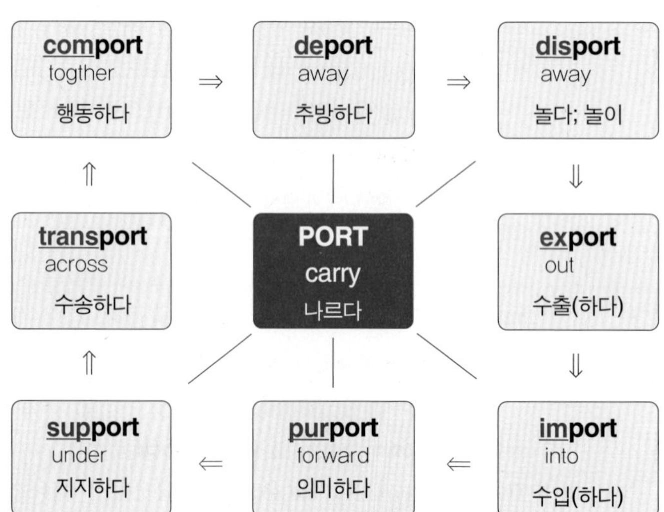

≫ pos(e)

put : 두다, 놓다 **place** : 놓다, 배치하다

C3-077

appose
[əpóuz]
• ap-<ad-

ap(=to ~에) + pose(=put (나란히) 놓다) ⇒ 나란히 놓다

ⓥ **나란히 놓다;** ~에 가까이 두다; ~의 반대편에 놓다

ⓝ **apposition** 병치, 병렬(=juxtaposition); 부가, 부착; 동격

Mom always apposes sugar with salt. cf. **apposite** 적절한(=proper)
엄마는 항상 설탕과 소금을 나란히 놓으신다.

compose
[kəmpóuz]

cf. **compile**
ⓥ 편집하다, 수집하다

com(=together 함께) + pose(=place (맞춰) 놓다) ⇒ 조립하다, 작곡하다

ⓥ **조립하다,** 구성하다(=make up; consist); **작곡하다**

ⓝ **composition** 조립, 구성, 구조(=construction); (합성) 성분(=ingredients); 작문, 작곡(법); 화해, 타협(=compromise; reconciliation; peacemaking)

ⓐ **composite** 합성의, 혼성의 ⓝ 합성물, 혼합물(=compound)

ⓝ **composer** 작곡가

He composed a piano song for the musical.
그는 그 뮤지컬을 위해 피아노 연주곡을 작곡했다.

contrapose
[kántrəpòuz]

contra(=against ~에 대항하여) + pose(=put 놓다) ⇒ 대치시키다

ⓥ **대치시키다**(=stand face to face with)

ⓝ **contraposition** 대치, 대립

The countries contrapose each other politically.
그 나라들은 정치적으로 서로 대립한다.

depose
[dipóuz]

de(=down (사람을) 아래로) + pose(=place 내려놓다) ⇒ 면직시키다

ⓥ **면직시키다**(=oust); 폐위시키다(=dethrone); **증언하다**(=testify)

ⓝ **deposition** 면직; 퇴위; 증언(=testifying); (금전의) 기탁, 공탁; 예금

ⓝ **deposal** 폐위(=deposition), 면직, 파면(=discharge)

ⓝ **deposit** 퇴적물, 침전물; 예치; 예금; 계약금
ⓥ 두다(=place); (동전을) 집어넣다; 예금하다

ⓝ **depositor** 예금자, 공탁자; (특히) 은행 예금자

ⓝ **depositary/depository** 수탁자, 보관인; 보관소, 저장소

depose[dethrone] a king 국왕을 폐하다
He deposed that he had seen a man wearing a hat.
그는 모자를 쓴 남자를 봤다고 증언했다.
Deposit a dime and dial your number. 10센트를 넣고 번호를 돌리세요.

dispose
[dispóuz]

dis(=apart 따로따로) + pose(=place 배치하다) ⇒ 배열하다, 배치하다

ⓥ **배열하다, 배치하다**(=arrange); ~할 마음이 내키게 하다(=incline)

ⓝ **disposition** 배열, 배치(=arrangement); 성질; 의향; 기분(=mood)

ⓝ **disposal** 정리, 정돈; 배열, 배치; 처분, 매각(=sale); 음식물 쓰레기 분쇄기

Her story disposed me to go there.
그녀의 이야기가 나를 그곳에 갈 맘이 생기게 했다.

the disposition of troops 부대 배치

expose
[ikspóuz]

ex(=out 밖으로) + pose(=place 내어놓다) ⇒ 드러내다, 폭로하다

ⓥ **드러내다,** 노출시키다(=uncover); 진열하다(=display); **폭로하다**

ⓝ **exposition** (상세한) 설명, 해설(=explanation); 박람회(=expo)

ⓝ **exposure** 폭로, 적발; 노출하기 ⓐ **exposed** 노출된, 드러난

I exposed the plant to sunshine.
나는 그 (화분의) 식물이 햇빛을 받도록 내놓았다.

impose
[impóuz]

im(=on (등) 위에) + pose(=put (의무 등을) 놓다) ⇒ 부과하다, 강요하다

ⓥ (의무, 세금, 벌, 조건 등을) **부과하다; 강요하다**(=exact)

ⓝ **imposition** (세금, 벌 등의) 부과; 부과물; 세금; 사기행위

cf. **imposing** ⓐ 당당한, 인상적인(=very impressive); 훌륭한(=excellent; fine)

The guy imposed expensive souvenirs on customers.
그 남자는 손님들에게 비싼 기념품을 (속여서) 사게 했다.

an imposing mansion 훌륭한 저택

• **souvenir** [sù:vəníər]
ⓝ 선물, 기념품(=memento; keepsake; memorial)

interpose
[ìntərpóuz]

inter(=between 사이에) + pose(=place 놓다) ⇒ 사이에 두다, 간섭하다

ⓥ **사이에 두다[끼우다],** 삽입하다(=insert); (이의를) 제기하다; **간섭하다**(=meddle), 중재하다(=mediate); 가로막다(=interrupt)

ⓝ **interposition** 삽입, 개재; 중재, 간섭; 방해; 삽입물

I interposed myself between mom and dad.
나는 엄마와 아빠 사이에 끼어들었다.

interpose in a dispute 분쟁을 중재하다

juxtapose
[dʒʌ́kstəpòuz]

juxta(=aside 곁에) + pose(=place (나란히) 놓다) ⇒ 나란히 놓다

ⓥ **나란히 놓다,** 병치[병렬]하다(=place close together or side by side)

ⓝ **juxtaposition** 병치, 병렬(=parallelism)

We juxtaposed candles by our window.
우리는 창 옆에 양초를 나란히 놓았다.

• juxta-=next aside

oppose
[əpóuz]

• op- < ob-

op(=against ~에 대항하여) + pose(=place 놓다) ⇒ ~에 반대하다

ⓥ **~에 반대하다,** 저항하다(=resist); 대조시키다, 대립시키다

ⓝ **opposition** 반대, 저항(=resistance); 대조, 대립(=contrast); 반감

ⓐ **opposite** 반대쪽의, 마주보고서; 반대의, 역의(=contrary)

ⓐ **opposed** 대립하는, 적대하는(=adverse); 반대의(=contrary)

We all opposed his suggestion.
우리는 모두 그의 제안에 반대를 했다.

an opposite angle 대각 / the opposite sex 이성

propose
[prəpóuz]

pro(=forward 앞으로) + pose(=place (안건을) 내놓다) ⇒ 제안하다, 청혼하다

ⓥ **제안하다;** 제출하다, 계획하다(=plan); 신청하다(=offer); **청혼하다**

ⓝ **proposition** 제안, 제의(=proposal; suggestion); 안(=plan)

ⓝ **proposal** 신청, 제기; 결혼신청; 제안(=suggestion)

She proposed a new event for his birthday.
그녀는 그의 생일을 위한 새 이벤트를 제안했다.

make a proposal to a woman 여자에게 청혼하다

purpose
[pə́:rpəs]

• pur- < pro-

pur(=before 앞에) + pose(=put 놓고 (바래다)) ⇒ ~하려고 생각하다; 목적

ⓥ **~하려고 생각하다,** 작정하다; 의도하다(=intend)

ⓝ **목적,** 의향(=aim); 결의, 결실(=resolution; determination); 취지

ⓐ **purposeless** 목적이 없는(=aimless); 무의미한(=meaningful)

ⓐⓓ **purposely** 고의로(=intentionally); 의도적으로(=deliberately)

My family purposed a trip to Europe.
우리 가족은 유럽여행을 하고자 했다.

She went to America for the purpose of studying English.
그녀는 영어를 공부하기 위해 미국으로 갔다.

repose
[ripóuz]

• 휴식 = rest; respite; relaxation

re(=back 뒤쪽에) + pose(=place (자리를) 펴다) ⇒ 휴식하다; 휴식

ⓥ **휴식하다;** 드러눕다; 쉬게 하다, 휴양시키다(=rest)

ⓝ **휴식,** 휴양(=rest; recess); 수면(=sleep); 평정, 평온(=calmness)

ⓐ **reposeful** 가라앉은, 침착한; 조용한(=quiet)

cf. **reposition** ⓥ (남의) 위치[지위]를 바꾸다; 새로운 장소로 옮기다;
(제품의) 이미지[시장전략]의 전환을 꾀하다

My grandmother reposed on couch.
우리 할머니는 긴 의자에서 쉬셨다.

seek[take, make] repose 휴식하다(=take a rest; take breath[break]; rest a while)

suppose

[səpóuz]

• sup- < sub-

sup(=under 아래에) + pose(=place (가정하여) 놓다) ⇒ 가정하다; 추측하다

ⓥ **가정하다**(=assume); 상상하다(=imagine); **추측하다**; 생각하다(=think)

ⓝ **supposition** 추정, 추측(=conjecture)

ⓐ **suppositive** 상상의, 가정에 따른(=suppositional)

ⓐ **supposed** 상상된, 가정의(=assumed; imagined)

ⓐⓓ **supposedly** 아마, 필경

Nobody supposed her to have gone.
아무도 그녀가 가버렸다고 생각하지 못했다.

[tips] **상상하다 = suppose; imagine; fancy; guess(짐작하다); ponder(숙고하다)**

transpose

[trænspóuz]

trans(=across 가로질러 바꿔) + pose(=place 놓다) ⇒ 바꿔 놓다

ⓥ (위치, 순서를) **바꿔 놓다**(=interchange); <수학> 이항하다; (문자나 어구를) 바꿔 넣다[놓다](=interchange)

ⓝ **transposition** (위치, 순서의) 바꿔 놓기[넣기], 치환; 전환 어구

The child transposed the books on the shelf.
아이가 선반 위의 책의 순서를 바꾸어 놓았다.

[참고]

apposition ⓝ 병치
composition ⓝ 구성, 조립
contraposition ⓝ 대치
deposition ⓝ 면직
disposition ⓝ 배열
exposition ⓝ 설명
imposition ⓝ 부과
interposition ⓝ 삽입
juxtaposition ⓝ 병렬
opposition ⓝ 반대
proposition ⓝ 제안
reposition ⓥ 위치를 바꾸다

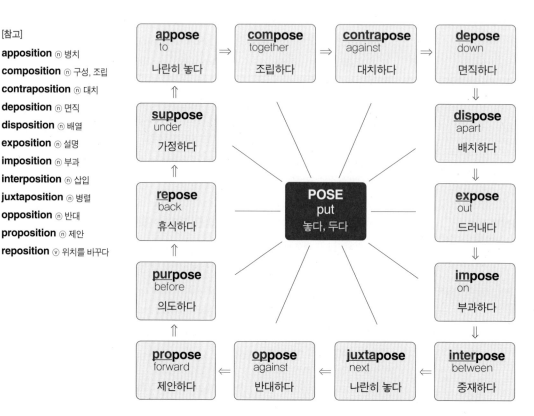

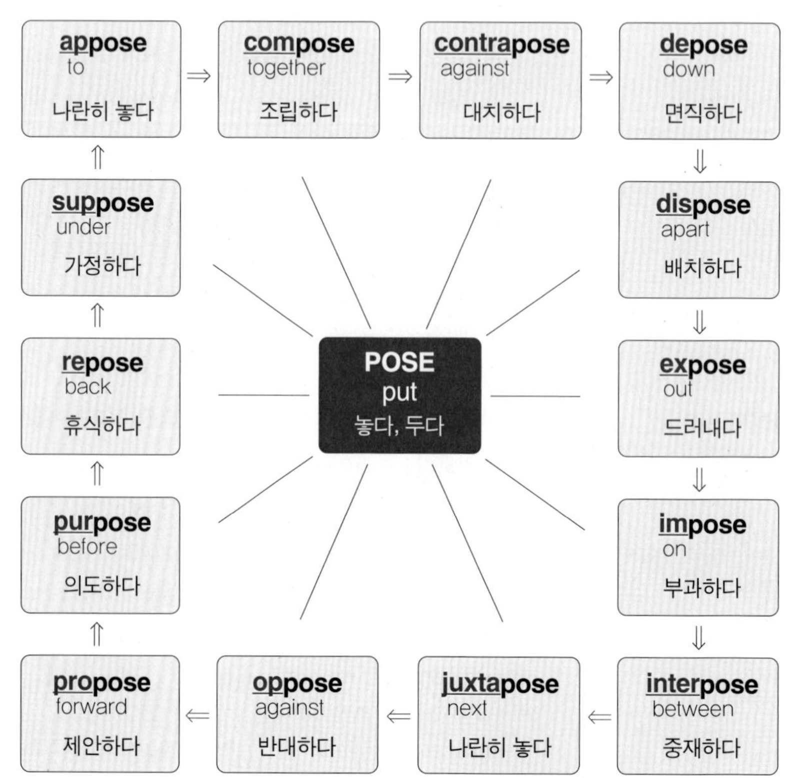

pound

put : 놓다, 넣다, 배치하다

C3-078

compound

[kámpaund]

com(=together 함께 (섞어)) + pound(=put 넣다) ⇒ 혼합하다; 합성물

ⓥ **혼합하다,** 뒤섞다(=mix); 합성하다(=combine); <약을> 조제하다

ⓐ 여러 개로 이루어진, 복합의, 혼합의(=mixed)

ⓝ **합성물**, 혼합물(=mixture); 화합물

This salad was compounded of the fresh vegetables.
이 샐러드는 신선한 야채들을 섞어서 만들었다.

expound

[ikspáund]

ex(=out 밖으로) + pound(=put (알기 쉽게) 내놓다) ⇒ 설명하다, 해설하다

ⓥ (자세히) **설명하다**(=explain in detail); 상세히 논술하다; (의미를) 밝히다(=clarify); **해설하다**(=interpret)

The scientist expounded his theory with examples.
그 과학자는 자신의 이론을 예를 들어 자세히 설명하였다.

impound

[impáund]

• im-<in-

• **pound** ⓝ 우리, 울타리

• **barn** [baːrn] ⓝ 외양간; 헛간, 광; 차고

im(=in 안에) + pound(=put 넣다, 두다) ⇒ 가두다, 몰수하다

ⓥ (사람을 달아나지 못하게) **가두다,** 구류하다(=imprison); (고삐 풀린 소, 말 등을 우리) 안에 넣다(=pound); <법원 등이> 압수하다, **몰수하다**(=confiscate)

cf. **reconnaissance** ⓝ 수색, 정찰; 답사

He impounded the cattle to his barn. 그는 소를 외양간으로 몰아넣었다.

[tips] **압수하다** = confiscate; seize; impound; take over
압수 = confiscation; seizure; attachment
압수 수색 영장 = a seizure and search warrant

propound

[prəpáund]

pro(=forth 앞으로) + pound(=put (계획 등을) 내놓다) ⇒ 제출하다

ⓥ (문제, 계획, 학설 등을) **제출하다,** 제의하다(=propose; advance); (유언장의) 검인 절차를 밟다

We propounded a new theory. 우리는 새로운 이론을 제기했다.

cf. **propone** ⓥ 제안하다, 제의하다(=propose; make an overture)

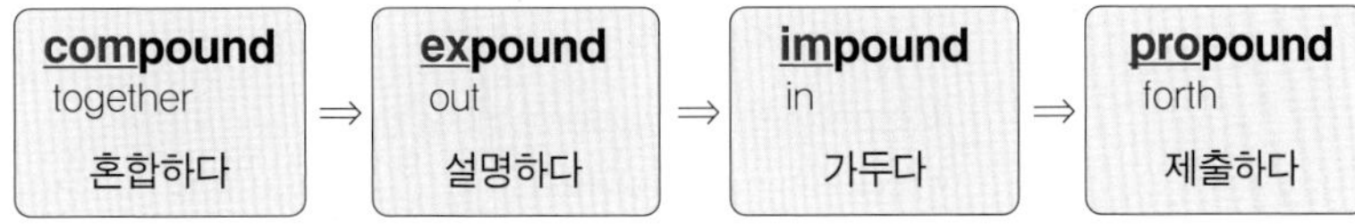

» preci

price : 가치, 값

C3-079

appreciate

[əpríːʃièit]

• ap-<ad- • -ate=make

cf. **appropriate** ⓐ 적당한, 적절한(=sutable; fit; proper)

ap(=to ~에 대해) + preci(=price (적정한) 가치를 매기) + ate(다) ⇒ 평가하다, 감사하다

ⓝ (올바르게) **평가하다;** 가치를 인정하다(=estimate); **감사하다**

ⓝ **appreciation** 진가를 인정함; 이해(=understanding); 감상; 감사(=gratitude)

ⓐ **appreciative** 감식력이 있는; 감사하는

ⓐ **appreciable** 평가할 수 있는; 인지할 수 있는; 다소의

They didn't appreciate my help.
그들은 내 도움에 대해 고맙게 생각하지 않았다.

We showed our appreciation for her kindness.
우리는 그녀의 친절에 대해서 사의를 표했다.

depreciate

[diprí:ʃièit]

• de-=down

de(아래로) + preci(=price 가치)를 떨어 뜨리 + ate(다) ⇒ 가치를 떨어 뜨리다

ⓥ **가치를 떨어 뜨리다;** 경시하다(=belittle); 헐뜯다(=disparage)

opp. **appreciate** 가치를 인정하다

ⓝ **depreciation** 가치의 저하; 구매력 감소; 감가상각; 경시

cf. **depredation** ⓝ 약탈행위(=robbery; ravage)

ⓐ **depreciatory** 가치 저하의; 경멸적인(=disparaging)

ⓐⓓ **depreciatingly** 깔보아서

An economic crisis depreciates the products.
경제위기가 생산품의 구매력을 감소시킨다.

precious

[préʃəs]

cf. **precarious** ⓐ 불안정한, 위태로운

preci(=price 가치)가 높 + ous(은) ⇒ 귀중한, 값비싼

ⓐ **귀중한**(=valuable); **값비싼**(=costly); 소중한; 귀여운(=dear)

ⓐⓓ **preciously** 꽤 까다롭게; 크게, 아주, 지독히

Nothing can be compared with her precious child.
아무것도 그녀의 소중한 아이와 비교할 수 없다.

Every moment is precious. 일각이 천금

appraise

[əpréiz]

• ap-<ad-

ap(=to ~에 대해) + praise(=price 가치)를 매기다 ⇒ 평가하다, 값을 매기다

ⓥ **평가하다**(=assess), 어림잡다(=estimate); **값을 매기다,** 감정하다

ⓝ **appraisal** 평가, 사정, 감정(=estimation)

ⓝ **appraiser** 평가인(=estimator); (세관의) 감정관

I appraised the value of the watch.
나는 그 시계의 가치를 감정했다.

» prehend

seize : 붙잡다; 파악하다; 이해하다

C3-080

apprehend
[æ̀prihénd]

• ap-<ad-

ap(=to ~에 대해 (염려하여)) + prehend(=seize 꽉잡다) ⇒ 염려하다; 이해하다

ⓥ **염려하다,** 걱정하다; 체포하다, 붙잡다(=arrest);
이해하다(=understand; perceive)

ⓝ **apprehension** 걱정, 두려움(=fear); 이해(=conception); 체포

ⓐ **apprehensive** 염려하는, 걱정하는; 이해가 빠른(=intelligent)

The murderer was apprehended yesterday. 살인자는 어제 체포됐다.

misapprehend
[mìsæprihénd]

mis(=wrongly 잘못) + apprehend(이해하다) ⇒ 오해하다

ⓥ **오해하다**(=misunderstand); 잘못 생각하다

ⓝ **misapprehension** 오해(=misunderstanding), 잘못 생각하기

ⓐ **misapprehensive** 오해하는, 잘못 생각하는

I felt bad, because I misapprehended him. 그를 오해해서 기분이 나빴다.

comprehend
[kɑ̀mprihénd]

com(강조 - 완전히) + prehend(=seize 파악하다) ⇒ 이해하다; 포함하다

ⓥ **이해하다**(make head(s) or tail(s) of*); **포함하다**(=include)

ⓝ **comprehension** 이해(력); 포괄, 포용; 내포(=connotation)

ⓐ **comprehensive** 이해의, 이해력 있는(=understanding); 포괄적인

ⓐ **comprehensible** 이해할 수 있는; 알기 쉬운(=intelligible)

We couldn't comprehend what he said at that time.
우리는 그 당시 그가 한 말을 이해하지 못했다.

[tips] 이해하다 = understand; catch; grasp; get; apprehend; make out

reprehend
[rèprihénd]

re(=back 뒤에서) + prehend(=seize (야단치려고) 붙잡다) ⇒ 야단치다, 비난하다

ⓥ **야단치다,** 꾸짖다(=rebuke; chide); **비난하다**(=censure; reprobate*)

ⓝ **reprehension** 질책, 책망, 비난(=reproof)

ⓐ **reprehensive** 비난조의, 비난적인

ⓐ **reprehensible** 비난할 만한(=reproachable; blamable)

Dad reprehended me for my behavior. 아빠는 내 행동에 대해 나무라셨다.

apprehend to	⇒	misapprehend wrongly	⇒	comprehend together	⇒	reprehend back
염려하다, 이해하다		오해하다, 잘못 생각하다		이해하다, 포함하다		야단치다, 비난하다

press

press : 누르다(=push), 압축하다, 강요하다

C3-081

press
[pres]

[참고]
press conference 기자회견
conference call 전화회의

press(=push 누르다; squeeze 눌러 으깨다) ⇒ 누르다, 압박하다

ⓥ **누르다**(=push); 눌러 으깨다(=squeeze); (의견을) 강요하다; **압박하다**(=oppress); 재촉하다(=hurry; hasten); 다림질하다(=iron)
ⓝ 누르기, 밀기; 혼잡, 붐빔(=crowd; throng); 언론(계)

ⓐ **pressing** (용무, 문제 등이) 긴급한(=urgent); (소원 등이) 간절한

ⓝ **pressure** 누르기, 밀기; 마음의 부담(=burden); 강제, 강압; 절박

My parents never press me to study hard.
우리 부모님은 절대로 공부 열심히 하라고 강요하지 않으신다.

compress
[kəmprés]

com(=together 함께) + press(꽉 누르다) ⇒ 압축하다

ⓥ (공기, 가스를) **압축하다**(=condense); (표현을) 압축하다

ⓐ **compressed** 압축한, 압착한; (문체가) 간결한(=concise)

ⓝ **compression** 압축, 압착; 간결, 요약(=conciseness)

We compressed the article into two pages. 우리는 기사를 두 장으로 요약했다.

depress
[diprés]

de(=down 아래로) + press((마음을) 내리누르다) ⇒ 낙담시키다, 우울하게 하다

ⓥ **낙담시키다**(=dishearten; discourage), **우울하게 하다**; 내리누르다; (가격, 시세를) 하락시키다; 약화시키다(=weaken)

ⓐ **depressed** 우울한(=gloomy), 풀이 죽은(=dejected); (사업이) 불황인

ⓝ **depression** 우울(증), 의기소침(=gloominess); 강하, 저하; 움푹 꺼진 땅(=hollow); 불경기, 불황; <기상> 저기압

Rainy season depresses me. 우기는[장마철은] 나를 우울하게 한다.

express
[iksprés]

ex(=out 밖으로) + press((생각을) 밀어내다) ⇒ 말로 표현하다; 명백한; 속달

ⓥ **말로 표현하다**(=state); (기호로) 표시하다; 급송하다, 속달로 부치다
ⓐ **명백한**, 분명한(=explicit; definite); 특별한(=special); 급행의
ⓝ **속달**(편), 급행편; 급사, 특사(=courier); 급행 (열차, 버스)

ⓝ **expression** 표현(=presentation; manifestation); 표정; 감정 표현; 짜내기

ⓐ **expressive** 표현적인; 의미심장한(=meaningful; significant)

ⓐⓓ **expressly** 분명히, 명백히; 특별히(=particularly)

I can't express how sad I am. 내가 얼마나 슬픈지 말로 표현할 수 없다.
an express message 급보

impress
[imprés]

im(=in (마음)속에) + press(깊이 눌러 새기다) ⇒ 감명을 주다; 인상지우다

ⓥ (남에게) **감명을 주다**(=affect deeply), 인상지우다;
새기다, 도장을 찍다(=stamp); 강제 모집하다

ⓐ **impressive** 깊은 인상[감명]을 주는; 인상적인(=moving)

ⓐⓓ **impressively** 인상적으로, 감명을 주도록 ⓝ **impression** 인상, 감명

ⓝ **impressionability** 감수성, 민감 ⓝ **impressionism** 인상주의

ⓐ **impressionable** 느끼기 쉬운, 감수성이 강한, 민감한

I was impressed by his speech. 나는 그의 연설이 감명 깊었다.
an impressive speech 인상적인 연설

oppress
[əprés]
• op- < ob-

op(=against ~에 대해) + press(압력을 가하다) ⇒ 탄압하다, 압박하다, 억압하다

ⓥ **탄압하다, 압박하다, 억압하다;** 학대하다; 짐이 되게 하다(=burden)

ⓝ **oppression** 압박(=pressure), 압제, 학대; 압박감, 중압감

ⓐ **oppressive** 압제적인, 포악한(=tyrannical); 가혹한(=harsh); 무거운

ⓝ **oppressor** 압제자, 폭군(=tyrant)

I was oppressed with trouble. 나는 근심으로 마음이 무거웠다.
a feeling of deep oppression 심한 압박감

repress
[riprés]
cf. **re-press** ⓥ 다시 누르다

re(=again 자꾸) + press(내리누르다) ⇒ 억누르다, 진압하다

ⓥ (욕망 등을) **억누르다,** 참다, 억제하다(=check; restrain);
(폭동 등을) **진압하다**(=suppress; subdue)

ⓝ **repression** (폭동 등의) 진압; (감정의) 억압, 억제

ⓐ **repressive** 억압[진압]하는; 억압적인

She repressed a desire to drink. 그녀는 술 마시고 싶은 욕망을 억눌렀다.
repress freedom of speech 언론의 자유를 억압하다

suppress
[səprés]
• sup- < sub-

sup(=under 밑으로) + press(내리누르다) ⇒ 억누르다, 진압하다

ⓥ (~의 활동을) **억누르다**(=check), **진압하다**(=subdue); (욕망을) 억제하다
(=restrain); (책 등을) 발매금지하다 *cf.* **ban** on sales 판매금지

ⓝ **suppression** 억누름; 억제, 억압, 진압; (발행 등의) 금지, 정지

ⓐ **suppressive** 억누르는, 진압하는; 숨기는, 삭제하는

ⓐ **suppressible** 억누를 수 있는; 진압할 수 있는; 숨길 수 있는

The government tried to suppress prices.
정부는 물가를 억제하려고 노력했다.
suppress[put down; quell] a riot 폭동을 진압하다

pris(e) seize; take : (붙)잡다

C3-082

apprise
[əpráiz]
• ap-<ad-

ap(=to ~에 대해) + prize(=prise 알아내다) ⇒ 통지하다; ~의 진가를 알아내다

ⓥ **통지하다**(=inform); **~의 진가를 알아내다**(=estimate; appraise)

cf. **appraise** ⓥ 평가하다, 감정하다 ⓝ **appraisal** 평가, 감정

We had the expert apprize the house before we sold it.
우리는 집을 팔기 전에 전문가로 하여금 값을 평가하게 했다.

comprise
[kəmpráiz]

com(=together 함께 넣어) + prise(=seize 잡다) ⇒ 포함하다, 포괄하다

ⓥ **포함하다**(=contain), 포괄하다(=include);
(몇 개 부분으로) 이루어지다, **구성되다**(=consist of)

ⓝ **comprisal** 포함, 포괄; 요약, 대요(=epitome)

The committee is comprised of seven members.
위원회는 7명으로 구성되어 있다.

enterprise
[éntərpràiz]
• enter-<inter-

enter(=among 여러 기획 중에서) + prise(=seize 잡아 실행함) ⇒ 사업, 진취적 기상

ⓝ (특히 큰 노력을 요하는 모험적인) **사업,** 기업; 기획(=plan; project);
진취적 기상; (모험적인) 기업심; (사업적인) 모험심

ⓐ **enterprising** 모험적 기업심이 많은; 진취적인, 모험적인(=adventurous; hazardous)

ⓝ **enterpriser** (모험적) 사업가, 기업가

private[government] enterprise 민간[국영]기업
He got a big loss in his enterprise. 그는 사업에서 큰 손실을 보았다.
an enterprising spirit 진취적인 기상(=a spirit of enterprising)

surprise
[sərpráiz]
• sur-<super-

• **surprise party**
깜짝[기습]파티

sur(=over 위에서) + prise(=seize (갑자기) 잡다) ⇒ 깜짝 놀라게 하다; 놀람; 불시의

ⓥ **깜짝 놀라게 하다**(=amaze); 불시에 덮치다; 급습하다
ⓝ **놀람,** 깜짝 놀라기; 불시에 치기, 기습 ⓐ **불시의**

ⓐ **surprising** 놀랄 만한, 깜짝 놀랄(정도의); 불시의(=unexpected)

ⓐⓓ **surprisingly** 놀랄 만큼, 대단히; 뜻밖에도(=suddenly)

ⓐⓓ **surprisedly** 놀라서

We visited his house by surprise.
우리는 불시에 그의 집으로 찾아갔다.
with surprising speed 경이적인 속도로
She speaks English with surprising[amazing] fluency.
그녀는 놀랄만큼 유창하게 영어를 말한다.

prov(e)

prove : 증명하다 **test** : 시험하다 ⇒ prov = prob

C3-083

approve
[əprúːv]
• ap- < ad-

ap(=to ~에 대해) + prove((좋다고) 증명해주다) ⇒ 승인하다, 인가하다

ⓥ **승인하다,** 찬성하다(=admit) (*opp.* **disapprove** 승인하지 않다); 증명하다(=demonstrate); **~을 인가하다**(=sanction; authorize)

ⓝ **approval** 찬성, 동의; 승인, 인가(=consent; sanction)

My parents didn't approve of my decision.
우리 부모님은 내 결정에 동의하지 않았다.

disapprove
[dìsəprúːv]

dis(=not 안) + approve(승인하다) ⇒ 승인하지 않다

ⓥ **승인하지 않다,** 찬성하지 않다; 비난하다(=censure)

ⓝ **disapproval** 불승인, 불찬성, 부인; 비난(=censure)

His suggestion was disapproved by almost all the people.
그의 제안은 거의 모든 사람들에 의해 비난당했다.

disprove
[disprúːv]
• dis- = not
opposite

dis(반대로) + prove(증명하다) ⇒ ~의 반증을 들다, 논박하다

ⓥ **~의 반증을 들다; 논박하다**(=repute; prove to be false); ~을 무효로 하다(=invalidate; annul; nullify; make void)

ⓝ **disproof** 반박(=reputation); 반증(=refutation)

One of scientists disproved the new theory strongly.
과학자 중 한 명이 새 이론을 강하게 논박했다.

improve
[imprúːv]
• 어원의 원뜻은
turn to profit임

im(=in 안을) + prove(=test (더 낫게) 시험하다) ⇒ 개선하다; 개량하다

ⓥ **개선하다, 개량하다**(=make better); 활용하다, 이용하다

ⓝ **improvement** 개선, 개량; (기회의) 이용, 활용

I hope you're improving in health.
나는 당신의 건강이 좋아지기를 바란다.

improvement in health 건강의 증진

reprove
[riprúːv]

re(=back 도로) + prove(잘못을 입증하다) ⇒ 꾸짖다, 비난하다

ⓥ **꾸짖다,** 나무라다(=rebuke; reproach); 훈계하다; **비난하다**(=censure)

ⓝ **reproof** 꾸지람, 훈계; 비난(=censure); 잔소리

The woman reproved her son for the bad behavior.
그 여자는 나쁜 태도 때문에 자신의 아들을 나무랐다.

a sharp reproof 심한 잔소리

» put(e)

think : 생각하다 reckon : 계산하다, 합계하다, 판단하다

C3-084

compute
[kəmpjúːt]

com(=together 함께) + pute(=reckon 합계하다) ⇒ 계산하다; 계산

ⓥ **계산하다,** 측정하다(=reckon; calculate) ⓝ **계산**(=computation)

She computed the annual interest for the bank.
그녀는 그 은행의 연간 이자를 계산했다.

depute
[dipjúːt]

• de-=down; apart

de(=down (일을) 아래로 주려고) + pute(=think 생각하다) ⇒ 위임하다

ⓥ (책임, 권한 등을 대리자에게) **위임하다;** 대리자로 삼다[임명하다]

ⓝ **deputy** 대리인, 대표자, 대의원 ⓐ 대리의, 부副(=surrogate)

He deputed his brother to take charge of the shop for a while.
그는 잠시 동안 동생이 가게를 맡아 하도록 위임했다.

dispute
[dispjúːt]

• de-=apart; differently

dis(=apart 각각 다르게) + pute(=think 생각하다) ⇒ 논쟁하다; 논의, 논쟁

ⓥ **논쟁하다**(=debate); 논의하다(=argue); 말다툼하다(=quarrel)
ⓝ **논의**(=argument), 토론; **논쟁**(=controversy; debate);
싸움, 말다툼(=quarrel); 분쟁(=strife)

ⓝ **disputation** 논쟁(=dispute; controversy); 토론, 토의(=debate)

ⓐ **disputative** 논의를 좋아하는(=disputatious); 논쟁의(=controversial)

They disputed whether they went on a vacation.
그들은 휴가를 떠날지 말지를 논의했다.

impute
[impjúːt]

im(=to ~에게) + pute(=think (죄가 있다고) 생각하다) ⇒ ~에게 돌리다

ⓥ (죄 등을) **~에게 돌리다**(=attribute); **~의 탓으로 하다**(=ascribe)

ⓝ **imputation** (남에게) 돌리기[지우기]; 비난, 오명(=disgrace)

The man imputed the accident to the bus driver's mistake.
그 남자는 그 사고가 버스 운전기사의 실수 탓이라 돌렸다.

repute
[ripjúːt]

• a man of **repute**
세상에 이름 난 (사람)

re(=again (사람을) 다시) + pute(=think 생각해보다) ⇒ (사람을) 평하다

ⓥ (사람을 ~라고) **평하다**(=account), 여기다(=consider)
ⓝ **평판, 세평**(=reputation); 호평, 명성; 유명(=celebrity)

ⓝ **reputation** 평판, 세평(=fame); 호평, 명성; 유명(=renown)

ⓐ **reputed** 평판이 좋은, 유명한(=noted); ~으로 통하고 있는

ⓐ **reputable** 존경할 만한, 훌륭한(=honorable; respectable; estimable)

quir(e)

seek : 구하다, 찾다; 요구하다 ⇒ **quest, quisit**도 같은 의미이다.

C3-085

acquire
[əkwáiər]

• ac- < ad-

ac(=to 덧붙여, 추가로, 완전히) + quire(=seek 구하다) ⇒ 획득하다

ⓥ **획득하다**(=obtain), 입수하다(=attain; gain); 습득하다

ⓐ **acquired** 습득한, 후천적으로 얻은(=gained by experience)

opp. **innate; inborn; inherent** 타고난

ⓝ **acquirement** 취득, 획득, 습득(=acquisition); pl. 학식

He acquired a habit to go out at night.
그는 밤에 나가는 버릇이 생겼다.

acquire a foreign language 외국어를 습득하다

the acquirement of knowledge 지식의 습득

cf. **acquaint oneself with ~** ~에 정통하게 하다

inquire
[inkwáiər]

in(=into 안으로) + quire(=seek 구하다) ⇒ 묻다, 문의하다

ⓥ **묻다, 문의하다**(=question); ~을 조사하다(=investigate)

ⓝ **inquiry** 문의, 질문; 조사(=investigation)

ⓐ **inquiring** 탐구하는, 캐묻기 좋아하는(=inquisitive)

I will inquire of her about it. 그것을 그녀에게 물어 봐야겠다.

The police closely inquired into the accident.
경찰은 상세하게 사건을 조사했다.

a letter of inquiry 문의서

require
[rikwáiər]

re(=again 재차) + quire(=seek 요구하다) ⇒ ~을 요구하다, ~을 필요로 하다

ⓥ **~을 요구하다**(=demand); **~을 필요로 하다**(=need)

ⓐ **required** 필수의(=compulsory) opp. **elective** 선택의

ⓝ **request** 요청, 요구 ⓥ 요구하다, 부탁하다

ⓝ **requirement** 요구(=need); 필요조건, 요건(=requisite)

• **recommend**
ⓥ 추천하다, 권하다
ⓝ **recommendation**
추천, 추천장

The job requires a lot of social experience. 그 일은 많은 사회 경험을 요구한다.

You are required to get more than 90 points if you want to be recommended to Harvard University.
하버드 대학에 추천되려면 90점 이상을 받지 않으면 안된다.

a required subject (미국 대학의) 필수과목

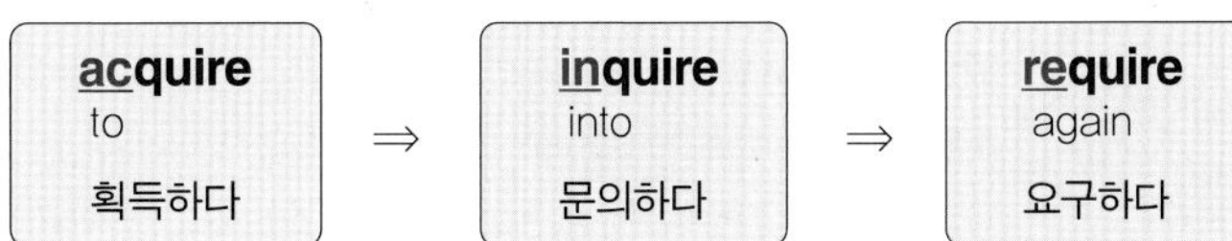

≫ quisit　seek : 구하다, 찾다; 요구하다

 C3-086

acquisition
[ǽkwəzíʃən]

• ac- < ad-

ac(=to ~에 덧붙여, 완전히) + quisit(=seek 구한) + ion(것) ⇒ 취득, 획득

ⓝ (노력에 의한) **취득, 획득,** 습득(=acquirement); 취득한 것, 획득물

ⓐ **acquisitive** 취득적인, 욕심이 많은(=greedy)

ⓥ **acquire** 얻다, 획득하다, 취득하다(=attain; gain); 포착하다

ⓐ **acquired** 획득한, 후천적으로 얻은 opp. **innate**; **inborn**(타고난)

ⓝ **acquirement** 취득, 획득, 습득; 취득한 것; 재능, 학식

They are recent acquisitions to the library.
그 책들은 도서관에서 새로 구입한 도서들이다.

inquisition
[ìnkwəzíʃən]

• **inquest** ⓝ <법> 심리, 검시, 배심

in(=into 안으로) + quisit(=seek (철저히) 찾[구]) + ion(음[함]) ⇒ 조사, 탐구

ⓝ (철저한) **조사, 탐구**(=investigation); <법률> 취조, 심리

ⓐ **inquisitive** 질문하기 좋아하는; 호기심이 강한(=curious)

ⓐⓓ **inquisitively** 알고 싶어서, 캐묻는 듯이

ⓥ **inquire** 묻다, 질문하다; 탐구하다, 조사하다(=investigate)

ⓝ **inquiry** 질문(=question); 문의, 조회; 조사(=investigation)

The police wanted to meet me for the inquisition of the accident.
경찰은 사건의 조사를 위해 나를 만나고 싶어 했다.

requisition
[rèkwəzíʃən]

re(=again 재차 (강하게)) + quisit(=seek 요구) + ion(함) ⇒ 요구; 필요

ⓝ (권력, 직권 등에 의한) **요구,** (정식의) 명령; 범인 인도요구; **필요,** 수요

ⓐ **requisite** 필요한(=necessary); 없어서는 안 될(=indispensable)

ⓐ **required** 필수의(=indispensable; essential; requisite)

ⓝ **requirement** 요구(=need); 필요조건, 요건; 자격; 필수품

Men were placed under requisition by the government.
남자들은 국가에 의해 징용됐다.

exquisite
[ékskwìzit]

ex(=out 밖으로) + quisit(=seek (멋진 것을) 찾아) + e(낸) ⇒ 절묘한; 섬세한

ⓐ **절묘한,** 아주 아름다운, 더할 나위 없는; 정교한(=delicate); 날카로운, 강렬한(=sharp; keen; acute); **섬세한,** 고상한

ⓐⓓ **exquisitely** 정교하게, 섬세하게, 절묘하게; 강렬하게

That was an exquisite piece of music. 그것은 절묘한 음악이었다.
a man of exquisite sensitivity 아주 민감한 사람

rang(e)   line : 열, 줄; 정렬시키다

C3-087

arrange
[əréindʒ]
• ar- < ad-

ar(=to ~에 따라) + range(가지런히 늘어놓다) ⇒ 정리하다, 준비하다

ⓥ **정리하다,** 정렬시키다(=array; marshal); 미리 계획하다(=plan); **준비하다**(=prepare); 조정하다(=adjust); 편곡하다

ⓝ **arrangement** 정돈, 배열, 배치; pl. 계획; 조정(=adjustment)

She always arranges things in order.
그녀는 항상 물건을 제자리에 정리해 둔다.

disarrange
[dìsəréindʒ]
• dis-=반대동작

dis(반대로) + arrange(정렬시키다) ⇒ 어지럽히다, 혼란시키다

ⓥ (순서, 배열, 계획 등을) **어지럽히다, 혼란시키다**(=disorder)

ⓝ **disarrangement** 교란, 혼란; 난맥(=confusion; disorder)

He disarranged a closet to find a sweater.
그는 스웨터를 찾기 위해 옷장을 휘저어 놨다.

derange
[diréindʒ]

de(=apart 뿔뿔이) + range(늘어놓다) ⇒ 어지럽히다, 흐트러뜨리다

ⓥ **어지럽히다**(=disturb); **흐트러뜨리다**(=disorder); (정신을) 착란시키다(=make insane)

ⓝ **derangement** 어지럽히기, 혼란, 무질서; 착란(=insanity)

The noisy music deranged my mind. 그 시끄러운 음악이 내 정신을 어지럽혔다.

strange
[stréindʒ]

strange(=outside 바깥의) → 미지의 ⇒ 이상한, 생소한

ⓐ **이상한**(=odd), 희한한(=unusual); 별난(=extraordinary); **생소한**(=unfamiliar); 사정을 잘 모르는(=unaccustomed)

ⓐⓓ **strangely** 이상하게, 기묘하게(=oddly); 이상하게도

ⓝ **stranger** 낯선 사람, 모르는 사람 opp. **acquaintance** 아는 사람; 면식

It was a strange dream that I'v never had.
그것은 한 번도 경험하지 못했던 이상한 꿈이었다.

estrange
[istréindʒ]
• e- < ex-
• 원래는 '낯선 사람(=stranger)으로 대하다'는 뜻에서 유래함.

e(=away) + strange(이상한) → 멀리 놓아 이상하게 만들다 ⇒ 떼어놓다

ⓐ (사람을) <친구, 가족 등에서> **떼어놓다; 이간하다**(=alienate; split up)

ⓐ **estranged** 소원해진, 사이가 틀어진

ⓝ **estrangement** 소원, 이간, 불화; 소외(=alienation)

His bad manner estranged his girl friend. 그의 나쁜 매너로 여자친구가 떠났다.

rect

straight : 곧은(直); 올바른(=right)(正); 바르게 이끌다(=lead straight)

C3-088

correct
[kərékt]
• cor- < com-
⇒ 바르게 이끌다
⇒ (잘못을) 고치다

cor(=completely 완전히) + rect(=straight 똑바른) ⇒ 올바른, 정확한; 바로잡다

ⓐ **올바른, 정확한**(=right; accurate); 적당한(=proper)
ⓥ **바로잡다,** 고치다(병, 결점을) 고치다, 치료하다(=cure)
ⓝ **correction** 수정, 정정, 교정; (과오, 나쁜 버릇 등을) 고치기
ⓐ **corrective** (잘못, 비정상 등을) 올바르게 하는, 정상이 되게 하는

a correct answer 정답
They never correct their child with a rod.
그들은 아이를 절대 매로 다스리진 않는다.

indirect
[ìndirékt]
opp. **direct** ⓐ 직접의, 직진하는

in(=not 안) + direct(똑바른, 직접의) ⇒ 똑바르지 않은, 간접적인

ⓐ **똑바르지 않은,** 우회하는, 빙도는(=roundabout); (표현이) 직접적이 아닌; **간접적인,** 2차적인(=secondary)
ⓐⓓ **indirectly** 간접으로, 완곡하게

indirect lighting[tax] 간접 조명[간접세]
She made an indirect allusion to me. 그녀가 나에게 넌지시 말했다.

erect
[irékt]
• e- < ex-

e(=up 위로) + rect(=lead straight 똑바로 이끌다) ⇒ 똑바로 세우다; 똑바로 선

ⓥ **똑바로 세우다,** 직립시키다(=raise); 세우다, 짓다(=build)
ⓐ **똑바로 선,** 직립한(=upright); (머리카락 등이) 곤두선(=raised)
ⓝ **erection** 직립; 건설, 조직; <생리> 발기; 건물

He still stands erect there. 그는 여전히 거기서 똑바로 서 있었다.

rectify
[réktəfài]

rect(i)(=straight 바르게) + fy(=make 하다) ⇒ 바로잡다, 수정하다

ⓥ (잘못 등을) **바로잡다**(=correct); 교정하다, **수정하다**(=amend); (기계 등을) 조정하다(=adjust)
ⓝ **rectification** 개정, 수정, 정정(=amendment; alteration)

They rectified mistakes on the plan. 그들은 그 계획에서의 실수들을 수정했다.

rectitude
[réktətjù:d]

rect(i)(=straight 바) + tude(름) ⇒ 공정, 정확

ⓝ **공정,** 정직(=honesty), 청렴강직(=righteousness); (판단, 수단의) 적정, **정확**(=correctness)

Everybody trusts to his rectitude. 모든 사람이 그의 청렴함을 신뢰한다.

rupt

break : 부수다, 깨다; 밀고 들어가다

C3-089

abrupt

[əbrʌ́pt]

⇒ '찢어 없애다'는 뜻에서

· **out of the blue**
뜻밖에, 불쑥

ab(=off) + rupt(=break) → break off(갑자기 중지하다) ⇒ 갑작스러운

ⓐ **갑작스러운,** 뜻밖의(=sudden); 급커브의; 가파른(=steep; precipitous)

ⓐⓓ **abruptly** 갑자기(=suddenly), 뜻밖에; 퉁명스럽게

ⓝ **abruption** (갑작스런) 분리, 분열; 중단

I was confused at his abrupt reaction.
나는 그의 뜻밖의 반응에 당황했다.

bankrupt

[bǽkrʌpt]

bank(환전상의) 책상 → 은행이 + rupt(=broken 부서진) ⇒ 파산한

ⓐ **파산한,** 지불불능의 ⓥ 파산시키다 ⓝ 파산자

ⓝ **bankruptcy** 파산, 파탄; 파멸(=ruin; wreck; downfall)

They went bankrupt after IMF. 그들은 IMF 이후 파산했다.

corrupt

[kərʌ́pt]

· cor- < com-

cor(=completely 완전히) + rupt(=broken 부서진) ⇒ 타락한, 퇴폐한

ⓐ **타락한, 퇴폐한;** 부정한; 순수성을 잃은(=crooked)

ⓥ **타락시키다,** 부패시키다(=pervert); (뇌물로) 매수하다(=bribe)

ⓝ **corruption** 타락, 퇴폐; 매수; 부패(=depravity)

ⓐ **corruptible** 타락하기 쉬운, 부패하기 쉬운

We realized that he was a corrupt politician.
우리는 그가 타락한 정치인이란 것을 알았다.

disrupt

[disrʌ́pt]

dis(=apart 산산이) + rupt(=break 부숴버리다) ⇒ 붕괴시키다, 분열시키다

ⓥ (제도, 국가 등을) **붕괴시키다, 분열시키다;** 혼란시키다

ⓝ **disruption** 붕괴, 분열; 중단; (국가 등의) 분열상태

ⓐ **disruptive** 분열[붕괴]적인, 파괴적인, 혼란을 일으키는

The heavy storm disrupted the train schedule.
심한 폭풍이 기차운행을 두절시켰다.

erupt

[irʌ́pt]

· e- < ex-

e(=out 밖으로) + rupt(=break 터져 나오다) ⇒ 분출하다

ⓥ <화산, 간헐천 등이> **분출하다,** 분화하다(=burst forth)

ⓝ **eruption** (화산의) 폭발, 분출(=ejection); (감정의) 폭발

ⓐ **eruptive** 폭발적인, 폭발성의; 분출성의

The volcano erupts every 50 years. 그 화산은 50년마다 분출한다.

interrupt
[intərʌ́pt]

inter(=between 사이에 들어가) + rupt(=break 깨뜨리다) ⇒ 방해하다, 중단하다

ⓥ **방해하다**(=hinder); 가로막다(=obstruct), **중단하다**

ⓝ **interruption** 방해(물); 중단; 중간 휴식(=intermission)

ⓐ **interrupted** 가로막힌, 중단된; 단속적인

interrupt an electric current 전류를 차단하다

He interrupted me when I recommended her the book.
내가 그녀에게 그 책을 추천하자 그는 내 말을 가로막았다.

irrupt
[irʌ́pt]

• ir-<in-

ir(=into 안으로) + rupt(=break 부수고 들어가다) ⇒ 침입하다

ⓥ **침입[난입]하다**(=invade); 급격히 증가하다

ⓝ **irruption** 침입, (군대의) 맹침공(=a violent invasion); 급증

The robbers irrupted into the building.
그 도둑들은 건물로 침입했다.

cf. **trespass on another's premises** 가택침입
침입자 = **intruder; trespasser; invader**

rupture
[rʌ́ptʃər]

• 불화=discord; rupture differences; trouble

rupt(=break 부숴지는) + ure(동작, 상태) ⇒ 파열, 불화

ⓝ **파열,** (우호관계의) 단절(=breach*); **불화,** 다툼(=quarrel)

ⓥ 파열시키다(=break; burst); (우호관계를) 끊다

the rupture of blood vessel 혈관의 파열

He doesn't want a rupture between friends.
그는 친구간의 불화를 원치 않는다.

come to a rupture (교섭이) 결렬되다

cf. **outbreak** ⓝ (전쟁, 질병 등의) 발발; (분노의) 폭발; 폭동

[참고]
abruption ⓝ 분리, 분열
corruption ⓝ 타락
disruption ⓝ 붕괴
eruption ⓝ 폭발, 분출
interruption ⓝ 방해
irruption ⓝ 침입

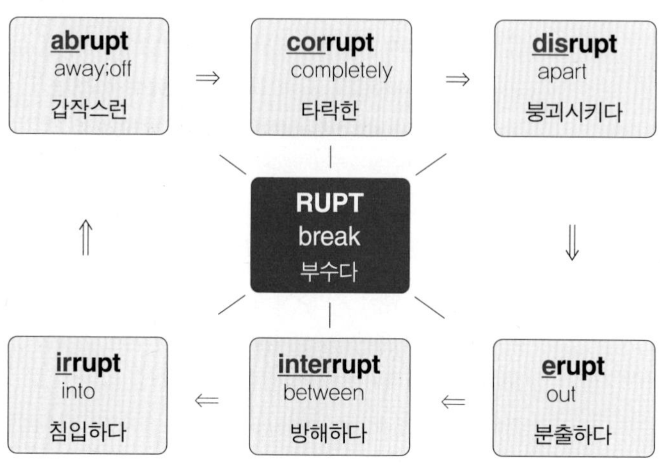

≫ scend

climb : 올라가다, 오르다

▶ C3-090

ascend

[əsénd]

• a- < ad-

a(=to ~로) + scend(=climb 올라가다) ⇒ 오르다, 올라가다

ⓥ **오르다, 올라가다**(=rise); (지위가) 오르다 *opp.* **descend** 내려가다

ⓝ **ascent** 올라가기, 상승(=rising); 향상, 승진(=advancement)

ⓐ **ascendant** 오르는, 상승하는; 우세한(=predominant)

ⓝ 우세, 우위(=ascendancy); 지배력; 선조(=forefather; ancestor)

The elevator was broken and they ascended the stairs.
엘리베이터가 고장이 나서 그들은 계단으로 올라갔다.

descend

[disénd]

• de-=반대동작

de(반대로) + scend(=climb 올라가다) ⇒ 내려가다, 유래하다

ⓥ **내려가다;** 경사지다; 쇠퇴하다; 전해지다, **유래하다**(=derive from)

ⓝ **descent** 내리기, 하강; 내리막길; 계승, 상속; 가계, 혈통

ⓝ **descendant** 자손(=posterity) opp. **ancestry** 조상(=ancestor; predecessor)

ⓐ **descendent** 내려가는, 낙하하는(=descending); 조상 전래의

It was dark and we descended from a mountain in a hurry.
날이 어두워져 우린 산에서 서둘러 내려왔다.

condescend

[kὰndisénd]

con(=completely 완전히) + descend((자신을) 내리다) ⇒ 자기를 낮추다

ⓥ **자기를 낮추다,** 겸손하게 굴다; 지조를 버리고 ~하다; 젠체하다

ⓝ **condescension** 친절, 겸손(=condescendence); 서민적 태도

ⓐ **condescending** (아랫사람에게) 은혜라도 베푸는 듯한; 친절한, 겸손한

She condescended to our intellectual level. 그녀는 우리 지적 수준에 맞추었다.

transcend

[trænsénd]

tran(=over ~을 넘어서) + scend(=climb 올라가다) ⇒ 초월하다, 능가하다

ⓥ **초월하다**(=exceed; go beyond); **능가하다;** 한계[범위]를 넘다(=surpass)

ⓝ **transcendence/transcendency** 초월; 탁월; (신의) 초월성

ⓐ **transcendent** 탁월한, 뛰어난, 출중한

The movie transcends our imagination.
그 영화는 우리 상상력을 초월한다.

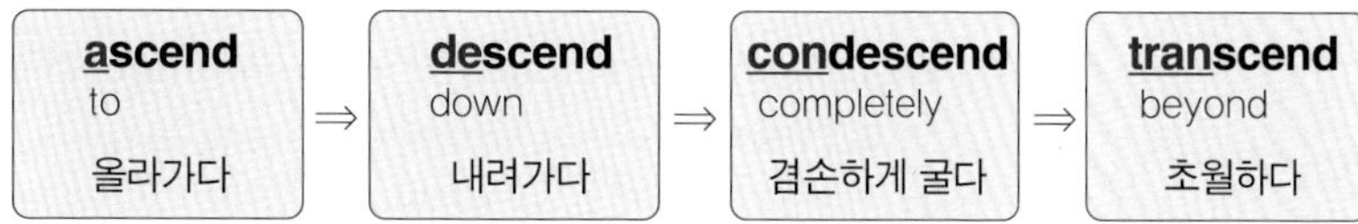

≫ sci　know : 알다, 알고 있다, 이해하다

C3-091

science
[sáiəns]

sci(=know 아는) + ence(것) ⇒ 지식 ⇒ 과학 ⇒ 학문

ⓝ **지식**(=knowledge); **과학,** 자연과학(=natural science);
학문(=learning); 기술(=skill; technique)

ⓐ **scientific** 과학의, 과학을 다루는; 과학용의; 과학적인

ⓐⓓ **scientifically** 과학적으로, 과학적인 방법으로

the advance(ment) of science 과학의 진보

He knew something about science.
그는 과학에 대해 어느 정도 알고 있었다.

scientific theory 과학이론

conscience
[kɑ́nʃəns]

con(=together 서로) + science(바르게 아는 것) ⇒ 양심

ⓝ **양심,** 본심; 도의심(=moral judgment)

ⓐ **conscientious** 양심적인; 성실한; 신중한, 꼼꼼한(=scrupulous)

ⓐ **conscienceless** 비양심적인; 파렴치한

He couldn't feel comfortable with a bad conscience.
그는 떳떳하지 못한 마음에 편하지가 않았다.

Never was a man more conscientious than he.
그 만큼 양심적인 사람은 결코 없었다.

conscientious[elaborate] workmanship 꼼꼼한 솜씨

nescience
[néʃiəns]

ne(=not 안) + science(앎) → 모름 ⇒ 무지

ⓝ **무지,** 무학(=ignorance); <철학>불가지론(=agnosticism)

ⓐ **nescient** 무지의, 무학의(=ignorant); 불가지론의(=agnostic) ⓝ 불가지론자

We blamed ourselves for the nescience of music.
우리는 음악에 무지한 우리 자신들을 탓했다.

omniscience
[ɑmníʃəns]

omni(=all 모든 것을) + science(앎) ⇒ 전지(전능), 박식

ⓝ **전지, 박식**(=infinite knowledge); (O-) 전지자, 신

ⓐ **omniscient** 전지의; 모든 것을 알고 있는(=all-knowing)

cf. **almighty** ⓐ 전능한, 만능의; 어마어마한(=great)

We can get any information from the internet of omniscience.
우리는 무한지식의 인터넷에서 어떤 정보라도 얻을 수 있다.

be omniscient and omnipotent 전지전능하다

prescience
[príːʃiəns]

pre(=before 미리) + science(앎) ⇒ 예지, 선견(지명)

ⓝ **예지(=fore knowledge); 선견(=foresight)**

ⓐ **prescient** 예지하는; 선견지명이 있는(=foresighted); 앞을 내다보는

· **domestic** ⓐ 국내의; 길들인

She has prescience of the domestic economy.
그녀는 국내경제에 선견지명이 있다.

conscious
[kánʃəs]

con(=together 함께) + know(알고 있) + ous(는) ⇒ 의식하고 있는, 고의의

ⓐ **의식하고 있는,** 자각하고 있는, 알고 있는(=aware); 지각 있는;
고의의(=intentional) *opp.* **unconscious** 모르는, 의식불명의

ⓐⓓ **consciously** 의식하고, 의식적으로; 고의로(=intentionally)

ⓝ **consciousness** 의식, 자각; 의식, 제정신(=mind)

ⓐ **self-conscious** 자아의식이 강한

I'm conscious of my stupidness. 나의 어리석음을 깨닫고 있다.
She was conscious to the last. 그녀는 죽을 때까지 의식이 있었다.

subconscious
[sʌ̀bkánʃəs]

sub(=under 아래서) + conscious(의식하고 있는) ⇒ 잠재의식의; 잠재의식

ⓐ **잠재의식의;** 어렴풋이 의식하고 있는 ⓝ **잠재의식**

ⓐⓓ **subconsciously** 잠재의식 하에서

ⓝ **subconsciousness** 잠재의식

cf. **half-conscious** ⓐ 반의식의

Maybe it existed in her subconscious.
그것은 아마 그녀의 잠재의식 속에 존재했을 것이다.

[참고]
scientific ⓐ 과학적인
conscientious ⓐ 양심적인
nescient ⓐ 무지의, 모르는
omniscient ⓐ 전지의
prescient ⓐ 예지하는
conscious ⓐ 의식하고 있는
subconscious ⓐ 잠재의식의

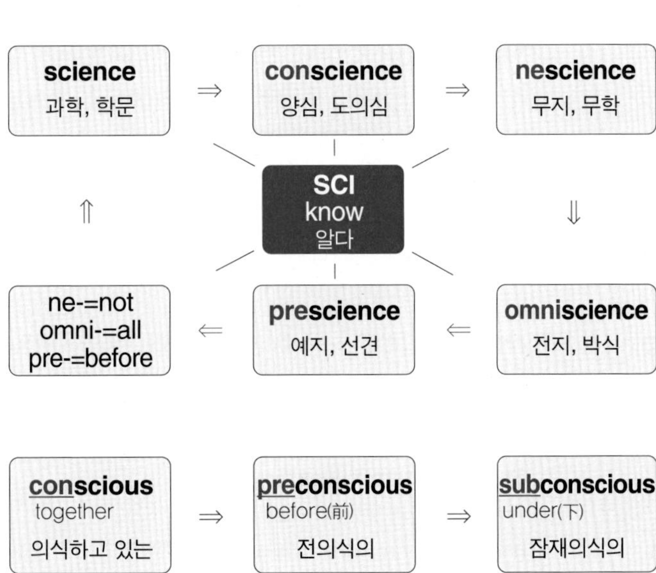

» scrib(e) write : 쓰다, 기입하다 ⇒ scribe ⓥ ⇒ scription ⓝ

C3-092

ascribe
[əskráib]

• a- < ad-

a(=to ~에게) + scribe(=write (책임이 있다고) 기입하다) ⇒ ~ 탓으로 돌리다

ⓥ (원인 등을) **~ 탓으로 돌리다;** ~때문이라고 하다(=assign; attribute)

ⓝ **ascription** (~에) 돌리기, 귀속; ~에 원인이 있다고 여김

ⓐ **ascribable** (~에) 돌릴 수 있는, ~에 기인하는

He ascribed his failure to bad luck.
그는 실패를 불운 탓으로 돌렸다.

circumscribe
[sə́ːrkəmskràib]

circum(=around 둘레에) + scribe(=write (선을) 긋다) ⇒ 제한하다

ⓥ **제한하다**(=limit); 주위에 경계선을 긋다; (선으로) 두르다(=encircle)

ⓝ **circumscription** 한계, 제한(=limitation; restriction); 경계(선)

Doctors circumscribed her exercise.
의사들은 그녀의 운동을 제한했다.

describe
[diskráib]

• **scene** [siːn] ⓝ 광경, 경관; 장면; (행위, 사건의) 장소, 현장

de(=down 아래에) + scribe(=write 적어 내려가다) ⇒ 기술하다, 묘사하다

ⓥ (~의 성질을) **기술하다,** 말로 **묘사하다;** (도형을) 그리다(=draw)

ⓝ **description** 기술, 서술, 묘사; (상품의) 설명서, 품목

ⓐ **descriptive** 기술하는, 기술적인, 해설적인; 서술적인

She couldn't even describe the scene. 그녀는 그 광경을 설명조차 할 수 없었다.

inscribe
[inskráib]

in(=in 안에 / upon 위에) + scribe(=write (글씨를) 파다) ⇒ 새기다, 명심하다

ⓥ (금, 돌에 글씨를) **새기다,** 파다(=engrave; chase);
(마음에) 새기다, **명심하다**(=impress deeply)

ⓝ **inscription** 비명, 새긴 문자; 기입; 비문; (저서 등의) 헌정사

The tombstone was inscribed with the date of her death.
그 묘석에는 그녀의 기일이 새겨져 있었다.

prescribe
[priskráib]

pre(=before 미리) + scribe(=write (~라) 쓰다) ⇒ 규정하다, 처방하다

ⓥ **규정하다**(=ordain; lay down); 명령하다(=order); (약을) **처방하다**

ⓝ **prescription** 규정, 법규, 명령(=order); (약의) 처방, 처방전; 시효

She always prescribes him what to do.
그녀는 항상 그에게 무엇을 해야 할지를 지시한다.

prescribe for a patient 환자에게 처방을 적어주다

proscribe

[prouskráib]

pro(=before 미리) + scribe(=write (하지 말라고) 쓰다) ⇒ 금지하다, 인권을 박탈하다

ⓥ **금지하다**(=forbid); **인권을 박탈하다**(=outlaw); 추방하다(=exile)

ⓝ **proscription** 금지(=prohibition); 정지; 인권 박탈; 추방

ⓐ **proscriptive** 인권을 박탈하는; 추방의; 금지의

They proscribe women's participation. 그들은 여성의 참여를 금지한다.

subscribe

[səbskráib]

sub(=under (문서) 아래에) + scribe(=write (이름을) 쓰다) ⇒ 서명하다

ⓥ (문서 끝, 그림에) **서명하다;** 찬성하다(=consent to);
지지하다(=support); **기부를 약속하다**(=contribute); 예약 구독하다

ⓝ **subscription** 기명하기, 서명(=signature); 동의, 찬성; 기부의 신청;
모금; (간행물의) 구독예약; (주식의) 응모; (전화의) 가입신청

ⓝ **subscriber** 서명인; 찬성자; (예약) 구독자; (주식의) 응모자

He subscribed his name to the document. 그는 그 서류에 서명했다.

transcribe

[trænskráib]

• tran- < trans-

tran(=over ~의 위에 덮어서) + scribe(=write 쓰다) ⇒ 베끼다, 복사하다

ⓥ **베끼다, 복사하다**(=copy); 바꿔 쓰다; <음악> 편곡하다

ⓝ **transcription** 필사(=copying), 베끼기, 복사한 것; 사본(=transcript; copy); 편곡, 녹음

ⓝ **transcript** 베낀 것, 사본, 등본; 복사(=copy); 성적 증명서

We transcribed a French name into English.
우리는 불어이름을 영어로 고쳤다.

a copy of your academic transcript 성적증명서 사본 1부

• **scribble** ⓥ 갈겨쓰다, 낙서하다

• **script** ⓝ 원본, 대본

• **postscript** ⓝ 추신

[참고]

ascription ⓝ 귀속
circumscription ⓝ 제한
description ⓝ 묘사, 기술
inscription ⓝ 명각, 비명
prescription ⓝ 규정
proscription ⓝ 금지
subscription ⓝ 서명
transcription ⓝ 필사

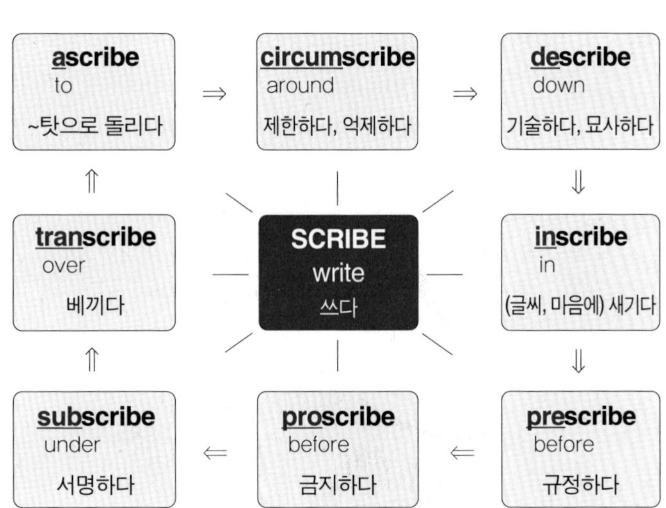

» secut(e)

follow : 뒤쫓다, 지시대로 행하다 ⇒ **secut = sequ**

C3-093

execute
[éksəkjùːt]

ex(강조-철저히, 끝까지) + (s)ecute(=follow 쫓아가다) ⇒ 실행하다, 처형하다

ⓥ **실행[수행]하다**(=perform*; carry out); 시행하다(=enforce); **처형하다**

ⓝ **execution** 실행, 집행(=enforcement); 실시, 시행; (사형) 집행, 처형

ⓐ **executive** 실행하는, 행정적인, 관리직의 ⓝ 임직원, 경영진

ⓝ **executor** 실행자; 유언 집행자

He executed his position very well at work.
그는 직장에서 그의 역할을 잘 수행했다.

executive ability 실무능력

[tips] **수행하다 = execute; perform; discharge; achieve; accomplish**
수행 = execution; performance; discharge; achievement

persecute
[pə́ːrsikjùːt]

per(강조-끝까지) + secute(=follow 뒤쫓아 괴롭히다) ⇒ 박해하다

ⓥ **박해하다**(=oppress*), 가혹하게 대하다; 성가시게 괴롭히다(=annoy)

ⓝ **persecution** 박해; 성가시게 괴롭힘, 졸라댐

ⓐ **persecutive** 박해하는, 괴롭히는(=importunate)

We were persecuted for our religion.
우리는 종교 때문에 박해를 받았다.

persecute a person with questions
질문공세로 아무를 괴롭히다

prosecute
[prásikjùːt]

pro(=forth (일을) 앞으로) + secute(=follow 따라가다) ⇒ 수행하다, 기소하다

ⓥ **수행하다**(=pursue); **기소하다**(=indict); 경영하다, ~에 종사하다

ⓝ **prosecution** 수행(=performance), 실시; 종사, 경영; 기소, 고소(=indictment);
(the ~) 검찰당국, 검찰측 opp. **defense** 피고측

ⓝ **prosecutor** 실행자, 수행자; 고소자, 검찰관

· **trespasser**
ⓝ 불법침입자, 위법자

Trespassers will be prosecuted. 무단 침입자는 고소함. <게시문>

They prosecuted a claim for damages.
그들은 손해배상을 요구했다.

cf. **plaintiff** ⓝ 원고, 고소인 opp. **defendant** 피고

[참고]
execution ⓝ 실행
persecution ⓝ 박해
prosecution ⓝ 기소

» sembl(e) like : 비슷한, 닮은 together : 같이, 서로

C3-094

assemble

[əsémbl]

• as-<ad-

as(=to ~로) + semble(=bring together 불러 모으다) ⇒ 모으다, 조립하다

ⓥ (사람을) **모으다,** (물건을) 그러모으다(=gather; collect); **조립하다**

ⓝ **assembly** 집회, 모임(=meeting); 조립, 조립공장; (A-) 의회

ⓝ **assemblage** 집합, 모임; 회합, 집회(=meeting); 조립

ⓝ **assemblyman** 의원, 하원 의원

The child assembled the puzzle by himself.
그 아이는 혼자 퍼즐을 맞췄다.

an unlawful assembly 불법집회

dissemble

[disémbl]

dis(=not 안) + semble(=be like 닮아 보이게 하다) ⇒ 가장하다, 숨기다

ⓥ **가장하다**(=simulate; feign); 시치미 떼다, 모른체 하다
(감정, 계획 등을) 속이다, **숨기다**(=disguise; hide)

ⓝ **dissemblance** (감정 등의) 은폐, 시치미 떼기 cf. **ostentation** ⓝ 허식, 겉치레

She dissembled, even though she heard the news of him.
그의 소식을 들었어도 그녀는 모른 척했다.

ensemble

[ɑːnsɑ́ːmbl]

• semble
=at the same time

en(=in 안에서) + semble(=together 서로 조화하여 나타난 효과) ⇒ 전체적 효과

ⓝ **전체적 효과;** 잘 조화된 여성복 한 벌; <음악> 앙상블, 합주곡; 가구 한 세트

ⓐⓓ 모두함께, 일제히(=with one voice; in chorus)

I bought an ensemble for my sister's wedding.
언니의 결혼식을 위해 아래위 한 벌 옷을 샀다.

the Mozart ensamble 모차르트 협주곡

resemble

[rizémbl]

re(강조 - 매우) + semble(=be like 닮아 보이다) ⇒ ~과 닮다

ⓥ (외관, 성질 등이) **~과 닮다**(=take afer), 유사하다(=be similar)

ⓝ **resemblance** 닮음, 유사(=likeness; similarity); 유사점

The sisters resemble each other in personality.
그 자매는 성격 면에서 서로 닮았다.

There is a close resemblance between them. 그들은 아주 닮았다.

[참고]

semblance ⓝ 외관, 유사
dissemblance ⓝ 은폐
resemblance ⓝ 유사

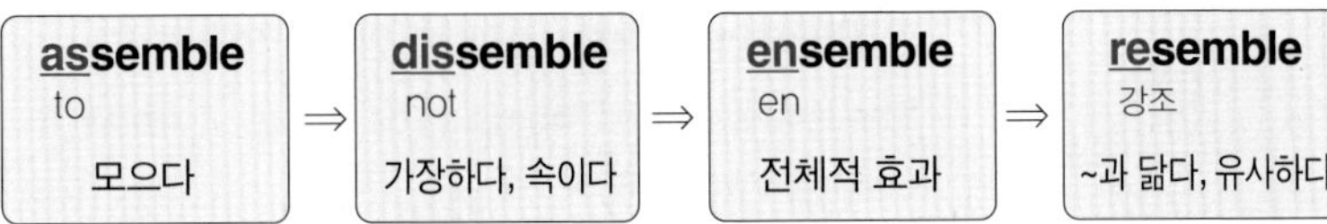

≫ sent

feel : 느끼다 ⇒ sent = sens

C3-095

assent
[əsént]
• as- ‹ ad-

as(=to ~에 대해) + sent(=feel (같이) 느끼다) ⇒ 동의하다

ⓥ (제안, 의견 등에) **동의하다**(=agree); 굴복하다(=give in; yield)

ⓝ **assentation** (즉석) 동의, 부화뇌동

Students all assented to the plan. 학생들 모두 그 계획에 찬성했다.

consent
[kənsént]
cf. **consensus**
ⓝ 의견의 일치, 합의

con(=together 서로 같이) + sent(=feel 느끼다) ⇒ 동의(하다); 일치

ⓥ **동의하다,** 승낙하다, 찬성하다 ⓝ **동의,** 승낙; (의견, 감정의) **일치**

ⓐ **consentaneous** 일치한, 적합한; 만장일치의(=unanimous)

He won't consent readily. 그는 쉽게 동의하지 않을 것이다.

dissent
[disént]

dis(=apart 따로 떨어져 다르게) + sent(=feel 느끼다) ⇒ 의견을 달리하다

ⓥ **의견을 달리하다,** 이의를 말하다(=disagree) *opp.* **consent** 동의하다

ⓝ **불찬성,** 의견 차이, 이의(=difference)

ⓝ **dissension** 불일치, 의견 차이; 의견의 충돌, 불화(=discord)

I dissented from his idea of going there.
나는 거기 가자는 그의 생각에 이의를 말했다.

resent
[rizént]

re(=back 꼭 되갚아 주겠다고) + sent(=feel 절실히 느끼다) ⇒ 분개하다

ⓥ (남의 언동에) **분개하다,** 원망하다(=feel indignation)

ⓝ **resentment** 분노, 분개(=grudge; indignation*), 원한(=spite)

ⓐ **resentful** 분개한(=indignant), 화를 잘 내는

ⓐⓓ **resentfully** 분개하여(=indignantly), 화를 내어

We resented his impertinent interference.
우리는 그의 주제넘은 참견에 화를 냈다.

absent
[ǽbsənt]
[참고] **insensitive**
ⓐ 무감각한, 둔한

ab(=away from (어디에서) 떨어져) + sent(=being 있는) ⇒ 부재의; 방심한

ⓐ **부재의,** 결근의, 결석의; **방심한;** 없는(=lacking; nonexistent)

ⓥ [æbsént] 결석[결근]하다(~ oneself)

ⓝ **absence** 결석, 불참; 결석일수 ⓝ **absentee** 불참자, 결석자

ⓐ **absent-minded** 방심 상태의, 멍하고 있는

She is absent from home all day long. 그녀는 하루 종일 집을 비우고 있다.
absentee vote 부재자 투표

≫ sequ

follow : 뒤따르다; ~의 결과로서 일어나다 ⇒ **sequ = secut**

C3-096

sequent
[síːkwənt]

sequ(=follow (계속) 뒤따르) + ent(는) ⇒ 결과로서 오는; 귀추, 결과

ⓐ **결과로서 오는**(=consequent); 연속하는; 다음에 오는; 필연의
 ⓝ **귀추, 결과**(=consequence)

ⓝ **sequence** 연속(해서 일어남); 결과(로서 일어나는 일); 차례, 순서(=order)

ⓐ **sequential** 잇따라 일어나는; 결과로서 일어나는(=sequent); 연속의
 ⓐⓓ **sequentially** 연속적으로

This accident was sequent to my laziness.
이 사고는 나의 게으름의 결과로 생겼다.

consequent
[kάnsikwənt]

con(=together (뒤에) 함께) + sequent(뒤따르는) ⇒ 결과로서 일어나는

ⓐ **결과로서 일어나는**(=resulting); 결과의, 당연한

ⓐⓓ **consequently** 그 결과, 결과적으로, 그러므로(=therefore)

ⓝ **consequence** 결과(=result); 귀결(=conclusion); 중요성, 중대성

ⓐ **consecutive** 연속적인(=successive; continuing)

ⓐ **consequential** 결과로서 일어나는; 당연한; 중대한

ⓐⓓ **consequentially** 그 결과로서, 간접적으로; 거만하게

· **consecutive numbers** ⓝ 일련번호

Bonus was consequent on his hard work.
보너스는 그의 중노동의 결과였다.

[tips] of (great) consequence (매우) 중요한
 of little[no] consequence 거의[전혀] 문제가 되지 않는

subsequent
[sʌ́bsikwənt]

sub(=under 아래에 바로) + sequent(잇따라 일어나는) ⇒ 그 후의, 그 뒤의

ⓐ **그 후의, 그 뒤의**; (순서가) 다음인(=succeeding); ~에 이어서 일어나는

ⓐⓓ **subsequently** 후에(=later); 이어서, 계속해서

ⓝ **subsequence** 다음(임), 후(임); 잇따라 일어남; 연속, 결과

· **sequel** ⓝ 계속; 속편, 후편, 결과

The subsequent person told me the answers.
그 다음 사람이 답을 말해 주었다.

[tips] 이어서 = subseqently; following; continuing; after

[참고]
sequence ⓝ 연속
consequence ⓝ 결과
subsequence ⓝ 다음, 후

sequent		consequent		subsequent
follow	⇒	together	⇒	under
결과로서 오는		이어서 일어나는		후의, 그 뒤의

» sert

join : 결합하다, 끼다 ⇒ sert = cert

C3-097

assert

[əsə́:rt]

• as- < ad-

as(=to ~에) + sert(=join 끼어들어가 확실히 말하다) ⇒ 단언하다, 주장하다

ⓥ **~을 단언하다**(=affirm; aver); **주장하다**(=maintain)

ⓝ **assertion** 단언, 단정, 주장(=a positive declaration)

ⓐ **assertive** 단정적인; 고집하는, 독단적인(=dogmatic)

We asserted that we didn't have enough time.
우리는 충분한 시간이 없었다고 강력히 주장했다.

desert

[dizə́:rt]

de(=off 분리) + sert(=join) → 결합을 떼버리다 ⇒ 버리다, 탈영하다; 사막

ⓥ (사람, 약속 등을) **버리다**(=abandon; forsake); 없어지다; **탈영하다**

ⓝ [dézərt] **사막,** 황야(=wilderness; waste)

ⓐ 사막의, 불모의(=barren; wild)

ⓐ **deserted** 버림받은; 사람이 살지 않는

ⓝ **desertion** 불법적인 포기; 처자 불법유기; 도망; 탈당

The husband deserted his wife. 그 남편은 아내를 버렸다.
She deserted her job after she got a phone call.
전화를 받고 나서 그녀는 직장을 이탈했다.

exert

[igzə́:rt]

ex(=out 밖으로) + (s)ert(=join 힘을 모아 내다) ⇒ (힘 등을) 쓰다, 노력하다

ⓥ (힘 등을) **쓰다; 노력하다,** 행사하다(=exercise)

ⓝ **exertion** 노력(=effort); 발휘; 분발(=endeavor); 매우 힘든 일

ⓐ **exertive** 힘을 발휘하는; 노력하는

We exerted ourselves to win the gold medal.
우리는 금메달을 따기 위해 노력했다.
use[make; put forth] exertions 노력하다, 힘쓰다

insert

[insə́:rt]

in(=into 안으로) + sert(=join 끼워 결합하다) ⇒ 삽입하다; 삽입물

ⓥ **삽입하다**(=inset), 끼워 넣다(=put in); 써넣다, 게재하다

ⓝ 끼워 넣는 것, **삽입물**; 삽입 광고; (신문 등의) 끼워 넣는 페이지

ⓝ **insertion** 끼워 넣기, 삽입; 끼워 넣는 것; 삽입 광고

He inserted a coin into the vending machine.
그는 자판기에 동전을 집어넣었다.
insert an ad in a magazine 잡지에 광고를 싣다
the insertion of a coin in a vending machine 자동판매기에 동전을 집어 넣음

serv(e) keep : 지키다, 간직하다

C3-098

conserve
[kənsə́:rv]

• con- < com-

con(=thoroughly 철저히) + serve(=keep 간직하다) ⇒ 보존하다, 유지하다

ⓥ **보존하다, 유지하다,** 보관하다; (과일을) 설탕절임으로 하다유지하다,

ⓝ **conservation** 보존(=preservation); 자연[자원]보호; 보안림

ⓐ **conservative** 보존하는, 보존성의; 보수적인; 온건한(=moderate); 신중한(=cautious; prudent) ⓝ 방부제

ⓝ **conservatism** 보수주의 cf. **progressionism** 진보주의

We sometimes forget to conserve our nature.
우리는 가끔씩 우리 자연을 보호해야 한다는 것을 잊는다.

deserve
[dizə́:rv]

de(강조 - 정말 부지런히) + serve(봉사하다) ⇒ ~할 [받을]만하다

ⓥ **~할 [받을]만하다,** ~할[받을] 만한 가치가 있다(=be worth)

ⓐ **deserved** 그만한 가치가 있는, 당연한(=justly earned)

ⓐ **deserving** (~의) 가치가 있는; (~에) 합당한(=worthy)

He deserves to get ‘A’ in English. 그는 영어에서 A를 받을 만하다.

observe
[əbzə́:rv]

• **portrait** [pɔ́:rtrit] ⓝ 초상(화), 얼굴그림; (인물에 대한) 묘사

ob(=to ~에) + serve(=keep 주의를 기울이다, 지키다) ⇒ 관찰하다, 준수하다

ⓥ **관찰하다,** 관측하다; 주목하다(=watch); 알아채다(=perceive); (규칙, 명령 등을) 지키다, **준수하다;** 축하하다(=celebrate)

ⓝ **observation** 관찰, 관측; 남의 눈, 감시; 발언(=utterence), 소견

ⓝ **observance** (규칙 등의) 준수; (종교상의) 의식; 관습

ⓝ **observatory** 천문대, 기상대, 관측소; 전망대(=lookout)

ⓝ **observer** 관찰자, 관측자; 준수자; (회의의) 옵서버

We observed that he painted his own portrait.
우리는 그가 자신의 자화상을 그리는 것을 지켜보았다.

the observance of traffic laws 교통법규의 준수

preserve
[prizə́:rv]

• **wildlife preservation** 야생 생물의 보호

pre(=beforehand 미리) + serve(=keep 간직하다, 지키다) ⇒ 보호하다, 보존하다

ⓥ (위험, 손상 등으로부터) **보호하다,** 지키다(=protect); 보존하다; **보존하다;** 간직하다, 유지하다(=maintain)

ⓝ **preservation** 보존, 유지; 저장, 보관; 방부

ⓐ **preservative** 보존의, 보존력이 있는, 방부의 ⓐ 방부제(=antiseptic)

The air bag preserved him from the accident. 에어백이 그를 사고에서 구해냈다.

reserve

[rizə́:rv]

re(=back (나중을 위해서) 뒤에) + serve(=keep 보관해 두다) ⇒ 비축해 두다, 예약하다

ⓥ (미래를 위해) **비축해 두다,** 보존하다; **예약하다**(=make reservations; book)

ⓝ **저장, 비축**(=store; stock); 제한, 한정(=limitation); 예비; (석유 등의) 매장량; (은행 등의) 준비금 ⓐ 남겨둔, 준비의, 예비의

cf. **residue** ⓝ 나머지(=remnant), 찌꺼기

ⓝ **reservation** (극장, 호텔 등의) 예약; (권리, 이익 등의) 보류; 사냥 금지지역

ⓐ **reserved** 남겨둔, 예약한, 예비의; 보류한; 조심성 많은, 수줍은(=diffident; shy)

ⓝ **reservior** 저수지; 그릇, 통; 저장(=store), 축적(=reserve)

She reserved some pieces of cake for her sister.
그녀는 언니를 위해 케이크 몇 조각을 남겨놓았다.

Did you make reservations for rooms at the hotel?
호텔의 방을 예약하셨나요?

subserve

[səbsə́:rv]

sub(=under 밑에서) + serve(시중들다) ⇒ 돕다, 도움이 되다

ⓥ **돕다,** (사람, 사물에) **도움이 되다**(=serve); 촉진하다(=promote)

ⓝ **subservience** 도움이 됨; 순종; 굴종, 비굴(=servility)

ⓐ **subservient** (어떤 목적, 작용, 이익 등에) 도움이 되는; 보조적인(=secondary) 공헌하는; 굴종적인, 비굴한(=mean; servile)

This sport will subserve the physical development of children.
이 운동은 아동의 발육을 도울 거다.

The books subserved his thesis a lot.
그 책들은 그의 논문에 많은 도움이 됐다.

[참고]

conservation ⓝ 보존
observation ⓝ 관찰
preservation ⓝ 보존
reservation ⓝ 예약
cf. **observance** ⓝ 준수
subservience ⓝ 굴종

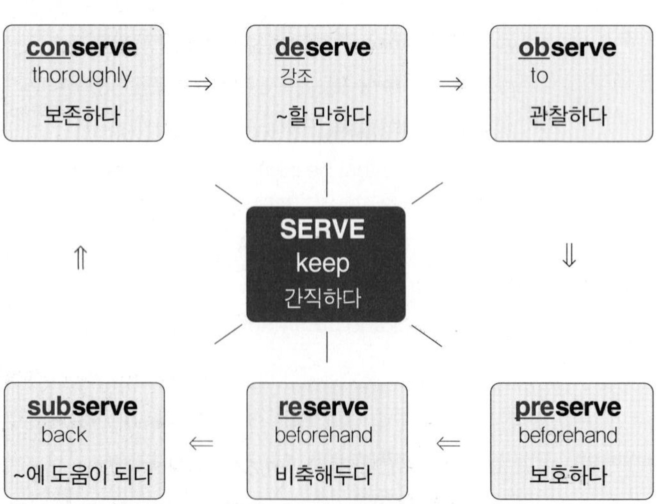

» sign

mark : 표시, 서명; ~에 표시를 하다, ~에 서명하다

C3-099

sign
[sain]

sign ⇒ mark(기호), gesture(신호); ~에 서명하다

ⓝ **기호,** 표시; **신호;** 기미, 징후; 조짐(=indication); 자취, 흔적(=trace)
ⓥ **~에 서명하다;** 서명하여 양도하다; 신호하다

ⓝ **signal** 신호, 군호, 암호; 계기, 도화선 ⓥ 신호하다

ⓝ **signature** 서명(하기); 기호(=mark; symbol)

cf. **signify** ⓥ 표시하다
significant ⓐ 중요한

assign
[əsáin]

• as- < ad-

as(=to ~에게) + sign((몫으로) 표시하다) ⇒ 할당하다, 임명하다

ⓥ **할당하다**(=allot); 선임하다, **임명하다**(=appoint);
(원인을) ~에 돌리다(=ascribe); (날짜 등을) 지정하다

ⓝ **assignment** 할당(=assignation); 임명; 임무; 연구과제,숙제(=homework)

ⓝ **assignor** 양도인, 위탁자

She assigned work to each woman. 그녀는 각각의 여자들에게 일을 할당해 주었다.

consign
[kənsáin]

con(=together 함께) + sign(서명하여 넘겨주다) ⇒ 건네주다, 위탁하다

ⓥ **건네주다**(=deliver), (돈을) 맡기다, 예금하다; (상품을) **위탁하다,** 탁송하다(=send)

ⓝ **consignment** 위탁(판매), 탁송(=consignation)

ⓝ **consignee** (판매품의) 수탁자; 수탁 판매자; 수하인

I consigned my house to a real estate agent. 나는 집을 부동산 중개인에게 맡겼다.

design
[dizáin]

de(=off (하나씩) 떼어) + sign(=mark 표시를 하다) ⇒ 계획하다; 계획, 음모

ⓥ **계획하다**(=plan); 디자인하다; 설계하다; 뜻을 품다(=intend)
ⓝ 디자인; 설계, **계획;** 목적, 의도; **음모**(=plot); 무늬

ⓥ **designate** 나타내다(=show), 지시하다; 지명하다; ~라고 부르다

ⓝ **designation** 지명, 임명(=appointment); 지시; 호칭

She designed to go to Canada for her vacation.
그녀는 휴가 동안 캐나다에 갈 계획이었다.

resign
[rizáin]

re(=back 뒤로 (물러나겠다고)) + sign(서명하다) ⇒ 사임하다, 단념하다

ⓥ (지위, 관직을) **사임하다;** 사직하다; 포기하다; **단념하다**(=abandon)

ⓝ **resignation** 사직, 사임; 사표; 포기, 단념, 체념(=renunciation)

ⓐ **resigned** 체념한, 복종하고 있는; 사직한(=retired)

He decided to resign from his work. 그는 퇴직하기로 결정했다.

ⓐⓓ **resignedly** 체념하여, 복종하여

≫ sist

stand : 서다, (어떤 관계에) 있다, ~을 지원하다 ⇒ sist = st = sta = stit

C3-100

assist
[əsíst]

• as- < ad-

as(=to (도우려고) 곁에) + sist(=stand 서다) ⇒ 돕다, 원조하다; 원조

ⓥ **돕다, 원조하다**(=help; aid); (~의) 조수를 하다 ⓝ **원조,** 조력(=aid)

ⓝ **assistance** 원조, 조력(=help; aid); 구조(=succor)

ⓝ **assistant** 보좌관; 조수(=helper) ⓐ 보좌의[하는], 부 ~, ~보

A computer assists me to do the work faster.
컴퓨터는 그 일을 빨리 하는 데 도움이 된다.

consist
[kənsíst]

con(=together 서로 함께) + sist(=stand 서 있다) ⇒ ~으로 구성되다, ~에 있다

ⓥ **~으로 구성되다,** 이루어지다(=be composed); **~에 있다**(=lie in); 양립하다, 조화하다(=be harmonious)

ⓝ **consistency** 일관성; 지속성; 언행일치

ⓐ **consistent** 모순되지 않는, 언행일치의; 시종일관된(=coherent)

Cake is consisted of flour and butter.
케이크는 밀가루와 버터로 되어 있다.

a consistent advocate of political reform 철저한 정치개혁 주창자

desist
[dizíst]

de(=away (일에서) 멀리) + sist(=stand 서다) ⇒ 그만두다; 단념하다

ⓥ **그만두다**(=stop); **단념하다,** 삼가다(=forbear; abstain)

ⓝ **desistance** 중지, 단념(=abstention)

She suddenly desisted from singing. 그녀는 갑자기 노래를 멈추었다.

exist
[igzíst]

ex(=out 밖에 (보이게)) + (s)ist(=stand 서 있다) ⇒ 존재하다, 생존하다

ⓥ **존재하다,** 실재하다; **생존하다,** 살아나가다(=live)

ⓝ **existence** 존재, 존속; 생존, 생활(=life)

ⓐ **existent** 존재하고 있는(=extant; existing) opp. **extinct** 멸종된; 꺼진(=extinguished)

Nobody can exist without water. 물 없이는 아무도 살 수 없다.

insist
[insíst]

in(=on (자신의 주장) 위에) + sist(=stand (확실히) 서다) ⇒ 주장하다, 강요하다

ⓥ (강력히) **주장하다,** 우기다; **강요하다;** 강조하다

ⓝ **insistence** 주장, 단언; 강요; 고집(=persistence)

ⓐ **insistent** 주장하는, 고집하는(=persistent); 강요하는

The child insists that he saw a UFO.
그 아이는 비행접시를 보았다고 우긴다.

persist

[pərsíst]

per(=thorougly 끝까지 (확고히)) + sist(=stand 서 있다) ⇒ 고집하다, 지속하다

ⓥ (반대를 무릅쓰고) **고집하다,** 주장하다; **지속하다**(=last)

ⓝ **persistence** 고집, 버팀(=perseverance); 완고(=tenacity); 영속

ⓐ **persistent** 고집하는, 끈덕진; 완고한(=stubborn); 지속성 있는

ⓐⓓ **persistently** 끈덕지게, 완강하게(=obstinately)

We didn't agree, but he still persists in his opinion.
우리는 찬성하지 않았지만 그는 여전히 자신의 의견을 고집한다.

resist

[rizíst]

re(=against 대항하여) + sist(=stand 서다) ⇒ 저항하다, 반항하다

ⓥ **저항하다**(=withstand), **반항하다;** 반대하다(=oppose); 참다

ⓝ **resistance** 저항, 반항; 반대(=opposing); 저항력

ⓐ **resistant** 저항하는(=resisting); 반항[반대]하는(=opposing)

I couldn't resist crying. 나는 울지 않을 수가 없었다.

resist temptation 유혹에 저항하다

subsist

[səbsíst]

sub(=under 아래에 (계속)) + sist(=stand 서 있다) ⇒ 생존하다, 살아 나가다

ⓥ **생존하다, 살아 나가다**(=live); 살아남아 있다(=persist), 존재하다

ⓝ **subsistence** 생존, 살아가기; 생활수단(=livelihood); 존재

ⓐ **subsistent** 존재하는, 실존하는; 타고난(=inherent)

They subsist by begging on the street.
그들은 거리에서 구걸하면서 살아간다.

subsistent qualities of character 타고난 성격

[참고]

assistance ⓝ 원조
desistance ⓝ 중지
existence ⓝ 존재
insistence ⓝ 주장
persistence ⓝ 고집
resistance ⓝ 저항
subsistence ⓝ 생존
cf. **consistency** ⓝ 일관성

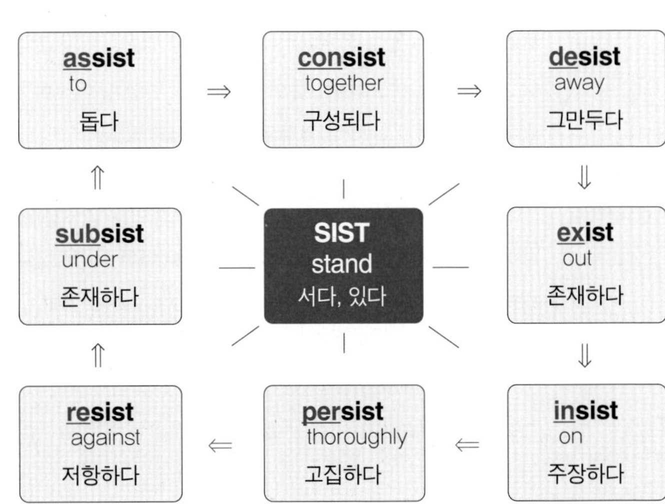

≫ soci

join : 결합하다, 협력하다; 참가하다

▶ C3-101

associate
[əsóuʃièit]

• as- < ad-

as(=to ~에 붙여) + soci(=join 결합) + ate(=make 하다) ⇒ 연합시키다, 연상하다

ⓥ **연합시키다,** 가입시키다(=join); **연상하다;** 교제하다
ⓝ 친구(=companion); **동료**(=colleague); 제휴자; 준회원
ⓐ 연합한, 동료의; 준 ~ ⓐ **associated** 연합한; 조합의

ⓝ **association** 연합, 관련, 결합; 회, 협회; 공동 단체; 교제

We associate Christmas with Santa Clause.
우리는 크리스마스하면 산타클로스를 연상한다.

dissociate
[disóuʃièit]

dis(=apart 따로 떼어) + soci(=join 결합) + ate(=make 하다) ⇒ 분리하다

ⓥ (결합된 것을) **분리하다**(=sever); (~을) 별개의 것으로 생각하다

ⓝ **dissociation** 분리, 분열 ⓐ **dissociative** 분리적인

She dissociated herself from him. 그녀는 그와의 관계를 끊었다.

consociate
[kənsóuʃièit]

con(=together 함께) + soci(=join 결합) + ate(=make 하다) ⇒ 제휴하다

ⓥ **제휴하다** ⓐ [kənsóuʃiət] 연합한 ⓝ 제휴자(=associate); 조합원

ⓝ **consociation** 연합, 결합; 동맹; (교회) 협의회

The restaurant consociated their business with the bakery.
그 식당은 빵집과 사업을 제휴했다.

[tips] **제휴** = cooperation; coalition; concert; consociation

sociable
[sóuʃəbl]

• soci=companion
친구 → 친구가 될 수 있는

opp. **unsocial** ⓐ 비사교적인

soci(=join (사람들과) 결합) + able(할 수 있는) ⇒ 사교적인

ⓐ <사람이> **사교적인,** 붙임성 있는; <모임 등이> 화기애애한 ⓝ 친목회

ⓐⓓ **sociably** 사교적으로, 격의 없이 ⓝ **sociability** 사교성

ⓐ **social** 사회의; 사교상의, 붙임성이 있는 ⓝ **sociality** 사교성; 사회성

ⓝ **socialism** 사회주의 ⓝ **socialist** 사회주의자 ⓐ 사회주의(자)의

ⓝ **socialization** 사회화; 사회주의화 ⓝ **society** 사회; 사교

She is a sociable woman and everybody likes her.
그녀는 사교적인 여자라서 모두가 그녀를 좋아한다.

• **consortium** ⓝ 컨소시엄; 대형 프로젝트에 복수 기업이 참여하는 것.

» sol alone : 단독인, 유일한, 혼자인

C3-102

isolate
[áisəlèit]

· an isolation ward
격리실[병동]

isol(=island 섬처럼) + ate(=make 만들다) ⇒ 고립시키다, 격리하다

ⓥ **고립시키다, 격리하다**(=separate); <전기> 절연하다(=insulate)

ⓝ **isolation** 고립, 고독; 격리, 분리; <전기> 절연

ⓐ **isolated** 고립된(=sequestered*), 격리된(=quarantined)

The island that we've been was isolated.
우리가 갔던 섬은 고립되어 있었다.

desolate
[désələt]

de(강조 - 완전히) + sol(=alone 혼자가) + ate(=made 된) ⇒ 황폐한, 적막한

ⓐ **황폐한,** 황량한(=devastated; waste), **적막한**(=lonely; dreary);
고독한(=solitary); 비참한 ⓥ [désəlèit] **황폐하게 하다**(=ruin; devastate)

ⓝ **desolation** 황폐하게 하기, 황량; 적막함, 비참함

ⓐⓓ **desolately** 황폐하여, 황량하게; 쓸쓸하게(=lonely)

The dog was an only friend in her desolate life.
적막한 생활에서 그 개가 그녀의 유일한 친구였다.

solitary
[sálətèri]

sol(it)(=alone 혼자) + ary(인) ⇒ 혼자의, 고독한

ⓐ **혼자의; 고독한;** 인적이 드문, 외딴(=remote; secluded)

ⓝ 혼자 사는 사람; 은둔자(=hermit); 독방 감금

We couldn't believe that there was a solitary house.
우리는 그곳에 외딴집이 있는 것을 믿을 수 없었다.

soliloquy
[səlíləkwi]

sol(i)(=alone 혼자서) + loquy(=speaking 말하기) ⇒ 혼잣말, 독백

ⓝ **혼잣말,** (이야기를 독점해서) 혼자 떠들기; (연극의) **독백**

ⓥ **soliloquize** 혼잣말하다; (연극에서) 독백하다

ⓝ **soliloquist** 독백하는 사람, 독백자

My soliloquy was so loud that people stared at me.
내 혼잣말이 소리가 너무 컸기에 사람들이 나를 쳐다봤다.

solitude
[sálətjù:d]

sol(i)(=alone 혼자) + tude(있는 상태) ⇒ 고독, 혼자 살기

ⓝ **고독**(=loneliness); **혼자 살기,** 독거; 은둔(=seclusion); 한적

I guess he enjoys the solitude.
그는 고독을 즐긴다는 생각이 든다.

solu

loosen : 풀다, 느슨하게 하다 ⇒ solu = solv

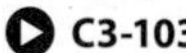

absolute

[ǽbsəlùːt]

⇒ 책임이 해제된 → 뜻대로의 → 절대적인

ab(=away (속박에서) 멀리) + solu(=loosen (완전히) 풀어) + te(진) ⇒ 절대적인

ⓐ **절대적인**(=unconditional) *opp.* **relative** 상대적인; 철저한; **확실한**(=certain); 무조건의 *opp.* **limited** 한정된; 완전무결한, 순수한(=pure)

ⓐⓓ **absolutely** 절대적으로, 무조건적으로; 완전히(=completely)

cf. **dissolute**
ⓐ 방탕한(=lewd)

He could be a leader supported by an absolute majority.
그는 절대적 다수가 지지하는 지도자가 될 수 있었다.

an absolute lie 새빨간 거짓말

an absolute denial 철저한 거부

solution

[səlúːʃən]

solu(=loosen 느슨하게) + tion(함) ⇒ 녹임; 해결

ⓝ **녹임,** 녹음; 용해; <문제 등의> **해결,** 해석; 분해, 해체; <채무 등의> 해제

ⓐ **soluble** 녹는, 용해할 수 있는; 해결할 수 있는 opp. **insoluble** 녹지 않는

ⓝ **solubility** 용해성, 용해도; (문제 등의) 해결 가능성

They felt nervous cause they couldn't get any solution for the problem.
그들은 문제의 해결책을 찾지 못해 안절부절했다.

absolution

[æ̀bsəlúːʃən]

ab(=away 멀리) + solution((벌, 책임이) 해제됨) ⇒ 면제, 용서

ⓝ (벌, 책임의) **면제; 용서**(=forgiveness); 무죄언도; 사면

ⓥ **absolve** (죄, 책임을) 면죄하다

cf. **absolutism** ⓝ 전제주의, 독재주의; 절대론 ⓐ **absolutist** 절대론자, 전제주의자

Absolution is dependent upon sincere <u>penitence</u>.
사면은 진정으로 <u>참회</u>하느냐에 달려 있다.

dissolution

[dìsəlúːʃən]

dis(=apart 따로따로) + solution(분해함) ⇒ 해산, 분리, 분해

ⓝ (의회, 단체 등의) **해산;** (결혼 · 계약의) 해소; **분리, 분해;** (사업의) 청산

ⓐ **dissoluble** 분해할 수 있는; 해산할 수 있는

I was worried about the dissolution of our friendship.
나는 우리의 우정이 깨짐을 걱정했다.

[tips] **걱정하다 = be worried[concerned; troubled] about; feel uneasy[misgiving]; be ill at ease**

cf. **liquidate** a company[the past]
회사[과거]를 청산하다

resolution

[rèzəlú:ʃən]

⇒ re(반대로)+solution
(마음을) 품 → (마음을) 묶음
→ 결심

re(=completely 완전히) + solution(해결, 분해함) ⇒ 해결, 결심

ⓝ (문제, 의문 등의) **해결,** 해답(=solution); 분해, 분석; 결의, **결심,** 결단

ⓐ **resolute** 굳게 결심한(=determined), 단호한(=firm; flat)

ⓐⓓ **resolutely** 단호하게, 결연히(=determinedly)

I'm trying harder to keep my new year's resolution.
나는 내 새해 결심을 지키기 위해 더 열심히 노력하고 있다.

[tips] **결심** = resolution; determination; decision; resolve

solve

[sɑlv]

solve(=loosen 느슨하게 하다)의 뜻에서 ⇒ 풀다, 해석하다

ⓥ (문제 등을) **풀다, 해석하다,** <어려운 일을> 해결하다(=settle)

ⓐ **solvent** 용해력이 있는, 지불능력이 있는

He couldn't solve the riddle that I asked.
그는 내가 물은 수수께끼 문제를 못 풀었다.

absolve

[əbzɑ́lv]

ab(=away (죄, 책임에서) 멀리) + solve(풀어 주다) ⇒ 면제하다, 용서하다

ⓥ (죄, 책임을) **면제하다**(=set free; release), **용서하다**(=acquit; condone)

They absolved the child who made a mistake.
그들은 실수를 한 아이를 용서했다.

cf. **acquittal** ⓝ 무죄 방면, 석방; (의무의) 이행

dissolve

[dizɑ́lv]

dis(=apart 따로따로) + solve(풀어지게 하다) ⇒ 녹이다, 해소하다

ⓥ **녹이다**(=melt); **해소하다**(=disunite); 소멸시키다(=terminate)

She dissolved sugar in coffee. 그녀는 설탕을 커피에 녹였다.

resolve

[rizɑ́lv]

⇒ re(반대로)+solve
<마음을> 묶다
→ (마음을) 묶다 ⇒ 결심하다

re(=completely 완전히) + solve(풀어 버리다) ⇒ 분해하다, 결심하다

ⓥ **분해하다,** 분석하다; **결심하다**(=determine); <문제를> 풀다(=solve)

I resolved to stop drinking and smoking. 나는 술과 담배를 끊기로 결심했다.

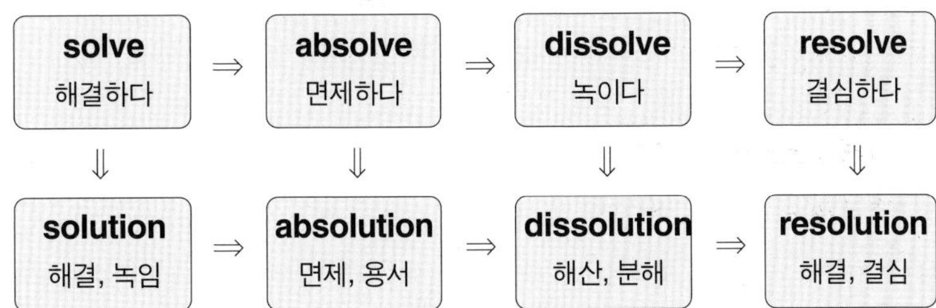

≫ son — sound : 소리, 음향, 음성

C3-104

sonant
[sóunənt]

son(=sound 음성, 소리) + ant(의[나는]) ⇒ 음의, 소리 나는

ⓐ **음의, 소리 나는,** 울리는(=sounding) ⓝ 유성음

ⓝ **sonance** 울림 ⓝ **sonar** 수중 음파 탐지기, 잠수함 탐지기

'B' in the word 'bath' is sonant. 단어 'bath'에서 'b'는 유성음이다.

consonant
[kɑ́nsənənt]

con(=together 서로 같이) + sonant(소리 나는) ⇒ 일치하는, 조화하는

ⓐ **일치하는, 조화하는,** 합치하는; (음이) 협화하는;
자음의(=consonantal) ⓝ **자음,** 자음자 *opp.* **vowel** 모음

ⓝ **consonance** 조화(=harmony), 일치(=congruity), 공명

A rose was consonant with the picture. 장미는 그 그림과 조화를 이루고 있었다.

dissonant
[dísənənt]

dis(=apart 따로따로) + sonant(소리 나는) ⇒ 귀에 거슬리는, 조화되지 않는

ⓐ **귀에 거슬리는,** (음이) **조화되지 않는**(=discordant)
(*opp.* **consonant; harmonious** 조화하는);
(음악) 불협화의; 서로 일치하지 않는(=incongruous)

ⓝ **dissonance** 조화되지 않은 소리(=discord); <음악> 불협화음;
불일치, 부조화(=disagreement); 모순 opp. **consonance** 조화, 협화음

Their musical performances were dissonant. 그들의 연주는 불협화음을 이뤘다.

resonant
[rézənənt]

re(=back 되돌아) + sonant(소리 나는) ⇒ 울려 퍼지는, 반향하는

ⓐ **울려 퍼지는**(=resounding), (목소리, 소리가) 잘 울리는;
(방, 벽 등이) 공명을 일으키는; 울리는, **반향하는**

ⓝ **resonance** 울려퍼짐; 울림(=sonority; ring); 반향(=echo);
<물리> 공명, 공진; <전기> (주파수의) 공진

The place was a valley resonant with the songs of birds.
그곳은 새들의 노래 소리가 울려 퍼지는 계곡이었다.

a resonant[resounding] voice 우렁찬 목소리

sonic
[sɑ́nik]

cf. **supersonic** ⓐ 초음속의(=ultrasonic)

son(=sound 음성, 소리) + ic(의) ⇒ 음의, 소리의

ⓐ **음의, 소리의,** 음파의, 음속의

In the movie, a spacecraft travels at the sonic speed.
그 영화에서 우주선이 음속으로 날았다.

» spect

look : 보다, 바라보다; 조사하다 ⇒ **spect = spec**

C3-105

aspect
[ǽspekt]

• a- < ad-

a(=to, toward ~을 향해) + spect(=look 바라다 본) 모양 ⇒ 양상, 용모

ⓝ **양상,** 모습; **용모**(=appearance); 국면, 정세(=phase); 관점; (사물의) 면

We have a mountain with a beautiful aspect in our town.
우리 고장엔 아름다운 모습의 산이 있다.

diverse aspects of human life 인생의 갖가지 면

circumspect
[sə́:rkəmspèkt]

circum(=around 빙둘러) + spect(=look (꼼꼼하게) 살펴보는) ⇒ 신중한, 주의 깊은

ⓐ **신중한**(=prudent; cautious), **주의 깊은**(=heedful); 용의주도한

ⓝ **circumspection** 주의 깊음; 용의주도함; 신중함

ⓐ **circumspective** 주의 깊은; 신중한

She was very circumspect in action. 그녀는 행동이 아주 신중했다.

[tips] 신중한 = circumspect; careful; prudent; cautious; deliberate; discreet; judicious
신중하게 = circumspectly; carefully; prudently; cautiously; deliberately; discreetly; judiciously; with prudence

expect
[ikspékt]

ex(=out 밖을) + pect(=look 내다보다) ⇒ 기대하다, 예상하다

ⓥ **기대하다**(=anticipate), **예상하다;** 임신해 있다(=be pregnant)

ⓝ **expectation** 예상, 예기; 기대; pl. 장래의 희망

ⓐ **expectant** 기대하는, 기다리는; 기대되는(=expecting); 관망하는

ⓝ **expectancy** 예상, 기대(=expectation)

We expected that he would join us.
우리는 그가 우리와 합류할 거라 기대했다.

one's purposes and expectancies 자기의 목적과 기대

inspect
[inspékt]

in(안을) + spect(=look (자세히) 들여다보다) ⇒ (세밀히) 조사하다; 검열하다

ⓥ (세밀히) **조사하다**(=examine), 검사하다; **검열하다,** 시찰하다(=observe)

ⓝ **inspection** 검사, 조사; 점검, (서류의) 열람

ⓐ **inspective** 주의 깊은; 시찰[검열]하는; 검열의

ⓝ **inspector** 조사[검사]관; 검열관; 장학사

The guy was inspected by customs officials.
그 남자는 세관원에게 검사를 받았다.

undergo a safety inspection (차 등의) 안전점검을 받다

a ticket inspector (열차, 버스 등의) 검표원

introspect
[ìntrəspékt]

intro(=inward (자신의) 안쪽을) + spect(=look 바라보다) ⇒ 내성하다, 자기 반성하다

ⓥ **내성하다,** 내관하다; **자기 반성하다;** 성찰하다

ⓝ **introspection** 내성, 내관; 자기반성(=self-examination)

ⓐ **introspective** 내성(內省)적인, 자기반성의

I could introspect myself through my diary.
나는 일기를 통해 내 자신을 반성해 볼 수 있었다.

prospect
[práspekt]

pro(=forward 앞을) + spect(=look 내다보다) ⇒ 전망, 예상

ⓝ **전망,** 조망, 경치; **예상,** 기대; 장래의 가망; 채광 유망지
ⓥ (금광, 석유 등을 찾아) 답사하다, **시굴하다**

ⓐ **prospective** 예기되는, 가망이 있는; 선견지명이 있는

ⓝ **prospector** 탐광자, 답사자, 시굴자; 투기자

We could see a fine prospect on the roof.
우리는 지붕에서 멋진 경치를 볼 수 있었다.

respect
[rispékt]

re(=again 다시) + spect(=look (한 번 더) 바라보다) ⇒ 존경하다; 존경

ⓥ **존경하다**(=look up to); 존중하다 *opp.* **despise** 경멸하다
ⓝ **존경;** *pl.* 인사, 안부(=regards); 주의; 세목(=detail)

ⓐ **respectable** 존경할 만한; 훌륭한(=respected)

ⓐ **respective** 각각의, 각자의(=individual)

ⓐⓓ **respectively** 각각, 각자, 각기, 저마다(=individually)

ⓐ **respectful** 경의를 표하는; 공손한, 예의바른

ⓐⓓ **respectfully** 공손히(=politely; civilly; courteously; humbly)

I respect him as a great scholar. 나는 그를 위대한 학자로 존경한다.
a respectable teacher 존경할 만한 선생님
The two men went their respective ways.
두 사람은 각자 갈 길을 갔다.
a respectful reply 정중한 답변

retrospect
[rétrəspèkt]

retro(=backward 옛날로 되돌아) + spect(=look 보다) ⇒ 회고하다; 회고, 회상

ⓥ **회고하다,** 회상하다; 추억에 잠기다 ⓝ **회고, 회상;** 소급력

ⓝ **retrospection** 회고, 회상; 과거를 뒤돌아봄

ⓐ **retrospective** 회고의; 과거로 거슬러 올라가는 ⓝ (화가 등의) 회고전

retrospect on the old days 지난 날을 돌이켜 생각하다
It was a good experience in retrospect.
되돌아보면 좋은 경험이었다.

perspective
[pərspéktiv]

per(=through ~을 통과하여) + spect(=look 보) + ive(는) ⇒ 투시의; 전망

ⓐ **투시(화법)의,** 원근 화법의[에 의한]
ⓝ **원근법,** 투시화법; **전망;** 시각; 가망

We couldn't take the situation in perspective.
우리는 전체적 시각으로 그 상황을 볼 수 없었다.

spectacle
[spéktəkl]

spect(a)(=look 볼 만한) + cle(것) ⇒ 광경, 장관

ⓝ **광경, 장관;** (호화로운) 구경거리; *pl.* 안경
ⓐ **spectacular** 구경거리의, 호화스러운, 멋진(=splendid) ⓝ 호화판 텔레비전 쇼

The picture presented a horrible spectacle.
그 사진은 끔찍한 광경을 보여줬다.

spectator
[spékteitər]

spect(=look 보는) + ator(사람) ⇒ 구경꾼, 관객

ⓝ **구경꾼, 관객;** 방관자; 목격자(=onlooker; observer)
ⓐ **spectatorial** 구경꾼의, 방관자의

It was crowded with a lot of spectators. 많은 구경꾼들로 붐볐다.

[tips] 붐비는 = crowded; congested; packed; jammed; thronged

specter
[spéktər]

spect(=look (무섭게) 보이는) + er(것) ⇒ 유령, 요괴

ⓝ **유령,** 망령, **요괴**(=ghost); 공포의 원인, 무서운 것
ⓐ **spectral** 유령의; 괴기한(=ghostly); 스펙트럼의 ⓝ **spectrality** 유령임

We thought there's a specter in that house.
우리는 그 집에 유령이 있다고 생각했다.
a spectral apparatus 분광기

speculate
[spékjulèit]

spec(ul)(=look (곰곰이 생각해) 보) + ate(다) ⇒ 사색하다, 추측하다, 투기하다

ⓥ **사색하다**(=meditate); **추측하다**(=surmise); **투기하다**(=gamble)
ⓝ **speculation** 사색, 심사숙고; 투기; 추측(=conjecture)
ⓐ **speculative** 사색적인, 사색에 잠긴(=thoughtful); 투기적인

Many philosopher speculated about time and space.
많은 철학자들이 시간과 공간에 관해서 사색했다.
Many scientists speculated the origin of the universe.
많은 과학자들이 우주의 기원에 관해 추측했다.
on speculation 투기적으로, 요행수를 노리고(=on spec)
dabble in speculation 투기에 손대다(=go in for speculation)

• 추측하다=**guess**
surmise
suppose
conjecture
speculate

[참고]
spectrum ⓝ 스펙트럼, 범위
specimen ⓝ 견본, 표본
suspicion ⓝ 의심, 의혹
despite ~에도 불구하고

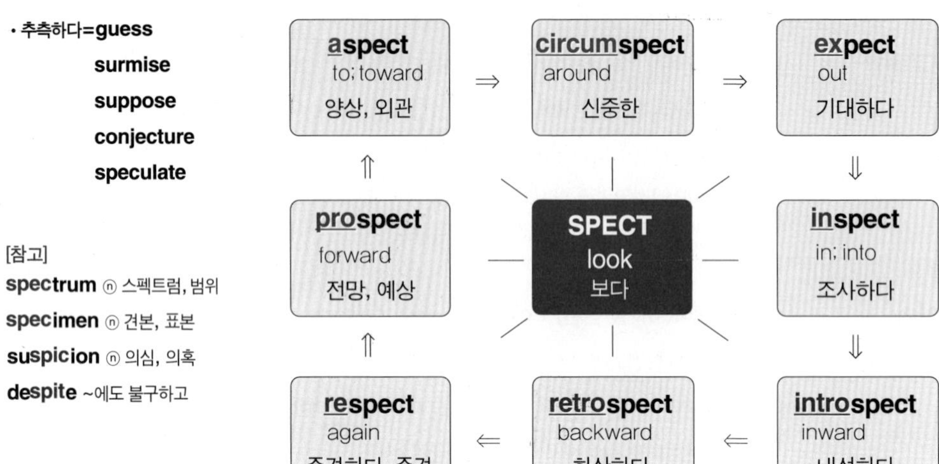

[참고]
circumspection
ⓝ 주의 깊음, 신중함
expectation ⓝ 예상, 기대
inspection ⓝ 검사, 조사, 점검
introspection ⓝ 내성, 자기반성
retrospection ⓝ 회고, 회상
speculation ⓝ 사색; 투기
respect ⓝ 존경, 관계 ⓥ 존경하다
opp. **despise** 경멸하다

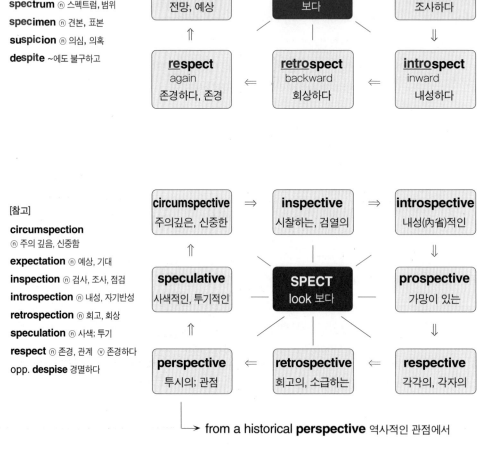

circumspective 주의깊은, 신중한 ⇒ **inspective** 시찰하는, 검열의 ⇒ **introspective** 내성(內省)적인 ⇓ **prospective** 가망이 있는 ⇓ **respective** 각각의, 각자의 ⇐ **retrospective** 회고의, 소급하는 ⇐ **perspective** 투시의; 관점 ⇑ **speculative** 사색적인, 투기적인 ⇑ **circumspective**

SPECT look 보다

→ from a historical **perspective** 역사적인 관점에서

spic

look : 보다, 살펴보다 ⇒ spic = spect

C3-106

conspicuous
[kənspíkjuəs]

• con-<com-

opp. **inconspicuous** 눈에 띄지 않는, 뚜렷하지 않은

con(강조 - 아주 잘) + spic(u)(=look 보이) + ous(는) ⇒ 똑똑히 보이는, 두드러진

ⓐ **똑똑히 보이는,** 눈에 잘 띄는(=obvious; manifest); 뚜렷한, **두드러진,** 저명한(=remarkable; unusual)

ⓐⓓ **conspicuously** 두드러지게, 현저히, 명백히(=obviously)

ⓝ **conspectus** 개관, 일람(표)(=general view); 개요(=summary), 요지

The vase by the window was conspicuous. 창 옆에 있는 화병이 눈에 띄었다.

a conspicuous politician 저명한 정치가

perspicuous
[pərspíkjuəs]

per(=through (뜻이) 훤히 통해) + spic(u)(=look 보이) + ous(는) ⇒ 명쾌한, 분명한

ⓐ (문체가) **명쾌한,** 알기 쉬운; (언어가) 명료한, **분명한**(=clear; lucid)

ⓝ **perspicuity** (언어, 문체가) 명쾌함, 알기 쉬움(=lucidity)

ⓐ **perspicacious** 통찰력이 있는(=discerning), 예리한(=keen), 총명한

ⓝ **perspicacity** 통찰력(=discernment), 명민함(=shrewdness)

My teacher said her style in the novel was perspicuous.
우리 선생님은 소설에 나타난 그녀의 문체가 명료하다고 말하셨다.

a perspicacious comment 예리한 논평

suspicious
[səspíʃəs]

• su-<sus-<sub-
⇒ 아래까지 훑어보는
⇒ 의심하는

su(=under 아래에) + spic(i)(=look (뭔가) 보이) + ous(는) ⇒ 의심스러운

ⓐ **의심스러운,** 미심쩍은(=questionable); ~을 의심하는; 의심하는 듯한

ⓐⓓ **suspiciously** 수상쩍게, 수상쩍은 듯이; 의심이 많은 듯이

ⓝ **suspicion** 의심(=doubt), 불신(=mistrust); (범죄 등의) 혐의, 용의

ⓥ **suspect** 수상쩍게 여기다, 의심하다 ⓐ 수상한 ⓝ 용의자, 요주의 인물

His saying was suspicious, so I couldn't trust him.
그의 말은 의심스러워서 나는 그를 믿을 수 없었다.

despicable
[dispíkəbl]

opp. **admire** ⓥ 존경하다, 숭배하다

de(=down 아래로) + spic(=look (내려다) 볼) + able(만한) ⇒ 업신여길 만한, 비열한

ⓐ **업신여길 만한**(=contemptible); **비열한**(=mean; base)

ⓥ **despise** 경멸하다, 멸시하다(=scorn; disdain; contemn)

ⓝ **despite** 모욕(=insult); 악의(=malice); 증오(=hatred)

It turned out that he is a despicable swindler. 그가 비열한 사기꾼이라는 사실이 들통났다.

You should not despise a man because he is poor.
가난하다고 해서 사람을 경멸해서는 안된다.

≫ spir(e) breathe : 숨쉬다

C3-107

aspire
[əspáiər]
• a-<ad-

a(=toward ~을 향해) + spire(=breathe 가쁜 숨을 쉬다) ⇒ 갈망하다

ⓥ **갈망하다,** 바라다(=yearn; long; desire keenly)
ⓝ **aspiration** 포부, 열망(=ardent; desire); 야심(=ambition); 호흡
ⓐ **aspiring** 대망을 품고 있는, 야심이 있는(=ambitious)
ⓝ **aspirant** 열망하는 사람; ~지망자

cf. **covet** ⓥ 탐내다, 욕심내다

He always aspired to success in the past time.
과거에 그는 항상 성공을 열망했다.

conspire
[kənspáiər]

con(=together 함께) + spire(=breathe (나쁘게) 숨쉬다) ⇒ 공모하다, 음모를 꾸미다

ⓥ **공모하다**(=plot); **음모를 꾸미다;** (사건 등이) 겹쳐서 ~을 돕다
ⓝ **conspiracy** 공모, 모의; 음모(=plot); (사건 등의) 동시발생
ⓝ **conspirator** 공모자, 음모자(=plotter)

They conspired against the state.
그들은 국가에 대한 반란을 꾀했다.

expire
[ikspáiər]

ex(=out 밖으로) + (s)pire(=breathe 마지막 숨을 쉬다) ⇒ 만료되다, 죽다

ⓥ (기한, 기간 등이) **만료되다**(=terminate); **죽다**(=die); 숨을 내쉬다
ⓝ **expiration** 숨을 내쉬기; (기한의) 만료(=termination); 죽음(=death)

cf. **expiation** ⓝ 속죄

My license expires on the first day of August.
내 면허증은 8월 1일로 끝난다.

at the expiration of ~ ~의 만료 때에

inspire
[inspáiər]

in(=into 안으로) + spire(=breathe (숨을) 불어넣다) ⇒ (용기 등을) 불어넣다, 고무하다

ⓥ (사상, 감정을) **불어넣다**(=fire); 격려하다; **고무하다;** 들이마시다
ⓝ **inspiration** 영감; (사상, 감정에서 받는) 영향, 감화(=influence); 고무, 격려; 흡입 opp. **expiration** 숨을 내쉬기; (기한의) 만기, 종결(=termination)
ⓐ **inspiring** 고무하는, 기운을 돋우는; (사상, 감정을) 불어넣는

His speech inspired us to study harder.
그의 연설이 우리에게 더 열심히 공부하도록 고무시켰다.

Genius is 1% inspiration and 99% perspiration.
천재는 1%의 영감과 99%의 노력으로 이루어진다.

Thank you for your inspiring speech.
감동적인 연설을 해 주신 데 대해 감사드립니다.

perspire

[pərspáiər]

per(=through (피부를) 뚫고) + spire(=breathe 숨쉬다) ⇒ 발한하다, 땀을 흘리다

ⓥ **발한하다**(=sweat); **땀을 흘리다**

ⓝ **perspiration** 발한, 발한 작용(=sweating); 땀(=sweat); 노력

We perspired profusely during P.E. class.
우리는 체육시간에 땀을 줄줄 흘렸다. → Physical Education[Exercise]

respire

[rispáiər]

re(=again 계속 반복해서) + spire(=breathe 호흡하다) ⇒ 호흡하다

ⓥ **호흡하다**(=breathe); (걱정, 일 뒤에) 한숨 돌리다

ⓝ **respiration** 호흡(=breathing); 호흡 작용

ⓐ **respiratory** 호흡의, 호흡에 관한; 호흡 작용을 하는

I respired after the test was over.
시험이 끝나고 나는 한숨 돌렸다.

suspire

[səspáiər]

• su-<sus-<sub-

su(=under 아래를 보고) + spire(=breathe 숨을 (푹)쉬다) ⇒ 탄식하다

ⓥ **탄식하다,** 한숨을 쉬다(=sigh; lament)

ⓝ **suspiration** (긴) 한숨, 장탄식

She suspired as she couldn't see her name on the list.
명단에 자신의 이름이 없자 그녀는 한숨을 쉬었다.

transpire

[trænspáiər]

• tran-<trans-

tran(=through ~을 뚫고) + spire(=breathe 숨을 내쉬다) ⇒ 발산하다, 증발하다

ⓥ (증기, 악취를) **발산하다**(=give off; evaporate); **증발하다**, 발생하다

ⓝ **transpiration** 증발, 발산, (비밀의) 누설; (애정의) 발로

transpire a bad smell 악취를 발산하다

[참고]

aspiration ⓝ 포부
expiration ⓝ 만료
inspiration ⓝ 영감
perspiration ⓝ 발한
respiration ⓝ 호흡
suspiration ⓝ 한숨
transpiration ⓝ 발산, 증발

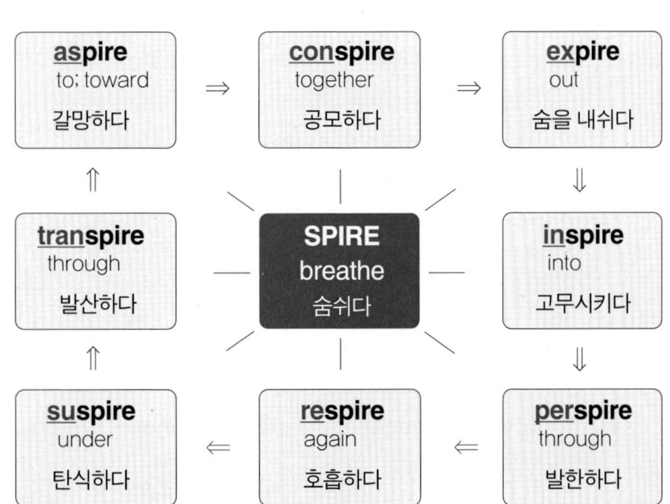

≫ spond   promise : 약속하다, 맹세하다

C3-108

despond
[dispánd]

• de-=off; away; down; not

de(=down) + spond(=promise)→ 약속이 무너지다 ⇒ 낙심하다, 실망하다

ⓥ **낙심하다,** 실망하다(=lose courage; be depressed); 비관하다

ⓝ **despondence/despondency** 실망, 낙담(=dejection)

ⓐ **despondent** 풀이 죽은(=disheartened); 낙심한(=dejected)

ⓐⓓ **despondently** 의기소침하여

He desponded of his grade in English. 그는 자신의 영어성적에 낙심했다.

respond
[rispánd]

• re-=in return 답례로, 회답으로

• **sponsor** ⓝ 후원자, 광고주

re(=back 되돌려) + spond(=promise 약속하다) ⇒ 응답하다, 반응하다

ⓥ **답하다, 응답하다**(=answer); ~으로 갚다(=act in return); (자극 등에) 반응하다(=react); <법률> (배상) 책임이 있다

ⓝ **respondence/respondency** 상응, 일치; 응답, 반응

ⓐ **respondent** 응답하는(=answering); 반응하는(=responsive); <법률> 피고의 ⓝ 답변자; (소송의) 피고(=defendant)

ⓝ **response** 응답(=answer); 반응; 반향; (자극에 대한) 반응(=reaction)

She couldn't respond to the teacher's question.
그녀는 선생님의 질문에 대답할 수 없었다.

[tips] **질문** = question; inquiry; query; interrogation

correspond
[kɔ̀:rəspánd]

• cor-<com-

cor(=together 서로) + respond(응답하다) ⇒ 일치하다, 서신왕래하다

ⓥ **일치하다,** 부합하다; (~에) 상당하다; 대응하다; **서신 왕래하다**

ⓝ **correspondence** 일치(=agreement); 조화; 통신, 편지왕래; 상응

ⓐ **correspondent** 대응하는, 부합하는 ⓝ 통신원, 특파원; 거래선

ⓐ **corresponding** 상응하는, 부합하는(=agreeing); 편지 왕래의, 통신의

Her words and actions do not correspond.
그녀의 말과 행동은 일치하지 않는다.

[참고]
despondent ⓐ 낙심한
respondent ⓐ 응답하는
correspondent ⓐ 대응하는

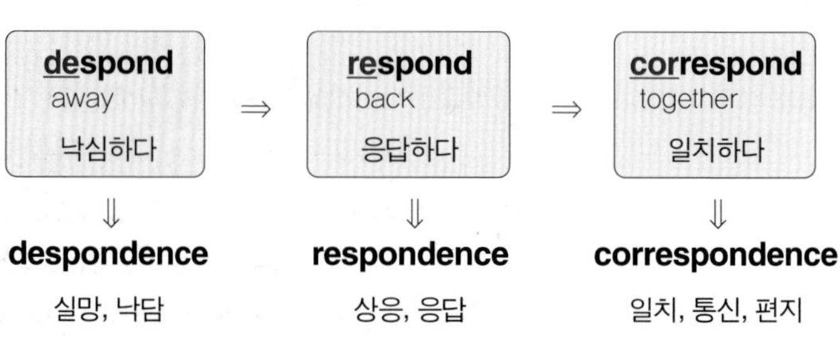

≫ st(a)

stand : 서다, 세우다; 현상 그대로 있다 ⇒ st(a) = sist = stitu = stin = stat

C3-109

circumstance
[sə́ːrkəmstæ̀ns]

circum(=around 주위에) + st(=stand 서 있는) + ance(것) ⇒ 사정, 상황

ⓝ *pl.* (주위의) **사정, 상황;** 환경, 처지

ⓐ **circumstantial** (증거 등이) 정황적인, 우발적인(=incidental); 부수적인, 2차적인(=secondary); 상세한(=minute; detailed)

They gave up the test due to some unfavorable circumstances.
그들은 불가피한 사정으로 시험을 포기했다.

distance
[dístəns]

• di- < dis-

di(=apart 떨어져) + st(=stand 서 있는) + ance(거리) ⇒ 거리; 간격; 격차

ⓝ **거리, 간격;** 원거리, 멀리 떨어짐; (시간적) 간격(=interval); (관계, 혈연, 신분 등의) **격차;** 차이(=difference)

ⓐ **distant** 먼, 멀리 있는, 먼 곳으로부터의; (시간적으로) 먼, 지난; 간격을 두고; 멀리 떨어진(=remote); 소원한(=aloof)

I could recognize him even in the far distance.
나는 심지어 멀리서도 그를 알아 볼 수 있었다.

instance
[ínstəns]

in(안에) + st(=stand (보여 주려고) 세워 놓은) + ance(것) ⇒ 보기, 예, 실례

ⓝ **보기, 예, 실례**(=example); 경우(=case); 요구, 간청(=request)

cf. **instant** 즉각적인, 즉시의(=immediate); 긴급한(=pressing)

ⓐⓓ **instantly** 곧, 당장(=immediately); 즉각(=at once)

ⓐ **instantaneous** 즉석의, 즉시의(=immediate); 순간적인

ⓐⓓ **instantaneously** 즉시, 그 자리에서(=immediately); 순간적으로

My teacher cited an instance for that. 우리 선생님은 그것에 관한 예를 들어주셨다.
instantaneous effect[death] 즉효[즉사]

substance
[sʌ́bstəns]

sub(=under (사물의) 밑바닥에) + st(=stand 서 있는) + ance(것) ⇒ 실체, 본질, 물질

ⓝ **실체**(=reality); (사물의) **본질**(=essence); **물질;** 내용; 취지; 재료(=material)

ⓐ **substantial** 상당한(=considerable); 실질의, 본질적인; 실재하는(=real); 단단한(=solid); 견고한(=strong) ⓝ 요점, 본질; (식사의) 주요리(=main course; entree)

ⓐⓓ **substantially** 본질상(=essentially); 대체로(=in the main); 실질적으로(=actually); 크게; 현저히, 상당히(=considerably)(=largely); 단단히(=firmly)

claims lacking in substance 실체없는 요구
This is a book poor in substance. 이 책은 내용이 빈약하다.
a substantial difference 상당한 차이

constancy con(=together 늘 함께) + st(=stand 서) + ancy(있음) ⇒ 불변, 충절

[kánstənsi]

· **for a constancy** 영구적으로

ⓝ **불변,** 바꾸지[바뀌지] 않음; 절개(=faithfulness), **충절**

ⓐ **constant** 끊임없이 계속되는, 부단한(=continuous); 일정한(=stable)

ⓐⓓ **constantly** 끊임없이(=continually); 빈번하게(=very frequently)

I strongly believe love of constancy. 나는 확실히 불변의 사랑을 믿는다.
have a constant headache 두통이 계속되다

stable st(=stand 굳게 서 있을) + able(수 있는) ⇒ 안정된, 견고한

[stéibl]

ⓐ **안정된**(=steady; stable), **견고한**(=firm); (의지, 결심이) 굳은, 흔들리지 않는

ⓝ **stability** 안정 opp. **instability** 불안정

ⓝ **stabilization** 안정화

ⓥ **stabilize** 고정시키다; (물가, 통화를) 안정시키다

He wanted to get a stable job after graduation.
그는 졸업 후에 안정된 직업을 갖길 원했다.

state st(=stand 서 있) + ate(는) 상태, 위치 ⇒ 상태; 지위

[steit]

· **a state dinner** 공식만찬

ⓝ **상태;** 사정; 상황(=circumstances); (the S-) 미국; (S-) (미국의) 주

ⓐ **공식적인,** 의식용의; 국가의, 정부의; (S-) 주의, 주립의

ⓥ (정식으로) 말하다, 진술하다(=declare; make a statement)

cf. **stated** 정해진(=fixed); 정규의(=regular); 엄명된(=declared)

stately 위엄 있는, 당당한(=imposing; majestic)

ⓝ **statement** 진술, 성명; (회사의) 사업보고, 재정 일람표

He sat there in great state. 그는 위풍 있는 태도로 거기 앉아 있었다.
the Secretary of State (미) 국무장관

stature sta(t)(=stand (자라면서) 서 있는) + ure(동작의 결과) ⇒ 키, 신장

[stǽtʃər]

cf. **statue** ⓝ 상, 조각상

ⓝ **키, 신장**(=height); (심적, 도덕적) 성장, 진보(=progress)

cf. **status** [stéitəs] ⓝ 지위, 신분; 사정, 사태, 현상

stance ⓝ (공을 찰 때의) 발의 위치; 자세; (사물에 대한) 태도

The child was so small in stature. 그 아이는 몸집이 아주 작았다

install in(=in 안에) + sta(ll)(=stand 세우다) ⇒ 설치하다; 취임시키다

[instɔ́:l]

ⓥ **설치하다;** (정식으로) **취임시키다,** 임명하다; 자리에 앉히다

ⓝ **installation** 취임, 임명; 설치, 가설 pl. 설비(한 벌), 장치

ⓝ **installment** 분할 지불, 할부; (몇 회에 나누어 공급되는) 1회분, 일부

He installed new program for me.
그는 나를 위해 새 컴퓨터 프로그램을 설치했다.
pay in monthly installments 월부로 치르다

constitute
[kánstətjùːt]

con(=together 함께 모아) + stitu(te)(=stand 세우다) ⇒ 구성하다; 설립하다

ⓥ **구성하다**(=compose); **설립하다**(=establish); 임명하다(=appoint);

ⓝ **constitution** 구성; 임명, 선임; **체질, 체격**(=physique; frame); 헌법

ⓐ **constitutional** 구조상의; 체격의, 체질상의; 헌법(상)의

ⓐ **constituent** 구성하는, 구성요소인(=component) ⓝ 선거권자; 성분, 구성요소

ⓝ **constituency** (한 지구의) 투표자, 유권자(=voters)

cf. **poll** ⓝ 투표, 여론조사
pool ⓝ 공동출자, 기업연합; (노름의) 판돈

People in various jobs constitute our society.
다양한 직업을 가진 사람들이 우리 사회를 구성한다.
the constitution of the Korean economy 한국 경제의 구조
a constitutional infirmity 타고난 허약(체질)
a constitutional crisis 헌정의 위기

destitute
[déstətjùːt]

de(=away (돈에서) 멀리 떨어져) + stitu(te)(=stand 서 있는) ⇒ 결여된; ~이 빈곤한

ⓐ (~이) **결여된**, (~이) **없는**(=lacking; devoid); 빈곤한(=poor)

ⓝ **destitution** 결핍; 빈곤, 궁핍(=utter poverty; deprivation)

He is destitute of conscience. 그는 양심이 결여되어 있다.
He lives in complete destitution. 그는 정말로 가난하게 산다.

institute
[ínstətjùːt]

in(=in ~에) + stitu(te)(=stand ~을 세우다) ⇒ 세우다, 설립하다, 제정하다

ⓥ **세우다, 설립하다; 제정하다**(=establish); 시작하다(=start); 시행하다
ⓝ 협회, 학회; 연구소; 강습회, 강좌

ⓝ **institution** (회, 협회의) 설립, 창설(=establishment)

ⓐ **institutional** 제도상의, 제도화된; 협회의, 학회의

ⓥ **institutionalize** 제도화하다, 공공시설에 수용하다

They instituted new course for beginners.
그들은 초보자들을 위한 새 강좌를 시행했다.

substitute
[sʌ́bstətjùːt]

sub(=under 아래에 (대신)) + stitu(te)(=stand 세워 두다) ⇒ ~을 대체하다, 대신하다

ⓥ **~을 대체하다**(=replace); 대용하다, 대신하다

ⓝ **substitution** 대리, 대용, 대체; 예비상속인의 지명

cf. **migraine** 편두통

We substituted margarine for butter. 우리는 버터대신 마가린을 썼다.
cf. I replaced a worn tire by a new one.
나는 헌 타이어를 새 것으로 교체했다.

≫ strain

draw tight : (팽팽히) 당기다 **bind** : 묶다, 묶어두다 ⇒ **strain = strict**

C3-110

strain
[strein]

strain(=draw tight 팽팽히 잡아당기다) ⇒ 잡아당기다, 왜곡하다; 긴장

ⓥ **잡아당기다**(=stretch); (몸을) 무리하게 쓰다(=tax); 긴장시키다
(다리 등을) 삐다(=sprain); 강요하다; **왜곡하다**(=distort); 여과하다(=filter)

ⓝ 팽팽히 잡아 당김, **긴장**(=tension); 노력(=exertion); 피로, 피곤; 접질림

He strained himself to finish in time. 그는 시간 내에 끝내려고 무리를 했다.

He strained the meaning of a word in that poem.
그는 그 시에 나온 단어의 의미를 왜곡했다.

constrain
[kənstréin]

• con-<com-
=with; together; 강조

con(강조 - 강하게) + strain(=draw tight 잡아당기다) ⇒ 강제하다, 억제하다

ⓥ **강제하다**(=force; compel); 감금하다(=confine; imprison);
억제하다, 속박하다(=repress; restrain)

ⓝ **constraint** 강제(=compulsion); 구속, 속박(=restriction); 억압

ⓐ **constrained** 강제당한, 강제적인; 어색한, 부자연스러운

ⓐⓓ **constrainedly** 강제적으로, 억지로; 부자연스럽게, 굳어져서

I couldn't constrain him to do it for me.
나는 그에게 날 위해 그 일을 해달라고 강요할 수 없었다.

There is a financing constraint. 예산상의 제약이 있다.

distrain
[distréin]

di(=apart 따로) + strain(=draw tight (재산을) 당겨두다) ⇒ 압류하다

ⓥ (채무 등의 보증으로서) <재산을> **압류하다,** ~을 담보로 잡다

ⓝ **distraint** (재산의) 압류

The bank distrained upon his house. 그 은행은 그의 집을 압류했다.

restrain
[ristréin]

re(=back 뒤로) + strain(= draw tight (감정을) 잡아당기다) ⇒ 억누르다, 억제하다

ⓥ **억누르다**(=curb), **억제하다**(=suppress); 제지하다(=check)

ⓝ **restraint** (행동 등의) 억제, 제지(=check); 구속력; 감금

The woman restrained her baby from touching it.
그녀는 자신의 아기가 그것을 못 만지게 제지했다.

[참고]
constraint ⓝ 강제
distraint ⓝ 압류
restraint ⓝ 억제

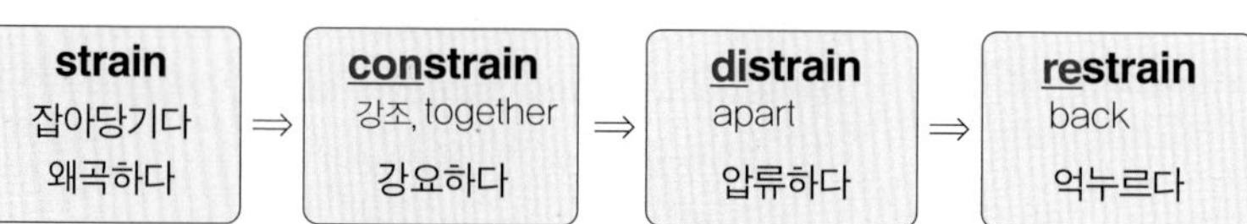

≫ strict

draw tight : (팽팽히) 잡아당기다 bind : 묶다, 묶어두다

C3-111

strict
[strikt]

strict(=draw tight 팽팽하게 당겨진) ⇒ 엄격한, 엄밀한, 정확한

ⓐ **엄격한**(=austere; stern); **엄밀한**(=precise); **정확한**(=exact); 완전한(=perfect); 절대적인(=absolute)

ⓐⓓ **strictly** 엄밀히, 정확히; 꼼꼼하게(=punctiliously)

ⓝ **striction** 팽팽하게 잡아당김; 압축

The private school is famous for the strict discipline.
그 사립학교는 엄격한 규율로 유명하다.

constrict
[kənstríkt]

con(=together 함께) + strict(=draw tight 꽉 잡아당기다) ⇒ 압축하다

ⓥ **압축하다**(=compress); 단단히 죄다(=contract)

ⓝ **constriction** 수축(=contraction); 압축(=compression); 속박감

ⓐ **constrictive** 죄는, 압축하는; 수축성의 ⓐ **constricted** 압축된

He constricted knots of the box.
그는 상자의 매듭을 꽉 죄었다.

district
[dístrikt]

di(=apart (구역을) 따로따로) + strict(=bind 묶어둔 것) ⇒ 지구, 지방

ⓝ (행정상 목적으로 구분한) **지구,** 구역; (관청 등의) 관할구역; 선거구; (한 나라 또는 도시의 특수한) **지방**(=region; tract); 지구(=quarter)

Winds blow hard in this district. 이 지역에는 바람이 강하게 분다.

restrict
[ristríkt]

re(=back 뒤로) + strict(=draw tightly 꽉 죄어 잡아당기다) ⇒ 한정하다, 제한하다

ⓥ **한정하다, 제한하다**(=confine; bound; limit); 금지하다

ⓝ **restriction** 제한, 한정; 제한 조건[규정]; 억제, 삼감

ⓐ **restrictive** 제한하는, 한정적인, 구속하는; <문법> 제한적인, 한정적인
opp. **nonrestrictive** 비제한적인

ⓐ **restricted** 제한된, 한정된(=limited), 좁은; (문서 등이) 비공개의

The speed is restricted to 40 kilometers an hour here.
여기서는 시속 40킬로로 제한되어 있다.

[참고]
constriction ⓝ 압축
restriction ⓝ 제한
district ⓥ 선거구로 나누다

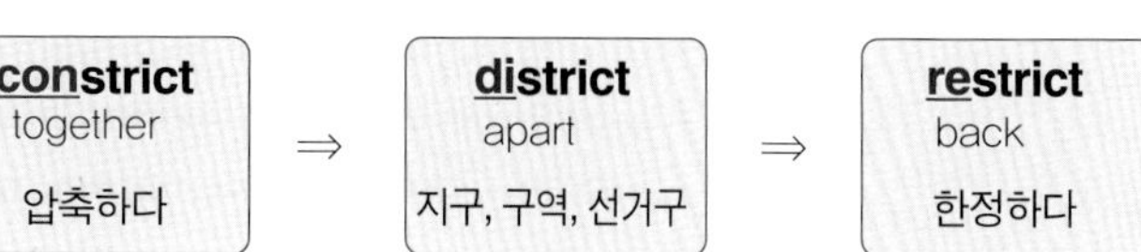

» struct build : 세우다, 건축하다

C3-112

construct
[kənstrʌ́kt]

con(=together 함께) + struct(=build 세우다) ⇒ 건설하다, 조립하다

ⓥ **건설하다,** 건축하다(=build); **조립하다**(=frame)
opp. **destroy** 파괴하다(=demolish) ⓝ 구조물, 건축물; <문법> 구문

ⓝ **construction** 건조, 건설(공사); 건조물(=building); 구조; 해석

ⓐ **constructive** 건설(상)의, 구조(상)의(=structural); 건설적인; 적극적인
opp. **destructive** 파괴적인; **negative** 소극적인

ⓥ **construe** 해석하다(=interpret); 글의 구성요소를 분석하다 ⓝ 구문분석, 직역

The report was well constructed. 그의 리포트는 잘 짜여져 있었다.
The new bridge is still under construction. 새 다리는 아직 건설중이다.
Her remarks were wrongly construed. 그녀가 말한 것은 잘못 새겨졌다.

reconstruct
[rìːkənstrʌ́kt]

re(=again 다시) + construct(건설하다) ⇒ 재건하다, 재현하다

ⓥ **재건하다**(=rebuild), 개축하다, 개조하다; **재현하다;** 복원하다

ⓝ **reconstruction** 재건, 개조, 부흥

ⓐ **reconstructive** 재건적인, 개조의, 개축의, 부흥의

The police went there to reconstruct the events of the murder.
경찰은 살인 사건을 재현하기 위해 거기에 갔다.
A $ 4 billion Economic Reconstruction Loan 40억 달러의 경제 재건 차관

destruct
[distrʌ́kt]

• de-=반대동작

de(반대로) + struct(=build 세우다) → 허물어뜨리다 ⇒ 파괴하다

ⓥ (로켓 등을 자동) **파괴하다;** (자동적으로) 부서지다
ⓝ (사고가 발생한 미사일, 로켓의) 자동파괴, 공중폭파

ⓝ **destruction** 파괴(=demolition); 학살(=slaughter); 파멸(=ruin); 파기

ⓐ **destructive** 파괴적인, 파멸적인; 부정적인(=negative)

ⓐⓓ **destructively** 엄청난 손해를 끼치며, 파괴적으로

ⓝ **destructionist** 파괴주의자, 무정부주의자

ⓥ **destroy** 파괴하다, 부수다(=demolish); 절멸시키다

• **by accident** 우연히
• **intemperance** ⓝ 폭음, 음주벽; 무절제

He pressed the destruct button by accident. 그는 실수로 파괴단추를 눌렀다.
Intemperance is destructive of health. 과음은 건강을 해친다.
the destruction of documents 문서의 파기

[tips] **실수로** = by accident[mistake]; unintentionally; accidently
고의로 = purposely; intentionally; deliberately; willfully; by design; on purpose

instruct
[instrʌ́kt]

in((머리) 속에) + struct(=build (지식을) 쌓아올리다) ⇒ 가르치다

ⓥ **가르치다**(=teach); 교육하다(=educate); 전하다(=inform)

ⓝ **instruction** 교수(=teaching), 교육(=education);
(배운) 지식(=knowledge), 학문(=learning); pl. **사용법**, 지시, 명령

ⓐ **instructive** 교육적인, 유익한(=edifying; wholesome)

ⓝ **instructor** 교사, 선생; 전임 강사

She instructs us in Korean literature.
그녀는 우리에게 한국문학을 가르치신다.

Show me the instructions for this computer.
이 컴퓨터의 설명서를 보여 주십시오.

obstruct
[əbstrʌ́kt]

ob(=against 방해가 되게) + struct(=build 세우다) ⇒ 막다, 방해하다

ⓥ (통로를) **막다**(=block), ~의 통행을 차단하다(=dam; bar);
(진행, 활동을) **방해하다,** 저해하다(=impede; check);
(빛, 경치를) 가로막다(=block from sight)

ⓝ **obstruction** 차단; 방해, 장애; 장애물(=obstacle; impediment*)

ⓐ **obstructive** 방해하는, 방해가 되는(=hindering) ⓝ 방해물, 방해자

They obstructed traffic to fix the road. 그들은 길을 고치기 위해 통행을 차단했다.
an obstruction to progress 진보의 장애물

structure
[strʌ́ktʃər]

struct(=build 세운) + ure(것) ⇒ 구조, 구성; 건축물

ⓝ **구조**(=construction), 조립, 건조; **구성**(=formation);
조직(=organization); 구조물, 구축물, **건축물**(=building)

ⓐ **structural** 구조[조직]상의; 건축 구조상의;
(사회, 정치, 경제, 지질, 언어 등의) 구조에 관한, 구조상의, 조직상의

He had a complaint to the structure of our society.
그는 우리 사회체제에 불만을 가지고 있었다.
the structure of modern science 현대 과학의 체계
structural recession[unemployment] 구조적 불황[구조적 실업]

substructure
[sʌ́bstrʌ̀ktʃər]

cf. **superstructure**
상부구조

sub(=under 아래의) + structure(구조) ⇒ 하부구조, 기초

ⓝ **하부구조; 기초,** 토대(=foundation); (건축물의) 기초(공사)

ⓝ **substruction** (건물, 댐 등의) 기초

The strong substructure was essential in bridging work.
튼튼한 기초공사는 교량공사에서 필수적이다.

[tips] **필수적인** = essential; indispensible; requisite; necessary

» su(e)

follow : 뒤따르다; ~의 뒤를 쫓다 ⇒ su = sequ

C3-113

sue
[suː]

sue(=follow (범죄 행위를) 뒤쫓다) ⇒ 고소하다

ⓥ (남을) **고소하다,** (남을 상대로) 소송을 제기하다; (남에게) 간청하다(=petition)

She finally sued them for damages.
그녀는 결국 그들을 상대로 손해배상 소송을 제기했다.

ensue
[insúː]

en(=after ~뒤에) + sue(=follow 잇따르다) ⇒ 결과로서 일어나다

ⓥ **결과로서 일어나다**(=result*); 잇따라 일어나다(=follow; succeed)

ⓐ **ensuing** (그것에) 이어지는, 계속되는, 다음의(=following)

Nothing ensued by good luck.
다행히도 아무 일도 일어나지 않았다.

issue
[íʃuː]

⇒ issir ⇐ 고대 프랑스어
out it(=go)

is(=out 밖으로) + sue(=go 나가다 / flow 흐르다) ⇒ 나오다, 유출하다, 유래하다

ⓥ **나오다, 유출하다; 유래하다;** (명령, 주문을) 내다; (자손으로) 태어나다; (약속어음을) 발행하다 ⓝ **유출**(=outflow); 출구, 배출구(=outlet; exit); **발행,** 발행물, 발행부수, **발급; 논점,** 쟁점, 논쟁; 결과(=result)

ⓝ **issuer** 발행인 ⓐ **issueless** 자녀가 없는

Smoke was issuing from the building. 연기가 그 건물에서 나오고 있었다.
international[domestic] issues 국제[국내] 문제
the issuers of a check 수표발행인

pursue
[pərsúː]

• pur- < pro-

pur(=forth 앞으로) + sue(=follow 쫓아가다) ⇒ **쫓다, 추적하다, 추구하다**

ⓥ **쫓다, 추적하다**(=chase; follow); 구하다, **추구하다**(=seek)

ⓝ **pursuance** 추구, 추적; 이행, 속행, 수행

ⓝ **pursuer** 추적자, 추구자; 수행자, 종사자

ⓝ **pursuit** 추격, 추적(=pursuing); 추구(=quest); 수행; 직업

Dogs pursue a bird in the park. 공원에는 개들이 새 한 마리를 쫓고 있다.
the pursuit of happiness 행복의 추구
in pursuit of ~ ~을 추구하여, ~을 얻고자

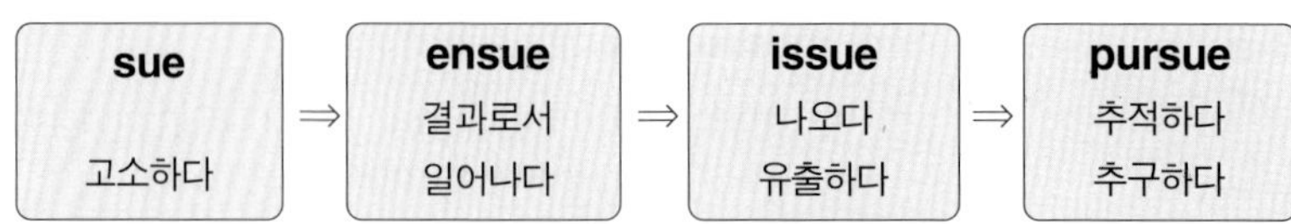

sum(e) take : 가지다, 취하다, 떠맡다

C3-114

assume

[əsúːm]

as-<ad-

• on the assumption that ~ ~라는 가정하에서

as(=to 어떤 쪽으로) + sume(=take (태도를) 취하다) ⇒ 가정하다, 추정하다

ⓥ **가정하다; 추정하다**(=presume); (임무를) 떠맡다; (태도를) 취하다; **~인 체하다**(=pretend)

ⓝ **assumption** **가정**(=supposition), 가설; (업무 · 책임 등의) 인수; 거만

ⓐ **assumptive** 가정의, 추정적인; 거만한(=arrogant; assuming)

ⓐ **assumed** 가장한, 꾸민, ~체하는; 가정한(=supposed)

We couldn't **assume** what he said to be true.
우리는 그가 한 말이 사실이라 생각할 수 없었다.

under an **assumed** name 가명을 써서

consume

[kənsúːm]

• con-<com-

cf. **consummation** ⓝ 마무리, 완성, 완전

con(=completely 완전히) + sume(=take (다) 취하다) ⇒ **다 써버리다**

ⓥ **다 써버리다**(=use up), 낭비하다(=waste); 열중하게 하다(=engross)

ⓝ **consumption** 소비 opp. **production** 생산

ⓐ **consumptive** 소비의, 소모성의(=wasteful); 파괴적인

ⓝ **consumer** 소비자 opp. **producer** 생산자

A huge fire **consumed** the entire block. 큰 화재가 그 구획 전체를 다 태워버렸다.

presume

[prizúːm]

pre(=before 미리) + sume(=take (생각을) 취하다) ⇒ **가정하다, 추정하다**

ⓥ **가정하다, 추정하다,** 상상하다; 예상하다; 대담하게도 ~하다

ⓝ **presumption** 가정, 추정; 가능성; 무례(=rudeness; insolence)

ⓐ **presumptive** 가정의, 추정에 의한; 추정의 근거를 주는

ⓐ **presumptuous** 주제넘은, 뻔뻔스러운(=presuming)

ⓐⓓ **presumably** 아마(=probably); 생각컨데

I **presume** that we've been there once.
나는 우리가 거기 한 번 가본 적이 있다고 생각한다.

resume

[rizúːm]

re(=again (쉬었다가, 놓쳤다가) 다시) + sume(=take 취하다) ⇒ 재개하다, **되찾다**

ⓥ **재개하다, 다시 시작하다; 되찾다,** 재점유하다(=take or occupy again)

ⓝ 대략, 적요, 개요(=summary); 이력서(=résumé)

ⓝ **resumption** (중단 후의) 재개; 되찾음, 회수; 재점유

They resumed their business after a long vacation.
그들은 긴 휴가 후에 일을 다시 시작했다.

the resumption of the meeting 회의의 재개

» tain　hold : 가지다, 보유하다, 유지하다, 지탱하다

C3-115

attain
[ətéin]

• at-<ad-

at(=to (목표)에) + tain(=touch 손대다) ⇒ 달성하다, 도달하다

ⓥ <목표를> **달성하다,** 이루다(=accomplish; achieve); **도달하다**(~ to)

ⓝ **attainment** 달성, 도달; 위업(=accomplishment); pl. 학식, 재능

After 5 years, he attained the goal to be a teacher.
5년 후 그는 선생님이 되려던 목표를 달성했다.

the attainment of one's goal 목표달성

abstain
[əbstéin]

⇒ 잡고 있던 손을 떼다
⇒ 끊다, 그만두다

abs(=from (어떤 것에서) 떨어져서) + tain(=hold 유지하다) ⇒ 삼가다, 기권하다

ⓥ **삼가다,** 절제하다(=refrain); **그만두다,** 끊다; 금주하다; **기권하다**

ⓝ **abstention** 삼감, 절제, 자제; (권리 행사의) 포기, 기권

He abstained himself from smoking. 그는 흡연을 삼갔다.

abstention from drink[voting] 금주[투표의 기권]

contain
[kəntéin]

con(=together 함께) + tain(=hold 가지다) ⇒ 포함하다, 억누르다

ⓥ **포함하다**(=include; hold); (감정을) **억누르다;** (얼마가) 들어가다

ⓝ **containment** 견제, 억제; 봉쇄 (정책); <물리> 플라즈마 봉쇄

The box contains six golf balls.
그 상자에는 골프공 6개가 들어간다.

a containment policy 봉쇄정책

detain
[ditéin]

de(=away 멀리에) + tain(=hold 잡아두다) ⇒ 보류하다, 감금하다

ⓥ **보류하다;** ~을 못 가게 붙들다; **감금하다**(=confine)

ⓝ **detention** 억제, 억류; 구류, 구금(=confinement)

We were detained by the suspension of air service.
우리는 비행기 결항으로 늦어졌다.

illegal detention[confinement] 불법 감금

entertain
[èntərtéin]

• enter-<inter-

enter(=among (사람) 사이에서) + tain(=hold (즐거움을) 가지다) ⇒ 환대하다, 즐겁게 하다

ⓥ (손님을) **환대하다,** 즐겁게 하다; (희망을) 간직하다

ⓝ **entertainment** 환대(=hospitality), 접대; 오락, 위안

He entertains the guest with tricks.
그는 요술로 손님들을 즐겁게 한다.

entertainment expenses 접대비

maintain

[meintéin]

main(=hand 손)에 + tain(=hold (계속) 가지다, 유지하다) ⇒ 지속하다, 부양하다

ⓥ **지속하다;** 유지하다; **부양하다**(=support); 주장하다

ⓝ **maintenance** 유지, 관리, 보수; 부양, 생계(=livelihood)

• main<man=hand ⇒ hold in hand

I maintained that it wasn't my fault.
그것은 내 실수가 아니라고 나는 주장했다.

a maintenance shop[allowance] 정비공장[생활보조비]

obtain

[əbtéin]

ob(=against ~에 대항해서) + tain(=hold 보유하다) ⇒ 획득하다

ⓥ **획득하다**(=procure); 입수하다(=get); (널리) 행해지다

ⓝ **obtainment** 획득(하기)

She obtained a gold medal for her excellent performance.
그녀는 훌륭한 연주로 금메달을 획득했다.

pertain

[pərtéin]

per(강조 - 완전히) + tain(=hold (관계를) 유지하다) ⇒ 적합하다, 부속하다

ⓥ **적합하다; (부)속하다**(=belong); 관계하다

ⓝ **pertinence/pertinency** 적절, 타당(=appropriateness)

ⓐ **pertinent** 적절한(=relevant; fit; appropriate); 관계있는

• **kindergarten** [kíndərgὰːrtn] ⓝ 유치원

The kindergarten pertains to the university.
그 유치원은 대학교에 부속이다.

retain

[ritéin]

re(=back 뒤쪽에 (계속)) + tain(=hold 잡고 있다) ⇒ 보유하다, 계속 유지하다

ⓥ **보유하다; 계속 유지하다**(=keep), 잊지 않고 있다(=remember)

ⓝ **retainment** 보유(=possession; holding), 유지, 존속

ⓐ **retentive** 보유하는, 습기를 간직하는

ⓝ **retention** 보류, 유치, 감금, 기억

They still retain their old customs.
그들은 여전히 그들의 옛 관습을 간직하고 있다.

sustain

[səstéin]

• sus-<sub-

sus(=under 아래에서) + tain(=hold 떠받쳐 주다) ⇒ 지탱하다, 떠받치다

ⓥ **지탱하다**(=maintain; keep up); (아래에서) **떠받치다;** 부양하다

ⓝ **sustenance** 생계유지, 부양(=support); 지탱; 내구

He sustains the old mother from his heart.
그는 성심껏 노모를 부양한다.

[참고] tenable ⓐ 유지할 수 있는, 지지할 수 있는, 공격에 견딜 수 있는
opp. untenable ⓐ 지지할 수 없는, 버틸 수 없는

» tempor time : 시간, 시대, 때

C3-116

temporary
[témpərèri]

tempor(=time (일시적) 시간) + ary(의) ⇒ 일시적인, 잠정적인

ⓐ **일시적인, 잠정적인,** 임시의; 잠깐 동안의 *opp.* **permanent** 영원한

ⓐⓓ **temporarily** 일시적으로, 임시로

cf. **tempo** ⓝ 속도, 박자, 템포

ⓝ **temporality** 일시적임, 덧없음 opp. **perpetuity** 영속, 불멸

ⓐ **temporal** 일시적인, 덧없는(=temporary; transitory);
세속의(=secular); 현세의(=earthly); 시간의 opp. **spatial** 공간의

He got a temporary job for the summer vacation.
그는 여름방학 동안 임시직을 구했다.

[tips] **임시의** = temporary; extraordinary; extra; special
영원한 = permanent; perpetual; everlasting; eternal; immortal

contemporary
[kəntémpərèri]

con(=together 같은) + tempor(=time 시대) + ary(의) ⇒ 동시대의, 현대의

ⓐ (사람이나 작품이) **~와 동시대의,** 같은 시기의; **현대의**(=modern; current),
현존하는(=existing); 현대적인(=up-to-date) ⓝ 같은 시대의[연배의] 사람

• con- < com-

ⓐ **contemporaneous** (주로 사건이) 동시의, 같은 시대의

ⓝ **contemporaneity** 같은 시대임[시대성](=contemporaneousness)

ⓥ **contemporize** 같은 시대로 하다; 같은 시대에 속하는 것으로 생각하다

She is in the highest level of contemporary literature.
그녀는 현대문학의 최고봉이다.

extemporary
[ikstémpərèri]

ex(=out of) + tempor(=time) + ary ⓐ → 준비할 시간도 없는 ⇒ 즉석의, 임시방편의

ⓐ **즉석의,** 즉흥적인; 원고 없이 하는; **임시방편의**(=makeshift)

⇒ **on the spur of the moment** 일시적 기분으로, 당장

ⓐ **extempore** 즉석의, 원고 없이 하는(=impromptu); 급조의
ⓐⓓ 즉석의, 원고 없이(=offhand) ⓐⓓ **extemporarily** 즉석에서

ⓝ **extemporization** 즉석에서 만들기[하기], 즉흥적 연주

ⓥ **extemporize** 즉석에서 연설[기도]하다(=improvise);
즉흥적으로 작곡하다[노래하다, 연주하다]; 임시방편으로 만들다

• **out of time** 너무 늦어서, 시기를 놓친

ⓐ **extemporaneous** 즉석에서 말하는; 즉석의(=extemporary)

She opened her extemporary speech without notes.
그녀는 원고 없이 즉흥 연설을 시작했다.

[tips] **즉석에서** = offhandedly; extemporarily; instantly; immediately;
impromptu; on the spot

» tempt

try : 시도하다, 시험하다, (~하려고) 애쓰다

C3-117

tempt
[tempt]

tempt(=try (나쁜 짓을) 시도하다) ⇒ 유혹하다

ⓥ (못된 짓, 쾌락 등으로) **유혹하다,** 꾀어내다(=lure);
~할 생각이 나게 하다(=incline)

ⓐ **tempting** 유혹적인(=alluring); 매력적인(=attractive)

ⓝ **temptation** 유혹, 유혹의 씨앗(=enticement); 기분을 부추기는 것

ⓝ **tempter** 유혹하는 사람; (the T-) 악마, 사탄

ⓝ **temptress** (남자를) 유혹하는 여자; 요부

The design tempted me and finally I bought it.
디자인에 끌려 나는 그것을 결국 사버렸다.

attempt
[ətémpt]

• at-<ad-

at(=to ~을 향하여) + tempt(=try 시도하다) ⇒ 시도하다; 시도, 기도

ⓥ **시도하다**(=try; endeavor); 습격하다(=raid; assault)
ⓝ **시도, 기도,** 노력(=endeavor); 습격(=raid; assault)

ⓐ **attempted** 기도한, 미수의 opp. **unattempted** 시도된 일이 없는

They attempted to climb Mt. Everest. 그들은 에베레스트 산 등반을 시도했다.
attempted burglary[murder; rape] 강도 미수[살인미수, 성폭행 미수]

contempt
[kəntémpt]

• con-<com-

con(=thoroughly 철저히) + tempt(=try 시험 당함) ⇒ 경멸, 치욕

ⓝ **경멸,** 멸시, 모욕(=scorn; disdain); **치욕,** 굴욕(=disgrace)

ⓝ **contemptibility** 경멸할 만함, 비열함

ⓐ **contemptible** 경멸할 만한(=despicable); 비열한(=mean);
하잘 것 없는(=worthless; trifling)

ⓐ **contemptuous** 남을 얕잡아 보는, 경멸적인(=scornful)

ⓐⓓ **contemptuously** 경멸하여

They brought him into contempt. 그들은 그에게 창피를 주었다.
beneath contempt 경멸할 가치조차 없는
They were contemptuous of colored people. 그들은 유색인종을 멸시했다.

[tips] **모욕** = contempt; insult; indignity; affront
bear[brook; swallow] an insult 모욕을 참다

• **성폭행**
- **sexual violence**
- **sexual abuse**
rape 강간

[참고]
contemptible ⓐ 경멸할 만한
contemptuous ⓐ 경멸적인

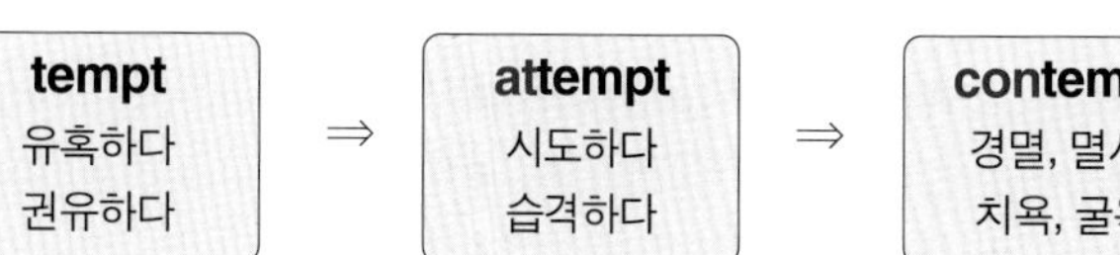

≫ tend

stretch : (손, 마음을) 뻗다, 쭉 펴다; 잡아늘이다

C3-118

tend
[tend]

tend(=stretch (어떤 방향으로) 뻗다) ⇒ 뻗다, 향해가다; ~의 경향이 있다

ⓥ (길 등이) **뻗다, 향해가다; ~의 경향이 있다**(=incline); ~의 도움이 되다, ~에 이바지하다; 돌보다(=take care of)

ⓝ **tendance** 시중, 돌보기(=attendance)

cf. **tender** (서류 등을) 제출하다(=present); 제공하다(=offer)

She tends to buy expensive clothes.
그녀는 비싼 옷을 사는 경향이 있다.

attend
[əténd]

• at- < ad-

cf. **attenuate**
ⓥ 감소시키다, 약하게 하다

at(=to ~에) + tend(=stretch one's mind 마음을 쓰다) ⇒ 보살피다, 주의하다, 출석하다

ⓥ **보살피다,** 간호하다(=nurse); **주의하다,** 유의하다(~ to); ~에 **출석하다**(=be present at); 시중들다(~ on); 수행하다(=accompany)

ⓝ **attendance** 출석(자), 참석(자); 시중, 간호, 서비스

ⓝ **attendant** 수행원, 안내자; 출석자 ⓐ 수행하는; 참석한

ⓝ **attention** 주의, 주목(=heed); 친절한 배려(=consideration)

ⓐ **attentive** 주의 깊은; 친절한, 정중한(=solicitous)

Mom attended on me all night when I was sick.
내가 아팠을 때 엄마가 밤새 나를 간호하셨다.

contend
[kənténd]

con(=together 서로) + tend(=stretch (손, 마음을) 뻗다) ⇒ 싸우다, 논쟁하다

ⓥ **싸우다,** 다투다(=fight); 경쟁하다; **논쟁하다**(=dispute); **주장하다**

ⓐ **content** 만족한, 흡족한 ⓥ 만족시키다(=satisfy) ⓝ 만족; 내용

ⓝ **contention** 다툼(=struggle); 경쟁(=contest); 논쟁(=dispute)

ⓐ **contentious** 논쟁을 좋아하는; 논의적인(=quarrelsome)

I contended with her about a matter.
나는 그녀와 어떤 일로 다투었다.

distend
[disténd]

dis(=away 멀리) + tend(=stretch 내뻗다) ⇒ 넓히다, 팽창시키다

ⓥ **넓히다**(=stretch out); 부풀게 하다, **팽창시키다**

ⓝ **distension** 넓히기, 부풀기; 팽창(=inflation); 확장(=expansion; extension)

ⓐ **distensible** 넓혀지는, 부푸는; 확장시킬 수 있는

My dad tried to distend his business.
아버지는 사업을 확장하기 위해 노력하셨다.

extend

[iksténd]

ex(=out 밖으로) + tend(=stretch (손, 세력을) 뻗다) ⇒ 확장하다, 연장하다

ⓥ **확장하다;** (손, 발 등을) 뻗다(=stretch out); 베풀다(=give); **연장하다**

ⓝ **extension** 뻗음; 확장; 신장; 구내전화; 범위(=range)

cf. **extant** ⓐ 현존하는

ⓐ **extensive** 광대한, 광범한(=comprehensive), 대규모의

ⓐⓓ **extensively** 널리, 광범위하게(=widely)

ⓝ **extent** 범위, 정도, 넓이

We extended our travel for seven more days. 우리는 여행을 7일 더 연장했다.

intend

[inténd]

in(=toward ~을 향하여) + tend(=stretch (마음을) 뻗다) ⇒ ~할 작정이다

ⓥ **~할 작정이다,** ~을 꾀하다(=plan; contemplate); 의도하다

cf. **intense** ⓐ 강렬한, 심한
tension ⓝ 긴장(상태)
tense ⓐ 긴장한

ⓝ **intention** 의도, 의향, 목적(=aim; goal)

ⓐ **intended** 기도된, 고의의; 약혼한 ⓝ 약혼자

ⓐ **intentional** 계획적인, 고의의(=intended) opp. **accidental** 우연한

ⓐⓓ **intentionally** 고의로, 일부러(=on purpose)

I intend to finish the report today. 나는 오늘 리포트를 끝낼 작정이다.
an intentional insult 고의적인 모욕

pretend

[priténd]

pre(=before 앞에) + tend(=stretch (구실을) 펼치다) ⇒ ~인 체하다, 가장하다

ⓥ **~인 체하다, 가장하다**(=feign; make believe);
뻔뻔스럽게도 (~이라) 주장하다(=claim; presume)

ⓝ **pretense/pretence** 구실(=plea), 핑계; 요구, 주장; 겉치레, 허세

ⓝ **pretension** 주장, 요구; 구실(=pretext); 겉치레(=pretense)

ⓐ **pretentious** 자부하는, 거드름피우는; 겉치레뿐인

She pretended that she didn't know him. 그녀는 그를 모르는 척했다.

superintend

[sù:pərinténd]

super(=over 위에서) + in(안으로) + tend((주의를) 뻗다) ⇒ 감독하다

ⓥ **감독하다**(=supervise); 관리하다, 지배하다(=manage)

ⓝ **superintendence** 감독, 관리; 지휘(=direction; command)

ⓝ **superintendent** 감독자, 관리자; 책임자; (공장의) 장

Who is superintending this project? 누가 이 프로젝트를 감독하고 있나요?
He was reprimanded for lack of superintendence[supervision].
그는 감독 소홀로 견책 당했다.

attend 출석하다	**contend** 싸우다	**distend** 넓히다
extend 확장하다	**intend** ~할 작정이다	**pretend** ~인 체하다
superintend 감독하다		

» termin　end : 끝 limit : 한계 boundary : 경계

C3-119

terminate
[tə́:rmənèit]

termin(=end 끝, limit 한계) + ate(=make 짓다) ⇒ 끝내다, 종결시키다, 한정하다

ⓥ **끝내다, 종결시키다(=cease); 한정하다,** 경계를 이루다(=limit); (기한이) 끝나다

ⓝ **termination** 끝냄, 끝남(=ending); 끝(=end); 종지, 종료;
만기(=completion); 한계, 경계(=limit), 해고

· **terminator** ⓝ 끝내는 사람

ⓝ **terminal** 종말의, 끝의(=final); (철도 등의) 종점의; 기말의 ⓝ 끝, 종점

ⓝ **term** 기간(=duration); 학기; 기한; 지불기일; 말, 용어
pl. (계약 등의) 조건(=conditions); (사람의) 상호관계, 사이

They terminated business with us since then.
그들은 그때부터 우리와의 거래를 끊었다.

terminate a contract 해약하다 / termination pay 해고 수당

determinate
[ditə́:rmənət]

de(=completely 완전히) + terminate(한계 지은) ⇒ 한정된, 확정된

ⓥ **한정된,** 정해진, 명확한(=fixed; definite); **확정된;** 최종적인(=final)

ⓝ **determination** 결정, 해결, 판결; 결심, 결의(=resolution)

ⓐ **determinative** 결정하는, 결정력이 있는, 한정적인(=determining)

ⓐⓓ **determinately** 결정적으로, 최종적으로(=finally); 확실하게; 단호하게

ⓥ **determine** 결정하다(=settle); 결심하다(=resolve);
(날짜 등을) 정하다(=fix); <법률의> 효력이 종료하다(=expire)

ⓐ **determined** 결심하고 있는(=resolved); 단호한(=firm; resolute)

ⓐⓓ **determinedly** 단호하게, 딱 잘라서

We didn't know the determinate date of his wedding.
우리는 그의 결혼식의 확정된 날짜를 몰랐다.

a man of great determination 결심이 굳은 사람

with determination 단호히

predeterminate
[prì:ditə́:rmənət]

pre(=before 미리) + determinate(정해진) ⇒ 미리 정해진

ⓐ **미리 정해진(=predetermined)**

ⓝ **predetermination** 예정, 선결; 숙명론

ⓥ **predetermine** 미리 정하다, 선결하다; 예정하다

We both knew that our parting was predeterminate.
우리의 이별이 예정됐음을 우리 둘 다 알고 있었다.

[tips] 이별 = parting; separation; divorce(이혼(하다))
사별 = separation by death 별거 = separation

exterminate

[ikstə́ːrmənèit]

• **vermicide** [və́ːrməsàid]
살충제; 회충약, 구충제

ex(=completely 완전히) + terminate(끝내[없애] 버리다) ⇒ 근절하다, 박멸하다

ⓥ **근절하다, 박멸하다**(=annihilate; extirpate; root up[out]; destroy)

ⓝ **extermination** 근절; 박멸, 구제(=annihilation); 섬멸

ⓐ **exterminatory** 절멸적인, 근절적인

ⓝ **exterminator** (해충) 박멸(업)자; 구충제

ⓐ **exterminable** 근절할 수 있는

We exterminated parasites with vermicide. 우리는 약으로 기생충을 박멸했다.
(vermicide: 살충제, 기생충약)

conterminous

[kəntə́ːrmənəs]

• con-=together

con(같은) + termin(=boundary 경계) + ous(의) ⇒ 경계를 같이하고 있는

ⓐ (어떤 점에서) **경계를 같이하고 있는, 공통경계의;** 인접하는(=adjacent);
(공간, 시간 등이) 같은 한계[넓이]를 가진(=coextensive)

Canada is conterminous to America. 캐나다는 미국과 경계가 서로 접한다.

interminable

[intə́ːrmənəbl]

in(=not 不) + terminable(한계 지울 수 있는) ⇒ 끝없는, 무한의

ⓐ **끝없는,** 무궁한(=without end); **무한의**(=endless);
영구의(=forever); 지루한, 싫증나는(=wearisome)

ⓐⓓ **interminably** 그칠 줄 모르게, 끝없이, 무기한으로

The movie was interminable and I fell asleep. 그 영화는 지루하게 길어 나는 잠이 들었다.

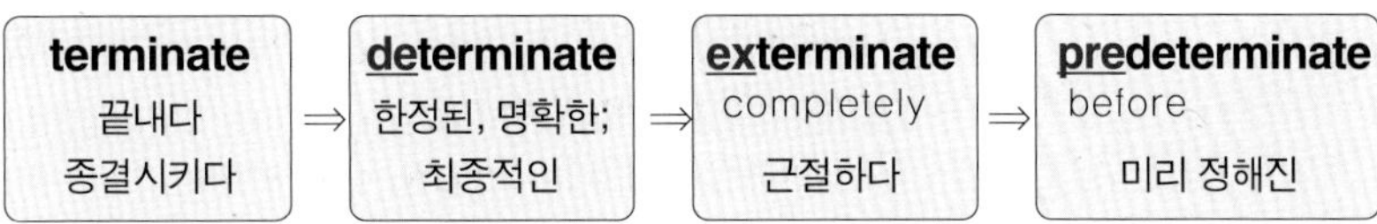

[참고]

termination
ⓝ 끝냄, 종료, 만기

determination
ⓝ 결정, 해결, 결심

extermination
ⓝ 근절, 박멸

predetermination
ⓝ 예정, 숙명론

tips

• **extreme** ⓐ 맨끝의, 가장 먼(=utmost; farthest); 최후의(=final; last)

• **extremely** ⓐⓓ 극단적으로; 극도로(=to the utmost), 대단히(=very)

• **extremity** ⓝ 극단, 말단; 궁지; 죽음

• **extremism** ⓝ 극단주의

ex) **extreme** poverty[penalty] 극빈[극형]

the **extreme** Left[Right] 극좌파[극우파]

It pains me **extremely** to have to part from you.
당신과 헤어져야 한다는 것은 매우 가슴아픈 일이다.

I'm **extremely** sorry. 정말로 미안합니다.

We were driven to **extremity**. 우리는 궁지에 몰렸다.

Extremism is the behavior or beliefs of extremists.
극단주의라고 하는 것은 극단주의자들이 하는 행동이나 믿음을 말한다.

test

witness : 증인; 증언하다, 목격하다

C3-120

test
[test]

⇒ (금속 시험에 사용한) '질그릇 단지'의 뜻에서

test ⇒ 검사하다, 시험하다; 시험, 검사

ⓥ **검사하다, 시험하다,** 조사하다(=examine) ⓝ **시험, 검사**

ⓝ **testament** 유언(장), 유서; 입증, 증거

ⓝ **testimony** 증언; 증거(=witness) ⓥ **testify** 증명하다 (=attest)

ⓝ **testimonial** 증명서, 추천장; 상장, 감사장 ⓐ 증명서의, 감사의

We got our eyes tested yesterday.
우리는 어제 시력검사를 받았다.

attest
[ətést]

• at-<ad-

at(=toward ~을 향해) + test(=witness (사실을) 증언하다) ⇒ 증명하다

ⓥ ~을 **증명하다**(=prove), 입증하다, 증언하다; ~의 증거가 되다(=confirm)

ⓝ **attestation** 증명, 입증, 증언; 증명서

The woman attested that she was his daughter.
그 여자는 자신이 그의 딸임을 입증했다.

contest
[kəntést]

con(=together 서로 (옳다고)) + test(=witness 증언하다) ⇒ 논쟁하다; 경쟁

ⓥ (~와) **논쟁하다**(=dispute; contend) ⓝ [kántest] **경쟁,** 논쟁

ⓝ **contestation** 논쟁(=disputation), 소송

ⓝ **contestant** 경쟁자 cf. **adversary; foe; antagonist** 적

We contested a victory with them. 우리는 그들을 상대로 승리를 겨뤘다.

detest
[ditést]

• de-=강조

de(=away (싫어서) 멀리서) + test(=witness 목격하다) ⇒ 혐오하다, 몹시 싫어하다

ⓥ **혐오하다**(=abhor; loathe), **몹시 싫어하다**

ⓝ **detestation** 증오, 혐오; 몹시 싫은 사람[것](=hatred)

ⓐ **detestable** 혐오할 만한, 몹시 싫은(=hateful; abominable)

My mom detests going shopping alone.
엄마는 혼자 쇼핑 가는 것을 싫어하신다.

protest
[prətést]

cf. **pretest** ⓝ 예비시험, 예비검사

pro(=before 앞에 대놓고) + test(=witness 증언하다) ⇒ 항의하다, 주장하다; 항의

ⓥ **항의하다**(=remonstrate); **주장하다,** 단언하다 ⓝ **항의,** 항변(서)

ⓝ **protestation** 주장, 단언; 항의, 이의 신청, 불복

They protested low wages on the street.
그들은 거리에서 낮은 임금에 항의했다.

» tor(t) twist : 비틀다, 뒤틀다

C3-121

---

contort
[kəntɔ́ərt]

• con- < com-

con(강조-마구) + tort(=twist 잡아 비틀다) ⇒ 비틀다, 곡해하다

ⓥ **비틀다,** 몹시 찌그러뜨리다(=distort violently); (얼굴을) 찡그리다 (뜻을) **곡해하다**(=misrepresent)

ⓝ **contortion** 비틀기; 찡그림, 일그러짐; 곡해, 왜곡(=misconstruction)

ⓐ **contortive** 비틀어지게 하는; 비틀어지기 쉬운

ⓝ **contortionist** (여러 형태로 몸을 비트는) 곡예사

I contorted my face when I smelt it. 그 냄새를 맡자 나는 얼굴을 찡그렸다.

---

distort
[distɔ́ərt]

dis(=apart 따로따로, 심하게) + tort(=twist 비틀다) ⇒ 왜곡하다, 찌푸리다

ⓥ **왜곡하다**(=misrepresent); (얼굴을) **찌푸리다,** (손발을) 비틀다

ⓝ **distortion** 찌그러짐, 비틀림; 왜곡, 곡해(=perversion)

ⓐ **distorted** 비뚤어진; 곡해된, 왜곡된(=biased)

ⓝ **distortionist** 만화가(=caricaturist); 곡예사

They criticized the newspaper that distorted the truth.
그들은 그 신문이 사실을 왜곡했다고 비난했다.

---

extort
[ikstɔ́ərt]

ex(=out 밖으로) + tort(=twist 비틀어) 끌어내다 ⇒ (강제로) 빼앗다, 강요하다

ⓥ (<돈 등을> 강제로) **빼앗다,** (약속, 자백 등을) 무리하게; **강요하다;** (의미 등을)억지로 갖다 붙이다[해석하다]

ⓝ **extortion** 강요, 강탈, 강청(=rapacity); 터무니없는 요금 청구

ⓐ **extortionate** 강요적인; 터무니없는; 엄청난(=exorbitant)

He extorted a lot of money from his classmates.
그는 같은 반 친구들에게 많은 돈을 뜯었다.

---

retort
[ritɔ́ərt]

re(=back 되돌려) + tort(=twist (똑같이) 비틀다) ⇒ 반박하다, 말대꾸하다

ⓥ **반박하다,** 앙갚음하다, 보복하다; **말대꾸하다,** (말을) 맞받아치다

ⓝ **retortion** 비틀기, 굽히기; <국제법> 보복(조처); 보복, 복수

ⓐ **retorted** 굽은, 비틀어진, 뒤로 휜(=recurved)

I couldn't retort a jest on him. 나는 그의 농담을 받아넘길 수 없었다.

[tips] **농담 = jest; joke; fun; pleasantry**
I don't mean what I say. 그건 농담이다.
I mean what I say. 그건 농담이 아니다., 내말 진심이야.

torture
[tɔ́ərtʃər]

tort(=twist (몸과 마음을) 비틀) + ure(음) ⇒ 고문, 고통, 고뇌; 괴롭히다, 고문하다

ⓝ **고문;** (육체적, 정신적인) **고통,** 고민, **고뇌**(=agony)

ⓥ **괴롭히다; 고문하다;** 비틀다(=twist)

ⓐ **torturous** 고문의, 고통스러운; 일그러진, 비비꼬인(=winding)

cf. **tortuous** 비틀린; 구불구불한, 완곡한(=devious); 속이는(=deceitful)

ⓝ **tortuosity** 꼬부라짐, 비틀림; 비틀린 것

instruments of torture 고문 도구

A policeman tortured a man to make him confess his crime.
경찰관은 한 남자를 고문하여 죄를 자백시켰다.

He was tortured by athlete's foot. 그는 무좀으로 고생했다.

torturous memories of past injustice 과거에 (저지른) 부정에 대한 꺼림직한 기억들

torment
[tɔ́ərment]

tor(=twist (마음과 몸을) 비트는) + ment(것) ⇒ 고통, 고뇌, 괴롭힘; 고통을 주다

ⓝ (육체적, 정신적인) **고통, 고뇌**(=anguish); **고문, 괴롭힘**

ⓥ **고통을 주다**(=torture); 괴롭히다(=annoy); 고문하다

ⓝ **tormentor** 괴롭히는 것[사람]; (영화) 반향 방지막

Test is a real torment to me. 시험은 나에게 정말 괴로운 것이다.

My husband is a real torment to me. 남편은 정말 귀찮은 존재다.

be tormented with violent headaches 심한 두통으로 괴로워하다

· **torch** 횃불

[tips] **괴롭히다** = torment; torture; afflict; rack

[참고]

contortion ⓝ 비틀기, 곡해

distortion ⓝ 찌그러뜨림, 왜곡

extortion ⓝ 강요, 강탈, 착취

retortion ⓝ 비틀기, 보복

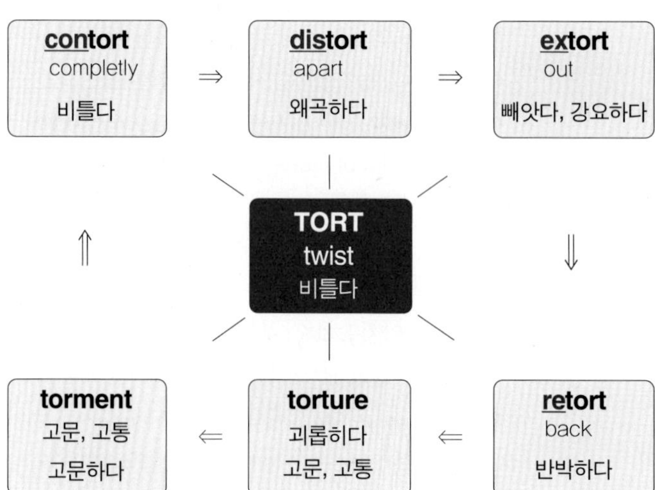

» tract

draw : 끌다, 끌어내다 ⇒ tract = treat = trac

C3-122

abstract
[æbstrǽkt]

• abs- < ab-

abs(=away from ~에서 분리해) + tract(=draw 끌어내다) ⇒ 발췌하다; 추상적인

ⓥ **발췌하다**(=summarize); <개념 등을> 추상하다

ⓐ **추상적인** *opp.* **concrete** 구체적인 ⓝ 추상 (개념); **발췌**(=extraction)

ⓝ **abstraction** 분리, 추출; 절취; 추상(적 개념); 방심

ⓐ **abstractive** 추상적인, 발췌의

The article made an abstract of a book. 그 기사는 책을 발췌했다.

with an air of abstraction 멍하니, 넋을 잃고

attract
[ətrǽkt]

• at- < ad-

at(=to ~로) + tract(=draw 끌어당기다) ⇒ 끌어당기다, 유혹하다

ⓥ **끌어당기다**(=draw); **유혹하다**(=allure; entice; tempt; lure; seduce)

ⓝ **attraction** 인력, 매력(=charm); 끌어당김

ⓐ **attractive** 사람의 마음을 끄는; 매혹적인(=alluring)

Her song attracted their attention.
그녀의 노래는 그들의 주의를 끌었다.

contract
[kάntrækt]

con(=together 함께) + tract(=draw (조건을) 끌어당기다) ⇒ 계약하다; 계약

ⓥ **계약하다; 수축시키다,** 줄어들다(=shrink) ⓝ **계약, 약혼**

ⓝ **contraction** 수축(=shrinkage), 단축; 축소, 제한

The contract holds good for a year. 그 계약의 기한은 1년이다.

detract
[ditrǽkt]

de(=down 아래로) + tract(=draw (가치를) 끌어내리다) ⇒ 손상시키다, 비방하다

ⓥ <가치, 명예를> **손상시키다; 비방하다**(=slander); (주의를) 딴 데로 돌리다

ⓝ **detraction** 감손; (명성 등의) 훼손; 비난, 중상(=disparagement)

He was worried that the rumor could detract his reputation.
그 루머가 그의 평판을 떨어뜨릴 수 있다는 것을 그는 걱정했다.

[tips] **명성** = reputation; renown; fame; celebrity

distract
[distrǽkt]

dis(=apart 여기저기로) + tract(=draw (주의가) 끌리다) ⇒ 혼란시키다

ⓥ (정신을) **혼란시키다**(=disturb; confuse); (마음을) 딴 곳으로 돌리다

ⓝ **distraction** 주의산만; 마음의 혼란(=confusion)

The noisy sound distracted him from studying.
그 시끄러운 소리 때문에 그는 집중할 수 없었다.

extract
[ikstrǽkt]

ex(=out 밖으로) + tract(=draw 끌어내다) ⇒ 뽑다, 추출하다; 추출물

ⓥ (이빨 등을) **뽑다;** (원액을) **추출하다;** 발췌하다(=excerpt)
ⓝ [ékstrækt] **추출물,** 엑스(=essence); 발췌

ⓝ **extraction** 뽑아냄[낸 것]; 발췌; 혈통(=pedigree; descent)

She is extracting the juice from fruits. 그녀는 과일에서 주스를 짜내고 있다.

protract
[proutrǽkt]

pro(=forth 앞으로) + tract(=draw (시간을) 길게 끌다) ⇒ 연장하다, 오래끌다

ⓥ <시간을> **연장하다, 오래 끌다**(=prolong; extend)

ⓝ **protraction** 오래 끌기, 내밀기; 연장(=prolongation)

They protracted their stay in Korea. 그들은 한국 방문 기간을 늘렸다.

retract
[ritrǽkt]

re(=back 뒤로) + tract(=draw 끌어당기다) ⇒ 철회하다, 취소하다

ⓥ **철회하다**(=withdraw), **취소하다;** (혀 등을) 쏙 들어가게 하다; 오그라들다

ⓐ **retractable** 취소할 수 있는

ⓝ **retraction** 취소, 철회(=withdrawal); 수축력

He retracted from a contract all of a sudden.
그는 갑자기 계약을 취소했다.

[참고] **tractable** ⓐ 유순한, 다루기 쉬운(=pliant)
고려대대학원

subtract
[səbtrǽkt]

sub(=under 아래로) + tract(=draw (수를) 끌어내리다) ⇒ 빼다, 공제하다

ⓥ (수를) **빼다, 공제하다**(=deduct) *opp.* **add** 더하다

ⓝ **subtraction** 빼냄, 삭감, 공제; 뺄셈

Subtract 20 from 50 and you have 30. 50에서 20을 빼면 30이 남는다.

[참고]
abstraction ⓝ 추상
attraction ⓝ 인력
contraction ⓝ 수축
detraction ⓝ 훼손
distraction ⓝ 혼란, 방심
extraction ⓝ 발췌
protraction ⓝ 연장
retraction ⓝ 철회
subtraction ⓝ 삭감

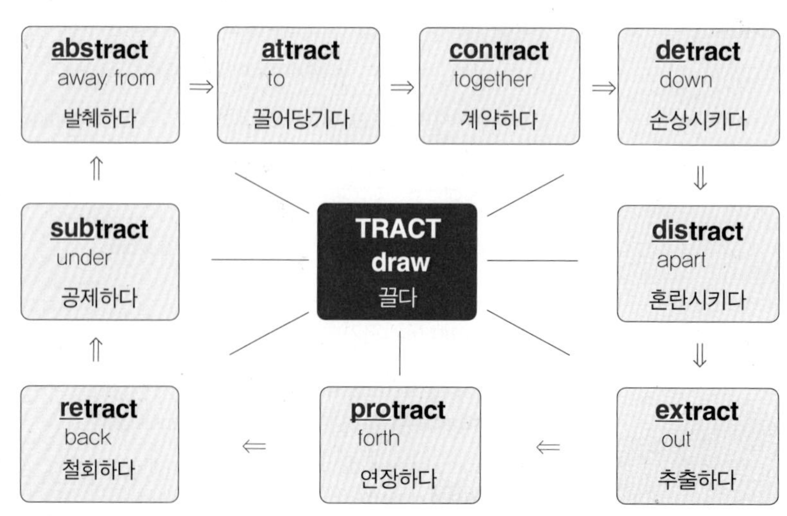

» treat

draw : 끌다, 끌어내다 ⇒ treat = tract = trac

C3-123

treat
[triːt]

treat((사람을) 다루다) ⇒ 치료하다 ⇒ 대접하다

ⓥ (사람을) **다루다**(=handle); 대우하다; **치료하다**(=cure); **대접하다**

ⓝ **대접, 환대**(=welcome); 접내(=reception); **한턱내기**

ⓝ **treatment** 대우, 처우; 처리; 치료(=medical cure; remedy)

cf. **treaty** 조약(=pact); 약속, 협정, 계약(=contract)

ⓝ **treatise** 논문, 보고서

Don't treat me as a child.
나를 어린애 취급하지 마라.

I treated her kindly even though I hated her.
그녀를 싫어하지만 친절하게 대했다.

the problem of sewage treatment 오수 처리의 문제

entreat
[intríːt]

• en-=in

en(강조 - 애타게) + treat(=draw (상대방의 마음을) 끌어내다) ⇒ 간청하다

ⓥ **간청하다,** 탄원하다, 애원하다(=beg; implore; solicit; beseech)

ⓝ **entreaty** 탄원, 간청, 애원(=supplication; pleading; begging)

ⓐ **entreating** 간청하는, 탄원하는(=supplicating)

ⓐⓓ **entreatingly** 애원하다시피, 간청하듯이, 간절히

I entreat you to let me go. 제발 가게 해 주십시오.

They entreated us to donate our blood. 그들은 헌혈해 줄 것을 간청했다.

retreat
[ritríːt]

⇒ **draw back** 물러나다, 후퇴하다; 손을 떼다

re(=back 뒤로) + treat(=draw 끌어당기다) ⇒ 물러나다, 후퇴하다

ⓥ **물러나다; 후퇴하다,** 퇴각하다; 은퇴하다(=retire)

opp. **advance** 나아가다(=progress; go forward)

ⓝ 물러남; 퇴각, 후퇴; 칩거; 휴양처, 은신처

cf. **re-treat** ⓥ 다시 다루다, 재차 논하다

drawback ⓝ 환불금; 결점, 약점; 장애; 공제

retreat from the front 전선에서 후퇴하다

My parents retreated to the country after retirement.
우리 부모님은 퇴직 후 시골로 들어가셨다.

[참고]

- **track** 지나간 자국, 통로
- **trace** 자국, 자취; 추적하다
- **trail** 자국; 질질 끌다

treat		entreat		retreat
다루다 치료하다	⇒	간청하다 애원하다	⇒	물러나다 후퇴하다

tribut(e)

give : 주다 allot : 할당하다(=assign)

C3-124

tribute
[tríbjuːt]

tribute(=give (갖다) 주는 것) ⇒ 조공, 공물, 감사[애도, 존경]의 표시

ⓝ **조공, 공물,** 세(=tax); 증정물; 찬사(=praise); **감사[애도, 존경]의 표시**

ⓐ **tributary** 공물을 바치는; 종속하는(=subordinate) ⓝ 속국; (강의) 지류

We paid a tribute to our teacher.
우리는 우리 선생님에게 찬사를 바쳤다.

attribute
[ətríbjut]

at(=to ~에) + tribute(=give (원인을) 주다) ⇒ ~의 탓으로 돌리다; 속성, 특성

ⓥ **~의 탓으로 돌리다;** ~의 작품으로 간주하다(=ascribe)

ⓝ [ǽtrəbjùːt] **속성, 특성**(=characteristic); 상징(=symbol)

ⓝ **attribution** 돌리기; (~의) 속성[작품]이라 생각하기; 귀속, 귀착시킴

He attributed the success to his parents.
그는 자신의 성공을 부모님 덕분이라 했다.

She has many attributes of a good teacher.
그녀는 훌륭한 교사로서의 많은 특징을 가지고 있다.

contribute
[kəntríbju(ː)t]

⇒ 완전히 거저 주다

cf. **donation**
ⓝ 기부, 기증

con(=together (남과) 함께) + tribute(=give (나누어) 주다) ⇒ 공헌하다, 기부하다

ⓥ **공헌하다**(=make for), **기부하다**(=donate); (~에) 기고하다

ⓝ **contribution 공헌, 기부,** 기증; 기부금; 기고, 투고;

ⓐ **contributive** 기여하는, 공헌하는; 증진하는

ⓐ **contributory** 기부의, 출자하는; 기여하는, 공헌하는

ⓝ **contributor** 기부자, 기고자; 공헌자

She contributed money to helping the sick.
그녀는 아픈 사람들을 돕는 데 돈을 기부했다.

distribute
[distríbju(ː)t]

dis(=apart 따로 떼어) + tribute(=allot 할당하다) ⇒ 분배하다, 살포하다

ⓥ **분배하다,** 할당하다(=allot); **살포하다,** 흩뿌리다(=scatter); 분포되다

ⓝ **distribution** 분배, 할당(=allotment); 배달(=delivery);
분배물, 배급품; 분포; 분할(=division)

ⓝ **distributor** 분배자, 배급 담당자; 도매업자, 총대리업자

ⓐⓓ **distributively** 분배적으로, 개별적으로(=individually)

We distributed packs of rice to the poor.
우리는 가난한 사람들에게 쌀을 배급했다.

the distribution of wealth 부의 분배

» trud(e) thrust : 밀다, 떠밀다

C3-125

extrude
[ikstrú:d]

cf. **exude** ⓥ 스며나오다

ex(=out 밖으로) + trude(=thrust 밀어내다) ⇒ 밀어내다, 쫓아내다

ⓥ **밀어내다**(=push out); **쫓아내다, 추방하다**(=expel)

ⓝ **extrusion** 밀어냄; 추방; (용암 등의) 분출

ⓐ **extrusive** 밀어내는, 떠밀어내는; (화산이) 분출된

He extruded miscellaneous merchants from his restaurant.
그는 자신의 식당에서 잡상인들을 쫓아냈다.

intrude
[intrú:d]

in(=into 안으로) + trude(=thrust 밀고 들어오다) ⇒ 억지로 밀고 들어오다, 침입하다

ⓥ **억지로 밀고 들어오다, 침입하다,** 방해하다; 참견하다; 강요하다(=exact)

ⓝ **intrusion** 강요, 방해; 침입; 토지 불법 점유

ⓐ **intrusive** 침입적인, 주제넘게 참견하는 *opp.* **extrusive** 밀어내는

ⓝ **intruder** 방해하는 사람, 침입자; 침입비행기

She intrudes her views upon us. 그녀는 자신의 의견을 우리에게 밀어붙인다.

obtrude
[əbtrú:d]

ob(=toward ~쪽으로) + trude(=thrust (강제로) 떠밀다) ⇒ 강요하다

ⓥ (의견을) **강요하다**(=intrude); 쑥내밀다; 주제넘게 나서다

ⓝ **obtrusion** (의견 등의) 강요; 주제넘게 나서기[참견하기]

ⓐ **obtrusive** 튀어나온; 주제넘게 나서는(=pushing; officious)

You had better not obtrude your opinion on others.
자기 의견을 남에게 강요하지 않는 것이 좋다.

I didn't mean to obtrude myself upon him. 나는 그에게 참견하려 했던 게 아니었다.

protrude
[proutrú:d]

pro(=forth 앞으로) + trude(=thrust 내밀다) ⇒ 내밀다, 돌출하다

ⓥ **내밀다**(=stick out); 튀어나오다, **돌출하다**(=project)

ⓝ **protrusion** 내밂, 튀어나옴, 돌출; 돌기부, 돌출부

ⓐ **protrusive** 내민, 돌출한(=projecting); 주제넘게 나서는(=obtrusive)

protrude one's tongue 혀를 내밀다
His teeth protruded. 그의 치아가 돌출했다.

[참고]
extrusion ⓝ 추방
intrusion ⓝ 침입
obtrusion ⓝ 강요
protrusion ⓝ 돌출

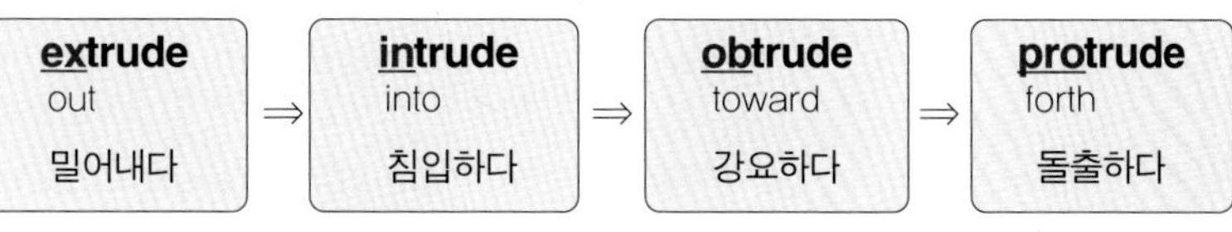

≫ trust

trust : 신뢰, 신용; 신뢰하다, 맡기다

C3-126

trust
[trʌst]

trust(=belief, faith 신임) ⇒ 신뢰, 확신, 위탁; 신뢰하다

ⓝ **신뢰,** 신용, 신임(=faith; reliance); **확신,** 기대(=expectation); **위탁,** 신탁
ⓥ **신뢰하다,** 신용하다; 맡기다, 신탁하다; 기대하다; 외상으로 팔다

· **distrustful** ⓐ 믿지 않는 의심 많은

ⓐ **trustful** (남을) 신뢰하는; 믿고 털어놓는(=confiding)
ⓐ **trustworthy** 신뢰할 수 있는, 확실한; 믿을 수 있는(=dependable)
ⓝ **trustee** 수탁자, 피신탁인(타인 재산의 보관, 운영을 위탁 받은 사람)

He was trusted by the president of our company.
그는 우리 회사 사장의 신임을 받았다.
breach of trust 배임
I bought a piece of jewelry on trust. 나는 보석 하나를 외상으로 샀다.
As far as I know, he is trustworthy.
내가 아는 한 그는 믿을 수 있는 사람이다.

distrust
[distrʌ́st]

dis(=not 안) + trust(신뢰, 확신함) ⇒ 불신, 의심; 신용하지 않다, 의심하다

ⓝ **불신; 의심,** 의혹(=doubt; suspicion)
ⓥ **신용하지 않다,** ~에 불신감을 지니다; **의심하다**(=doubt; suspect)

· **distrust = mistrust**

ⓐ **distrustful** 믿지 않는, 불신감을 지니고 있는

She has a great distrust of her husband.
그녀는 남편에게 커다란 불신감을 가지고 있다.
mutual distrust 상호불신
I distrusted my eyes at the moment. 나는 그 순간 내 눈을 의심했다.

entrust
[intrʌ́st]

en(=in ~에) + trust((믿고) 맡기다, 신탁하다) ⇒ 맡기다, 위임하다

ⓥ **맡기다, 위임하다**(=confide), 위탁하다(=consign)
ⓝ **entrustment** 위탁, 위임(=commission)

He entrusts the duty of educating children to his wife.
그는 자녀교육의 의무를 아내에게 맡긴다.

[tips] 위임하다 = entrust; commit; authorize; empower; commission
entrust a person with full power 전권을 ~에게 위임하다

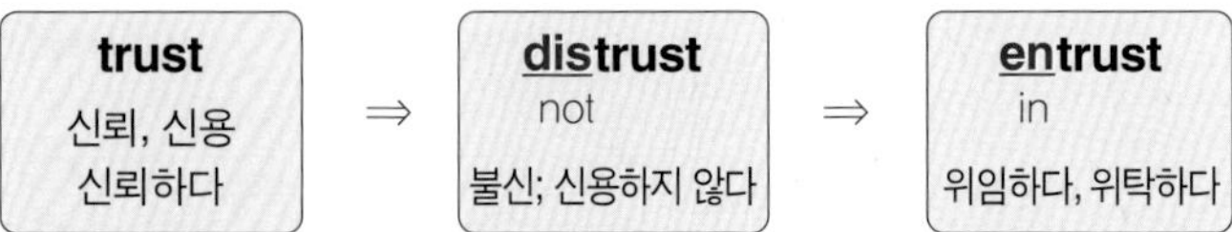

» vad(e) go : 가다; (소문 등이) 퍼지다

▶ C3-127

evade
[ivéid]

• e- < ex-

e(=out 밖으로) + vade(=go (몰래 빠져나) 가다) ⇒ 교묘하게 피하다, 기피하다

ⓥ **교묘하게 피하다, 모면하다**(=avoid; elude); **회피하다**(=dodge); 기피하다

ⓝ **evasion** 잘 피하기, 회피, 도피; 속임수, 핑계(=subterfuge; excuse)

ⓐ **evasive** 회피적인; 애매한(=equivocal); 붙잡기 힘든(=elusive)

ⓐⓓ **evasively** 회피적으로, 어물어물, 애매하게

ⓝ **evasiveness** 회피적임, 걷잡을 수 없음, 덧없음

The student wanted to evade questions from his teacher.
그 학생은 선생님의 질문을 피하고 싶었다.

invade
[invéid]

in(=into 안으로) + vade(=go (밀고 들어) 가다) ⇒ 침공하다, 침입하다

ⓥ (적이 정복할 목적으로) **침공하다, 침입하다**; 밀어닥치다(=throng); (질병이) 침범하다; (권리를) 침해하다(=violate; infringe)

ⓝ **invader** 침략자[군], 침입자(=intruder)

ⓝ **invasion** 침입, 침략; (권리 등의) 침해, 침범(=infringement)

ⓐ **invasive** 침입하는, 침략적인; 침해적인

invade a person's privacy ~의 사생활을 침범하다
The museum is invaded by visitors. 박물관에 방문자들이 밀어닥친다.

[tips] **침략하다** = invade; encroach on; raid
침략 = invasion; aggression; encroachment; inroad; raid(경찰의 현장 급습)

pervade
[pərvéid]

per(=through ~에 두루) + vade(=go (퍼져나) 가다) ⇒ 온통 퍼지다, 만연하다

ⓥ (영향, 세력 등이) **온통 퍼지다,** 보급되다(=extend throughout); **만연하다;** (냄새 등이) 골고루 스며들다(=permeate)

ⓝ **pervasion** 골고루 미침, 퍼짐, 보급(=diffusion); 충만, 침투

ⓐ **pervasive** 퍼지는, 만연하는, 보급성의(=diffusive; widespread)

Spring pervaded the air. 봄기운이 대기에 충만했다.
The fragrant smell pervaded my room. 향긋한 냄새가 내 방에 스며들었다.

[tips] **향기로운** = fragrant; aromatic; sweet-smelling[scented]; odoriferous

[참고]
evasion ⓝ 회피
invasion ⓝ 침입
pervasion ⓝ 보급

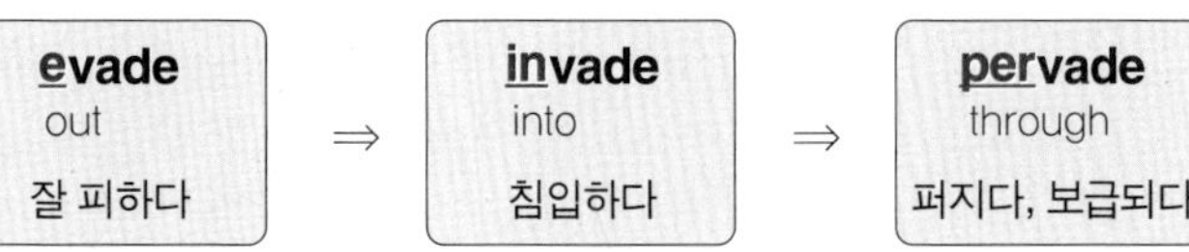

≫ vag — wander : 헤매다, 떠돌아다니다

C3-128

divagate
[dáivəgèit]

di(=apart 여기저기) + vag(=wander 떠돌아다니) + ate(다) ⇒ 헤매다

ⓥ **헤매다**(=stray); (이야기가) 본론에서 벗어나다(=digress); 방황하다

ⓝ **divagation** 헤맴, 방황, 빗나감, 탈선; 여담(으로 흐르기)

He divagated from the story of his childhood.
그는 유년시절 이야기에서 옆길로 샜다.

extravagant
[ikstrǽvəgənt]

• extra-=outside beyond

extra((돈을) 지나치게 쓰고) + vag(=wander 다니) + ant(는) ⇒ 사치스러운

ⓐ **사치스러운,** 낭비하는(=wasteful); 지나친, 과도한(=excessive)
opp. **economical** 절약하는(=saving; thrifty)

ⓝ **extravagance** 사치, 낭비(=wastefulness); 과도, 지나침(=excess)

ⓐⓓ **extravagantly** 사치스럽게; 과도하게, 엄청나게

I couldn't accept the extravagant demand.
나는 그 무리한 요구를 받아들일 수 없었다.

[tips] 사치스러운 = extravagant; luxurious; expensive; lavish
사치 = extravagance; luxury; expensiveness; lavishness

noctivagant
[nɑktívəgənt]

• noct(i)-=night

nocti(밤)에 + vag(=wander 떠돌아다니) + ant(는) ⇒ 밤에 헤매고 다니는

ⓐ **밤에 헤매고 다니는,** 밤에 나다니는; 야행성의

ⓐ **nocturnal** 밤의, 야간의, 야행성의 opp. **diurnal** 낮의, 주간의

He is noctivagant and likes to drink. 그는 밤에 나다니고 술 마시는 것을 좋아한다.

vagrant
[véigrənt]

cf. **vague** ⓐ 희미한, 모호한

vag(=wander 떠돌아다니) + r + ant(는) ⇒ 방랑하는, 떠돌아다니는; 방랑자

ⓐ **방랑하는,** 유랑하는, 헤매는, **떠돌아다니는**(=wandering);
변덕스러운, 불안정한(=wayward) ⓝ **방랑자,** 유랑자(=wanderer)

ⓝ **vagabond** 유랑자, 방랑자; 건달 ⓐ 방랑하는, 방랑성의; 건달인

ⓝ **vagabondism** 방랑성, 방랑벽

He was vagrant and we couldn't find him.
그의 거주지가 일정치 않아 우리는 그를 찾을 수 없었다.

extravagant beyond 사치스러운, 낭비하는	⇒	**noctivagant** night 밤에 헤메고 다니는

val(id)

strong : 강한, 힘이 센, 유력한 **worth** : 가치가 있는 ⇒ **val = vail**

C3-129

valid
[vǽlid]

valid(=strong (주장이) 힘이 센, 유력한)의 뜻에서 ⇒ 정당한, 근거 있는

ⓐ **정당한**(=just), **근거 있는;** 합법적인; 효력이 있는(=effective)

ⓝ **validity** 유효함, 타당성, 정당성; 합법성(=legal soundness)

cf. **valiant** ⓐ 용감한

ⓥ **validate** (법적으로) 유효하게 하다(=make valid); 승인하다

This ticket is valid for the day of issue only. 이 표는 발행 당일에만 효력이 있다.

invalid
[ínvəlid]

in(=not 안) + valid(=strong 강한, 힘이 센) ⇒ 병약한, 허약한; 병자, 환자

ⓐ **병약한, 허약한;** (근거가) 박약한(=insufficient) ⓝ **병자, 환자**

ⓝ **invalidity** 무효(=nullity) ⓥ **invalidate** 무효로 하다(=nullify)

She worked so hard for her invalid son.
그녀는 병약한 아들을 위해 열심히 일했다.

avail
[əvéil] • a-<ad-

a(=to (~하는 데)에) + vail(=worth 값어치가 있다) ⇒ 쓸모가 있다; 이익

ⓥ **쓸모가 있다,** 도움이 되다 ⓝ **이익**(=profit; benefit); 효력; 유용성

ⓐ **available** 유용한(=useful); 이용할 수 있는

avail+ability 능력

ⓝ **availability** 유효성; 유용성, 이용할 수 있음, 이용 가치; 당선 가능성

be of avail 도움이 되다 / be of no avail 전혀 쓸모가 없다
Such books will avail for my theory. 그런 책들은 내 이론에 도움이 될 것이다.

prevail
[privéil]

⇒ 앞으로 강하게 퍼져가다
⇒ 유행하다

pre(=before) + vail(=strong) → ~보다 힘이 앞서다 ⇒ 우세하다, 유행하다

ⓥ **우세하다**(=predominate), 이기다(=triumph); 만연되다, **유행하다**(=be in fashion); 설득하다(=persuade; induce)

ⓐ **prevailing** (마음을) 움직일 힘이 있는; 효과적인(=effective); 우세한, 주된(=predominant); 널리 행해지고 있는(=prevalent)

cf. **predominant**
ⓐ 우세한, 유력한

ⓝ **prevalence** 널리 퍼짐; 보급, 유행 ⓐ **prevalent** 유행하고 있는, 널리 퍼진

prevail in a struggle 투쟁에서 이기다
Bad epidemic prevails throughout the country.
악성 전염병이 전국적으로 유행한다.

[참고]
validity ⓝ 유효
invalidity ⓝ 무효
availability ⓝ 유효성
prevalence ⓝ 널리 퍼짐

valid 정당한, 효력이 있는	⇒	**invalid** not 병약한	⇒	**avail** to 쓸모가 있다	⇒	**prevail** bofore 우세하다, 만연하다

valu worth : 가치가 있는; 가치

C3-130

valuate
[vǽljuèit]

valu(=worth 가치를 평가) + ate(=make 하다) ⇒ 평가하다, 사정하다

ⓥ (인물, 능력을) **평가하다**(=appraise; estimate); **사정하다**, 견적하다

ⓝ **valuation** (물건의) 평가(=evaluation; appraisal); 가치 판단, 평가

The president valuates him highly. 사장은 그를 높이 평가한다.

devaluate
[di:vǽljuèit]

de(=down (실제보다) 낮게) + valuate((가치를) 평가하다) ⇒ 평가절하하다

ⓥ **평가절하하다**(=devalue), 가치를 감하다

ⓝ **devaluation** 평가절하, 가치절하

The dollar was devaluated by 7 percent. 달러가 7퍼센트 평가절하 됐다.

evaluate
[ivǽljuèit]

• e- < ex-

e(=out 밖으로) + valuate((가치를) 평가해내다) ⇒ 평가하다

ⓥ **평가하다**, 값을 매기다(=appraise; estimate); 사정하다

ⓝ **evaluation** 평가, 사정(=valuation)

They evaluated the picture at seven million won.
그들은 그 그림을 칠백만 원으로 평가했다.

revaluate
[ri:vǽljuèit]

re(=again 다시) + valuate((가치를) 평가하다) ⇒ 재평가하다, 평가절상하다

ⓥ **재평가하다; 평가절상하다** ⓝ **revaluation** 재평가, 평가절상

They revaluated the <u>currency</u> as the market condition.
그들은 시장시세에 따라 통화를 <u>재평가</u>했다.

value
[vǽlju:]

value(=worth 가치가 있는)의 뜻에서 ⇒ 가치, 가격

ⓝ **가치**(=worth); **가격**(=price); 평가 ⓥ 평가하다; 존중하다

ⓐ **valuable** 금전적 가치가 있는, 값비싼(=expensive)

ⓐ **valueless** 무가치한, 하찮은(=worthless)

ⓐ **invaluable** 매우 귀중한(=priceless; precious)

We didn't know the real value of our house. 우리는 우리 집의 실제 가치를 알지 못했다.
an invaluable article 매우 귀중한 물건

[참고]
valuation ⓝ 평가
devaluation ⓝ 평가절하
revaluation ⓝ 평가절상
evaluation ⓝ 평가, 사정

valuate 평가하다 감정하다	⇒	devaluate down 평가절하하다	⇒	revaluate again 재평가하다	⇒	evaluate out 값을 매기다

≫ ven(t)

come : 오다, 일어나다, 나타나다 ⇒ **vent = vene**

C3-131

vent
[vent]

cf. **vanity** 허영심

vent(=come 나오는 (곳)) ⇒ 구멍, 배출구

ⓝ (새는) **구멍; 분출구, 배출구** ⓥ ~에 나갈 구멍을 주다

ⓥ **ventilate** 환기시키다; 통기 구멍을 내다; (문제를) 공개토론에 붙이다

ⓝ **ventilation** 통풍, 환기; (자유로운) 논의, 토의(=debate)

I couldn't give vent to my emotions. 나는 내 감정을 겉으로 나타낼 수 없었다.

[tips] **패인구멍 = hollow; cavity; pit; crater(분화구); chasm(바위의 ~)**

---

venture
[véntʃər]

vent(=come (위험을 안고 한번) 가보) + ure(기) ⇒ 모험, 투기, 모험적 사업

ⓝ **모험, 투기**(=speculation; adventure); **모험적 사업**

ⓥ 위험을 무릅쓰고 ~하다; 모험하다(=risk)

ⓝ **adventure** 모험, 모험심; 투기; 희한한 사건 ⓥ 모험적으로 해보다

She ventured the whole money on a single chance.
그녀는 단 한 번의 기회에 가진 돈을 전부 내걸었다.

---

advent
[ǽdvent]

ad(=to ~에) + vent(=come 다가옴) ⇒ 출현, 도래

ⓝ **출현, 도래**(=arrival); (그리스도의) 강림

ⓐ **adventurous** 모험적인, 대담한(=bold) ⓐ **adventitious** 우연의

The advent of a new cellular phone excited our <u>curiosity</u>.
새로운 휴대폰의 등장은 우리의 <u>호기심</u>을 자극했다.

---

circumvent
[sə̀ːrkəmvént]

circum(=around 빙 둘러서) + vent(=come 오다) ⇒ 일주하다, 회피하다

ⓥ **일주하다**(=go around); **회피하다**(=avoid); 포위하다; 함정에 빠뜨리다

ⓝ **circumvention** 한 바퀴 돌기; 책략 쓰기

We circumvented the village to find our dog.
강아지를 찾기 위해 우리는 동네를 한 바퀴 돌았다.

---

convent
[kánvənt]

• con-<com-

• **affiliate** [əfílièit]
ⓥ (회사를) 합병하다; 관계를 맺다; 양자로 삼다

con(=together (같은 목적으로) 함께) + vent(=come 오는 곳) ⇒ 수도원

ⓝ **수도원,** 수도회; (특히) 수녀원 ⓥ **convene** (회의 등을) 소집하다

ⓝ **convention** 집회, 대회(=conference); 모임; 참가자; 약정

ⓐ **conventional** 대회의, 회의의; 협정의; 관습적인; 재래식의

Her school was affiliated with the convent.
그녀의 학교는 수녀원에 속해 있다.

event

[ivént]

• e-<ex-

e(=out 밖으로) + vent(=come (일이) 나타난 것) ⇒ 사건, 행사

ⓝ (중요한, 큰) **사건; 행사;** (경기의) 종목, 시합

ⓐ **eventful** 다사다난한; 중대한(=momentous)

ⓐ **eventual** 결국의, 최후의(=ultimate)

ⓐⓓ **eventually** 결국, 마침내(=finally; in the end; at last)

We were invited to a sporting event. 우리는 스포츠계의 행사에 초대받았다.
an eventful affair 중대사건
an eventful year 다사다난했던 한 해

prevent

[privént]

⇒ 먼저 오다 → 예방하다

pre(=before 앞에, 먼저) + vent(=come 와서 못하게 하다) ⇒ 막다, 예방하다

ⓥ **막다, 방해하다**(=obstruct; disturb), ~하지 못하게 하다(=hinder); **예방하다**(=take precautions); 방지하다

ⓝ **prevention** 방해, 훼방; 예방(=protection)

ⓐ **preventive** 방해하는, 예방의 ⓝ 예방약, 예방책

prevent an accident 사고를 방지하다
The rainy season prevents us from having a barbecue party.
우리는 장마 때문에 바비큐 파티(야외파티)를 하지 못했다.

convene

[kənvíːn]

• con-<com-

con(=together 함께) + vene(=come 나오게 하다) ⇒ 소집하다

ⓥ (모임, 회의를) **소집하다**(=convoke); 회합하다; 소환하다(=call back)

cf. **convenience** ⓝ 편의, 편리; (문명의) 이기; (세상의 일반적인) 관습
convenient ⓐ 편리한, 형편이 좋은(=handy; expedient)

They convened a special session of the Assembly.
그들은 임시국회를 소집했다.

convenience
- **food** 인스턴트 식품
- **outlet** <전기> 실내 콘센트
- **store** 편의점, 일용잡화 식료품점

intervene

[ìntərvíːn]

inter(=between (양자) 사이에) + vene(=come 들어오다) ⇒ 중재하다, 간섭하다

ⓥ **중재하다,** 조정하다(=mediate); **간섭하다**(=interfere); 사이에 끼다

ⓝ **intervention** 중재, 조정; 간섭(=interference)

intervene in a dispute 분쟁을 중재하다
They intervened in the domestic affairs of another country.
그들은 다른 나라의 내정을 간섭했다.
intervention in another country 다른 나라에 대한 내정 간섭

[tips] 간섭하다 = intervene; interfere; meddle; step in

vers(e)

turn : (시선, 마음을) 돌리다; 뒤집다, 바꾸다 ⇒ **vers = vert**

C3-132

averse
[əvə́:rs]

• a- < ab-

a(=from ~에서 멀리) + verse(=turned (마음을) 돌린) ⇒ 싫어하는, 꺼리는

ⓐ **싫어하는, 꺼리는**(=unwilling; reluctant); 반대하는(=opposed)

ⓝ **aversion** (몹시) 싫음, 혐오(=repugnance)

ⓐ **aversive** 혐오스러운(=disgusting; hateful; loathsome)

He was averse to his father's decision.
그는 자기 아버지의 결정을 싫어했다.

[tips] **싫어하다** = dislike; abhor; hate; detest; grudge; be loath[reluctant; unwilling] to do; be averse to

adverse
[ædvə́:rs]

• **an adverse trade balance** 무역 역조

• **adverse winds** 역풍

ad(=toward (반대) 쪽으로) + verse(=turned 방향을 바꾼) ⇒ 역의, 반대의, 불리한

ⓐ **역의, 반대의**(=opposed); 반대하는; **불리한**(=unfavorable; disadvantageous)

ⓝ **adversity** 역경, 불운, 불행(=misfortune); 재난(=adverse event)

ⓝ **adversary** 적, 적수(=foe; opponent); (시합 등의) 상대

She lost the game because of the adverse condition.
그녀는 불리한 조건 때문에 경기에서 졌다.

converse
[kənvə́:rs]

⇒ 함께 사귀다

⇒ 대화하다

con(강조 - 완전히) + verse(=turned 방향을 뒤바꾼) ⇒ 거꾸로의; 대화하다

ⓐ **거꾸로의**, 바꿔놓은(=transposed), 반대의 ⓥ **대화하다**(=talk)

ⓝ [kánvə:rs] 역, 반대(=opposite) ⓐⓓ **conversely** 거꾸로, 반대로

ⓝ **conversation** 대화, 회화, 담화(=talk; colloquy)

ⓐ **conversational** 대화의, 회화식의

I conversed in English with my foreign friend.
나는 나의 외국 친구와 영어로 대화했다.

diverse
[daivə́:rs]

• di- < dis-

di(=apart 따로따로) + verse(=turned 방향을 바꾼) ⇒ 다른, 다양한

ⓐ **다른**(=different); **다양한**, 가지각색의(=various)

ⓝ **diversity** 상이(=difference); 다양(=variety) ⓝ **diversification** 다양(화)

ⓥ **diversify** 다양하게 하다, 다각화하다(=make diverse)

I had diverse interests but wasn't good at all of them.
나는 다양한 취미를 가지고 있었지만 전부 잘하진 않았다.

There is a diversity of opinion. 의견이 분분하다.

[tips] **다양한** = diverse; various; manifold; many-sided

perverse

[pə(:)rvə́:rs]

per(강조 - 완전히, 너무) + verse(=turned (성질이) 뒤집힌) ⇒ 비뚤어진, 외고집의

ⓐ (성질이) **비뚤어진; 외고집의,** 고집 센(=willful; stubborn); 사악한(=wicked)

ⓝ **perversion** 타락, 악화; 악용; 왜곡(=distortion); 성적 도착

ⓝ **perversity** 외고집, 옹고집; 사악(=wickedness)

ⓥ **pervert** (바른길, 진리 등에서) 벗어나게 하다; 타락시키다(=corrupt); 오용하다(=misuse); 곡해하다(=misinterpret) ⓝ 성도착자, 배교자

ⓐ **perverted** 정도에서 벗어난, 타락한, 악용된

It is perverse to think otherwise. 달리 생각하는 것은 비뚤어진 생각이다.

a perversion of the facts 사실을 왜곡함 / sexual perversion 성적 도착

reverse

[rivə́:rs]

re(=back 반대로, 거꾸로) + verse(=turned 돈) ⇒ 반대의, 거꾸로 된

ⓐ **반대의,** 역으로 된; **거꾸로 된**(=contrary); 배후의
ⓝ **반대, 역;** 이면, 역전 ⓥ (방향, 순서를) 반대로 하다

ⓝ **reversal** 뒤집기, 반전, 역전; 취소

ⓐ **reversible** 역으로 할 수 있는, 취소 가능한 opp. **irreversible** 뒤집을 수 없는

She reversed herself about the issue.
그녀는 그 문제에 대한 생각을 바꿨다.

transverse

[trænsvə́:rs]

trans(=across 가로질러) + verse(=turned 향해 간) ⇒ 가로지르는, 횡단하는

ⓐ **가로지르는, 횡단하는**(=crosswise) ⓝ 횡단물; 횡단보도(=crosswalk)

ⓐ **transversal** 횡단하는, 가로의(=cross; athwart) ⓝ 횡단선

a reversal of the situation 상황의 반전

traverse

[trəvə́:rs]

• tra- < trans-

tra(=across 가로질러) + verse(=turn 향해가다) ⇒ 가로지르다, 횡단하다

ⓥ **가로지르다, 횡단하다**(=cross); 자세히 조사하다; 반대하다, 방해하다
ⓐ **가로지르는,** 횡단하는 ⓝ 횡단(여행); 횡단도로; 지그재그 길

We planed to traverse the whole Continent of Eurasia.
우리는 유라시아 대륙을 횡단할 계획을 세웠다.

universe

[jú:nəvə̀:rs]

uni(=one 하나를) + verse(=turned 향해 돈 (것)) ⇒ 우주, 세계

ⓝ **우주**(=cosmos); (the ~) **세계**(=world)

ⓐ **universal** 만국의, 우주의; 보편적인(=omnipresent) ⓝ **universality** 보편성, 일반성

ⓐⓓ **universally** 보편적으로, 예외 없이(=without exception), 널리

cf. **vertigo** ⓝ 어지름증, 현기증(=dizziness)

It is a fact known throughout the universe. 그것은 전 세계에 알려진 진리다.
universal gravity 만유인력 / a universal truth 보편적[일반적] 진리

vert

turn : (방향, 주의를) 돌리다, 피하다; 뒤집다 ⇒ vert = vers

C3-133

avert
[əvə́ːrt]

• a-<ab-

a(=from ~로부터 멀리) + vert(=turn (시선을) 돌리다) ⇒ 돌리다, 피하다

ⓥ (눈, 마음을) **돌리다**(=turn away); (사고 등을) **피하다**(=avoid; prevent)

ⓝ **aversion** 몹시 싫음, 혐오; 반감(=antipathy)

I averted my eyes from the horrible scene.
나는 그 무서운 장면에서 눈을 돌렸다.

• **horrible** [hɔ́ːrəbəl] 무서운; 끔직한(=dreadful); 비참한(=deplorable)

advert
[ədvə́ːrt]

ad(=to ~에) + vert(=turn (주의를) 돌리다) ⇒ (주의를) 돌리다, 언급하다

ⓥ (주의를) **돌리다; 언급하다**(=refer; remark)

ⓝ **advertence/advertency** 주의, 유의(=attention)

ⓐ **advertent** 주의하는, 유의하는(=attentive)

opp. **inadvertent** 고의가 아닌, 우연한, 부주의한

We all adverted to his speech. 우리는 모두 그의 연설에 주의를 돌렸다.

advertise
[ǽdvərtàiz]

• -ise=-ize

ad(=to ~로) + vert(=turn (관심을) 돌리게) + ise(하다) ⇒ 광고하다, 공고하다

ⓥ **광고하다, 공고하다**; 알리다, 통고하다(=inform)

ⓝ **advertisement** 광고, 공고(=notice; announcement)

ⓝ **advertising** 광고(하기); 광고(업) ⓐ 광고(업)의

We advertised our new product in a newspaper.
우리는 새로운 상품을 신문에 광고했다.

ambivert
[ǽmbivə̀ːrt]

ambi(=both 양쪽으로) + vert(=turn (성격이) 향한) 사람 ⇒ 양향적인 사람

ⓝ **양향적인 사람**

ⓝ **ambiversion** (내향, 외향 중간인) 양향성

He is an ambivert person, sometimes introvert, sometimes extrovert.
그는 양향적인 사람으로, 때로는 소극적이고 때로는 적극적이다.

convert
[kənvə́ːrt]

con(=completely 완전히) + vert(=turn (방향이) 돌다) ⇒ 전환하다, 개종시키다

ⓥ **전환하다**, 변화시키다(=change; transform); **개종시키다**; 환산하다

ⓝ 개종자, 전향자, 개심자

ⓝ **conversion** 전환, 변환; 개종, 개심

We converted the den into the bedroom. 우리는 서재를 침실로 개조했다.

controvert
[kántrəvə̀ːrt]

• contro- < contra-

contro(=against (생각이) 반대로) + vert(=turn 돌다) ⇒ 논쟁하다

ⓥ **논쟁하다**(=dispute; argue); 논박하다; 부정하다(=deny)

ⓝ **controversy** 논쟁, 논의(=debate); 싸움(=quarrel)

ⓐ **controversial** 논쟁의 여지가 있는, 논쟁을 좋아하는

ⓐ **incontrovertible** 확실한, 명백한(=evident; manifest)

We controverted on the current economic situation.
우리는 현재 경제상황에 대해 논쟁했다.

divert
[divə́ːrt]

• di- < dis-

di(=aside 딴 곳으로) + vert(=turn (주의를) 돌리다) ⇒ 전환시키다

ⓥ **전환시키다,** 딴 데로 돌리다(=turn aside); 즐겁게 해주다(=entertain)

ⓝ **diversion** 돌리기, 전환; (자금의) 유용; 우회로;
오락, 기분 전환(=pastime; amusement; recreation)

I diverted my mind with singing a song.
나는 노래를 부르면서 기분을 전환시켰다.

evert
[ivə́ːrt]

• e- < ex-

e(=out 밖으로) + vert(=turn 뒤집다) ⇒ 뒤집다

ⓥ (눈꺼풀 등을) **뒤집다**(=turn inside out) ⓝ **eversion** 뒤집음

He wore his shirt everted but he didn't know that.
그는 셔츠를 뒤집어 입었지만 알지 못했다.

extrovert
[ékstrəvə̀ːrt]

• extro-=extra-
⇒ outside; outward

extro(바깥쪽으로) + vert(=turn (성격이) 향한) 사람 ⇒ 외향적 성격의 사람

ⓝ **외향적 성격의 사람;** 활동적인 인물 *opp.* **introvert** 내성적인 사람

ⓝ **extroversion** 외향성 opp. **introversion** 내향성 cf. **ambivert** 양향 성격자

He was an extrovert and had a lot of friends.
그는 성격이 외향적인 사람이었고 친구가 많았다.

introvert
[íntrəvə̀ːrt]

• intro-=intra-
⇒ inward

intro(안쪽으로) + vert(=turn (성격이) 향한) 사람 ⇒ 내향적 성격의 사람

ⓝ **내향적 성격의 사람** ⓐ 내향성의 ⓥ (생각, 흥미를) 안으로 향하게 하다

ⓝ **introversion** 내향, 내향성

He was an introvert and liked to read a book.
그는 내향적인 사람이었고 책 읽는 것을 좋아했다.

invert
[invə́ːrt]

in(=in 안을) + vert(=turn (밖으로) 뒤집다) ⇒ 거꾸로 하다

ⓥ **거꾸로 하다,** (안과 밖을) 뒤집다; (순서, 방향을) 역으로 하다(=reverse)

ⓝ **inversion** 전도, 역전; 반대, 역; 동성애 ⓐ **inverse** 반대의, 전도된

This phrase may be understood when it is inverted.
이 어구는 순서를 뒤바꾸면 이해된다.

pervert
[pərvə́:rt]

per(=completely 완전히) + vert(=turn (생각을) 돌리다) ⇒ 오해하다, 오용하다

ⓥ **오해하다,** 곡해하다(=misinterpret); **오용하다**(=misuse); 타락시키다
ⓝ **타락자, 변절자;** 성도착자

ⓝ **perversion** 곡해, 왜곡; 남용, 타락

She perverted the meaning of what he said. 그녀는 그의 말을 곡해했다.

revert
[rivə́:rt]

re(=back 뒤로 되) + vert(=turn 돌아가다) ⇒ 되돌아가다, 복귀하다

ⓥ (원래 상태, 습관으로) **되돌아가다**(=return); **복귀하다**

ⓝ **reversion** 역전, 반전; 되돌아가기; 격세유전

They reverted to the original topic. 그들은 본래의 화재로 돌아갔다.

[tips] 본래의 = original; primary; natural; intrinsic; essential(본질적인)
원래, 본래 = originally; primarily; naturally; intrinsically; essentially

subvert
[səbvə́:rt]

sub(=under (아래로 부터) + vert(=turn 뒤집다) ⇒ 전복시키다, 타락시키다

ⓥ **전복하다**(=overthrow); 파괴하다(=destroy); **타락시키다**

ⓝ **subversion** 전복, 뒤집어엎음(=overturn)

ⓐ **subversive** 전복하는, 파괴하는(=destructive) ⓝ 위험 인물

Some people said their song subverted our morality.
몇몇 사람들은 그들의 노래가 우리의 도덕성을 타락시킨다고 말했다.

[참고]
aversion ⓝ 혐오
conversion ⓝ 전환
diversion ⓝ 전환, 오락
extroversion ⓝ 외향성
introversion ⓝ 내향성
ambiversion ⓝ 양향성
inversion ⓝ 전도, 역전
perversion ⓝ 곡해
reversion ⓝ 역전, 복귀
subversion ⓝ 전복
cf. **advertisement** ⓝ 광고
controversy ⓝ 논쟁

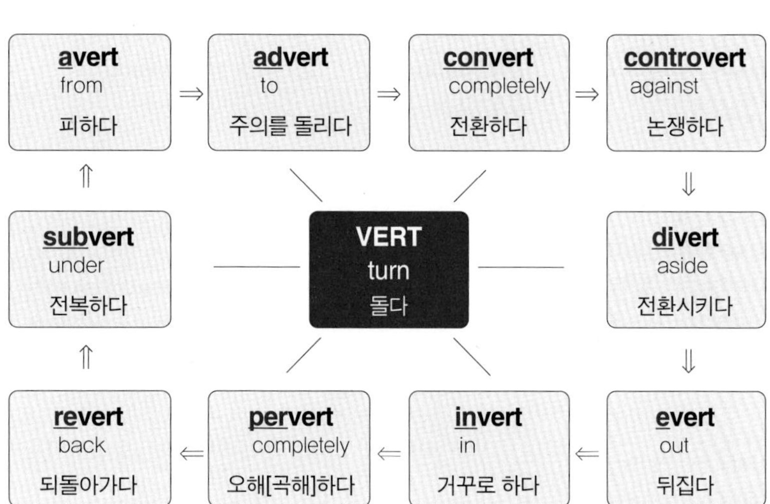

≫ vi

way : 길, 진로 ⇒ **vi = via** ~을 경유하여, ~을 거쳐서

C3-134

deviate
[dí:vièit]

de(=off) + vi(=way) + ate ⓥ → 길에서 벗어나다 ⇒ 이탈하다

ⓥ (규칙, 정도에서) **벗어나다**(=turn aside); **이탈하다,** 일탈하다(=diverge)

ⓝ **deviation** (길, 규칙, 정도, 사실 등에서의) 이탈, 탈선; 일탈(행위)

ⓐ **deviant** (규범, 표준에서) 벗어난, 비정상적인 ⓝ 이상성격자

Their clothes deviated from the custom. 그들의 의상은 관습에서 벗어났다.

Deviation from the norm is not tolerated.
(사회) 규범으로부터의 일탈은 용인되지 않는다.

obviate
[ábvièit]

ob(=against) + vi(=way) + ate ⓥ ⇒ (길을 막고 있는 장애물을) 제거하다

ⓥ (장애, 곤란, 방해를) **제거하다**(=get rid of; preclude; forestall); 일소하다(=clear away); 미연에 방지하다(=prevent)

ⓝ **obviation** (장애 등의) 제거; (필요의) 회피

cf. **obvious** ⓐ 분명한, 명백한(=evident; apparent); 두드러진

obviously ⓐⓓ 분명히(=plainly); 명백히(=manifest)

I obviated the cause of my lazy routine. 나는 게으른 일상의 원인을 제거했다.

obviate danger 위험을 피하다

trivial
[tríviəl]

tri(=three 세) + vi(=way 길)이 만나 + al(는) → 흔히 있는 ⇒ 하찮은, 사소한

ⓐ **하찮은,** 대수롭지 않은(=unimportant), 변변찮은(=trifling); **사소한**(=petty); 흔해빠진(=commonplace)

ⓝ **triviality** 하찮은 것[일], 시시함, 평범(=mediocrity)

ⓥ **trivialize** 평범화하다, 하찮은 것으로 하다

She wasn't concerned with those trivial matters.
그녀는 그 같은 하찮은 문제에는 신경을 안 썼다.

Stop bickering over such trivial things. 그런 사소한 일들로 말다툼하지 마라.

[tips] **하찮은** = worthless; valueless; trashy; trivial; petty; insignificant; good-for-nothing; be of little importance; be of no account

• **bicker** ⓥ 말다툼하다 (=quarrel)

[참고] **convey** ⓥ 나르다
voyage ⓝ 항해
envoy ⓝ 사절, 공사

[참고]
deviation ⓝ 이탈, 탈선
obviation ⓝ 제거, 회피
cf. **triviality** ⓝ 하찮은 것

vis(e)

see : 보다, 살피다, 구경하다 ⇒ **vis = view = vid = vi = vey**

C3-135

advise

[ədváiz]

ad(=toward ~쪽으로) + vise(=see (말해 주려고) 보다) ⇒ 충고하다

ⓥ **충고하다,** 권고하다(=recommend); 통지하다, 알리다(=inform)

ⓝ **advice** [ædváis] 충고, 조언, 권고; 전문가의 의견; 통지

ⓐ **advisable** 권할 만한; 타당한, 바람직한(=desirable; prudent)

ⓝ **adviser/advisor** 조언자, 충고자; 과목선택 지도교수

ⓐ **advisory** 권고의, 조언을 주는; 고문의, 자문의

She advised me which to buy. 그녀는 어떤 것을 사야 할지 내게 조언해 주었다.

an advisory committee 자문위원회

an adviser to President 대통령 고문

devise

[diváiz]

de(=apart (떼어서)) + vise(=separate 나누어 보다) ⇒ 고안하다, (계략을) 꾸미다

ⓥ **고안하다,** 궁리하다(=think out; contrive); (흉계, 계략을) **꾸미다;** 발명하다(=invent); (부동산을) 유증하다

ⓝ **device** 고안, 계획, 방책(=scheme); 장치; 계략(=stratagem)

They devised an event for the picnic. 그들은 소풍에서의 행사를 계획했다.

a safety device 안전장치

revise

[riváiz]

re(=again 다시) + vise(=see (손) 보다) ⇒ 개정하다, 수정하다

ⓥ **개정하다, 수정하다,** 교정하다; 변경하다 ⓝ 개정, 교정, 수정(=revision)

ⓝ **revision** 개정, 교정, 수정; 개정판, 수정판

I didn't have time to revise my report. 나는 리포트를 수정할 시간이 없었다.

revised edition 개정판

improvise

[imprəváiz]

• im- < in-

⇒ 미리 보지 않고 하다

im(=not 안) + pro(=before 미리) + vise(=see 보다) ⇒ 즉석에서 하다

ⓥ (시, 음악, 축사, 연설을) **즉석에서 하다,** 즉흥 연주하다

ⓝ **improviser** 즉흥 시인, 즉석 연주가(=improvisator)

ⓝ **improvisation** 즉석에서 하기; 즉흥 연주(=impromptu); 즉석 작품

ⓐ **improvised** 즉석의, 즉흥적인

cf. **provision** ⓝ 준비; 식량 **provisional** ⓐ 잠정적인; 임시의

She improvised a piano for the guest.
그녀는 손님들을 위해 즉석에서 피아노를 연주했다.

a provisional disposition 가처분

[tips] **즉석에서의 = impromptu; extempore; extemporaneous; extemporary**

supervise
[sú:pərvàiz]

super(=over 위에서) + vise(=see 내려다보다) ⇒ 감독하다, 관리하다

ⓥ **감독하다, 관리하다**(=superintend); 지휘하다, 지도하다(=direct)
ⓝ **supervision** 관리, 감독; 지휘(=direction), 감시(=watch; lookout)
ⓝ **supervisor** 관리자, 감독자; 지도 주임
ⓐ **supervisory** 감독의, 관리의

He supervises the sales clerks. 그는 판매원들을 관리한다.
under the supervision of ~ ~의 감독 하에
exercise closer supervision 감독을 한층 강화하다

vision
[víʒən]

cf. **envision** ⓥ 상상하다, 마음속에 그리다(=envisage; visualize)

vis(=see 보) + ion(기[봄]) ⇒ 시력, 시야, 통찰력

ⓝ **시력**(=sight), **시야; 통찰력,** 선견지명; 광경; 환각; 상상, 이상
ⓐ **visual** 시각의, 광학상의, 눈에 보이는 듯한 ⓝ 영상 부분
ⓐ **visible** (눈에) 보이는; 명백한(=evident) opp. **invisible** 보이지 않는
ⓐ **visionary** 환상의; 몽상의; 실제적이 아닌

My professor is a man of broad vision. 우리 교수님은 고매한 식견을 가지셨다.

prevision
[pri(:)víʒən]

cf. **previous** ⓐ 이전의 (=earlier; former)

pre(=before 앞을 미리) + vision(내다봄) ⇒ 선견, 예지

ⓝ **선견**(=foresight), **예지**(=foreknowledge)
ⓐ **previsional** 선견지명이 있는(=foreseeing); 예지의
ⓥ **previse** 예지하다(=foresee); 미리 알다; 예고하다(=give notice)

He is lack of prevision. 그는 선견(지명)이 부족하다.
with a previsional viewpoint 예지적 관점으로

provision
[prəvíʒən]

⇒ 장래를 내다보고 대비함
⇒ 준비

pro(=forward (앞으로) + vision(내다보고 대비함) ⇒ 준비, 대비, 식량

ⓝ **준비**(=preparation); **대비,** 저축; (어떤 것을 정해 놓은) 조항, 규정 (=stipulation); *pl.* **식량,** 양식 ⓥ 식량을 공급하다
ⓐ **provisional** 일시적인(=temporary); 잠정적인, 임시의; 조건부의
ⓐ **provident** 선견지명이 있는, 절약하는, 신중한

She made provision to go to college. 그녀는 대학갈 준비를 했다.
a provisional government 임시정부

vista
[vístə]

• vista=sight
cf. **visage** ⓝ 외관, 용모, 얼굴

vis(=see (멀리 내다)보이는) + ta(광경) ⇒ 경치, 전망

ⓝ 길게 내다보이는 (거리, 가로수 등의) **경치; 전망**(=view); 예상; 추억

We could see a great vista through the window.
창문을 통해 우린 멋진 경치를 볼 수 있었다.

voc　call : 부르다, 소리치다　voice : 목소리

C3-136

---

vocation
[voukéiʃən]

voc(=call 부) + ation(름) → 신의 부르심 ⇒ 소명, 직업

ⓝ **소명;** 사명(=calling); **직업**(=occupation)

ⓐ **vocational** 직업의, 직업상의　ⓐⓓ **vocationally** 직업적으로, 직업상

I mistook my first vocation. 나는 첫 번째 직업을 잘못 택했다.

---

avocation
[æ̀vəkéiʃən]

• a- < ad-

a(=away (본업과) 떨어져 있는) + vocation(직업) ⇒ 부업, 취미

ⓝ (본업 이외의) **부업; 취미;** 심심풀이(=hobby; taste)

cf. **avocatory** 호출하는, 소환하는

Writing is my avocation and I really like it.
글 쓰는 일은 내 부업이고 나는 정말 그 일을 좋아한다.

---

convocation
[kɑ̀nvəkéiʃən]

• con- < com-

con(=together 모두 함께) + voc(=call 불러) + ation(모음) ⇒ 소집, 집회

ⓝ (회의, 의회의) **소집; 집회**(=assembly)

ⓥ **convoke** 불러 모으다; (회의 등을) 소집하다(=summon)

I should attend the convocation of a student's association.
나는 학생회 모임에 참석해야 한다.

---

evocation
[ì:voukéiʃən]

• e- < ex-

e(=out 밖으로) + voc(=call 불러) + ation(냄) ⇒ 불러냄, 환기

ⓝ (유령 등의) **불러냄**(=summons); (기억, 감정 등의) **환기**

ⓐ **evocative** 불러내는, 불러일으키는, 환기하는

ⓥ **evoke** (망령 등을) 불러내다(=call forth);
(기억, 감정 등을) 불러일으키다; 환기시키다(=call up)

He showed me some pictures for the evocation of my memory.
그는 기억을 환기시키기 위해 내게 사진들을 보여줬다.

---

invocation
[ìnvəkéiʃən]

in(=in (마음)속으로) + voc(=call (신을) 부) + ation(름) ⇒ 기도, 기원, 주문

ⓝ **기도; 기원**(=supplication); **주문**(呪文)(=incantation)

ⓐ **invocatory** 기도의, 축원의

ⓥ **invoke** (신에게) 빌다, 기원하다(=call on); (법에) 호소하다; (법을) 실시하다;
간청하다(=implore); (악령 등을) 불러내다

Her invocation was for her mom's recovery.
그녀가 기원하는 것은 엄마의 회복을 위해서였다.

invoke the parliamentary right to investigate 국정조사권을 발동하다

provocation
[prɑ̀vəkéiʃən]
⇒ something that angers

pro(=forth 앞으로) + voc(=call (화를) 불러) + ation(냄) ⇒ 화나게 함, 분개

ⓝ **화나게 함**(=provoking); **분개**(=resentment); 도발; 자극
ⓐ **provocative** 화나게 하는(=vexing); 도발적인, 자극적인
ⓥ **provoke** 화나게 하다(=vex); 자극하여 ~시키다(=incite)
일깨우다(=elicit); (감정, 욕망 등을) 불러 일으키다

He felt provocation at the trivial thing. 그는 사소한 일에 화를 냈다.
Her refusal provoked his anger.
그녀의 거절이 그를 화나게 했다.

[tips] **화** = anger; resentment; wrath; ire; provocation(화나게 함)
화를 내다 = get angry[enraged; infuriated; indignant]; flare up

revocation
[rèvəkéiʃən]
· **revocation of one's license** 면허취소

re(=back 되돌려 주려고) + voc(=call 부) + ation(름) ⇒ 취소, 철회

ⓝ **취소, 철회,** 폐기(=cancellation)
ⓐ **revocatory** 취소의, 철회의 ⓐ **revocable** 취소할 수 있는
ⓥ **revoke** 취소하다(=cancel); 철회하다(=withdraw) ⓝ 최소, 폐지
ⓐⓓ **irrevocably** 취소할 수 없게(=irreversibly)

We joined a demonstration for the revocation of the law.
우리는 그 법령의 철회를 위해 데모에 가담했다.

advocate
[ǽdvəkèit]

ad(=to ~에게) + voc(=call (도와 주려고) 부르) + ate(다) ⇒ 변호하다, 옹호하다

ⓥ **변호하다, 옹호하다,** 주장하다(=plead for; support)
ⓝ [ǽdvəkət] 옹호자, 주창자(=exponent), 지지자
ⓝ **advocacy** 변호, 옹호; 지지, 주장(=support)

They advocated abolishing the rule. 그들은 그 규칙의 폐지를 주장했다.
an advocate of[for] peace 평화론자

[tips] **폐지하다** = abolish; disuse; annul; abrogate; rescind; nullify
폐지 = abolition; annulment; abrogation; rescission; nullification

vociferate
[vousífərèit]
· -ate=make

voc(i)(=voice 목소리)를 크게 + fer(=carry 나르) + ate(다) ⇒ 고함치다

ⓥ **고함치다,** 큰 소리를 내다(=shout; bawl); 떠들다(=clamor)
ⓐ **vociferous** 큰 소리로 외치는, 떠들썩한(=clamorous)
ⓐ **vociferant** 큰 소리를 내는; 소리치는(=shouting)
ⓝ **vociferation** 고함, 아우성, 시끄러움

He vociferated "Get away". 그는 "나가"라고 소리쳤다.
He vociferated against war. 그는 전쟁에 반대해서 소리를 질렀다.

≫ void

empty : 빈, ~이 없는; 비우다 ⇒ void = vac(u) = van = vain

C3-137

void
[vɔid]

• verbal [vəːrbəl]
ⓐ 말의, 말의 형태로; 구두의

void(=empty 텅 빈; ~이 없는) ⇒ 빈, 공허한, ~이 결여된

ⓐ **빈, 공허한**(=empty; vacant); **~이 결여된**(=lacking); 무효의

ⓝ (the ~) (우주의) 공간, 무한; (a ~) **공백**, 공허감; **결원**

The verbal contract became void.
그 구두계약은 무효가 되었다.

avoid
[əvɔ́id]

• a- < ex-

cf. **vacuous** ⓐ 빈, 공허한, 진공의

a(=away from 멀리) + void(=empty 텅 비우다) ⇒ 피하다, 무효로 하다

ⓥ (의식적으로 미리) **피하다,** 회피하다(=keep away from; shun); 예방하다; (선고, 계약 등을) **무효로 하다**(=annul)

ⓐ **avoidable** 피할 수 있는, 면할 수 있는

ⓝ **avoidance** 회피, 기피; 무효, 취소

I just avoid talking to her directly.
나는 그녀와 직접적으로 이야기하는 것을 피했다.

avoid a question 질문을 얼버무려 회피하다

devoid
[divɔ́id]

de(=completely 완전히) + void(=empty 텅 빈) ⇒ ~이 전혀 없는

ⓐ **~이 전혀 없는;** (~이) 결여된(=lacking) ⇒ "서술적 용법"으로만 쓰임

He is devoid of common sense.
그에게는 상식이 없다.

vacant
[véikənt]

cf. **vanish** ⓥ 사라지다 (=disappear)

vac(=empty 비어) + ant(있는) ⇒ 빈, 공석의

ⓐ **빈,** 공허한(=empty); 사람이 없는, **공석의;** 멍한

ⓝ **vacancy** 공허, 공석, 결원; 방심; 빈자리[방, 사무실 …]

There are no vacant seats in this restaurant.
이 식당에는 빈자리가 없다.

a vacant smile 공허한 미소

evacuate
[ivǽkjuèit]

• e- < ex-

cf. **vacuum** ⓝ 진공, 공백

e(=out 밖으로) + vacu(=empty 비게) + ate(=make 하다) ⇒ 비우다, 철수시키다

ⓥ (집, 장소를) **비우다,** 배설하다; **철수시키다**(=withdraw), 피난시키다

ⓝ **evacuation** 비우기, 배설; 철수, 철거

The soldiers evacuated the city.
군사들은 그 도시에서 철수했다.

» vok(e) | call : 부르다, 소리치다 ⇒ voc = vok

C3-138

convoke
[kənvóuk]

con(=together 모두 함께) + voke(=call (나오라고) 부르다) ⇒ 소집하다

ⓥ (회의 등을) **소집하다**(=summon); 불러모으다

ⓝ **convocation** (회의, 의회의) 소집, 집회(=assembly)

The president convoked all employees for a meeting.
사장은 회의를 위해 모든 직원들을 소집했다.

evoke
[ivóuk]

• e-<ex-

e(=out 밖으로) + voke(=call 불러내다) ⇒ 불러내다, 일깨우다

ⓥ (영혼 등을) **불러내다**(=call up); (감정 등을) **일깨우다**

ⓝ **evocation** (유령 등을) 불러냄(=summons); (기억의) 환기

ⓐ **evocative** 불러내는, 불러일으키는, 환기하는

The news evoked people's sympathy.
그 뉴스는 사람들의 동정심을 자아냈다.

invoke
[invóuk]

• in=into

in(안으로) + voke(=call (도움 등을) 부르다) ⇒ 기원하다, 호소하다

ⓥ (천우신조 등을) **기원하다,** 간절히 바라다; (법에) **호소하다**(=implore)

ⓝ **invocation** 기도, 기원(=supplication)

We invoked a blessing upon him. 우리는 그의 복을 빌었다.

provoke
[prəvóuk]

pro(=forth 앞으로) + voke(=call (화를) 불러내다) ⇒ 화나게 하다, 불러 일으키다

ⓥ **화나게 하다**(=vex); 자극하여 ~시키다(=incite);
(감정, 행동 등을) **불러 일으키다,** 야기하다(=evoke; elicit)

ⓝ **provocation** 도발, 자극(=incitement), 분개(=resentment)

ⓐ **provocative** 화나게 하는(=vexing); 도발적인 ⓝ 자극물, 흥분제

ⓐ **provoking** 화가 나는(=irritating), 귀찮은(=annoying)

The article provoked him to fury. 그 기사에 그는 격분했다.
provoking words 약올리는 말

revoke
[rivóuk]

re(=back 도로[다시]) + voke(=call 부르다) ⇒ 취소하다, 철회하다

ⓥ (법령, 약속 등을) **취소하다**(=cancel); **철회하다**(=withdraw)

ⓝ **revocation** 취소, 철회(=withdrawal), 폐기(=canceling)

His license was revoked after the accident.
그 사고 이후 그의 면허증은 취소되었다.

revocation[annulment] of a sentence 판결의 취소

≫ vol

will : 의지; 마음

benevolent
[binévələnt]

bene(=good 좋은) + vol(=will 의지, 마음) + ent(의) ⇒ 호의적인

ⓐ **호의적인,** 자비심 많은 *opp.* **malevolent** 악의 있는

ⓐⓓ **benevolently** 호의적으로 ⓝ **benevolence** 박애; 자선

The monk at the temple was benevolent.
절에 있던 스님은 자비로우셨다.

malevolent
[məlévələnt]

male(=bad 나쁜) + vol(=will 의지, 마음) + ent(의) ⇒ 악의 있는

ⓐ **악의 있는,** 심술궂은 *opp.* **benevolent** 자비심 많은

ⓐⓓ **malevolently** 악의적으로 ⓝ **malevolence** 악의, 적의

The character in the novel was so malevolent.
소설에 나왔던 그 인물은 아주 심술궂었다.

volition
[vouliʃən]

vol(i)(=will 의지) + tion ⓝ ⇒ 의지력, 결단력

ⓝ **의지**(=free will); 결의, **결단력**(=resolution)

ⓐ **volitional** 의지의(=volitive); 의지에 의한

ⓐ **volitive** 의지의, 의지에서 나오는, 결단력이 있는

He works here <u>of his own volition</u>. 그는 <u>자유의사</u>로 여기서 일하고 있다.

voluntary
[vάləntèri]

• involuntary 비자발적인

vol(unt)(=will (스스로의) 의지) + ary(로) ⇒ 자발적인; 고의적인

ⓐ **자발적인,** 자원의; **고의적인,** 계획적인 *opp.* **accidental** 우연의

ⓐⓓ **voluntarily** 자유의사로, 자발적으로

ⓝ **voluntarism** (교육, 병역 등의) 임의제, 자유지원제

He was happy with the people's voluntary <u>contribution</u>.
그는 사람들의 자발적인 기부에 기뻤다.

voluntary <u>manslaughter</u> 고의적인 <u>살인</u>

volunteer
[vὰləntíər]

vol(unt)(=will (스스로의) 의지로) + eer((나선) 사람) ⇒ 지원자; 자진하여 하다

ⓝ **지원자;** 지원병; 자원 봉사자 ⓐ **자발적인,** 자진하여 하는, 자생의
ⓥ **자진하여 하다,** 지원하다; (식물이) 자생하다

ⓝ **volunteerism** 자유지원제, 볼런티어 활동

There is no volunteer. 지원자가 한 사람도 없다.
She volunteered to help the poor. 그녀는 가난한 사람들을 돕는 일을 지원했다.
volunteer an explanation 자진하여 설명을 하다

volv(e) roll : 돌다, 회전하다, 말다; 구르다

C3-140

devolve
[diválv]

de(=down 아래로) + volve(=roll 굴러 내려가다) ⇒ 양도하다, 위임하다

ⓥ (책임, 일 등을 남에게) **양도하다(=transfer),** 맡기다, **위임하다**

ⓝ **devolution** (재산, 권리 등의) 이전, 위임; 계승, 위양(생물) 퇴화(=degeneration)

He devolved his work on me. 그는 자신의 일을 나에게 맡겼다.

evolve
[iválv]

• e-<ex-

e(=out 밖으로) + volve(=roll 굴러 나오다) ⇒ 진화하다, 점차 발전하다

ⓥ **진화하다; 점차 발전하다;** (법칙, 체계 등을) 끌어내다

ⓝ **evolution** 진화; 전개; 발전(=development); (기계의) 회전

ⓐ **evolutionary** 전개하는, 진화적인; 진화론의

ⓝ **evolutionism** 진화론

We finally evolved the conclusion from the discussion.
우리는 결국 그 논의에서 결론을 끌어냈다.

involve
[inválv]

in(=into 안으로) + volve(=roll 둘둘 말아넣다) ⇒ 연루시키다, 포함하다

ⓥ **연루시키다(=implicate); 포함하다(=include);** (필연적으로) 수반하다(=entail)

ⓝ **involvement** 말려듦, 휘말림; 연루(=implication; complicity)

ⓐ **involved** (뒤)얽힌, 복잡한; 알기 어려운(=complicated)

Possibly some other people may be involved in the crime.
아마도 연루자가 더 있을 것 같다.

He involved me in the argument. 그는 말다툼에 나를 끌어들였다.

revolve
[riválv]

[참고] **circuitously** ⓐⓓ
간접적으로, 우회적으로
(=in a roundabout way)

re(=again 계속) + volve(=roll 돌다) ⇒ 회전하다, 순환하다

ⓥ **회전하다(=rotate);** (천체가) 공전하다; **순환하다(=circulate)**

ⓝ **revolution** 혁명; 대변혁; 회전, 선회

ⓐ **revolutionary** 혁명의; 대변혁을 초래하는; 회전하는 ⓝ 혁명가

ⓐ **revolving** 회전식의, 회전하는

Several thoughts revolved around in my mind. 여러 가지 생각들이 내 머리 속을 맴돌았다.
the revolution of the earth around the sun 지구의 공전

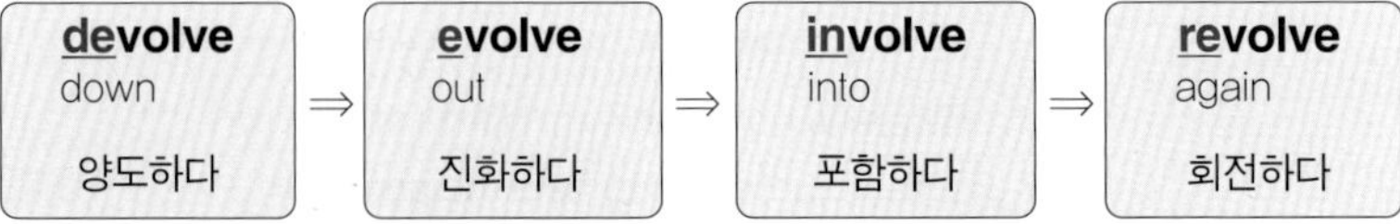

Chapter

IV

시험 출제 예상 영단어·영숙어

시험에 점점 어려운 어휘가 출제되는 경향이다.
이제까지 영어 관련 시험에 나왔던 어휘를 총망라하여
동의어와 함께 익히도록 체계적으로 정리하였다.
이미 출제되었거나 출제 가능성이 높은 어휘를 중심으로
시험 출제 위원이 선호하는 영단어·영숙어를 반복 학습하여,
반드시 자신의 것으로 만들도록 하자.

1. 주제별 어휘

1. 유혹하다, 매혹하다, 꾀다

fascinate, entice, lure, allure, seduce, attract, charm, enthrall, enchant, snare(함정에 빠뜨리다)

*매력, 매혹 = fascination, charm, allure, attraction; lure(미끼(=bait), 함정(=trap; snare)
*매력적인 = fascinating; charming; alluring; attractive; inviting
cf. **mesmerize** ⓥ ~에게 최면을 걸다; (사람을) 매료시키다; 깜짝 놀라게 하다(=shock)

He was **fascinated** by her beauty[voice]. 그는 그녀의 아름다움[목소리]에 매료되었다.
He **enticed[allured, seduced]** many girls with a fair words. 그는 감언이설로 많은 여자들을 꾀었다.

2. 동맹하다, 제휴하다, 연합하다

ally, affiliate, associate, coalesce, confederate, unite

*동맹 = alliance, coalition, confederacy, affiliation(제휴), association(연합, 조합, 연상)
*분리하다, 떼어놓다 = dissociate; segregate; seclude; separate opp. associate; join

the U.S. and its **allies** 미국과 그의 동맹국들
The World Chess Federation has **affiliates** in around 130 countries. **affiliate** 지부, 계열회사
세계 체스(서양장기) 연맹은 약 130여 개국에 지부를 두고 있다.

3. 고치다, 개선하다 → 좋아지다 ↔ 나빠지다

mend, amend, remedy(치료, 요법)**, improve, rectify, reform, remodel**

*좋아지다 = become[get] better; change for the better
*나빠지다 = worsen; get[grow] worse; go bad; go from bad to worse

amend the bill[Constitution, rules] 의안[헌법, 규칙]을 개정하다
remedy abuses[injustice] 폐단을 고치다[부정을 바로잡다]
a valid **remedy** 효과적인 치료

4. 모욕하다, 창피를 주다

insult, humiliate, affront, mortify(굴욕감을 주다)**, disdain**

*모욕, 경멸 = insult; affront; scorn; contempt; indignity; disdain
*경멸적인 = disdainful; scornful; contemptuous
***mortification** 굴욕, 치욕 ***humility** 겸손

I have never been so **humiliated** in my life! 내 생애 그처럼 수치스러웠던 적이 없었어!
Don't **disdain** him because he is poor. 가난하다고 그를 업신여기지 마라.

5. 넓히다, 확장하다/ 증가시키다/ 확대하다

extend (연장하다), **expand** (팽창시키다), **escalate** (단계적으로 확대하다), **augment, increase, amplify, magnify, enlarge** cf. **argument** (논의, 논쟁) **amply** (충분히, 상세하게)

*[명사형] = extension 확장, 증축, 구내전화/ expansion 확장, 팽창/ escalation 단계적인 확대/ augmentation 증가, 증대/ increase 증가, 증대/ amplification 확대, 확장, 증폭/ magnification 확대, 확대력/ enlargement 확대, 확장

extend business[the share of the market] 사업을 확장하다[시장점유율을 확대하다]
Heat **expands** metals. 열은 금속을 팽창시킨다.
If you have any questions, please call me at **extension** one-oh-one.
다른 의문사항이 있으시면 내선번호 101로 제게 전화주세요.

6. 비방하다, 중상하다

slander, abuse, libel, revile, vilify, calumniate, asperse, defame, speak ill of

*비방, 중상 = slander; abuse; libel; calumny; aspersion; defamation
*중상적인 = slanderous; calumnious
*칭찬하다 = praise; applaud; admire; commend; laud; eulogize; panegyrize, speak highly of
*칭찬 = praise; applause; admiration; commendation; laudation; panegyric
***contempt** 경멸(=disdain), 모욕; 창피(=disgrace) ⓐ **contemptible** 경멸할 만한 ⓐ **contemptuous** 경멸적인

Why do you **slander** me? 무엇 때문에 나를 욕하는가?
Don't **speak ill of** others? 남을 나쁘게 말하지 말라.
a **slanderous** report 중상적인 보도
libel; deformation 명예훼손 cf. **slander** 구두에 의한 명예훼손

7. (마음을) 자극하다, 선동하다

stimulate, excite(흥분시키다), **provoke, motivate**(동기를 주다), **inspire, stir, spur, incite, agitate**

*자극, (~의) 원동력 = impetus; stimulus; incentive; incitement/ motivation 동기(부여)
cf. **excitement** 흥분; 자극
provocation 도발, 자극, 화나게 함
promptness 신속; 시간엄수(=punctuality; being on time)
prompt 시간을 엄수하는(=punctual), 신속한
inspiration 고무, 격려; 영감
agitation 동요, 소요; 흥분, 정서불안(=nervousness)

[참고] **impromptu** 즉흥적인, 즉석의(=improvised; offhand; instant; immediate)
improvise (시, 곡 등을) 즉석에서 짓다, 연주하다(=extemporize)

stimulate progress[curiosity, one's appetite] 진보를[호기심을] 자극하다, 식욕을 돋우다]
prompt action[response. remittance, payment, decision, answer] 신속한 조치[반응, 송금, 지불, 결단, 답변]

8. 꾸물거리다, 빈둥대다

linger, dawdle, procrastinate, loiter, lag, dillydally

***procrastination** 미루기, 지연 **laggard** 느림보, 꾸물대는 사람; (경제활동의) 정체분야

dawdle at one place 한자리에서 뭉그적거리다
lag behind in an embarrassment 당황하여 꾸물대다
He **procrastinated** until the opportunity is lost. 그는 꾸물대다가 기회를 놓쳤다.

9. 완화하다, 진정시키다, 달래다

mitigate, appease, alleviate, placate, assuage, allay, soothe, lessen, relieve, tranquilize, ease, pacify, mollify, calm
cf. **extenuate** (죄 등을) 경감하다, 정상을 참작하다

***완화, 경감** = mitigation; appeasement; alleviation; placation; assuagement; allayment; relief; tranquilization; easing; pacification; mollification
***tranquility** 고요함, 평온함 ⓐ **tranquil** 고요한, 조용한

mitigate[lessen, relief] pain[grief] 고통[슬픔]을 덜다
an **easing** of strained relations between nations 국가간의 긴장완화
***allay** 달래다, 진정시키다 → **alloy** 합금하다 → **ally** 동맹을 맺다

10. 비난하다, 꾸짖다

reproach, rebuke, reprehend, reprimand, reprove, condemn, reprobate, rate, berate, upbraid, scold, chide, censure, admonish(훈계하다)

***비난, 책망** = reproach; rebuke; reprehension; reprimand; reproof; condemnation; scolding; censure; blame; criticism

be **reproached[rebuked, reprehended, reprimanded, condemned, reproved, rated, berated, upbraided, scolded, censured, admonished]** 비난받다, 핀잔을 듣다

11. 몹시 싫어하다, 혐오하다

abhor, abominate, loathe, detest, hate cf. condemn(비난하다)

***몹시 싫은, 혐오하는** = abhorrent; abominable; loathsome; detestable; disgusting
***혐오** = abhorrence; abomination; detestation; hatred; repugnance; disgust; aversion; antipathy

I **abhor[loathe]** flattery[snakes]. 나는 아첨이[뱀이] 질색이다.
I **loathe** the offense but not the offender. 죄는 미워해도 사람은 미워하지 않는다.
=**Condemn** the offense, but pity the offender.
have[hold] ~ **abomination** ~을 몹시 싫어하다

12 할당하다, 배분하다

assign, allot, allocate, apportion, ration

∗**할당(량)** = assignment(숙제), allotment(분배); allocation(배당, 배급); apportionment(배분); ration(일정한 배급량)

assigned[allocated] work 할당된 일
a daily **ration** of meat 고기의 하루 배급량

13. 금지하다, 방해하다

prohibit, inhibit, ban, hinder(방해하다) cf. **restrain**(억제하다, 구속하다)

∗**방해, 금지** = prohibition; inhibition; ban cf. **taboo**(터부, 금기), **restriction**(제한, 제약)

Smoking is **prohibited** here.(=No smoking (is allowed here).) 흡연금지
hinder[prevent, hamper, block] progress 성장을 방해하다

14. ~의 탓으로 돌리다

ascribe, attribute, impute(전가하다), **refer**(언급하다, 참조하다)

∗**attribute** ⓝ 속성, 특성(=trait; characteristic; property; feature(특징, 용모))
∗**reference** ⓝ 참고, 문의, 언급, 관련 a **reference** book[letter] 참고서[추천서]

ascribe[attribute, impute] A to B : A를 B의 탓으로 돌리다
The boss **asscribed** the failure **to** my fault. 사장은 실패의 책임을 내탓으로 돌렸다.
=The failure **was ascribed to** my fault by the boss. [수동태]

15. 퍼뜨리다, 보급시키다

disperse, disseminate, dissipate; scatter, sprinkle, strew(뿌리다),
distribute(분배하다, 분포되다)

disperse a crowd[demonstration] 군중을[데모대를] 해산시키다
The new information technology was **disseminated** throughout Europe. 새로운 정보기술이 유럽으로 퍼져나갔다.

16. 방해하다, 가로막다

obstruct, block(봉쇄하다), **hamper, hinder, bar, impede**

∗**방해, 방해물** = obstruction; obstacle; hamper; hindrance; barrier; barricade; impediment(신체장애), blockade(봉쇄)

obstruct[hinder] traffic[production] 교통[생산]을 방해하다

17. 존경하다, 숭배하다

respect, esteem, revere, venerate, adore, worship(숭배하다)

∗**존경, 존중** = esteem; reverence; veneration; adoration(흠모); worship(숭배)

We **esteem** real ability more than academic titles. 우리는 학력보다는 실력을 우선시합니다.
do[pay] reverence to ~ ~에 경의를 표하다 / **feel reverence for ~** ~을 존경하다

18. 비웃다, 조롱하다

deride, ridicule, mock, sneer, scoff, jeer; laugh at, make fun of, make a fool of

*비웃음, 조롱 = derision; ridicule; sneer; jeering; mockery

be ridiculed; be held in derision 조롱당하다
Don't **jeer** the poor. 가난한 사람을 조롱하지 마라.

19. 싹이 트다, 발아하다

germinate, sprout, bud, shoot, generate

As seedlings **germinate**, we have to transplant them.
묘목이 발아했으므로 우리는 그것들을 옮겨 심어야 한다.

20. 내쫓다, 추방하다

expel, exile, banish, oust, cast out; relegate(좌천시키다)

He was **expelled**[dismissed, sent down] from school. 그는 퇴학당했다.
banish[deport, exile] a person from the country ~을 국외로 추방하다

21. 말다툼하다, 언쟁하다

wrangle, squabble, quarrel, bicker, argue, dispute, have words

After 5 months of intensive **wrangling**, the publishing company decided to pay the writer a royalty.
5개월간의 격렬한 논쟁 끝에 그 출판사는 그 작가에게 인세를 지불하기로 결정했다.

22. 떨다, 떨리다, 흔들리다

quiver, shudder, shiver, quake, vibrate(진동하다), **tremor**(전율(하다))

quiver with fear 공포에 떨다
shudder[quake] with cold 추워서 떨다

23. 기부하다, 기증하다

donate, endow, contribute(공헌하다)

*기부, 기증 = donation, endowment(재능), contribution(공헌)

An anonymous benefactor **donated** 5million dollars.
한 익명의 독지가가[은인이] 5백만 달러를 기부했다.
a natural[innate] **endowment**[talent; gift] 천부의 재능

24. 고집 센, 완고한

obstinate, stubborn, tenacious, adamant, dogged, pigheaded, headstrong
cf. determined(단호한), **dogmatic**(독단적인)

＊**집요하게** = obstinately; stubbornly; tenaciously; persistently

an **obstinate** old man 고집불통의 노인
a **stubborn** cough[resistance] 고질적인 기침[완강한 저항]

25. 용감한, 대담한

gallant, valiant, valor, brave; courageous, intrepid, daring, audacious, bold(대담한), **fearless, plucky**

opp. **비겁한** = cowardly; craven; sneaking; dastardly; poltroon
겁쟁이 = coward; carven; chicken; poltroon *cowardice 비겁

＊**대담** = intrepidity; daring; audacity; boldness; bravery(용감)
＊**씩씩하게, 용감하게** = gallantly; valiantly; bravely; courageously; vigorously; dauntlessly; daringly(대담하게)
*daunt 위압하다, 기를 죽이다

a **gallant**[imposing] attitude 늠름한 태도
a **daring**[bold] attack 과감한 공격

26. 냉혹한, 무자비한

ruthless, rigorous, severe, fierce, pitiless, heartless, without mercy[remorse]

＊**무자비하게, 가차 없이** = ruthlessly; rigorously; severely; fiercely; pitilessly; heartlessly; mercilessly

ruthless persecution 무자비한 박해
a **rigorous** law[inspection] 가혹한 법률[엄한 조사]
cf. **harsh** 거친(=rough); 가혹한, 잔인한(=cruel); 엄한(=stern)
increment 무정한(=harsh) opp. **clement; lenient**(너그러운); (날씨가) 궂은, 혹독한 cf. **increment** 증가, 증대

27. 느린, 활기 없는, 비활동적인

inanimate, inactive, languid, spiritless, sluggish, inert; apathetic(무감각한)

cf. **stationary** 움직이지 않는(=motionless), 정지한, 변화 없는 주의_ **stationery** 문방구
static 정적인, 고정된 opp. **dynamic; kinetic**(활동적인)
lethargic 혼수상태의; 졸리는(=sleepy); 무기력한, 활발치 않은
dilatory 꾸물대는, 시간을 끄는
belated 때늦은, 뒤늦은

＊**신속한** = swift; quick; speedy; fleet; prompt; without delay; instantaneous(즉시의, 순간의)

*신속하게 = swiftly; quickly; speedily; fleetly; promptly; instantaneously(즉시, 순간적으로)

an **inanimate** conversation[market] 맥 빠진 대화[활기 없는 시장]
a **languid** spring afternoon 맥 빠진 봄날 오후
belated effort[repentance; regret; remorse] 뒤늦은 노력[후회]
an **instantaneous** photograph 즉석 사진

28. 해로운, 유해한

harmful, injurious, detrimental, deleterious(유독한), noisome

*독기 있는, 유독한 = noxious, venomous; poisonous; virulent; baneful; toxic; pernicious(치명적인)
*독 = poison; toxicant; venom(독사의 ~); virus(병독, 바이러스) cf. **toxication** 중독, **obnoxious** 비위 상하는, 불쾌한, **innocuous** 해가 없는, 독이 없는; 불쾌하지 않은

Excessive drinking is **harmful** both to mind and body. 과음은 심신에 해롭다.
Second-hand smoking is **injurious** to our health. 간접흡연은 건강에 해롭다.
toxic chemicals 독극물
baneful herbs 독초

29. 뚱뚱한, 살찐, 비만인

obese, plump, corpulent, chubby, buxom, fat, overweight

obese 뚱뚱한 ⓝ **obesity** 비만(=overweight)
plump 포동포동한, 토실토실한
corpulent (병적으로) 뚱뚱한, 비만한(=fat)
chubby 토실토실[포동포동] 살찐
buxom (여자가) 통통하고 귀여운, 가슴이 풍만한

30. 시무룩한, 침울한; 우울한

sullen, moody, morose, sulky, dour, downcast, melancholy, dejected, depressed, cheerless, joyless, dismal

a **sullen** face 시무룩한[뽀로통한] 얼굴
(a) **dismal** look[conversation; future; weather] 침울한 모습[음울한 대화, 어두운 미래, 음산한 날씨]
pull[put on, have, wear] a long face 시무룩한[침울한] 얼굴을 하다

31. 매우 화난, 격분한

indignant, furious(격렬한), irate, frenzied(광란의), violently angry

격분 = indignation; fury; rage; wrath; exasperation; enragement; resentment; frenzy(열광, 광란); insanity(광기)
*격분시키다 = exasperate; enrage; infuriate; resent
격분하다 = get indignant[enraged, infuriated]; grow furious; blow one's top*; have a fit(졸도하다)

My blood boiled with indignation. 분노로 피가 끓어올랐다.
*sane 제정신의 opp. insane 제정신이 아닌, 미친(=mad; crazy)

32. 화려한

gorgeous, gaudy, sumptuous, splendid, showy
cf. **magnificent**(훌륭한, 멋진) **brilliant**(찬란한, 멋진) **lustrous**(빛나는, 훌륭한)

* 화려하게, 멋지게 = gorgeously; gaudily; sumptuously; splendidly; showily; magnificently; brilliantly
* 사치스러운 = sumptuous; extravagant; lavish(아끼지 않는)
opp. **squalid; sordid; shabby; filthy**(누추한)

gorgeous and radiant 호화찬란한
gaudy clothes 야한 옷 / a **showy** pattern 화려한 문체

33. 풍부한, 부유한

abundant, affluent(유복한), **opulent, plentiful, copious, wealthy, luxurious**(사치스러운), **exuberant**(무성한), **overflowing**(넘쳐흐르는)

* 풍부하게, 부유하게 = abundantly; affluently; opulently; plentifully; copiously; wealthily; luxuriously; exuberantly
* 풍부, 유복 = abundance; affluence; opulence; plentifulness; copiousness; wealth; luxury; exuberance(무성)

an **abundant** resources[materials] 풍부한 자원[재료]
a **luxurious** mansion[harvest] 호화주택[풍작]

34. 오만한, 거만한, 건방진

arrogant, haughty, insolent, supercilious, overbearing, impertinent(무례한), **domineering**(횡포한), **audacious**(대담한, 뻔뻔스러운), **imperious**(긴급한), **impudent**(뻔뻔스러운), **bumptious**

* 오만하게, 거만하게 = arrogantly; haughtily; insolently; superciliously; overbearingly; impertinently(주제넘게), domineeringly; audaciously; proudly; impudently

a **selfish, arrogant, supercilious** man 이기적이고 거만하고, 안하무인인 사람
impertinent[reckless] behavior 무례한[무모한] 행위
a **haughty**[**impudent**, an **insolent**] bearing[air] 불손한 태도
an **imperious** person[manner] 건방진 사람[오만한 태도]

35. 거대한, 막대한, 엄청난

titanic, gigantic, mammoth, huge, monstrous, colossal, tremendous(무서운), **immense**(막대한), **vast**(엄청난), **massive**(육중한), **bulky, prodigious**(엄청난), **stupendous**

＊거대하게, 막대하게, 엄청나게 = gigantically; hugely; colossally; tremendously; immensely; vastly; massively; bulkily; prodigiously; stupendously

(a) **tremendous** value[scene, experience] 막대한 가치[무시무시한 장면, 좋은 경험]
immense prestige[responsibility, courage] 엄청난 명성[큰 책임, 어마어마한 용기]
a **stupendous** advance 엄청난 발전

36. 분명한, 명백한

manifest, obvious, evident, explicit, distinct, plain, clear

＊분명히, 명백하게 = manifestly; obviously; evidently; explicitly; distinctly; plainly; clearly
＊애매한, 모호한 = vague; ambiguous, equivocal, obscure; indistinct; hazy, dim, nebulous *blue 희미해지다, 흐리게 하다

a **manifest**[an **evident**] error 명백한 잘못
explicit[**clear, obvious**] evidence[threat] 명백한 증거[위협]

37. 호전적인, 싸우기 좋아하는

belligerent, truculent; bellicose, warlike, pugnacious

cf. 논쟁하기 좋아하는 contentious, quarrelsome
aggressive 침략적인; 공세의(=offensive); 적극적인(=active; positive)

the **belligerent** powers 교전국
a **contentious** issue 논쟁을 일으키는 안건

38. 숙달된, 능숙한, 솜씨 좋은

dexterous, adroit, deft, adept, proficient, accomplished, expert, skillful

cf. **dexterity**(손재주 있음, 솜씨 좋음)(=adroitness; skillfulness; deftness)
ambidextrous 양손잡이의; 두 마음을 품은(=deceitful)

＊능숙하게 = adroitly; expertly; proficiently; skillfully; with skill

a **adroit** craftsman 솜씨 좋은 장인
a **deft** description 교묘한 묘사

39. 정확한, 정밀한

accurate, precise, correct, exact, veracious

cf. **voracious**(게걸스레 먹는, 식욕이 왕성한) **avaricious**(탐욕스러운, 욕심이 많은(=greedy))

＊정확 = accuracy; precision; correctness; exactness; veracity
＊정확히 = accurately; precisely; correctly; exactly; veraciously; minutely; closely; elaborately(공들여)

an **accurate** map[analysis] 예리한 지도[분석] / with clockwork **precision** 시계처럼 정확히

40. 떠들썩한, 소란스러운

tumultuous, uproarious, clamorous, boisterous, turbulent(날씨가 사나운), **riotous, noisy**

* **혼란, 소동** = tumult; uproar; clamor; ferment(발효); commotion; chaos(무질서); turbulence (동란); riot(폭동)
* **떠들썩하게, 시끄럽게** = uproariously, clamorously, boisterously, turbulently, noisily

a **boisterous** party[game] 떠들썩한 파티[놀이]
a **turbulent** storm[age, mob] 폭풍[난세, 폭도]
a political **ferment** 정치적 혼란

41. 깜짝 놀라게 하는, 놀라운

startling, astounding, astonishing, amazing, surprising, tremendous, marvelous, world-shaking, sensational

* **깜짝 놀라게 하다** = startle; astound; astonish; surprise; amaze; shock; stun(〈놀람, 기쁨으로〉 어리둥절하게 하다)

startling[astonishing, surprising, tremendous, marvelous] progress[achievement]
놀라운[굉장한] 진보[업적]

42. 타고난, 선천적인 고유의

inherent, innate, native, indigenous, congenital, natural, inborn, intrinsic(본질적인)
opp. **extrinsic**(외래의, 비본질적인), **acquired**(후천적인, 습득한)

innate[natural, native] ability 천부의 재능
a **congenital** deformity 선천적 장애자

43. 눈에 띄는, 두드러진, 저명한, 현저한

eminent, prominent, outstanding, remarkable, striking, noteworthy, marked, distinguished

* **현저히, 두드러지게** = remarkably; prominently; remarkably; strikingly; markedly; eminently(뛰어나게); outstandingly(남달리)(=exceptionally)

an **eminent** scholar[achievement] 저명한 학자[탁월한 업적]
outstanding 미결제의, 미해결의(=unpaid, unsettled)
outstanding debts[accounts] 미불부채[미불계정]

44. 이상한, 기묘한, 기괴한

eccentric, bizarre, erratic, queer, quaint, grotesque, outrageous(난폭한), **weird**(신비로운, 무서운), **odd**

cf. **보통이 아닌, 비정상의** = uncommon; abnormal; extraordinary; unusual; uncommon; outlandish 이국풍의(=exotic)

a **bizarre** taste[deception] 별난 취미[기괴한 묘사]
an **extraordinary[odd]** measure 해괴한 처사

45. 간결한, 명료한

succinct, brief, terse, concise, compact, short, sententious, plain, clear

*간결하게 = succinctly; briefly; tersely; concisely; compactly; shortly; plainly; clearly; with concision
*장황한 = redundant; lengthy; prolix; tedious; diffuse; verbose; dull; wordy

a **concise** statement[expression] 간결한 진술[표현]
a **short** speech 간명한 연설

46. 복잡한, 뒤얽힌

intricate, complicated, complex, sophisticated(정교한), **elaborated**(공들인)

an **intricate** knot 복잡한[뒤얽힌] 매듭
a **complicated** machine[question] 복잡한 기계[문제]

47. 무모한, 경솔한

rash, reckless, indiscreet, thoughtless, headlong(거꾸로), **foolhardy, impudent**

*무모하게 = rashly; recklessly; indiscreetly; thoughtlessly; headlong; foolhardily
*무모 = rashness; recklessness; thoughtless; impudence

Don't do anything **rash**. 무모한 짓 하지 마라.
reckless driving[driver] 난폭운전[난폭운전자]
You took a **foolhardy** step. 터무니없는 짓을 했군.
an **involved** style 복잡한 문체

48. 엄한, 엄격한

rigid(단단한), **rigorous, strict, severe, stringent, austere, stern**

cf. **austere** ⓐ 검소한, 간소한, 긴축의 ⓝ **austerity** 검소함, 긴축 ⓐⓓ **austerely** 간소하게, 긴축적으로

rigid rules[opinions] 엄격한 규칙[융통성 없는 의견]
the **stict** censorship[statement] 준엄한 검열[정확한 진술]
stringent[rigorous] quality control[inspect] 엄격한 품질관리[검사]
stern disciplinary 엄한 훈육

49. 솔직한

candid, frank, outspoken, plain, forthright, straight(forward), open, open-minded(허심탄회한), **downright, openhearted, up-front**

*노골적으로 = candidly; frankly; outspokenly; plainly; straightforwardly; openly; broadly; bluntly

an **outspoken** critic[view] 솔직한 비평[견해]
a **straightforward** answer 솔직한 답변

50. 탐욕스러운

avaricious, gluttonous(많이 먹는), **greedy, rapacious, insatiable, avid, covetous, grasping**

*탐욕 = avarice; greed; cupidity; rapacity; covetousness; avidity(욕망); glutton(대식가, 폭식가)

Avarice knows no bounds. 욕심은 끝이 없다.
greedy eyes 탐욕의 눈 / be **greedy** for money 돈을 탐내다

51. 열렬한, 열심인, 강렬한

enthusiastic; fervent, zealous; ardent; fiery; passionate

*열렬히, 열광적으로 = enthusiastically; fervently; zealously; ardently; fierily; passionately

a **fervent** desire[advocate] 열망[열렬한 옹호자] ***enthusiasm** ⓝ 열광, 열중, 열의
fiery eloquence[discussion] 열변[격렬한 토론]

52. 진부한, 흔해빠진

hackneyed, stale, banal, trite, commonplace, stereotyped, ordinary

a **hackneyed[stereotyped]** idea 고리타분한 생각
a **stale** joke 진부한 농담 cf. **stale[flat]** beer 김빠진 맥주

53. 저속한, 상스러운

vulgar, base, mean, indecent, ignoble(비열한)

vulgar English[taste] 저속한 영어[취미]
Backbiting is a **mean** deed. 뒤에서 욕하는 것은 비열한 짓이다.
cf. **ways**(방법) and **means**(수단) 수단과 방법

54. 은밀한, 몰래 하는

clandestine, furtive, covert, stealthy, secret; confidential

a **clandestine** meeting[conference] 비밀회의
confidential[classified] papers[documents] 기밀 서류

55. 상냥한, 귀염성 있는, 붙임성 있는

amiable, friendly, lovely, cute
cf. **amicable** ⓐ 우호적인(=friendly), 타협적인

an **amiable** character[woman] 상냥한 성격[여인]
an **amicable** settlement 원만한[우호적인] 해결, 타협

56. 사랑이 넘치는, 매혹적인, 애교 있는

amorous, charming, winning, lovely, attractive, alluring, enchanting

amorous glances 추파
a **winning** smile 애교 있는 미소

57. 다양한, 가지각색의

diverse, various, manifold, multiple(복합적인)

*[파생어] **diversity** 다양성, 변화(=variety), 차이 **diversification** 다양성 ⓥ **diversify** 다양하게 하다
variety 다양성, 잡다; 변화 ⓥ **vary** 변하다, 다양하게 하다

58. 고통, 고뇌, 번민

anguish, distress, agony, torture(고문), **torment**(고문), **harassment**(괴롭힘)

***괴롭히다** = distress, torment, torture, annoy, harass, bother, bug, bully; molest(성희롱하다)

profound mental **anguish** 심각한 정신적 고뇌
sexual **harassment** in the workplace 직장 내 성희롱
Torture is used to make prisoners confess. 고문은 죄수들로 하여금 자백하게 하기 위해 이용된다.

59. 위험

jeopardy, hazard, peril, danger, risk

***위험한** = jeopardous; hazardous; perilous; dangerous; risky; unsafe; insecure; touch-and-go
***위태롭게** = jeopardously; hazardously; perilously; dangerously; risky; unsafely; insecurely
***위태롭게 하다** = jeopardize; imperil; risk(위험을 무릅쓰고 하다)

be in **jeopardy** 위기에 처하다(=be at stake)
a **hazardous** occupation[journey] 위험한 직업[모험 여행]

60. 피난처, 은신처

shelter, refuge, sanctuary(보호구역, 성역)
cf. **refugee** ⓝ 피난민, 망명자 ex. an economic **refugee** 경제난민

***보호하다** = shelter; protect; guard; safeguard; shield(방패, 보호물)

She took some clothes to a **shelter**. 그녀는 보호시설에 옷들을 갖다 주었다.

수험생이 알아야 할 중요 영단어 보충

- **abbreviation** ⓝ 약자, 약어
- **arboretum** ⓝ 식물원, 수목원
- **astronomically** ⓐⓓ 천문학적으로, 어마어마하게(=hugely)
- **beneficiary** ⓝ (보험금 등의) 수혜자; 수익자
- **directory** ⓝ 인명부
- **diversify** ⓥ 분산투자하다
  ⓝ **diversification** 다각화, 분산투자
- **downsize** ⓥ (인원을) 대폭 축소하다, (차를) 소형화하다
- **giveaway** ⓝ (판촉을 위한) 경품, 무료견본
- **house-cleansing** ⓝ 대청소; 대대적인 직원교체; 숙청
- **killing** ⓐ 큰 성공, 큰 돈벌이; 매우 빠른, 지치게 하는
  ***make a killing** 큰 돈을 벌다
- **nerve-racking** ⓐ 신경 쓰이는
- **niche** ⓝ 벽의 움푹 들어간 곳; 틈새시장
  ***niche market** 틈새시장
- **nose-diving** ⓐ 폭락하는(=plunging; falling)
- **outsource** ⓥ 외주주다 ⓝ **outsourcing** 외주, 외부용역
- **piracy** ⓝ 불법복제, 저작권침해
- **polarization** ⓝ 양극화; (의견 등의) 대립
  ⓥ **polarize** 양극화시키다, 정반대로 나눠다
- **prototype** ⓝ 시제품, 견본; 원형
- **questionnaire** ⓝ 설문조사, 앙케트
- **restructure** ⓥ 구조조정하다; 재구성하다, 재편성하다
- **revamp** ⓥ 수리하다(=patch up), 개조하다(=redo); 개편하다(=revise); 수선하다(=remake); 쇄신하다
- **rock-bottom** ⓐ 최저의, 밑바닥의
- **serendipity** ⓝ 귀중한 것의 뜻밖의 발견
- **short-list** ⓥ 최종 합격자 명단에 올리다
  ⓝ **short list** 최종합격자 명단
- **skyscraper** ⓝ 초고층 빌딩, 마천루
- **streamline** ⓥ 간소화하다, 능률화하다
  ⓐ **streamed** 부드러운, 능률적인
- **table** ⓥ (심의를) 보류하다(=postpone; put off)
- **thoroughfare** ⓝ 주요도로; 통행
- **top-tier** ⓝ 최고 순위[서열, 등급]
- **turnover** ⓝ 총매출액, 이직률; (자금의) 회전률; 전복
- **vested** ⓐ (권리 등의 소유가) 확정된, 기정의
  ***a vested interest** 기득권

- **a mind boggling amount** 믿기지 않는 양
- **banker's hours** 짧은 근로시간
- **bean counter** 회계사(=accountant)
- **courtesy bus** 무료 셔틀버스
- **credit rating** 신용등급
- **dead weight** 부담
- **game plan** 전략(=strategy)
- **investment portfolio** 투자자산 구성, 분산투자
- **Ma and Pa shop** 구멍가게(=Five and dime store)
- **new blood** 젊은 피, 패기와 참신한 아이디어로 회사에 활력을 불어 넣는 신입사원
- **skunk works** 비밀 프로젝트
- **team player** 협조적인 사람
- **unexpected contingencies** 예상치 못한 비용 (=contingent expenses)

2. 품사별 동의어

동 사

[A]

ab~ - ac~

□ **abate** 완화시키다, 누그러뜨리다(=alleviate*; slacken*; dwindle; moderate); (수, 양, 정도를) 감소시키다(=diminish; lessen; reduce; lower); (날씨 등이) 누그러지다(=let up*; die down; subside*)

□ **abbreviate** 줄여 쓰다, 간략하게 하다, 단축하다(=shorten; abridge*) ⓝ **abbreviation** 생략(=omission); 단축(=abridgement; contraction) cf. **unabridged** 생략하지 않은, 완전한(=complete)

□ **abet** 부추기다, 선동하다(=agitate)

□ **abhor** 몹시 싫어하다(=detest; loathe; dislike; scorn)

□ **abjure** 버리다, 포기하다(=give up); 회피하다(=evade; avoid)

□ **abolish** 폐지하다(=do away with) cf. **revoke** 철회하다(=withdraw); 취소하다(=cancel)

□ **abrade** 문질러 벗겨지게 하다

□ **abolish** 폐지하다(=do away with)

□ **abridge** 단축하다, 요약하다(=shorten; cut down)

□ **abscond** 몰래 도망치다(=depart in a sudden and secret manner)

□ **absorb** 흡수하다(=assimilate; suck); (마음을) 열중시키다 ⓐ **absorbing** 열중시키는 ⓝ **absorption** 흡수, 몰두 ⓝ **absorbency** 흡수성

□ **abstain** 삼가다, 억제하다(=restrain; withhold; hold back)

□ **accede** 동의하다(=agree; assent)

□ **accomplish** 성취하다(=complete successfully)

□ **accuse** 고발하다, 기소하다(=charge); 비난하다(=blame)

□ **accrue** (이익 등이) 생기다, (이자가) 붙다; 축적하다(=accumulate) ⓝ **accretion** 증대; 첨가, 부가

□ **acquaint** 알리다(=inform); ~에 정통하게 하다(~ oneself) ⓝ **acquaintance** 지인; 지식 cf. **be acquainted with ~** ~을 알다, ~와 아는 사이이다

□ **acquiesce** 묵인하다, 동의하다(=assent*; consent; comply; agree) ⓝ **acquiescence** 묵인

□ **activate** (부대를) 동원하다(=mobilize); ~을 활동적이게 하다(=make active)

ad~ - af~

□ **adapt** 적응시키다, 순응시키다; 각색하다 ⓝ **adaptation** 적응, 개작 cf. **adept** 정통한, 숙달한(=expert; skilled; versed) ⓝ 숙련자, 명수

□ **admonish** 훈계하다, 경고하다(=warn; advise)

□ **advertize** 광고하다(=publicize)

□ **advocate** 주창하다, 옹호하다(=support)

□ **adorn** 장식하다(=decorate; embellish; ornament) ⓝ **adornment** 장식(=decoration; embellishment; ornament)

□ **affect** 영향을 주다(=have an effect on*; act on); ~인 체하다(=feign*) ⓝ **affectation** 허식, 꾸밈, ~인 체함(=airs; pretense)

cf. **effect** 효과, 결과 ⓥ ~을 초래하다, 달성하다

□ **affirm** 주장하다, 단언하다(=allege; declare; assert)

□ **afflict** 몹시 괴롭히다(=distress)

ag~ - an~

□ **aggravate** 악화시키다(=worsen; exacerbate*) opp. **alleviate**(완화시키다, 경감하다); 화나게 하다(=annoy; exasperate)

□ **alienate** 소외하다, 이간하다(=estrange)

□ **alleviate** 완화시키다(=relieve; abate; diminish; mitigate; lighten; allay; lessen)

□ **allude** 언급하다(=refer; make mention of)

□ **allure** 매혹하다(=charm; fascinate)

□ **alter** 바꾸다, 변경하다(=change; transform; revise)

□ **amalgamate** 합병하다, 통합하다(=merge; unite; combine) ⓝ **amalgamation** 합병

□ **amass** 모으다(=gather; collect; pile up); 쌓다(=heap); (재산을) 축적하다(=accumulate)

cf. **mass** ⓝ 큰 덩어리(=lump); 다량; 일반대중

□ **amputate** (손, 발 등을) 수술로 절단하다

□ **annoy** 괴롭히다, 성가시게 하다(=bother; irritate; tease; pick on*)

□ **anticipate** 기대하다(=expect); 미리 대응하다(=foresee)

ap~ - av~

□ **appease** 진정시키다, 달래다(=soothe*; pacify; calm; mitigate; placate); (호기심 등을) 충족시키다

ⓝ **appeasement** ⓝ 진정, 완화; 유화정책

□ **applaud** 박수갈채하다(=clap the hands)

□ **apply** 적용하다, 사용하다(=employ)

□ **appraise** 감정하다, 평가하다(=evaluate; estimate)

□ **apprise** ~에게 알리다, 통지하다(=notify; inform)

□ **appropriate** 착복하다, 횡령하다; 훔치다(=steal)

□ **asphyxiate** 질식시키다(=suffocate)

□ **aspire** 열망하다, 갈망하다(=desire earnestly; crave 간청하다) ⓝ **aspiration** 열망

□ **assemble** 모으다, 집합시키다; 조립하다 ⓝ **assembly** 집회, 모임; 의회(=parliament; congress)

opp. **disassemble** 분해하다(=take apart) cf. **dismantle** ⓥ 해체하다, 철거하다

□ **assert** 단언하다(=affirm; state emphatically)

□ **assuage** 완화시키다(=mitigate); 달래다(=appease)

□ **assume** 떠맡다(=undertake; take on); ~인 체하다(=affect; feign)

□ **astonish** 놀라게 하다(=surprise; astound)

□ **attenuate** 감소시키다; 약하게 하다(=dilute 묽게 하다) ⓝ **attenuation** 감소, 약화 cf. **dilution** 묽게 함, 희석

□ **attribute** ~의 탓으로 생각하다(=assign; ascribe)
□ **augment** 증가시키다(=increase; raise; add to)
□ **avert** 막다, 피하다(=prevent; avoid)

[B]

ba~ - bl~

□ **baffle** 좌절시키다(=frustrate); 당황하게 하다(=confuse; bewilder)
□ **ban** 금지하다(=forbid; prohibit)
□ **banish** 사라지다(=disappear; be gone)
□ **barter** 물물교환하다(=exchange); 교역하다(=trade) ⓝ 물물교환
□ **bear** 참다, 견디다(=endure); 나르다(=carry)
□ **befriend** ~의 편을 들다, 돕다(=help)
□ **bequeath** 유산으로 물려주다, 유증하다(=hand down)
□ **betray** 배반하다; 누설하다; 드러내다(=reveal) ⓝ **betrayer** 반역자(=traitor)
cf. **apostate** ⓝ 변절자, 배신자 ⓝ **apostasy** 변절, 배신/ **defection** 배반, 탈당
□ **bleach** 표백하다(=whiten) ⓝ 표백제
□ **blink** (눈 등을) 깜빡이다(=twinkle) cf. **flicker** (촛불 등이) 깜빡거리다

bo~ - bu~

□ **boast** 자랑하다(=brag; swagger; pride oneself on; take pride in; be proud of)
□ **bolster** 지지하다(=support; uphold); 튼튼하게 하다
□ **boost** 끌어올리다, 증진시키다(=increase; raise; promote)
□ **bow** 머리를 숙이다; 허리를 구부리다(=bend)
□ **brag** 뻐기다, 자랑하다(=boast; be proud of)
□ **breed** 발생시키다(=produce); 기르다(=rear)
□ **brew** (맥주 등을) 양조하다; (음모를) 꾸미다
□ **broach** (생각 등을) 내놓다(=raise; bring up); (화제를) 처음으로 끄집어내다(=mention; introduce)
□ **bruise** 타박상을 입히다, 해치다(=damage; injure; hurt; harm; impair)
□ **buoy** 띄우다, 뜨게 하다; 기운을 북돋우다(=encourage; hearten) ⓝ 부이, 부표
ⓐ **buoyant** 부력이 있는, 활기찬, (시세가) 오를 기미의 ⓝ **buoyancy** 부력, 활기
□ **bustle** 부산하게 움직이다, 북적이다 ⓐ **bustling** 부산스러운(=busy), 붐비는(=crowed)
cf. **swarm** ⓥ (사람, 동물로) 꽉 차다(~with)(=teem with)
□ **buttress** 버티다, (계획 등을) 지지하다(=support*; prop up) ⓝ 버팀목, 지지(물)

[C]

ca~ - cl~

□ **camouflage** ~로 위장하다; (감정 등을) 숨기다(=conceal; disguise) ⓝ 위장(=disguise)

□ **canvass** 상세히 조사하다(=scrutinize; examine[survey. investigate] carefully); 유세하다; (개표를) 점검하다; 토론하다 (=discuss; debate)

□ **capitulate** (조건부로) 항복하다(=surrender; give up)

□ **capricious** 변덕스러운(fickle*), 마음이 변하기 쉬운(=erratic) ⓝ **caprice** 변덕(=whim; whimsy)

□ **capture** 체포하다, 사로잡다(=seize) ⓝ **captivity** 포로, 감금 ⓥ **captivate** 마음을 사로잡다

□ **caricature** ~을 풍자적으로 묘사하다(=satirize)

□ **cease** 그치다, 멎다(=stop); 그만두다(=refrain) cf. **pause** ⓥ 잠시 멈추다

□ **celebrate** 축하하다; 찬미하다(=extol; praise)

□ **certify** 증명하다, 지급을 보증하다 ⓝ **certification** 증명, 보증; 증명서 ⓝ **certificate** 증명서

□ **chisel** 새기다, 새겨서 만들다(=carve)

□ **circulate** 순환시키다, 유통시키다(=distribute; disseminate)

□ **circumfuse** (액체를) 주위에 붓다(=pour around; bathe)

□ **circumnavigate** 일주 항해하다(=sail round the world)

□ **circumscribe** ~을 제한하다(=restrict); ~을 선으로 에워싸다(=encircle; surround)

□ **circumvent** 속이다(=deceive), 선수 치다(=outwit)

□ **cite** 인용하다(=quote*); 언급하다(=mention; refer to*)

□ **clash** (차, 의견 등이) 충돌하다(=collide; dispute; quarrel)

□ **classify** 분류하다, 등급으로 나누다(=sort; assort) ⓝ **classification** 분류

□ **cleave** 고수[집착]하다(=adhere; stick; cling)

□ **cling** 달라붙다, 매달리다, 고수하다(=adhere, adhere, cleave(쪼개다, 분열시키다))

CO~ - CO~

□ **coerce** 강제하다, 강요하다(=force; enforce; compel) ⓐ **coercive** 강제적인

□ **commence** 시작하다, 개시하다(=begin; start)

□ **commend** 칭찬하다(=praise; applaud; compliment) cf. **command** 명령하다

□ **commemorate** 기념하다(=celebrate) ⓝ **commemoration** 기념[식](=celebration)
cf. **cerebration** ⓝ 대뇌작용, 사고

□ **compile** ~을 모으다, 축척하다(=gather)

□ **comprise** ~을 구성하다(=consist of); ~을 포함하다(=include; contain)

□ **compulsory** 강제하는(=compelling); 의무적인(=mandatory; obligatory)

□ **concoct** 섞어 만들다(=mix); (이야기 등을)(=fabricate) cf. **fabrication** 어구, 날조

□ **concede** 양보하다(=surrender), 인정하다(=acknowledge)

□ **concentrate** 한 점에 모이다, 집중하다(=converge)

□ **concretize** ~을 구체화하다(=make concrete)

□ **concur** 동의하다(=agree; consent; approve)

□ **condemn** 비난하다(=censure*; blame); (형을) 선고하다 cf. **be condemned to ~** ~형을 선고받다/ **incriminate** (남에게) 죄를 씌우다; ~을 ...에 연루시키다/ **seizure** 체포; 압류, 몰수/ **snatch** 강탈(하다)

□ **condense** 압축하다(=compress; constrict; compact); 요약하다(=summarize; digest; epitomize; sum up; boil down (to)) cf. **squeeze** ⓥ (즙 등을) 쥐어 짜내다; 압박하다; 쑤셔 넣다

□ **condone** 용서하다(=forgive; overlook)

□ **confer** 상의하다, 협의하다(=consult); 주다, 수여하다(=bestow; give; impart)

□ **confess** 인정하다, 고백하다(=admit; acknowledge)

□ **confine** ~에 한정하다, 제한하다(=restrict; limit), 감금하다(=imprison)
cf. **confide** ⓥ 신용하다, 비밀을 터놓다

□ **configure** 형성하다; 형체로 만들다(=mold; shape) ***figure** 형태, 모습, 숫자

□ **confirm** 강화하다(=fortify; strengthen); 확인하다(=verify; corroborate), 비준하다(=approve; ratify)

□ **confuse** 당황하게 하다(=bewilder; perplex); ~을 혼동하다(=confound)

□ **congest** 혼잡하게 하다(=jam)

□ **conglomerate** 둥글게 덩이지다, 합병하다 cf. **coagulate** ⓥ 응고시키다, 굳어지게 하다

□ **conjecture** 추측하다, 짐작하다(=surmise*) ⓝ 짐작, 추측(=surmise; speculation; supposition)

□ **conjugate** (동사를) 활용시키다; 결합시키다 ⓐ 결합한

□ **conjure** (악마, 영혼을) 주문, 주술로 불러내다

□ **conquer** 극복하다(=overcome); (산의) 정상에 이르다(=surmount)

□ **consent** 동의하다(=agree; assent; accede)

□ **consolidate** 합병하다, 통합하다(=unify); 강화하다(=strengthen; intensify) ⓝ **consolidation** 합병, 강화
***solidify the party** 당내 결속을 꾀하다

□ **console** 위로하다(=solace; comfort; soothe; cheer)

□ **conspire** 공모하다, 음모를 꾸미다(=intrigue) ⓝ **conspiracy** 공모, 음모(=intrigue)

□ **construe** 해석하다(=interpret; translate)

□ **contemplate** 심사숙고하다, 곰곰이 생각하다(=ponder; contemplate; consider[think] carefully; reflect on; speculate about); ~하려고 생각하다(=intend; meditate; consider) ⓝ **contemplation** 묵상, 명상(=meditation); 계획

□ **contend** 겨루다, 싸우다(=compete; vie)

□ **contract** (병에) 걸리다(=come down with)

□ **contribute** 공헌하다, 기여하다 ⓝ **contribution** 공헌, 기여

□ **convene** 모여들다(=congregate; assemble)

□ **convey** 나르다, 운반하다(=carry; transport)

□ **convoke** 소집하다(=call; summon) opp. **dissolve**(해산하다)

□ **correct** 고치다, 치료하다(=remedy; cure; heal); 조정하다(=adjust)

□ **corroborate** (사실 등을) 확증하다(=confirm; verify); (신념 등을) 강화하다(=strengthen)

□ **counteract** 거스르다; 방해하다; (약 등이) 중화하다 ⓝ **counteraction** 저지, (약의) 중화작용

□ **counterfeit** 위조하다(=forge) ⓐ 위조의(=forged); 허위의 *a **counterfeit[forged]** note 위조지폐

cr~ - cu~

□ **criminate**(기소하다, 고발하다) → **incriminate** 죄를 씌우다 → **discriminate**(구별하다)
***discriminate between** right **and** wrong 옳고 그른 것을 분간하다

□ **cringe** 굽실거리다, 알랑거리다(=fawn); 싫증나다(=be tired of)

□ **cripple** 불구로 만들다(=maim*); 무능하게 하다 ⓝ 신체[정신] 장애자, 불구자(=disabled[handicapped] person)
ⓐ **crippled** 무력한(=powerless; helpless; impotent; capable; hamstrung)

- criticize 비난하다(=blame; reproach; reprimand; upbraid)
- culminate 최고조에 달하다, 절정에 달하다(=peak)
- curb 억제하다(=restrain; check); (인도에) 연석을 깔다 ⓝ 재갈, 구속
- curtail (경비 등을) 줄이다(=cut short; cut down; reduce); 짧게 하다(=shorten); (권리를) 박탈하다(=deprive)
  cf. **truncate** ⓥ (끝, 일부를) 잘라내다

[D]

da~ - de~

- **dampen** (기, 열의 등을) 꺾다 opp. hearten; encourage(기운 나게 하다); 축축하게 하다
  ***dampening weather** 습기 찬[궂은] 날씨
- **daunt** 무서워하게 하다(=frighten); 용기를 꺾다(=discourage); 협박하다(=intimidate)
- **debase** 타락하게 하다(=corrupt)
- **debilitate** 쇠약하게 하다(=enfeeble; weaken)
- **decay** 썩다, 부패하다(=decompose 분해하다)
- **decease** 죽다, 사망하다(=pass away) ⓐ **deceased** 죽은(=dead); (the ~) 고인*
- **decelerate** 속도를 떨어뜨리다(=slow down) opp. **accelerate** 가속하다
- **decipher** ⓥ (암호 등을) 해독하다(=decode); 판독하다 opp. **cipher**(암호로 쓰다)
- **decline** 쇠퇴하다, 기울다; 거절하다(=refuse; reject) ⓝ 쇠퇴, 하락 ⓝ **declination** 쇠퇴, 경사(=declivity), 편차
- **decorate** 장식하다; 훈장을 수여하다* ⓝ **decoration** 장식, 훈장
- **defer** 연기하다(=adjourn; postpone)
- **degenerate** 퇴화하다, 타락[악화]하다(=deteriorate) ⓝ **degeneration** 퇴폐, 타락 cf. **degradation** 좌천, 강등
- **dehydrate** 탈수 시키다, 건조시키다(=dry)
- **demonstrate** 논증하다, 입증하다(=prove)
- **denounce** 공공연히 비난하다; 탄핵하다 ⓝ **denunciation** 비난, 탄핵
- **depict** (그림, 문장으로) 그리다, 묘사하다(=describe) cf. **portray** (인물, 풍경을) 그리다 ⓝ **portrait** 초상(화)
- **deplore** 뉘우치다, 개탄하다(=lament)
- **depose** 면직시키다(=oust), 폐위하다(=dethrone)
- **deposit** 두다(=place); (돈을) 맡기다, 예금하다; 보증금을 치르다 ⓝ 침전물, 예금(액)
- **derange** 혼란시키다, 어지럽히다(=disturb; confuse)
- **deride** 비웃다(=ridicule; mock; laugh at)
- **despise** 경멸하다, 깔보다(=look down on)
- **detect** 탐지하다, 찾아내다(=discover; find out)
- **deter** 단념시키다, ~하지 못하게 막다(=hinder; prevent) ⓝ **determent** 제지, 방해물 ⓐ **deterrent** 방해하는, 제지시키는
  ⓝ 전쟁억지력, 핵무기 ***a nuclear deterrent** 핵 억지력
- **deteriorate** (질 등이) 나빠지게 하다; 나빠지다(=worsen; depreciate; degenerate)
  opp. **ameliorate; improve** 개선하다
- **detour** 우회하다(=circumvent; bypass)
- **devour** 게걸스레 먹다(=gorge; glut; eat greedily); 삼키다(=swallow up); 멸망시키다(=annihilate); (화재 등의) 다 태워버리다

di~ - di~

□ **diagnose** 진단하다(=examine)
□ **differentiate** 차별하다(=discriminate); 구별하다(=discern)
□ **dilate** 확대하다, 팽창시키다(=widen; expand; enlarge; swell); 상술하다(=expatiate)
opp. **contract** 수축시키다(=draw up)
□ **discard** ~을 버리다(=do away with)
□ **disclose** 폭로하다(= reveal; divulge; uncover)
□ **discomfit** 당황하게 하다; (계획, 목표를) 좌절시키다(=baffle*; thwart*)
□ **discriminate** 구별하다, 식별하다(=descry); discern; distinguish); 차별하다(=differentiate)
□ **disgust** 정떨어지게 하다 진저리나게 하다 ⓝ 매우 싫음, 혐오(=hatred; aversion; abomination; abhorrence; repugnance)
□ **dismiss** 해고하다(=fire; discharge; lay off)
□ **disorient** 방향을 잃게 하다, 당황하게 하다(=confuse)
□ **disparage** 깔보다, 욕하다(=depreciate; belittle; minimize; underestimate)
□ **displace** 대신 들어서다; 해고하다(=fire; dismiss); (자동차, 엔진이) ~의 배기량을 가지다
□ **dispute** 논쟁하다(=argue; quarrel; squabble; wrangle)
□ **disrupt** 깨뜨리다, 분열시키다(=break; burst; rupture)
□ **dissect** 세밀히 분석해서 연구하다(=analyze; examine; probe; scrutinize)
□ **dissipate** 분산시키다, 흩뜨리다(=disperse; dispel; scatter)
□ **dissociate** 떼어놓다, 분리하다(=separate) ⓝ **dissociation** 분리, 분열
□ **dissolve** 녹이다, 용해하다(=melt; liquefy)
□ **dissuade** (설득하여) 그만두게 하다(=deter)
□ **distinguish** 구별하다, 식별하다(=differentiate)
□ **disturb** 혼란시키다, 방해하다(=perturb; interrupt)
□ **diverge** (길 등이) 갈라지다, 분기하다; 벗어나다, 빗나가다(=deviate; digress) ⓐ **divergent** 갈라지는, 벗어나는; (의견이) 다른
ⓝ **divergence** 분기, (의견 등의) 차이 opp. **converge** (의견 등이) 한점으로 모아지다 ⓐ **convergent** 한 점에 모이는
ⓝ **convergence*** 한 점으로 집합함, 〈수학〉 수렴 cf. **verge** 가장자리(=edge) → **on the verge of ~** 막 ~하려고 하는, ~가 임박한
□ **divert** (주의 등을) 딴 데로 돌리다(=distract); 즐겁게 하다(=amuse; entertain); 방향을 바꾸다(=deflect)
□ **divulge** 폭로하다, 누설하다(=reveal; disclose)

do~ - dw~

□ **dodge** 날쌔게 비키다(=avoid; move quickly)
□ **dominate** 지배하다(=control; rule over)
□ **donate** 기부하다, 기증하다(=contribute; present)
□ **double-check** 두 번 확인하다, 두 번 대조하다(=check[read] twice or again)
□ **downsize** 소형화하다; (인원을) 대폭축소하다 ⓝ **downsizing** 규모축소
□ **drench** 물에 흠뻑 적시다(=soak; saturate)

□ **dwell** 살다, 거주하다(=inhabit) cf. **dwell on ~** ~에 대해서 곰곰이 생각하다(=think ~ over; ponder on)/ **inhabitant** 거주자, 주민/ **habitat** (동식물의) 서식지; 거주지(=home), 주소
□ **dwindle** 점점 줄어들다, 작아지다(=diminish; decrease slowly); 쇠퇴하다(=degenerate; wane)

[E]

el~ - em~

□ **elevate** 향상시키다(=raise); 승진시키다(=exalt)
□ **elicit** (~에서) 끌어내다(=educe; draw forth)
□ **eliminate** ~을 제거하다, 없애다(=remove; exclude; get rid of; do away with; weed out)
ⓝ **elimination** 제거, 배제; 배설; (경기) 예선
□ **elucidate** 설명하다(=explain; account for)
□ **elude** (교묘하게) 피하다, 회피하다(=evade*; dodge*; shun*, avoid; flee; eschew; sidestep) ⓐ **elusive** (교묘하게) 피하는; 알기 어려운(=baffling*) ⓝ **elusion** 모면, 회피
□ **emancipate** 해방시키다(=liberate; release; set free)
□ **embark** 배를 타다, 승선하다(=board a ship); 착수하다(=start)
□ **embitter** 괴롭게 하다(=make better); 적개심을 품게 하다(=exacerbate)
□ **empower** 권한을 부여하다(=authorize)
□ **emulate** ~와 경쟁하다(=vie; compete) ⓝ **emulation** 경쟁(=competition)

en~ - ev~

□ **endorse** (어음 등에) 배서하다; 시인하다(=approve) ⓝ 배서; 승인, 시인(=approval)
□ **endure** 견디다(=sustain); 참다(=tolerate; bear; stand; put up with)
□ **enervate** 기력을 빼앗다(=weaken; enfeeble)
□ **enforce** 실시하다(=put in force); 강요하다(=impose)
□ **engender** 낳다, 일으키다(=produce; cause; generate)
□ **engross** (마음, 시간 등을) 몰두시키다, 집중시키다(=absorb; preoccupy(선취하다))
□ **enhance** (질, 능력 등을) 높이다(=raise; heighten; elevate; promote(증진하다); improve(개선하다))
□ **enrage** 몹시 화나게 하다(=infuriate; provoke; exasperate)
□ **entail** 가져오다(=cause); 수반하다(=involve)
□ **enthrall** (마음을) 사로잡다(=captivate)
□ **entrust** 위임하다, 맡기다(=commit)
□ **erode** 침식하다, 부식시키다 ⓝ **erosion** 침식, 부식 cf. **wear away** 마멸시키다/ **corrode** 부식하다, 좀먹다
ⓐ **corrosive** 부식성의, 썩는 ⓝ **corrosion** 부식
□ **erupt** 파열하다, 분출하다(=burst; belch)
□ **eschew** (나쁜 것, 해로운 것을) 피하다(=avoid; shun)
□ **esteem** 존경하다(=respect; admire; regard highly)
□ **estrange** 사이가 멀어지게 하다(=alienate; separate)
□ **evade** 회피하다(=avoid; dodge) ⓝ **evasion** 회피

□ **exalt** 승진시키다(=promote; elevate)

□ **excavate** (굴, 구멍을) 파다, 굴착하다; (묻힌 것을) 발굴하다(=unearth; dig out) ⓝ **excavation** 굴, (땅) 파기, 발굴
cf. **quarry** (돌을) 쪼아내다; 찾아내다(=find out) ⓝ 채석장/ **bury** 파묻다, 매장하다(=inter)

□ **exhaust** (국고, 자원을) 소진하다, 다 써버리다(=use up); 지치게 하다(=tire out)

□ **exhilarate** 활기차게 하다(=enliven; stimulate; invigorate) opp. **enervate** 기력을 빼앗다

□ **exonerate** 무죄를 밝히다(=exculpate; acquit); 면제하다(=free; relieve)

□ **expand** 늘리다, 확대하다(=magnify; enlarge; spread; amplify)

□ **expend** 쓰다, 소비하다(=spend; consume)

□ **expire** 기한이 다 되다(=terminate); 숨을 내쉬다

□ **explicate** 해설하다, 해명하다; 명백하게 하다(=clarify; make clear)

□ **expound** 상세하게 설명하다(=explain in detail)

□ **expropriate** (재산 등을) 몰수하다, 빼앗다(=dispossess)

□ **extend** 제공하다, 베풀다(=offer; grant; give)

□ **exterminate** 박멸하다(=eradicate; uproot; annihilate; destroy)

□ **extirpate** 멸종시키다, 근절하다(=remove utterly; exterminate; root up)

□ **extricate** 곤경에서 구해내다(=free; rescue; release)

□ **exult** 몹시 기뻐하다(=rejoice; delight; be pleased[delighted] with) ⓝ **exultation** 크게 기뻐함, 열광, 환성
ⓐ **exultant** 몹시 기뻐하는(=jubilant)

[F]

□ **fade** (빛깔이) 바래다; (소리가) 사라지다; (꽃이) 시들다(=wither; wilt((사람이) 약해지다))

□ **falter** 말을 더듬다; 주저하다, 머뭇거리다(=hesitate); 약해지다 ***falter in** one's determination 결심이 흔들리다

□ **fascinate** 매료하다, 매혹하다(=attract; allure; charm; enchant)

□ **ferry** ~에 공수하다, 수송하다(=transport)

□ **fire** 해고하다(=dismiss; discharge; lay off) cf. 해고되다 = be dismissed[discharged; fired]; get sacked

□ **flag** 쇠퇴하다(=diminish; droop) ⓝ (국가, 조직, 단체의) 기

□ **flush** (얼굴이) 확 달아오르다, 붉어지다(=blush) ⓐ **flushed** (얼굴에) 홍조를 띤

□ **forestall** 앞질러 막다, 방해하다(=prevent)

□ **foretell** 예언하다(=predict; prophesy)

□ **forfeit** 상실하다, 몰수당하다(=lose) ⓝ 벌금, 과료(=fine; penalty) ⓝ **forfeiture** 상실, 몰수, 박탈

□ **forge** 위조하다(=fabricate*; counterfeit*)

□ **forgive** 용서하다(=pardon) *for(~을 위하여) + give(주다)

□ **forsake** (아내, 남편 등을) 저버리다(=desert); (습관 등을) 버리다(=give up) ⓐ **forsaken** 버림받은, 적막한

□ **fortify** 강화시키다(=reinforce; intensify; strengthen) opp. **weaken**(약화시키다) ⓝ **fortitude** 꿋꿋함, 불굴의 정신

□ **foster** 기르다, 양육하다(=rear; bring up); 촉진하다(=promote; accelerate); (감정을) 마음에 품다(=cherish)

□ **founder** 실패하다(=fail); (배가) 침몰하다; (건물이) 무너지다(=collapse) ⓝ 설립자

[G]

□ **galvanize** 갑자기 활기를 띠다; 자극하다(=stir; incite; stimulate; spur); 도금하다
□ **garble** 왜곡하다(=distort); 혼동하다(=confuse)
□ **garner** 비축하다(=stock), 저장하다(=hoard) cf. ⓥ **cache** 숨기다(=conceal) ⓝ 은닉처(=a hiding place)
□ **gasp** 헐떡거리다, 숨이 차다(=pant; puff)
□ **generate** 만들어 내다(=produce); 산출하다(=procreate)
□ **germinate** (종자가) 싹이 트다(=sprout; bud)
□ **glimpse** 흘끗 보다 ⓝ 흘끗 봄, 일견(=glance*; look) ***give ~ a cursory glance** ~을 흘끗 보다
***cursory** 서두르는; 소홀한(=careless)
□ **gnaw** 갉아 먹다 cf. **shallow** ⓥ 삼키다
□ **grab** 꽉 잡다(=seize; snatch; clutch)
□ **grant** 승인하다, 허가하다(=permit; allow); 주다, 수여하다(=bestow; confer*)
□ **grapple** 붙잡다, 쥐다; 파악하다
□ **grasp** 이해하다(=understand; be aware of); 꽉 잡다, 붙들다(=grip; clutch*)
□ **graze** (소가 풀을) 뜯어먹다(=browse; feed)
□ **groan** 신음하다(=moan) ⓝ 신음소리
□ **guarantee** 보증하다(=affirm; indemnify) ⓝ 보증, 보증물, 담보
□ **gulf** 꿀꺽 삼키다(=swallow) ⓝ 만; 심연(=abyss) ; 격차, 한계 cf. **gorge** ⓥ 게걸스럽게 먹다(=guzzle 폭음하다)

[H]

□ **handpick** ~을 손수 고르다(=select; choose)
□ **hibernate** 동면하다, 겨울잠자다 cf. **dormant** 잠자고 있는, 움직이지 않는 **latent** 숨어 있는, 잠복해 있는
ⓝ **latency** 잠복기
□ **house** 저장하다(=store); ~을 담고 있다(=contain)
□ **huddle** (몸을) 움츠리다(=crouch; stoop); 쑤셔 넣다
□ **hustle** 서두르다(=hurry), 척척 해치우다, (운동선수가) 과감히 분투하다
□ **hypnotize** ~에게 최면을 걸다(=mesmerize)

[I]

id~ - im~

□ **identify** ~과 동일하다고 확인하다(=recognize) ⓝ **identification** 동일함, 신분증명, 신분증
□ **idolize** 우상으로 숭배하다(=worship)
□ **ignore** 무시하다(=overlook; disregard)
□ **impart** 나누어 주다(=give); 알리다(=make known)
□ **impede** 방해하다(=hinder; obstruct)

□ **implant** (씨 등을) 심다; (장기를) 이식하다, (인공 치아를) 심다; (사상 등을) 주입하다(=instill)
□ **impress** (남에게) 감명을 주다(=affect deeply)
□ **imprint** (도장 등을) 찍다(=stamp); 감명시키다(=impress) ⓝ 흔적, 자국; 상표; 출판사항
□ **imprison** 수감시키다, 감옥에 넣다 ⓝ **imprisonment** 투옥, 구금(=confinement)
□ **improve** 개선하다, 개량하다(=make better)
□ **improvise** 즉석에서 만들다(=think up[compose] on the spur of the moment)

in~ - is~

□ **incapacitate** 무능하게 하다(=disable) cf. **traumatize** ⓥ 상처를 입게 하다
□ **incinerate** 태우다, 소각하다(=burn up); 화장하다
□ **incline** (마음을) 내키게 하다; 기울이다 ⓝ **inclination** 경향, 의향; 경사* **be inclined to+동사원형** : ~하고 싶다
□ **incur** ~을 초래하다(=bring on); 좋지 않은 결과에 빠지다(=run[fall] into)
□ **indigent** 궁핍한, 가난한(=needy; impoverished) cf. **indignant** 분개한, 화난(=resentful; get enraged [infuriated])
□ **infer** 추론하다(=deduce), 추단하다(=conclude)
□ **inflate** 부풀게 하다(=swell; expand)
□ **infringe** (법률을) 어기다(=break; violate); (권리를) 침해하다(=encroach)
□ **ingenuous** 순진한, 천진난만한, 꾸밈없는(=naive; innocent; artless) opp. **sophisticated** 세련된, 도시적인
cf. **ingenious** ⓐ 영리한, 솜씨 좋은, 독창적인
□ **initiate** 시작하다, 개시하다(=start; commence; orginate) 취임시키다(=inaugurate) ⓐ **initial** 처음의, 머리글자
ⓝ 시작, 솔선, 진취적 기상 cf. **inaugurate** 취임하다, 개업하다/ **embark** 착수하다; 승선시키다/ launch 착수하다, (신제품을) 시장에 내다, (배를) 진수시키다
□ **install** 설치하다(=establish); 임명하다(=appoint; designate; induct)
□ **instigate** 선동하다(=incite; spur on)
□ **institute** 설립하다(=establish; found); 시작하다(=introduce)
□ **insulate** 절연하다; 분리하다(=segregate) ⓝ **insulation** 절연, 단열, 격리
□ **insult** 모욕하다, 창피를 주다(=affront)
□ **intensify** 강화하다, 세게 하다 ⓝ **intensification** 강화, 증대
□ **intercede** 탄원하다(=plead; entreat); 중재하다(=mediate)
□ **interfere** 방해하다(~ with)(=disturb; obstruct; interrupt); 간섭하다(~ in)(=meddle; intervene; step into); 중재하다 (=mediate) ⓝ **interference*** 방해(=disturbance; obstruction; interruption); 간섭(=meddling; intervention) cf. **intrude** ⓥ 강요하다, 침입하다, 방해하다 ⓝ **intrusion** 강요, 침입, 방해 ***officious interference** 주제 넘는 간섭
□ **interlope** 간섭하다, 참견하다(=intrude; interfere; step into)
□ **interrupt** 가로막다, 방해하다(=stop; obstruct; hinder; disturb; interfere with; break in)
□ **intervene** 간섭하다(=interfere); 조정하다(=mediate; arbitrate)
□ **inundate** 쇄도하다; 범람시키다, 침수시키다(=flood; deluge) ⓝ **inundation** 쇄도, 범람, 홍수
□ **invigorate** 기운 나게 하다(=enliven; animate; energize; strengthen)
□ **invoke** 기원하다(=pray; petition); 탄원하다(=supplicate)
□ **irritate** 화나게 하다(=provoke; vex; annoy; aggravate; anger)
□ **isolate** 고립시키다, 분리하다(=separate; detach; quarantine; set apart; cut off) ⓐ **isolated** 고립된(=solitary) ⓝ **isolation**

고립; 고독(=solitude); 교통차단 ***be entirely cut off from** the outside world 외부로부터 완전히 고립되다

[J]

□ **jeopardize** 위험하게 하다(=endanger; imperil; hazard; risk) ⓝ **jeopardy** 위험
□ **jitter** 안절부절 못하다 ⓝ 신경과민

[K]

□ **kindle** 불붙이다(=ignite); (정열 등을) 타오르게 하다(=inflame); 부추기다(=stir up) cf. **ignition** 점화, 발화

[L]

□ **lament** 슬퍼하다(=deplore; mourn(한탄하다); bewail) ⓝ 비탄, 한탄(=sorrow; grief)
ⓐ **lamentable** 슬픈, 한탄스러운
□ **languish** 그리워하다(=miss); 쇠약해지다(=weaken); 괴로워하다(=suffer)
□ **lapse** (나쁜 길로) 빠지다; (권리, 계약 등이) 효력을 상실하다; (시간이) 경과하다(=elapse); 없어지다(=pass away)
ⓝ 착오, 잘못(=slip); (시간의) 경과; (권리의) 소멸
□ **last** 계속되다(=continue)
□ **laud** 칭찬하다, 찬미하다(=praise; extol)
□ **legislate** 법률을 제정하다(=enact*) ⓝ **legislation** 법률제정, 입법행위
cf. **repeal** ⓥ (법률 등을) 무효로 하다, 폐지하다/ **refill** ⓥ 다시 채우다, 보충하다
□ **libel** ⓥ 비방하다 ⓝ 비방하는 글, 명예훼손 ⓐ **libellous** 비방하는
□ **liberate** 자유롭게 하다, 석방하다(=free; emancipate)
□ **lift** (금지를) 풀다, 철폐하다(=rescind; remove); ~을 들어올리다(=raise; hoist)
□ **linger** 꾸물거리다(=loiter; dally); 빈둥빈둥 걷다(=walk slowly; saunter along)
□ **liquidate** (빚 등을) 청산하다; (회사를) 정리하다 ⓝ **liquidation** (부채의) 청산, (회사의) 파산
□ **loaf** (일을) 빈둥거리며 하다; 어슬렁대다(=stroll about; loiter[saunter] along)
□ **loathe** ~을 몹시 싫어하다(=abhor; detest; dislike) opp. **admire** ~에 감탄하다, 칭찬하다
□ **lodge** (잠깐) 숙박하다, (총알 등이) 박히다

[M]

ma~ - me~

□ **magnify** 확대하다(=enlarge; expand); 과장하다(=exaggerate)
□ **maim** 불구로 만들다(=mutilate; cripple; amputate)
□ **manipulate** (기계, 사건을) 교묘하게 조종하다, 다루다(=operate with artful skill)
□ **mar** 훼손하다, 망쳐 놓다(=impair; mangle; spoil; damage); 토막 내다
□ **massacre** 학살하다(=slaughter; butcher(도살하다); assassinate(암살하다)); 압승하다 ⓝ 대량학살(=holocaust)

□ **maul** 쳐서 상처를 내다(=bruise)

□ **meddle** 참견하다, 간섭하다(=interfere; intervene; step in) ⓐ **meddlesome** 참견하기 좋아하는(=officious*)

□ **meditate** 계획하다(=plan; intend); 숙고하다(=contemplate; reflect on; dwell on); 조정하다, 중재하다(=arbitrate)

□ **meet** 충족시키다(=satisfy); 마주치다(=encounter)

□ **menace** 위협하다, 협박하다(=intimidate; threaten; scare; frighten; bulldoze) ⓝ 위협, 협박(=threat)

□ **mention** 언급하다(=refer[allude] to) ***as mentioned above** 위에서 언급한 바와 같이

□ **merge** 합병하다(=combine; unite; amalgamate; annex; affiliate)

mi~ - my~

□ **mimic** 흉내 내다(=imitate) ⓐ 흉내를 잘 내는; 가짜의; 모방한 ⓝ 모방자 ⓝ **mimicry** 흉내; 모조품(=imitation)

□ **mingle** 섞다, 혼합하다(=mix; compound(합성하다))

□ **mislead** 잘못 이끌다; 속이다(=cheat; deceive; swindle; defraud; trick) ***deception** 속임, 사기, 기만(=deceit)

□ **mobilize** (군대, 물자를) 동원하다(=collect)

□ **moderate** 알맞게 하다, 완화하다(=mitigate)

□ **modify** 수정하다, 바꾸다(=amend; revise; change)

□ **molest** 못살게 굴다, 괴롭히다(=annoy; disturb; trouble; harass; bother; torment)

□ **mollify** 누그러뜨리다(=soften; appease; relieve)

□ **mortgage** 저당 잡히다, 담보로 하다(=pledge)

□ **motivate** ~에게 자극을 주다, 동기를 주다(=incite; induce)

□ **mow** (풀, 보리를) 베다(=cut)

□ **multiply** 증가시키다(=increase); (수학) 곱하다

□ **murmur** 중얼거리다(=mutter; mumble; whisper)

□ **mushroom** 급속히 성장하다[발전하다, 퍼지다])(=grow [develop; spread] quickly) ⓐ 급성장하는, 우후죽순격인 ⓝ 버섯; 벼락부자

□ **mystify** 어리둥절하게 하다(=bewilder; puzzle; confuse)

[N]

□ **negotiate** 협상하다, 협정하다 ⓝ **negotiation** 협상, 교섭

□ **nominate** 지명하다, 임명하다(=designate*; appoint; name) ⓝ **nomination** 지명, 임명, 추천 ⓐ **nominal*** 이름뿐인, 명목상의; 아주 작은 *a **nominal** boss 허수아비 사장/ nominal[real] wages 명목[실질] 임금/ a nominal solatium 아주 작은 위자료

□ **notify** ~에게 알리다, 통지하다(=inform; apprise)

□ **nudge** 팔꿈치로 슬쩍 찌르다; ~에 가까이 가다(=near; approach)

□ **nullify** 무효로 하다(=invalidate); 취소하다(=annul); 파기하다(=cancel) ⓝ **nullification** 무효(=annulment 폐지), 파기

[O]

□ **offend** 감정을 상하게 하다(=irritate; displease; annoy)

□ **ooze** (물, 공기 등이) 새다, 스며 나오다(=leak; seep) cf. **permeate** (액체 등이) 스며들다 ⓝ **permeation** 침투, 충만
ⓐ **permeable** 투과할 수 있는

□ **ostracize** 추방하다, 배척하다(=shun; exclude; boycott; oust)

□ **overcome** 극복하다(=surmount; get the better of)

□ **overrule** 뒤엎다(=reverse), 기각하다(=reject); 지배하다(=govern); 이겨내다(=overcome)

□ **overrun** 급속히 퍼지다(=spread rapidly); ~을 초과하다(=exceed)

□ **overtake** ~을 추월하다, 따라잡다 **No overtaking [passing].** 추월금지

□ **oxidize** 녹슬게 하다, 산화시키다(=rust)

[P]

pa~ - pl~

□ **pacify** 평화롭게 하다(=pacificate); 진정시키다(=appease; tranquilize; subdue)

□ **palliate** 가볍게 하다, 완화하다(=alleviate; abate; mitigate; let up) ⓐ **palliative** (병, 통증을) 완화하는; 변명하는
ⓝ 완화제, 변명

□ **pasteurize** ⓥ (우유 등을) 저온살균하다

□ **patronize** 보호하다, 후원하다(=support); 단골이 되다 ⓝ **parton** 보호자, 후원자, 단골 ⓝ **patronage** 후원; 단골 (손님)

□ **penalize** 벌칙을 주다(=punish), 불리한 입장에 두다 ⓝ **penal** 형벌의, 벌로서 부과되는 ⓝ **penalty** 형벌, 벌금, 벌칙
*a **penal** sum 위약금(=fine)

□ **penetrate** (탄알 등이) 꿰뚫다, 관통하다(=pierce; perforate; pass through); (마음을) 꿰뚫어보다
ⓝ **penetration** 관통, 통과, 침투

□ **perceive** 알아채다(=notice; know; identify); 이해하다(=apprehend; understand); 인식하다(=discern; detect)

□ **perforate** 구멍을 내다, 꿰뚫다(=pierce; pass through; puncture)

□ **petition** 청원하다, 탄원하다(=plead; invoke); 간청하다(=implore; beseech; entreat; solicit; appeal*)
ⓝ 청원, 탄원 ***public** petition 민원/ a **petition** letter 청원서
***invoke** the parliamentary right to investigate 국정조사권을 발동하다

□ **pine** 애타게 그리워하다(=miss); 갈망하다(=long; crave; yearn)

□ **plagiarize** 표절하다, 도용하다 ⓝ **plagiarism** 표절, 도용

□ **pluck** 잡아 뜯다(=pick), 잡아당기다, 잡아채다(=snatch; pull; jerk) ⓝ 잡아 뜯기; 용기(=valor; courage)

□ **plunge** 던져 넣다(=thrust); 위험에 빠지게 하다

pr~ - pu~

□ **precede** ~에 앞서다, 선행하다(=go before) ⓝ precedents 선례
cf. **preliminary** ⓝ 예비, 준비; ⓐ 예비적인(=preparatory), 서두의(=introductory)

□ **preclude** 배제하다(=exclude); 방해하다, 막다(=hinder; prevent)
□ **precurse** 전조가 되다(=herald)
□ **predict** 예언하다(=foretell; prophesy)
□ **prescribe** (약을) 처방하다, 규정하다(=lay down) cf. **proscribe** 금지하다(=ban); 추방하다(=banish; exile)
□ **probe** 엄밀히 조사하다(=examine; substantiate)
□ **procrastinate** 연기하다(=postpone; defer; put off); 꾸물거리다, 지연시키다(=delay)
□ **procure** 얻다, 획득하다(=obtain; secure(안전한); acquire) ⓝ **procurement** 획득, 조달
□ **produce** 생산하다, 낳다(=give birth to); 제출하다(=present; come up with)
□ **profess** 공언하다, 확언하다(=declare; aver)
□ **project** 돌출하다(=protrude; jut out); 계획하다; 발사하다; 추정하다 ⓐ **projecting** 튀어나온, 돌출한(=prominent; protrudent) *a **projected** economic growth rate 추정경제성장율
□ **proliferate** 증식하다(=increase) ⓝ **proliferation** 증식, 번식
□ **promote** 승진시키다, 진급시키다(=advance; raise; elevate)
□ **promulgate** 발표하다(=announce), 공포하다(=proclaim)
□ **proofread** (원고 등을) 교정보다 ⓝ **proofreading** 교정 cf. **proof**(증명) + **read**(읽다), **reading**(읽기)
□ **propagate** 번식시키다(=reproduce; multiply); 널리 퍼뜨리다(=diffuse; spread), 선전하다 ⓝ **propagation** 번식, 선전
□ **protract** 기간을 연장하다(=prolong; extend; lengthen; elongate)
□ **protrude** 돌출하다(=project; bulge; stick out)
□ **provide** ~을 제공하다(=afford; furnish; supply)
□ **provoke** 자극하다, 화나게 하다(=vex; irritate; incite)
□ **prune** (나무 가지를) 치다(=trim*); (불필요한 부분을) 제거하다(=remove)
□ **purloin** 훔치다, 도둑질하다(=steal; pilfer; swipe; filch)

[Q]

□ **qualify** ~할 자격을 주다(=give the required qualities to); ~의 자격을 취득하다
□ **quarantine** 격리시키다, 고립시키다(=separate; isolate)
□ **quiver** 가볍게 떨다, 진동시키다, 흔들다(=tremble, vibrate, or shake slightly)

[R]

ra~ - rem~

□ **rail** 맹렬히 비난하다, 꾸짖다(~ against)(=criticize strongly; inveigh)
□ **rape** 강간하다(=ravish); 약탈하다(=plunder) ⓝ 강간 *cf.* **detention** 구류, **fingerprint** 지문
□ **ratify** 비준하다; 승인하다(=validate; approve; confirm; endorse(배서하다) ⓝ **ratification** 비준, 재가
□ **raze** 철저히 파괴하다(=destroy; demolish; tear down; pull down; break down); 지워버리다(=erase)
□ **rebuke** 비난하다, 질책하다(=reprimand; reproach; reprove; blame)
□ **recant** (진술 등을) 철회하다(=disavow; withdraw)
□ **recede** 물러가다(=retreat; withdraw; retire); 쇠퇴하다(=decline; ebb)

□ **reciprocate** ~에 답례하다(=give in return); ~을 서로 주고받다(=give and receive; interchange)
□ **reckon** 계산하다(=compute); 간주하다(=regard; consider)
□ **reconcile** 화해시키다(=make friendly again; mediate; settle)
□ **redeem** (결점 등을) 메우다(=make up for); 되찾다; (채무를) 상환하다(=pay off); (의무를) 이행하다
ⓝ **redemption** (어음, 채권 등의) 회수, 상환; 되찾기 ***reckon on ~** ~을 기대하다(=anticipate)
□ **redress** 보상하다(=compensate; make up for)
□ **refer** 언급하다(=allude); ~탓으로 하다(=attribute; ascribe)
□ **refine** 정제하다(=purify); 연마하다(=polish) ⓐ **refined** 정제된; 세련된(=polished) ⓝ **refinery** 정제소, 제련소
cf. **distill** ⓥ 증류하다; 증류하여 불순물을 제거하다 ⓝ **distillation** 증류, 증류법 ***distilled water** 증류수
□ **refute** 반박하다, 반론하다(=disapprove; gainsay; contradict)
□ **register** 기록하다 등록하다(=enroll)
□ **reimburse** 상환하다(=repay); 변상하다(=compensate)
□ **reinforce** 증강하다, 강화하다(=strengthen)
□ **reiterate** 되풀이 말하다, 반복하다(=repeat)
□ **reject** 거절하다(=reject; rebuff; turn down)
□ **relate** 관련시키다; (경위 등을) 이야기하다(=tell)
□ **relinquish** (권리를) 포기하다(=abandon; renounce; cede; yield(산출하다); surrender(항복하다); give up)
□ **remonstrate** 항의하다(=protest); 충고하다(=advise)
□ **remark** 주의하다(=notice); 알아채다(=perceive); (비평, 소견을) 말하다(=say)
□ **remit** 송금하다, 송달하다(=send; transmit)

ren~-rum~

□ **render** (도움을) 주다(=give; afford); ~을 하게 하다(=make); ~을 표현하다(=represent; depict)
cf. **afford** ⓥ ~할 여유가 있다; 산출하다(=yield)
□ **renounce** 포기하다, 그만두다, 끊다(=give up)
□ **replenish** 다시 채우다(=refill; resupply)
□ **repress** 진압하다(=suppress; subdue); 억누르다(=choke; restrain)
□ **repudiate** 거부하다(=reject; deny; disclaim)
□ **reshuffle** (조직 등을) 개편하다; 〈카드〉 패를 다시 치다
□ **resign** 사직하다, 사임하다 ⓝ **resignation** 사직, 사임 cf. **resign oneself to ~** 체념하고 ~하기로 하다, ~을 받아들이다 (=accept)
□ **resolve** 결심하다, 결정하다(=determine); 분석하다(=analyze)
□ **resort** (수단을) 쓰다(~ to); (~에) 의지하다; ~에 호소하다 자주 들르다(=frequent)
□ **respect** ~을 존경하다, ~을 존중하다(=venerate; honor; look up to)
□ **retaliate** 보복하다(=revenge oneself on)
□ **retard** 지체시키다(=slow down); 속력을 늦추다 opp. **accelerate**(속력을 높이다)
□ **retract** 후퇴하다(=withdraw; recede) opp. **advance**; proceed; 철회하다(=withdraw) ⓝ 후퇴, 퇴각
□ **retrench** 줄이다, 삭감하다(=reduce; curtail)

□ **revere** 존경하다(=respect; venerate)
□ **revive** 소생시키다, 회복시키다(=restore)
□ **revoke** (법령 등을) 취소하다(=repeal); 철회하다(=withdraw)
□ **ruminate** 깊이 생각하다, 숙고하다(=meditate) cf. **mediate** 조정하다, 중재하다
□ **rummage** 뒤지다, 샅샅이 찾다(=forage; search; look for) cf. **forge** 위조하다(=fabricate); (쇠를) 벼리다

[S]

sa~ - sk~

□ **safeguard** 보호하다, 막다(=protect)
□ **scan** (세밀히) 조사하다(=examine; scrutinize; survey)
□ **scatter** 흩어지게 하다(=disperse; dispel)
□ **scorch** 태우다, 거슬리다(=burn; sear; singe)
□ **scrutinize** 면밀히[자세히] 조사하다(=scan; investigate [examine] minutely; scan; overhaul; observe)
ⓐ **scrutable** 판독할 수 있는, 이해할 수 있는 opp. **inscrutable** 조사해도 알 수 없는(=untraceable), 이해할 수 없는
ⓝ **inscrutability** 헤아릴 수 없음, 불가사의(=mystery) cf. **comb** ⓥ 철저히 수색하다(=search); 빗질하다 ⓝ 빗
□ **sear** (표면을) 태우다; 무감각하게 하다
□ **seclude** 떼어놓다, 격리시키다(=isolate; separate; shut off)
□ **sentence** ~에게 판결을 내리다 ~의 형에 처하다
□ **settle** 해결하다(=solve); (가격 등을) 정하다(=fix)
□ **sever** (관계 등을) 끊다(=break off; dissolve); ~을 절단하다(=disconnect; separate; cut off; cleave; chop)
□ **shield** 보호하다(=protect)
□ **shoulder** (책임이나 부담을) 떠맡다(=bear) ⓝ 어깨
□ **shrink** 줄다, 감소하다(=reduce; lessen); 수축하다, 오그라들다(=contract; shrivel)
□ **simmer** (물 등이) 부글부글 끓다; 화가 치밀어 오르다
□ **skid** (자동차가) 옆으로 미끄러지다(=slip; slide)
□ **skim** 대충 훑어보다(=look quickly through)

sl~ - st~

□ **slake** 갈증을 풀다(=quench)
□ **slip** 잘못을 저지르다(=err; mistake); 미끄러지다(=slide)
□ **smolder** 연기 나다(=burn or smoke without flame); (기분이) 울적하다
□ **smother** ~을 질식시키다(=suffocate; stifle)
□ **smuggle** 몰래 가지고 오다, 밀수하다(=import or export (goods) secretly)
□ **smudge** 더럽히다, (잉크 등이) 번지다(=smear)
□ **sojourn** 일시 거주하다, 체류하다(=(brief) stay; abide)
□ **solidify** 단결시키다; 응고시키다 cf. **unify** 단일화하다, 통합하다 ⓝ **unification** 통일, 단일화
□ **span** (시간, 공간, 범위가) ~의 전체에 미치다[걸치다]; 다리를 놓다, 치수를 재다
□ **spawn** 야기하다(=generate; create); (개구리 등이) 알을 낳다

☐ **spin** 뱅글뱅글 돌다(=rotate)

☐ **spout** (물, 증기 등을) 내뿜다, 분출하다(=spurt; gush) cf. **(화산 등이) 분출하다**=erupt; belch up; break out
belch 트림을 하다

☐ **sprain** (발, 손 등을) 삐다(=dislocate) ⓝ 삠

☐ **squander** 낭비하다(=spend extravagantly[wastefully])

☐ **squeamish** 꾀까다로운(=fastidious*; touchy 과민한); (도덕적으로 너무) 결벽한

☐ **stagger** 비틀거리다(=totter; reel; falter); (마음이) 동요하다; 깜짝 놀라게 하다(=astonish; startle; amaze; surprise)
ⓐ **staggering** 깜짝 놀라게 하는(=astonishing), 비틀거리는 cf. ⓥ **stammer** 말을 더듬다(=stutter)

☐ **stand** ~을 참다, 견디다(=endure; tolerate)

☐ **stem** 저지하다, 억제하다(=check; stop)

☐ **streamline** 합리화하다, 능률화[간소화]하다, 현대화하다(=modernize) ⓝ 유선형 ***stream**((작은) 시내)+**line**(선)

☐ **strengthen** 강화하다, 튼튼하게 하다 ⓝ **strength** 힘(=force), 세기; 세력

☐ **stretch** 잡아 늘이다; (팔, 다리 등을) 쭉 펴다

☐ **strive** 노력하다, 애쓰다(=exert; try hard)

☐ **strut** 뽐내며 걷다(=swagger; strut)

☐ **stumble** 발이 걸려 넘어지다, 비틀거리다(=trip; falter; totter; stagger)

☐ **stunt** 성장을 저해하다(=retard; hinder)

su~ - sw~

☐ **subdivide** ~을 세분하다(=devide into parts)

☐ **submerge** 물속에 잠기게 하다(=immerse)

☐ **subside** (폭풍, 감정 등이) 가라앉다(=settle down); 잠잠해지다, 진정되다(=abate; calm; lull)

☐ **succumb** ~에 지다, 굴복하다(=yield; give way to); 죽다(=die)

☐ **suffice** 충분하다(=be enough[sufficient]; satisfy)

☐ **supplant** 대신하다(=supersede; replace; displace); 대체하다 (사법고시) cf. **substitute** ⓥ 대리하다, 대용하다
ⓝ 대리인, 대역 ⓝ **substitution** 대리 replace A **with** B=substitute B **for** A : A를 B로 대신하다

☐ **surf** 파도타기를 하다, 인터넷에서 항해하다

☐ **surfeit** 식상하다, 포식시키다(=satiate)

☐ **surge** 갑자기 치솟다(=increase rapidly)

☐ **surmise** 짐작하다, 추측하다(=guess; conjecture)

☐ **surmount** (곤란을) 극복하다(=overcome; get over); (산을) 오르다; 정복하다(=conquer; vanquish)

☐ **surmount** 극복하다(=overcome; get over); (산, 언덕을) 오르다

☐ **surpass** 압도하다, 능가하다(=outdo; exceed)

☐ **suspend** 매달다(=hang); 중지시키다, 보류하다(=postpone), 일시 정지하다(=stop temporarily)

☐ **swamp** 침수시키다; (일 등이) 홍수처럼 밀어닥치다; 궁지에 빠뜨리다

☐ **swarm** 떼를 짓다, 우글거리다(=throng; crowd; flock)

☐ **sway** (의견, 마음을) 바꾸게 하다, 흔들리다(=waver)

[T]

□ **tamp** (흙, 담배 등을) 눌러 채워 넣다(=pack down); (길을) 다져서 굳히다
□ **tap** ~에 연결하다(=connect); 정보를 빼내다(=extract); 가볍게 치다(=strike)
□ **tarnish** 변색되다, 상하게 하다(=blemish; stain; smear)
□ **tempt** 유혹하다(=lure; entice; fascinate)
□ **testify** (법정에서) 증언하다(=bear witness under oath); 증명하다(=affirm)
□ **thrash** (몽둥이, 채찍 등으로) 마구 때리다(=whip*; flog) cf. **slap** 찰싹 때리다, **tap** 가볍게 치다, **slug** 강타하다(=slog), **smite** 치다, 세게 때리다, **wallop** 구타하다, 강하게 때리다, **whack** (지팡이 등으로) 세게 치다, **pound** (문 등을) 마구 치다
□ **thrive** 번영하다, 번창하다(=flourish; prosper; boom); 무성해지다
□ **thwart** 방해하다(=hinder; obstruct; stymie); (계획, 목적을) 좌절시키다(=frustrate; baffle)
□ **tighten** (관리, 통제 등을) 엄하게 하다, 바짝 조이다
□ **tolerate** 참다, 견디다(=endure; bear; put up with; stand for); ; ~을 묵인하다(=allow; permit) ⓝ **toleration** 인내, 관용 ⓐ **tolerable** 참을 성 있는 opp. **intolerant** 참을성 없는(=intolerable; unbearable)
□ **torture** 고문하다 괴롭히다(=afflict)
□ **trail** 끌다(=drag; draw) ⓝ **trailer** 트레일러, 끄는 것; (영화) 예고편
□ **transfer** 전임[전학]시키다(=move); 옮기다(=carry); 양도하다(=make over)
□ **transform** (상태, 성질, 모양을) 바꾸다(=change)
□ **transpose** (순서, 위치 등을) 뒤바꾸다(=interchange)
□ **trespass** 침입하다(=intrude; encroach)
□ **trigger** (일, 갈등 등을) 일으키다, 유발하다(=cause; generate; initiate; set off*; bring about) ⓝ 방아쇠
□ **trim** (깎아) 다듬다; 정돈하다(=arrange); (예산을) 삭감하다

[U]

□ **undergo** 겪다, 경험하다(=experience; go through)
□ **underscore** 강조하다(=emphasize; stress)
□ **undertake** ~에 착수하다(=begin; start); (일을) 담당하다(=accept); 보증하다(=guarantee)
□ **upbraid** 비난하다, 나무라다(=reprove; scold)
□ **update** 최신의 것으로 하다, 새롭게 하다
□ **upgrade** 승격시키다, (품질을) 향상시키다(=improve)
□ **urge** 주장하다, 촉구하다(=advocate; insist on); 강요하다(=press)

[V]

□ **validate** 유효하게 하다(=ratify); 확인하다(=verify; conform)
□ **vanish** 사라지다, 없어지다(=disappear; cease to exist)
□ **vaunt** 자랑하다(=boast); 허풍떨다

☐ **venerate** ~을 존경하다(=revere; respect)
☐ **verify** 확인하다, 실증하다(=confirm,; prove; attest; corroborate)
☐ **vest** (권리를) 주다, 부여하다 be vested in ~ ~에게 주어지다(=be given to)
☐ **vex** 괴롭히다(=afflict; torment; torture; bug; bully)
☐ **vie** 겨루다, 경쟁하다(~ for)(=compete)
☐ **vindicate** (무죄를) 증명하다(=justify; assert)
☐ **violate** 위반하다(=transgress; infract; infringe)
☐ **visualize** ~을 마음속에 떠올리다(=form a mental image of); 눈에 보이게 하다
☐ **vomit** 토하다(=spew; spit; throw[fetch] up) cf. **gag** ⓥ 구역질이 나다, 언론의 자유를 억압하다

[W]

☐ **wade** (물, 눈, 진창 속을) 걸어서 건너다(=walk partly immersed or sunken, as in water, snow, or mud)
☐ **waive** 포기하다(=abandon); 연기하다(=postpone); 무시하다(=disregard; neglect)
☐ **wallow** (진흙탕 속에) 뒹굴다, 허우적거리다(=flounder); (주색 등에) 빠지다
☐ **wane** 작아지다, 약해지다(=decline; decrease; wither); (달이) 이지러지다 opp. **wax** ((달이) 차다)
☐ **weave** (실, 끈 등을) 짜다, 엮다(=interlace)
☐ **weld** 용접하다, 합치다(=join)
☐ **withdraw** 물러나게 하다, 철수시키다(=draw[take] back; remove; 취소하다(=revoke; retract); (돈을) 인출하다(=take out)
☐ **wither** 시들다(=shrivel); 약해지다
☐ **withhold** ~하지 못하게 하다, 억제하다(=retain; check; curb; reserve)
☐ **withstand** 잘 견디다(=bear; endure); 저항하다(=oppose; resist)

형 용 사

[A]

ab~ - an~

☐ **abhorrent** 기분 나쁜, 몹시 싫은(=offensive; hateful; repulsive; distasteful)
☐ **ablaze** 빛나는, 불타는(=afire; radiant)
☐ **acrimonious** (말, 태도 등이) 매서운, 신랄한(=very sharp, harsh, and bitter)
☐ **acute** 격렬한(=intense); 예리한, 예민한(=keen; sharp); 끝이 뾰족한(opp. **dull, obtuse** 무딘); (병이) 급성의 opp. **chronic**(만성의) ⓐⓓ **acutely** 날카롭게, 격렬하게
☐ **adaptive** 적응하는, 적응성이 있는(=serving or able to adapt)
☐ **adept** 숙달된, 숙련된(=skilled; proficient; expert; versed)
☐ **adequate** 충분한(=sufficient; suitable; fit; ample; enough)

□ **adjacent** 이웃의, 인접한(=next; contiguous); 부근의(=near)
□ **adventurous** 모험을 좋아하는, 모험적인
□ **aesthetic** (예술적) 미의, 심미적인(=artistic)
□ **affirmative** 긍정적인(=positive) opp. **negative** 부정의, 반대의
□ **agile** 민첩한, 재빠른(=nimble; quick-moving; prompt)
□ **agrarian** 토지의, 농업의(=agricultural)
□ **akin** 동종의, 유사한(=similar)
□ **alternative** 교대의, 번갈은(=interchanged repeatedly); 상호간의(=reciprocal; mutual)
□ **amateurish** 직업적이 아닌, 미숙한(=inexpert)
□ **ambiguous** 모호한, 분명하지 않은(=unclear; indistinct; obscure)
□ **amenable** 순종하는; 복종할 의무가 있는 ⓝ **amen** 동의, 찬성
□ **amicable** 우호적인(=friendly; congenial; affable)
□ **amphibious** 수륙양용의, 양서류의(=capable of living both on land and in water)
□ **anonymous** 익명의(=unsigned)
□ **antagonistic** 상반되는; 적대적인(=hostile*; inimical(해로운)*) ⓥ **antagonize** 적대하다, 반항하다
ⓝ **antagonist** 적대자, 반대자

ap~ - aw~

□ **apolitical** 정치와 관계없는, 정치적 의의가 없는(=nonpartisan)
□ **appalling** 오싹하게 하는, 소름끼치는(=frightening; dreadful; horrible) ⓥ **appall** 소름끼치게 하다
□ **apprehensive** 염려하는(=solicitous; uneasy; afraid; fearful; ill at ease)
□ **apt** 적절한, 적당한(=appropriate; pertinent; fit; proper; adequate)
□ **aquatic** 수중에[수상에] 사는(=living in water)
□ **aqueous** 물의, 물 같은(=watery)
□ **arbitrary** 임의의, 멋대로 인(=random); 독단적인(=dogmatic) *an **arbitrary** decision 자의적인 결정
cf. **despotic** ⓐ 전제적인, 독재적인(=tyrannical) ***독단적으로, 마음대로** = arbitrarily; randomly; at will; of one's free will
□ **archaic** 고풍의, 예스러운(=antique; antiquated)
□ **arduous** 힘든(=strenuous; laborious); 어려운(=difficult)
□ **arid** 건조한(=dry); 불모의(=barren(불임인); sterile(불임의, 살균한) opp. **fertile; rich; productive**(비옥한)
ⓝ **aridity** 건조, 가뭄(=drought)
□ **arrogant** 건방진, 거만한(=overbearing; haughty; stiff-necked; insolent)
□ **artless** 순진한, 천진난만한(=innocent; natural); 기교 없는, 서투른(=clumsy; crude)
□ **assiduous** 근면한(=diligent; industrious); 끊임없는 ⓐⓓ assiduously 부지런히
□ **august** 위엄 있는, 장엄한(=majestic)
□ **auspicious** 길조의, 경사스러운(=favorable)
□ **awesome** 두려운, 놀라운(=amazing)
□ **awkward** 꼴사나운, 어색한(=clumsy)

[B]

□ **backbreaking** 아주 힘이 드는(=exhausting; strenuous)
□ **bashful** 수줍어하는, 수줍은(=shy)
□ **bellicose** 호전적인(=hostile; pugnacious; warlike; belligerent)
□ **belligerent** 호전적인(=bellicose*; warlike; militaristic)
□ **beneficial** 이익이 되는, 도움이 되는(=advantageous; helpful)
□ **bigoted** 편협한, 옹졸한(=intolerant) ⓝ **bigotry** 편협, 고집불통 ⓝ **bigot** 고집불통인 사람
□ **bilateral** 쌍방의(=two or both sides; mutual); (계약이) 쌍무적인(=reciprocal)
□ **blatant** 뻔뻔스러운(=loudly offensive; obtrusive); 떠들썩한(=loud; clamorous; noisy)
□ **bleak** 황량한, 쓸쓸한(=dismal; dreary); 음산한(=gloomy; dreary and cold)
□ **blurred** 흐릿한, 희미한(=hazy)
□ **bogus** 모조의, 가짜의(=counterfeit; spurious; sham) cf. **concoct** ⓥ 섞어 만들다; 날조하다(=forge; fabricate*)
□ **brisk** 활발한, 활기찬(=energetic; active; vigorous; lively); 상쾌한
□ **brutal** 야만적인, 잔인한(=savage; barbaric; cruel) cf. **fierce** ⓐ 사나운, (비바람이) 거센, **furious** ⓐ 격노한, 맹렬한
*맹렬히 = violently; fiercely; furiously
□ **bygone** 과거의, 지난 ⓝ 과거

[C]

ca~ - cl~

□ **cadastral** 지적(地籍)에 관한, 토지대장의(=official record of property) *a **cadastral** map 지적도
□ **callow** 미숙한, 애송이의(=immature); 아직 깃털이 덜난(=unfledged)
□ **candid** 솔직한(=frank); 숨김없는(=outspoken)
□ **catholic** 한쪽으로 치우치지 않은(=unbiased*; unprejudiced); 보편적인(=universal; ubiquitous*; omnipresent)
□ **chaotic** 대혼란의, 무질서의(=confused or disordered)
□ **charismatic** 카리스마적인, 남을 끌어당기는 강한 매력[지도력]이 있는
□ **circuitous** 도는 길의, 우회하는; (말이) 간접적인 *a **circuitous** route 우회로
□ **circumspect** 신중한(=prudent; careful; cautious)
□ **circumstantial** 부수적인(=incidental)
□ **clumsy** 꼴사나운, 어색한, 서투른(=awkward; all thumbs)
*a **clumsy** excuse 구차한 변명 / a **clumsy** sentence[translation] 어색한 문장[서투른 번역]

co~ - cu~

□ **coarse** (품질이) 나쁜(=poor; inferior); 조잡한, 저속한(=vulgar; crude; rough)
□ **cogent** 사람을 납득시키는, 그럴 듯한(=convincing; persuasive)
□ **coherent** (논리가) 일관된, 논리적인(=inconsistent; logical)
□ **commemorate** 기념하다, 축하하다(=celebrate)

□ **commodious** 널찍한(=capacious; spacious); 편리한 opp. **incommodious** 비좁은, 불편한
cf. **commodity** ⓝ 상품, 일용품, 필수품

□ **compatible** 양립하는, 모순되지 않는(=harmonious). compatible 양립할 수 있는, 호환성의, 모순되지 않는(=consistent; congruous; harmonious) opp. **incompatible**(양립할 수 없는, 모순된)

□ **complacent** 자기만족에 빠진(=self-satisfied)

□ **complimentary** 아부하는(=flattering), 칭찬하는; 무료의(=free; gratis; gratuitous) ⓝ **compliment** 칭찬, 아부(=flattery 아첨) ⓥ 칭찬하다, 아부하다(=flatter) cf. **complementary** ⓐ 보충의, 보충적인(=completing) ⓝ **complement** 보충(물)

□ **component** 구성하고 있는 성분, 요소(=constituent) ⓥ **compose** 구성하다(=constitute), 작곡하다
ⓝ **composition** 구성, 작곡, 작문, 화해

□ **comprehensive** 포괄적인, 광범위한, 종합적인(=inclusive)

□ **compulsory** 필수의(=required); 강제된(=compelled); 의무적인(=obligatory; mandatory)
opp. **voluntary** 자발적인(=acting willingly)

□ **conclusive** 결정적인, 분명한(=definite)

□ **concurrent** 동시에 일어나는(=simultaneous)

□ **conference** 협의(=consultation); 회의(=meeting; assembly; convention)

□ **congenial** 같은 성질의, 마음이 맞는(=agreeable)

□ **confidential** 비밀의(=secret; private); 믿을 만한(=reliable; trustworthy; authentic)

□ **consistent** 일관된, 언행이 일치된, 모순이 없는(=compatible) opp. **inconsistent** 일치하지 않는, 모순된
ⓝ **consistency** 일관성, 언행일치

□ **conspicuous** 눈에 잘 띄는(=highly visible; easily seen); 저명한(=remarkable); 두드러진(=outstanding)

□ **contingent** 부수하는, 조건으로 하는(=dependent; conditional); 우발적인(=fortuitous; accidential)

□ **contagious** 전염성의(=infectious; communicable) ⓝ **contagion** 전염(병), 감염(=infection)

□ **convenient** 편리한(=handy); 가까워 편리한(=accessible; at hand)

□ **corrupt** 타락한(=depraved); 오염된(=tainted), 썩은(=rotten)

□ **courteous** 공손한(=polite; respectful) ⓝ **courtesy** 공손, 예의(바름); 특별우대

□ **covetous** 탐욕스러운, 탐내는(=greedy; avaricious; rapacious) ⓥ **covet** 탐내다

□ **crestfallen** 풀이 죽은, 기운 없는(=dejected)

□ **crucial** 결정적인(=decisive; critical); 힘든(=severe; trying)

□ **crude** 천연그대로의; 조잡한(=rough) ***crude** petroleum 원유

□ **cryptic** 숨은, 비밀의(=hidden; secret; occult); 불가해한, 모호한(=mysterious; puzzling; ambiguous)

□ **culpable** 비난 받을 만한, 죄 있는(=blamable; sinful; criminal) opp. innocent 결백한, 순진한

□ **cumbersome** 거추장스러운; 방해가 되는; 성가신(=troublesome; burdensome; annoying)

[D]

da~ - de~

□ **damp** 습기 찬, 촉촉한(=moist; humid)

□ **dandy** 멋 내는 ⓝ 멋쟁이

□ **deceptive** 속이는, 현혹시키는(=misleading) cf. ⓐ **gullible; credulous** 잘 속는, 속기 쉬운

□ **decrepit** 늙어빠진, 노쇠한 (=senile*)
□ **defiant** 반항적인, 도전적인(=challenging)
□ **definite** 한정된, 명확한(=defined; precise; exact); 확실한(=positive; certain; sure)
□ **deft** 능숙한(=dexterous; skillful; adroit; expert)
□ **delinquent** 태만한(=neglectful); 지불기일을 넘긴(=overdue)
□ **demure** 얌전한, 얌전피우는(=modest); 침착한(=composed); 새치름한(=prudish)
□ **dense** 밀집한, 빽빽한(=compact) ⓝ **density** 밀도; 농도(=concentration) ⓐⓓ **densely** 빽빽하게
cf. ***compact** ⓐ 빽빽한, 조밀한(=close), 소형의 ⓝ 계약, 약속 ⓥ 꽉 채우다
□ **deplorable** 비통한(=lamentable)
□ **deprived** 가난한(=poor; indigent; destitute; penurious; without funds)
□ **derelict** 버려진, 유기된(=forsaken; abandoned; deserted); 의무 태만인(=delinquent)
ⓝ 직무 태만자, 인생낙오자, 노숙자; 유기물
□ **derogatory** (명예, 가치 등을) 손상하는(=damaging); 경멸적인(=contemptuous; disdainful)
□ **despondent** 낙담한(=dejected; downcast)
□ **destitute** 빈곤한, 곤궁한(=poor; impecunious; indigent; impoverished; needy); ~이 없는(=lacking; devoid)
□ **desultory** 종잡을 수 없는, 산만한(=discursive; digressive; random)
□ **detrimental** 해로운, 해를 끼치는(=damaging; injurious; harmful)
□ **devious** 멀리 돌아가는, 구불구불한; 상도를 벗어난, 사악한(=wicked; vicious; sinister)
□ **devout** 신앙심이 깊은, 독실한(=pious; religious; sincere 진심의); 열렬한(=ardent; fervent; enthusiastic; passionate)

di~ - du~

□ **diagonal** 대각선의, 비스듬한(=slanting; oblique)
□ **diaphanous** (천이) 내비치는, 투명한(=transparent; open)
□ **didactic** 교훈적인(=instructive; instructional)
□ **digressive** 주제를 벗어나기 쉬운, 지엽적인(=departing from the main subject)
□ **diminutive** 작은, 조그마한(=small; tiny)
□ **discreet** 분별이 있는(=judicious); 신중한(=prudent; cautious; deliberate)
□ **discrete** 분리된, 별개의(=separate; distinct)
□ **disinterested** 공평무사한(=impartial; fair); 무관심한, 냉담한(=indifferent; uninterested)
□ **disparate** (본질적으로) 다른, 같지 않은, equal; dissimilar)
□ **distinctive** 독특한, 특이한(=particular; peculiar)
□ **diverse** ~과 다른, 별개의(=different; unlike); 다양한(=multiform)
□ **divine** 성스러운, 신성한(=sacred; holy; heavenly)
□ **docile** 다루기 쉬운, 온순한(=tractable; obedient; genial; gentle; meek; obedient; easily manage)
□ **doleful** 서글픈, 슬픈(=sad; forlorn; melancholy)
□ **doltish** 멍청한(=dull; stupid; dumb; stolid; thickheaded) ⓝ **dolt** 멍청이(=fool; dullard; dunce(저능아))
□ **domestic** 가정의; 국내의 opp. **foreign** 외국의, 외래의
□ **dominant** 우세한, 지배적인 ⓥ **dominate** 지배하다, 우위를 차지하다 ⓥ **domineer** 위세를 부리다 ⓐ **predominant** 우세한, 탁월한; 두드러진 ***현저한, 두드러진** = prominent; striking; remarkable; conspicuous; outstanding; distinguished; salient; eminent; preeminent

□ **dormant** 동면하는, 휴면기의(=inactive; inert; sleeping)
□ **drafty** 통풍이 잘되는 ⓝ 생맥주(=draught beer; beer on draft)
□ **drastic** 강렬한(=violent); 과감한(=extremely severe or extensive)
□ **ductile** 유연한(=pliable; flexible; plastic; easily bent)
□ **dull** (날이) 무딘 opp. sharp, keen(날카로운);우둔한(=stupid); 따분한, 지루한(=boring); 활기 없는

[E]

ec~ - es~

□ **eccentric** 이상한(=irregular; erratic), 특이한(=peculiar; uncommon; strange; odd; extraordinary), 정도를 벗어난
□ **edible** 식용의, 먹을 수 있는(=eatable; nonpoisonous)
□ **effective** 효과적인 감명을 주는(=striking)
□ **elastic** 유연한(=pliant); 경쾌한(=springy); 쾌활한(=buoyant)
□ **eligible** 뽑힐 자격이 있는(=entitled, qualified); 바람직한(=desirable)
□ **eminent** 저명한(=famous; distinguished; renowned); 두드러진(=conspicuous; noteworthy)
□ **enterprising** 진취적인(=initiative); 모험적인(=adventurous)
□ **environment[user; visitor]-friendly** 환경친화적인[(시스템이) 사용하기 편리한, 방문하기 편리한]
□ **ephemeral** 순간적인, 일시적인(=transient; transitory; short-lived) opp. **permanent; perpetual; lasting; eternal**
ⓝ **ephemerality** 덧없음, 단명
□ **equitable** 공정한, 정당한(=unbiased; just; reasonable)
□ **erratic** 변덕스러운(=capricious), 엉뚱한
□ **erudite** 학구적인, 박식한(=learned; scholarly)
□ **essential** 절대 필요한, 필수의(=necessary; indispensable)

et~ - ex~

□ **ethereal** 공기 같은(=airy); 아주 가벼운; 영묘한, 비현실적인(=unreal; unsubstantial); 천상의(=heavenly)
□ **evanescent** 순간의, 덧없는(= fleeting*; transitory; transient; fleeting)
□ **exclusive** 배타적인, 모순되는(=incompatible); 유일한(=sole), 독점적인(=monopolistic)
□ **exemplary** 모범적인, 본보기의; 훌륭한 ⓝ **example** 예, 모범, 본보기
□ **exorbitant** (가격 등이) 터무니없는, 엄청난(=extravagant; excessive) ⓐⓓ **exorbitantly** 터무니없이, 엄청나게 (=extravagantly; prohibitively; extremely)
□ **exponential** (증가가) 기하급수적인, 급격한(=rapid) *exponential growth 기하급수적인 증가
□ **experimental** 시험적인, 실험적인(=tentative); 경험에서 얻어진(=empirical)
□ **exquisite** 최상의(=consummate); 절묘한, 더할 나위 없이 좋은; 정교한(=delicate)
□ **extinct** 꺼진(=extinguished), 활동을 멈춘; 폐지된; 멸종한, 존재하지 않는(=defunct; vanished; extinguished; dead)
ⓝ **extinction** 멸종
□ **extraneous** 관계 없는(=irrelevant; unconcerned); 이질의(=alien)
□ **exuberant** 무성한(=luxuriant); 넘치는(=overflowing); (문체가) 화려한; 원기 왕성한(=vigorous; joyful), 열광적인(=enthusiastic)

[F]

fa~ - fe~

□ **fabulous** 전설적인(=legendary; mythical); 믿어지지 않는, 터무니없는(=absurd); 굉장한, 멋진 ⓝ **fable** 우화
cf. **myth** ⓝ 전설

□ **facetious** 익살맞은, 우스운(=humorous; funny; jocose)

□ **factitious** 인위적인(=artificial), 부자연스러운 opp. **natural**(본래의, 꾸밈없는) cf. **factious** ⓐ 당파적인, 당쟁을 일삼는
*__factious__ quarrels 파벌싸움/ **fictitious** 가공의, 상상의(=imaginary); 거짓의, 허구의(=false; sham)
*a **fictitious** name 가명

□ **faint** (색깔 등의) 희미한, 흐릿한(=dim); 힘없는, 연약한(=weak; feeble*); (기억이) 어렴풋한

□ **fallacious** 허위의, 그릇된(=false; erroneous); 잘못된(=faulty)

□ **fallible** 틀리기 쉬운(=mistakable)

□ **famished** 굶주린(=hungry) cf. **starvation** diet 단식

□ **fancy** 공들여 만든, 정교한(=elaborate); 장식적인(=ornamental); 공상적인(=fantastic); 터무니없는 (=extravagant)

□ **fatuous** 어리석은(=stupid; dull; silly) opp. **clever; sagacious*; perspicacious; intelligent**(총명한, 지적인)

□ **feasible** 실행할 수 있는(=practicable; practical); 그럴듯한(=likely; possible)
ⓝ **feasibility** 실행할 수 있음, 가능성

□ **feeble** (몸이) 허약한(=weak) opp. **firm; strong**(튼튼한); (빛 등이) 희미한(=dim)

□ **fertile** 기름진, 비옥한(=productive; fruitful; fecund) opp. **sterile; barren**(불모의, 메마른)

fi~ - fu~

□ **fictitious** 거짓의(=false; shame); 가공의, 꾸민(=imaginary; feigned; invented)

□ **fine** 미세한, 섬세한(=delicate; subtle); 가느다란 ⓝ 벌금 (수능)

□ **flat** 활기 없는(=inactive; lifeless); 평평한(=even); 노골적인(=downright); 지루한(=dull)

□ **flexible** 신축성 있는, 탄력적인(=elastic); 유연한(=pliant); 융통성 있는(=adaptable; versatile); 유순한(=pliable)

□ **foregone** 기정의, 정해진 *a **foregone** conclusion 필연적[뻔한] 결론

□ **forensic** 법정의; (범죄에 대한) 과학수사의

□ **formidable** 무시무시한(=dreadful; fearful; redoubtable); 힘센, 강력한(=forcible: powerful)

□ **fragile** 부서지기[깨지기] 쉬운(=delicate; frail; breakable); 불충분한(=insufficient; flimsy); 허약한

□ **fragmentary** 단편적인, 따로따로 흩어진(=unconnected)

□ **frugal** 검소한, 절약하는(=thrifty; economical) opp. **prodigal; extravagant; wasteful; dissipative**(낭비하는, 방탕한)

□ **fundamental** 기초적인, 토대를 이루는(=basic; underlying); 본질적인(=essential)

□ **furious** 화난(=angry; indignant; infuriated)

□ **futile** 쓸데없는, 헛된(=ineffective; useless; of no use); 시시한(=trifling; frivolous; unimportant)

[G]

□ **gala** 잔치의, 축제분위기의, 흥겨운(=delightful; be full of fun)
□ **galore** (명사 뒤에 쓰여) 많은, 풍부한(=abundant; plentiful; copious; exuberant(무성한))
□ **garrulous** 말이 많은(=talkative; loquacious)
□ **gauche** 투박스러운, 서툰(=awkward; tactless)
□ **gay** 명랑한(=merry; joyous; jovial); 쾌활한(=cheerful); 화려한(=bright; showy)
□ **genetic** 유전의, 유전에 의한(=genic; pertaining or according to genetics)
□ **genial** 온화한(=mild); 상냥한(=amiable; cordial, kindly, sociable)
□ **genuine** 진짜의(=real; authentic); 순종의(=purebred)
□ **geographic** 지리적인, 지리학상의
□ **glossy** 광택이 나는(=lustrous); 그럴 듯한(=plausible) ⓥ **gloss** 광내다(=polish)
□ **gluttonous** 많이 먹는; 욕심 많은(=greedy) ⓝ **glutton** 대식가(=a big eater; trencherman); ~에 열심인 사람, 열성가
□ **gorgeous** 화려한, 호화스러운, 멋진(=splendid; luxurious; brilliant; extravagant; beautiful)
□ **gratuitous** 무료의(=free), 무상의 *gratuitous service 무료 봉사
□ **grave** 엄숙한, 진지한(=serious; earnest; solemn); 중대한(=serious; critical)
□ **greasy** 지방이 많은, 기름기 많은(=oily)
□ **gregarious** 사교적인(=sociable); 〈동물이〉 군집성의(=living in flocks or herds)
□ **gullible** 잘 속는(=easily deceived; credulous)

[H]

□ **habitual** 상습적인, 습관적인(=customary; traditional; confirmed)
*a **habitual** drunkard[criminal] 상습적 음주[상습범]/ **habitual** miscarriage 습관적 유산
□ **halcyon** 평온한(=calm; peaceful; tranquil); 풍요한(=wealthy); 번영하는(=prosperous); 즐거운(=joyful; cheerful)
□ **handicapped** 신체장애가 있는(=having a physical or mental disability)
□ **harsh** 가혹한, 모진(=grim; severe; stern; cruel; austere); 거슬리는(=unpleasant); 황량한(=wild; dreary; deserted; desolate)
□ **haughty** 오만한, 건방진(=arrogant; lofty)
□ **hectic** 몹시 흥분한, 열광적인(=feverish; fervid) *a **feverish** excitement 열광
□ **herbivorous** 초식의(=feeding on herb) ⓝ **herb** 풀; 약초
□ **heterogeneous** 이질의(=dissimilar); 잡동사니의(=disparate)
□ **hideous** 끔찍한(=horrible; terrible), 소름끼치는(=horrifying), 흉측한(=ugly)
□ **hilarious** 유쾌한, 즐거운(=merry; jovial*; jocund)
□ **homocentric** 같은 중심을 가진(=concentric)
□ **homogeneous** 동종의(=of the same kind)
□ **horizontal** 수평의(=level; even) opp. **vertical** 수직의(=perpendicular)
□ **hostile** ⓐ 적의 있는, 적대적인(=antagonistic)

□ **humble** 겸손한, 소박한(=modest) opp. **insolent; proud; haughty**(오만한, 거만한)
□ **hydraulic** 수력을 이용하는(=operated by or employing water)
□ **hypersensitive** 지나치게 민감한(=oversensitive)
□ **hypnotic** (약이) 최면을 일으키는; 최면 상태의 ⓝ 수면제, 최면제

[I]

id~ - im~

□ **idiosyncratic** 특이한, 특질적인(=unusual) opp. **common** 보통의, 통속적인(=conventional)
□ **illegible** 읽기 어려운, 판독하기 어려운(=impossible or hard to read or decipher)
□ **illiberal** 저속한(=vulgar); 편협한(=narrow-minded; illiberal); 인색한(=stingy)
□ **illicit** 불법의(=unlawful; illegal; illegitimate) ***illicit** commerce[intercourse] 밀무역[간통]
□ **immaculate** 오점 없는, 흠 없는(=spotless; flawless; faultless); 완전한(=perfect); 깨끗한(=clean; pure)
□ **imaginary** 가상의(=unreal) opp. **real; actual** 실제의
□ **immediate** 즉시의, 당장의(=prompt; instant; spot)
□ **imminent** 임박한, 긴박한(=impending; imminent; about to occur)
□ **immortal** 죽지 않는(=undying); 불멸의, 영구한(=everlasting)
□ **immune** 면제된(=exempt: free from ~); 면역이 된(=inoculated)
□ **immutable** 바꿀 수 없는, 불변의(=unchangeable; unalterable; changeless)
□ **impelling** 추진하는(=propellent; driving; motivating)
□ **impending** 임박한, 절박한(=imminent,; approaching; threatening)
□ **imperative** 절대 필요한(=urgent; necessary; essential)
□ **implicit** 은연중에 내포된(=implied) (opp. **explicit** 명백한); 절대적인(=absolute)
□ **impromptu** 준비 없는, 즉석의(=improvised*; extemporaneous*)

in~ - in~

□ **inactive** 활발하지 않은(=inert); (사람이) 게으른(=indolent; sluggish)
□ **inalienable** (권리 등을) 양도할 수 없는(=not alienable; untransferable)
□ **inborn** 타고난, 천성적인(=innate; inherent)
□ **incentive** 자극적인, 격려하는(=provocative; stimulating; inciting; provoking)
□ **incompetent** 무능한, 무력한(=incapable)
□ **inconstant** 변하기 쉬운, 변덕스러운(=changeable; variable; capricious; fickle)
□ **incontrovertible** 논쟁의 여지가 없는; 확실한, 명백한(=certain; unquestionable; indisputable; irrefutable)
opp. **controvertible**(논쟁의 여지가 있는) ***controversy** 논쟁(=debate; dispute)
□ **incredible** 믿어지지 않는(=unbelievable; very hard to believe)
□ **indefinite** 애매한(=vague; obscure; indistinct)
□ **indelible** (얼룩 등이) 지워지지 않는; (인상 등이) 잊을 수 없는
*an **indelible** stain[disgrace] 지워지지 않는 얼룩[씻을 수 없는 오명]
□ **indispensable** 절대 필요한, 필수 불가결한(=absolutely necessary*; prerequisite(선행조건)*; essential; vital; required)

□ **indisputable** 논의의 여지가 없는, 명백한(=manifest)

□ **inept** 부적당한(=inappropriate; unsuitable; incompetent; inadequate; incompetent); 서투른, 어리석은(=clumsy; awkward) ⓝ **ineptitude** 부적당, 어리석음

□ **inexorable** 냉혹한, 무자비한(=relentless; implacable); 엄연한

*an **inexorable** truth 불변의 진리 an implacable enemy 인정사정없는 적

□ **infinite** 무한한(=boundless), 끝이 없는(=endless); 엄청난(=vast; immense)

□ **infirm** 병약한, 허약한(=feeble; weak)

□ **ingenuous** 천진난만한, 순진한(=naive*; pure; innocent); 솔직한, 꾸밈없는(=frank; candid; artless)

cf. **ingenious** ⓐ (사람이) 재간 있는, 독창적인(=original; creative); 영리한, 손재주가 있는(=skillful)

□ **inherent** 본래 갖추어져 있는(=intrinsic), 타고난(=intrinsic; innate; inborn)

□ **innate** 타고난(=inborn) opp. **acquired** 습득한

□ **innocuous** 무해한(=harmless); 거슬리지 않는(=inoffensive)

□ **inordinate** 지나친, 과도한(=excessive; immoderate)

□ **insolent** 무례한(=rude; impertinent; insulting)

□ **insolvent** 지급불능의, 파산자의(=bankrupt)

□ **intermittent** 간헐적인, 때때로 중단되는(=sporadic)

□ **intrepid** 용맹스러운, 대담한(=fearless) opp. **timid**(소심한)

□ **intriguing** 흥미를 자아내는, 호기심을 자극하는(=fascinating)

□ **invalid** 병약한(=infirm); 효력 없는, 무효인(=void) ⓝ 병자 ⓥ ~을 병들게 하다

□ **invaluable** 매우 귀중한(=priceless; very valuable)

ir~ - is~

□ **irascible** 화를 잘 내는(=angry)

□ **irreparable** 회복할 수 없는, 돌이킬 수 없는(=irrecoverable; irretrievable)

cf. **retrieve** ⓥ 되찾다, 회복하다(=regain) ⓝ **retrieval** 회복, 복구

□ **irreversible** 돌이킬 수 없는(=unalterable; irrevocable; irretrievable)

□ **irrevocable** 취소할 수 없는, 돌이 킬 수 없는(=irreparable)

□ **irritable** 화를 잘 내는, 민감한(=touchy; sensitive) ⓥ **irritate** 화나게[짜증나게]하다(=offend; ruffle(구기다))

ⓐ **irritating** 짜증나게 하는(=vexing) ⓝ **irritation** 짜증나게 함, 흥분

□ **isolated** 고립된, 격리된(=solitary)

[J]

□ **jocose** 익살스러운(=humorous; facetious)

□ **judicious** 분별 있는, 현명한(=prudent; sensible; wise)

□ **juvenile** 젊은, 연소자의(=young; youthful)

[L]

☐ **laborous** 힘든, 어려운(=arduous; difficult); 열심히 일하는
☐ **languid** 나른한(=listless; spiritless); 무관심한(=indifferent); 느린(=slow; sluggish)
☐ **landslide** 압도적인(=overwhelming)
☐ **lapidary** 보석세공의, 돌에 새긴 비문의 ⓝ 보석세공인, 보석 전문가
☐ **legible** 판독할 수 있는(=readable)
☐ **lenient** 관대한(=mild; tolerant, permissive); 인정 많은(=merciful; heart-warming; sympathetic; charitable; benevolent)
☐ **lethal** 죽음에 이르는, 치사의; 치명적인(=fatal; mortal) opp. **immortal** 죽지 않는, 불멸의
*a **lethal** dose (약의) 치사량
☐ **lethargic** 무기력한(=dull; sluggish); 감동이 없는(=apathetic)
☐ **lewd** 외설적인(=obscene); 음란한(=lustful)
☐ **liable** ~에 책임이 있는(=responsible)
☐ **limpid** 맑은(=clear); 투명한(=transparent); 명쾌한(=lucid; explicit)
☐ **loath** 싫어하는(=unwilling; reluctant) ⓥ **loathe** 몹시 싫어하다
☐ **lofty** 고상한(=elevated; high-minded; descent); 우뚝 솟은(=towering) opp. **vulgar**(천한); **gutter-level**(차원이 낮은)
☐ **lucrative** 수지맞는, 돈벌이가 되는(=profitable; moneymaking; remunerative; paying) ⓝ **lucre** 이익, 이득(=profit)
☐ **ludicrous** 웃기는, 우스꽝스러운(=ridiculous*; facetious*; comic; funny)
☐ **lugubrious** 울적한(=dismal); 애처로운(=pitiful; pathetic; plaintive; touching; sorrowful)
☐ **lunatic** 미친, 정신이상의(=insane; demented; crazy)
☐ **lustrous** 광택이 나는; (업적 등이) 빛나는(=shiny; brilliant)
☐ **luxuriant** 풍부한; 무성한 ⓐ **luxurious** 사치스러운 ⓝ **luxury** 사치, 호사

[M]

ma~ - me~

☐ **macabre** 무시무시한(=gruesome)
☐ **macrobiotic** 장수식의, 자연식의; 장수의(=long-lived)
☐ **magnanimous** 관대한, 도량이 넓은
☐ **makeshift** 임시변통의, 일시적인(=temporary; temporizing; impromptu; tentative; stopgap) ⓝ 임시변통, 미봉책
cf. **shiftless** ⓐ 주변머리 없는, 게으른(=lazy)* Use this as a **makeshift[stopgap]**. 임시로 이것을 쓰세요.
☐ **malleable** 유순한(=pliable; amenable; docile; yielding; meek; submissive; obedient)
☐ **mandatory** 강제의, 의무의(=obligatory; compulsory); 명령의
*Remember. this is a **mandatory** meeting. 명심하세요. 이 모임에는 반드시 참석해야 합니다.
☐ **manifest** 분명한, 명백한(=clear; obvious; evident; distinct; plain; patent)
☐ **massive** 크고 무거운; 대규모의, 대량의 ***massive** unemployment 대량 실업
☐ **maudlin** 잘 우는; 감상적인(=sentimental*; emotional; melodramatic) *a **maudlin** story 감상적인 이야기

□ **meager** 빈약한, 불충분한(=insufficient)
□ **mediocre** 보통 정도의, 평범한(=ordinary; commonplace; average)
□ **meek** 온순한(=mild; humble); 복종적인(=submissive)
□ **mercenary** 돈을 목적으로 하는, 돈을 위한; 영리적인(=lucrative; commercial; money-making; profit-making; profitable); (외국 군대에) 고용된(=hired) ⓝ 용병 *a **mercenary** soldier[spirit] 용병[장사꾼 기질]
□ **meticulous** 지나치게 소심한(=extremely careful about minute details)

mi~ - my~

□ **microscopic** 미세한, 극미의(=minute; microscopical)
□ **miniature** 소형의, 아주 작은(=small-sized; midget; diminutive*) ⓝ 축소모형; 세밀화
□ **minor** 중요하지 않은, 2류의(=unimportant; subordinate; secondary; inferior); 소수의 opp. **major**
ⓝ **minority** 소수 (민족) opp. **majority** 대다수, 대부분
□ **miscellaneous** 잡다한, 갖가지의; 다방면의(=many-sided)
□ **mobile** 움직일 수 있는(=movable); 이동하는(=moving)
□ **moist** 축축한, 습기 있는(=slightly wet; damp)
□ **monotonous** 단조로운(=dull) ⓝ **monotone** 단조로움
□ **morbid** 병의(=diseased); 불건전한(=unhealthy; unwholesome); (정신이) 병적인, 소름이 끼치는(=thrilling)
ⓝ **morbidity** 불건전, 병적상태
□ **mortal** 생명을 빼앗는, 치명적인(=fatal); 대단한(=very; extreme)
□ **multipartite** 여러 부분으로 나뉜(=multilateral)
□ **multivocal** 뜻이 애매모호한(=equivocal)
□ **mundane** 세속의(=secular; earthly; worldly); 평범한(=ordinary; commonplace; usual; everyday)
□ **myriad** 무수한(=innumerable; numberless; countless)

[N]

□ **nasty** 불결한(=unclean); 음란한(=filthy; obscene); 위험한(=dangerous)
□ **nebulous** 불명료한, 애매한(=obscure)
□ **negligible** 무시해도 좋은, 하찮은(=trifling; trivial)
□ **nine-to-five** 봉급생활자의, 정규의(=regular)
□ **nomadic** 유목생활을 하는, 방랑의(=roving)
□ **nonchalant** 무관심한(=unconcerned; indifferent)
□ **notorious** (나쁜 뜻으로) 유명한, 악명 높은 ⓝ **notoriety** 악명, 악평(=evil reputation)

[O]

□ **obedient** 순종하는, 유순한(=docile; compliant; amenable)
□ **oblique** 간접적인(=indirect; roundabout); 기울어진(=slant; inclined)
□ **oblivious** 잘 잊는(=forgetful); 부주의한(=unheeding; heedless; regardless; inadvertent; unmindful)
ⓝ **oblivion** 망각

□ **obscene** 외설적인, 음란한(=salacious) cf. **decent**(고상한); **modest**(정숙한, 겸손한); **courteous**(공손한)*
ⓝ **obscenity** 외설 pl. 음담 ***courtesy** 예의(바름), 공손
□ **obscure** 불명료한, 애매한(=not clear; vague; ambiguous; indistinct; opaque)
□ **obsolete** 쓸모없어진, 쇠퇴한(=discarded; out of use); 구식의(=out of date)
□ **obstinate** 완고한, 고집 센(=stubborn; dogged)
□ **odorous, odoriferous** 향기 나는(=fragrant; aromatic*); 냄새나는
ⓝ **odor** 냄새, 향기(=fragrance; scent; perfume); 악취; 낌새
□ **offensive** 공격의(=attacking); 불쾌한(=disagreeable)
□ **ominous** 불길한(=sinister); 조짐이 흉한(=unfavorable); (날씨가) 험악한(=threatening)
□ **omnipotent** 전능한(=almighty) ⓝ **omnipotence** 전능
□ **omnipresent** 어디에나 있는(=ubiquitous)
□ **omnivorous** 잡식성의 ***omnivorous** animals 잡식성 동물
□ **onerous** 귀찮은, 성가신, 부담스러운(=troublesome; annoying; burdensome)

op~ - ov~

□ **opportune** 시기가 좋은; 적절한(=appropriate; suitable; favorable) opp. **inopportune** 시기를 놓친, 부적당한
□ **optimal** 최상의, 최적의(=most advantageous[suitable) ⓝ **optimum** 최적조건
□ **ornate** 화려하게 꾸민(=overadorned; elaborate)
□ **outgoing** 외향성의(=extrovert); 사교적인(=sociable); 우호적인; 나가는
□ **outstanding** 두드러진, 현저한(=striking; conspicuous; prominent); 미불의(=unpaid)
□ **overcast** 흐린(=cloudy) ⓥ 위에 온통 펴다(=overspread)
□ **overdue** 지불기간이 지난; 연착한, 늦은(=late) ***overdue** wages 체불임금
□ **overnight** 밤을 새는, 일박의; 하룻밤 사이의 갑작스런; 하룻밤만 유효한
□ **overwhelming** 압도적인(=overcoming) ⓥ **overwhelm** 압도하다; 질리게 하다, 당황하게 하다
□ **overt** 공개적인(=open; public); 공공연한 *opp.* **covert** 감추어진

[P]

□ **palatable** 맛좋은(=delicious; tasty; flavorous) cf. **disgusting** 메스꺼운, 넌더리나는
□ **paltry** 하찮은(=trifling), 무가치한(=worthless; valueless); 얼마 안 되는
cf. **scant** ⓐ 빈약한, 부족한(=meager; sparse; deficient)
□ **paradoxical** 역설의, 모순된(=conflicting)
□ **parsimonious** 극도로 아끼는, 아주 인색한(=stingy*; miserly*) ***miser** 구두쇠, 수전노
□ **partial** 부분적인; 불공정한, 편파적인(=unfair; biased) ⓝ **partiality** 편파, 불공정, 편애
□ **paternal** 아버지의(=fatherly) opp. **maternal** 어머니의
□ **pecuniary** 금전의, 금전상의(=monetary; financial)
□ **penetrating** 날카로운(=sharp); 신랄한(=pungent); 관통하는(=piercing)
□ **periodic** 주기적인, 정기적인(=regular); 간헐적인(=intermittent; occasional)

□ **perilous** 위험한(=dangerous; hazardous; critical)
□ **peripatetic** ⓐ 여기저기 돌아다니는 ⓝ 방랑자, 행상인
□ **pernicious** 해로운(=injurious; harmful; destructive); 치명적인(=fatal)
□ **perpetual** 영속하는(=eternal; everlasting); 끊임없는, 부단한(=continuous; unceasing)
□ **persistent** 끈덕진(=persisting); 끈기 있는(=persevering); 완고한(=stubborn; pertinacious)
□ **perspicuous** (언어, 문장 등이) 명료한(=clear and easy; lucid)
□ **pertinent** 적절한(=relevant; to the point); 관계가 있는(=related)
□ **pervasive** 널리 퍼지는[미치는](=widespread)
□ **phenomenal** 놀랄 만한, 경이적인(=extraordinary; wonderful; marvellous; eye-opening) ⓝ **phenomenon** 현상; 진기한 물건, 비범한 인물 ***phenomenal** speed 경이적인 속도/ an infant **phenomenon** 신동
□ **placid** 평온한(=peaceful); 조용한(=calm; serene(맑게 갠))
□ **plausible** 그럴 듯한(=seeming to be right)

po~ - pr~

□ **poisonous** 유독한(=venomous); 유해한(=malevolent); 싫은(=disagreeable)
□ **ponderous** 대단히 무거운, 육중한(=heavy; weighty)
□ **positive** 긍정적인(=affirmative); 명확한(=definitive)
□ **posthumous** 사후의, 유복자인; 저자가 죽은 뒤에 출판된
□ **potable** 마시기에 알맞은(=drinkable; fit or suitable for drinking) ⓝ pl. 음료, 술 cf. **portable** ⓐ 휴대용의(=drinkable)
□ **potential** 잠재하는; 가능한, 가능성이 있는(=possible) ⓐ **potent** 강력한, 유력한; (약이) 효험 있는 ⓝ **potentiality** 가능성(=possibility); 잠재력(=latency) ⓥ **potentialize** 가능하게 하다
□ **pragmatic** 실용적인, 실제적인(=utilitarian; practicable; utility) ⓝ **pragmatist** 실용주의자 cf. **utilize** ⓥ 이용하다(=make use of) ⓝ **utilization** 이용 ⓝ **utility** 유용, 쓸모 있는 것, 공익설비
□ **precept** 행동규범, 가르침; 교훈(=edification); 격언(=maxim)
□ **precarious** 불확실한, 불안정한(=uncertain); 위험한(=risky; hazardous; perilous)
□ **preordained** 미리 정해진(=determined beforehand) ***ordain** ⓥ 운명짓다; 제정하다; 안수하다
□ **prerequisite** 미리 필요한, 전제조건의; 필수의 ⓝ 필수조건[과목]
□ **prevailing** 우세한(=predominant); 널리 행해지고 있는(=prevalent)
□ **prevalent** 널리 퍼져 있는(=widespread); 유행하는(=in fashion) ⓥ **prevail** 우세하다, 유행하다
□ **priceless** 매우 가치 있는(=invaluable)
□ **progressive** 진보적인, 혁신적인 opp. **conservative**(보수적인) ⓝ **progress** 진보 ⓥ 발달하다
□ **prolific** 다산의, 다작의(=productive; fruitful; fecund); 비옥한(=fertile; rich; productive)
□ **promising** 전도가 유망한(=encouraging)
□ **promiscuous** 무차별적인(=indiscriminate)
□ **prophetic** 예언하는(=foretelling)
□ **propitious** (날씨, 경우 등이) 좋은; 길조의; 자비로운 *a more **propitious** occasion 더 좋은 경우[때]
□ **prospective** 가망이 있는, 기대되는(=potential; expected)
□ **provisional** 임시의(=temporary); 조건부의(=conditional)

[R]

- **radiant** 빛을 내는, 빛나는 ⓥ **radiate** (빛, 열 등을) 내다 ⓝ **radiation** (빛, 열 등의) 방사
  ⓝ **radiance** 광휘, 광채(=brilliance; splendor; brightness; luminosity; sheen; luster)
- **radical** 근본적인(=fundamental; basic); 급진적인(=extreme; drastic); 혁명적인(=revolutionary); 철저한(=thorough; drastic; downright) ⓐⓓ **radically** 근본적으로(=basically; fundamentally; thoroughly); 급진적으로
- **rapacious** 탐욕스러운(=greedy); 약탈하는(=plundering); 다른 동물을 잡아먹는(=predatory)
- **rampant** 만연한, 널리 퍼진(=widespread; pervasive)
- **rapturous** 미칠 듯이 기뻐하는(=jubilant*) ⓝ **rapture** 황홀, 환희(=ecstasy; glee; jubilation)
- **reciprocal** 상호간의(=mutual, joint); 보답의, 호혜적인
- **reckless** 무모한(=rash; imprudent); 부주의한(=careless)
- **recluse** 은둔한(=sequestered; secluded; solitary)
- **recurrent** 재발하는, 회기성의(=returning)
- **redundant** 여분의, 과다한(=superfluous)
- **relevant** 관련된, 적절한(=pertinent; applicable)
- **reliable** 믿을 수 있는; 믿을 만한(=credible; convincing)
- **removed** (혈연관계가) ~촌의; 떨어진 *many times **removed** 촌수가 먼(=very distantly related)
- **repressed** 억눌린, 억압된(=restrained)
- **resolute** 굳게 결심하고 있는(=firmly determined)
- **robust** (몸이) 건장한, 튼튼한(=lusty; sturdy*(억센) cf. **stout** 뚱뚱한, 살찐(=fat) opp. **lean; thin**(야윈, 마른)
- **round** 왕복의(=going and returning) *a **round** trip ticket 왕복차표
- **rubric** (책 등의) 제목, 항목(=class)
- **rudimentary** 기본의, 기초의(=basic; elementary; fundamental; staple) ⓝ **rudiment** 기본, 기초
- **rundown** 기진맥진한, 지친(=tired); (시계가) 멈춘

[S]

sa~ - se~

- **sacred** 신성한(=holy; divine; sacred; hallowed; sanctified) opp. **profane**(불경스러운)
- **salutary** 건전한, 건강에 좋은, 유익한(=wholesome; healthful; beneficial)
- **sanguine** 명랑한(=cheerful); 낙천적인(=optimistic); 자신에 찬(=confident); 다혈질의(=hot-blooded)
  ***sanguine** forecast 낙관적인 전망
- **sanitary** 위생의, 위생적인(=hygienic) ⓝ **sanitation** 위생
- **sardonic** 냉소적인, 조롱하는(=scornful; cynical; sneering; derisive; mocking)
- **scornful** 경멸에 찬, 냉소적인(=contemptuous; disdainful; derisive)
- **scrupulous** 양심적인(=conscientious; upright) opp. **unscrupulous**(파렴치한); 세심한(=meticulous; punctilious; painstaking(노고를 아끼지 않는, 공들인))
- **secondhand** 간접의(=indirect); 중고의(=used) opp. **firsthand; direct**(직접의)
  ***secondhand** furniture[information] 중고가구[전해들은 정보]/ a **secondhand** car[bookstore] 중고차[헌책방]

- **second-rate** (상품이) 2류의, 평범한(=poor in quality)
- **secular** 세속의(=worldly; earthly; profane*; mundane*) opp. **pious**(경건한); 현세의 opp. **spiritual**(정신의, 종교상의(=religious))
- **sedate** 조용한, 차분한(=calm; serious) opp. **excitable** 격하기 쉬운
- **sedative** 가라앉히는, 진정시키는(=tranquilizing) ⓝ 진정제 ⓥ **sedate** 진정시키다 ⓝ **sedation** 진정작용

  ***sedative** effects 진정작용효과
- **sedentary** 앉아서 일하는; 움직이지 않는(=stationary; immobile)
- **semiconscious** 반쯤 의식이 있는(=half-conscious)
- **semifluid** 반유동체의(=viscous)
- **semitransparent** 반투명의(=translucent)
- **sensitive** 예민한, 민감한: 감수성이 강한(=susceptible)
- **sentient** 감각이 있는, 민감한(=sensitive)
- **separate** 별개의, 이질적인(=disparate; distinct)

sh~ - sp~

- **shabby** 오래 입어서[써서] 낡은(=impaired by wear, use; worn); 초라한

  ***shabby** clothes 초라한 옷/ a **shabby** hotel 낡고 허름한 호텔
- **shrewd** 예민한, 예리한(=keen; clever and sharp); 빈틈없는, 기민한(=astute)
- **shrill** 날카로운 소리를 내는(=bellowing)
- **shunning** 피하는(=avoiding)
- **significant** 중요한(=important; momentous; weighty; cardinal; of consequence)
- **simple** 간단한; 검소한(=frugal); 순진한(=naive)
- **singular** 특이한(=peculiar; particular), 유례없는 ⓝ **singularity** 특이, 특이성; 괴상; 단일
- **skeptical** 회의적인, 의심 많은(=doubtful; suspicious) ⓝ **skepticism** 회의(론)
- **skirmish** 작은 충돌, 작은 전투(=a minor battle[combat])
- **slack** 활기 없는, 불경기의(=dull; not brisk); 느슨한(=loose)
- **slender** 가느다란, 홀쭉한(=long and thin; slim); 빈약한(=meager)
- **slight** 근소한; 가벼운, 경미한; 가느다란(=fine)
- **slovenly** 단정치 못한, 꾀죄죄한 opp. **neat**(단정한, 말쑥한)
- **sober** 술 취하지 않은 opp. **drunk; drunken**(술 취한); 진지한, 냉정한(=solemn; cool)
- **solemn** 엄숙한(=grave, sober, or mirthless)
- **somber** 어두침침한, 흐린(=gloomily dark; shadowy; dimly lighted)
- **sordid** 더러운, 불결한(=dirty; squalid*)
- **sovereign** 주권을 가진; 자주적인, 독립의(=independent)
- **spatial** 공간의, 공간에서 일어나는(=of space)
- **spontaneous** 자발적인(=voluntary; willing); 자연발생적인, 무의식적인(=involuntary)

  ***spontaneous** combustion 자연발화
- **sporadic** 때때로 일어나는(=occasional); 산발적인(=infrequent); 우발적인(=accidental)
- **spurious** 가짜의, 위조의(=forged; not genuine, authentic)

sq~ - st~

- **squamous** 비늘 모양의, 비늘로 덮인(=scaly)
- **squeamish** 너무 결벽한, 까다로운(=fastidious; dainty); 새침한(=prudish)
- **stagnant** (물, 공기 등이) 흐르지 않는, 정체된; 불경기의 ⓥ **stagnate** (물 등이) 흐르지 않다; (생활이) 정체되다
  ⓝ **stagnation** 괴, 정체, 경기침체
- **stable** 안정된(=steady); 견고한(=firm; steadfast)
- **standardized** 규격화된, 표준화된(=uniform)
- **standing** 영구적인, 상설의(=permanent; lasting); 정체하고 있는(=stagnant); 서 있는(=upright)
- **staple** 기본적인, 주요한 ⓝ 중요한 상품(=basic item), 주요테마
- **stately** 위엄 있는, 위풍당당한(=imposing; majestic; august)
- **static** 정적인, 변화하지 않는(=inactive); 정지한(=stationary)
- **stationary** 고정된, 움직이지 않는(=fixed)
- **steady** 안정된(=stable; firm); 불변의, 한결같은(=uniform)
- **stereotyped** 판에 박은 듯한, 진부한(=trite); 평범한(=hackneyed)
- **sterile** 불임의, 불모의(=infertile; barren)
- **sticky** 끈적끈적한, 달라붙는(=adhesive; clinging)
- **stiff** 굳은, 뻣뻣한(=rigid) opp. **flexible**(유연한)
- **stingy** 인색한, 구두쇠의(=misery)
- **stoic** 금욕의, 극기의(=ascetic*) ⓐⓓ **stoically** 금욕적으로
- **stout** 튼튼한; 뚱뚱한(=fat; corpulent)
- **striking** 현저한, 두드러진(=noticeable; conspicuous)

su~ - sw~

- **sublime** 숭고한, 장엄한(=noble; dignified); 훌륭한 *a **sublime** dinner 멋진 저녁식사
- **subordinate** 종속적인, 하위의(=secondary; dependent), 하급자의 ⓝ 하급자, 부하 (직원) opp. **senior**(상급자, 상사)
- **subsequent** 다음의, 그 후의(=following; succeeding); ~에 이어서 일어나는
- **substantial** 실질적인, 실질의(=real; tangible; palpable; concrete); 기본적인; 중요한(=important) ; 상당한 (양의)
- **subterranean** 지하의(=underground)
- **subtle** 예민한(=keen; acute); 미묘한(=delicate); 희박한(=rarefied)
- **succulent** (과일 등이) 즙이 많은(=juicy)
- **sufficient** 충분한(=enough; ample; satisfactory)
- **supercilious** 남을 업신여기는, 거만한(=haughty)
- **superficial** 외관상의(=external); 피상적인(=shallow); 천박한(=crude)
- **superfluous** 남아도는, 여분의(=excessive); 필요 없는(=unnecessary)
- **superstitious** 미신적인(=believing in superstition)
- **supple** 나긋나긋한(=flexible; limber); 온순한(=docile)
- **supreme** 최고의, 주요한(=paramount; sovereign; chief) ⓝ **supremacy** 최고, 주권, 패권, 우월

☐ **surreptitious** 비밀의, 은밀한(=covert; hidden); 부정의(=unlawful; iniquitous) *a **surreptitious** glance 훔쳐보기

☐ **susceptible** 영향을 받기 쉬운(=vulnerable); 민감한, 감수성이 강한(=sensitive; responsive); (병에) 감염되기 쉬운
ⓝ **susceptibility** 감수성; (병에) 감염되기 쉬운

☐ **sweeping** 광범위한, 포괄적인(=board; comprehensive); 휩쓸어 가는 ⓥ **sweep** 청소하다, 휩쓸어 가다
*a **sweeping** statement[revision] 포괄적인 언급[전면적인 개정]

[T]

ta~ - te~

☐ **taciturn** 말 수가 적은, 과묵한(=reticent; laconic; reserved) opp. talkative; loquacious; garrulous* (말 많은, 수다스러운)
ⓐ **tacit** 무언의, 암묵적인

☐ **taking** 매력 있는, 애교 있는, 흥미를 끄는(=attractive)

☐ **tangible** 만져서 알 수 있는(=tactile); 확실한(=certain) ***tangible** evidence 물증

☐ **tantamount** ~와 같은, 동등한(=equivalent; equal)

☐ **tardy** 느린, 더딘(=slow; retarded) opp. **speedy**(빠른); 지각한(=late)

☐ **tawdry** 화려하고 값싼(=gaudy; showy and cheap) opp. **expensive** 값비싼

☐ **technology[capital, labor]-intensive** 기술[자본, 노동] 집약적인

☐ **tedious** 지루한, 지겨운(=boring) ⓝ **tedium** 지겨움, 권태(로움)

☐ **tentative** 일시적인(=temporary); 시험적인(=experimental); 머뭇거리는(=hesitant)

☐ **tepid** (물 등이) 미지근한; (태도가) 미온적인(=lukewarm) ***tepid** water[liquid] 미지근한 물[액체]

☐ **terrestrial** 육지의, 땅의(=of land); 현세의(=earthly; worldly)

☐ **terse** 간결한(=concise; brief)

th~ - tu~

☐ **thermal** 열의, 뜨거운, 온천의 ***thermal** efficiency[waters] 열효율[온천]

☐ **timid** 겁 많은, 소심한(=cowardly; fainthearted) opp. **audacious; gallant; daring; intrepid; dauntless**(대담한)
ⓝ **timidity** 겁 많음 ⓥ **intimidate** 겁주다, 협박하다 cf. **intimate** ⓐ 친밀한, 개인적인

☐ **tidy** 깔끔한(=neat); 정돈된(=orderly)

☐ **torpid** 둔한, 무기력한(=inactive; lethargic; sluggish); 동면중인(=dormant)

☐ **touchy** 신경질적인, 화를 잘 내는(=irritable; oversensitive), 다루기 힘 드는(=ticklish)

☐ **tractable** 다루기 쉬운, 유순한(=easily managed; docile; yielding)

☐ **tranquil** 조용한, 평온한(=quiet; calm; still; serene; peaceful; placid)

☐ **transitory** 덧없는, 일시적인(=transient; fleeting; temporary; momentary)

☐ **trite** 케케묵은, 흔해빠진(=hackneyed; stale; commonplace)

☐ **trustworthy** 신뢰할 수 있는(=reliable); 의지할 수 있는(=dependable)

☐ **turbulent** (날씨, 풍파 등이) 사나운, 험한(=violent)

☐ **tumultuous** 떠들썩한, 소란스러운(=clamorous; boisterous; riotous

☐ **turgid** (손, 발 등이) 부어오른(=tumid); 부푼, 팽창한(=swollen; distended); (문체 등이) 과장된
ⓝ **turgidity** 부어오름; 과장

[U]

□ **ubiquitous** 어디에나 있는, 동시에 모든 곳에 존재하는, 보편적인(=universal; omnipresent)

□ **ultimate** 궁극적인, 결정적인(=decisive; conclusive); 최후의(=final); 최고의(=maximum) ⓐⓓ **ultimately** 궁극적으로

□ **unceasing** 끊임없는, 연속된(=unremitting; continuous; unending; lasting)

□ **unilateral** 편무의, 일방적인(=one-sided)

□ **unique** 유일한(=only); 필적할 것이 없는(=incomparable); 독특한(=peculiar)

□ **universal** 보편적인, 일반적인(=general; omnipresent; ubiquitous); 온 세계의, 우주의

□ **unprecedented** 유례없는, 전례 없는(=unheard-of; unexampled; exceptional)

□ **untimely** 때 아닌; 시기상조의 *an **timely** birth 조산

□ **urban** ⓐ 도시의 opp. **rural** 시골의 cf. **suburb** ⓝ 교외

□ **urbane** 도시풍의, 세련된(=refined) opp. **rustic** 시골풍의, naive 순박한

□ **uninitiated** 충분한 경험이 없는, 풋내기의(=inexperienced; inexpert; green; immature)

□ **unparalleled** 유례없는, 비할 바 없는(=unique; incomparable; matchless) ⓥ **parallel** ~에 필적하다(=match) ⓐ 평행의; 유사한(=similar; comparable; analogous) 주의_ **semblance** 외형, 모습(=appearance); 유사(=likeness; analogy)

[V]

va~ - ve~

□ **vacuous** 빈, 공허한(=empty); 목적 없는(=purposeless); 어리석은(=stupid)

□ **vagabond** 방랑하는(=nomadic; roving) ⓝ 방랑자(=nomad)

*방랑하다 = rove; wander; stroll; tramp(터벅터벅 걷다)

□ **vague** 분명치 않는, 모호한(=hazy; obscure; ambiguous)

□ **valiant** 용감한, 씩씩한(=brave; courageous; gallant; heroic)

□ **valid** 유효한(=effective; efficacious; available) cf. **invalid** ⓐ 병약한, 환자용의 ⓥ 병약하게 하다

□ **vendible** 판매 가능한, 팔 수 있는(=salable)

□ **verbose** 장황한 말이 많은(=talkative; loquacious; wordy)

□ **versatile** 다재다능한(=gifted; talented); 다방면의; 다용도의(=multipurpose; many-sided)

ⓝ **versatility** 다재, 다능; 융통성

□ **vexed** 곤란한(=troubled; troublesome); 짜증나게 하는(=annoyed; irritated)

vi~ - vu~

□ **viable** (식물, 신생아 등이) 살아 갈 수 있는; (국가가) 발전할 수 있는(=having the ability to grow or develop)

ⓝ **viability** (태아, 신생아의) 생육능력

□ **vicious** 나쁜(=evil; wicked; malicious), 악덕의; (날씨 등이) 심한(=severe)

□ **vigorous** 정력적인, 활력 있는, 강력한(=strong; robust; active; energetic; spirited)

ⓝ **vigor** 원기, 활기(=power; stamina)

□ **villainous** 극악무도한(=very wicked); 야비한(=depraved; evil; wicked; base; mean; vile)
□ **vindicable** 정당화할 수 있는(=justifiable; defensible)
□ **vociferous** 시끄러운, 떠들썩한(=clamorous)
□ **volant** 나르는(=flying); 민첩한(=agile; quick)
□ **volatile** 변하기 쉬운(=changeable); 변덕스러운(=fickle; capricious; whimsical)
□ **voluminous** 권수가 많은, 부피가 큰 ⓥ **volume** 책, 권; 부피, 음량
□ **voluptuous** 사치스러운, 향락적인(=pleasure-seeking); 관능적인(=carnal; sensuous; sensual; glamorous)
*__voluptuous[corporal]__ pleasure 관능적인[육체적인] 쾌락
□ **voracious** 게걸스럽게 먹는(=devouring; gluttonous; ravenous)
□ **vulnerable** 상처입기 쉬운, 비난받기 쉬운, ~에 영향 받기 쉬운(~ to)(=susceptible*)

[W]

□ **waggish** 우스운, 익살맞은
□ **wanton** 무분별한, 제멋대로인(=random; reckless; unrestrained)
□ **wary** 주의 깊은, 방심하지 않는(=alert; cautious; heedful; attentive; prudent(신중한))
cf. **vigilant** ⓐ 경계하는, 불침번의(=watchful; wakeful 자지 않고 있는) ⓝ **vigilance** 경계, 불침번
□ **weary** 피곤한, 지친(=tired; exhausted)
□ **wholesome** 유익한; 건강에 좋은(=healthful; salutary; sound)
*a **wholesome** book[exercise] 건전한 도서[건강에 좋은 운동]
□ **widespread** 널리 퍼진, 광범위한(=prevalent; extensive; broad; comprehensive; far-reaching)
□ **wily** 교활한(=cunning; crafty; sly; tricky; foxy)
□ **wretched** 비참한(=miserable; abject; piteous; pitiable); 비열한(=mean; slavish; slimy)

명 사

[A]

ab~ - am~

□ **abnormality** 이상(=irregularity); 기형(=malformation)
□ **abrogation** 폐지, 철회 ⓥ **abrogate** 취소하다, 폐지하다(=countermand; revoke)
□ **abstinence** 절제, 금주 ⓥ **abstain** 삼가다, 절제하다, 절주하다(~ from)
□ **accomplice** (범죄, 비행의) 공범자, 한패(=accessory; confederate; partner)
□ **accordance** 일치, 합치(=agreement; conformity)
□ **advent** 출현(=arrival; appearing)
□ **adventure** 모험, 모험심(=venture; hazard); 투기(=speculation)
□ **adage** 격언, 속담(=proverb; maxim)

□ **address** 주소(=abode); 연설, 강연(=discourse; speech)
□ **adolescence** 청년기, 청춘(=youth) ⓐ **adolescent** 청년기의; 미숙한
□ **adversary** 적, 적수(=foe; antagonist; enemy; contestant; opponent; rival; competitor) ⓐ **adverse** 적대적인, 불리한 ⓐⓓ **adversely** 거꾸로, 불리하게
□ **affront** 모욕(=insult); 무례(=disrespect)
□ **agenda** 협의사항, 안건; 의사일정
□ **agony** 고민, 고뇌(=anguish; distress)
□ **aisle** (극장, 기차, 비행기 등의) 통로 *an **aisle** seat 통로 측 좌석
□ **alienation** 이간, 소외(=estrangement) ⓐ **alien** 이질적인; 외국의(=foreign) ⓝ 외국인(=foreigner); 외계인
□ **alignment** 일직선(을 이루기); 정렬; 자동차 바퀴조정 ⓥ **align** 일렬로 정렬하다
□ **allegation** (근거 없는) 주장, 진술(=assertion); 단언(=affirmation; assertion; averment)
□ **allegiance** 충성, 충의(=loyalty)
□ **allowance** 수당, 용돈(=pocket money), 허락(=permission; leave)
□ **alternate** 대리자(=substitute) ⓐ 번갈아 일어나는 ⓥ 번갈아 일어나다
□ **alternative** 대안(=choice)
□ **altitude** 고도, 높은 곳(=height) cf. **attitude** ⓝ 태도, 자세
□ **altruism** 희생정신, 이타주의(=philanthropy; unselfishness)
□ **ambivalence** (상반 감정의) 병존(=conflicting feeling); 불안정, 마음의 동요(=uncertainty or fluctuation)
□ **amenity** (장소, 기후 등이) 쾌적함; pl. 오락[문화, 편의]시설(=comforts)
□ **amphibian** 양서류(=an animal or plant able to live both on land and in water)

an~ - av~

□ **anchor** 닻; (뉴스 등의) 종합사회자; (릴레이 등의) 최종주자 ⓥ 고정시키다
□ **animation** 생기, 활기(=liveliness)
□ **animosity** 적의, 악의 적개심(=antagonism; hatred)
□ **anthropology** 인류학 cf. **archaeology** 고고학
□ **antinomy** 이율배반, 자가당착
□ **apology** 사과(=acts of admitting one's own faults)
□ **appliance** 가전제품; 장비(=equipment; outfit; fitting)
□ **applicant** 신청자, 지원자(=a person who applies for something)
□ **aqueduct** 수로(=channel for supplying water)
□ **arbitration** 중재, 조정; 국제 분쟁의 중재
□ **armistice** 휴전, 휴전협정(=truce) cf. **armament** ⓝ 군비, 군사력 (집합적) 무기
□ **aroma** 냄새, 향기(=an agreeable odor)
□ **arsenal** 무기고(=armory)
□ **assault** 맹공격(=a violent attack; onslaught; aggression)
□ **asset** 자산, 재산(=valuable quality; property*)
□ **assortment** 구색, 구비; 구분 ⓥ **assort** 분류하다(=classify; group), 구색을 갖추다 ⓐ **assorted** 분류된, 여러 종류의
□ **atmosphere** 분위기(=environment); 공기(=the air)

□ **atrocity** 흉악, 포악(=cruelty; brutality) ⓐ **atrocious** 잔인한, 흉악한(=brutal*; heinous; villainous; diabolic)

□ **atrophy** (기능, 도덕심 등의) 퇴화, 쇠퇴(=degeneration; decline)

□ **auction** 경매(=a public sale) ⓥ 경매하다

□ **audition** (가수 등의) 음성테스트(=a trial hearing)

□ **austerity** 엄격(=severity); 내핍, 긴축(=voluntary privation)

□ **avalanche** 눈사태(=snowslide); (질문 등의) 쇄도

cf. **landslide** 산사태 *****snow**(눈)·**land**(땅)+**slide**(미끄러짐, 사태)/ an **avalanche** of questions 쏟아지는 질문

[B]

ba~ - be~

□ **backbone** 등뼈, 척추(=spine); 중추, 토대(=foundation); (책의) 등 ***to the backbone** 철저한, 철두철미하게

□ **balance** 차감잔액; 나머지, 거스름돈(=change); 균형, 평형

□ **banner** (광고용) 현수막; 기; 기치 ⓐ 우수한, 주요한, 일류의(=first-rate) cf. **beacon** ⓝ 봉화

□ **banquet** 연회, 축하연(=feast; dinner party)

□ **basement** 지하실(=cellar)

□ **baseness** 비열함(=meanness) ⓐ **base** 비열한, 저속한(=mean)

□ **behavior** 행위(=conduct); 태도(=deportment)

□ **belongings** 소유물(=possessions); 친척(=relative; relation; kinsfolk)

□ **beneficiary** 수익자(=a person who receives benefits)

□ **benefit** 이익, 유리, 이득이 되는 것(=advantage); 은혜(=favor; boon; kindnesses)

□ **betrayal** 배신(=treachery) ⓥ **betray** 배신하다; 비밀을 누설하다(=divulge; let out)

□ **beverage** 음료, 마실 것(=any liquid; drinks)

bi~ - by~

□ **bias** 편견(=prejudice; inclination; partiality; favoritism) ⓥ 한쪽으로 치우치게 하다 ⓐ **biased** 치우친, 편중된

opp. **unbiased** 편견 없는(=equitable; impartial; unprejudiced 공정한)

□ **binoculars** 쌍안경(=a optical device for use with both eyes) cf. **monocular** 한쪽 눈을 쓰는; 단안용의

□ **blessing** 축복(=benediction); (하나님의) 은총

□ **blizzard** 눈보라(=snowstorm; a shower of snow)

□ **blunder** 큰 실수, 대 실책 ***commit[make]** a blunder 중대한 실수를 하다

□ **blur** 더럼, 얼룩(=smudge; smear; stain)

□ **bonanza** 대성공, 노다지, 운수대통(=windfall 뜻밖의 횡재)

□ **brainstorm** 영감(=inspiration); 정신착란

ⓝ **brainstorming** 회의에서 각자가 아이디어를 내놓아 최선책을 결정하는 의사결정방법

□ **branch** 가지(=twig; sprig; offshoot); 지사, 지점

□ **breakthrough** 돌파; 타개책; 큰 발전, 약진(=advance) *a frontal **breakthrough** 중앙돌파

□ **brunch** 아침 겸 점심식사(=breakfast+lunch)

□ **bulletin** 고시, 게시; 회보; 뉴스속보 ***bulletin** board 게시판

□ **byproduct** 부산물(=residual products) cf. **product** ⓝ 생산물, 제품

□ **bystander** 구경꾼, 방관자(=onlooker)

□ **byword** 속담(=proverb), 웃음거리; (나쁜) 본보기

[C]

ca~ - ce~

□ **calamity** 큰 불행, 재난(=misfortune; misery); 참사(=misery)

□ **caliber** (총포의) 구경; (원통의) 직경(=diameter); 품질, 등급

□ **capacity** 능력(=ability; capability); 용적(=dimensions); 용량, 수용력 ⓐ **capacious** 널찍한(=commodious)

□ **captive** 포로(=captivity; prisoner)

□ **carcass** (짐승, 사람의) 시체(=corpse]; 잔해(=remains; wreck(비행기 등의 ~))

□ **caution** 조심(=precaution*), 신중(=prudence; circumspection); 경계(=vigilance)
ⓐ **cautious** 조심하는, 신중한(=prudent)

□ **cavity** 움푹한 곳; (충치의) 구멍 cf. **hollow** 속이 빈, 오목한 ⓝ 움푹 한 곳; 구멍(=hole; pit*)

□ **celebration** 축하, 의식 ⓥ **celebrate** 축하하다, 경축하다

□ **celerity** 신속함, 민첩함(=agility) cf. **velocity** ⓝ 속도(=speed)

□ **celibacy** 독신생활 ⓐ **celibate** 독신주의자

□ **celluloid** 영화(=picture; film; movie; cinema; the screen)

□ **census** 인구조사(=an official enumeration of the population)

ch~ - cl~

□ **change** 거스름돈 ⓥ 환전하다, 잔돈으로 바꾸다

□ **charge** 책임(=responsibility); 고소(=accusation); 경비(=expense or cost)

□ **charisma** 천부의 재능, 대중의 지지를 받을 수 있는 힘[지도력](=deserving respect)

□ **charity** 자선, 구호, 자애

□ **charlatan** 사기꾼(=impostor; fake; swindler; fraud); 허풍쟁이(=boaster; braggart); 돌팔이 의사(=quack)

□ **checkup** 대조, 점검; 정밀검사; 저지(=hindrance; impediment)

□ **chicanery** 속임수(=trickery); 핑계(=excuse; pretext; pretense)

□ **chitchat** 잡담(=small talk), 수다; 세상공론(=gossip)

□ **circulation** (물, 공기, 화폐의) 유통, (혈액의) 순환, (신문, 잡지의) 배급(=distribution); 발행부수

□ **cliche** 진부한 문구(=trite phrase)

□ **clap** 파열음; 쾅하는 소리; 손뼉 치기

□ **cliche** 상투적인 말, 진부한 표현

□ **clue** 실마리, 단서(=hint; lead; indication(암시)) *a single[wrong] **clue** 유일한[엉뚱한] 단서
*a **clue** for tracking down the culprit 범인 추적의 단서

□ **cluster** (포도 등의) 송이(=bunch); 떼, 무리(=group) ⓥ 주렁주렁 달리다; 떼를 짓다, 모이다(=gather; group; assemble)

co~ - co~

□ **coalition** 연합, 제휴(=union; combination)
□ **coexistence** (국가간의) 공존(정책)
□ **commodity** 상품, 일용품(=merchandise; goods)
□ **commotion** 소요, 소동(=agitation; riot)
□ **compartment** 구획; (비행기 등의) 짐칸; (칸막이한) 작은 방 ⓥ **compart** 구획하다, 칸막이 하다
□ **compassion** 동정(=pity; sympathy)
□ **complexion** 용모, 안색(=the natural color and appearance of a person's skin); 양상, 형세(=aspect)
□ **compliment** 칭찬, 경의 cf. **complement** ⓝ 보완하는 것, 보어
□ **concept** 개념(=idea; thought)
□ **confidence** 신임(=trust); 확신(=assurance); 비밀(=secret); 자신감(=self-assurance)
□ **confinement** 투옥(=imprisonment)
□ **conciliation** 회유, 달램 ⓐ **conciliatory** 회유적인 ⓥ **conciliate** 달래다, 회유하다
□ **concourse** 무리(=crowd; throng; gathering)
□ **condiment** 향신료, 양념, 조미료(=spice)
□ **condolence** 위로, 조문, 애도 ⓥ **condole** 위로하다, 조문하다 ⓐ **condolent** 조문의, 애도하는
□ **confession** 자백 ⓥ **confess** 자백하다; 인정하다(=acknowledge)
□ **confusion** 혼동, 당황(=perplexity) ⓥ **confuse** 혼동하다(=perplex)
□ **conglomerate** 집합체(=cluster); 복합기업
□ **congregation** (종교를 위해) 모인 신도들, 집회(=assemblage; assembly; gathering)
□ **connection** (비행기 등의) 접속, 관계(=relation); 결합(=combination)
□ **consensus** (의견 등의) 일치, 합의(=general agreement among a group of people) *national consensus 국민적 합의
□ **consort** 배우자(=spouse); 동료(=associate; colleague; co-worker) ⓥ 교제하다(=associate)
□ **conspirator** 음모자(=plotter; intriguer)
□ **construction** 건설(공사) opp. **destruction** 파괴, 파멸 *weapons of mass **destruction** 대량 살상[파괴] 무기
□ **consummation** 완성, 성취, 극치, 종말 ⓐ **consummate** 완전한 ⓥ 완성하다, 성취하다
□ **contingency** 우연성(=chance); 뜻밖의 사건(=accident); 계약의 부대조건
ⓐ 우연한(=accidental; incidental; casual); 조건부의(=conditional)
□ **contradiction** 반박, 부인(=denial); 상반, 모순(=inconsistency)
□ **convention** 회합, 집회(=convocation; meeting; assembly; gathering; congregation)
□ **copyright** 판권, 저작권
□ **cough** 기침(=coughing) cf. 감기(=cold; flu; influenza)
□ **coverage** 적용범위; 보도(범위); 취재범위(=reportage)
□ **corollary** 필연적 결과, 당연한 결론

cr~ - cu~

□ **craze** 열광; 광기 ⓥ 미치게 하다 ⓐ **crazy** 미친, 열중한
□ **creature** 창조물; 생물, 동물(=animal)

□ **credibility** 확실성, 신뢰성(=reliance)

□ **criterion** 기준, 표준(=standard)

□ **currency** 통화(=the medium of exchange); 유통(=circulation)

□ **custody** 구류, 감금(=imprisonment); (미성년자의) 보호; 보관 cf. **probation** 집행유예

□ **cutback** 삭감, 축소(=retrenchment; curtailment; reduction)

[D]

da~ - de~

□ **daybreak** 새벽, 동틀 녘(=dawn) cf. **sunrise** 일출, 해돋이 **sunset** 일몰, 해질녘

□ **deadlock** 막다른 골목(=impasse); 교착상태 *__break__ a deadlock 난국을 타개하다

□ **default** (의무, 채무) 불이행(=failure to meet financial obligation); 태만(=neglect); (법정에의) 결석; (경기의) 기권 ⓥ 채무를 이행하지 않다, 재판에 결석하다 *__default__ on foreign loans 외채를 상환하지 못하다

□ **defect** 결점, 단점(=shortcoming; fault; blemish; disadvantage) cf. **flaw** ⓝ 흠(=crack); 결함(=fault)

□ **defect** 결함, 결점(=blemish; fault; imperfection; flaw); 부족, 결핍(=deficiency; lack)

□ **deference** 복종(=submission); 경의(=respect)

□ **defiance** 도전(=challenge); 반항; (명령 등의) 무시 ⓥ **defy** 도전하다, 반항하다

□ **deficiency** 결핍, 부족(=lack; scarcity)

□ **dejection** 의기소침, 낙심(=depression)

□ **delay** 지연, 지체(=procrastination)

□ **deliverance** 구출, 구조, 석방(=rescue; liberation)

□ **deluge** 큰물, 대홍수(=a great flood); 쇄도(=rush) ⓥ 쇄도하다, 범람시키다(=flood; inundate)

□ **demeanor** 태도, 품행(=attitude; manner; bearing; behavior; air; deportment) cf. **conduct** 행동

□ **dementia** 치매 cf. **diabetes** ⓝ 당뇨병 ⓐ **diabetic** 당뇨병의

□ **depletion** 고갈, 소모(=exhaustion; using up)

□ **deprivation** 박탈(=divestment), 파면; 상실; 궁핍(=destitution) ⓥ **deprive** 빼앗다, 박탈하다(~ of)

□ **description** 기술, 설명(=statement; account); (여권, 허가서 등의) 기재사항

□ **desegregation** 인종분리철폐, 통합(=integration)

□ **detergent** (합성) 세제(=a chemical substance which is used for washing things)

di~ - di~

□ **dichotomy** 양분, 분할(=division); 이분법

□ **diffidence** 자신 없음, 수줍음(=timidity; shyness) opp. **confidence** 신임, 자신

□ **digestion** 소화(=absorption; consumption); 이해(=understanding)

□ **dilemma** 딜레마, 진퇴양난(=a difficult situation)

□ **disagreement** 불일치, 견해차이(=discrepancy)

□ **disclosure** 폭로, 탄로(=revelation; betrayal)

□ **discourse** 강연(=address; speech)

□ **disintegration** 붕괴(=collapse; breakdown); 분해, 분열

□ **dismay** 당황, 경악(=alarm; consternation); 낙담(=disheartenment); 걱정(=apprehension); 환멸(=sudden disillusionment)

□ **disparity** 상이, 차이(=difference; inequality)

□ **dispatch** 급파, 급송; 급속, 신속한 처리(=expedition) *with **dispatch**[expedition] 신속히

□ **disposal** 처리, 처분, 배치 ⓥ **dispose** 처리하다, 처분하다, 배치하다 ⓝ **disposition** 배열, 처리, 성질
*a waste water **disposal** plant 폐수 처리장치

□ **disposition** 기질, 성향(=temper; inclination; temperament); 배열, 배치(=arrangement)

□ **dissension** 불일치, 불화(=discord; disagreement)

□ **distraction** 마음의 혼란, 주의, 산만

□ **distribution** 분배; (상품의) 유통; (동, 식물의) 분포

□ **dividend** 배당금 cf. **earnings**(소득, 수입)/ **expenditure; disbursement; outlay; outgo**(지출)

do~ - du~

□ **doldrums** 답답함, 우울; (항해) 무풍지대

□ **dormitory** 기숙사 cf. **lodging** 하숙, 숙박, 숙소; pl, 하숙집

□ **dose** (약의) 1회분, 복용량 ⓥ 약을 복용시키다, 투약하다 ⓝ **dosage** 투약, 조제

□ **drudgery** 고된 일, 건친 일, 하기 싫은 일(=unpleasant work) ⓝ **drudge** (단조롭고 힘든 일을) 꾸준히 하는 사람
ⓐⓓ **drudgingly** 고되게, 노예처럼

□ **duplicate** 복사; 사본, 복사본(=copy*; replica*) ⓥ 복사하다, 복제하다(=reproduce) ⓐ 복제의
ⓝ **duplicity** 표리부동, 불성실(=double-dealing)

□ **duration** 지속 기간(=the length of time during which something continues or exists)

[E]

ec~ - en~

□ **echo** 메아리, 반향(=a sound heard again near its source after being reflected)

□ **ecstasy** 황홀경, 무아지경(=rapture*) ⓐ **ecstatic** 황홀한

□ **edifice** 건물(=building; structure); (지적인) 체계

□ **elasticity** 탄력, 탄성(=resilience)

□ **embryo** 태아, 배(胚)(=a complete undeveloped organism)

□ **emergency** 위기, 비상사태(=crisis; exigency)

□ **emission** (빛, 열, 향기의) 방출, 발산(=emanation)

□ **emulation** 경쟁(=competition; rivalry; contest; struggle)

□ **endeavor** 노력 ⓥ 노력하다(=strive)

□ **endowment** 재능, 자질(=talent; capacity)

□ **enigma** 수수께끼(=puzzle*; riddle; conundrum)

□ **enthusiasm** 열광(=eagerness; zeal)

□ **enticement** 유혹(하는 것), 미끼(=allurement)

□ **entreaty** 탄원, 간청(=supplication)

ep~ - ex~

- **epitaph** 묘비명, 비문(=epigraph; inscription)
- **era** 기원, 시대(=times; Age; epoch*; period)
- **euphoria** 행복감(=sense of wellbeing)
- **evaporation** 증발 ⓥ **evaporate** 증발시키다, 증발하다 cf. **vapor*** ⓝ 증기
- **evidence** 증거(=proof)
- **evolution** 발전, 전개(=development); 진화
- **exile** 유배, 국외추방(=deportation)
- **expectation** 기대(=anticipation), 예상, 가망(=probability; likelihood)
- **exploit** 공적, 위업(=feat) ⓝ **exploitation** 개척, 개발; 착취, 갈취(=rip-off)
- **extinction** 멸종(=annihilation); 소등, 소화(=the act of extinguishing)
- **extraterritoriality** 치외 법권

[F]

fa~ - fe~

- **fable** 우화(=apologue) 전설, 신화(=legend; myth); 꾸며낸 이야기(=falsehood)
- **fake** 위조품(=counterfeit; fabrication) ⓐ 위조의 ⓥ 위조하다(=forge)
- **fallacy** 그릇된 생각[믿음], 오류 ⓐ **fallacious** 잘못된, 그릇된
- **fantasy** (터무니없는) 공상, 상상 ⓐ **fantastic** 공상적인; 터무니없는, 엄청난(=exorbitant); 굉장한(=wonderful)
- **faucet** 수도꼭지 cf. **welding** ⓝ 용접
- **feast** 축하연, 잔치; 축제(=festival)
- **feat** 업적, 공적(=exploit; achievement)
- **fee** 요금, 사례금 ***late fee** 연체료/ **an admission fee** 입장료
- **felicity** 행복(=happiness; blessing)
- **fermentation** 발효(=ferment) cf. **yeast; leaven** ⓝ 효모

fi~ - fr~

- **fiasco** 큰 실수, 대 실패(=a big failure)
- **fidelity** 충실, 충성(=loyalty)
- **fireworks** 불꽃놀이 cf. **amusement park** 놀이공원, 유원지
- **fortitude** 꿋꿋함(=firmness); 참을성, 인내(=endurance)
- **fortune** 운수; 부(=wealth), 재산 opp. **misfortune** 불행, 불운
- **fraction** 부분; 조금; (수학) 분수; 파편(=a broken piece; splinter; debris)
- **fracture** 갈라진 틈, 균열(=crack; breaking; split; cleft)
- **framework** 구조, 기구, 체제(=structure); 뼈대, 골격
- **freight** 화물(=cargo(뱃짐); goods)
- **friction** 마찰, 의견충돌(=discord; disagreement) *trade **friction** 무역마찰

□ **frill** 주름 장식(=ornamentation); 허식, 불필요한 것; 점잔빼는 태도(=affectation)　**No frills.** 첨가물 없음

[G]

□ **garment** 의복, 의류; pl. 의상, 옷

□ **gallantry** 용감한 행위(=bravery; boldness; courage)　ⓐ **gallant** 용감한(=brave)

□ **gill** 아가미; (버섯의) 주름

□ **gist** 핵심, 요점(=kernel; core(과일의 엉어리))　cf. **stone** ⓝ (복숭아 등의) 씨

□ **glory** 영광(=honor), 명예; 영화(=prosperity); 아름다움

□ **glut** 과잉(=surplus; overplus); 공급과잉(=oversupply)　ⓥ 배불리 먹이다(=surfeit)

□ **gourmet** 미식가, 식도락가(=gastronome; epicure; gourmand 대식가*)

□ **grievance** 불만, 불평거리(=complaint*; comeback)　cf. **grieve** ⓥ 몹시 슬퍼하다

□ **grandeur** 웅대, 웅장(=magnificence); 위대함(=greatness)

□ **grievance** 불만[불평](의 씨)(=complaint)

□ **guarantee** 보증(=warrant); 피보증인　opp. **guarantor**(보증인)　ⓥ 보증하다(=warrant)

□ **guffaw** (너털) 웃음(=(horse)laugh)

□ **guidance** 지도(=directions), 안내(=conduct); 유도

□ **guile** 교활(=craftiness; cunning); 책략(=deceit; artifice; scheme; trick; treachery)
ⓥ **beguile** 속이다(=cheat)

□ **gusto** 기쁨, 즐거움(=zest); 좋아함(=liking); 기호(=taste); 열정(=enthusiasm)

[H]

ha~ - hi~

□ **hallmark** 특징(=distinguishing characteristic); 품질보증

□ **handout** 유인물, 광고전단(=leaflet; handbill)

□ **hazard** 위험(=danger)　ⓥ 위험을 무릅쓰고 하다(=risk)

□ **headway** 전진, 진척(=progress; advance); (지하철, 버스 등의) 운행간격

□ **hemicycle** 반원(=semicircle)

□ **hemisphere** 반구(=half sphere)

□ **heretic** 이교도, 이단자　ⓐ **heretical** 이교도의, 이단의　ⓝ **heresy** 이교, 이단

□ **hermit** 은둔자, 세상을 등진 사람(=recluse)

□ **heredity** ⓝ 유전(=(genetic) inheritance; (hereditary) transmission)

□ **heyday** 전성기, 절정기(=prime; golden age)

□ **hiccup** 딸꾹질　cf. **belching** 트림, **yawning** 하품, **sneezing** 재채기, **stretch** (oneself) 기지개를 켜다

ho~ - hy~

□ **homonym** 동음이의어(=a word the same as another in sound and spelling but different in meaning)
cf. **heteronym** ⓝ 동철 이음 이의어

□ **hospitality** 환대(=a warm reception; welcome) ⓐ **hospitable** 대접이 좋은, 친절한 opp. **inhospitable** 불친절한
□ **hostility** 적의, 적개심(=enmity); pl. 전쟁행위, 교전 ⓐ **hostile** 적의 있는(=antagonistic*; inimical)
□ **hub** 중심(=center), 중추
□ **hue** 색깔, 색조(=tint)
□ **hydrophobia** 공수병(=rabies)
□ **hyperbole** 과장(법)(=exaggeration; overstatement) cf. **megalomania** ⓝ 과대망상
□ **hypertension** 고혈압(=high blood pressure)
□ **hypnosis** 최면(=an artificially induced state resembling sleep)
□ **hypotension** 저혈압(=low blood pressure)
□ **hypothesis** (논증 등의) 가정(=assumption); 전제(=premise)

[I]

□ **identity** 독자성, 주체성; 동일함; 신원 ⓥ **identify** 동일시하다 ⓝ **identification** 신분증(ID)
ⓐ **identical** 동일한, 똑같은(=the same)
□ **illegitimate** 불법의(=illegal; unlawful); 변칙의(=irregular; anomalous)
□ **imitation** 모방, 위조, 위조품(=counterfeit)
□ **impatience** 성급함, 조바심(=lack of tolerance 참을성)
□ **impediment** 방해, 장애(=obstruction; hinderance; obstacle; hitch)
□ **impetus** 힘; 자극(=stimulus; impetus; spur)
□ **incentive** 자극, 동기(=motive) ⓐ 자극적인; 격려하는, 보상의(=encouraging)
□ **increment** 증가(=increase; augmentation); 이익(=profit; returns) opp. **decrement**(감액, 감량)
*a unearned **increment** 자연증가/ salary **increment** 급료인상
□ **indignity** 모욕, 경멸(=insult; contempt; affront)
□ **individual** 개인, 사람(=person); 개개의(=particular; separate); 개인적인(=private)
□ **indulgence** 탐닉(=addiction); 쾌락, 방종(=self-indulgence); 관대(=generosity)
□ **inertness** 무기력함(=inactivity)
□ **infrastructure** 하부구조; 사회기반시설; (경제) 기반
□ **infusion** 주입, 불어넣음(=instillation; instillment)
□ **ingredient** (혼합물의) 성분, 원료, 구성요소(=component; constituent)
□ **innuendo** 암시, 넌지시 비춤(=an indirect intimation)
□ **insanity** 광기(=madness; craziness), 정신이상; 어리석은 짓(=folly) opp. **sanity**(제 정신; (사상 등의) 건전)
□ **installment** 할부금, (연속물의) 1회분 설치 ***installment** plan 분할 불, 월부
□ **interaction** 상호작용(=reciprocal action)
□ **interim** 중간시기(=meantime); 과도기, 전환기(=transition) ⓐ 중간의, 임시의(=provisional); 잠정적인(=temporary)
□ **interstice** 간격, 틈새(=a small or narrow space); 금(=crevice)
□ **intuition** 직관(=direct perception; immediate apprehension); 통찰(=a keen and quick insight)
□ **inventory** 재고조사(=stocktaking), 재산목록(=catalogue)
□ **invoice** 송장(=documents that lists goods that have been supplied)

□ **iota** 극소, 아주 조금(=bit)

□ **issue** 발행물, 출판물; 문제점(=a point in question); 발행, 공표; 결말, 종국(=the ultimate outcome); 자손(=offspring; progeny); 출구(=outlet; exit)

□ **itinerary** 여정, 여행일정 ⓐ 순방하는(=itinerant) ⓥ **itinerate** 순회하다, 순방하다

[J]

□ **jeopardy** 위험(=danger; peril; hazard)

□ **jocundity** 명랑, 쾌활(=gaiety)

[K]

□ **ken** 시야(=view; range of sight); 지식의 범위(=scope)

□ **kinship** 친족관계, 혈족관계(=ties of blood; blood relationship; consanguinity)

□ **knack** 기교, 솜씨(=craftsmanship); 요령(=the ropes) cf. **aptitude** 소질, 재능; 능력(=faculty; ability; capacity) ⓐ **apt** 적절한(=suitable)

[L]

□ **liaison** 연락, 연결(=connection); (남녀 간의) 간통(=adultery; illicit intercourse; liaison)

□ **lampoon** 풍자(문)(=parody; travesty; takeoff) ⓥ 풍자하다

□ **landfill** (쓰레기로 매운) 매립지(=a reclaimed land)

□ **landmark** 경계표지(milestone*), 명소, 획기적인 사건
*__landmark, destination, campsite__ 명소, 목적지, 야영지

□ **larva** 유충, 애벌레(=a new born insect; a green caterpillar) pl. **larvae**

□ **lassitude** 권태, 나른함(=fatigue; languor; weariness)

□ **leftover** (먹다) 남은 음식; 찌꺼기 cf. **layover** 도중하차(=stopover); **turnover** 거래액, 이직률, (자금의) 회전율; 전복(=upset); **takeover** 인계, 탈취, 경영권 취득

□ **legacy** 유산(=inheritance; bequest); 물려받은 것

□ **lineage** 가계, 혈통(=descent; a family line) *inquire into **lineage** 혈통을 조사하다

□ **literacy** 읽고 쓸 수 있는 능력(=the ability to read or write) opp. **illiteracy**(문맹, 무식)

□ **litigation** 소송 ⓥ litigate 소송하다 ⓝ **litigant** 소송당사자

□ **loophole** (법률 등의) 맹점, 빠져나가는 구멍(=ways of evading rules) *a tax **loophole** 세금을 포탈하는 구멍

□ **lullaby** 자장가(=cradlesong; a song used to lull a baby to sleep)

□ **lumber** 목재(=timber) cf. **log** ⓝ 통나무

□ **lunatic** 정신이상자, 미치광이(=madman; a crazy[insane] man) ⓐ 정신이상의(=insane; mad) ⓝ **lunacy** 정신이상, 미친 짓 *a **lunatic** asylum 정신병원

□ **lust** 강한 욕망(=strong desire; carving; yearning; longing)

□ **luster** 빛, 광채(=gloss; sheen; brightness); 영광(=honor)

[M]

ma~ - me~

□ **maintenance** 유지, 보수(=repair); 부양, 생계비

□ **malady** 병(=sickness*; disease; ailment*; affection; trouble), (사회적) 병폐 *a social **malady** 사회적 병폐

□ **malediction** 저주(=curse; imprecation); 중상(=slander)

□ **malice** 악의, 적의, 원한(=spite; grudge; animosity; hatred)

□ **maneuver** 책략, 술책(=stratagem; intrigue; scheme; plot; frame-up); 기동 ⓥ 교묘하게 조종하여 ~시키다; 연습시키다
cf. **policy** ⓝ 정책, 방침 *back-street political **maneuvering** 막후 정치 공작

□ **manumission** (노예 등의) 해방(=emancipation)

□ **manuscript** 원고(=copy; draft)

□ **margin** 여백; (시간, 경비 등의) 여유; 가장자리; 매매차익금, 이문

□ **maturity** 성숙 opp. **immaturity***(미성숙) ⓐ **mature** 성숙한 opp. **immature**(미성숙한)

□ **medium** 수단(=means); 기관, 매개; 생활환경(=environment) ⓐ 중간의(=medial; average)

□ **melee** 난투, 혼전(=a confused[mixed] fight); 혼란(=confusion); 격렬한 논쟁(=a heated controversy)

□ **menace** 위협, 협박(=threat)

□ **metabolism** 신진대사(=the way that chemical processes in your body causes food to be used in an efficient way)
cf. **metamorphosis** ⓝ 변형 ⓥ **metamorphose** 변형시키다(=transform; alter; turn into) ⓥ **metabolize** 신진 대사시키다

mi~ - mu~

□ **microbicide** 살균제(=a substance used for killing germ) cf. **insecticide** 살충제

□ **middleman** 중개인, 중매쟁이(=intermediary; go-between)

□ **millennium** 천년간(=a period of one thousand) pl. **millennia**

□ **misgiving** 불안, 의심, 염려(=solicitude; apprehension; disquietude; uneasiness)

□ **mishmash** 뒤범벅, 잡동사니(=a confused mess; medley)

□ **modification** 변경, 〈문법〉 수식 ⓥ **modify** 수정하다, 변경하다(=alter)

□ **molecule** (물리) 분자, 소량(=particle)

□ **moniker** 이름; 별명(=nickname; alias(가명)) cf. **pseudonym** ⓝ 필명, 아호, 익명

□ **monogamy** 일부일처제(=marriage with only one person at a time)

□ **monopoly** 독점(권)(=exclusive possession)

□ **mortgage** 저당; (부동산) 담보대출 ⓥ (토지, 집 등을) 저당 잡히다

□ **mortification** 분함; 굴욕(=humiliation; disappointment)

□ **mould** 성격, 성질(=character); (주조) 틀(=mold)

□ **multitude** 군중(=crowd; throng), 대중(=masses), 다수(=majority)

□ **mutiny** 반란, 폭동(=revolt; riot; rebellion; insurrection)

[N]

□ **nadir** 최저점, 천정 opp. **zenith**(천정, 정점(=apex), 절정)

□ **nausea** 구토감, 메스꺼움; 혐오(=disgust) ⓥ **nauseate** 구역질나게 하다, 혐오감이 들게 하다 ⓐ **nauseating** 지긋지긋한 (=nauseous; disgusting; offensive; sickening) *a **nauseating[sickening]** sight 구역질나는 광경

□ **nepotism** 연고자 등용, 족벌주의(=the unfair use of power in order to get jobs or other benefits for your family or friends)

□ **nescience** 무지(=ignorance) ***science** 과학, 지식 cf. **nascence, nascency** 발생, 기원 ⓐ **nascent** 발생하려고 하는, 초기의

□ **notion** 개념(=concept), 생각(=thought); 견해(=view)

□ **nuance** 뉘앙스; (표현 등의) 미묘한 차이

□ **nuisance** 폐, 성가신 일(=annoyance; inconvenience; trouble); 성가신 존재, 말썽꾸러기 *Stop making a **nuisance** of yourself. 성가시게 굴지마라.

□ **nutrition** 영양, 자양분(=nourishment; alimentation)

[O]

□ **objective** 목적, 목표(=purpose; aim; target) ⓐ 객관적인, 사실에 근거한 opp. **subjective**(주관적인)

□ **offender** 범죄자, 범인(=criminal; culprit; delinquent; trespasser)

□ **omen** 징조, 전조(=portent; foreboding); 예언, 예시(=presage)

□ **onset** 습격(=attack); 발병; 발발(=outbreak)

□ **option** 선택(=choice); 선택권, 선택사항 ⓐ **optional** 임의의; (과목이) 선택의(=elective)

□ **organizer** 조직자(=planner), 창시자

□ **outlook** (장래의) 전망(=prospect), 예측(=prediction; forecast)

□ **overturn** 전복, 타도, 붕괴(=collapse) ⓥ 뒤집다, 전복시키다

[P]

pa~ - pi~

□ **pagan** 이교도(=heathen)

□ **panacea** 만병통치약(=remedy for all disease)

□ **pandemonium** 지옥(=hell), 대혼란(=wild uproar; a scene of utter confusion)

□ **pardon** 용서, 관용(=forgiveness; indulgence)

□ **partiality** 불공정, 편파적임(=favoritism; bias; prejudice) opp. **impartiality** 공평무사

□ **particle** 입자; 극소량; 티끌 cf. **parcel** ⓝ 꾸러미, 소포

□ **patience** 인내, 참을성(=perseverance; endurance; fortitude; stoicism)

□ **paycheck** 급료(=salary; wages)

□ **payroll** 급여, 임금대장, 종업원 명부 *automatic **payroll** deposit 급여자동이체

□ **pediatrician** 소아과 의사(=a physician who specializes in child's ailment)
□ **penury** 가난, 궁핍(=destitution; poverty; want) ⓐ **penurious** 가난한, 궁핍한(=poor; destitute*; poverty-striction*)
□ **periphery** 주변(=an external boundary); (물체의) 표면, 바깥둘레; (the ~) 비주류
□ **perspective** 조망(=vista); 전망(=a mental view or prospect)
□ **pesticide** 살충제(=insecticide) cf. **suicide** 자살, 자해; **matricide** 모친 살해; **patricide** 부친살해
□ **philanthropy** 박애, 자선(=mercy; charity; benevolence) cf. **humanism** ⓝ 인본주의, 인도주의
□ **pinpoint** 핀 끝; 소량; 정밀조준폭격 ⓥ 위치를 정확하게 나타내다
□ **pirate** 해적, 저작권침해자 ⓥ 약탈하다, 표절하다 *a **pirated** edition 해적판

pl~ - pu~

□ **plaque** 상패, 장식판; 액자(=frame); 치석(=tartar)
□ **plethora** 과다, 과잉(=overfullness; excess; superabundance)
□ **pneumonia** 폐렴(=a serious lung disease)
□ **polyclinic** 종합병원(=general hospital)
□ **portion** 부분, 일부(=part; segment); (음식의) 1인분; 몫(=share) ⓥ 분할하다
□ **potpourri** 문학작품 발췌집, 간추린 명작집; 향단지; 잡록(=miscellany)
□ **pouch** 작은 주머니(=sac; moneybag); (유대동물의) 주머니; 우편낭, 외교행낭
□ **predicament** 곤란한 상태, 곤경(=dilemma; plight)
□ **premise** 전제(=proposition) pl. 토지, 구내(=compounds)
□ **prescription** 처방전(=a direction written by pharmacist)
□ **privilege** 특권, 특전(=prerogative)
□ **probity** 정직, 성실(=integrity; uprightness; honesty)
□ **procedure** 순서, 절차(=process)
□ **probation** (자격 등의) 검정, 시험; 견습기간, 실습기간(=trial) ⓥ **probe** 엄밀히 조사하다, (진상 등을) 규명하다
ⓝ 철저한 조사(=investigation), 탐사용 로켓
□ **profession** 직업(=occupation; calling; vocation; trade); 공언(=avowal)
□ **proliferation** 증가, 증식(=increase)
□ **promotion** 승진(=rise; advancement)
□ **propaganda** 선전(=propagation; publicity)
□ **propagandist** 전도사 cf. **protagonist** ⓝ (연극의) 주역; 주인공; 지도자, 리더
□ **property** 자산, 재산(=assert; possessions); 소유권(=ownership)
□ **proportion** 비율(=ratio); 균형(=balance; symmetry); 크기, 넓이(=dimensions); 몫(=share; quota)
□ **propriety** 예의(바름)(=decency); 적당(=fitness; suitability; appropriateness)
□ **prosperity** 번영; 성공 ⓐ **prosperous** 번영하는, 순조로운
□ **prototype** 원형; 견본(=model; specimen)
□ **proviso** (법령, 조약 등의) 단서; 조건 cf. **stipulation** 약정, 계약; 조항, 조건
□ **prowess** 용감한 행위; 용맹(=daring; bravery; valor; intrepidity)
□ **punctuality** 시간엄수, 정확함 ⓐ **punctual** 시간을 잘 지키는, 꼭 ~하는; 꼼꼼한(=scrupulous; meticulous; deliberate)

[Q]

□ **qualm** 양심의 가책(=compunction); 불안, 염려(=uneasiness); 메스꺼움(=nausea)
□ **quarantine** 격리, 검역, 교통차단 ⓥ 격리하다, 차단하다

[R]

□ **ramification** (파생된) 결과(=consequence*; outcome; result); 나뭇가지(=branches); 지맥, 지류, 분파
□ **range** 범위(=scope), 넓이(=extent); 열, 줄(=line; raw)
□ **realm** 왕국; 범위, 영역 cf. **domain** 영역; 세력권(=territory 영토) **sphere** 범위, 분야; 둥근 물체
*a **sphere** of activity 활동 범위
□ **rebate** 리베이트, 환불, 할인(=discounts; abatement)
□ **rebel** 반역자, 반란자(=insurgent; insurrectionary)
□ **recourse** 의지(=resort; reliance) , 의지하는 것; 상환청구권
□ **recovery** (의식, 건강, 체력 등의) 회복; (잃어버린 것을) 되찾기; (토지의) 매립(=reclamation)
□ **rectitude** 정직, 청렴강직(=honesty; righteousness)
□ **refund** 환불
□ **registration** 기재, 등록(=enrollment) ⓥ **register** 등록하다(=enroll; record)
□ **reluctance** 마음이 내키지 않음(=unwillingness)
□ **reparation** 수리(=repair); 배상(=indemnity; compensation); (패전국이 지불하는) 배상금
□ **resentment** 원망(=grudge); 분개(=indignation)
□ **reservoir** 저수지; 그릇, 용기, 저장소(=container; receptacle; holder)
□ **resource** (대처하는) 수단, 방책(=shift; expedient) pl. 자원(=raw materials); 자산(=assets)
□ **revenue** 수입, 소득(=income)
□ **reverie** 환상, 몽상(=fancy; fantasy; daydream)
□ **revolt** 반란, 폭동(=mutiny*; riot; rebellion; commotion(소동))
□ **rigor** 엄격, 준엄(=severity); 혹독함(=inclemency; harshness; hardship)
□ **rupture** 파열(=breach); 불화(=feud; hostility; quarrel); 탈장

[S]

sa~ - sk~

□ **scarcity** 부족, 결핍(=insufficient; famine)
□ **sanction** 재가, 인가, 찬성(=authorization; approval; ratification; permission; consent); 제재, 처벌(=punishment)
ⓥ 인가하다(=approve)
□ **scheme** 계획, 사업계획(=project); 음모(=plot; intrigue; conspiracy)
□ **scope** 범위, 영역(=range; area; compass), 시야; 배출구
cf. **telescope** 망원경 → **microscope** 쌍안경 → **stethoscope** 청진기 cf. **compass** 나침반

□ **scoundrel** 악당, 깡패(=rascal; villain)

□ **scrutiny** 면밀한 조사(=examination; investigation; inspection; inquiry; probe)

□ **security** 안전(=safety); (빚에 대한) 담보(물)

□ **sediment** 앙금, 찌끼(=dregs); 침전물(=settlings)

□ **selection** 선택, 정선품; (책 등의) 발췌, 구색

□ **sentiment** (~에 관한) 소감, 의견(=point of view); (고상한) 감정(=feeling; emotion)

□ **shipment** 선적, 발송(=shipping; loading)

□ **silence** 침묵 ⓐ **silent** 조용한, 고요한(=calm; quiet; still)

□ **singularity** 특이(=peculiarity); 괴상(=peculiarity; queerness)

□ **skeleton** 골격, 뼈대(=frame) ⓐ (인원, 서비스 등의) 최소한도의, 기간의 *a **skeleton** staff 최소한도의 인원, 기간요원

sl~ - sq~

□ **slip** 잘못, 실수(=mistake; error; blunder)

□ **sniffer** 탐지기, 마약견 cf. **sniper** 저격병

□ **soberness** 술 취하지 않음, 진지함(=sobriety)

□ **sojourn** 일시적 체재(=a brief[temporary] stay) ⓥ 묵다, 체류하다(=stay; make a stay)

□ **solitude** 고독(=loneliness); 외진 곳, 은둔(=seclusion)

□ **spasm** 경련, 쥐(=convulsion)

□ **specification** 상세한 설명; pl. 명세서, 설명서(=a minute description; specifications)
ⓥ **specify** 상술하다, 일일이 열거하다

□ **specimen** 견본(=sample); (동물, 식물, 광물 등의) 표본; 기인(=an eccentric; crank)

□ **spine** 척추(=backbone)

□ **spin-off** (산업, 기술개발 등의) 부산물(=derivative*); 파급효과, 부작용; (TV) 속편

□ **splendor** 훌륭함, 멋짐(=grandeur); 광채(=brilliance)

□ **spot** 얼룩, 반점(=splotch; blot), 장소(=place) ⓥ 탐지하다; 더럽히다(=blot) ***on the spot** 즉석에서, 현장에서, 곤경에 처하여

□ **squabble** (사소한) 싸움, 언쟁(=quarrel; dispute) ⓥ (사소한 일로) 싸우다(=wrangle)

st~ - sy~

□ **stalk** (식물의) 줄기(=stem)

□ **standard** 표준, 기준(=criteria)

□ **starvation** 기아(=hunger); 아사; 궁핍(=destitution; poverty; penury) ⓥ **starve** 굶주리다, 굶어 죽다

□ **station** 방송국, 주둔지, 사업소, 담당부서; 역(=depot)

□ **status** 사정, 현상(=existing condition); 지위(=position; standing)
주의_ **statute** 법, 법규(=law)/ **statue** 상, 조각상/ **status** 지위, 신분/ **stature** 키, 신장

□ **stigma** 불명예, 오명, 치욕(=disgrace; dishonor; infamy; feeling of shame) ⓥ **stigmatize** ~에게 오명을 씌우다
ⓐ **stigmatic** 오명의, 치욕의

□ **strategy** 전략, 전술; 병법(=tactics*) ⓐ **strategic** 전략의, 전략상의 cf. **tact** 재치, 꾀, 요령
***Strategic** Arms Reduction Talks 전략무기 감축협정

□ **substitute** 대리인, 대행자(=alternate) ⓥ 대체하다(=replace)

□ **subtlety** 정교, 미묘(=delicacy; nicety; refinement); 희박(=thinness; rarity)
□ **suspicion** 의심, 의혹(=doubt; mistrust; distrust)
□ **sympathy** 동정(=compassion); 공감, 동감
□ **symptom** 징후, 징조(=sign; indication; omen)
□ **synergy** (둘 이상의) 협력 작용, 공동작업; 상승작용
□ **synopsis** 줄거리, 개요(=an outline of the plot)

[T]

ta~ - to~

□ **takeover** 인수, 경영권취득(=handover); 탈취(=seizure)
□ **tariff** 관세(=customs; customs duties) ***tariff** wall[barrier] 관세장벽
□ **temper** 성질, 기질(=disposition; temperament) ⓐ **temperate** 삼가는, 절제하는; 온건한(=moderate) opp. **intemperate**(무절제한) ⓝ **temperance** 절제, 금주 cf. **temperature** ⓝ 온도, 기온
□ **temperament** 기질, 성질(=disposition); 체질(=(physical) constitution)
□ **tenant** (토지, 가옥 등의) 임차인, 소작인(=occupant) ⓥ (토지 등을) 임차하다
□ **tenet** (집단이 신봉하는) 신조, 교의, 교리(=doctrine; dogma)
□ **tenure** (부동산, 지위) 보유(권)(=holding; possession); 보유조건, 재임자격
□ **terrain** 지형, 지세(=topography)
□ **tether** 밧줄, 사슬(=rope to tie)
□ **thoroughfare** (빠져나갈 수 있는) 도로(=road; way) cf. **avenue** 가로수길/ **highway** 간선도로/ **freeway** 고속도로
□ **tilt** 경사, 기울기(=slant; slope; inclination*)
□ **toil** 노력, 노고(=labor; pains) ⓥ 힘써 일하다
□ **token** 징표, 상징(=symbol)
□ **touch** 만짐; 촉감; 특징, 특성(=characteristic); 암시(=hint; suggestion); 술래잡기(=tag) ⓥ 만지다, 손대다; 감동시키다

tr~ - tw~

□ **trait** 특징, 특색, 특성(=characteristic)
□ **trend** 경향(=tendency*); 추세; 유행(=vogue; fashion) cf. **vague** ⓐ 막연한, 모호한(=ambiguous; obscure)
□ **trepidation** 전율, 공포(=fright) ⓐ **intrepid** 무서움을 모르는, 대담한(=bold; daring) opp. **trepid** 소심한 cf. **freight** 화물(=goods)
□ **tribute** (감사, 존경의) 표시(=something that you say, do, or make to show your admiration and respect for someone); 바치는 물건; 공물 ***tribute** of praise 찬사
□ **triviality** 하찮은 것[일](=pettiness; trifle; unimportance)
□ **tubercular** 결핵환자 ⓐ 결핵에 걸린; 불결한(=unsanitary; filthy)
□ **turmoil** 소란, 소동, 동요(=tumult; mess; confusion; disorder; chaos)
□ **tycoon** 실업계[재계]의 거물(=a financial magnate; powerful businessman)
□ **tyro** 초심자, 풋내기(=novice; beginner)
□ **twilight** 여명(=dawn; daybreak); 황혼(=dusk); 땅거미; 쇠퇴기, 황혼기

[U]

□ **ultimatum** 최종 제안, 최후통첩(=a final, uncompromising demand)
□ **unrest** 불안, 걱정(=uneasiness; disquiet); (사회적) 불안(=disorder)
□ **upbringing** 교육, 훈육(=education; training; discipline; instruction)
□ **upheaval** 대변혁, 격동(=uproar; disturbance; commotion; convulsion)

[V]

□ **variance** 변화; (의견 등의) 불일치(=discord; discrepancy; dissonance) ***at variance** 사이가 나빠; (언행 등이) 모순되어
□ **vehemence** 열의, 열정 맹렬(=vigorous impetuosity; fury) ⓐ **vehement** 열정적인(=ardent; passionate); 맹렬한 (=violent; furious; impetuous)
□ **vendor** 행상인(=a person who sells)
□ **veracity** 진실(=truth); 정직(=honesty); 정확함(=accuracy)
□ **vernacular** 그 고장의 말(=the native speech or language of a place); 일상적 표현, 모국어(=mother tongue) ⓐ 그 고장 본래의(=native); 고유의(=indigenous)
□ **vertigo** 현기증(=dizziness)
□ **vexation** 성가시게 굴기, 고민거리(=irritation; annoyance)
□ **vicissitude** 변화, 변천(=change; 우여곡절, 흥망성쇠(=prosperity and decline; ups and downs; rise and fall)
□ **vigor** 활기, 원기; 정력(=energy; vitality; stamina) ⓐ **vigorous** 정력적인(=energetic; full of go) ⓥ **invigorate** 기운 나게 하다
□ **virtuoso** (예술의) 거장, 명인(=a great artist); (음악의) 대가(=maestro)
□ **vogue** 유행(=fashion*; style; mode), 인기(=popularity*; public interest) *a passing **vogue** 일시적 유행
□ **volition** 의지(=will; intention)
□ **voucher** 보증인; 증명서; 교환권, 상품권(=coupon)
*luncheon[sales] **vouchers** 점심식권[상품인환권]/ discount **vouchers** 할인쿠폰

[W]

□ **walkout** 동맹파업(=strike); (회의 등의) 항의퇴장 cf. **workout** ⓝ 기업가치회생작업; 운동; 점검
□ **warranty** (품질 등의) 보증(=a written guarantee), 보증서(=voucher 증명서)
□ **windfall** 뜻밖에 생긴 물건, 횡재(=an unexpected gain, piece of good fortune)
□ **woe** 비애, 괴로움(=grief); 고통(=distress; anguish)
□ **workload** 업무량, 작업량 ***work**(일)+**load**(작업량, 부담) cf. **work force** 노동력, 전 종업원
□ **wrath** 분노, 격노(=anger; rage; fury; indignation; exasperation; resentment) cf. **wreath** 화환
*twine flowers into wreath 꽃을 엮어 화환을 만들다
□ **yo-yo** 요요(장난감), 급격히 변동하는 것, 멍청이

[tips] 시험 지문에 나온 사람 명사

• **accountant** 회계원, 경리사무원 • **civilian** 민간인 • **astronomer** 천문학자 cf. **astronaut** 우주비행사
• **candidate** 후보자, 지원자(=applicant) • **captivity** 포로(=captive)
• **charlatan** 사기꾼, 허풍쟁이, 돌팔이 의사 • **chef** 요리사 • **conciliator** 조정자(=mediator)
• **constituent** 유권자(=elector) • **defendant** 피고(=the accused) • **donor** 기증자(=giver)
• **grass roots** 일반대중(=mass people) • **hedonist** 쾌락주의자 • **heretic** 이교도, 이단자
• **hermit** 은둔자, 세상을 등진 사람 • **linguist** ⓝ 언어학자 • **offender** 범죄자, 범인
• **pagan** 이교도(=heathen) • **pediatrician** 소아과 의사 • **plaintiff** 원고 • **plumber** 배관공
• **propagandist** 전도사 • **protagonist** (연극의) 주역, 지도자 • **public servant** 공무원
• **scoundrel** 악당, 깡패 • **tenant** (토지, 가옥 등의) 임차인, 소작인 • **tycoon** 실업계[재계]의 거물
• **tyro** 초심자, 풋내기 • **vendor** 행상인 • **virtuoso** (예술의) 거장, 명인 • **welder** 용접공
• **every walk[all walks] of life** 모든 계층의 사람들(=people of every class)

[참고] 기본적으로 알아두세요.

• 국수 = noodle • 양념 = spices • 마늘 = garlic
• 양파 = onion • 후추 = pepper • 새우 = shrimp
• 내의 = underwear • 바지 = pants; slacks; trousers
• 외상 = credit • 송금 = remittance
• (경찰)단속 = crackdown; police enforcement
• escape clause 면책조항(=exemption from duty)
• dinner without grace 혼전 성관계

부 사

a~ - e~

□ **abreast** 나란히(~ of)(=alongside; side by side)
□ **abundantly** 풍부하게(=plentifully; affluently; copiously; in profusion)
□ **affectionately** 애정이 넘치게(=lovingly)
□ **apparently** 외관상으로; 분명히(=clearly)
□ **appropriately** 적당히, 적절히(=fittingly; pertinently; relevantly)
□ **arbitrarily** 제멋대로 독단적으로(=dogmatically)
□ **assiduously** 근면하게, 부지런하게(=industriously; diligently)
□ **awfully** 대단히, 몹시(=very; very much)
□ **biennially** 2년마다(=every two years)
□ **briskly** 활발하게(=livingly; actively)
□ **circuitously** 간접적으로, 넌지시(=indirectly; in a roundabout way)

□ **closely** 주의 깊게, 세심하게(=thoroughly)
□ **clumsily** 서투르게, 꼴사납게(=awkwardly)
□ **concurrently** 동시에(=simultaneously)
□ **consistently** 일관되게, 모순 없이(=compatibly)
□ **deliberately** 고의로(=intentionally; purposely; wittingly; with design)
□ **ecologically** 생태학적으로, 환경적으로(=environmentally) ⓐ **ecological** 생태학의 ⓝ **ecology** 생태학, 자연환경

f~ - p~

□ **frankly** 솔직히(=candidly; plainly; without reservation)
□ **frequently** 자주, 빈번히(=often; many times)
□ **gradually** 점진적으로, 점차적으로(=gradually; by steps[degrees]; little by little; step by step)
□ **immediately** 곧장, 즉시(=at once)
□ **inaccurately** 부정확하게, 틀리게(=erroneously)
□ **incessantly** 끊임없이(=continuously; constantly*) ⓐ **incessant** 끊임없는, 쉴 새 없는
□ **indiscriminately** 함부로(=thoughtlessly; recklessly; rudely; at random)
□ **inextricably** 해결할 수 없게, 풀 수 없게
□ **ingenuously** 꾸밈없이(=artlessly); 솔직하게
□ **inseparably** 분리할 수 없게
□ **intensively** 집중적으로(=concentrically) cf. **extensively** 광범위하게(=comprehensively; widely)
□ **exclusively** 독점적으로(=solely)
□ **intermittently** 간헐적으로(=by fits and starts) cf. an **intermittent** spring 간헐천
□ **invariably** 언제나(=always); 변하지 않는(=statically)
□ **involuntarily** 저도 모르게, 본의 아니게(=unintentionally)
□ **ironically** 반어적으로, 비꼬아(=cynically)
□ **judiciously** 분별 있게(=sensibly; reasonably)
□ **lavishly** 아낌없이(=prodigally)
□ **miserly** 인색하게, 쩨쩨하게(=stingily)
□ **occasionally** 종종(=often; now and then)
□ **patiently** 끈기 있게(=perseveringly)
□ **permanently** 영원히(=forever; for good)
□ **polemically** 논쟁적으로(=controversially)
□ **profusely** 풍부하게(=abundantly; copiously; plentifully)

r~ - v~

□ **readily** 쉽게(=easily); 기꺼이(=willingly)
□ **regularly** 규칙적으로(=systematically; methodically)
□ **reluctantly** 마지못해, 억지로(=unwillingly)
□ **ruthlessly** 무자비하게, 가차 없이(=pitilessly)
□ **savagely** 잔인하게, 잔혹하게(=cruelly); 야만스럽게(=barbarously)

□ **simultaneously** 동시에(=at the same time)

□ **spasmodically** 발작적으로(=fitfully)

□ **strenuously** 힘들게, 격렬하게(=vigorously) ⓐ **strenuous** (일 등이) 어려운, 고생스러운

cf. **힘차게, 활기차게** = vigorously; powerfully; strongly; forcibly

씩씩하게, 용감하게 = bravely; valiantly; gallantly; vigorously

□ **strikingly** 현저히(=remarkably; conspicuously; noticeably)

□ **ultimately** 결국, 궁극적으로(=eventually; at last)

□ **undeniably** 분명히, 틀림없이(=surely)

□ **unduly** 부당하게(=unjustly; unfairly); 지나치게(=excessively)

□ **unfriendly** 비우호적으로, 불친절하게 (=unkindly)

□ **tantalizingly** 애타게, 감질나게 cf. **insatiably** ⓐⓓ 만족할 줄 모르게, 탐욕스럽게(=avariciously; greedily)

□ **virtually** 실질적으로, 실제로(=actually; factually; practically)

□ **warily** 조심하여, 주의 깊게(=cautiously; carefully; vigilantly; prudently)

□ **vis-a-vis** ~와 비교하여, ~와 마주보고 ⓝ 상대역(=counterpart)

3. 기출 영숙어

동사구

① 동사+전치사[부사] 형

a~ - f~

□ **acquaint oneself with ~** ~을 숙지하다

□ **back up ~** ~을 후원하다, 지지하다(=support)

□ **brush up on ~** ~을 복습하다(=review)

□ **catch on with ~** ~사이에서 유행하다, ~에게 인기를 얻다(=be popular)

*The hair style has **caught on** with the girl students. 그 머리 스타일이 여학생들 사이에서 유행하고 있다.

□ **chip in** 기부하다(=donate); 말참견하다(=meddle); (의견을) 제시하다(=suggest; present)

□ **come by ~** ~을 얻다(=obtain)

□ **come down with ~** (병에) 걸리다(=catch[contract] a disease; fall[be taken] ill; be attacked[seized] with a disease)

□ **consist of ~** ~로 구성되다(=be composed of ~ = be made up of ~)

□ **dream up ~** ~을 생각해내다, 만들어내다(=think of)

□ **dress down ~** ~을 (심하게) 꾸짖다(=scold; reproach)

□ **face up to ~** ~에 대처하다(=cope); 과감히 맞서다

□ **fall back on ~** ~에 의지하다(=depend on; rely on; count on)

□ **fall in with ~** ~와 우연히 만나다(=meet ~ by chance)

□ **fall out ~** 싸우다(=quarrel); ~이라고 판명되다

□ **figure out ~** ~을 이해하다(=understand)

g~ - m~

□ **get ahead** 진보하다; 성공하다(=succeed)

□ **get around ~** (법 등의) 빠져 나갈 구멍을 찾아내다

□ **get even** 복수하다(=retaliate; repay; revenge oneself on)

□ **go for ~** ~에 적용되다, 통용되다(=is applicable to); 얻고자 노력하다; ~하러 가다

□ **go without ~** ~없이 지내다[살아가다]

□ **hand in ~** ~을 제출하다(=submit)

□ **hand out ~** ~을 분배하다(=distribute)

□ **hit upon ~** ~을 우연히 만나다, 문득 떠오르다(=come upon)

□ **hold over ~** ~을 연기하다(=postpone)

□ **hold up ~** ~을 지체시키다; 강탈하다(=rob)

□ **kiss off ~** ~을 단념하다(=give up; abandon), 거절하다(=reject), 해고하다(=dismiss)

□ **knock against ~** ~을 우연히 만나다(=meet unexpectedly)

- □ **lay off ~** ~을 해고하다(=dismiss); 그만두다, (술, 담배를) 끊다(=give up)
- □ **make believe ~** ~인 체하다(=pretend)
- □ **make do** 그런대로 때우다, 임시변통하다(=use ~ as a makeshift) cf. **make do without ~** ~ 없이 지내다
- □ **make for ~** ~을 향해가다(=head for)
- □ **make good ~** (약속 등을) 이행하다(=redeem); (손해 등을) 보충하다(=compensate; make up (for)
- □ **make off with ~** ~을 가지고 도망가다, 훔치다(=steal)
- □ **make up for ~** ~을 보상하다, 보충하다(=compensate for)

p~ - w~

- □ **pass away** 죽다(=die)
- □ **pass out** 기절하다, 실신하다(=faint)
- □ **pay out** 단단히 혼내주다; 화풀이 하다; 빚을 갚다
- □ **phase out** 점차로 폐지[삭감]하다; 단계적으로 제거하다(=remove over time)
- □ **pick on ~** ~을 괴롭히다, 못살게 굴다(=tease)
- □ **play up to ~** ~에게 아첨하다(=flatter)
- □ **put aside ~** ~을 치우다, 처리하다
- □ **put on** 옷을 입다(=don)
- □ **set ~ free** 석방하다(=release)
- □ **set about** 착수하다(=start; embark)
- □ **set back ~** ~을 저지하다, 좌절시키다(=hinder)
- □ **set out ~** (여행 등을) 떠나다(=leave)
- □ **sympathize with ~** ~을 동정하다
- □ **take care of ~** ~을 돌보다, 처리하다
- □ **take off ~** ~을 흉내 내다(=mimic); (비행기가) 이륙하다
- □ **take place** (사건이) 발생하다(=happen)
- □ **take pride in ~** ~을 자랑하다(=be proud of; pride oneself on)
- □ **take the place of ~** ~을 대신하다(=replace)
- □ **throw up** 토하다(=vomit)
- □ **tie up ~** (파업 등으로) 교통을 정체시키다; 방해하다(=hinder); 협동하다; 결혼시키다
- □ **touch on[upon] ~** ~을 언급하다
- □ **use up** 다 써버리다(=deplete 고갈시키다)
- □ **walk out on ~** (처, 자식 등을) 버리다(=desert); (계획을) 포기하다
- □ **wear off** 점점 사라져 없어지다(=disappear gradually)
- □ **wipe out ~** ~을 완전히 파괴하다(=destroy totally)

② be+**형용사**+**전치사 형**

- □ **be accompanied by[with] ~** ~을 동행하다
- □ **be blind to ~** ~을 깨닫지 못하다, ~에 눈이 멀다
- □ **be contingent on[upon] ~** ~에 의존하다(=be dependent on[upon])

- be cut out for ~ ~에 적합하다(=be suited for)
- be fed up with ~ ~에 질리다(=be bored with ~)
- be humiliated 굴욕감을 느끼다, 창피를 당하다(=be ashamed)
- be independent of ~ ~에서 독립하다
- be indifferent to ~ ~에 무관심하다
- be subjected to ~ (비난, 창피, 어려움 등을) 당하다, 겪다
- be well read in ~ ~에 조예가 깊다(=be adept[versed] in; be master of)
- be worn out 닳아 완전히 못쓰게 되다(=be no longer usable)
- be all at sea 망망대해에 있다, 어쩔 줄 모르다(=embarrassed)
- be as good as one's word 약속을 잘 지키다
- be at a loss 당황하다, 어쩔 줄 모르다(=be taken aback; be in confusion)
- be at stake 위험에 처하다(=be in danger)
- be dressed to kill 홀딱 반할만한 옷차림을 하고 있다(=dressed to attract attention)
- be in a coma 혼수상태이다(=be unconscious)
- be in a muddle 곤경에 처하다(=be in a mess)
- be in one's shoes ~의 입장에 서다(=put oneself in someone's position)
- be in store for ~ (장래, 운명 등이) ~에게 닥쳐오다
- be in the air 미정이다, 불확실하다
- be on pins and needles 매우 걱정하다(=be very anxious)
- be on the tip of one's tongue 말이 입속에서 뱅뱅 돌뿐 생각이 안 나다
- be out of step 보조가 맞지 않다, 조화되지 않다
- be snowed under with ~ (일 등에) 파묻히다(=be inundated)

전치사구

a~ - f~

- at all costs 어떤 일이 있어도, 기어코(=whatever it may cost)
- at large (범인 등이) 잡히지 않은(=not caught yet); 상세히, 충분히
- at the expense of ~ ~을 희생하여, ~의 대가를 치르고(=at the cost of ~)
- at the same time 동시에(=simultaneously)
- at the stroke of ten 10시 정각에(=exactly at ten o'clock)
- at twilight 해질녘에(=at dusk)
- between ourselves 우리끼리 얘긴데(=between you and me), 은밀하게(=in secret; confidentially)
- by a hair's breadth 가까스로, 간신히
- by and large 일반적으로, 대체로(=in general)
- by leaps and bounds 빠르게, 급속도로(=rapidly)
- far between 드문(=rare)
- for nothing 거저, 공짜로(=gratuitous; free); 이유 없이; 헛되이, 아무 소용없이)

□ **from top to toe** 철저히, 완전히(=completely)

i~ - w~

□ **in a jam** 곤경에 처한(=in trouble)
□ **in a roundabout way** 우회적으로(=circuitously)
□ **in state** 정식으로, 공식적으로(=in public); 당당하게
□ **in the face of ~** ~에도 불구하다(=in spite of) ; ~와 마주 대하여
□ **of one's[its] own accord** 자발적으로(=voluntarily)[저절로(=of itself; spontaneously; automatically)
□ **off and on** 이따금, 때때로(=occasionally; sometimes; from time to time); 간헐적으로(=intermittently)
□ **once in a while** 때때로(=from time to time)
□ **out of spirits** 우울한(=depressed)
□ **out of the blue** 갑자기(=suddenly; all of sudden)
□ **out of this world** 더할 나위없는, 매우 훌륭한(=wonderful)
□ **to the letter** 글자 뜻대로(=literally), 충실히(=faithfully)
□ **under cover of ~** ~의 핑계로(=on the pretext of ~)
□ **under the weather** 몸이 좋지 않은(=out of shape; sick)
□ **with a view to ~ing** ~할 목적으로(=for the purpose of ~ing)
□ **without reservation** 솔직히(=frankly; openly)

관용어구

a~ - f~

□ **a couple of ~** 2~3개의 ~(=a few)
□ **all the same** 그럼에도 불구하고(=nevertheless); 아무래도 좋은
□ **all thumbs** 손재주가 없는, 서투른(=clumsy)
□ **around the clock** 24 시간 계속으로, 주야로, 쉬지 않고
□ **as luck would have it** 운 좋게도(=luckily) cf. **as ill luck would have it** 운 나쁘게도(=unluckily)
□ **break loose** 도망가다(=escape)
□ **break the ice** (딱딱한 분위기를 누그러뜨리기 위해) 처음으로 입을 떼다(=start to speak); 어려운 일의 실마리를 찾다
□ **bring to light** 폭로하다, 세상에 알리다(=make known)
□ **call a person's names** ~을 욕하다(=speak ill of ~)
□ **call a spade a spade** 꾸미지 않고 솔직히 말하다(=speak plainly)
□ **count for nothing** 가치가 없다(=be of no use)
□ **crack down on ~** ~에 대해 엄한 조치를 취하다
□ **cross one's mind** …가 ~에게 문득 떠오르다(=occur to ~)
□ **cut a fine[brilliant; conspicuous] figure ~** ~에서 두각을 나타내다
□ **eat[shallow] one's words** (어쩔 수 없이) 앞서 한 말을 취소하다(=cancel one's word); 자신의 잘못을 인정하다
□ **fall into servitude** 예속되다(=become enslaved)

□ **for the life of one** 아무리 해도 ~않다

*I can't **for the life of me** understand it. 나로서는 아무리해도 그것을 알 수 없다.

g~ - h~

□ **gain ground (on ~)** (~에서) 지반을 얻다, (~에서) 우위를 점하다, 유행하다; (권리를) 침해하다

opp. **lose ground (on ~)** 지지를[인기를, 세력을] 잃다

□ **get a fix on ~** ~을 확인하다, 분명한 태도를 취하다, ~을 알아내다, 이해하다(=understand)

□ **get into hot water** 곤경에 처하다(=be in trouble)

□ **get somewhere** 효과가 있다; 성공하다(=succeed)

□ **get tight** 술이 취하다(=get intoxicated)

□ **get[have] the edge on ~** ~보다 우세하다, 유리하다

□ **give a person a hand** ~을 도와주다(=help; aid)

□ **go out of one's way** 각별히 노력하다(=make a special effort)

□ **have ~ at one's fingers' ends** ~에 정통하다(=be at home in ~)

□ **have a big mouth** 말이 많다(=be talkative)

□ **have it** 주장하다(=insist)

□ **have it in for ~** ~에게 원한을 품다(=wait for revenge on ~)

□ **have one's hands** full 매우 바쁘다(=be extremely busy)

□ **have one's heart in one's mouth** 안절부절못하다(=feel anxious)

□ **have words** 싸우다(=have a quarrel)

□ **hit the nail on the head** 정곡을 찌르다, 적절히 말하다(=say to the point)

□ **hit[strike] home** 급소를 찌르다, 정곡을 찌르다

□ **hold one's tongue** 잠자코 있다, 침묵하다(=keep silent)

k~ - p~

□ **keep one's shirt on** 침착해라, 냉정해라.

cf. **lose one's shirt** 빈털터리가 되다/ **stuffed shirt** 잘나지 않았으면서 잘났다거나 중요하다고 생각하는 사람; 유력자, 부자

*He is a **stuffed shirt**. 그는 잘 난체 하는 사람이다.

□ **know ~ at one's finger's ends** ~에 정통하다(=be good at ~)

□ **leave ~ on one's shoulder** …에게 ~을 맡기다

□ **lose the day** 지다, 패배하다(=be defeated)

□ **lose track of ~** ~을 놓치다, 잊다

□ **make a clean breast of ~** ~을 고백하다(=confess)

□ **make a reservation for ~** = **make a booking for ~** = book 예약하다

□ **make a scene** 야단법석을 떨다, 한바탕 소란을 피우다

□ **make a[no] difference to ~** ~에게는 중요하다[중요하지 않다], 차이가 있다[없다], 효과가 있다[없다]

□ **make allowances for ~** ~을 참작하다(=take into consideration; take consideration of)

□ **make fun[sport] of ~** ~을 놀리다(=tease; chaff; laugh at; poke fun at)

□ **mark off A from B** A와 B를 구별하다(=distinguish A from B)

□ **meet halfway** 타협하다(=compromise)
□ **on the house** 공짜로(=for nothing); (비용을) 술집[회사, 주최자] 부담으로
□ **on the run** 서둘러, 바쁘게 뛰어; (범인 등이) 도주하여
□ **on the spur of the moment** 일시적 기분으로, 별안간, 사전 생각 없이(=without previous thought)
□ **on the straight and narrow** 올바른 생활을 하는
□ **pass one's verdict on[upon] ~** ~에 대한 판단을 내리다
□ **pave the way for ~** ~의 길을 열다, ~을 용이하게 하다
□ **play a trick on ~** ~을 놀리다, 비웃다(=ridicule)
□ **play it by ear** 임기응변으로 처리하다(=fit the situation)
□ **polish the apple** 비위를 맞추다, 아첨하다(=flatter; fawn down; curry favor with)
□ **pull a long face** 우울한 표정을 짓다(=make a gloomy expression)
□ **pull one's leg** 놀리다(=tease; banter; laugh at; make fun[game; sport] of)
□ **put heart and soul into ~** ~에 몰두하다(=be absorbed[engrossed, immersed, wrapped] in ~; give oneself up to)
□ **put one's nose into ~** ~에 끼어들다, 간섭하다(=interfere; meddle)
□ **put one's foot in[into] it[one's mouth]** (부주의로 말미암아) 어려운 처지에 빠지다, 실수하다(=blunder)
□ **put on airs** 잘난 체하다

r~ - z~

□ **replace A by[with] B = substitute B for A** A를 B로 대신하다
□ **retaliate on A for B** B에 대해서 A를 보복하다
□ **run out of options** 선택의 여지가 없다(=have no choice)
□ **see eye to eye (with a person)** ~와 견해가 완전히 일치하다(=agree)
□ **see to it that ~** 꼭 ~하도록 하다, 틀림없이 ~하다(=make sure that)
□ **stand in a white sheet** 참회하다(=repent)
□ **such as it is** 변변치 못하지만(=though it is poor)
□ **sweat it out** 불쾌한 일을 끝까지 참다, 참고 기다리다(=wait nervously)
□ **t's to be crossed and i's to be dotted** 아직도 줄을 그어야 할 T와 점을 찍어야 할 i가 있다 → 해야 할 남은 일이 많다
□ **take a bribe** 뇌물을 받다
□ **take a dim view of ~** ~에 대해 비관적이다
□ **take advantage of ~** ~을 이용하다(=utilize); (사람, 무지를) 악용하다(=impose on), 속이다
□ **take no stock in ~** ~을 믿지 못하다(=don't believe)
□ **through thick and thin** 언제나, 항상, 늘(=always)
□ **tone in with ~** ~와 어울리다, 조화되다(=harmonize with ~) cf. **tone up** 강화시키다(=intensify); 강하게 하다
□ **turn a deaf ear to ~** ~에 조금도 귀를 기울이지 않다
□ **when it comes to ~ing** ~하는 거라면
□ **zero in on** ~에 집중하다(=focus on; concentrate on)

[tips] **다음은 반드시 기억하세요.**

- **blow a gasket** 버럭 화를 내다, 격분하다 ***gasket** 강풍
- **down and out** 아주 가난한(=destitute)
- **good-for-nothing** 쓸모없는 것[사람](=useless; unnecessary)
- **like a fish out of water** 물 떠난 물고기 같은 → 익숙하지 않은, 긴장되는, 불편한(=uncomfortable) ('93 경찰직)
- **nuts and bolts** (사물의) 기본, 요점(=point; gist; substance) cf. **nuts-and-bolts** ⓐ 기본적인; 상세한(=detailed)

  *the **nuts and bolts** of accounting 회계의 기본
- **odds and ends** 잡동사니, 시시한 것(=miscellaneous tasks)
- **play it by ear** (계획없이) 즉흥적으로 하다
- **rain check** 우천교환권, 초대의 연기

  *give[take] a rain check 나중에 초대하겠다는 약속을 하다[약속에 응하다](=postpone to another time)
- **secure a bridgehead[beachhead]** 교두보를 확보하다 ***bridgehead = beachead** 교두보, 거점
- **the apple of the eye** 아주 소중한 것(=something precious)
- **the man in the street** 보통인, 일반사람(=the ordinary man)
- **vice versa** 거꾸로, 반대로; 역(逆)도 같음
- **wide of the mark** 핵심에서 벗어난, 동떨어진(=beside the mark); 관련이 없는(=irrelevant)

- **battle it out** 끝까지 싸우다
- **be chained to a desk** 쉴 수 없을 만큼 일이 많아 매여 있다
- **be mad as a hatter** 완전히 미치다
- **beat the clock** 마감시간 안에[정각까지] 일을 끝내다
- **buoy up** 기분전환하다
- **come and go** 오락가락하다
- **cover one's tracks** 행적을 숨기다
- **cream of the crop** 최고
- **do the lion's share** 큰 몫을 해내다
- **gain ground on** 확실한 지지기반을 다지다, 세력을 넓히다; 유행하다
- **get out of bed on the wrong side** 아침부터 기분이 안 좋다
- **go into one's act** 주어진 역할을 잘하다
- **have egg on one's face** 창피당하다
- **keep tabs on ~** ~을 감시하다, ~에 주의하다(=watch closely); 계산하다
- **leave no stone unturned to V** : V하기 위해 모든 노력을 다하다(=make every effort to V; make all efforts to V)
- **over the counter** 의사의 처방 없이도 살 수 있는

  under the counter 비밀리에, 불법의
- **pitch in** 기부하다, 일정금액을 나누어내다(=chip in)
- **settle an old score** 복수하다
- **solid as a rock** 믿을 수 있는, 부동의
- **sweet bullets** 매우 긴장하다 cf. **bite the bullet** 이를 악물고 견뎌내다
- **turn over a new leaf** 마음을 고쳐먹고 새로 시작하다

- **under the wire** 마지막 순간에, 겨우 시간에 맞춰
- **usher in** 정식으로 발족하다, 취임하다, 안내하다
- **Better safe than sorry!** 안전이 더 중요하다.
- **Don't judge a book by its cover.** 겉모습으로 판단하지 마라.
- **It's a foregone conclusion.** 뻔한 결과다.
- **Jack of all trades** 팔방미인, 만물박사

  *Jack of all trades, and master of none. 무엇이든 다 할 수 있는 사람[팔방미인]은 뛰어난 재주가 없다.
- **Let's cut to the chase!** 본론으로 돌아갑시다!
- **Practice makes perfect.** 연습이 최고다. cf. **for practical purposes** 이론보다는 실제로
- **The proof of the pudding is in the eating.** 푸딩 맛의 증명은 먹어보아야 할 수 있다. 즉, 백문이 불여일견
- **The squeaking wheel gets the oils.** 소리 나는 바퀴에 기름칠 한다. 즉 우는 아이에게 젖을 더 준다.
- **When the cat is away, the mice will play.** 호랑이 없는 곳에서는 여우가 왕이다. (책임자나 윗사람이 없을 때 기회를 노려 나쁜 행동이나 개인적인 이익을 챙기는 상황을 일컫는 말)
- **You can lead a horse to water, but you can't make him drink.** 평양감사도 자기 싫으면 그만이다.
- **You can't eat your cake and have it.** 반대되는 두 가지 일을 동시에 할 수 없다. 양쪽 다 좋게 할 수 없다.

Index

찾아보기

[A]

[B]

[C]

[D]

[E]

[F]

[G]

[H]

[I]

[J]

[K]

[L]

[M]

[N]

[O]

[P]

[Q]

[R]

[S]

[T]

[U]

[V]

[W]

[X]